E-Book inklusive:

Mit folgendem persönlichen Code können Sie die
E-Book-Ausgabe dieses Buches downloaden:

67018-dzz6p-56r00-2l3c4

Registrieren Sie sich unter

www.hanser-fachbuch.de/ebookinside

und nutzen Sie das E-Book auf Ihrem Rechner*, Tablet-PC
und E-Book-Reader.

Der Download dieses Buches als E-Book unterliegt gesetzlichen Bestimmungen bzw. steuerrechtlichen Regelungen, die Sie unter **www.hanser-fachbuch.de/ebookinside** nachlesen können.

* Systemvoraussetzungen: Internet-Verbindung und Adobe® Reader®

Kohls/Dobrynin

Programmieren lernen mit Kotlin

Christian Kohls
Alexander Dobrynin

Programmieren lernen mit Kotlin

Grundlagen, Objektorientierung und fortgeschrittene Konzepte

2., aktualisierte Ausgabe

HANSER

Die Autoren:
Prof. Dr. Christian Kohls, Köln
Alexander Dobrynin, Gummersbach

Kotlin ist ein eingetragenes Warenzeichen der Kotlin Foundation

Aus Gründen der besseren Lesbarkeit wird auf die gleichzeitige Verwendung der Sprachformen männlich, weiblich und divers (m/w/d) verzichtet. Sämtliche Personenbezeichnungen gelten gleichermaßen für alle Geschlechter.

Bibliografische Information der Deutschen Nationalbibliothek:
Die Deutsche Nationalbibliothek verzeichnet diese Publikation in der Deutschen Nationalbibliografie; detaillierte bibliografische Daten sind im Internet über http://dnb.d-nb.de abrufbar.

Lektorat: Sylvia Hasselbach
Copy editing: Jürgen Dubau, Freiburg/Elbe
Layout: le-tex publishing services GmbH
Coverkonzept: Marc Müller-Bremer, www.rebranding.de, München
Titelmotiv und Umschlagrealisation: Max Kostopoulos
Druck und Bindung: Hubert & Co. GmbH & Co. KG BuchPartner, Göttingen
Printed in Germany

Print-ISBN: 978-3-446-47712-4
E-Book-ISBN: 978-3-446-47849-7
E-Pub-ISBN: 978-3-446-48005-6

Inhalt

Vorwort

Kotlin ist inzwischen als Programmiersprache etabliert. Der Großteil aller professionellen Apps im Google-Play-Store ist in Kotlin entwickelt, und Studien von Google zeigen, dass Kotlin-Code robuster läuft. Zudem ist die Entwicklung im Vergleich zu Java sehr viel produktiver, sodass Kotlin schon aus ökonomischer Sicht viele Vorteile bietet. Vor allem aber: Kotlin macht Spaß und führt zu eleganterem Code.

Mit diesem Buch können Sie ohne Vorkenntnisse in die Programmierung einsteigen. Dabei werden Sie verschiedene Ansätze kennenlernen und praktisch anwenden. Nach der Lektüre des Buches können Sie kleinere Softwareprojekte entwickeln, also zum Beispiel eigene Ideen umsetzen, Aufgaben und Problemstellungen verstehen und lösen sowie Softwarespezifikationen in lauffähige Programme überführen. Sie können einfache Algorithmen selbst entwickeln und Standardalgorithmen und Datenstrukturen umsetzen. Sie können Apps für Android-Systeme entwickeln oder Programme für Server und Desktop-Rechner schreiben.

Die Welt des Programmcodes ist unsichtbar. Wir haben festgestellt, dass einige Konzepte besonders schwer zu begreifen sind und dass oft falsche Vorstellungen existieren. Es wurde daher großer Wert darauf gelegt, möglichst viele Konzepte mit Metaphern, praktischen Anwendungsbeispielen und Bildern zu veranschaulichen. Dabei bauen wir auf unseren langjährigen Erfahrungen in der Programmierausbildung auf. Am Ende des Buches können Sie Apps mit einer grafischen Benutzerschnittstelle entwickeln und aus unsichtbarem Code eine visuell ansprechende App entwickeln.

Dieses Buch richtet sich vor allem an Einsteiger und Anfänger. Es werden keine Vorkenntnisse vorausgesetzt. Gleichzeitig denken wir, dass auch fortgeschrittene Entwickler und Umsteiger von anderen Programmiersprachen von diesem Buch profitieren werden.

Hilfestellung bei der Umsetzung von Kotlin-Programmen bietet inzwischen auch der Online-Dienst *ChatGPT*. Sie können ChatGPT bitten, Algorithmen zu schreiben, Code zu überprüfen, Fehler zu finden und Codeabschnitte zu erklären. Das funktioniert oft sehr gut, aber nicht selten erfindet ChatGPT Lösungen, die zwar richtig aussehen, aber leider falsch sind. Daher raten wir zu einem vorsichtigen Umgang mit diesem Werkzeug. Zur Unterstützung beim Lernen ist ChatGPT sicherlich geeignet. Einzelne Codeabschnitte oder Konzepte können Sie sich von diesem Chatbot ausführlich erklären lassen. Bei einfachen Algorithmen funktioniert dies gut. Bei komplexeren Programmen kommt ChatGPT aber noch durcheinander, liefert unvollständige und eben auch falsche Lösungen.

In dieser überarbeiteten Auflage haben wir einige neue Sprachkonzepte aufgenommen und vor allem das Kapitel zur Android-App-Entwicklung vollständig überarbeitet. In der ersten

Auflage wurden die Layouts noch mit XML-Dateien beschrieben. In der nun vorliegenden Auflage geschieht die Entwicklung vollständig mit *Jetpack Compose*. Dieses Framework hat sich inzwischen für die Entwicklung von Android-Apps durchgesetzt.

Alle Codebeispiele und zusätzliche Übungsaufgaben finden Sie im Download-Portal von Hanser-Plus: Geben Sie auf

plus.hanser-fachbuch.de

diesen Zugangscode ein:

`plus-rn34m-tL9pr`

Unserem Ko-Autor der ersten Auflage, Florian Leonhard, möchten wir besonders danken für die gemeinsame Entwicklung und Umsetzung des Buchkonzepts. Für den fachlichen Austausch möchten wir uns bei unseren Teamkollegen an der TH Köln bedanken. Insbesondere bei David Petersen, der wesentliche Inspirationen zu diesem Buch beigetragen hat. Für intensives Feedback und fachlichen Austausch danken wir Anja Bertels, Dominik Deimel und Dennis Dubbert. Kotlin macht Spaß und mit euch zusammen besonders viel.

Und nun wünschen wir auch Ihnen viel Spaß beim Coden und Entwickeln!

Christian Kohls, Alexander Dobrynin Im Juli 2023

1 Einführung

Kotlin ist eine Programmiersprache, die verschiedene Ansätze verfolgt. Sie erlaubt objektorientierte und funktionale Programmierung. Das Entwickeln mit objektorientierten Programmiersprachen gehört heute zu den Grundanforderungen aller Informatikerinnen und Informatiker. Es gibt Ihnen die Möglichkeit, eigene Projektideen umzusetzen, betriebliche Prozesse zu modellieren und nützliche Werkzeuge für Anwender zu entwickeln. Die objektorientierte Herangehensweise schärft zudem Ihre analytischen und ganzheitlichen Denkfähigkeiten. Denn Sie müssen Sachverhalte differenziert betrachten, Theorien und Modelle entwickeln, Prozesse analysieren und optimieren, Probleme ganzheitlich betrachten und abwägen, Probleme in Teilprobleme zerlegen, die (Anwendungs-) Story verstehen und erzählen können. Zudem erlernen Sie ein systematisches Vorgehen für Problemlöseaufgaben und damit kreative Denkweisen. Objektorientierte Denker sind Weltversteher und Weltveränderer!

Weltversteher, weil sie die wahrgenommene Welt der Situation entsprechend und der Aufgabe angemessen in Klassen und Objekte, Zustandsbeschreibungen und Verhaltensweisen, Rollen und Beziehungen abbilden können. Weltveränderer, weil gute (und leider auch schlechte) Software unmittelbaren Einfluss auf den Lebensalltag der Anwender hat. Denken Sie nur daran, was mit Software alles möglich ist. Und bald werden Sie die nächste großartige App entwickeln! Während Objekte unsere Welt besonders gut abbilden, ist der Vorteil von Funktionen, dass sie Rechenregeln und Transformationen mit mathematischer Präzision festlegen können. Funktionale Programmieransätze bauen darauf auf und unterstützen uns dabei, Funktionalitäten miteinander zu verknüpfen, zu testen und wiederzuverwenden. Kotlin vereint diese und andere Konzepte zu einer modernen Sprache.

Kotlin ist eine noch recht junge Programmiersprache, die sich jedoch rasant durchsetzt. Fast alle kommerziell erfolgreichen Android-Apps werden derzeit in Kotlin entwickelt. Und das, obwohl Kotlin der Öffentlichkeit erst im Jahr 2011 erstmals vorgestellt wurde. Eine stabile Version gibt es seit 2016. Inzwischen hat Kotlin die Version 1.9 erreicht. Diese Version wurde am 6. Juli 2023 veröffentlicht, also kurz vor Redaktionsschluss dieses Buches. Wir haben die Neuerungen bereits in diesem Buch berücksichtigt und weisen an einzelnen Stellen darauf hin, wenn eine bestimmte Kotlin-Version benötigt wird. Das nächste größere Release wird Kotlin 2.0 sein.

Wir haben alle Kotlin-Entwicklerkonferenzen (KotlinConf) der letzten Jahre besucht und sind von der großen und aktiven Entwicklercommunity sehr begeistert. Neue Sprachfeatures werden mit der Community diskutiert, und Google bevorzugt Kotlin nicht nur als

Entwicklungssprache für die Android-Plattform, sondern stellt selbst große Teile des eigenen Codes auf Kotlin um. Viele bekannte Firmen setzen auf Kotlin und teilen auf der KotlinConf ihre Erfahrungen. Damit ist Kotlin im Gegensatz zu vielen anderen neuen Sprachen keine „akademische Sprache", die nur für die Hochschullehre interessant ist. Ganz im Gegenteil: Immer mehr Firmen, Entwickler und Open-Source-Projekte wechseln zu Kotlin, da sich mit dieser Sprache Lösungen schneller und sicherer entwickeln lassen. Mit Jetpack Compose steht zudem ein sehr guter und moderner Ansatz für die Entwicklung grafischer Benutzeroberflächen bereit, mit dem sich nicht nur mobile Apps sehr schnell umsetzen lassen, sondern auch Desktop-Anwendungen für Ihren Mac oder PC.

Kotlin wurde von der Firma JetBrains entwickelt und steht unter einer Open Source-Lizenz. JetBrains ist ein führender Anbieter für integrierte Entwicklungsumgebungen wie z. B. IntelliJ. Bei JetBrains hat man irgendwann festgestellt, dass die Entwicklung mit der Programmiersprache Java an vielen Stellen zu aufwendig ist. Kotlin wurde basierend auf dem Erfahrungswissen, was effiziente Softwareentwickler wirklich benötigen, konzipiert. Kotlin vereint dabei viele erprobte Konzepte aus den letzten Jahrzehnten. Kotlin setzt konsequent auf Mechanismen, die sich bewährt haben und die in der Programmierpraxis zu einer erhöhten Produktivität führen – und dadurch letztlich mehr Freude bereitet. Ja, Kotlin macht Spaß!

1.1 Eine Sprache für viele Plattformen

Mit Kotlin können Sie für viele verschiedene Plattformen entwickeln.

Android: Kotlin ist die primäre Entwicklungssprache für die Android-Plattform von Google. Damit hat sie eine hohe Relevanz, da sich Apps für Android mit Kotlin schneller, besser und leichter entwickeln lassen.

JVM: Programme, die in Kotlin geschrieben werden, können für die Java-Plattform kompiliert werden. Das heißt: Die Kotlin-Programme werden in Java-Bytecode übersetzt und laufen dann auf jeder Java Virtuellen Maschine (JVM). Diese JVMs gibt es für verschiedene Betriebssysteme. Ihre Programme können also auf verschiedenen Rechnersystemen ausgeführt werden.

JavaScript: Kotlin kann aber auch nach JavaScript übersetzt werden. Das heißt: Sie können die Programmierung von Webanwendungen auch mit Kotlin durchführen. Dies gilt sowohl für die Programmierung des Clients (also JavaScript, das im Browser ausgeführt wird) als auch des Servers (also JavaScript, das auf dem Server ausgeführt wird).

Kotlin Native: Darüber hinaus gibt es mit Kotlin Native den Ansatz, ein Kotlin-Programm direkt für eine bestimmte Rechnerarchitektur zu kompilieren. Es wird also nicht Bytecode für eine virtuelle Maschine wie die JVM erzeugt, sondern echter Maschinencode für die jeweilige Plattform (z. B. iOS, Mac oder Linux).

Kotlin Multiplattform: Die Multiplattform-Entwicklung zielt darauf ab, dass Sie Ihre Programme einmal schreiben und dann auf verschiedenen Plattformen wie z. B. Android, iOS, Desktop-Systeme und im Web laufen lassen können. Dabei wird die Anwendungslogik geteilt und für alle Systeme verwendet. Sie legen z. B. nur einmal fest, wie Daten verarbeitet werden sollen. Die Gestaltung der Benutzeroberfläche kann dann die nativen Bedienelemente der verschiedenen Plattformen berücksichtigen. Mit Jetpack Compose, das wir ebenfalls in diesem Buch behandeln, ist es sogar möglich, die gesamte Benutzeroberfläche plattformübergreifend zu gestalten. Diese Technologie befindet sich allerdings aktuell noch zum Teil in der Alpha-Version (Stand Juli 2023).

1.2 Deshalb ist Kotlin so besonders

Hier noch einmal die wichtigsten Gründe, die für Kotlin sprechen:

Einfacher Einstieg: Kotlin lässt sich schneller lernen. Es ist verständlicher, und die Sprachelemente sind prägnanter, also ausdrucksstärker. Sie können sich besser auf die wesentlichen Konzepte fokussieren, da unnötiger „Boilerplate Code" entfällt. Das ist Code, der eigentlich nicht nötig ist, z. B. weil er keine neuen Sachverhalte ausdrückt. Ein Beispiel sind die vielen setter- und getter-Methoden, die man in anderen Programmiersprachen wie zum Beispiel Java schreiben muss.

Eleganter: Viele Programme lassen sich mit Kotlin eleganter schreiben. Mehr noch: Man muss die Programme eleganter schreiben. Sie lernen also gleich den richtigen Stil und können diesen auch in anderen Sprachen einsetzen.

Effiziente Entwicklung: Vieles lässt sich in Kotlin kürzer und effizienter ausdrücken. Das spart nicht nur Zeit beim Schreiben des Quellcodes. Durch kurze, übersichtliche Programme lassen sich Fehler besser vermeiden, und Sie behalten besser den Überblick.

Effiziente Ausführung: Kotlin stellt viele optimierte Algorithmen für immer wieder anfallende Aufgaben zur Verfügung. Das Verarbeiten oder Sortieren von Listen ist in Kotlin sehr gut gelöst und leicht nutzbar.

Erprobte Konzepte: Kotlin baut auf erprobten Konzepten auf. Die Sprache enthält konzeptionell nichts Neues, dafür (fast) alles Gute aus den letzten 50 Jahren Softwareentwicklung. Die Sprache ist praktisch und effizient, bietet mehr Sicherheit und vereint objektorientierte und funktionale Programmierkonzepte.

Erklärt sich selbst: Der Quellcode ist lesbarer für Menschen. Sie können den Code von anderen Entwicklern (und womöglich Ihren eigenen Code selbst nach ein paar Wochen) viel besser verstehen.

Error-less: Viele Fehler, die man in anderen Sprachen leicht machen kann, werden in Kotlin gar nicht erst zugelassen oder zumindest leichter vermieden. So gibt es in Kotlin beispielsweise keine sogenannten *Null-Fehler* mehr.

Erfrischend: Viele Entwickler berichten, dass das Entwickeln mit Kotlin wieder mehr Spaß macht! Und tatsächlich bekommt man beim Entwickeln mit Kotlin leuchtende Augen. Und manchmal auch tränende Augen – vor Freude über Kotlin und Ärger darüber, dass früher so vieles anstrengender war.

1.3 Darauf dürfen Sie sich freuen

Aufbau des Computers: Programme laufen auf dem Prozessor eines Computers. Dabei verändern sie Daten im Speicher. Um zu verstehen, wie aus dem Quellcode, den Sie schreiben, lauffähige Programme auf dem Rechner werden, schauen wir uns zunächst den grundlegenden Aufbau von Computern an. Dabei werden wir sehen, wie aus lauter Nullen und Einsen bunte Bilder werden können. Da wir Daten im Speicher liegen haben, werden wir uns auch mit der Organisation des Speichers beschäftigen.

Basics: Zur Steuerung von Programmen benötigen wir ein paar grundlegende Zutaten. Dazu gehören Ausdrücke und Anweisungen, um dem Rechner zu sagen, was er ausführen soll. Mit Variablen können wir Daten speichern und später wieder darauf zugreifen. Mit Kontrollstrukturen können wir steuern, wie ein Programm abläuft. Somit können wir auf Benutzereingaben und verschiedene Zustände reagieren. Mit Funktionen werden wir wiederverwendbare Codebausteine definieren, aus denen sich komplexe Programme zusammensetzen lassen.

Objekte und Klassen: Wir werden Grundlagen über Objekte und Abstraktion als Klassen kennenlernen. Wie können wir ermitteln, welche Eigenschaften von Objekten relevant sind? Wie abstrahiere ich von konkreten Objekten in der Welt auf eine allgemeine Klasse? Klassen beschreiben die Struktur, die Eigenschaften und die Verhaltensweisen von allen Objekten, die zu einer Klasse gehören. Man spricht von Objektinstanzen (oder einfache Instanzen), wenn man sich auf die Exemplare einer Klasse bezieht. Das Erzeugen eines neuen Objekts erfolgt über Konstruktoren. Wir werden uns ansehen, wie Konstruktoren die erste Version eines Objekts bauen. Zudem werden wir Objekte miteinander in Beziehung setzen. Zum Beispiel werden wir einen Film aus Budget, Schauspieler und Regisseur zusammensetzen, um dies in einem Spiel zu verwenden.

Vererbung und Polymorphie Dies ist ein weiteres zentrales Thema der objektorientierten Programmierung. Klassen stehen in einer Vererbungshierarchie zueinander. Klassen können andere Klassen erweitern, wobei die Eigenschaften und Methoden einer Oberklasse an die Unterklasse vererbt werden. Wenn die übergeordnete Klasse Tasse die Eigenschaft „Volumen“ und die Methode „trinken“ besitzt, dann wird auch die untergeordnete Klasse Kaffeetasse diese Eigenschaften haben, sie kann aber um spezifische Eigenschaften (z. B. „Kaffeesorte“) und Methoden (z. B. „istNochHeiss“) ergänzt werden. Dabei kann das Verhalten von Methoden auch durch Überschreiben geändert werden (z. B. weil man aus einer Thermotasse anders trinkt). Eng verbunden mit der Definition von Klassen und Schnittstellen sind Typkonzepte und Polymorphie. Polymorphie bedeutet Vielgestaltigkeit. Wenn Sie an „Fahrzeug“ denken, dann kann dieses Fahrzeug sehr viele unterschiedliche Gestalten haben: Auto, Fahrrad, Kutsche. Dennoch können Sie allgemeine Eigenschaften und Methoden nutzen, wenn diese Gestalten auf einer abstrakteren Ebene vom gleichen Typ sind. So lässt sich für alle Fahrzeuge sagen: „fahre los“. Egal, ob es sich um eine Kutsche oder ein Fahrrad handelt. Die Umsetzung wird aber ganz unterschiedlich aussehen.

Robustheit: Damit wir auch ordentliche Programme schreiben können, werden wir uns mit verschiedenen Konzepten zur Robustheit von Code beschäftigen. Wie können Sie auf Fehler und Ausnahmesituationen reagieren? Was passiert, wenn eine Datei gelesen werden soll, die gar nicht existiert? Was passiert, wenn ein Server nicht erreichbar ist? Ausnahmezustand! Wir werden lernen, wie wir eine Operation versuchen können und das Scheitern schon einplanen und auffangen. Das funktioniert bestens für Situationen, wo Sie selbst keinen Einfluss darauf haben, ob etwas wie gewünscht funktioniert. Dann können Sie nämlich darauf reagieren. Denn das Auffangen ist viel komplizierter als die Fehlerkorrektur. Und vor allem wollen Sie bei der Entwicklung ja auch, dass Fehler erkannt und somit beseitigt werden können. Wir werden uns die Vor- und Nachteile für verschiedene Software-Designoptionen anschauen. Aus diesen Überlegungen heraus haben sich über die Jahre hinweg Entwurfsmuster entwickelt, die gute Lösungen für bestimmte Aufgaben darstellen.

Datensammlungen: Wir schauen uns verschiedene Möglichkeiten an, um Datensammlungen (z. B. Listen, Verzeichnisse, Paare, Mengen) abzubilden und Operationen darauf auszuführen. Zudem werden wir selbst Datenstrukturen entwickeln, um Objekte zu speichern. Dies wird unter anderem am Beispiel einer verketteten Liste illustriert.

UI Design und App-Entwicklung: Die Android-Plattform stellt spezielle Bibliotheken zur Verfügung, um grafische Oberflächen zu gestalten und die Funktionen von Android-Geräten zu nutzen. Wir werden eine grafische Oberfläche bauen und Code definieren, um auf Eingabeevents (Klick auf einen Button) zu reagieren.

Nebenläufigkeit: Häufig müssen mehrere Dinge gleichzeitig ausgeführt werden. Bei Spielen sollen zum Beispiel gleichzeitig mehrere Figuren bewegt werden. Auf Ihrem Smartphone sollen gleichzeitig mehrere Bilder aus dem Internet heruntergeladen werden, während Sie weiterhin mit dem Programm interagieren. Für diese Nebenläufigkeit führt Kotlin das Konzept der *Coroutines* ein. Wir werden uns anschauen, wie sich nebenläufige Programme gestalten lassen und auf welche Stolpersteine geachtet werden muss.

TEIL I

Konzeptioneller Aufbau von Computern und Software

Um ein besseres Verständnis zu erlangen, was es eigentlich heißt, Software zu entwickeln und lauffähige Programme zu schreiben, müssen wir uns ein wenig mit der Hardware beschäftigen – dem Computer. Computer sind heute allgegenwärtig. Damit sind nicht nur die großen Kisten unterm Schreibtisch oder die mobilen Laptops gemeint. Auch Ihr Smartphone ist ein Computer! Und zwar ein Computer, der sehr viel leistungsfähiger ist als die großen Geräte, die noch vor ein paar Jahren unter dem Schreibtisch standen. Darüber hinaus erhalten kleine Computer jedoch auch Einzug in immer mehr Alltagsgegenstände und Maschinen: von der Zahnbürste über die Waschmaschine, über den Fahrkartenautomat hin zum Autopiloten in Bahnen oder Flugzeugen und natürlich der Bordcomputer in unseren Autos. Viele Waschmaschinen nutzen inzwischen dieselben Chips, die einst in unseren ersten Heimcomputern eingebaut wurden.

Doch was ist eigentlich ein Computer und woraus setzt er sich zusammen? Der Begriff *Computer* leitet sich aus dem englischen Verb *compute* ab, welches mit *rechnen* übersetzt werden kann. Daher wird im deutschsprachigen Raum der Computer auch häufig als *Rechner* bezeichnet. Tatsächlich macht ein Computer nichts anderes: Er rechnet und rechnet und rechnet und rechnet.

Das klingt vielleicht etwas merkwürdig, wenn wir an die uns vertrauten Anwendungen denken: Was hat die Kurznachricht bei WhatsApp oder Twitter mit Berechnungen zu tun? Wo bitte schön sind die Berechnungen bei grafikintensiven Spielen wie SimCity, Angry Birds oder Fortnite? Die Antwort lautet: ziemlich versteckt, aber dafür überall. Und daher wollen wir uns in diesem Kapitel ein kleines bisschen auf die Suche nach diesen Berechnungen und Zahlen machen. Denn wenn wir verstehen, was unsere Software und Hardware im Innersten zusammenhält, dann bekommen wir auch ein besseres Verständnis für die Funktionsweise der Programme, die wir selbst entwickeln. Und wir werden verstehen, was eigentlich ein „Programm“ ist!

2 Komponenten eines Computers

Zunächst besteht ein Computer nur aus diesen wesentlichen Komponenten:

- Speicher, in dem Daten liegen
- Prozessoren, die diese Daten verarbeiten
- Eingabe- und Ausgabegeräte

Die Realität sieht natürlich sehr viel komplexer aus, denn es gibt verschiedene Speicherarten, auf die unterschiedlich schnell zugegriffen werden kann. Zudem kann Speicher unterschiedlich organisiert werden – ganz so, wie Sie auch Ihre Wäsche unterschiedlich im Schrank anordnen können. Dabei gibt es für verschiedene Zwecke optimierte Vorgehensweisen. Und es gibt unterschiedliche Prozessoren, die für die Verarbeitung bestimmter Daten optimiert sind. So gibt es etwa Prozessoren, die allgemeine Rechenoperationen ausführen können, und spezialisierte Prozessoren, die besonders schnell Berechnungen für die Grafikausgabe oder die Sounderzeugung anstellen können. Zudem müssen die Daten aus den Speichern zu den Prozessoren gelangen, und auch die Ein- und Ausgabegeräte wollen natürlich etwas mit den Daten anfangen. Um diese Daten zu befördern, gibt es sogenannte Datenbusse. Auch diese können unterschiedlich schnell sein. Auch bei den Ein- und Ausgabegeräten gibt es viele verschiedene, Ihnen bekannte Geräte. Typische Eingabegeräte sind die Tastatur, eine Maus, eine touchfähige Oberfläche über dem Bildschirm, Sensoren für Temperatur, Bewegung oder Helligkeit, Scanner, Kameras und viele mehr. Zu den typischen Ausgabegeräten gehören Bildschirme, Lautsprecher, Drucker, aber z. B. auch Roboter, die durch Computer gesteuert werden.

2.1 Beliebige Daten als binäre Zahlen

Und wenn wir von Daten reden, dann sind diese intern stets und ohne Ausnahme als Zahlen repräsentiert. Ja, jede Kurznachricht, jedes Meme, jedes Video, jeder Text und jede Fahrbewegung eines Roboters, Autos oder Flugzeugs wird intern durch Zahlen abgebildet. Genauer gesagt durch Binärzahlen, also Zahlen, die nur aus 0 und 1 bestehen. Dies hat einen guten Grund: Zwei Zustände lassen sich sehr gut durch physische Hardware abbilden, z. B. durch unterschiedliche magnetische Ausrichtungen oder Spannungen. Mit diesen zwei voneinander unterscheidbaren Zuständen lassen sich prinzipiell alle Arten von Daten und Informationen abbilden, indem sie unterschiedlich interpretiert werden:

Physischer Zustand	Interpretation als Schaltung	Interpretation als Antwort	Interpretation als Wahrheits-aussage	Interpretation als Zahl
Oberhalb Grenzwert	EIN	Ja	WAHR	1
Unterhalb Grenzwert	AUS	Nein	FALSCH	0

Bei der Interpretation als Zahl können wir mehrstellige Zahlen abbilden, wenn mehrere Bits gemeinsam betrachtet werden. Dies ist vergleichbar mit dem uns vertrauten Dezimalsystem, also dem Zahlensystem mit den Ziffern 0–9. Während dieses Dezimalsystem aus nur 10 verschiedene Ziffern besteht, können wir dennoch beliebig große Zahlen abbilden, z. B.:

```
> 342359
```

Die Position der Ziffer gibt dabei die Wertigkeit an. So bedeutet die 9 an letzter Position, dass es sich um den Wert 9 handelt. Die Ziffer an der vorletzten Position bedeutet dagegen, dass sie mit dem Faktor 10 multipliziert wird. Die fünf bedeutet also 50. Genauer gesagt wird die Ziffer an der Position n (von hinten ausgehend) mit dem Faktor 10^n multipliziert. Die letzte Position ist dabei die 0. Stelle, sodass für die Beispielzahl gilt:

Ziffer	Konvertierung	Wertigkeit als Dezimalzahl	Summe
3	x 10^5	100000	300000
4	x 10^4	10000	40000
2	x 10^3	1000	2000
3	x 10^2	100	300
5	x 10^1	10	50
9	x 10^0	1	9
Summe:			342359

Während sich beim Dezimalsystem die Wertigkeit bei jeder Position verzehnfacht (also Faktor 10), verdoppelt sich beim Binärsystem die Wertigkeit bei jeder Position (also Faktor 2). Auf diese Weise lässt sich eine Binärzahl mit mehreren Ziffern zusammensetzen. In Computern werden dabei jeweils mindestens 8 Stellen zu einer Einheit, die *Byte* genannt wird, zusammengefasst. Eine Binärzahl ist z. B.:

```
> 00010101
```

Wenn man diese Binärzahl in eine Dezimalzahl umrechnen möchte, dann multipliziert man jede Stelle mit 2^n statt mit 10^n. So ergibt sich für das gerade angeschaute Beispiel:

Ziffer	Konvertierung	Wertigkeit als Dezimalzahl	Summe
0	x 2^7	128	0
0	x 2^6	64	0
0	x 2^5	32	0
1	x 2^4	16	16
0	x 2^3	8	0
1	x 2^2	4	4
0	x 2^1	2	0
1	x 2^0	1	1
Summe:			21

Die größte Zahl, die sich mit 8 Bits darstellen lässt ist die Zahl 11111111. Umgerechnet ist dies die Zahl 255:

Ziffer	Konvertierung	Wertigkeit als Dezimalzahl	Summe
1	x 2^7	128	128
1	x 2^6	64	64
1	x 2^5	32	32
1	x 2^4	16	16
1	x 2^3	8	8
1	x 2^2	4	4
1	x 2^1	2	2
1	x 2^0	1	1
Summe:			255

Die kleinste Zahl ist dagegen die 00000000. Sie entspricht auch der 0 in unserem Dezimalsystem. Insgesamt können mit 8 Bits bzw. 1 Byte also 256 verschiedene Zahlenwerte abgebildet werden, nämlich alle Dezimalzahlen zwischen 0 und 255. Weil die 0 die erste Zahl ist, werden wir an vielen Stellen sehen, dass wir in der Informatik und bei der Programmierung häufig bei 0 anfangen zu zählen. Gerade zu Beginn der Computerzeit war Speicher eine sehr knappe Ressource, und man versuchte immer, den gesamten verfügbaren Wertebereich auszuschöpfen.

256 verschiedene Werte erscheinen erst einmal recht wenig. Aber sobald man 2 Bytes verwendet, hat man 256 x 256 verschiedene Wertemöglichkeiten, genauer gesagt 65536 verschiedene Möglichkeiten. In Kotlin werden für die Speicherung von ganzen Zahlen in der Regel 4 Bytes verwendet, sodass 4294967296 zur Verfügung stehen. Damit auch negative Werte abgebildet werden können, wird die erste Hälfte davon als negative Zahl interpretiert, die zweite Hälfte als positive Zahl. Der Wertebereich liegt also zwischen -2147483648 und 2147483647.

■ 2.2 Wie Zahlen in Texte, Bilder und Animationen umgewandelt werden

Schön, jetzt wissen wir schon einmal, wie aus physischen Zuständen der Hardware Zahlen werden können. Doch wie werden aus Zahlen denn nun Texte in einer Kurznachricht, Songs auf dem Smartphone oder Bilder in einem Spiel? Die Antwort lautet: Wenn wir die Nullen und Einsen als Werte für Dezimalzahl umrechnen können, dann können wir sie auch noch auf andere Weise interpretieren. Eine bestimmte Reihenfolge von Zahlen kann z. B. als Code für einen Buchstaben oder als Farbe für einen Punkt auf dem Bildschirm interpretiert werden. Zum Beispiel lässt sich eine Farbe durch seinen roten, blauen und grünen Lichtanteil eindeutig beschreiben. Wenn wir für jeden Lichtanteil 256 Abstufungen einführen, dann ergeben sich 256 x 256 x 256 = 16.777.216 verschiedene Werte für verschiedene Farben. Dies wird häufig aufgerundet, und für Grafikkarten wird angegeben, dass 16,8 Millionen verschiedene Farben möglich sind. Man bezeichnet diese Farbwerte auch als RGB-Werte, basierend auf den Namen für die Farben rot (red), grün (green) und blau (blue). Wenn Sie nun eine ganze Reihe solcher Zahlen speichern, dann können Sie die Farbwerte für jeden Bildpunkt auf Ihrem Bildschirm, also die einzelnen Pixel, festlegen. Tatsächlich ist der bunte Bildschirm, den Sie auf dem Laptop oder Smartphone sehen, intern nichts anderes als eine sehr lange Aneinanderreihung vieler, vieler Zahlen, die für jeden Pixel einen RGB-Wert festlegen.

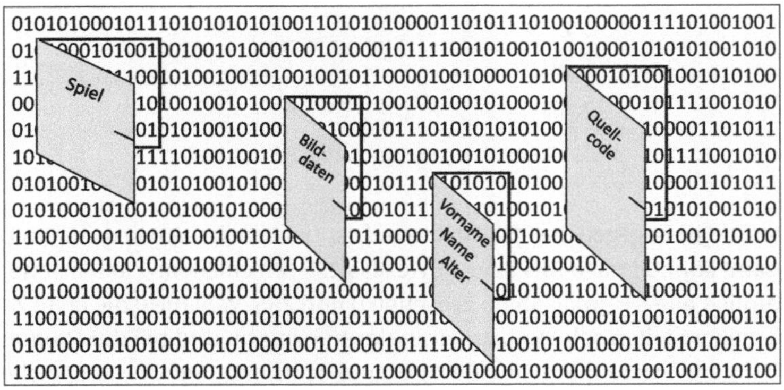

Wenn sich die Bildschirminhalte verändern, wenn z. B. in einem Videospiel ein zorniger Vogel durch die Gegend fliegt, dann geschieht intern nichts anderes als eine Berechnung, welche neuen Zahlenwerte an welchen Stellen geändert werden müssen. Es werden also Positionen innerhalb der Bildschirmmatrix und neue Farbwerte berechnet. Und hier sehen wir schon, dass der Begriff „Rechner" oder „Computer" genau richtig ist. Der Prozessor führt die Berechnungen aus, er verarbeitet die Daten aus dem Speicher und verändert den Speicher, um die berechneten Daten (z. B. neue Pixelfarben) dort hineinzuschreiben. Weil gerade für die Grafikwiedergabe sehr viele und sehr spezielle Berechnungen nötig sind, gibt es hierfür spezielle Grafikprozessoren, die GPUs (Graphic Processing Units). Neben Bildpixeln spielt aber natürlich auch Text eine besondere Rolle. Denn wir schreiben oft lange Texte am Rechner. Eine wichtige Textsorte, um die es hier in diesem Buch gehen wird, ist der Quelltext für ein Programm. Dabei handelt es sich um einen Text, der vom Computer als ausführbares Programm interpretiert oder in ein solches übersetzt werden kann. Damit der Computer jedoch unsere Texte versteht, müssen wir uns an ein paar Regeln halten, die wir uns noch genauer anschauen.

Ähnlich wie bei den Farbcodes, bei denen Zahlen festlegen, in welcher Farbe ein Bild erstrahlen soll, können wir Zahlen bestimmten Buchstaben zuordnen. Damit dies einheitlich geschieht, also wir uns nicht jedes Mal ausdenken müssen, für welchen Buchstaben eine Zahl steht, gibt es internationale Standards. Zwei Standards sind für uns von Bedeutung. Zum einen gibt es den ASCII-Standard. ASCII steht für „American Standard Code for Information Interchange" und legt für 128 Werte unterschiedliche Buchstaben, Ziffern und Sonderzeichen fest, z. B.:

Wert	Buchstabe
65	A
66	B
67	C
...	...
97	a
98	b
...	..

Wenn man nun eine Zahlensequenz hat, z. B. 72, 97, 108,108, 111, dann lässt sich jeder Zahl ein Buchstabe dieser ASCII-Tabelle zuordnen. In diesem Beispiel wären dies die Buchstaben H,a,l,l,o. Und aus diesen Buchstaben lässt sich dann das Wort „Hallo" zusammensetzen.

Von den 128 ASCII-Codes sind 95 Codes für druckbare Zeichen vorgesehen, die restlichen Codes sind Steuerzeichen, z. B. das Zeichen für eine neue Zeile. Nun ist es allerdings so, dass viele Sprachen nicht mit 95 verschiedenen Zeichen auskommen, da es viele Sonderzeichen oder spezielle Schriftzeichen gibt. Daher gibt es mit Unicode einen weiteren Standard bzw. mehrere Standards, die einen umfangreicheren Zeichenvorrat besitzen. Für Kotlin kommt der UTF-16-Standard zum Einsatz, bei dem jedes Zeichen durch eine 16-Bit-Zahl repräsentiert wird und entsprechend viel mehr verschiedene Zeichen codiert werden können.

Die Nullen und Einsen, die im Speicher liegen, können also auf unterschiedlichste Weise interpretiert werden: als Dezimalzahlen, Farbwerte, Buchstaben, Werte für Audiosignale usw.

2.3 Zahlen als ausführbarer Code

Jedem Zahlencode kommt dabei eine besondere Bedeutung zu. Und dies können wir uns zunutze machen, um ausführbare Programme für Computer festzulegen. Denn wenn eine bestimmte Zahl, je nach Interpretation, einmal die Farbe „himmelblau" und ein anderes Mal den Buchstaben „Z" meinen kann, so lässt sich über Zahlencodes auch festlegen, was der Prozessor als Nächstes machen soll. Zum Beispiel könnten wir folgende Zahlenfolge auf unterschiedliche Weise interpretieren:

- 0 136 255 -> R, G, B Werte für himmelblau
- 0 136 255 -> bestimmte Buchstaben laut ASCII-Tabelle
- 0 136 255 -> Addiere 136 und 255

In der letzten Interpretation der drei Zahlen werden diese als ausführbarer Code aufgefasst. Dies kann uns gelingen, indem wir der Zahl 0 hier die Bedeutung der Addition zukommen lassen. 0 ist also unser **Code für die Addition** zweier Zahlen, die hier ebenfalls festgelegt sind. So wie eine Tabelle bestimmte Buchstaben einer Zahl zuordnet, können andere Tabellen bestimmte Befehle wie Addition oder Subtraktion einer Zahl zuordnen. Wir können also über Zahlen Befehle oder Instruktionen festlegen, die ein Prozessor interpretieren und ausführen kann. Ausführen bedeutet in diesem Fall, dass eine bestimmte Form der Berechnung (hier die Addition) mit bestimmten Daten (hier die Zahlen 136 und 255) ausgeführt werden soll.

In gleicher Weise können wir uns weitere Codes für andere Anweisungen überlegen, z. B. Multiplikation und Division, Zahlen vergleichen, Bildpixel verändern usw. Bei diesen Operationen (also bestimmte Arten der Berechnung) gibt es Operanden (also Datenwerte), auf denen die Operation ausgeführt und ein Ergebnis berechnet wird. Es gibt auch Anweisungen, die eine Reihe von Bits direkt verändern, z. B. alles auf 0 oder 1 setzen, die Positionen nach links oder rechts verschieben (shiften) oder zwei Bit-Reihen miteinander durch eine logische Operation verknüpfen. Zum Beispiel gibt es die ODER-Verknüpfung. Dabei wird an der jeweiligen Position als Ergebnis der Bitwert auf 1 gesetzt, wenn von den beiden Operanden mindestens einer an der entsprechenden Position auch eine 1 stehen hat. Bei der UND-Verknüpfung gilt hingegen, dass das Ergebnis nur dann 1 ist, wenn beide Operanden an der entsprechenden Bitstelle auch eine 1 stehen haben. Mit dieser Logik werden wir uns noch ausführlicher beschäftigen.

Für den Moment ist es erst einmal wichtig zu verstehen, dass Instruktionen für den Prozessor auch als Zahlen festgelegt werden können. Dadurch ist es möglich, ein Programm als Reihe von Zahlen festzulegen, die wiederum selbst im Speicher liegen. Dies ist das universelle Rechnerkonzept, wie es John von Neumann beschrieben hat. Instruktionen können nach und nach abgearbeitet werden. Welche Instruktion als Nächstes ausgeführt wird, kann wiederum als eine Zahl festgelegt werden (z. B. Führe Instruktion 44 aus, Führe Instruktion 45 aus, Führe Instruktion 46 aus ...). Diese Zahl nennt man Programmzähler. Er gibt an, die wievielte Instruktion als Nächstes ausgeführt werden soll. Es gibt auch Instruktionen, um diesen Programmzähler zu verändern. Wenn z. B. eine Instruktionsfolge mehrfach ausgeführt werden soll, dann kann der Programmzähler auch wieder auf eine andere Zahl gesetzt werden (Führe wieder die Instruktion 44 aus). Solche wiederholten Abläufe nennt man Schleifen, und wir werden noch sehen, wie man selbst Schleifen in einem Programm festlegt. Der Programmzähler kann auch Sprünge machen, wenn z. B. Entscheidungen anstehen, ob eine bestimmte Sequenz von Instruktionen überhaupt ausgeführt werden soll: Nur wenn ich genug Geld habe, dann kaufe ich mir ein Eis. Die notwendigen Instruktionen, um „Eis kaufen“ als Programm abzubilden, sollen nur dann ausgeführt werden, wenn ich genug Geld habe. Wenn dies nicht der Fall ist, muss der Programmzähler an eine andere Stelle springen, um diesen bedingten Ablauf zu überspringen. Um festzustellen, ob ich genug Geld habe, kommen wiederum spezielle Instruktionen zum Einsatz, mit denen Werte verglichen und – je nach Ergebnis – der Programmzähler verändert wird.

3 Zugriff auf den Speicher

Beim Ausführen einer Operation ist es in der Regel wichtig, auf bereits existierende Daten im Speicher zuzugreifen und das Ergebnis auch wieder zurück in den Speicher zu schreiben. Der Speicher besteht im Prinzip aus einer sehr großen Anzahl von Speicherzellen. Jede einzelne Speicherzelle kann, wie bereits erwähnt, nur zwischen den Werten 0 und 1 unterscheiden. Erst durch den Zusammenschluss mehrerer Speicherzellen ergeben sich interessante Einheiten von Zahlenwerten, die dann wiederum auf unterschiedliche Weise interpretiert werden können. Damit auf einen solchen Zusammenschluss von Speicherzellen (z. B. 8 Bits als 1 Byte) zugegriffen werden kann, müssen diese Einheiten adressiert werden. Daher spricht man auch von Speicheradressen. Eine Speicheradresse besteht dabei nicht etwa aus „Blumenstraße 99", sondern einfach aus einer nüchternen Zahl. Diese Adresszahl sagt z. B.: Verwende die Daten aus den Speicheradressen 390 und 506. Schreibe dann das Ergebnis in die Speicheradresse 7002.

Man kann sich dies so vorstellen, als würde man eine Reihe von Türen über die vielen Speicherzellen legen. Jede Tür hat eine eigene Adresse. Öffnet man die Tür an der Stelle 390, dann können dort andere Bitfolgen stehen als hinter der Tür 506.

Wie die Bitfolgen hinter den Türen interpretiert werden sollen, hängt von der Instruktion ab, die mit diesen Daten arbeiten wird. Dieselbe Bitfolge kann als Zahl, Farbwert, Buchstabe oder sogar als weitere Instruktion interpretiert werden.

Daher legt man bei der Verwendung der Daten, also quasi beim Öffnen der Türen über eine Adresse, auch fest, was mit den Daten geschehen soll. Dies geschieht über die Festlegung eines *Datentyps.* Wenn eine Bitfolge als Zeichen interpretiert wird, dann ist dies ein anderer Datentyp als bei der Interpretation als ganze Zahl. Der Typ legt dabei nicht nur fest, wie die Nullen und Einsen zu interpretieren sind, sondern auch, welche Arten der Veränderungen erlaubt sind. Anders gesagt: Der Typ bestimmt die **Interpretation der Datenwerte** und die **Anzahl der erlaubten Operationen**. Welche Typen uns von Kotlin angeboten werden, werden wir in Kapitel 9, „Basis-Datentypen", kennenlernen. Wie wir eigene Typen festlegen, werden wir in Teil III, „Objektorientierte Programmierung", noch sehen.

Übrigens:

Die unterschiedliche Interpretation der Zahlen als Werte in einem Programm oder als Instruktionen für ein Programm ist ein mächtiges Werkzeug. Es ermöglicht uns, im selben Speicher sowohl Daten als auch Programme zu speichern. Gleichzeitig ist es die Angriffsfläche, die leider auch Viren nutzen. Denn wenn es gelingt, die Zahlen im Speicher zu verändern, die als Instruktionen interpretiert werden, dann können Instruktionsfolgen eingeschleust werden, die schadhaft sind. So kann eine harmlos aussehende Operation, bei der ein Rechenergebnis in eine Speicherzelle geschrieben wird, in Wirklichkeit dazu führen, dass diese Zahl als Instruktion interpretiert wird, die schädliche Konsequenzen hat. ■

3.1 Organisation des Speichers

Es kann durchaus sein, dass für bestimmte Datentypen etwas mehr Speicherplatz benötigt wird. Nehmen wir an, dass für eine Person der Vor- und Nachname sowie das Alter gespeichert werden sollen. Dann lässt sich hierfür ein etwas größeres Bitfeld reservieren. Dies entspricht in unserer Metapher einer größeren Tür. Auch diese Tür hat eine Adresse, über die dann aber strukturiert auf Unterelemente zugegriffen werden kann.

Der Zugriff auf alle Türen im Hauptspeicher geschieht gleich schnell. Der Prozessor muss nur die Adresse wissen. Danach hat er einen direkten Zugriff auf die Bits hinter dieser Tür. Dieser Hauptspeicher heißt daher auch RAM (*Random Access Memory*). Der Zugriff kann auf beliebige Werte geschehen.

Neben dem Zusammenschluss mehrerer Einzeldaten hinter einer etwas größeren Tür ist es auch üblich, dass mehrere Daten desselben Typs zu einem Datenfeld (einem Array) zusammengefasst werden. Dies entspricht im Prinzip einer Häuserfront mit einer fixen Anzahl von Türen, hinter denen Daten desselben Typs gespeichert werden. Für eine Zeichenkette wird z. B. ein Feld mit Buchstaben benötigt. Damit diese zusammengehörenden Elemente nicht wild verstreut sind und man nach dem jeweils nächsten Buchstaben suchen muss, speichert man diese hintereinander. Dadurch lässt sich auch sehr schnell auf die einzelnen Türen des Feldes zugreifen: Wenn Sie wissen, dass Laura in der Straße 23 hinter der 4. Tür wohnt, dann kommen Sie schnell dort hin. Wenn Laura aber etwas flexibler ist und mal hier, mal dort wohnt, dann müssen Sie vielleicht bei mehreren Türen nachschauen, um Laura zu finden. Arrays ermöglichen also einen schnellen Zugriff, sind jedoch etwas weniger flexibel.

3.2 Daten im Speicher und Datenverarbeitung im Prozessor

Während der Zugriff gezielt über Speicheradressen erfolgt, müssen diese noch zum Prozessor gelangen, um dort verarbeitet zu werden. Die Daten müssen also für die Verarbeitung ausgelesen und das Ergebnis später wieder an eine Speicheradresse geschrieben werden. Für die Verarbeitung müssen die Bits daher in den Prozessor transportiert werden. Diese Aufgabe übernimmt ein Datenbus, der die Bits in den Prozessor kopiert. Der Prozessor hat eigene Speicherfelder, mit denen er sehr, sehr schnell operieren kann. Dies geht aber nur so schnell, weil die Anzahl begrenzt ist. Stellen Sie sich vor, Sie haben einen Aktenschrank, bestehend aus Ordnern, in denen Daten stehen, z. B. Bilanzdaten. Dieser Schrank ist wie Ihr RAM. Sie können schnell auf einen der Ordner zugreifen und eine bestimmte Seite aufschlagen. Egal welchen Ordner Sie nehmen, die Zugriffszeit ist (ungefähr) gleich lang. Aber doch recht langsam, um überhaupt auf die Daten zuzugreifen. Wenn Sie dann den Ordner geöffnet haben, dann können Sie die gerade relevanten Daten auf ein Blatt Papier kopieren. Die Daten, die jetzt auf dem Papier stehen, können Sie selbst (und Sie sind jetzt der Prozessor, der Berechnungen ausführt) sehr viel schneller verarbeiten als die Daten aus den Ordnern. Das geht aber nur, weil auf dem Blatt Papier nur wenige Daten stehen, und Sie direkt damit arbeiten können. Und wenn Sie ein Ergebnis berechnet haben und gerade nicht mehr brauchen, dann archivieren Sie es – für die spätere Verwendung – wieder in einem der Ordner in Ihrem Aktenschrank.

Während das Speichern und Verändern auf dem Blatt Papier sehr schnell geht (ähnlich wie bei den Speicherregistern eines Prozessors), dauert der Zugriff auf die Daten im Ordner etwas länger (ähnlich wie beim Hauptspeicher des Computers). Allerdings ist auch der Hauptspeicher nicht beliebig groß. In Ihren Aktenschrank passt nur eine begrenzte Anzahl von Ordnern. Auch wenn moderne Aktenschränke immer größer werden (wir meinen natürlich: moderne Computer immer mehr RAM haben), so gibt es doch Grenzen, wenn wir sehr, sehr viele Daten speichern möchten. Aus diesem Grund gibt es neben dem Hauptspeicher noch verschiedene Arten des Massenspeichers. Dieser ist im Vergleich zum RAM relativ langsam. Beispiele für Massenspeicher sind Festplatten, USB-Sticks oder auch das Speichern in der Cloud. Um in der Analogie der Aktenordner zu bleiben: Der Massenspeicher ist das große Archiv im Keller. Dort passt viel, viel mehr hinein als in einen Aktenschrank. Aber der Zugriff auf die dortigen Ordner dauert auch nochmals etwas länger. Und wenn Sie einen Cloud-Dienst nutzen, dann verlagern Sie das Speichern der Daten (oder Akten) an einen entfernten Ort. Das kann durchaus sinnvoll sein, da dort noch viel, viel mehr Speicher zur Verfügung steht. Sie können ja auch Aktenordner in externen Speicherhäusern lagern. Dabei dauern An- und Abtransport noch einmal etwas länger. Und Sie sind auf eine gute Transportinfrastruktur angewiesen – eine schnelle Internetverbindung, die hoch verfügbar sein sollte. Und Sie müssen dem Betreiber des Speicherhauses trauen, dass die Daten vor fremden Zugriffen geschützt werden – ähnlich wie Sie einem Cloud-Anbieter trauen müssen, dass Ihre Daten nicht gehackt oder gar der Cloud-Anbieter selbst in die Daten schaut.

3.3 Heap und Stack

Der Hauptspeicher mit seinen Bits und Bytes lässt sich, wie wir bereits am Beispiel unterschiedlich großer Türen und Arrays gesehen haben, unterschiedlich organisieren. Eine weitere wesentliche Unterscheidung ist die Organisation als Heap und als Stack. Heap (englisch für „Halde") bedeutet, dass Daten an beliebigen, bislang ungenutzten Positionen gespeichert werden können. Das bedeutet etwa: Sie richten eine neue Tür in der gewünschten Größe dort ein, wo noch Platz ist. Das ist einerseits praktisch, da Sie an beliebiger Stelle Daten speichern können. Gleichzeitig führt dies zu einer Fragmentierung des Speichers, sodass gelegentlich aufgeräumt werden muss (was Zeit kostet). Zudem müssen Sie genau organisieren, wie Sie die Tür wiederfinden, denn sie kann sich ja überall befinden. Beim Stack (englisch für „Stapel") wird dagegen ein Speicherbereich fester Größe reserviert, und Daten können nacheinander darauf abgelegt und wieder heruntergenommen werden. Dabei kann, wie bei einem Stapel, jeweils nur auf das oberste Element zugegriffen werden. Stapel helfen Ihnen dabei, die Zugriffsreihenfolge auf bestimmte Daten effizient zu organisieren. Wir werden später sehen, dass dies beim Aufruf von Funktionen, also dem Abarbeiten wiederkehrender Anweisungsfolgen, wichtig ist, damit die Arbeit wieder an der richtigen Stelle fortgesetzt wird. Stellen Sie sich vor, dass Sie gerade auf einem Blatt Papier eine komplizierte Berechnung anstellen. An einer bestimmten Stelle benötigen Sie eine Nebenrechnung. Für diese Nebenrechnung verwenden Sie ein weiteres Blatt Papier. Dies entspricht einem neuen Speicherblock auf dem Stack (oft als Stack-Frame bezeichnet). Ihr zusätzliches Blatt Papier für die Nebenrechnung liegt wie auf einem Stapel über Ihrer eigentlichen Berechnung. Alle Zahlen und Werte, die Sie auf diesem zusätzlichen Blatt Papier aufschreiben oder verändern, haben keine Auswirkungen auf das darunter liegende Blatt Papier. Wenn Sie mit Ihrer Nebenrechnung fertig sind, entfernen Sie das zusätzliche Blatt Papier wieder und machen genau an derselben Stelle auf dem darunter liegenden Blatt Papier weiter.

3.4 Programme als Code schreiben statt als Zahlenfolgen

Wir haben also gesehen, dass der Speicher, der nur aus Nullen und Einsen besteht, auf unterschiedliche Weise organisiert wird. Zudem können die Nullen und Einsen unterschiedlich interpretiert werden. Die Zahlen können unterschiedliche Dinge repräsentieren: Datenwerte und Instruktionen für den Prozessor. Darüber hinaus können diese Zahlen auch Adressen für einen Speicherbereich darstellen. Über diese Adressen lassen sich andere Speicherbereiche referenzieren oder festlegen, wo im Speicher die nächste Instruktion für die Ausführung durch den Prozessor liegt. Dieses ganze Zahlenwirrwarr erscheint aber recht kompliziert, wenn wir doch eigentlich unsere Welt abbilden wollen, indem wir Geschäftsprozesse modellieren, Spiele schreiben, Videos oder Bilder verarbeiten, Texte schreiben oder Nachrichten verwalten und versenden möchten.

Und genau aus diesem Grunde gibt es höhere Programmiersprachen wie Kotlin, mit denen wir Programme in einer Sprache festlegen können, die sowohl für uns verständlich als auch für den Computer interpretierbar ist. Dabei abstrahieren wir von den konkreten Instruktionen, die wir dem Prozessor geben müssen, auf für uns bedeutungsvolle Konzepte, wie z. B. der Ausgabe eines Textes auf dem Bildschirm. Kotlin ermöglicht z. B. die Ausgabe des Worts „Hallo“ auf dem Bildschirm mit folgender Zeile Code:

```
println("Hallo")
```

Der Prozessor kann damit aber nicht direkt etwas anfangen. Wir haben lange darüber diskutiert, dass ein Prozessor nur Instruktionen ausführen kann, die als Zahlen im Speicher liegen. Es muss also einen Weg geben, um diese Zeile Code in solche Zahlen zu übersetzen. Genau dies ist die Aufgabe von *Interpretern* und *Compilern.*

4 Interpreter und Compiler

Interpreter führen Anweisungsfolgen wie z. B. die `println`-Funktion direkt aus, indem sie bei der Abarbeitung des Programms die Bedeutung des Textes interpretieren und dann entsprechende Berechnungen durchführen. Ein Interpreter ist also selbst ein Programm, das ausgeführt werden kann. Der Interpreter liest dann ein anderes Programm ein, das als Quelltext vorliegt. Quelltext ist dabei der Programmcode, der in einer bestimmten Programmiersprache verfasst wurde, also z. B. in Kotlin. Dieser Quelltext kann in einer Datei vorliegen, die eingelesen wird, oder auch direkt in einer Entwicklungsumgebung eingetippt werden, wie dies z. B. in der Online-Umgebung von Kotlin geschieht (*https://play.kotlinlang.org*).

Der Interpreter verarbeitet dann diesen Text. Damit der Interpreter weiß, wo er mit der Arbeit beginnen kann, gibt es Einstiegspunkte, die festlegen, wo begonnen werden soll. Bei einigen Programmiersprachen ist dies die erste Zeile, die in einer Datei steht. Bei Kotlin ist dagegen der Einstiegspunkt eine Funktion, die den Namen `main()` tragen muss. Mit Funktionen werden wir uns noch sehr intensiv beschäftigen. Für den Moment können wir uns eine Funktion einfach als einen ausführbaren Codeschnipsel vorstellen. Und die `main`-Funktion ist der Codeschnipsel, der beim Programmstart ausgeführt werden soll:

```
fun main() {
    println("Hallo")
}
```

Beim Ausführen wird also mit der `main`-Funktion begonnen. In dieser Funktion können dann einzelne Anweisungen und Ausdrücke stehen, die nacheinander ausgeführt werden. Ein Interpreter stellt in diesem Beispiel fest: „Aha, ich soll erst einmal etwas auf dem Bildschirm ausgeben. Dies wird durch `println()` festgelegt. Was ausgegeben wird, ist in diesem Fall durch einen Parameter festgelegt, nämlich `"Hallo"`."

Wenn der Interpreter auf eine Anweisung stößt, die er nicht versteht, dann bricht er ab und meldet eine Fehlermeldung. Ein Interpreter arbeitet einen Quellcode also quasi *on the fly* ab, also während des Programmablaufs. Das ist im Prinzip wie ein Simultanübersetzer, der die Aussagen aus einer Sprache (Sprache des Quelltexts) live in eine andere Sprache (Sprache der Maschine) übersetzt.

Ein Compiler hat dagegen eine andere Arbeitsweise. Auch er übersetzt einen Quelltext in Code, der von der Maschine ausgeführt werden kann. Allerdings übersetzt der Compiler das Programm vollständig in Maschinencode, bevor es ausgeführt werden kann. Somit kann der Compiler auch schon Fehler melden, bevor überhaupt die Programmausführung startet.

Ein Compiler ist also kein Simultanübersetzer, sondern ein Programm, das einen Quelltext vollständig in einen Maschinencode übersetzt.

> **Definition *Compiler***
>
> Ein Compiler ist ein Programm, welches ein Programm in Form von Quelltext entgegennimmt und ein anderes Programm erzeugt. Bei diesem Prozess werden eine Menge Überprüfungen und Optimierungen durchführt. Wenn das Programm keine Syntax- und Typfehler hat, kommt am Ende ein Programm heraus, welches der Computer ausführen kann.

In beiden Fällen – beim Interpreter wie beim Compiler – findet aber eine Übersetzung statt. Wenn Sie in der Experimentierumgebung von Kotlin eine Zeile Code eingeben und ausführen lassen, dann wird im Hintergrund übrigens der gesamte (wenn auch sehr kurze) Quellcode kompiliert (d. h. in Maschinencode) übersetzt. Weil dies so schnell geht und auch auf bereits eingegebene Werte zugegriffen werden kann, scheint der Ablauf wie bei einem Interpreter zu sein. Der Unterschied zwischen einem Interpreter und einem Compiler verschwindet also fast, wenn es sich um die Übersetzung sehr kurzer Quelltexte handelt. Das ist ähnlich wie der Unterschied zwischen einem Simultanübersetzer und einem Übersetzer, der einen Text vollständig übersetzt. Wenn der vollständige Text sehr kurz ist, dann gibt es (gefühlt) keinen Unterschied mehr.

4.1 Virtuelle Maschinen, Bytecode und Maschinencode

Bei Kotlin wird der Quellcode grundsätzlich kompiliert. Allerdings wird der Quellcode nicht direkt in Maschinencode übersetzt, der unmittelbar von einem Prozessor ausgeführt werden kann. Denn es gibt viele verschiedene Rechnerarchitekturen und somit auch verschiedene Prozessoren, die zum Einsatz kommen. Und während es bei Buchstaben standardisierte Codes gibt, die festlegen, welcher Buchstabe durch welche Zahl repräsentiert wird, gibt es bei den Prozessoren verschiedener Hersteller unterschiedliche Formen, wie Instruktionen als Zahlen codiert werden. Das liegt unter anderem daran, dass die Prozessoren unterschiedliche Befehlssätze haben, um z. B. komplexere Operationen in einem Schritt auszuführen. Es gibt hier konkurrierende Systeme, die sich durch eine unterschiedliche bzw. unterschiedlich schnelle Verarbeitung der Daten an die Spitze setzen möchten.

Um von diesen Unterschieden verschiedener Prozessortypen zu abstrahieren, kommen oft *virtuelle Maschinen* zum Einsatz. Eine virtuelle Maschine besteht ähnlich wie eine reale Computer-Maschine vor allem aus einem Prozessor zum Verarbeiten von Instruktionen und einer Speicherverwaltung. Bei einer virtuellen Maschine ist dieser Prozessor jedoch keine Hardware-Komponente, sondern selbst ein Stück Software, also ein Programm. Dieser virtuelle Prozessor löst das Problem, dass unterschiedliche Hardware-Prozessoren mit unterschiedlichen Befehlssätzen ausgestattet sind. Die virtuelle Maschine stellt nämlich einen einheitlichen Befehlssatz zur Verfügung. Die virtuelle Maschine kann dann für verschiedene Hardware-Systeme umgesetzt werden. Damit wird erreicht, dass auf verschiedenen

Hardware-Plattformen derselbe Code ausgeführt wird. Dieser Code ist im Prinzip ein Zwischencode, der als Bytecode bezeichnet wird. Für den Compiler bedeutet dies, dass nicht zwischen verschiedenen Hardware-Plattformen unterschieden werden muss, sondern für eine virtuelle Maschine übersetzt werden kann. Zudem übernimmt die virtuelle Maschine die Speicherverwaltung und sorgt dafür, dass keine Speicherbereiche (im realen Hardware-RAM) belegt werden, die außerhalb der virtuellen Maschine liegen. Eine sehr weit verbreitete virtuelle Maschine ist die *Java Virtual Machine* (JVM). Diese Architektur wurde ursprünglich für die Programmiersprache Java entwickelt. Es gibt verschiedene Umsetzungen von dieser virtuellen Maschine – einerseits von verschiedenen Herstellern, andererseits für verschiedene Hardware-Plattformen. So gibt es eine JVM für Mac-Systeme, für Windows-Systeme, für Unix-Systeme, aber auch für Android-Smartphones. Die JVM ist nichts anderes als eine *Laufzeitumgebung*, die Programmcode ausführen kann. Dieser Programmcode verwendet den Befehlssatz der JVM und wird als Bytecode bezeichnet.

Ein Compiler kann nun den Quelltext einer von Menschen gut lesbaren Sprache (wie Kotlin oder Java) in Bytecode für die JVM übersetzen. Die JVM interpretiert oder übersetzt diesen Bytecode dann in spezifische Instruktionen für die jeweilige Hardware-Plattform – egal welcher Prozessor dort zum Einsatz kommt. Damit ist es theoretisch möglich, denselben Quellcode nur ein einziges Mal zu übersetzen und dann über die JVM auf verschiedenen Hardware-Plattformen laufen zu lassen. Allerdings ist es so, dass einzelne Bibliotheken – also zur Verfügung gestellte fertige Funktionalitäten – nur für bestimmte Plattformen verfügbar sind. Das liegt daran, dass z. B. einerseits sowohl für Mac und Windows jeweils grafische Benutzeroberflächen mit Fenstern als auch die Ein- und Ausgabe über eine Konsole zur Verfügung stehen. Hier gibt es auch gemeinsame Bibliotheken (z. B. Java FX), mit denen kompilierte Programme entwickelt werden können, die 1:1 auf beiden Plattformen laufen. Andererseits gibt es aber etwa für Android-Systeme spezifische Bibliotheken, die eine spezifische Gestaltung der Benutzeroberfläche berücksichtigen und auch auf für Smartphones spezifische Funktionalitäten Zugriff gewähren, etwa die Bewegungssensoren oder das Starten eines Telefonanrufs.

4.2 Kotlin – eine Sprache, viele Plattformen

Kotlin ist als moderne Programmiersprache so ausgelegt, dass sie auf möglichst vielen Plattformen läuft. Es gibt daher verschiedene Compiler für die unterschiedlichen Zielplattformen. Mit anderen Worten: Der in Kotlin geschriebene Quelltext kann sowohl für die Java Virtuelle Maschine als auch für andere Systeme übersetzt werden. Insbesondere ist eine Übersetzung in JavaScript-Code sowie auch das Kompilieren für native Hardware-Plattformen möglich.

Der häufigste Fall ist derzeit noch die Kompilierung von Kotlin-Programmen für die Java Virtuelle Maschine. Darauf werden wir uns auch in diesem Buch konzentrieren. Dabei ist es keine Einschränkung, dass die JVM ursprünglich einmal für die Programmiersprache Java entwickelt wurde. Inzwischen gibt es längst mehrere andere Sprachen, die auch für die JVM übersetzt werden können. Es ist sogar ein Vorteil, dass Kotlin für die JVM übersetzt werden kann. Zum einen übernehmen wir damit die Plattformunabhängigkeit (mit den oben genannten Einschränkungen), die auch für Java galt. Zum anderen klappt das Zusammenspiel mit existierenden Java-Programmen (die Interoperabilität der Programmiersprachen Kotlin und Java) reibungslos. Man kann Kotlin vollständig nutzen, ohne Java zu kennen. Wenn Sie jedoch Java-Kenntnisse oder bereits Code in Java entwickelt haben, dann können Sie dieses Wissen bzw. diesen Code problemlos weiter verwenden.

Für häufig wiederkehrende Aufgaben gibt es zudem bereits Standardbibliotheken, die umfangreiche Funktionalität bereitstellen. Wenn Sie z. B. einen Algorithmus benötigen, um Daten zu sortieren, oder ein Bild in einem bestimmten Format laden oder speichern möchten, dann macht es wenig Sinn, immer und immer wieder denselben Algorithmus zu programmieren. Stattdessen gibt es Bibliotheken, die eingebunden werden können. Gerade für Java gibt es zahlreiche Bibliotheken, die sehr spezielle Funktionalitäten bereitstellen, z. B. die Verbindung zu einem bestimmten Server oder die Nutzung bestimmter Online-Dienste. Alle Bibliotheken, die für Java verfügbar sind, können Sie auch in Kotlin nutzen, wenn Sie für die JVM kompilieren.

Zudem ist es möglich, Kotlin-Programme in die Programmiersprache JavaScript zu übersetzen. JavaScript ist eine Programmiersprache, die bei der Ausführung interpretiert wird. Wenn also aus dem Kotlin-Quelltext ein JavaScript-Programm entsteht, dann kann dieses sofort in einer JavaScript-Umgebung ausgeführt werden. Die bekannteste Umgebung zur Ausführung von JavaScript-Programmen ist Ihr Web-Browser. Viele Interaktionen auf einer Webseite, die im Browser ausgeführt werden, sind als ausführbare JavaScript-Programme definiert. Sie können Kotlin also auch nutzen, um interaktive Webanwendungen zu entwickeln. JavaScript läuft aber nicht nur im Web-Browser (dem Client), sondern immer häufiger auch auf Servern. Insbesondere die Node.js-Plattform ist eine Serverarchitektur, bei der die Backend-Entwicklung mit JavaScript geschieht. Mit Backend ist der Teil einer Webanwendung gemeint, die nicht in Ihrem Web-Browser abläuft, sondern auf dem Webserver des Anbieters. Wenn Sie z. B. bei einem Online-Shop etwas bestellen, dann läuft ein Teil des Systems auf Ihrem Rechner ab (z. B. blendet das Klicken auf ein Produkt zusätzliche Informationen ein oder legt es in den Einkaufswagen), und der andere Teil läuft auf dem Server des Anbieters (z. B. Informationen über ein Produkt bereitstellen, Abwickeln der Bestellung).

Mit Kotlin geschriebene Programme lassen sich aber auch direkt in den Maschinencode einer Plattform übersetzen. Diese Option wird als *Kotlin Native* bezeichnet, weil nativer, auf einer bestimmten Maschine ausführbarer Code entsteht. Dies funktioniert inzwischen auch schon für die iOS-Plattform sehr gut. Allerdings befinden sich einige Merkmale von Kotlin Native noch in der Entwicklung und werden erst nach und nach bereitgestellt. Dennoch lässt sich schon jetzt sagen, dass Kotlin auch hier zukunftsfähig ist.

Wir werden uns in diesem Buch auf die Kompilierung von Kotlin-Quellcode für die JVM konzentrieren – sowohl für Anwendungen auf einem regulären Computer (Windows-PC, Mac oder Linux) als auch für Android-Apps. Trotzdem ist es wichtig zu wissen, dass Kotlin sich für verschiedene Plattformen übersetzen lässt.

5 Syntax, Semantik und Pragmatik

Damit die Übersetzung klappt, muss natürlich auch der Quellcode in einer für den Übersetzer verständlichen Sprache vorliegen. Stellen Sie sich vor, Sie haben jemanden, der Deutsch und Türkisch spricht. Diese Person kann deutsche Texte ins Türkische übersetzen und umgekehrt. Wenn Sie dagegen einen Text haben, der im Spanischen vorliegt, wird Ihnen die Person vermutlich nicht weiterhelfen können.

Genauso ist es mit Compilern. Ein Kotlin-Compiler versteht nur syntaktisch korrekten Quellcode. Nur dieser Code kann übersetzt werden. Die Syntax ist dabei ein **Regelsystem von gültigen Zeichen**. Eine ordentliche Syntax unserer natürlichen Sprache ist z. B.:

```
Am Montag scheint die Sonne.
```

Keine gültige Syntax für einen ordentlichen Satz sind dagegen die folgenden Beispiele:

```
!!! Sonne, Am scheinen Montag. Das
Montags, Sonnen, scheinen
A. M. s. d. S.
JISOJSK!!!
```

Diese Sätze verletzen unsere Grammatik und verwenden teils keine eindeutigen bzw. nicht existierende Begriffe. Sie sind **syntaktisch falsch**. Während wir bei einigen Varianten noch erraten können, was gemeint ist, verlangt ein Compiler stets eine gültige Syntax. Compiler raten nicht.

5.1 Syntax

Compiler benötigen wohlgeformte Syntax. Diese bestehen beispielsweise aus

- fest definierten Schlüsselwörtern, dem Vokabular der Sprache Kotlin, wie z. B. `if`, `class` oder `fun`,
- selbst eingeführten Bezeichnern wie z. B. Namen für Datenwerte oder Funktionen,
- Operationen wie z. B. +, -, *, / und
- feststehenden Datenwerten wie z. B. 42 oder `"Hallo"`.

Definition *Syntax*

Die Syntax ist ein Regelsystem von gültigen Zeichen für eine Sprache.

Wir haben bereits ein Beispiel für eine gültige Syntax gesehen:

```
println("Hallo")
```

Dabei handelt es sich syntaktisch um einen wohlgeformten Satz im Quellcode der Programmiersprache Kotlin. Es wird der Bezeichner `println` für eine Kotlin-Funktion zur Ausgabe auf der Konsole verwendet. Was ausgegeben wird, kann über einen Parameter festgelegt werden. Parameter werden in runden Klammern hinter die Funktion geschrieben. Feststehende Zeichenketten können in Kotlin mit doppelten Anführungszeichen beginnen und enden.

Beispiele für eine ungültige Syntax sind:

```
p r i n t l n ("Hallo") // Leerzeichen zwischen Buchstaben des Bezeichners nicht
    erlaubt
"Hallo" () println // falscher Aufbau, ähnlich wie bei der falschen Grammatik oben
```

Die Syntax zum Deklarieren und Zuweisen einer Variable ist:

```
val hallo = "Hallo"
println(hallo)
```

Dabei folgt die Definition der Variablen `hallo` hier auch einer festgelegten Syntax. Folgendes wäre nicht möglich:

```
Setze den Variablenwert hallo auf den Wert "Hallo"
```

Das ist zwar für uns verständlich, aber es entspricht nicht der Kotlin-Syntax. Und somit kann der Compiler diesen Satz – im Gegensatz zu uns – nicht verstehen und übersetzen. Was es genau mit Variablen auf sich hat, schauen wir uns noch später an.

5.2 Semantik

Ein syntaktisch korrektes Programm muss noch lange nicht richtig sein. Schauen wir uns als Beispiel einmal folgenden grammatikalisch richtigen Satz an:

```
Am Montag regnet die Sonne.
```

Dieser Satz ist grammatikalisch in Ordnung und entspricht der Syntax der deutschen Sprache. Aber er ist natürlich Quatsch! Die Sonne kann ja nicht regnen. Selbst wenn es regnet und stürmt, dann ist es nicht die Sonne, die regnet. Ein anderes Beispiel für einen grammatikalisch richtigen, aber sinnfreien Ausdruck ist der Spruch:

```
Nachts ist es kälter als draußen.
```

Dass es die natürliche Sprache erlaubt, solche syntaktisch richtigen, aber inhaltlich sinnfreien Aussagen zu treffen, ist die Grundlage vieler Wortwitze. Bei der Softwareentwicklung sind solche Witze jedoch weniger angebracht. Der Compiler lacht nicht, sondern übersetzt den Code, der stumpf ausgeführt wird. Nehmen wir folgendes einfaches Beispiel:

```
val a = 10
val b = 20
val multiplication = a + b
println("Das Ergebnis von a * b ist $multiplication")
```

Hier wird in der letzten Zeile der Inhalt der Variablen `multiplication` ausgegeben. Es wird behauptet, dass es sich um das Ergebnis der Berechnung von `a * b` handelt. Allerdings weisen wir der Variable `multiplication` nicht etwa `a * b`, sondern `a + b` zu.

Syntaktisch ist dies gar kein Problem. Wir können auf der rechten Seite des Gleichheitszeichens (=) eine beliebige Berechnung anstellen und das Ergebnis einer Variablen zuweisen, die wir später wiederverwenden. Aber die Bedeutung ist hier natürlich nicht richtig. Die Bedeutung eines Programms nennt man *Semantik*.

- `a + b` hat die Semantik, dass die Werte von a und b addiert werden sollen.
- `a * b` hat die Semantik, dass die Werte von a und b multipliziert werden.

Beide Operationen sind syntaktisch korrekt. Das hier gezeigte Beispiel ist in der Tat recht trottelig. Dennoch sind die meisten Programmfehler semantischer Art. Wenn wir z. B. den Prozentwert berechnen wollen und dabei vergessen, durch 100 zu dividieren (Prozent heißt ja gerade pro Hundert), dann ist dies kein Syntaxfehler, sondern ein Semantikfehler. Wenn wir vergessen, eine Einzahlung auf einem Konto durchzuführen, dann ist dies kein Syntaxfehler (es gibt ja gar keine Anweisung für die Einzahlung), sondern ein Semantikfehler. Falsche Berechnungen, falsche oder vergessene Aktionen, all dies sind Semantikfehler.

§ **Definition *Semantik***
Die Semantik ist die Bedeutung einer Sprache.

Während der Compiler bereits bei der Übersetzung Alarm schlägt, wenn etwas syntaktisch nicht in Ordnung ist, kann der Compiler keine semantischen Fehler finden. Denn der Compiler kann ja nicht wissen, was Sie wirklich wollen. Der Compiler ist ja nur ein dummes (wenn auch sehr leistungsfähiges) Programm, das Ihre Quelltexte in Maschinen- oder Bytecode übersetzt. Er hinterfragt nicht die Sinnhaftigkeit.

Semantikfehler zeigen sich in der Regel erst zur *Laufzeit*. Mit Laufzeit ist die eigentliche Ausführung Ihres Programms gemeint. Also der große Moment, in dem ein Prozessor bestimmte Speicherzellen als Instruktionen interpretiert und die dort eingeforderten Operationen stoisch ausführt. Stoisch deswegen, weil auch die Laufzeitumgebung keine Beurteilung durchführt, ob ihr Programm gerade Sinn macht oder nicht. Allerdings gibt es ein paar Fehler, auf die eine Laufzeitumgebung uns aufmerksam machen wird, z. B. wenn wir auf Speicherbereiche oder Elemente zugreifen wollen, die es gar nicht gibt. Da solche Zugriffe oft erst zur Laufzeit berechnet werden, merkt der Compiler nichts von diesem Fehler. Und die Laufzeitumgebung stellt den Fehler erst dann fest, wenn er auftritt – also wenn eine Instruktion ausgeführt werden soll, die unerlaubt ist. Ein weiteres typisches Beispiel hierfür ist die Division durch 0. Diese Operation ist mathematisch nicht erlaubt. Ob jedoch der Nenner bei einer Berechnung tatsächlich 0 ist, zeigt sich erst zur Laufzeit.

Damit möglichst viele Fehler, die erst zur Laufzeit entdeckt werden können, bereits erkannt werden, bevor eine Software ausgeliefert wird, kann man Testfunktionen und Testfälle schreiben. Diese simulieren den regulären Programmablauf zur Laufzeit und testen für verschiedene Werte (insbesondere für Grenzwerte und kritische Werte), ob das Programm auch zur Laufzeit das Richtige berechnet. Für das obige Beispiel könnten wir etwa testen, ob in `multiplication` der erwartete Wert `200` steht. Dies wäre das Ergebnis, wenn die beiden Variablen `a` und `b` semantisch korrekt miteinander multipliziert werden.

5.3 Pragmatik

Neben der semantischen Ebene gibt es noch die *pragmatische Ebene*. Diese zieht zur Beurteilung der Bedeutung auch noch den Kontext hinzu. Nehmen wir folgendes Beispiel:

```
val a = 8000
val b = a + 4000
```

In `b` muss dann der Wert `12000` stehen. Dies wäre dann ein syntaktisch und semantisch korrektes Programm. Wenn wir `b` nun aber als die Anzahl der Personen, die sich in einer Veranstaltungshalle befinden, interpretieren, dann ist `b` nur dann korrekt, wenn auch mind. 12000 Personen dort hinein passen. Die pragmatische Korrektheit eines Programms ist am schwierigsten zu überprüfen. Sie lässt sich nicht immer durch Testfälle überprüfen, sondern erfordert oft die Erprobung im realen Einsatz.

- **Syntaktisch** kann der Compiler feststellen, dass `a + 4000` ein korrekter Ausdruck ist.
- **Semantisch** lässt sich prüfen, ob `b` den richtigen Wert `12000` speichert.
- **Pragmatisch** ist `b` nur dann richtig, wenn `12.000` ein gültiger Wert ist, also hier `12.000` Personen in die Halle passen.

In diesem Beispiel lässt sich das Maximum der Veranstaltungsbesucher noch als weiterer Wert festlegen. Es gibt jedoch auch viele Beispiele, bei denen die Gültigkeit eines Wertes auf das Alltagswissen der Anwender ankommt. Nehmen wir an, dass tatsächlich 16.000 Personen in die Halle passen. Was bedeutet dies dann? Ist die Halle dann bei 12.000 Personen schon gut oder nur mäßig besucht?

Den Unterschied zwischen Syntax, Semantik und Pragmatik kann man noch einmal an diesem Satz verdeutlichen: Der Baum ist um 10 cm gewachsen.

- **Syntax**: Der Satz ist in unserer natürlichen Sprache syntaktisch vollkommen in Ordnung.
- **Semantik**: Auch semantisch ist er klar besetzt: Der Baum ist jetzt größer als vorher (und zwar 10 cm größer).
- **Pragmatik**: Aber pragmatisch kann er ganz unterschiedliche Dinge bedeuten. Herr Müller freut sich, dass der Baum wächst und noch mehr Blüten trägt. Herr Meier ärgert sich, weil der Baum mehr Schatten wirft und noch mehr Blätter weggefegt werden müssen.

Während der Laufzeit eines Programms spielt die Pragmatik ebenfalls eine große Rolle. Denn sie beeinflusst die Interaktionen mit den Benutzern. Welche Bedeutung hat es z. B., wenn der Benutzer auf der Konsole eine bestimmte Anweisung eintippt? Welche Bedeutung hat es, wenn der Benutzer irgendwo hin klickt? Welche Aktionen möchte er ausführen?

Um solche pragmatischen Entscheidungen oder Erläuterungen direkt im Quellcode unterzubringen, bieten alle Programmiersprachen die Möglichkeit, Kommentare in den Code zu schreiben. Ein Kommentar wird bei der Übersetzung ignoriert. Er dient nur den Entwicklerinnen und Entwicklern als Erläuterung.

In Kotlin werden einzeilige Kommentare mit zwei Schrägstrichen // eingeleitet. Mehrzeilige Kommentare werden mit /* begonnen und mit */ beendet:

```
// Einzeiliger Kommentar wird oft zur Erläuterung der
// nächsten Zeile verwendet. Beispiel:

// In Deutschland ist man ab 18 volljährig
val minage = 18

/* Kommentare können auch über mehrere Zeilen gehen.
   Das bietet sich für die ausführliche Dokumentation von Funktionen
   oder die Erläuterungen von Algorithmen, Spezifikationen, Entscheidungen usw. an.
   Sie sollten Kommentare jedoch nicht dazu verwenden, offensichtliche Dinge
   zu erläutern. Guter Programmcode, insbesondere in Kotlin, dokumentiert sich
   zu großen Teilen selbst, indem sinnvolle Namen für Funktionen und Variablen
   verwendet werden. */
```

6 Eingabe – Verarbeitung – Ausgabe

Zur Laufzeit ist es übrigens so, dass nicht nur die existierenden Daten im Hauptspeicher durch entsprechende Instruktionen verändert werden. Es gibt auch ein Zusammenspiel von Ein- und Ausgabedaten. Dabei ist der klassische Ablauf folgender: Es werden Daten eingegeben, diese werden verarbeitet und schließlich ausgegeben.

Für Programme, die auf der Konsole ausgeführt werden, bedeutet dies: Es wird etwas über die Tastatur eingegeben. Diese Eingabedaten werden in Speicherzellen geschrieben. Der Prozessor kann sie dann verarbeiten und ein Ergebnis berechnen. Das Ergebnis wird dann wiederum in Speicherzellen geschrieben. Bei der Ausgabe werden die Daten aus der Speicherzelle gelesen und auf der Konsole ausgegeben.

Ein in Kotlin geschriebenes Programm kann nun übersetzt werden und Ausgaben auf einer Konsole anstoßen. Das für jede Programmiersprache obligatorische erste Programm gibt z. B. `"Hallo Welt"` auf der Konsole aus:

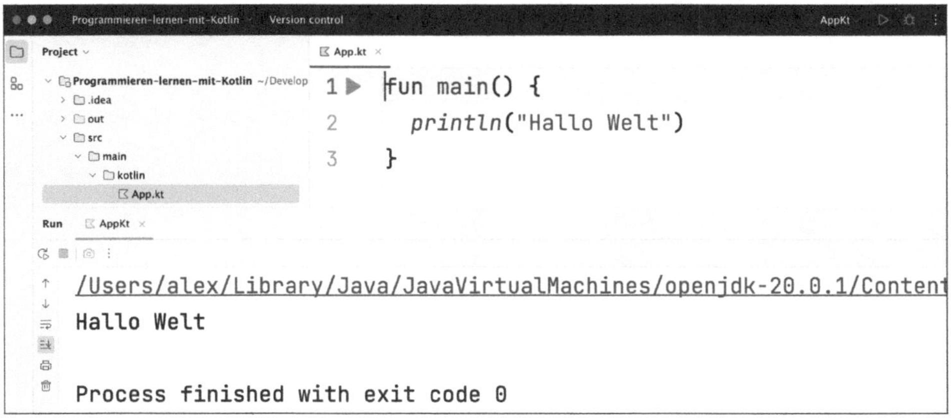

Bei grafischen Benutzeroberflächen geschieht im Prinzip dasselbe. Allerdings sind die Eingaben hier nicht Buchstaben auf der Tastatur, sondern Mausbewegungen, Mausklicks usw. Jede Mausbewegung führt zu einer Veränderung der gespeicherten Daten – des internen Zustands Ihres Programms. Wenn an einer bestimmten Stelle geklickt wird, dann kann bei einem bestimmten Zustand (z. B. Mauscursor befindet sich über einem Button) von der Laufzeitumgebung ein Ereignis ausgelöst werden. Dieses Ereignis „Button wurde angeklickt" ist nichts anderes als eine weitere Eingabe, die verarbeitet werden kann. Die Ausgabe erfolgt dann meist durch Manipulation der grafischen Oberfläche, z. B. Ändern von Beschriftungen, Wechsel zu einem anderen Screen oder Starten einer Animation. Das Programm wird allerdings nicht nach der Ausgabe beendet (wie dies bei Konsolenprogrammen meist der Fall ist), sondern wartet direkt auf die nächste Eingabe (z. B. nächste Mausbewegung). Dies bezeichnet man als Event-Loop. In diesem Event-Loop wird wieder und wieder geschaut, ob sich bestimmte Speicherbereiche geändert haben (etwa der Speicherbereich, der angibt, wo sich der Mauszeiger befindet). Sobald sich eine interessante Veränderung ergibt, kann eine Verarbeitung angestoßen werden. Da es sehr viele Veränderungsmöglichkeiten gibt (Mausbewegungen, Mausklicks an bestimmten Stellen), definiert man verschiedene Verarbeitungsstrategien, um auf solche Events zu reagieren. Aber auch hier gilt, was anfangs gesagt wurde: Es handelt sich stets nur um systematische Berechnungen von Zahlen.

Diese Berechnungen dienen dem Erfüllen einer Aufgabe bzw. dem Lösen eines Problems. Man bezeichnet solche formal definierten Lösungswege als Algorithmen. Ein Algorithmus legt für Computer also fest, wie neue Daten berechnet werden sollen. Ein Programm besteht nun aus vielen Algorithmen, die zusammenspielen.

7 Los geht's

Wie wir gesehen haben, müssen wir uns nicht mit lauter Nullen und Einsen auseinandersetzen. Stattdessen helfen uns Compiler dabei, einen Quelltext zu übersetzen. Der Quelltext kann sich in einer oder mehreren Dateien auf Ihrem Rechner befinden. Der Compiler übersetzt diese Dateien in Byte- oder Maschinencode.

Das Schreiben der Quelltexte kann in Prinzip mit jedem Editor geschehen. Ja, selbst der einfache Texteditor von Windows ist dafür geeignet, ein Kotlin-Programm zu schreiben, denn es handelt sich erst einmal um reine Textdateien. Diese Textdateien können wir dann über die Kommandozeile kompilieren. Jetzt benötigen wir für die Ausführung noch eine JVM. Diese können wir ebenfalls über die Kommandozeile starten und dabei angeben, welches kompilierte Programm ausgeführt werden soll. Das klingt kompliziert und nicht besonders komfortabel.

Zum Glück gibt es zwei Lösungen. Zum einen können Sie eine Online-Umgebung nutzen, um die ersten kleinen Programme zu schreiben. Darin können Sie sofort loslegen, ohne irgendetwas auf Ihrem Rechner zu installieren. Für größere Programme werden wir dann eine sogenannte *integrierte Entwicklungsumgebung* verwenden, die zahlreiche weitere Vorteile bietet. Doch jetzt legen wir erst einmal mit der Online-Umgebung los:

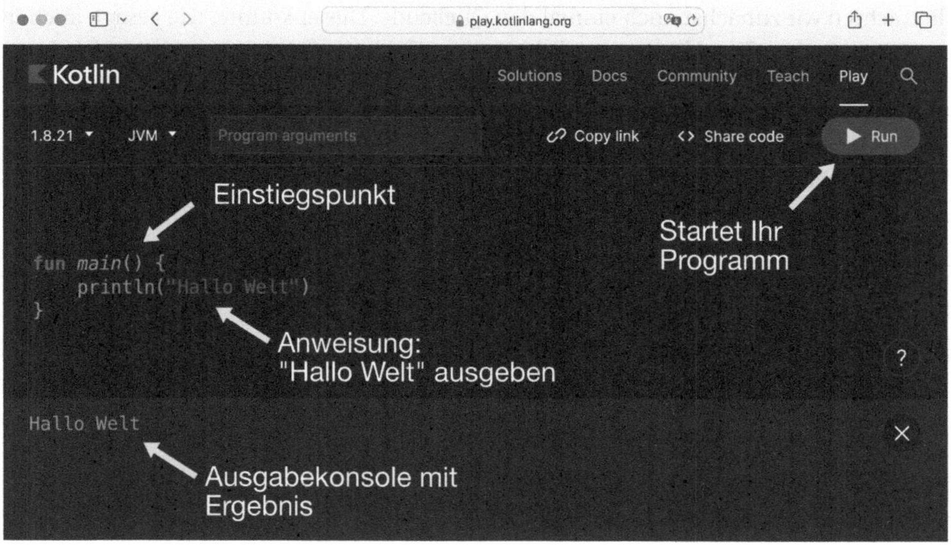

Wenn Sie auf *https://play.kotlinlang.org* gehen, dann können Sie direkt im Web-Browser Ihre ersten Kotlin-Programme schreiben.

Jedes Programm startet in einer `main`-Funktion. Mehr zu Funktionen erfahren Sie später. Wichtig ist erst einmal, dass es immer diese `main`-Funktion gibt und man darin Programmcode schreiben kann. Machen wir das doch direkt und geben etwas auf der Konsole aus:

```
println("Hallo Welt")
```

Dieser Programmcode wird beim Programmablauf ausgeführt. Wenn Sie auf den Run-Button klicken, dann wird das Programm kompiliert, also in ausführbaren Code übersetzt, und direkt ausgeführt. Das funktioniert allerdings nur, wenn das Programm fehlerfrei ist.

Die Online-Umgebung ist eine gute Spielwiese zum Ausprobieren. Für die effektive Entwicklung benötigen Sie jedoch eine integrierte Entwicklungsumgebung, die Sie bei der Softwareentwicklung unterstützt.

7.1 Integrierte Entwicklungsumgebung

Eine integrierte Entwicklungsumgebung (*Integrated Development Environment*, kurz IDE) unterstützt Sie bei der Entwicklung von Programmen. Sie bietet einen sehr leistungsfähigen Editor zum Schreiben des Programmcodes und verwaltet Ihre Programmstruktur. Zudem unterstützt Sie die IDE bei der Fehlersuche. Syntaxfehler werden sofort angezeigt. Des Weiteren können Sie Ihren Programmcode mit einem Debugger schrittweise durchlaufen und so Fehler suchen. Damit werden wir uns später ausführlicher beschäftigen. Die IDE hilft uns auch dabei, die richtigen Operationen und Funktionen für bereits existierende Typen zu finden, denn der Editor bietet eine Codevervollständigung. Das bedeutet: Der Editor zeigt an, welche Operationen für ein bestimmtes Objekt möglich sind. Auch unsere eigenen Variablennamen müssen wir nicht vollständig von Hand eintippen. Stattdessen reichen die Anfangsbuchstaben, und der Editor schlägt vor, welcher Name verwendet werden soll.

Betrachten wir zunächst noch einmal den Quellcode. Dieser könnte, wie gesagt, auch in einem einfachen Texteditor entwickelt werden. Doch dieser bietet uns keinerlei Unterstützung beim Schreiben. So weist der einfache Texteditor nicht darauf hin, wenn wir uns vertippt haben und syntaktisch falsche Anweisungen schreiben. Von modernen Textverarbeitungsprogrammen sind wir inzwischen Besseres gewöhnt. Diese heben Rechtschreib- und Grammatikfehler hervor und korrigieren diese teils noch beim Tippen. Allerdings helfen uns die Textverarbeitungen eben nur beim Schreiben von Texten in natürlicher Sprache.

Eine integrierte Entwicklungsumgebung spricht dagegen die Sprache des Programmierens. Sie unterstützt uns dabei, syntaktisch richtige Programme zu schreiben. Dies geschieht auf unterschiedliche Weise:

- Hervorheben von syntaktischen Fehlern
- Vorschläge zum Ausbessern der Fehler
- Syntax-Highlighting zum Hervorheben verschiedener Programmelemente
- Vorschläge für die Verwendung von bereits existierenden Variablen oder Funktionen
- Codevervollständigung für bereits existierende Namen und typische Konstrukte

Die IDE analysiert schon beim Programmieren, welche Struktur unser Code hat. Dadurch kann die IDE Vorschläge unterbreiten, welche bereits existierenden Elemente wir wiederverwenden können. Das ist sehr praktisch, da uns so stets eingeblendet wird, welche Funktionen uns zur Verfügung stehen. Denn einen Großteil des Codes, den wir einsetzen, werden wir nicht selbst schreiben. Stattdessen setzen wir Standardbibliotheken ein, die effiziente und getestete Funktionen bereitstellen. Die IDE hilft uns dabei zu entscheiden, welche Funktionen wir einsetzen können und wie diese aufgerufen werden. Wenn Sie große Projekte starten, dann hilft Ihnen eine IDE auch bei der Umstrukturierung des Programmcodes. Es gibt noch zahlreiche weitere Annehmlichkeiten, die Sie während der Entwicklung Schritt für Schritt schätzen lernen.

Wir werden eine IDE namens *IntelliJ* für einen Großteil des Buches verwenden. In Teil VII, „Android", verwenden wir *Android Studio*. Dabei handelt es sich um eine spezielle, vorkonfigurierte Variante von IntelliJ, die für die Android-Plattform optimiert wurde.

Eine Aufgabe der IDE ist es zudem, alle erforderlichen Programmteile zu übersetzen und mit den eingesetzten Bibliotheken zu verknüpfen. Wenn Sie Ihr geschriebenes Programm laufen lassen möchten, dann müssen Sie nur noch den Play-Button drücken. Der Play-Button am linken Rand des Quellcodes erscheint neben allen `main`-Funktionen, die Sie in Ihrem Projekt haben. Klicken Sie auf diesen Button, um das Projekt zu kompilieren und diese `main`-Funktion als Einstiegspunkt zu verwenden. Wenn Sie dagegen auf den Play-Button oben in der Toolbar klicken, dann wird stets die zuletzt gewählte `main`-Funktion wieder als Einstiegspunkt verwendet. Daher müssen Sie auch beim Ausführen eines Programms in einem neu angelegten Projekt auf den Play-Button links neben der `main`-Funktion klicken. So legen Sie gleichzeitig fest, welche `main`-Funktion ausgeführt werden soll.

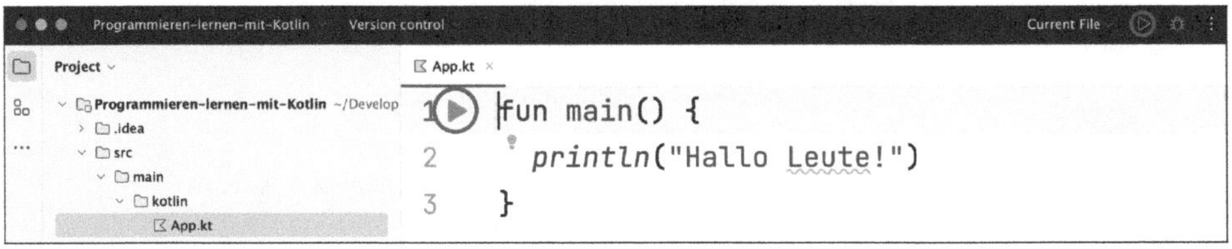

Wenn das Quellprogramm fehlerfrei ist, dann wird es in einem Rutsch kompiliert, alles Nötige eingebunden und dann auch gleich ausgeführt. Wenn beim Übersetzen Fehler auftreten, können Sie mit einem Klick an die richtige Stelle springen. Die IDE stellt also eine enge Verknüpfung zwischen dynamischer Programmausführung und statischem Quelltext her. Dies kann sogar noch einen Schritt weiter gehen, wenn Sie mit dem Debugger arbeiten.

Syntaktische Fehler können bereits vor dem Kompilieren von der IDE angezeigt werden. So weist Sie die IDE darauf hin, wenn Sie Variablen und Daten verwenden, die es gar nicht gibt. Genauso werden Sie darauf hingewiesen, wenn Sie Operationen ausführen wollen, die es nicht gibt oder die für bestimmte Werte nicht erlaubt sind. Das sind sogenannte Typfehler.

Doch wir haben auch gesehen, dass es eine Reihe von Fehlern gibt, die sich erst zur Laufzeit zeigen. Um diese Fehler zu beseitigen, ist es meist notwendig, genau nachzuvollziehen, was eigentlich beim Ablauf des Programms geschieht. Werden die Variablen so gesetzt und verändert, wie wir dies im Kopf geplant haben? Oder haben wir etwas irgendwo vergessen?

Dies lässt sich gut nachvollziehen, wenn man den Ablauf wirklich durchspielt. Und zwar nicht nur im Kopf, sondern tatsächlich durch Ausführen des Programms. Genau dafür stellen

IDEs einen *Debugger* zur Verfügung. Wie Sie mit dem Debugger arbeiten, werden Sie in Kapitel 23, „Debugger", erfahren.

Gerade für umfangreichere Programme ist das Debuggen unerlässlich, um einen Fehler aufzuspüren. Daher wollten wir es bereits an dieser Stelle kurz erwähnen. Wir haben häufig beobachtet, dass gerade Programmiereinsteiger oft versuchen, das Problem eines fehlerhaften Programms rein theoretisch und durch Nachdenken zu lösen. Ein Fehler lässt sich aber viel, viel einfacher lösen, wenn man geradezu sieht, was falsch läuft. Genau hierfür ist der Debugger da. Und er hilft Ihnen auch dabei, Programmieren zu lernen.

7.2 Projekt anlegen

Die IntelliJ Community Edition ist kostenlos, und Sie sollten diese auf Ihrem Rechner installieren, um darin alle Beispiele in diesem Buch als Projekt anzulegen.

So legen Sie ein neues Projekt an. Gehen Sie im Menü auf „File -> New -> Project". Vergeben Sie zuerst einen Namen für das Projekt und wählen Sie einen Speicherort. Setzen Sie danach die folgenden Einstellungen: „Kotlin" als Programmiersprache, „IntelliJ" als Build-System und das jeweils neuste „JDK" (in diesem Fall 20). Entfernen Sie zudem den Haken bei „Add sample code". Bestätigen Sie anschließend mit „Create":

In dem neuen Projekt gibt es links einen Projekt-Browser. Dort finden Sie den „src"-Ordner. Darin werden alle Quelldateien (Source Code) angelegt. Klicken Sie den „src"-Order so weit durch, bis Sie beim Ordner „kotlin" ankommen. Hier erzeugen wir nun eine neue Kotlin-Datei, indem wir mit der rechten Maustaste auf den „kotlin"-Ordner klicken und dann „New -> Kotlin Class/File" auswählen:

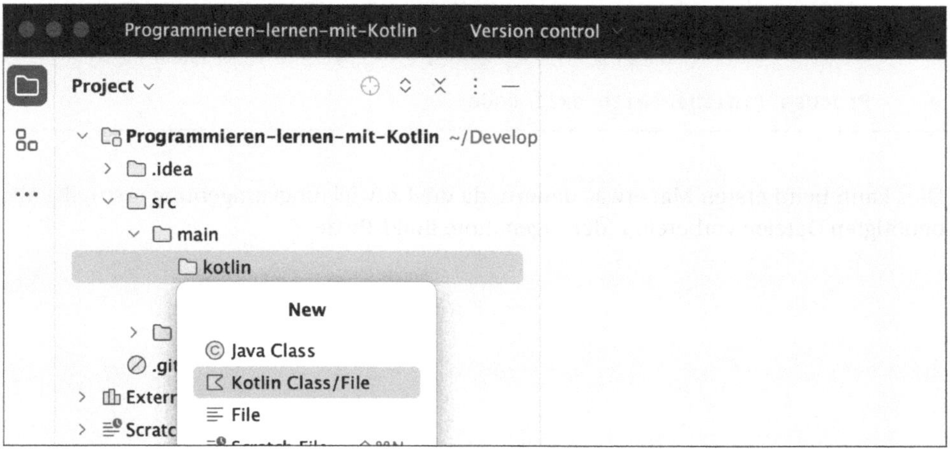

Wählen Sie in der Auswahl „File" aus und vergeben Sie einen beliebigen Namen, wie z. B. `App`:

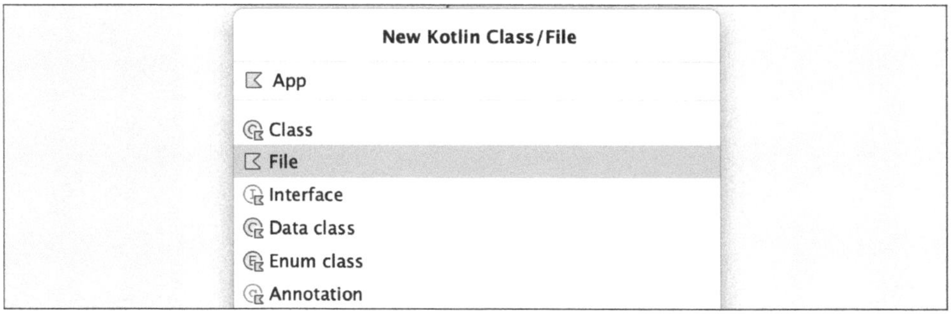

Jetzt können Sie Ihr erstes eigenes Programm schreiben:

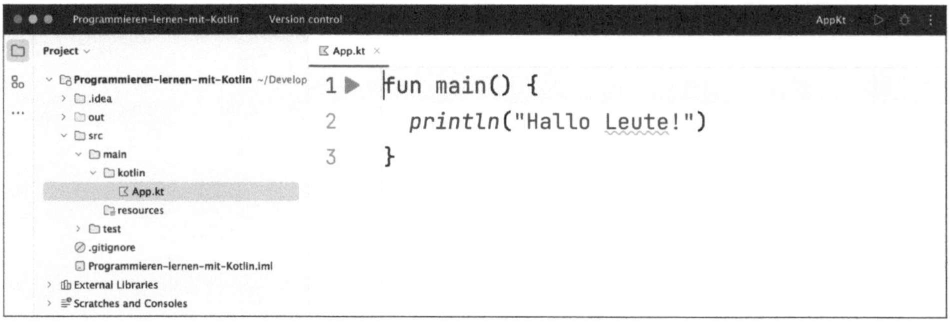

Klicken Sie auf den grünen Run-Pfeil, um das Programm auszuführen. Wenn alles richtig eingegeben wurde, dann erscheint unten in der Ausgabe `"Hallo Leute!"`:

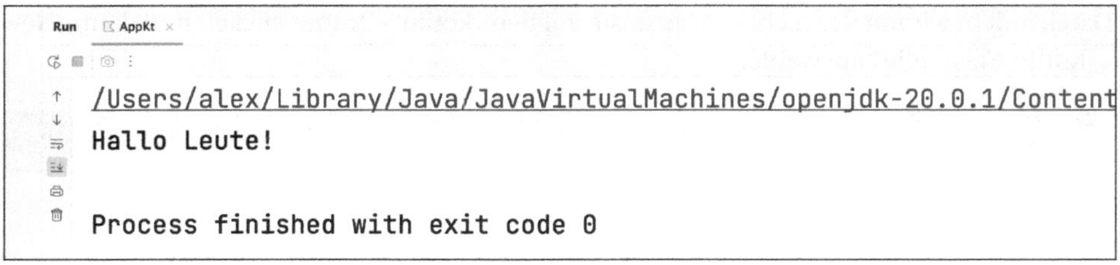

Dies kann beim ersten Mal etwas dauern, da die Entwicklungsumgebung erstmalig alle benötigten Dateien vorbereitet (der sogenannte Build-Prozess).

TEIL II
Grundlagen des Programmierens

In diesem Teil lernen Sie die Grundlagen des Programmierens kennen. Dafür schauen wir uns zuerst an, wie wir Anweisungen und Ausdrücke für den Computer formulieren können. Danach gehen wir auf Werte und Typen ein. Das ist mit die kleinste Einheit, die wir beim Programmieren haben.

Typen tauchen in sehr vielen Situationen auf. Die Standardbibliothek von Kotlin hat eine Menge Basis-Datentypen, die wir uns ebenfalls anschauen. Hier gehen wir insbesondere auf die Wertebereiche von Typen ein. Das ist entscheidend, damit der Compiler uns beim Programmieren bestmöglich assistieren kann.

Danach lernen wir Variablen kennen, womit wir alle Werte und Ausdrücke in unserem Programm binden können. Dadurch können wir auch im späteren Verlauf des Programms auf bereits ausgerechnete Werte zugreifen.

Damit unser Programm dynamisch auf bestimmte Ereignisse reagieren kann, lernen wir verschiedene Kontrollstrukturen kennen. Wir schauen uns an, wie wir das Programm dazu bringen, je nach Bedingung unterschiedliche Codepfade auszuführen. Mit Schleifen schauen wir uns einen Mechanismus an, um Code wiederholt auszuführen.

Zuletzt beschäftigen wir uns mit Funktionen. Funktionen werden uns allerdings schon direkt im ersten Grundlagenkapitel begegnen, da sie so essentiell und allgegenwärtig sind. Im letzten Kapitel dieses Grundlagenteils gehen wir sehr detailliert auf alle Eigenschaften von

Funktionen ein. Hier werden wir alle zuvor gelernten Konzepte wie Ausdrücke, Variablen, Typen, Kontrollstrukturen usw. anwenden und kombinieren.

Alles, was Sie in diesem Grundlagenteil lernen, ist nicht nur für das Programmieren mit Kotlin relevant. Mit ein wenig Übung und dem hier gelernten Wissen können Sie viele andere Programmiersprachen lernen. Die Grundlagen sind im Kern immer die Gleichen. In den Details gibt es je nach Programmiersprache ein paar Unterschiede, die Sie aber ohne Probleme verstehen können.

8 Anweisungen und Ausdrücke

Wenn wir Programme schreiben, formulieren wir eine Menge **Anweisungen** und **Ausdrücke**. Beides können wir als Kommandos oder Befehle an den Computer verstehen. Damit teilen wir dem Computer mit, was er machen soll. Anweisungen und Ausdrücke formulieren wir in einer Programmiersprache. Das ist eine Sprache, die wir Menschen erlernen können, um mit dem Computer zu sprechen. Computer verstehen Programmiersprachen allerdings nicht direkt. Dazwischen befinden sich sogenannte Compiler, die den von uns geschriebenen Programmcode für den Computer übersetzen. Der Compiler hilft uns noch an ganz anderen Stellen beim Programmieren. Das werden wir im Laufe des Kapitels zu schätzen wissen.

Anweisungen und Ausdrücke sind zwei unterschiedliche syntaktische Kategorien. Je nachdem, was wir vorhaben, bedienen wir uns aus der einen oder anderen Kategorie. Anweisungen sind beispielsweise Zuweisungen von Werten an Variablen oder Deklarationen von Funktionen. Ausdrücke sind beispielsweise Berechnungen oder Funktionsaufrufe. Im Laufe des Buchs werden wir viele unterschiedliche Anweisungen und Ausdrücke kennenlernen. Wir werden auch sehen, dass manche Anweisungen als Ausdrücke formuliert werden können und vice versa. Das machen wir, weil Ausdrücke manchmal simpler und gleichzeitig präziser als Anweisungen sind.

Anweisungen werden wir frühestens in Kapitel 10, „Variablen", kennenlernen. Ausdrücke können wir allerdings jetzt schon schreiben. Daher schauen wir uns zuerst Ausdrücke und die zwei damit einhergehenden Begriffe *Werte* und *Typen* an. Ausdrücke, Werte und Typen sehen in jeder Programmiersprache etwas anders aus. Die zugrunde liegenden Konzepte sind allerdings immer ähnlich. So fällt es einem auch einfacher, eine neue Programmiersprache zu erlernen, wenn man die grundlegenden Konzepte von Programmiersprachen und Softwareentwicklung verstanden kann.

Der für uns wichtigste Unterschied zwischen Anweisung und Ausdruck ist, dass ein **Ausdruck** zu einem **Wert ausgewertet wird** und einen **Typ hat**. Ausdrücke, Werte und Typen hängen so stark miteinander zusammen, dass sie sich nur schwierig isoliert erklären lassen. Deshalb beschäftigt sich dieses Kapitel hauptsächlich nur mit diesen drei Begriffen. Am Ende des Kapitels werden Sie verstehen

- was ein Ausdruck ist,
- wie ein Ausdruck zu einem Wert ausgewertet wird und
- was der Typ eines Ausdrucks ist und was das für eine Bedeutung hat.

8.1 Ausdrücke

Wenn man Programmcode betrachtet und versucht, den Code in immer kleinere, aber dennoch sinnvolle Stücke zu unterteilen, gelangt man schnell zu Ausdrücken. Sie können sich Ausdrücke wie *Anfragen an den Computer* vorstellen. Der Computer verspricht, Ihnen für jede Anfrage *eine Antwort* zu geben. Auf diese Antwort können Sie aufbauen und beispielsweise die nächste Anfrage stellen. Dadurch entsteht eine Art Konversation mit dem Computer. Mit der Formulierung gezielter Sätze gelangen Sie zum Ziel. Natürlich müssen Sie hierbei eine Sprache sprechen, die der Computer versteht. Der Computer antwortet in der gleichen Sprache, die Sie daher beherrschen müssen.

Schauen wir uns das mal am Beispiel einer Überweisung in einer Banking-App an. Dabei definieren wir eine Menge von Pseudo-Ausdrücken, die so in der Art notwendig sind, um 25 € zu überweisen. Ein Pseudo-Ausdruck ist dabei noch in natürlicher bzw. alltäglicher Sprache formuliert. Wenn Sie einer Programmiersprache mächtig sind – also spätestens am Ende dieses Buches – sind Sie in der Lage, solche Pseudo-Ausdrücke direkt als Programmcode abzubilden:

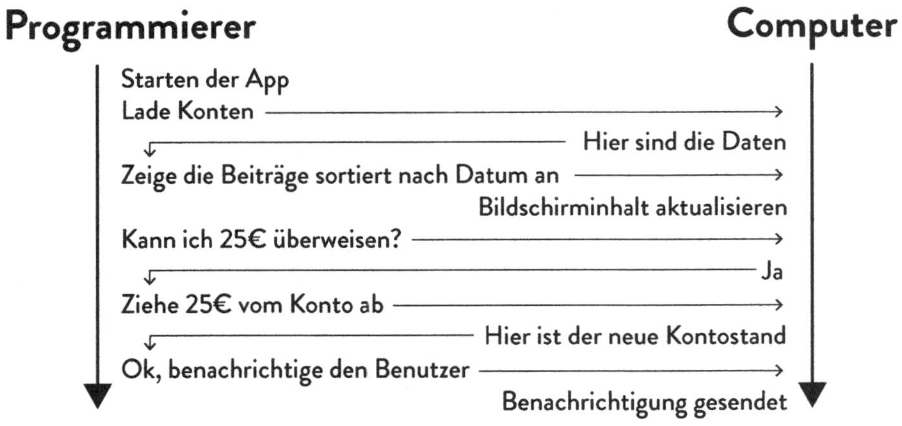

Alle Ausdrücke sind als Anfragen an den Computer formuliert. Der Computer reagiert auf die Anfragen und kann, wenn dies gewollt ist, mit einem Ergebnis antworten. Auf Basis des Ergebnisses können wir die nächste Anfrage formulieren. In diesem Beispiel fragen wir an, ob genug Geld da ist, um 25 € zu überweisen. Wenn ja, veranlassen wir die Überweisung. Ist die Überweisung erledigt, veranlassen wir eine Benachrichtigung.

Natürlich ist das noch kein Programmieren. Dafür fehlen noch zu viele Details und konkrete Aktionen. Sie sollen nur schon einmal ein Gefühl dafür bekommen, dass wir Programme als eine Menge von Anweisungen und Ausdrücken verstehen können, die logisch miteinander zusammenhängen.

Schauen wir uns jetzt also ein paar Ausdrücke in Kotlin an. Wir übernehmen die Rolle des Computers und werten jeden Ausdruck zu einem Ergebnis aus. Das Ergebnis ist immer ein **Wert**. Ein Wert hat immer einen **Typ**. Was das genau bedeutet, werden wir im Laufe des Kapitels ergründen. Halten wir diese Erkenntnisse als Definition fest.

Definition *Ausdruck*

Ein Ausdruck (engl. *expression*) ist alles, was zu einem **Wert** mit einem **Typ** ausgewertet (evaluiert) werden kann. Diese Auswertung führt der Computer für uns aus. ■

Grenzen wir das direkt von einer Anweisung ab.

Definition *Anweisung*

Eine Anweisung (engl. *statement*) resultiert in einer Aktion, die der Computer für uns ausführt. ■

8.1.1 Literale

Der einfachste Ausdruck ist ein direkt angegebener Wert:

```
fun main() {
    1
    13.5
    "Hallo Welt"
}
```

Sie sehen drei unterschiedliche Ausdrücke. Jeder Ausdruck steht für sich und baut nicht auf dem vorherigen auf. Das erkennen Sie daran, weil jeder Ausdruck in einer eigenen Zeile steht. In diesem Beispiel ist jeder Ausdruck ein direkt angegebener Wert. Solch ein Ausdruck wird als *Literal* bezeichnet.

Definition *Literal*

Ein Literal ist ein direkt angegebener Wert. ■

Die Auswertung eines Literals ist der Wert an sich. Deshalb heißt es auch *direkt angegebener Wert.* Wenn wir den Ausdruck `1` auswerten, erhalten wir den Wert `1`. Stellen Sie sich eine Auswertung wie eine Berechnung vor. Was ist das Ergebnis, wenn Sie `1` ausrechnen? Das Ergebnis ist `1`. Das Gleiche gilt ebenfalls für die beiden anderen Ausdrücke.

Nicht wundern:

Hier stehen die Ausdrücke direkt in einer `main`-Funktion. Sie werden zwar ausgewertet, aber nirgendwo verwendet. Wenn Sie das Ergebnis des Ausdrucks z. B. auf der Konsole ausgeben möchten, dann schreiben Sie statt `1` einfach `println(1)`. Das Gleiche gilt für alle weiteren Ausdrücke. Was es mit `println` auf sich hat, schauen wir uns später noch an. ■

Gehen wir jetzt auf den Typ von Ausdrücken ein. Der Typ legt fest,

- **welche Werte** erlaubt sind und
- **welche Operationen** mit Werten des Typs möglich sind.

Stellen wir einmal die Ausdrücke, Typen, erlaubte Werte und Operationen gegenüber. Die erlaubten Werte sind eigentlich festgelegte Wertebereiche. In Kapitel 9, „Basis-Datentypen“, gehen wir detaillierter darauf ein:

Ausdruck	Typ	erlaubte Werte	erlaubte Operationen
1	Int	Ganzzahlen	bspw. +, -, >, ==
13.5	Double	Fließkommazahlen	Ähnlich zu Int
"Hallo Welt"	String	Zeichenketten	bspw. +, ==

Der Typ `Int` erlaubt ganzzahlige Werte. Typische Operationen auf Ganzzahlen sind Addition (+) und Subtraktion (`-`). In Kotlin haben wir dafür die jeweiligen Operatoren. Ganzzahlen lassen sich auch vergleichen. Der Größer-als-Operator (>) überprüft, ob die eine Ganzzahl größer als die andere Ganzzahl ist. Der Vergleichs-Operator (==) überprüft, ob zwei Ganzzahlen den gleichen Wert haben. Der Vergleichs-Operator besteht tatsächlich aus zwei Gleichheitszeichen. Das einfache Gleichheitszeichen (=) hat nämlich eine andere Bedeutung, auf die wir später zu sprechen kommen.

Der Typ `Double` erlaubt Fließkommazahlen. Das Trennzeichen für Nachkommastellen ist ein Punkt. Das ist auch die syntaktische Unterscheidung zwischen einem `Double` und einem `Int`. `Double` und `Int` teilen sich zudem sehr viele Operatoren.

Der Typ `String` erlaubt Zeichenketten. Wir verwenden Strings, um textuelle Werte auszudrücken. Strings werden in doppelten Anführungsstrichen angegeben. Zur Zeichenkette zählt alles, was zwischen den Anführungsstrichen steht. Auf Strings ist ebenfalls der +-Operator definiert. Dieser verbindet zwei Strings miteinander. Strings können auch auf Gleichheit überprüft werden.

Je nachdem, was für einen Wert wir ausdrücken wollen, verwenden wir den jeweiligen Typ. Halten wir erst einmal Folgendes fest: Ein Typ ordnet einem Wert bestimmte Eigenschaften zu.

8.1.2 Operationen

Wir haben gesehen, dass bestimmte Operationen auf bestimmten Typen definiert sind. Operationen sind auch Ausdrücke.

§ **Definition *Operation***

Eine Operation akzeptiert unterschiedlich viele Werte und berechnet ein Ergebnis. Binäre Operationen wie Addition und Multiplikation akzeptieren exakt zwei Werte. Die Werte werden Operanden genannt. Das verwendete Zeichen für die Operation (z. B. + oder -) wird Operator genannt. ■

Schauen wir uns dazu ein paar Beispiele an:

```
fun main() {
    10 + 20
    1 + 5 * 0.5
    (1 + 5) * 0.5
}
```

Werten wir mal jeden Ausdruck zu einem Wert aus und überlegen uns den passenden Typen.

1. `10` und `20` sind Ganzzahlen und damit vom Typ `Int`. Die Addition von zwei `Ints` ergibt auch ein `Int`. Das Ergebnis von `10 + 20` ist `30`. Die Zahl `30` ist vom Typ `Int`.
2. `1` und `5` sind Ganzzahlen (`Int`), während `0.5` eine Fließkommazahl (`Double`) ist. Eine Berechnung in Kotlin folgt den gleichen Regeln wie in der Mathematik. Hier greift die Punkt-vor-Strich-Rechnung. Zuerst wird der Ausdruck `5 * 0.5` ausgewertet. Das Ergebnis davon ist `2.5` und vom Typ `Double`. Danach wird der Ausdruck `1 + 2.5` ausgewertet. Das Ergebnis davon ist `3.5` und ebenfalls vom Typ `Double`. Die Gewichtung von Operatoren nennt sich **Präzedenz**. Die Multiplikation hat eine höhere Präzedenz als die Addition.
3. Hier haben wir den gleichen Ausdruck wie davor, nur dass die Addition geklammert ist. Klammern haben eine höhere Präzedenz (Gewichtung) als eine Multiplikation. Das Ergebnis ist diesmal `3.0` und ebenfalls vom Typ `Double`.

Haben Sie gemerkt, dass die letzten beiden Ausdrücke aus jeweils zwei Ausdrücken bestehen? Beim letzten Ausdruck wird zuerst `1 + 5` ausgewertet. Danach wird das Ergebnis mit `0.5` multipliziert.

Merken Sie sich:

Ein Ausdruck wird solange ausgewertet (reduziert), bis es nicht mehr weiter geht. Das ist meistens erreicht, wenn nur noch ein Wert stehen bleibt. Werte können nicht weiter ausgewertet werden. Sie repräsentieren sich selbst. Eine 7 bleibt eine 7.

Schauen wir uns jetzt einmal ein paar Ausdrücke mit Vergleichs-Operatoren an:

```
fun main() {
    3 == 4
    3 < 4
    1 + 2 == 2 + 1
}
```

Die Auswertung von Vergleichs-Operatoren jeder Art ist besonders. Während beispielsweise die Addition von zwei `Ints` ebenfalls ein `Int` ergibt, gibt der Vergleich von zwei `Ints` einen Wert vom Typ `Boolean` zurück. Der Typ `Boolean` ist ein Wahrheitswert und kennt nur zwei Werte: `true` (wahr) und `false` (falsch).

1. Der Vergleichs-Operator (==) überprüft die beiden Werte `3` und `4` auf inhaltliche Gleichheit. In diesem Fall sind beide Werte nicht gleich, weshalb das Ergebnis `false` und vom Typ `Boolean` ist.
2. Der Kleiner-als-Operator (<) überprüft, ob `3` kleiner als `4` ist. Das Ergebnis ist `true` und ebenfalls vom Typ `Boolean`.
3. Hier werden zuerst die beiden Ausdrücke links und rechts vom Vergleichs-Operator ausgewertet. Beide Ausdrücke werten zu `3` aus. Danach werden die beiden Ergebnisse auf Gleichheit verglichen. Der Ausdruck `3 == 3` wird zu `true` (`Boolean`) ausgewertet.

Beim letzten Ausdruck haben wir zuerst die beiden Seiten vom Vergleichs-Operator ausgewertet, bevor wir den Operator angewendet haben. Das liegt daran, dass nicht nur Klammern und zum Beispiel Multiplikationen über Präzedenzen entscheiden. Die Auswertung von Ausdrücken an sich folgt bestimmten Regeln, die wir bald kennenlernen.

8.1.3 Variablen und Funktionsaufrufe

Hinter einer Variable verbirgt sich immer ein Wert. Durch eine Variable geben wir einem Wert einen Namen und damit eine Bedeutung. Eine Variable sprechen wir über ihren Namen an. Wenn eine Variable ausgewertet wird, wird der Name durch den Wert ersetzt (substituiert). Der Aufruf einer Variable ist ein Ausdruck.

Etwas Ähnliches findet bei einem Funktionsaufruf statt. Hinter einer Funktion verbirgt sich ein Stück Code. Eine Funktion wird ebenfalls über ihren Namen aufgerufen. Wenn ein Funktionsaufruf ausgewertet wird, wird der Name durch das Ergebnis der Ausführung des dahinterliegenden Codes ersetzt. Dieser Code kann parametrisiert werden, indem wir der Funktion Argumente übergeben. Ein Funktionsaufruf ist ein Ausdruck.

Diese kurzen Erklärungen zu Variablen und Funktionsaufrufe reichen erst einmal, um ein paar weitere Ausdrücke zu schreiben. Variablen und Funktionen werden in Kapitel 10, „Variablen", und Kapitel 12, „Funktionen", detailliert behandelt.

Schauen wir uns jetzt ein paar Ausdrücke mit Variablen und Funktionsaufrufen an:

```
import kotlin.math.* // notwendig, damit wir auf round und PI zugreifen können

fun main() {
    round(3.6)
    round(2 * 1.1)
    round(PI)
}
```

In der ersten Zeile sehen Sie eine sogenannte *Import-Anweisung*. Damit importieren wir alle Variablen und Funktionen, die in der Standardbibliothek von Kotlin unter dem Paket namens *math* verordnet sind. Dadurch können wir in unserem Code unter anderem auf die Variable `PI` und auf die Funktion `round` zugreifen.

Variablenaufrufe erkennen wir am Namen. Funktionsaufrufe erkennen wir am Namen, gefolgt von runden Klammern. Gehen wir die Ausdrücke einzeln durch und halten alle Erkenntnisse fest.

1. Die `round`-Funktion ist so definiert, dass sie eine beliebige Fließkommazahl akzeptiert, diese nach mathematischen Regeln rundet und die gerundete Zahl als Ergebnis zurückgibt. Ist die Nachkommastelle kleiner als fünf, wird also abgerundet und alles darüber aufgerundet. In diesem Beispiel übergeben wir `3.6` (Double) als Argument. Diese Zahl soll von der `round`-Funktion für uns gerundet werden. Wie genau das passiert, ist für uns unerheblich. Uns interessiert nur das Ergebnis. Der Funktionsaufruf wertet zu `4.0` (Double) aus.
2. Hier sehen wir wieder zwei Ausdrücke. Als Erstes wird das Argument für die `round`-Funktion ausgewertet. Das Ergebnis von `2 * 1.1` ist `2.2`, welches der `round`-Funktion direkt als Argument übergeben wird. Das Ergebnis des gesamten Ausdrucks ist demnach `2.0`. Die Multiplikation war ein notwendiger Zwischenschritt, um den Funktionsaufruf auszuwerten.
3. Auch hier wird zuerst das Argument ausgewertet. Die Variable `PI` wird ausgewertet, indem der Name durch den referenzierten Wert ersetzt wird. Hinter der Variable `PI` steht die Kreiszahl 3.1415... Diese wird der `round`-Funktion als Argument übergeben. Das Ergebnis des gesamten Ausdrucks ist `3.0`.

Bei der Auswertung von Funktionsaufrufen und Operatoren haben wir gesehen, dass es bestimmte Regeln gibt, nach denen der Computer vorgeht. Diese Regeln betreffen die Reihenfolge, in der Ausdrücke ausgewertet werden. Das ist vor allem wichtig, wenn ein Ausdruck aus mehreren Teilausdrücken besteht.

8.2 Evaluation von Ausdrücken

In diesem Abschnitt beschäftigen wir uns mit den Regeln zur Auswertung von Ausdrücken. Wir übernehmen die Aufgabe des Computers und werten verschiedene Ausdrücke Schritt für Schritt aus. Die Auswertung von Ausdrücken bezeichnet man als *Evaluation*. Die Evaluation ist zu Ende, wenn der Ausdruck zu einem einzelnen Wert reduziert wurde.

> § **Definition *Evaluation***
> Eine Evaluation reduziert einen Ausdruck zu einem Wert. ■

8.2.1 Evaluieren von Operatoren

Um warm zu werden, schauen wir uns zuerst das Evaluieren von Operatoren an:

```
fun main() {
    1 + 2 == 2 + 1
}
```

Bei der Evaluation gehen wir folgendermaßen vor:

1. Angefangen beim linken Operator (gemäß der Präzedenz)
2. werden zunächst die Operanden evaluiert (linke Seite vor der rechten Seite),
3. danach wird der Operator auf die Operanden angewendet.

Nun wenden wir diese Schritte solange an, bis nur noch ein Wert übrig bleibt. Mit einem Unterstrich markieren wir den Ausdruck, der gemäß den Regeln als Nächstes evaluiert wird:

```
1  > 1 + 2 == 2 + 1
2  > 1 + 2 == 2 + 1
3  > 3 == 2 + 1
4  > 3 == 3
5  > true
```

Gehen wir die Evaluation Zeile für Zeile ausführlich durch.

1. Der erste Operator mit der höchsten Präzedenz ist der Vergleichs-Operator ==. Um diesen zu evaluieren, müssen zuerst die beiden Ausdrücke links und rechts vom Operator (die Operanden) evaluiert werden.
2. Der linke Operand ist der Ausdruck `1 + 2`. Hier wenden wir die gleichen Schritte an. Der erste Operator ist der +-Operator. Um diesen zu evaluieren, müssen zuerst die beiden Operanden evaluiert werden. Beide Operanden sind Literale. Da Literale direkt angegebene Werte sind und wir solange evaluieren, bis nur noch ein Wert übrig bleibt, sind Literale

immer fertig evaluiert. Jetzt können wir den Operator auf die Operanden anwenden. Das Ergebnis ist 3. Die 3 kann nicht weiter reduziert werden. Der linke Operand ist fertig ausgewertet.

3. Der rechte Operand ist der Ausdruck `2 + 1`. Hier passiert das Gleiche wie beim linken Operanden.
4. Beide Operanden wurden zu einem Wert evaluiert. Jetzt wird der ==-Operator auf die Operanden angewendet.
5. Das Ergebnis ist `true`. Wir sind am Ende angekommen, da `true` ein feststehender Wert ist und nicht weiter evaluiert bzw. reduziert werden kann.

8.2.2 Evaluieren von Funktionen

Operatoren sind eigentlich nichts anderes als Funktionen. Deshalb gelten für Funktionen die gleichen Regeln. Der Unterschied ist, dass Funktionen alle die gleiche Präzedenz haben. Zudem werden die Operanden einer Funktion, also die Werte, die an die Funktion übergeben werden, als Argumente bezeichnet. Hier gilt aber auch die Regel, dass zuerst alle Argumente evaluiert werden, bevor die Funktion auf die Argumente angewendet wird.

Zusammengefasst gehen wir bei der Evaluation von Funktionen folgendermaßen vor:

1. Zuerst werden alle Funktionsargumente von links nach rechts evaluiert, bis ein Wert übrig bleibt.
2. Danach wird die Funktion auf die Argumente angewendet, indem der Name der Funktion durch den dahinterliegenden Code der Funktion (Implementierung) ersetzt wird.
3. Gleichzeitig werden die Parameter der Funktion durch die übergebenen Argumente ersetzt.

Auch hier wenden wir diese Schritte solange an, bis wir einen Wert erhalten. Den zweiten und dritten Schritt können wir allerdings nicht visualisieren, weil wir die Implementierung von Funktionen aus der Standardbibliothek nicht kennen. Deshalb evaluieren wir den Funktionsaufruf direkt zu einem Wert, indem wir diesen ausrechnen.

Schauen wir uns das am folgenden Beispiel an:

```
import kotlin.math.sqrt // damit wir die sqrt-Funktion verwenden können
import java.lang.Math.pow // damit wir die pow-Funktion verwenden können

fun main() {
    sqrt(8.0) == pow(8.0, 1.0 / 2.0)
}
```

Dieser Ausdruck soll überprüfen, ob die Wurzel von 8 gleich $8^{1/2}$ ist. Die `sqrt`-Funktion (Abkürzung für *square root*) berechnet die Wurzel für eine beliebige Fließkommazahl (erstes Argument). Die `pow`-Funktion (Abkürzung für *power*) potenziert die Basis (erstes Argument) mit dem Exponent (zweites Argument). Auch hier müssen die Argumente Fließkommazahlen sein.

In diesem Beispiel müssen wir sowohl die Schritte für Operatoren als auch für Funktionsaufrufe anwenden:

```
> sqrt(8.0) == pow(8.0, 1.0 / 2.0)
> sqrt(8.0) == pow(8.0, 1.0 / 2.0)
> sqrt(8.0) == pow(8.0, 1.0 / 2.0)
> sqrt(8.0) == pow(8.0, 1.0 / 2.0)
> 2.8284271247461903 == pow(8.0, 1.0 / 2.0)
> 2.8284271247461903 == pow(8.0, 1.0 / 2.0)
> 2.8284271247461903 == pow(8.0, 1.0 / 2.0)
> 2.8284271247461903 == pow(8.0, 0.5)
> 2.8284271247461903 == 2.8284271247461903
> true
```

1. Zuerst werden die beiden Operanden (links, dann rechts) vom ==-Operator evaluiert.
2. Der erste Operand ist ein Funktionsaufruf.
3. Demnach werden zuerst die Argumente evaluiert. Die `8.0` ist ein Wert und bereits fertig evaluiert.
4. Jetzt, wo alle Argumente evaluiert wurden, wenden wir die Funktion auf die Argumente an. Da wir keinen Zugriff auf die Implementierung der `sqrt`-Funktion haben, rechnen wir das Ergebnis direkt aus. Das Ergebnis ist abgekürzt `2.82`.
5. Der zweite Operand ist ebenfalls ein Funktionsaufruf.
6. Auch hier werden alle Argumente von links nach rechts evaluiert. Angefangen bei der `8.0`, die nicht weiter evaluiert werden kann.
7. Das nächste Argument ist der Ausdruck `1.0 / 2.0`. Dieser evaluiert zu `0.5`.
8. Jetzt, wo alle Argumente evaluiert wurden, wenden wir die Funktion auf die Argumente an. Auch hier rechnen wir das Ergebnis direkt aus. Das Ergebnis ist abgekürzt `2.82`.
9. Jetzt, wo beide Operanden evaluiert wurden, wenden wir den Operator auf die Operanden an.
10. Das Ergebnis ist `true`. Die Evaluation ist zu Ende.

8.2.3 Evaluieren von Variablen

Variablen werden evaluiert, indem der Name durch den dahinterliegenden Wert ersetzt wird. Ansonsten gelten die gleichen Regeln wie bei Operatoren oder Funktionen.

Schauen wir uns dazu ein Beispiel an, wo wir den Flächeninhalt eines Kreises für den Radius `3.5` berechnen (πr^2):

```
import java.lang.Math.pow
import kotlin.math.PI

fun main() {
    PI * pow(3.5, 2.0) // erstes Argument ist der Radius 3.5
}
```

Um den Flächeninhalt eines Kreises zu berechnen, müssen wir den Radius mit 2 potenzieren und das Ergebnis mit PI multiplizieren. Das erste Argument der `pow`-Funktion ist der Radius `3.5`. Das zweite Argument ist der Exponent `2.0`.

Die Variable `PI` kommt aus der `Math`-Bibliothek von Kotlin. Der Wert von `PI` ist die Kreiszahl mit 20 Nachkommastellen.

Evaluieren wir einmal den Ausdruck:

```
> PI * pow(3.5, 2.0)
> PI * pow(3.5, 2.0)
> 3.141592653589793 * pow(3.5, 2.0)
> 3.141592653589793 * pow(3.5, 2.0)
> 3.141592653589793 * pow(3.5, 2.0)
> 3.141592653589793 * pow(3.5, 2.0)
> 3.141592653589793 * 12.25
> 38.48451000647496
```

Die Schritte ähneln dem Beispiel davor sehr. Die Besonderheit ist hier die Variable. Eine Variable wird evaluiert, indem der Name durch den zugewiesenen Wert ersetzt wird. Im Fall von `PI` ist das die Kreiszahl.

Natürlich gibt es noch viel mehr unterschiedliche Ausdrücke, die wir im Laufe des Buches kennenlernen. Allerdings haben Sie jetzt schon einmal eine Orientierung dafür, wie Ausdrücke zu einem Wert evaluiert werden.

Beim Programmieren folgen wir vielen Regeln aus der Mathematik. Grundsätzlich evaluieren wir gemäß der Präzedenz von links nach rechts. Bei Operatoren oder Funktionen werden zuerst die Operanden bzw. die Argumente evaluiert. Die Präzedenz gibt die Gewichtung an. Die Multiplikation ist beispielsweise höher gewichtet als die Addition. Die Präzedenz können wir mit Klammern beeinflussen.

8.3 Zusammenspiel von Werten und Typen

Werte und Typen tauchen immer in Kombination auf. Es gibt keinen Wert ohne Typ und keinen Typ ohne Wert[1].

Werte sind wichtig, weil wir damit *konkrete Daten* erzeugen. Ohne Werte sind die meisten Funktionen für uns nutzlos. Die `pow`-Funktion benötigt zum Beispiel zwei Werte vom Typ `Double`. Ansonsten können wir die Funktion nicht verwenden. Doch Werte sind nicht nur Zahlen. Hinter Zeichenketten, Bildern, Videos usw. verbergen sich Werte. Für den Computer sind alle Daten eine Folge von Nullen und Einsen. Für uns haben diese Daten eine bestimmte Bedeutung. Der Unterschied zwischen einer Zahl, einer Zeichenkette und einem Bild ist die semantische Auslegung der Daten. Wir verwenden Typen unter anderem dafür, dass der Computer unsere Bedeutung teilt und unsere Absicht versteht.

Technisch gesehen legt der Typ fest, wie der Computer eine Kombination aus Nullen und Einsen interpretiert. Das ist ein Detail, mit dem wir uns in sogenannten höheren Programmiersprachen wie Kotlin nicht auseinandersetzen müssen. Für uns legt der Typ fest, welche Werte erlaubt und welche Operationen mit Werten des Typs möglich sind.

---

1 Ausnahmen bestätigen die Regel. Der Typ Nothing hat beispielsweise keinen Wert. Mehr dazu in Abschnitt 9.7, „Nothing".

8.3.1 Typprüfungen durch den Compiler

Wie spielen nun Werte und Typen zusammen? Betrachten wir dafür einmal den Vergleichs-Operator (==). In den letzten beiden Abschnitten haben wir mit diesem Operator einmal zwei Werte vom Typ `Int` und einmal zwei Werte vom Typ `Double` miteinander verglichen. Das ist möglich, weil der Vergleichs-Operator für **unterschiedliche Typen definiert** ist. Wir können sogar zwei `Boolean`- oder zwei `String`-Werte miteinander vergleichen. Voraussetzung ist, dass beide Operanden **denselben Typ** haben. Was nicht funktioniert, sind Vergleiche, wo die Operanden unterschiedliche Typen haben. Schauen wir uns dazu ein paar Beispiele an:

```
fun main() {
    3.5 == 1
    "Hallo" == true
    false == 0
}
```

IntelliJ zeigt bei allen drei Zeilen einen Fehler an. Die Fehlermeldung des ersten Ausdrucks ist: „*Operator '==' cannot be applied to 'Double' and 'Int'*". Die Fehlermeldung kommt vom Compiler. Der Compiler überprüft jeden Ausdruck unter anderem auf die Typkompatibilität. Der Compiler schaut sich in diesem Beispiel die Typen der Operanden und den Typ des Operators an. Wenn alle drei Typen kompatibel sind, wird der Ausdruck ausgewertet. Wenn nicht, wird ein entsprechender Typfehler angezeigt. Die Prüfung auf Typkompatibilität ist bei diesem Beispiel noch relativ einfach. Der Compiler schaut nach, ob ein Vergleichs-Operator für den Vergleich von beispielsweise `Double` und `Int` definiert ist.

Übrigens:

Genauer gesagt kommen die Fehlermeldungen vom sogenannten *Type-Checker*, der ein Teil des Compilers ist. Der Einfachheit halber sprechen wir hier immer vom Compiler. Der Compiler selbst besteht aus einer Reihe von Komponenten, die miteinander verbunden sind (eine sogenannte Pipeline). Jede Komponente hat eine bestimmte Aufgabe und meldet ihre eigenen Fehler. Der Type-Checker ist eine davon. ■

In einigen Programmiersprachen würden die obigen Ausdrücke übrigens kompilieren. In der Programmiersprache JavaScript wird zum Beispiel der Ausdruck `3.5 == 1` zu `3.5 == 1.0` umgewandelt. So findet ein Vergleich von zwei `Double`-Werten statt. Es gibt aber auch Sprachen, die zwar die obigen Vergleiche erlauben, aber nicht zu einem `Boolean` auswerten. Stattdessen werden die Ausdrücke zu einem undefinierten Wert oder Ähnlichem ausgewertet.

Die gleichen Typprüfungen finden natürlich auch bei Funktionsaufrufen statt. Schauen wir uns dazu ein paar Aufrufe von `round` an:

```
fun main() {
    round(1)
    round(false)
    round("Hallo")
}
```

Auch das Programm kompiliert nicht. Die Fehlermeldung des ersten Ausdrucks ist: „*The integer literal does not conform to the expected type Double*". Die anderen Ausdrücke haben entsprechend andere Fehlermeldungen. Die `round`-Funktion akzeptiert ausschließlich Werte vom Typ `Double` oder `Float`. Das haben die Autoren der `round`-Funktion so festgelegt. Wie soll denn auch eine Ganzzahl gerundet werden? Geschweige denn ein `Boolean` oder ein `String`? Der Compiler schützt uns vor Fehlern. Ein gutes Typsystem sorgt dafür, dass wir ausdrucksstark und gleichzeitig fehlerfrei (hinsichtlich der Typen) programmieren können.

Ein Programm kann erst ausgeführt werden, wenn es erfolgreich kompiliert. Dafür reicht es nicht, dass das Programm syntaktisch fehlerfrei ist. Zudem muss auch die Typkompatibilität gegeben sein. Das ist wichtig, denn der Compiler verspricht, dass alle Ausdrücke bei einem erfolgreich getypten Programm fehlerfrei evaluieren.

8.3.2 Typen als Bausteine

Stellen Sie sich jeden Typen wie einen Baustein mit einer einzigartigen Form vor. Auf Grundlage dessen gibt es für alles, was mit Typen interagiert, entsprechende Bausteine. Es gibt verschiedene Bausteine für Funktionen und Operationen, die so geformt sind, dass sie einen bestimmten Typ akzeptieren und einen bestimmten Typ zurückgeben. Zudem gibt es Bausteine für diverse Literale. Schauen wir uns einmal ein paar ausgewählte Bausteine an:

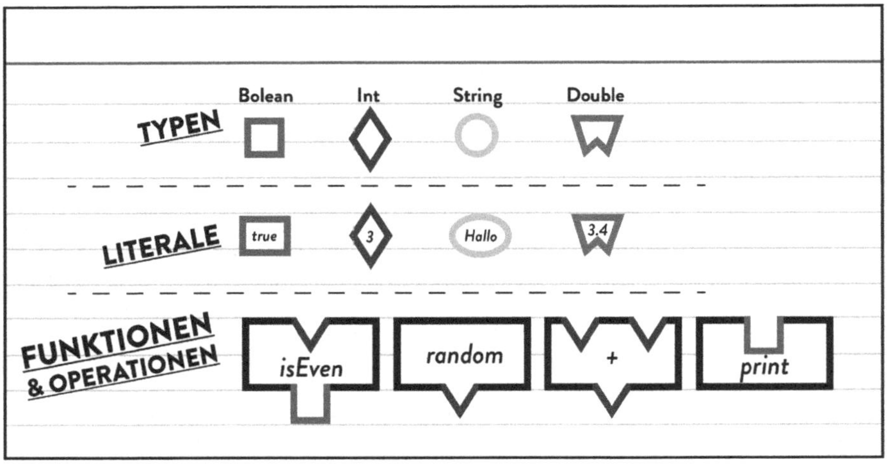

Die Bausteine lassen sich nur zusammenstecken, wenn die Typen passen. Genau das ist die Aufgabe des Typsystems. Der Compiler überprüft, ob die angewendeten Ausdrücke valide sind, indem die Typeigenschaften der im Ausdruck verwendeten Funktionen, Operationen und Werte auf Kompatibilität überprüft werden.

Achtung:

Das ist eine sehr vereinfachte Form, wo jede Funktion einen konkreten Typen erwartet. Kotlin und andere Programmiersprachen verfügen über das Konzept von *polymorphen* Typen und Funktionen. Hierbei ist ein Typ zu mehreren Typen konform, und eine Funktion kann mit unterschiedlichen Typen aufgerufen werden. Ein Beispiel hierfür ist der +-Operator.

Schauen wir uns jetzt zwei kleine Programme an, wo die Bausteine aufeinander angewendet werden, sprich wo mit den Bausteinen programmiert wird. Das linke Programm kompiliert fehlerfrei, während das rechte einen Typfehler hat:

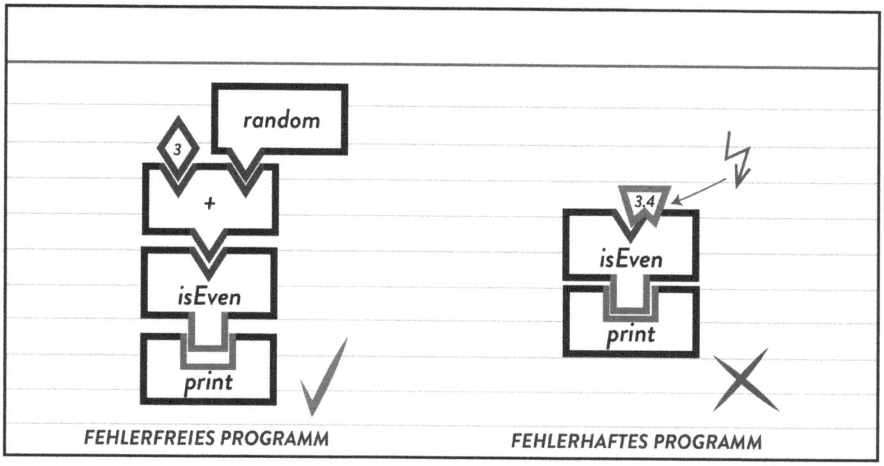

Sie können sich gut vorstellen, dass bestimmte Bausteine nicht aufeinander passen, so wie es auch im echten Leben ist. Der `isEven`-Baustein akzeptiert ausschließlich einen Baustein vom Typ `Int`. Beim linken Programm wird das Ergebnis des `+`-Operators direkt an die `isEven`-Funktion übergeben. Diese Bausteine können zusammengesteckt werden, weil sie kompatibel sind. Anders beim rechten Programm: Dort wird ein Baustein vom Typ `Double` auf einen Baustein gesteckt, der ausschließlich Bausteine vom Typ `Int` erlaubt. Das funktioniert nicht.

Auf Grundlage unserer Erkenntnisse können wir Typen folgendermaßen definieren.

§ **Definition *Typ***

Der Typ legt fest, welche Werte erlaubt und welche Funktionen und Operationen mit Werten des Typs möglich sind. Der Typ wird durch den Compiler ermittelt. Der Compiler überprüft bei jedem Ausdruck, ob dieser mit den Typregeln kompatibel ist. ■

Da wir nun wissen, wie die Begriffe Ausdruck, Wert und Typ zusammenhängen, schauen wir uns eine nicht vollständige Aufzählung davon an, was alles ein Ausdruck in Kotlin ist. Im Laufe des Buches werden Sie alle Punkte kennengelernt haben.

- Ein Literal wie `1`, `1.5`, `true` oder `"Hallo"`
- Das Auslesen einer Variable
- Der Aufruf und das Ergebnis einer Funktion
- Der Aufruf eines Operators mit seinen Operanden
- Die Verzweigung zu einem bestimmten Wert mithilfe eines if- oder when-Ausdrucks
- Das Erzeugen eines Objekts
- Eine beliebige Kombination aus all diesen Ausdrücken

Der letzte Satz ist besonders wichtig. Ausdrücke sind eine *rekursive Struktur*. Das bedeutet, dass Ausdrücke beliebig ineinander verschachtelt werden können. Ein Ausdruck kann beispielsweise aus mehreren Ausdrücken bestehen. Das haben wir bei Ausdrücken wie `sqrt(8.0)== pow(8.0, 1.0 / 2.0)` gesehen. Je nach Zählweise kann man bei diesem Beispiel bis zu 8 einzelne Ausdrücke identifizieren. Damit wir als Programmierer unter einem Ausdruck das Gleiche verstehen wie ein Computer, folgt die Evaluation von Ausdrücken bestimmten Regeln.

9 Basis-Datentypen

Wir haben bereits ein paar Datentypen wie `Int`, `Double`, `Boolean` und `String` kennengelernt. Ein Datentyp, abgekürzt Typ, legt fest, welche Werte erlaubt und welche Funktionen und Operationen mit Werten des Typs möglich sind. Das ist wichtig, denn nur so kann uns der Compiler beim Programmieren frühzeitig, zur Compilezeit, vor Fehlern schützen. Der Compiler erkennt die Typen und überprüft, ob die verwendeten Operationen und Funktionen erlaubt sind. Das funktioniert, weil Kotlin *statisch getypt* ist. Das bedeutet, dass die Typprüfung durch den Compiler zur Compilezeit stattfindet. Demnach sind alle Typen zur Compilezeit bekannt. Das garantiert, dass während der Programmausführung (Laufzeit) keine Typfehler mehr auftauchen.

Demgegenüber stehen dynamisch getypte Programmiersprachen, wo die Typen erst zur Laufzeit bekannt sind. Der Compiler selbst stellt keine Typfehler fest. Hier fallen die Fehler erst auf, wenn das Programm ausgeführt wird, woraufhin das Programm abstürzt oder in einem fehlerhaften Zustand ist.

Darüber hinaus beschreiben Datentypen auch, wie die Daten für einen Typ kodiert sind. Das ist wichtig, denn ein Programm legt seine Werte im Speicher des Computers ab. Da im Speicher alles aus Bits (0 und 1) besteht, muss jeder Wert zu einer Folge von 0 und 1 abgebildet werden. Bei Zahlen ist das noch naheliegend, weil man vom Dezimalsystem (10er-Basis, das Zahlensystem, das wir Menschen verwenden) in das Binärsystem (2er-Basis, das Zahlensystem, was der Computer verwendet) umrechnen kann. Doch wie kodiert man Buchstaben, Zeichenketten, Bilder oder Videos? Glücklicherweise müssen wir uns darüber keine Gedanken machen. Höhere Programmiersprachen wie Kotlin abstrahieren uns das Speichermanagement. Wir als Programmierer müssen lediglich die richtigen Typen für unsere Absichten wählen. Der Rest passiert von alleine.

In diesem Kapitel schauen wir uns die Basis-Datentypen von Kotlin an. Das sind Typen, die uns die Programmiersprache für primitive Werte (wie `10` oder `true`) zur Verfügung stellt. Diese Typen bilden die Basis, um eigene Typen zu erstellen. Damit Sie sich das besser vorstellen können, greifen wir ein wenig vor. Stellen Sie sich vor, Sie wollen eine Person als Typ repräsentieren. Der Einfachheit halber nehmen wir an, dass eine Person nur aus einem Namen und einem Alter besteht. Damit wir über Personen sprechen können, benötigen wir immer die Kombination aus Name und Alter. Da ein Name eine beliebige Zeichenkette sein kann, repräsentieren wir einen Namen als `String`. Da ein Alter eine Ganzzahl ist, wählen wir hierfür den Typ `Int`. Wir können hier sogar noch die Eingrenzung auf ganzzahlige positive Zahlen vornehmen. Dafür gibt es auch einen Typen. Demnach ist eine Person ein zusammengesetzter (komplexer) Datentyp namens `Person`, bestehend aus den zwei Basis-Datentypen `String` und `Int`. Wenn wir eine `Person` erzeugen, müssen wir Werte für beide Elemente angeben: `Person("Susi Sonnenschein", 23)`. Diese Werte müssen dabei den vorher festgelegten Typen `String` und `Int` entsprechen. Das war jetzt ein kleiner Vorgeschmack auf das, was wir in Teil III, „Objektorientierte Programmierung“, machen werden.

Die Basis-Datentypen von Kotlin sind Zahlen (Numerics), Zeichen und Zeichenketten (Characters und Strings), Wahrheitswerte (Booleans) und Arrays. Zudem schauen wir uns drei weitere besondere Typen an: `Unit`, `Any` und `Nothing`. Bei allen Typen gehen wir jeweils darauf ein,

- wann dieser Typ verwendet wird,
- damit einhergehend, welche Werte der Typ annehmen kann, und
- zeigen ein paar hilfreiche Operationen und Funktionen, die auf beziehungsweise mit dem Typ möglich sind.

9.1 Numerics

Bei Zahlen unterscheiden wir zunächst zwischen Ganz- und Fließkommazahlen. Die Ganzzahlen werden als *Integer Numbers* und die Fließkommazahlen als *Floating-Point Numbers* bezeichnet. Kotlin bietet für die Repräsentation von Ganzzahlen vier und für Fließkommazahlen zwei unterschiedliche Typen an.

Integer Numbers

Die Wahl des richtigen Typs hängt vom Wert ab, den wir ausdrücken wollen. Dieser Satz mag vielleicht trivial klingen, ist aber entscheidend, um das Maximale aus dem Typsystem herauszuholen. Denn genau das sind Typen: Definitionen von Wertebereichen. Um das genauer zu verstehen, schauen wir uns zuerst die vier verschiedenen Integer-Typen in einer Tabelle an[1]. Die Tabelle stellt den jeweiligen Integer-Typ, seinen Speicherbedarf in Bits und den zugelassenen Wertebereich dar:

Typ	Größe (Bits)	Kleinster Wert	Größter Wert
Byte	8	-128	127
Short	16	-32768	32767
Int	32	-2,147,483,648	2,147,483,647
Long	64	-9,223,372,036,854,775,808	9,223,372,036,854,775,807

Wie eingangs erwähnt, drückt ein Typ neben dem Wertebereich auch die Kodierung aus. Die Kodierung äußert sich unter anderem durch die Menge an Speicherbedarf. Wir wählen immer den am besten geeigneten Typ. Nicht unbedingt, um die Ressourcen zu schonen (das ist bei der aktuellen Hardware für viele Fälle zu vernachlässigen), sondern um unsere Absicht so präzise wie möglich auszudrücken.

[1] Modifiziert übernommen aus *https://kotlinlang.org/docs/reference/basic-types.html*.

Nehmen wir an, wir möchten das Alter einer Person durch einen Typ repräsentieren. Welchen dieser vier Integer-Typen würden Sie wählen? Immer noch `Int`, wie in der Einleitung des Kapitels? Überlegen Sie einmal.

Dafür müssen wir uns die Frage stellen, welche Werte für das Alter erlaubt sind. Was ist der Wertebereich? Ein Alter kann nicht negativ sein. Zudem ist es unwahrscheinlich, dass ein Alter 127 Jahre übersteigt, zumindest für einen Menschen. Laut der Tabelle kommt der Typ `Byte` am nächsten dran. Doch wir benötigen den gesamten negativen Anteil des Wertebereichs nicht. Deshalb gibt es seit Kotlin 1.3 für jeden Integer-Typen eine *Unsigned*-Variante. Bei Unsigned steht uns der gleiche Speicherbedarf zur Verfügung, allerdings wird der positive Bereich um den negativen Bereich erhöht. Folgende Tabelle zeigt die Unsigned Integers:

Typ	Größe (Bits)	Kleinster Wert	Größter Wert
UByte	8	0	255
UShort	16	0	65535
UInt	32	0	$2^{32} - 1$
ULong	64	0	$2^{64} - 1$

Der optimale Typ für das Alter ist `UByte`. Doch würde das nicht auch mit einem normalen `Int` funktionieren? Ja, würde es. Aber dadurch erlauben wir Fehler. Nehmen wir an, dass eine Funktion ein Alter erwartet, um die Altersgruppe für das Alter zu ermitteln:

Beim Alter von 0 bis 1 handelt es sich um ein Baby.
Beim Alter von 2 bis 12 handelt es sich um ein Kind.
usw.

Wenn das Alter als `UByte` ausgedrückt wird, verbietet uns der Compiler, eine negative Zahl zu übergeben. Zudem können wir keine 1000 übergeben. Der Typ macht die Absicht der Funktion eindeutig.

Nehmen wir mal an, die Funktion würde anstelle eines `UByte` ein `Int` akzeptieren. Was würden Sie für eine Altersgruppe für ein Alter von `-1` oder `1000` zurückgeben? Vermutlich keine Altersgruppe, sondern eine Fehlermeldung. Mit Fehlern können wir immer umgehen. Doch ist es nicht besser, von vornherein keine Fehler zu erlauben, als diese zuzulassen und jedes Mal behandeln zu müssen? Natürlich ist das besser.

Denken Sie das Ganze noch weiter. Was wäre, wenn die Funktion zur Berechnung von Altersgruppen einen `String` anstelle eines `Int` akzeptieren würde? Zahlen können wir auch als `String` übergeben. Doch wir können auch Buchstaben, Worte oder sogar Sonderzeichen als `String` ausdrücken. Das wäre fatal, denn wir müssten sehr viele Abfragen machen, Fehler zurückgeben und diese immer behandeln. Die Wahl des richtigen Typs ist entscheidend.

Floating-Point Numbers

Bei den Floating-Point Numbers unterscheiden wir zwischen den beiden Typen `Float` (32 Bits) und `Double` (64 Bits). Der Unterschied zwischen den beiden ist, dass `Double` die doppelte Präzision von `Float` aufweist. Dementsprechend benötigt `Double` auch doppelt soviel Speicher. Daher auch der Name `Double`.

Literale und Typkonvertierungen

Zahlen geben wir in der Regel direkt als Wert, also als Literal an. Wenn wir eine Ganzzahl als Literal angeben, wird diese implizit als `Int` interpretiert. Bei einer Fließkommazahl ist das ein `Double`. Wenn wir explizit einen der anderen Integer- oder Floating-Point-Zahlen als Literal ausdrücken wollen, müssen wir das entweder mit einem entsprechenden Zeichen direkt nach dem Literal kenntlich machen oder eine entsprechende Konvertierungsfunktion verwenden. Schauen wir uns mal ein paar Literale an, wo wir den Typ mit einem entsprechenden Zeichen verändern. Der jeweilige Typ steht im Kommentar:

```
1 fun main() {
2     1 // Int
3     1L // Long
4     10_000_000_000 // Long
5     1u // UInt
6     1uL // ULong
7     1.1 // Double
8     1.1f // Float
9 }
```

Sie sehen verschiedene Literale und die jeweiligen Typen, die der Compiler ableitet. Zeile 2 zeigt, dass eine Ganzzahl standardmäßig ein `Int` ist. In Zeile 3 sieht man, wie ein `Int`-Literal mit dem Suffix *L* zu einem `Long` konvertiert wird. Zeile 4 zeigt, wie man Unterstriche verwenden kann, um den Wert von großen Zahlen schneller zu erkennen. Das kennen Sie vielleicht auch aus dem Finanzwesen, wo ein Punkt oder Leerzeichen als Trennung verwendet wird: 10 000 000 000 EUR.

Schauen wir uns jetzt mal an, wie Werte mittels Konvertierungsfunktionen in andere Typen umgewandelt werden:

```
fun main() {
    1.toShort() // Short
    1.toByte() // Byte
    1.toUByte() // UByte
    1.toLong() // Long
    1.1.toFloat() // Float
}
```

Konvertierungsfunktionen sind auf den Werten eines Typs definiert. Solche Funktionen rufen wir auf, indem wir nach dem Wert einen Punkt eingeben. Konvertierungsfunktionen fangen alle mit einem „`to`" an. Wenn wir in IntelliJ einen Wert als Literal eingeben und danach einen Punkt eintippen, dann schlägt IntelliJ alle möglichen Konvertierungsfunktionen für den aktuellen Wert vor. Die abgeleiteten Typen ergeben sich aus dem Namen der Funktionen.

Und dann gibt es noch interessante Sonderfälle:

```
fun main() {
    1.toDouble() // Double
    1.9.toInt()  // Int
}
```

Der erste Ausdruck mag noch naheliegend sein. Hier wird der Wert `1` (`Int`) zu einem `Double` mit dem Wert `1.0` konvertiert. Das funktioniert ohne Probleme, weil jeder `Int` zu einem `Double` verlustfrei konvertiert werden kann. Doch was ist das Ergebnis der nächsten Zeile? Um ein `Double` zu einem `Int` zu konvertieren, hat man nur die beiden Möglichkeiten, den

Nachkommateil abzuschneiden oder diesen zu runden. Kotlin entscheidet sich für das Abschneiden: Die Zeile wertet den Ausdruck zu `1` (`Int`) aus. Der Nachkommateil geht verloren. Die Operation ist nicht verlustfrei. Alternativ ist die Funktion `roundToInt` auf `Double` und `Float` definiert, welche den Nachkommateil zum Runden verwendet. Das ist zwar auch nicht verlustfrei, aber vielleicht eher das, was man möchte.

Merken Sie sich:

Wenn man sagt, dass eine Funktion auf `Double` und `Float` definiert ist, meint man, dass die Funktion auf Werten von `Double` und `Float` über die sogenannte Punktnotation aufgerufen werden kann. Dafür tippen Sie einen Punkt nach dem Wert ein. Wenn Sie jetzt weitertippen, zeigt IntelliJ Ihnen unter anderem alle Funktionen an, die auf Werten des Typs definiert sind und die eingetippten Zeichen enthalten. Die Liste wird mit jeder Eingabe reduziert oder erweitert. ■

Operatoren

Kotlin unterstützt alle arithmetischen Operatoren auf Ganz- und Fließkommazahlen. Je nachdem, welcher Operator auf welchem Typ aufgerufen wird, wird eine geeignete Implementierung des Operators verwendet. Das nennt man *Operator-Overloading*. Schauen wir uns hierfür ein Beispiel an:

```
5 / 2 // 2 (Int)
```

Eine Division von zwei `Ints` (es kann dabei jeder Integer-Typ sein) gibt immer den gleichen Integer-Typ zurück. Wie wir bereits gesehen haben, wird hier einfach der Nachkommateil abgeschnitten. Erst wenn einer der Werte ein Floating-Point ist (`Double` oder `Float`), ist das Ergebnis auch ein Floating-Point:

```
5.0 / 2 // 2.5 (Double, weil 5.0 Double ist)
```

Eine Addition mit zwei `Ints` gibt ein `Int` zurück. Eine Addition mit einem Integer und einem Floating-Point gibt einen Floating-Point zurück. Das Gleiche gilt für Multiplikation und Subtraktion:

```
1.1 + 2 // 3.1 (Double)
```

Doch was gibt die Addition von einem `Int` und einem `Long` zurück? Zur Erinnerung: Ein `Long` erweitert den Wertebereich von `Int`. Das Ergebnis der Addition kann nur ein `Long` sein, weil ansonsten Informationen durch die Typkonvertierung von `Long` auf `Int` verloren gehen können:

```
1L + 1 // 2 (Long, weil 1 verlustfrei zu 1L konvertiert werden kann)
```

Wenn die Operanden denselben Typ haben, ist das Ergebnis auch vom selben Typ: `Int` + `Int` = `Int`. Bei Operatoren mit unterschiedlichen Typen (egal ob Integer oder Floating-Point) wird der Typ zurückgegeben, auf den beide Werte ohne Verlust abgebildet werden können. Im Fall von `Long` + `Int` ist es `Long`, weil ein `Int` ohne Verlust in ein `Long` konvertiert werden kann. Im Fall von `Double` + `Int` ist es `Double`, weil `Int` ohne Verlust in ein `Double` konvertiert werden kann. In beiden Fällen würde der andere Weg zu Verlust führen.

Zum Abschluss noch eine kurze Tabelle mit ein paar Operatoren, um zwei Werte miteinander zu verknüpfen:

Operator	Name	Beispielaufruf mit Ints	Ergebnis
+	Addition	5 + 5	10
-	Subtraktion	7 - 3	4
*	Multiplikation	3 * 5	15
/	Division	18 / 6	3
%	Modulo	18 / 4	2
+=, -=, *=, /=	kombinierte Zuweisungen von Variablen	val a = 1 a += 5	a wird um 5 erhöht

9.2 Characters und Strings

Ein Zeichen wird in Kotlin durch den Typ `Char` (steht für Character) ausgedrückt. Das Literal für ein einzelnes Zeichen sind einfache Anführungsstriche, die den Buchstaben umschließen. Der Buchstabe A wird demnach durch `'A'` als Literal repräsentiert. Wichtig ist, dass jeweils nur ein Zeichen mit einem `Char` ausgedrückt werden kann. `'Hi'` führt zu einem Compilerfehler: *„Too many characters in a character literal "Hi"“*.

Für mehr als ein Zeichen sind Zeichenketten vorgesehen. Eine Zeichenkette hat den Typ `String` und wird mit doppelten Anführungsstrichen angegeben. `"Hi"` ist ein valider `String` in Kotlin. Technisch gesehen besteht ein `String` intern aus einer Menge von `Chars`.

In Kotlin ist ein `String` unveränderlich. Um einen bestehenden `String` zu erweitern, können wir den +-Operator verwenden:

```
"Susi" + " " + "Sonnenschein" // "Susi Sonnenschein" (String)
```

Das Ergebnis der Operation ist dabei ein neuer `String`, der beide Teile enthält.

Ähnlich wie wir Ganz- und Fließkommazahlen miteinander addieren können, funktioniert das auch bei Chars und Strings. Auch hier wird zu dem Typ konvertiert, welcher zu keinem Verlust führt. Bei der Addition (bei Strings auch Konkatenation genannt) von `Char` und `String` kommt ein String heraus:

```
'H' + "ello" // "Hello" (String)
```

Interessanterweise können wir keine Chars mit Chars addieren. Was allerdings geht, ist die Addition mit `Int`. Das liegt daran, dass ein `Char` intern durch einen `Int` repräsentiert wird. Eine Zeichentabelle gibt an, welches `Int` für welches `Char` steht. Schauen wir uns das einmal praktisch an, indem wir `Chars` mit `Ints` addieren und zwischen `Int` und `Char` konvertieren. Die Ergebnisse der Ausdrücke inklusive der Erklärung stehen im jeweiligen Kommentar:

```
fun main() {
    65.toChar() // 'A'. Das 'A' steht in der Tabelle an Stelle 65
    (65 + 1).toChar() // 'B'. In der Tabelle folgt das 'B' nach dem 'A'
    'A' + 1 // 'B'. Intern findet hier die gleiche Addition wie in der Zeile davor
        statt
    'Z' + 1 // '['. Nicht nur Buchstaben, sondern auch Sonderzeichen stehen in der
        Zeichentabelle
    48.toChar() // '0'. Auch Zahlen können als Buchstaben ausgedrückt werden
    (48 + 1).toChar() // '1'. Folgt den gleiche Regeln wie Zeile 3
}
```

Es gibt natürlich noch viel mehr an nützlichen Funktionen, die auf Strings definiert sind. Ein paar davon werden wir im Laufe des Buchs kennenlernen. Den Rest werden Sie kennenlernen, sobald Sie selber vor Programmieraufgaben stehen.

9.3 Booleans

`Boolean` ist ein Typ, welcher exakt zwei Werte annehmen kann: `true` oder `false`. Booleans sind wichtig, weil wir damit Entscheidungen treffen können. Je nach Entscheidung können alternative Code-Pfade (*Branches*) ausgeführt werden. Dadurch ist das Programm in seinem Ablauf nicht starr, sondern von bestimmten *Bedingungen* abhängig. Mehr dazu in Kapitel 11, „Kontrollstrukturen".

Wir haben bereits ein paar Operatoren kennengelernt, die zwei Werte miteinander vergleichen. Jeder dieser Vergleiche ist entweder wahr oder falsch, sprich vom Typ `Boolean`. Folgende Tabelle zeigt die Operatoren mit Beispielaufrufen und dem ausgewerteten Ergebnis:

Operator	Name	Beispielaufruf mit Ints	Ergebnis
<	Kleiner	5 < 5	false
<=	Kleiner-gleich	5 <= 5	true
>	Größer	1 > 5	false
>=	Größer-gleich	1 >= 5	false
==	Gleich	1 == 5	false
!=	Ungleich	1 != 5	true

Die meisten Operatoren sind naheliegend. Interessanter ist z. B. der Unterschied zwischen Kleiner-als und Kleiner-gleich (entsprechend gilt dies für Größer-als). Der Kleiner-als-Operator ist exklusive, während der Kleiner-gleich-Operator inklusive der Grenze ist. Demnach ist 5 nicht kleiner als 5, aber *kleiner oder gleich* 5.

Operatoren wie gleich, größer-als, kleiner-als usw. sind mit Werten verschiedener Typen möglich. Wir können Doubles, Strings etc. untereinander und teilweise miteinander vergleichen. Es gibt aber auch Operatoren, die ausschließlich auf Booleans definiert sind. Diese nennt man auch *Boolesche Operatoren.* Folgende Tabelle zeigt die drei häufigsten Booleschen Operatoren und ihre Bedeutung mit Beispielaufrufen und dem ausgewerteten Ergebnis.

<table>
<tr><th>Operator</th><th>Name</th><th>Beispielaufruf</th><th>Bedeutung</th><th>Ergebnis</th></tr>
<tr><td>&&</td><td>UND</td><td>5 >= 1 && 5 <= 10</td><td>5 ist zwischen 1 und 10</td><td>true</td></tr>
<tr><td>||</td><td>ODER</td><td>5 == 1 || 5 == 2</td><td>5 ist entweder 1 oder 2</td><td>false</td></tr>
<tr><td>!</td><td>NICHT</td><td>!(5 == 1 || 5 == 2)</td><td>5 ist nicht 1 oder 2</td><td>true</td></tr>
</table>

In den Beispielen zu UND und ODER werden zuerst die Ausdrücke auf der linken und rechten Seite ausgewertet. Danach wird der jeweilige Boolesche Operator auf beide Booleans angewendet. Beim NICHT-Operator ist das nur ein Boolean, welcher diesen einfach nur negiert. Wichtig ist, dass alle drei Operatoren nur mit Booleans funktionieren. Die Operatoren selbst sind beliebig oft kombinierbar, weil alles Ausdrücke sind, die Booleans zurückgeben.

Die Beispielaufrufe scheinen trivial, das wird aber wesentlich interessanter, wenn wir Variablen anstelle von konkreten Werten verwenden. So können wir einen Ausdruck schreiben, welcher für ein beliebiges `x` überprüft, ob der Wert zwischen 1 und 10 liegt: `x >= 1 && x <= 10`. Warten Sie ab, bald sind wir soweit!

Schauen wir uns derweil ein Beispiel aus dem Alltag an. Mit Booleschen Operatoren können wir folgenden Sachverhalt modellieren:

```
Wenn Anna den Ben mag, dann lädt Anna den Ben ins Kino ein
```

Erst wenn diese Aussage wahr ist, sprich Anna den Ben mag, lädt Anna den Ben ins Kino ein. Diese Bedingung muss erfüllt sein, bevor die daraus resultierende Handlung stattfindet. Die Bedingung kann natürlich noch komplexer sein:

```
Wenn Anna den Ben mag UND Anna genug Geld hat, dann lädt Anna den Ben ins Kino ein
```

In diesem Fall haben wir zwei Aussagen logisch miteinander verknüpft. Beide Aussagen müssen wahr sein, damit die gesamte Aussage wahr ist und die daraus resultierende Handlung stattfindet. Wenn wir dieses Beispiel in Code umsetzen wollen, müssen die zwei Aussagen *Boolesche Ausdrücke* sein. Diese zwei Booleschen Ausdrücke müssen zu einem Wert reduziert werden, damit wir diesen Wert auswerten können. So wie Sie zwei Int-Werte mit einem +-Operator (`1 + 1`) zu einem Int-Wert reduzieren können (`2`), geht das natürlich auch für andere Typen. Um Boolesche Ausdrücke zu kombinieren, verwenden wir in diesem Fall den *UND*-Operator `&&`. Der UND-Operator ist so definiert, dass beide Ausdrücke wahr sein müssen, damit der gesamte Ausdruck wahr ist.

9.4 Arrays

Ein Array beschreibt eine lineare Anordnung von Werten. Linear deshalb, weil die Werte über einen **fortlaufenden Index** angesprochen werden. Etwas Ähnliches kennen Sie von Strings. Stellen Sie sich einen String als Array von Chars vor. Skizzieren wir einmal ein Array mit 5 Werten, die Indizes und die jeweiligen Zugriffe über einen Index:

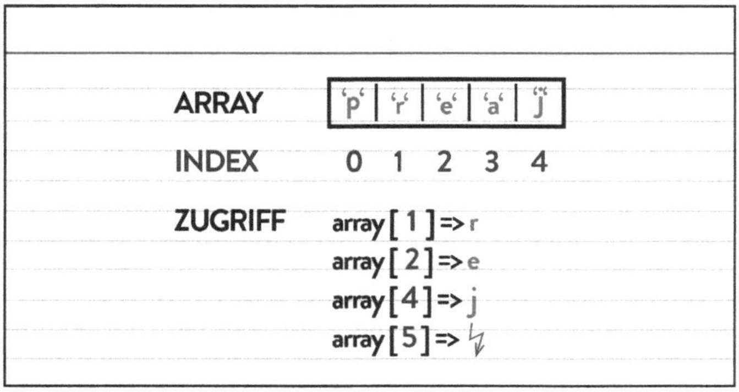

Der Zugriff auf ein Element im Array erfolgt über den Index. Der Index fängt bei 0 an und wird fortlaufend erhöht. Beim Zugriff über den Index `i` wird das Element an der Stelle `i`

angesprochen. Das ist der einzige Weg, um auf Elemente in einem Array zuzugreifen. Der Name `array` referenziert dabei die Variable, die das Array mit den Werten `'p', 'r', 'e', 'a', 'j'` enthält. Mehr dazu in Kapitel 10, „Variablen".

Wir benötigen den Index, weil die Werte in einem Array variabel sind und sich im Laufe des Programms ändern können. Der Index skaliert mit der Anzahl der Werte, ist aber unabhängig vom tatsächlichen Inhalt. Der maximale Index ist immer: Größe des Arrays - 1. Die Minus 1 deshalb, weil wir bei der 0 anfangen zu zählen. Der Zugriff auf einen ungültigen Index führt zu diesem Laufzeitfehler: *„ArrayIndexOutOfBoundsException"*.

Wir verwenden Arrays, um mehrere Werte zusammenzufassen und Operationen auf mehreren Werten durchzuführen. Bislang haben wir Werte immer nur einzeln betrachtet. Doch stellen Sie sich eine Banking-App vor, wo alle Zahlungsein- und -ausgänge in einer Liste angezeigt werden. Wie werden diese Daten modelliert? Schauen wir uns die Daten an:

MEIN KONTO	
Video Streaming	-3,99€
Prepaid Smartphone Tarif	-9,99€
Miete	-580,00€
Gehalt	+2000,00€
Supermarkt Kasse 1	-45,80€
Bestellung Online Shop	-12,99€
Saldo	+1347,23€

Eine simple Möglichkeit wäre es, ein Array zu erzeugen, welches die Ein- und Ausgänge als Double Werte speichert[2]. Dadurch können wir alle Zahlen auf einmal ausdrücken und auf allen Zahlen gemeinsam operieren. Zahlungseingänge haben ein positives Vorzeichen, Zahlungsausgänge ein negatives. Ein Array können wir über die `arrayOf`-Funktion erzeugen. Als Argument übergeben wir eine Menge von Werten, die durch Kommas getrennt werden:

```
arrayOf(-3.99, -9.99, -580.0, 2000.0, -45.80, -12.99) // Array mit Double Werten
```

Da alle Daten nun auf einmal vorliegen, können wir den Saldo des Kontos ganz einfach berechnen. Hierfür müssen wir alle Zahlen addieren. Wie wir alle Werte in einem Array durchgehen und darauf Operationen ausführen, werden wir in Abschnitt 11.4, „Iterieren über Datenstrukturen mit for-Schleifen", lernen. Der Einfachheit halber verwenden wir hier die vorhandene `sum`-Funktion. Diese Funktion ist auf allen numerischen Arrays definiert. Die `sum`-Funktion geht alle Werte im Array durch, addiert diese miteinander und gibt die Summe als `Double` zurück[3]:

```
arrayOf(-3.99, -9.99, -580.0, 2000.0, -45.80, -12.99).sum() // 1347.23 (Double)
```

2 In einer realen Anwendung würde man hierfür keine Doubles verwenden, da es zu Problemen bei den Centbeträgen führt, wenn man anfängt zu rechnen. Dieses Beispiel dient lediglich der Veranschaulichung.

3 Bei einem Int-Array wäre die Summe vom Typ Int.

In diesem Fall ist das Array vom Typ `Double`. Wie bereits erwähnt, können wir uns einen `String` als Array von Chars vorstellen. Wir können uns natürlich auch ein Array von Ints, Booleans, Floats usw. erzeugen. Das funktioniert, weil Array selbst ein Typ ist, welcher einen *Typ-Parameter* besitzt.

Der Typ von `arrayOf(10, 42)` ist `Array<Int>`. Der Typ von `arrayOf("Susi", "Michael")` ist `Array<String>`. In den spitzen Klammern steht der Typ-Parameter des Arrays. Der Typ-Parameter wird beim Erzeugen eines Arrays auf Basis der Argumente festgelegt. Übergibt man ein `Double`, so ist das Array vom Typ `Double`. Der Typ-Parameter macht das Array *generisch*. So muss in der Standardbibliothek von Kotlin nicht für jeden Basis-Datentyp eine eigene `Array` Version vorliegen. Denn ein Array abstrahiert über die Werte, die gespeichert werden. Das macht eigentlich auch Sinn, denn ein Array interessiert sich nicht für die Werte die gespeichert werden, sondern eher um die Art und Weise, wie die Werte abgelegt, modifiziert, gelöscht oder gelesen werden.

Vergleichen Sie das mit einem Paket. Dem Paket ist sein Inhalt egal. Für das Paket ist es nur wichtig, wann die maximale Kapazität erreicht ist. Dem Paket ist es egal, ob es mit einem einzigen großen oder mit sehr vielen kleinen Gegenständen gefüllt ist. Ansonsten wäre es sehr unpraktisch, denn wir müssten für jeden Gegenstand ein dafür vorgesehenes Paket verwenden. Typ-Parameter und Generics schauen wir uns in Kapitel 26, „Invarianz, Kovarianz und Kontravarianz", und Kapitel 27, „Listen selbst implementieren", genauer an.

9.5 Unit

Der Typ `Unit` kann nur einen einzigen Wert annehmen, nämlich sich selbst. Das mag seltsam klingen, doch `Unit` wird durchaus sehr häufig benutzt, wenn auch nur implizit.

In Abschnitt 8.1, „Ausdrücke", haben wir gelernt, dass Funktionen Werte als Ergebnis zurückgeben. Diese Werte haben immer einen Typ. Doch es gibt auch Funktionen, die kein **konkretes Ergebnis** zurückgeben. Da eine Funktion allerdings immer etwas zurückgeben muss, wird in so einem Fall `Unit` zurückgegeben.

Da `Unit` der Einheitstyp ist und nur aus sich selbst besteht, sind auch keine sinnvollen Funktionen auf `Unit` definiert. Wenn Ihnen eine Funktion `Unit` zurückgibt, bleibt Ihnen nichts anderes übrig, als davon auszugehen, dass die Funktion ihre Arbeit erledigt hat. Überprüfen können Sie das nicht direkt, weil die Funktion kein Ergebnis ihrer vollbrachten Arbeit zurückgibt. Das ist ja der Punkt bei `Unit`. Je nach Funktion ist das ziemlich unbefriedigend. Hier müssen Sie darauf vertrauen, dass die Funktion das gemacht hat, was sie verspricht.

Womöglich stellen Sie sich jetzt die Frage, warum man `Unit` überhaupt benötigt. Es hört sich so an, als hätte das nur Nachteile. Sie haben nicht ganz unrecht. Guter Programmcode ist verständlich und testbar. Wenn uns beispielsweise die `sqrt`-Funktion kein Ergebnis zurückgeben würde, gäbe es keinen Grund, diese Funktion zu verwenden. Schließlich rufen wir die Funktion auf, um das Ergebnis zu verarbeiten. Hier haben wir eine Erwartung, die uns die Funktion zu erfüllen hat. Doch es gibt durchaus Funktionen, die korrekterweise `Unit` zurückgeben. Um das besser zu verstehen, schauen wir uns mal ein paar Funktionen aus der Standardbibliothek von Kotlin an, die `Unit` zurückgeben.

println

Die `println`-Funktion ist vermutlich die am häufigsten verwendete Funktion, die `Unit` zurückgibt. `println` akzeptiert ein Argument und schreibt diesen Wert in die Konsole:

```
fun main() {
    println("Hallo Konsole!")
}
```

In der Konsole steht nun:

```
> Hallo Konsole!
```

Die Konsole wird in einem Fenster in IntelliJ angezeigt. Wir verwenden `println`, um uns während der Entwicklung Ergebnisse anzuzeigen:

```
import kotlin.math.sqrt

fun main() {
    println("Die Wurzel von 3 ist " + sqrt(3.0))
}
```

Hier fügen wir das Ergebnis des Ausdrucks `sqrt(3.0)` mit dem String auf der linken Seite des +-Operators zusammen. In der Konsole steht:

```
> Die Wurzel von 3 ist 1.7320508075688772
```

Wir können auch Strings mit der sogenannten *Templating-Syntax* zusammenbauen. Das schreibt und liest sich angenehmer:

```
import kotlin.math.sqrt

fun main() {
    println("Die Wurzel von 3 ist ${sqrt(3.0)}")
}
```

Die Ausgabe in der Konsole ist die gleiche. Die Templating-Syntax erlaubt uns, Ausdrücke direkt in einem String einzusetzen. Dafür schreiben wir die Ausdrücke innerhalb von `${}`. Die Templating-Syntax kann nur innerhalb eines Strings verwendet werden.

Soweit zur Verwendung von `println`. Bei der `println`-Funktion erwarten wir, dass in die Konsole geschrieben wird. Das ist auch der Grund, warum wir die Funktion verwenden. Was würden Sie für einen Rückgabewert beim Aufruf der `println`-Funktion erwarten? Vermutlich keinen. Deshalb gibt `println` auch `Unit` zurück. Alles andere macht keinen Sinn. `Unit` ist hier vollkommen richtig.

sleep

Die `sleep`-Funktion nimmt die Anzahl der Millisekunden entgegen, die das Programm anhalten (schlafen) soll. Danach wird das Programm weiter ausgeführt. Die Funktion gibt auch kein Ergebnis zurück. Denn die Aufgabe der Funktion ist es, den aktuellen Programmablauf (Thread) für eine bestimmte Zeit schlafen zu legen. Das können wir nicht als Wert ausdrücken. Deshalb ist `Unit` auch hier die korrekte Wahl.

Schauen wir uns mal ein Programm an, in dem alle 5 Sekunden ein Wert berechnet und auf der Konsole ausgegeben wird.

```
fun main() {
    println("Alle 5 Sekunden wird ein Wert berechnet")

    Thread.sleep(5000) // Programm schläft für 5 Sekunden

    println(5 * 5) // 25 wird auf der Konsole ausgegeben

    Thread.sleep(5000) // Programm schläft für weitere 5 Sekunden

    println(5 * 5 * 5) // 125 wird auf der Konsole ausgegeben

    println("Fertig!")
}
```

In dem Programm sehen Sie, dass wir alle Funktionen wie Anweisungen benutzen. Wir bauen nicht auf den Ergebnissen vorheriger Ausdrücke auf. Die einzige Ausnahme sind die Multiplikationen. Hier möchten wir das Ergebnis der Multiplikationen natürlich an die `println`-Funktion übergeben. Wenn Sie das Programm kopieren und ausführen, sehen Sie, dass die Ausgaben auf der Konsole um 5 Sekunden verzögert sind.

main

Die `main`-Funktion ist übrigens auch eine Funktion, die `Unit` zurückgibt. Ihnen ist das womöglich gar nicht aufgefallen. Der Compiler fügt den notwendigen Code beim Kompilieren für uns hinzu, wenn eine Funktion keinen expliziten Wert zurückgibt. Das werden Sie genauer verstehen, wenn wir uns in Kapitel 12, „Funktionen", mit Funktionsdefinitionen beschäftigen.

In Kotlin dient die `main`-Funktion nur als Einstiegspunkt des Programms. Die `main`-Funktion führt alle darin enthaltenen Anweisungen und Ausdrücke aus. Die Funktion selber gibt nichts Konkretes zurück.

In Programmiersprachen wie C ist das nicht so!

In der Programmiersprache *C* gibt die `main`-Funktion immer einen `Int`-Wert zurück. Dieser Wert gibt an, ob das Programm fehlerfrei (0) oder mit einem Fehler (größer oder kleiner 0) beendet wurde. In C gibt es mehrere Funktionen, die diesem Muster folgen. Solche Funktionen bezeichnet man als Funktionen mit nicht-funktionalen Rückgabewerten. ■

Häufig treten Probleme auf, wenn die Erwartungen an eine Funktion nicht erfüllt werden. Die Funktionen in der Standardbibliothek von Kotlin erfüllen meistens unsere Erwartungen, weshalb die obigen Beispiele (und viele mehr) korrekterweise `Unit` zurückgeben. Denken Sie daran, wenn Sie eigene Funktionen schreiben. Überlegen Sie sich, was Ihre Funktion machen soll und was die Funktion zurückgibt. `Unit` ist meistens nur die richtige Wahl, wenn die Arbeit *anderweitig* passiert. Dies können zum Beispiel gewünschte Seiteneffekte wie die Ausgabe von Texten auf der Konsole sein. Ansonsten sollten Funktionen einen konkreten Wert zurückgeben. Mit diesem Thema werden wir uns bei Funktionen in Kapitel 12, „Funktionen", intensiver beschäftigen.

9.6 Any

In Kotlin ist `Any` der Obertyp von allen Typen. Wenn eine Funktion einen Wert vom Typ `Any` als Argument erwartet, kann dieser Funktion jeder beliebige Wert übergeben werden. Ein Beispiel hierfür ist die `println`-Funktion. `println` akzeptiert `Any` als Argument, weil alles auf der Konsole ausgegeben werden kann. Ob die textuelle Repräsentation des Wertes sinnvoll ist, ist eine andere Sache.

`Any` funktioniert als Obertyp, weil Typen hierarchisch aufgebaut sind. Ganz oben steht `Any`. Weil aber alles `Any` sein kann, sind auf `Any` nur Funktionen definiert, die alle Typen gemeinsam haben. Diese Funktionen sind `equals`, `hashCode` und `toString`.

Wann benötigen wir nun `Any`? Hoffentlich nie oder zumindest nur in absoluten Ausnahmesituationen. Denn wir wollen so sicher und präzise wie möglich programmieren. Damit uns der Compiler dabei unterstützen kann, müssen die Typen präzise gewählt werden. `Any` ist dabei aus Sicht des Compilers eine Kapitulation. Denn hier kann uns nicht mehr geholfen werden. Der Compiler kann uns nicht vor Fehlern schützen. Mit `Any` schalten wir quasi das Typsystem aus. Um dies zu verdeutlichen, definieren wir mal eine eigene `add`-Funktion, die zwei Parameter `x` und `y` vom Typ `Any` akzeptiert, diese miteinander addiert und das Ergebnis zurückgibt:

```
fun add(x: Any, y: Any): Any = x + y
```

Da das Kapitel zu Funktionen noch kommt, müssen Sie erst einmal nur verstehen, dass wir hiermit eine Addition von zwei Werten (x und y) beliebigen Typs (`Any`) erzwingen. Überlegen Sie einmal, ob das Programm kompilieren würde.

Nein, würde es nicht. Der +-Operator ist mit Werten vom Typ `Any` nicht möglich. Denn zur Compilezeit wissen wir nicht, was der konkrete Typ von `x` und `y` ist. Zur Compilezeit müssen wir davon ausgehen, dass es eben alles Mögliche, sprich Any ist. Kotlin weiß nicht, wie man zwei Werte, die alles sein können, miteinander addiert. Das wird spätestens dann klar, wenn wir diese `add`-Funktion verwenden:

```
// Das geht hier alles nicht. Zum Glück!

import kotlin.math.sqrt

fun add(x: Any, y: Any): Any = x + y

fun main() {
    add(true, 1)
    add("hallo", arrayOf(1))
    add(println("huch, geht das hier?"), sqrt(5.3))
}
```

Im ersten Aufruf übergeben wir `true` und `1` als Argument. Wie sollen diese beiden Werte miteinander addiert werden? Das Gleiche gilt für den zweiten Aufruf. Der dritte Aufruf treibt das Ganze ad absurdum. Hier soll `Unit` mit der Wurzel von `5.3` addiert werden. In Kotlin ist das (zum Glück) nicht möglich.

9.7 Nothing

`Nothing` ist ein Typ, der keine Werte besitzt. Das ist nun wirklich seltsam, denn wieso benötigt man einen Typen, wenn man keine Werte von diesem Typen erzeugen kann? Diese Frage kann man mit Typen-Theorie zufriedenstellend beantworten. Soweit werden wir allerdings nicht gehen. Stattdessen beantworten wir das an einem praktischen Beispiel aus der Standardbibliothek von Kotlin. Die `TODO`-Funktion gibt nämlich `Nothing` zurück:

```
fun main() {
    TODO()
}
```

Wenn wir diesen Code ausführen, stürzt das Programm mit einem *NotImplementedError* ab. Die Fehlermeldung ist: „*An operation is not implemented.*" Wozu brauchen wir das?

`TODO` wird während der Entwicklung als **Platzhalter** für einen Wert verwendet. Damit wir diesen Platzhalter irgendwann durch einen richtigen Wert ersetzen, bringt die `TODO`-Funktion das Programm absichtlich zum Absturz, wenn wir das Programm ausführen. Dadurch veröffentlichen wir kein Programm, was versehentlich noch ein `TODO` enthält. Schauen wir uns dazu ein Beispiel an:

```
import kotlin.math.PI
import java.lang.Math.pow

fun main() {
    PI * pow(TODO(), 2.0)
}
```

An diesem Programm sind zwei Dinge besonders.

1. Das Programm kompiliert fehlerfrei. Der Compiler beschwert sich nicht, obwohl wir der `pow`-Funktion **keinen** `Double` oder `Float` als erstes Argument übergeben. Das widerspricht allem, was wir bislang über das Typsystem gelernt haben.
2. Der Typ des gesamten Ausdrucks ist `Double`. Das bedeutet, dass der Aufruf von `TODO` den Typ des gesamten Ausdrucks nicht stört. In diesem Beispiel können wir alle Operationen und Funktionen, die auf beziehungsweise mit `Double`-Werten möglich sind, trotz `TODO` verwenden.

Warum funktioniert das? `Nothing` ist im Gegensatz zu `Any` der unterste Knoten in der Typenhierarchie. Das macht `Nothing` zu einem Untertyp von allen Typen. Demnach ist `Nothing` auch eine **spezialisierte** Form von `Double` oder `Float`. Die Typregeln sind somit tatsächlich erfüllt, weil **höchstens** `Double` oder `Float` übergeben werden.

Das wäre mit `Any` nicht möglich. Wenn wir anstelle des `TODO()` einen Wert vom Typ `Any` einsetzen würden, würde das Programm nicht kompilieren. Wir dürfen höchstens ein `Double` oder `Float` übergeben. Mit einem `Any` könnten wir alles Mögliche, sprich **unter anderem** ein `Float` oder `Double` übergeben. Das `Any` könnte aber leider auch ein `String` sein. Das ist bei der `pow`-Funktion jedoch nicht vorgesehen.

Natürlich müssen wir irgendwann das `TODO` durch eine sinnvolle Implementierung ersetzen. Doch wir können das in dieser Form als Platzhalter verwenden, ohne dass der Compiler sich durchgehend beschwert. `TODO` lässt uns zur Compilezeit in Ruhe arbeiten. Erst zur Laufzeit werden wir mit einem *NotImplementedError* daran erinnert.

Je nachdem, wie man programmiert, begegnet der Typ `Nothing` einem sehr selten. Ein prominenter Anwendungsfall aus der Standardbibliothek ist die `TODO`-Funktion, die Sie gerne als Platzhalter für beliebige Werte verwenden können. Nehmen Sie einfach mit, dass `Nothing` das untere Ende der Typhierarchie ist. Es gibt automatisch eine Spezialisierung von `Nothing` für alle Datentypen. Sowohl für die bereits kennengelernten Basis-Datentypen sowie für alle komplexen Datentypen, die wir noch selbst festlegen werden.

9.8 Zusammenfassung

Nachdem Sie unterschiedliche Typen kennengelernt haben, fassen wir kurz zusammen, was ein Datentyp ist.

Basis-Datentypen:

- Ein Typ legt fest, welche Werte erlaubt sind.
- Ein Typ legt fest, welche Funktionen und Operationen mit Werten des Typs möglich sind. (Das ist wichtig, damit der Compiler frühzeitig Typfehler erkennt.)
- Je präziser ein Typ gewählt ist, desto präziser sind das Programm und die Absicht des Programmierers.
- Je präziser ein Typ gewählt ist, desto weniger Fehler können entstehen, weil die Operationen und Wertebereiche eingeschränkt beziehungsweise klar abgegrenzt sind.
- Arrays fassen mehrere Werte zusammen und ermöglichen Operationen auf diesen Werten.
- Arrays sind generisch.
- `Unit` ist der Einheitstyp und wird immer zurückgegeben, wenn eine Funktion keinen konkreten Wert zurückgibt. Da das bei Funktionen ein häufiger Anwendungsfall ist, hilft der Compiler dabei.
- Typen unterliegen einer Typhierarchie mit bestimmten Regeln. Diese Regeln lernen wir im Laufe des Buches kennen.
- `Any` und `Nothing` bilden das obere und untere Ende der Typenhierarchie ab.

10 Variablen

Bisher wissen Sie, wie man Werte erzeugt und wie man mit diesen Werten arbeitet. Allerdings müssen wir diese Werte sofort verwenden, weil wir noch kein Konzept kennen, um Werte in unserem Programm längerfristig verfügbar zu machen.

Außerdem können wir Werten und Ausdrücken keinen beschreibenden Namen geben. Hierzu ein Beispiel aus dem Abschnitt 8.2, „Evaluation von Ausdrücken":

```
import java.lang.Math.pow
import kotlin.math.PI

fun main() {
    PI * pow(3.5, 2.0)
}
```

Können Sie sagen, was die beiden Werte 3.5 und 2.0 für eine Bedeutung haben? Was macht der gesamte Ausdruck überhaupt? Was also ist die pragmatische *Bedeutung* des Ausdrucks? Der Code hat im Wesentlichen zwei Probleme.

1. Das Ergebnis des Ausdrucks ist nach der Auswertung sofort weg. Wenn Sie das Ergebnis für eine weitere Berechnung benötigen, müssen Sie das Ergebnis direkt an den nächsten Ausdruck weitergeben. Spielen Sie das mal weiter durch. Was passiert, wenn Sie das Ergebnis in 10 weiteren Berechnungen verwenden möchten? Der Code wird unleserlich.
2. Wenn Sie sich diesen Code nach ein paar Wochen, Monaten oder Jahren wieder anschauen, müssen Sie erneut überlegen, was der Code eigentlich macht. Manchmal stehen Ausdrücke für sich. Manchmal müssen wir aber Namen vergeben, um die Bedeutung anzugeben.

Diese Probleme lassen sich mit *Variablen* lösen. Werte können einer Variable zugewiesen werden. Eine Variable wird über ihren Namen angesprochen. Der Aufruf einer Variable ersetzt den Namen durch den Wert. Der Name einer Variable ist in einem bestimmten Gültigkeitsbereich (engl. *scope*) des Programms verfügbar. Der Name muss in diesem Bereich einzigartig und damit eindeutig sein.

§ **Definition *Variable***

Eine Variable bindet das Ergebnis eines Ausdrucks an einen Namen und legt den Wert im Speicher ab. Man sagt auch, dass ein Wert einer Variable zugewiesen wird. Die Variable ist in einem bestimmten Bereich des Programms über den Namen ansprechbar.

10.1 Deklaration, Zuweisung und Verwendung

In Kotlin unterscheiden wir zwischen *veränderlichen* und *unveränderlichen* Variablen. Syntaktisch unterscheiden sich die beiden Variablen am Schlüsselwort. `var` steht für *Variable* und bezeichnet entsprechend veränderliche Variablen, während `val` für *Value* steht und unveränderliche Variablen beschreibt. Schauen wir uns jeweils die Syntax für die Deklaration und Zuweisung der verschiedenen Variablen an.

§ **Syntax *Unveränderliche Variable***

```
val name = expression
```

§ **Syntax *Veränderliche Variable***

```
var name = expression
```

Die Schlüsselworte `var` und `val` teilen dem Compiler mit, dass es sich um eine Variablen-Deklaration handelt. Danach kommt der Name der Variable. Den Namen können Sie zwar frei wählen, allerdings muss dieser im Gültigkeitsbereich der Variable einzigartig sein. Achten Sie auch darauf, dass der Name sprechend für das ist, was die Variable repräsentiert. Nach dem Zuweisungsoperator (Gleichheitszeichen =) folgt der Ausdruck, dessen Ergebnis an den Namen gebunden wird. Das bedeutet, dass Sie jeden Wert eines beliebigen Ausdrucks einer Variable zuweisen können. Die Variable erhält dann denselben Typ wie der evaluierte Wert.

Ab jetzt können Sie den Namen der Variable überall dort verwenden, wo ein entsprechender Typ erwartet wird. Da der Zugriff auf eine Variable selbst ein Ausdruck ist, löst der Compiler den Namen bei der nächsten Verwendung durch den zugewiesenen Wert (also der Wert, der hier rechts vom Gleichheitszeichen steht) auf.

Kotlin verfügt über *Typinferenz*. Das bedeutet, dass wir den Typ eines Ausdrucks nicht selber explizit hinschreiben müssen, weil dieser durch den Compiler abgeleitet wird. Das ist sehr praktisch und erspart uns eine Menge Schreibarbeit. Wir können allerdings den Typen auch explizit hinschreiben. Die Syntax gilt für beide Arten von Variablen.

§ **Syntax *Variable mit Typangabe***

```
val name: Type = expression
```

Der Typ wird hinter dem Namen einer Variable angegeben. Stimmt die explizite Angabe des Typs mit dem abgeleiteten Typ des Ausdrucks vom Compiler nicht überein, zeigt IntelliJ eine entsprechende Fehlermeldung an.

Links vom Gleichheitszeichen steht die **Deklaration**. Rechts vom Gleichheitszeichen steht die **Zuweisung**. Technisch gesehen können Sie beides trennen. Häufig wird aber beides gleichzeitig geschrieben. Zuerst ein Beispiel für die vollständige Schreibweise:

```
fun main() {
    val number = 5 // Deklaration und Zuweisung
}
```

Deklaration und Zuweisung von Variablen sind übrigens beides Anweisungen. Ergo ist die gesamte Zeile kein Ausdruck, wenngleich sie Ausdrücke enthält. Wir können beispielsweise `val number = 5` nicht an `println` übergeben. Die Variable selbst allerdings schon. Die Variable `number` hat den Wert 5 und ist vom Typ `Int`. Diese kann problemlos übergeben werden: `println(number)`.

Wenn man Deklaration von Zuweisung trennt, muss der Typ bei der Deklaration zwingend angegeben werden. Die Variable leitet den Typ aus dem Ausdruck ab. Da dieser erst bei der Zuweisung bekannt ist, ist die Typangabe bei der Deklaration notwendig:

```
fun main() {
    val number: Int // Deklaration
    number = 5 // Zuweisung
}
```

Wenn wir Deklaration und Zuweisung trennen, darf die Variable nicht vor der Zuweisung verwendet werden. Schließlich hat die Variable zu diesem Zeitpunkt **keinen Wert**. Deshalb schreibt man häufig beides gleichzeitig. Verwendet man die Variable vor der Zuweisung, zeigt der Compiler einen entsprechenden Fehler an:

```
fun main() {
    val number: Int
    number + 1 // Error: Variable 'number' must be initialized
}
```

Unveränderliche Variablen können nur einmal zugewiesen werden. Der Compiler merkt das mit einem entsprechenden Fehler an:

```
fun main() {
    val number = 5
    number = 1 // Error: Val cannot be reassigned
}
```

Veränderliche Variablen können beliebig oft erneut zugewiesen werden. Genau das ist der Unterschied zwischen den beiden:

```
fun main() {
    var number = 5 // Veränderliche Variable
    println("Number hat den Wert $number")

    number = 24 // Zuweisung
    println("Number hat jetzt den Wert $number")

    number = 42 // Zuweisung
    println("Number hat jetzt den Wert $number")
}
```

In der Konsole steht entsprechend:

```
> Number hat den Wert 5
> Number hat jetzt den Wert 24
> Number hat jetzt den Wert 42
```

Bei erneuter Zuweisung muss der Typ allerdings gleich bleiben. Wenn wir durch die erneute Zuweisung eine Typänderung herbeiführen würden, würde der Compiler das Verbieten und eine entsprechende Fehlermeldung anzeigen:

```
fun main() {
    var number = 5 // Veränderliche Variable vom Typ Int
    number = true // Error: The boolean literal does not conform to the expected type
         Int
}
```

Variablen sind in Kotlin statisch getypt. Wenn der Typ einmal festgelegt wurde, muss dieser immer gleich bleiben. Bei einer veränderlichen Variable darf der Wert jederzeit geändert werden, der Typ jedoch nicht.

Adressieren wir mal die Probleme aus der Einleitung und verbessern das Programm, indem wir Variablen einführen:

```
import kotlin.math.PI
import java.lang.Math.pow

fun main() {
    val radius: Double = 3.5 // Double explizit angegeben
    val circleArea = PI * pow(radius, 2.0) // Abgeleitet zu Double

    println("Ein Kreis mit einem Radius von $radius hat eine Fläche von $circleArea")
}
```

Der Variable `radius` weisen wir den Wert `3.5` zu. Da wir ein `Double`-Literal verwenden, leitet der Compiler den Typ von `radius` zu `Double` ab. Trotzdem geben wir hier den Typ explizit an. Da das nicht notwendig ist, zeigt IntelliJ den folgenden Hinweis an: *„Explicitly given type is redundant here"*.

Der Variable `circleArea` weisen wir das Ergebnis einer Berechnung zu. In der Berechnung verwenden wir die zwei Variablen `PI` und `radius`. Die Variable `circleArea` hat den Typ `Double`, weil das Ergebnis der Berechnung ein `Double` ist. Der Typ wurde vom Compiler abgeleitet, weil wir den Typ nicht explizit angegeben haben.

Am Ende geben wir das Ergebnis in der Konsole aus. Hier verwenden wir die Variablen. In der Konsole steht:

```
> Ein Kreis mit einem Radius von 3.5 hat eine Fläche von 38.48451000647496
```

Wenn Sie sich diesen Code nach Wochen, Monate oder Jahre wieder anschauen, wissen Sie sofort, was passiert. Das verdanken wir den sprechenden Variablennamen.

In Kotlin gilt allerdings die Idiomatik, dass alle Variablen zunächst unveränderlich deklariert werden. Dadurch wird verhindert, dass eine Variable unabsichtlich verändert wird. Das Verändern einer Variable mag für Sie zunächst nicht schlimm erscheinen. Wenn allerdings viele unterschiedliche Programmbereiche dieselbe Variable verwenden, wird die Variable für alle verändert. Das ist nicht immer erwünscht und eine große Fehlerquelle.

Immutable First!

Deklarieren Sie alle Variablen zunächst unveränderlich (`val`). Erst wenn Sie eine Variable tatsächlich verändern, schlägt IntelliJ Ihnen auch vor, das Schlüsselwort von `val` auf `var` zu ändern.

Wie bereits erwähnt, ist `var` die Abkürzung für *Variable*, während `val` ist die Abkürzung für *Value* ist. Dennoch sprechen wir auch bei unveränderlichen Werten häufig von Variablen. Dies liegt daran, dass einerseits die Verwendung ähnlich ist, zum anderen hat sich der Begriff „Variable“ in der Kommunikation zwischen Entwicklern etabliert. Hinzu kommt, dass ein unveränderlicher Wert nur bedeutet, dass wir ihn **nicht mehr setzen** können. Wir werden bei der Definition eigener Datentypen aber noch sehen, dass auch Values sich ändern können, wenn diese von anderen Werten abhängen. Unveränderlich bedeutet dann nur noch, dass wir den Wert **nicht selbst verändern** können, indem wir einen neuen Wert zuweisen.

10.2 Praxisbeispiel

Wenden wir unser bisher erlerntes Wissen an, um das folgende Problem zu lösen:

Sie haben eine Flasche und ein Glas, die beide zum Teil befüllt sind. Nun soll berechnet werden, wie viel Flüssigkeit noch in der Flasche ist, wenn Sie das Glas ganz voll schenken.

Eine Aufgabe für Sie:

Überlegen Sie sich mal, welche Informationen Sie benötigen, um das Problem zu lösen. Welche veränderlichen und unveränderlichen Variablen würden Sie deklarieren?

10.2.1 Relevante Informationen extrahieren

Für die Berechnung sind die folgenden Informationen relevant:

- Aktueller Inhalt der Flasche: 500 ml
- Aktueller Inhalt im Glas: 40 ml
- Maximaler Inhalt des Glases: 150 ml

Kamen Sie auf das gleiche Ergebnis? Alle anderen Informationen sind für diese Problemstellung nicht relevant. Es ist hier egal, welche Flüssigkeit im Glas und welche in der Flasche ist. Wir müssen auch nicht festlegen, ob die Flasche aus Plastik besteht. Bei dieser Problemstellung interessiert auch nicht, wem das Glas gehört, wie teuer die Flüssigkeit ist, wie lange das Glas schon dort steht usw. Es gibt sehr viele Informationen, die man erfassen könnte, aber nicht alle Informationen sind für die Problemstellung relevant. Um zu berechnen, wie viel Flüssigkeit noch in der Flasche ist, müssen wir nur diese drei Daten haben: Wie viel befindet sich zurzeit in der Flasche und im Glas und wie viel passt in das Glas maximal hinein?

Wenn wir die relevanten Informationen als Variablen deklarieren, erhalten wir den folgenden Code. Die Variablennamen können natürlich anders lauten. Achten Sie nur darauf, dass die Bedeutung der Variable aus dem Namen hervorgeht:

```
fun main() {
    var currentBottleContent = 500
    var currentGlassContent = 40
    val maxGlassContent = 150
}
```

Hierbei sind drei Punkte bemerkenswert:

1. Die Informationen aus der Aufzählung wurden 1 zu 1 in Code übersetzt. Wir weisen jeden bekannten Wert einer sprechenden Variable zu.
2. Grundsätzlich gilt, dass wir alle Variablennamen klein schreiben. Variablennamen, die aus mehreren Worten bestehen, werden in der sogenannten *Camel-Case*-Notation angegeben. Dabei werden alle folgenden Wörter ab dem zweiten Wort mit einem führenden Großbuchstaben angegeben. Das ersetzt die Leerzeichen, die wir normalerweise als Worttrennung verwenden. Die Variablennamen bleiben dadurch leserlich. Variablennamen lassen sich nämlich nicht durch Leerzeichen trennen.
3. Die Variablen `currentBottleContent` und `currentGlassContent` sind als veränderliche Variablen (`var`) deklariert, während `maxGlassContent` unveränderlich (`val`) ist. Können Sie sich vorstellen, warum das so ist?

10.2.2 Das Problem im Code lösen

Um diese Frage zu beantworten, müssen wir überlegen, wie wir das Problem lösen wollen. Wir wollen herausfinden, wie viel Inhalt die Flasche hat, nachdem wir das Glas gefüllt haben. Wenn wir das Problem Schritt für Schritt zerlegen, könnte unser Vorgehen folgendermaßen aussehen.

- Wir wissen, wie viel Inhalt das Glas aktuell hat.
- Wir wissen, wie viel Inhalt das Glas maximal haben kann.
- Also müssen wir zuerst ausrechnen, wie viel Kapazität das Glas noch hat. Wir wollen also wissen, wie viel ml noch in das Glas passen, bis es gefüllt ist.
- Diese Kapazität addieren wir auf den aktuellen Glasinhalt, wodurch das Glas gefüllt wird.
- Gleichzeitig subtrahieren wir die gleichen ml von der Flasche, weil wir diese davon entnehmen.

Nun setzen wir das Vorgehen als Programmcode um. Dabei gehen wir ähnlich vor, wie wir das mit den Variablen gemacht haben. Wir übersetzen das Vorgehen in Code:

```
fun main() {
    var currentBottleContent = 500
    var currentGlassContent = 40
    val maxGlassContent = 150

    val capacity = maxGlassContent - currentGlassContent
    currentGlassContent += capacity
    currentBottleContent -= capacity

    println("In der Flasche sind noch $currentBottleContent ml vorhanden")
    println("Das Glas ist mit $currentGlassContent ml gefüllt")
}
```

- Da die Kapazität an zwei Stellen benötigt wird, legen wir hierfür in Zeile 6 eine Variable an. Die Variable ist unveränderlich, weil sich die Kapazität nicht ändert.
- Diese Kapazität wird sowohl vom aktuellen Glas als auch vom aktuellen Flascheninhalt abgezogen, weil wir umfüllen. Das ist auch der Grund, warum die beiden Variablen veränderlich sind. Wir verändern den ursprünglichen Wert der Variable, nachdem wir die Kapazität ermittelt haben. Wir verändern den Wert einer Variable, indem wir der Variable einen neuen Wert zuweisen. In Zeile 7 sehen Sie, wie wir die Kapazität auf `currentGlassContent` addieren. Das ist eine kürzere Schreibweise für `currentGlassContent = currentGlassContent + capacity`. Hierbei weisen wir der Variable `currentGlassContent` einen neuen Wert zu, indem wir den alten Wert nehmen und den Wert von `capacity` addieren. Erst ab Zeile 8 hat `currentGlassContent` den addierten Wert, weshalb wir so bestehende Variablen um einen neuen Wert erhöhen und vermindern können. Gleiches gilt für `currentBottleContent` in Zeile 8.
- Jetzt wissen Sie auch, warum der maximale Inhalt des Glases unveränderlich ist, weil sich dieser Wert ebenfalls nicht ändert. Wie denn auch? Das ist eine physische Eigenschaft des Glases.
- In Zeile 10 und 11 geben wir die Ergebnisse auf der Konsole aus, damit wir die geänderten Werte von `currentBottleContent` und `currentGlassContent` sehen können.

Wenn wir das Programm ausführen, steht Folgendes in der Konsole:

```
> In der Flasche sind noch 390 ml vorhanden
> Das Glas ist mit 150 ml gefüllt
```

Übrigens haben wir bei der Zuweisung eines neuen Wertes an die beiden Variablen `currentGlassContent` und `currentBottleContent` mit kombinierten Zuweisungsoperatoren gearbeitet. Der Operator += verlangt, dass auf der linken Seite eine veränderliche Variable als Operand steht und auf der rechten Seite ein Ausdruck, der vom selben Typ ist wie die Variable. Die kombinierte Zuweisung

```
currentGlassContent += capacity
```

entspricht also folgender Zuweisung:

```
currentGlassContent = currentGlassContent + capacity
```

Zuerst wird der aktuelle Wert der Variablen ausgewertet, dann wird der Wert des Ausdrucks auf der rechten Seite addiert und das Ergebnis als neuer Wert für die Variable gesetzt.

Das kleine Praxisbeispiel in diesem Abschnitt sollte Ihnen einige Eindrücke darüber geben, wie man kleine Programme schreibt, um Probleme (wenn auch triviale) zu lösen. Zunächst überlegen wir uns, was die relevanten Informationen sind, um das Problem zu lösen. Danach zerlegen wir das Problem in kleine Teile, indem wir überlegen, welche einzelnen Schritte in welcher Reihenfolge notwendig sind. Danach übersetzen wir unsere Gedanken in Code. Zuletzt überprüfen wir das Ergebnis.

Das mag vielleicht einfach klingen, ist es aber keineswegs. Programmieren ist ein analytisches, handwerkliches und kreatives Vorgehen. All das benötigt viel Übung, denn Sie müssen sowohl in der Lage sein, das Problem analytisch zu betrachten und in kleine Teile zu zerlegen, als auch die Konzepte von Softwareentwicklung, vor allem die Grundlagen, verstanden haben, um das Problem nicht nur gedanklich, sondern auch praktisch im Code zu lösen. Die

Kombination aus Theorie und Praxis sind für die meisten Problemstellungen das Einzige, was langfristig zum Erfolg führt.

> **Testen von Software**
>
> Testen von Software ist ein riesiges Themenfeld, das wir in diesem Buch nur rudimentär in Kapitel 29, „Testen und Optimieren", behandeln. In diesem Beispiel haben wir das Programm nicht getestet, sondern uns nur das Ergebnis angeschaut. Das ist nicht ausreichend, was wir später auch sehen werden.

10.2.3 Zusammenfassung

Variablen werden in der Programmierung dafür eingesetzt, um Daten während des Programmablaufs zu speichern. Fassen wir das Wichtigste noch einmal zusammen.

> **Variablen:**
>
> - Variablen haben einen Typ (z. B. `Int`) und einen Datenwert (z. B. 42).
> - Variablen referenzieren den Datenwert.
> - Die Datenwerte einer Variablen können entweder veränderlich (`var`) oder unveränderlich (`val`) sein.
> - Jede Variable hat einen Bezeichner (Namen), über den auf den Datenwert zugegriffen werden kann.
> - Bei der Deklaration einer Variable legt man den Bezeichner, den Datentyp und die Art der Variable fest (veränderlich oder unveränderlich).
> - Jede Variable benötigt einen initialen Wert. Dieser muss festgelegt werden. Dies kann bereits bei der Deklaration geschehen.
> - Die Zuweisung eines Wertes beginnt mit einem Gleichheitszeichen, gefolgt von einem Ausdruck. Das Ergebnis des ausgewerteten Ausdrucks wird der Variablen zugewiesen.
> - Die Zuweisung erfolgt erst, wenn der Ausdruck vollständig ausgewertet wurde. Der Ausdruck kann auf den bisherigen Wert der Variablen zugreifen, da sich dieser während der Evaluation des Ausdrucks noch nicht geändert hat.

11 Kontrollstrukturen

Unser Code zum Lösen des Flaschenproblems trifft eine Annahme, die leider nicht immer stimmt: Die Flasche hat immer genug Flüssigkeit, um das Glas zu füllen. Doch was geschieht, wenn die Flasche gar nicht mehr genug Flüssigkeit enthält? Nehmen wir an, die Flasche enthält nur noch 80 (anstelle von 500) ml, bevor wir das Glas vollschenken wollen. Dann liefert das Programm folgende sinnlose Ausgabe:

```
> In der Flasche sind noch -30 ml vorhanden
> Das Glas ist mit 150 ml gefüllt
```

Hier sind beide Aussagen falsch. Die Flasche kann keinen negativen Inhalt haben. Zudem ist das Glas nur bis 120 ml gefüllt, wenn die Flasche vor dem Umfüllen 80 ml und das Glas 40 ml fasst.

11.1 Fallunterscheidungen mit if

Wir müssen eine Fallunterscheidung durchführen.

WENN noch genug in der Flasche ist,
DANN fülle die berechnete Umfüllmenge um,
SONST fülle den Rest der Flasche um.

Es gibt also **zwei alternative Pfade** und eine **Entscheidung**, welcher Pfad ausgeführt wird. Die Entscheidung hängt in diesem Fall davon ab, ob noch genug Flüssigkeit in der Flasche ist. Jede Entscheidung muss mit Ja oder Nein beantwortet werden können.

11.1.1 if-Anweisung

Verbessern wir einmal das Programm, indem wir diese alternativen Pfade durch eine *if-Anweisung* abbilden:

```
fun main() {
    var currentBottleContent = 80 // vorher 500
    var currentGlassContent = 40
    val maxGlassContent = 150
```

```
5      val capacity = maxGlassContent - currentGlassContent
6
7      if (currentBottleContent >= capacity) {
8          currentGlassContent += capacity
9          currentBottleContent -= capacity
10     } else {
11         currentGlassContent += currentBottleContent
12         currentBottleContent = 0
13     }
14
15     println("In der Flasche sind noch $currentBottleContent ml vorhanden")
16     println("Das Glas ist mit $currentGlassContent ml gefüllt")
17 }
```

Die Ausgabe in der Konsole sieht dann so aus:

```
> In der Flasche sind noch 0 ml vorhanden
> Das Glas ist mit 120 ml gefüllt
```

Bis Zeile 8 bleibt alles gleich. Der aktuelle Flascheninhalt wurde in Zeile 2 nur auf `80` gesetzt.

Die if-Anweisung hat zunächst eine Bedingung, die wahr oder falsch sein kann. Die Bedingung ist also vom Typ `Boolean`. In unserem Fall ist die Bedingung, dass in der Flasche noch genügend Flüssigkeit vorhanden ist. Die Bedingung drücken wir im Code durch einen *Größer-gleich-Vergleich* aus: `currentBottleContent >= capacity`. Dieser Ausdruck kann zu `true` oder `false` ausgewertet werden.

Wenn in der Flasche mindestens die gewünschte Umfüllmenge ist, dann ist die Bedingung wahr, und es wird der *if-Anweisungsblock* ausgeführt. Dieser Block implementiert das Verhalten von vorher, weil wir vorher die Annahme getroffen haben, dass in der Flasche immer genug Flüssigkeit ist, um das Glas vollständig zu füllen.

Wenn diese Bedingung jedoch nicht erfüllt ist, dann wird der *else-Anweisungsblock* ausgeführt. Hier wissen wir, dass das Glas nicht überlaufen kann, da in der Flasche weniger Flüssigkeit vorhanden ist, als noch ins Glas passt. Deshalb füllen wir hier die ganze Flasche um und setzen anschließend den Inhalt der Flasche auf `0` ml.

Mit einer if-Anweisung haben wir tatsächlich zwei alternative Codepfade. Die Bedingung entscheidet, welcher der beiden Anweisungsblöcke ausgeführt wird. Es werden niemals beide Pfade ausgeführt. Vorher war unser Programmablauf starr. Es wurde jede Zeile Code ausgeführt, die wir hingeschrieben haben. Jetzt können wir Code unter Umständen überspringen und den Ablauf steuern.

§ **Definition *if-Anweisung***

Eine if-Anweisung führt je nach Bedingung alternative Codepfade aus. Die Bedingung muss ein Ausdruck vom Typ `Boolean` sein. Die if-Anweisung garantiert, dass nur ein Anweisungsblock ausgeführt wird. ■

Jetzt, wo unser Programm nicht nur einen, sondern zwei mögliche Abläufe hat, müssen wir auch beide Fälle testen. Den else-Block haben wir gerade mit `80` ml Flascheninhalt getestet. Setzen Sie nun den Inhalt gedanklich wieder auf `500`. Diesmal wird der if-Block ausgeführt, und wir haben wieder unsere ursprüngliche Ausgabe von `390` verbleibenden ml in der Flasche und `150` ml im Glas.

Doch was passiert, wenn die Umfüllmenge exakt der Flüssigkeit der Flasche entspricht? Setzen Sie den Inhalt der Flasche gedanklich auf `110` ml. Welcher Pfad wird ausgeführt und wie sieht die Konsolenausgabe aus? Die beiden Variablen `currentBottleContent` und `capacity` haben hierbei den gleichen Wert. Die Bedingung prüft, ob `currentBottleContent` größer oder gleich (mindestens) `capacity` ist. In diesem Fall sind die Werte gleich, wodurch der if-Block ausgeführt wird. Die Konsolenausgabe gibt `0` ml für den aktuellen Flaschen- und `150` ml für den aktuellen Glasinhalt aus. Alles ist korrekt.

Nach Anwendung der if-Anweisung schauen wir uns die Syntax genauer an:

§ **Syntax *if-Anweisung mit else-Block***

```
if (condition) {
    // if-Block
} else {
    // else-Block
}
```

■

Die Bedingung wird in runden Klammern direkt nach dem Schlüsselwort `if` angegeben. Die Bedingung kann jeder beliebige Ausdruck vom Typ `Boolean` sein. Wenn der Ausdruck wahr ist, wird der if-Block ausgeführt. Dieser wird als Anweisungsblock direkt hinter der Bedingung angegeben. Blöcke werden immer in geschweiften Klammern angegeben. Der if-Block führt jede Zeile im Anweisungsblock aus, also alles innerhalb der geschweiften Klammern. Nach dem if-Block folgt der else-Block. Hier wird jede Zeile im Anweisungsblock ausgeführt, wenn die Bedingung falsch ist. Auffällig ist, dass es hierfür das Schlüsselwort `else` gibt. Der else-Block ist nämlich optional. Die minimale Syntax für eine if-Anweisung ist:

§ **Syntax *if-Anweisung***

```
if (condition) {
    // if-Block
}
```

■

Dadurch kann ausgewählter Code nur unter einer Bedingung ausgeführt werden. Ansonsten läuft das Programm normal weiter. Wenn der Anweisungsblock nur aus einer einzigen Anweisung besteht, dann dürfen die umschließenden Klammern `{}` auch weggelassen werden. Es ist jedoch guter Stil, diese immer mitzuschreiben. So vermeiden Sie Fehler, wenn Sie doch weitere Anweisungen in den Block einfügen.

11.1.2 if-Ausdruck

Eine if-Verzweigung können wir nicht nur als Anweisung, sondern auch als Ausdruck formulieren. Bei einem if-Ausdruck wird abhängig von einer Bedingung entweder der eine oder der andere Ausdruck ausgewertet. Somit liefert der if-Ausdruck selbst immer genau ein Ergebnis zurück, was der Definition eines Ausdrucks entspricht. Dadurch können wir den if-Ausdruck zum Beispiel einer Variable zuweisen. Die Variable hat dann den Wert des if-

oder else-Blocks. Die Voraussetzung ist, dass beide Blöcke selbst aus einem Ausdruck bestehen und den gleichen (oder einen gemeinsamen) Typ haben. Das ist entscheidend, denn während man bei der if-Anweisung den else-Block weglassen kann, muss dieser bei einem if-Ausdruck angegeben werden. Ansonsten kann kein Wert für den else-Block produziert werden. Die Syntax dafür ist:

Syntax *if-Ausdruck*

```
val name = if (condition) expression_1 else expression_2
```

Beim Flaschenproblem müssen wir nach wie vor eine if-Anweisung verwenden, weil sich in den Anweisungsblöcken zwei Anweisungen befinden. Diese lassen sich nur umständlich als Ausdruck formulieren.

Ein Beispiel für einen if-Ausdruck wäre die Berechnung, welche von zwei Zahlen die größere ist:

```
import kotlin.random.Random

fun main() {
    val a = Random.nextInt(0, 10) // Zufällige Zahl zwischen 0 und 10
    val b = Random.nextInt(0, 10) // Zufällige Zahl zwischen 0 und 10

    val max = if (a > b) a else b

    println("Die größere Zahl von $a und $b ist $max")
}
```

Die Variable `max` hat den Wert `a`, wenn `a` größer als `b` ist. Ansonsten hat `max` den Wert `b`. Beachten Sie, dass ein if-Ausdruck immer einen else-Teil haben muss.

Wenn Sie den gleichen Code als if-Anweisung schreiben würden, dann müssen Sie Variablendeklaration und -zuweisung trennen. Zuerst deklarieren Sie die Variable max. Da die Zuweisung später passiert, muss der Typ bei der Deklaration explizit angegeben werden. Die Zuweisung passiert nämlich abhängig von der if-Anweisung. In beiden Fällen wird der Variable `max` ein Wert zugewiesen:

```
import kotlin.random.Random

fun main() {
    val a = Random.nextInt(0, 10)
    val b = Random.nextInt(0, 10)

    val max: Int

    if (a > b) {
        max = a
    } else {
        max = b
    }

    println("Die größere Zahl von $a und $b ist $max")
}
```

An dieser Stelle ist der if-Ausdruck sinnvoller, da wir weniger Code benötigen und Variablendeklaration und -zuweisung gleichzeitig machen können. Das liest sich auch besser: „Die Variable `max` hat den Wert `a`, wenn `a` größer als `b` ist, sonst `b`“.

IntelliJ erkennt dieses Muster und schlägt Ihnen vor, die if-Anweisung in einen if-Ausdruck umzuwandeln.

Anweisung oder Ausdruck?

Es ist guter Stil, wenn Sie überall Ausdrücke anstelle von Anweisungen verwenden, wo es möglich ist. Ausdrücke tendieren dazu, kompakter und präziser als Anweisungen zu sein. Den meisten Einsteigern fällt es einfacher, erst Anweisungen hinzuschreiben. Gehen Sie danach einen Schritt weiter und überführen Sie die Anweisung zu einem Ausdruck. Generell gilt aber: Lesbarkeit vor kurzem Code! Wenn ein Ausdruck zu kompliziert und unübersichtlich wird, belassen Sie es bei einer Anweisung. ■

11.2 Pattern-Matching mit when

Beim Pattern-Matching wird ein Ausdruck auf unterschiedliche Muster (*Pattern*) überprüft (*Match*). Trifft ein Muster (oder Fall) zu, wird ein entsprechender Anweisungsblock ausgeführt. Das Ganze ist ähnlich zu einem if-else. Der Unterschied ist, dass man beim Pattern-Matching die Fälle präziser ausdrücken kann. Zudem gibt es in Kotlin bestimmte Konstrukte, die wunderbar mit einem Pattern-Matching harmonieren. Mehr dazu in Unterabschnitt 14.5.2, „Enum-Klassen“. Stellen Sie sich Pattern-Matching als ein mächtigeres if-else vor, denn auch hier wird in Abhängigkeit von Werten in verschiedene Anweisungsblöcke (oder Ausdrücke) verzweigt.

Doch ist ein if-else dann überflüssig? Nein, denn ein if-else reicht vollkommen aus, um eine simple Fallunterscheidung durchzuführen. Wird die Fallunterscheidung komplizierter, kommen immer mehr else-if-Blöcke hinzu. Dadurch wird der Code zwangsläufig unübersichtlicher. Hier schafft das Pattern-Matching Abhilfe, weil es für diesen Anwendungsfall optimal geeignet ist.

In Kotlin ist das Schlüsselwort `when` für das Pattern-Matching zuständig. Kotlin erlaubt uns, das Pattern-Matching als Anweisung oder Ausdruck zu definieren. Wie beim if-Ausdruck müssen beim when-Ausdruck ebenfalls alle Fälle abgedeckt werden, damit es für jeden Fall einen Wert gibt. Die Syntax für eine when-Anweisung ist:

Syntax *when-Anweisung*

```
when (argument_expression) {
     case_1 -> body_statement_1
     case_n -> body_statement_n
}
```

■

- Ähnlich zu einem if wird der zu überprüfende Ausdruck als Argument (in runden Klammern direkt nach dem Schlüsselwort) an `when` übergeben. Im Gegensatz zum if muss der Ausdruck **nicht** vom Typ `Boolean` sein!
- Innerhalb der geschweiften Klammern folgen **beliebig viele** Fälle. Das Argument von when wird nacheinander gegen jeden Fall geprüft, bis ein Fall zutrifft. Beim ersten Treffer wird der entsprechende Anweisungsblock (*body_statement*) ausgeführt. Danach wird die when-Anweisung verlassen. Die Reihenfolge der Fälle ist wichtig, weil nur der erste Treffer zählt!
- Trifft bei einer when-Anweisung **keiner** der Fälle zu, wird die when-Anweisung einfach verlassen, ohne einen Anweisungsblock auszuführen.
- Bei einer when-Anweisung kann man optional einen else-Block angeben. Dieser wird ausgeführt, wenn keiner der zuvor definierten Fälle zutrifft. Da alle Fälle nacheinander durchlaufen werden, kann der else-Block nur als Letztes definiert werden.

Alternativ dazu ist die Syntax für einen when-Ausdruck folgende:

§ **Syntax *when-Ausdruck***

```
val result = when (argument_expression) {
        case_1 -> body_expression_1
        case_n -> body_expression_n
        else -> body_expression
}
```

Im Unterschied zur when-Anweisung muss ein when-Ausdruck in jedem Anweisungsblock einen Ausdruck zurückgeben. Ähnlich zum if müssen alle Anweisungsblöcke den gleichen (oder einen verwandten) Typ haben. Im Gegensatz zum if ist der else-Block aber nicht immer verpflichtend. Hier gibt es Ausnahmen, wo alle Fälle vollständig beschreibbar sind, weshalb kein else notwendig ist. Mehr dazu in Unterabschnitt 14.5.2, „Enum-Klassen“. In allen anderen Fällen wird ein else-Block bei einem when-Ausdruck benötigt, da unbedingt ein Wert zurückgegeben werden muss. Anschließend kann das Ergebnis des when-Ausdrucks zum Beispiel einer Variable zugewiesen werden. Der Wert der Variable entspricht entweder dem Ausdruck des ersten Treffers oder dem else-Block, wenn es keinen Treffer gab. Der Typ ist für jeden Fall der gleiche.

§ **Definition *when-Anweisung oder Ausdruck***

when überprüft einen Ausdruck auf verschiedene Fälle. Jedem Fall wird ein Anweisungsblock zugeordnet. Der erste Treffer führt den jeweiligen Anweisungsblock aus. Der geprüfte Ausdruck muss im Gegensatz zum if nicht vom Typ `Boolean` sein. Das when ist im Vergleich zu if-else eine mächtigere Form der bedingten Verzweigung des Programmablaufs.

Die Anwendungsfälle von Pattern-Matching sind unerschöpflich. Dennoch gehen wir auf ein paar typische Szenarien ein, um nicht zuletzt auch Codebeispiele zu zeigen.

11.2.1 Interpretieren von Werten

Wir programmieren einen Taschenrechner und möchten die vier Grundrechenarten anbieten. Die Operationen sind entweder „+", „-", „*" oder „/". Der Operator liegt als `String` vor. Wir müssen den Operator interpretieren und die entsprechende Operation auf die Variablen `a` und `b` anwenden. Schauen wir uns eine mögliche Implementierung an:

```
fun main() {
    val operator = "+"
    val a = 42
    val b = 24

    val result = when (operator) {
        "+" -> a + b
        "-" -> a - b
        "*" -> a * b
        "/" -> a / b
        else -> TODO("unsupported operation")
    }

    println("$a $operator $b ist $result")
}
```

Der Wert von `operator` wird auf einen der möglichen Fälle überprüft. Je nach Fall wird der entsprechende Operator auf die Variablen `a` und `b` angewendet. Da wir hier einen when-Ausdruck verwenden, geben wir das ausgerechnete Ergebnis direkt zurück. Wenn ein unerwarteter Operator auftaucht, stürzt das Programm mit der Fehlermeldung *„unsupported operation"* ab.

Rufen wir das Programm einmal mit unterschiedlichen Operatoren und Operanden auf. Die Konsolenausgaben sind folgende:

```
> 24 + 42 ist 66
> 128 - 64 ist 64
> 13 * 7 ist 91
```

Zum Vergleich implementieren wir diese einmal mit if-else-Ausdrücken:

```
fun main() {
    val operator = "-"
    val a = 128
    val b = 64

    val result =
        if (operator == "+") a + b
        else if (operator == "-") a - b
        else if (operator == "*") a * b
        else if (operator == "/") a / b
        else TODO("unsupported operation")

    println("$a $operator $b ist $result")
}
```

In beiden Implementierungen interpretieren wir den Inhalt einer Variable und führen eine entsprechende Aktion aus. Das ist ein sehr häufiger Anwendungsfall beim Programmieren.

Beim if-Beispiel benötigen wir allerdings mehr Code dafür. Jeder Fall muss mit einem `else if`, gefolgt von Klammern, eingeleitet werden. Zudem muss bei jedem Vergleich die Variable `operator` erwähnt werden. Beim when-Beispiel ist die Absicht viel deutlicher:

WENN Operator ...
„+", *DANN* a + b
„-", *DANN* a - b
...
ANSONSTEN TODO

Erweitern wir die Funktion, indem wir erlauben, dass die Multiplikation zusätzlich durch „`x`" und die Division zusätzlich durch „`:`" ausgedrückt werden kann. Beim if-Beispiel erweitern wir die Bedingungen für Multiplikation und Division mit einem zusätzlichen ODER-Vergleich. Beim when-Beispiel machen wir das Gleiche, nur mit weniger Syntax. Schauen wir uns einmal beide Implementierungen gleichzeitig an:

```
fun main() {
    // ... Variablen operator, a und b

    val ifResult =
        if (operator == "+") a + b
        else if (operator == "-") a - b
        else if (operator == "*" || operator == "x") a * b
        else if (operator == "/" || operator == ":") a / b
        else TODO("unsupported operation")

    val whenResult = when (operator) {
        "+" -> a + b
        "-" -> a - b
        "*", "x" -> a * b
        "/", ":" -> a / b
        else -> TODO("unsupported operation")
    }
}
```

Auch hier ist die Absicht beim when-Ausdruck deutlicher: Wenn der Operator entweder „`*`" oder „`x`" ist, dann führen wir `a * b` aus. Es schreibt sich genauso, wie man es sagen würde. Beim if-Ausdruck muss der Vergleich mit dem Operator explizit formuliert werden.

Als Faustregel können Sie sich merken:

Je präziser ein Ausdruck, desto besser. Wenn die Lesbarkeit nicht darunter leidet, ist weniger Syntax immer zu bevorzugen. Denn Sie lesen durchschnittlich viel mehr Code als Sie schreiben. Wenn die Lesbarkeit mit weniger Syntax sogar zunimmt, weil es präziser ist, um so besser.

11.2.2 Typüberprüfungen

Wir möchten ein Programm schreiben, in dem ein beliebiger Wert vom Typ `String`, `Int` oder `Boolean` in ein ausgeschriebenes Wort in Großbuchstaben umgewandelt wird. Zunächst ein paar Beispiele:

```
"Hallo" (String)
> "HALLO" (String)

42 (Int)
> FORTY-TWO (String)

true (Boolean)
> "TRUE" (String)
```

Hierzu müssen wir überprüfen, welchen Typ der Wert hat, und abhängig davon bestimmte Funktionen oder Operationen ausführen, um den Wert als Wort zu repräsentieren.

- Ein `String` ist bereits eine Zeichenkette. Wir können jedes Zeichen in einem `String` mit der eingebauten `toUpperCase()`-Funktion in Großbuchstaben umwandeln. Das ist einfach.
- Ein `Boolean` überprüfen wir mit if-else und geben entsprechend `"TRUE"` oder `"FALSE"` zurück. Das ist ebenfalls einfach.
- Ein `Int` müssen wir zunächst aus seiner numerischen Darstellung in eine textuelle Darstellung überführen. Glücklicherweise hat sich jemand die Mühe gemacht und solch eine Funktion bereits in Kotlin geschrieben. Die Funktion finden Sie auf Rosetta Code[1]. Da die textuelle Darstellung jetzt ein `String` ist, können wir diesen mittels `toUpperCase()` in Großbuchstaben umwandeln. Dank der Funktion aus Rosetta Code ist das ebenfalls einfach.

Wenn eine Variable einen beliebigen Wert annehmen kann, verwenden wir den Typ `Any`. Danach überprüfen wir die Variable vom Typ `Any`, ob sie ein `String`, `Int` oder `Boolean` ist. In den jeweiligen Anweisungsblöcken hat die Variable dann den entsprechenden Typ. Das nennt man einen *Typecast*. Beim Typecast wird ein allgemeiner Typ in einen konkreten Typ konvertiert. Da wir das Ganze in einem when-Ausdruck machen werden, wird uns versichert, dass der richtige Fall ausgewählt wird und der passende Anweisungsblock ausgeführt wird. Schauen wir uns die Implementierung an:

```kotlin
// Diese Funktion wandelt eine Zahl in einen String um. Dabei wird die Zahl
     ausgeschrieben. Die Funktion wurde hier als Platzhalter angedeutet. Die genaue
     Implementierung finden Sie auf Rosetta Code (siehe Fußnote).
fun spellOut(int: Int): String = ...

fun main() {
    val value: Any = "hello world"

    val spelledOut = when (value) {
        is String -> value.toUpperCase() // value ist hier vom Typ String
        is Int -> spellOut(value).toUpperCase() // value ist hier vom Typ Int
        is Boolean -> if (value) "TRUE" else "FALSE" // value ist hier vom Typ Boolean
        else -> "???" // value ist hier vom Typ Any
    }

    println(spelledOut)
}
```

1 *https://rosettacode.org/wiki/Number_names#Kotlin*. Rosetta Code hat eine Sammlung von verschiedenen Programmieraufgaben, die in vielen Programmiersprachen gelöst sind. Falls Sie auf der Suche nach einem Algorithmus sind, schauen Sie dort einmal vorbei.

Die Variable `value` wird explizit auf `Any` gesetzt, damit wir unterschiedliche Typen verwenden können und der when-Ausdruck den Typecast durchführt.

Das `is`-Schlüsselwort im when-Ausdruck ist die Bedingung für den Typecast. Wenn `value` ein `String` ist, können wir im Anweisungsblock über `value` auf alle `String`-Funktionen zugreifen. Gleiches gilt für die jeweils anderen Bedingungen und Blöcke.

Die `spellOut`-Funktion akzeptiert einen Wert vom Typ `Int`. In diesem Anweisungsblock ist das auch der Fall, weil vorher die Überprüfung auf `is Int` erfolgreich war.

Wichtig ist, dass der Typecast ausschließlich in den jeweiligen Anweisungsblöcken gilt! Im else-Block ist `value` vom Typ `Any`.

Führen wir das Programm mal mit folgenden Werten für `value` auf:

```
val value: Any = "hello world" // String
val value: Any = 121 // (Int)
val value: Any = true // (Boolean)
val value: Any = 7.5 // (Double)
```

Die Konsolenausgabe sieht folgendermaßen aus:

```
> HELLO WORLD
> ONE HUNDRED TWENTY-ONE
> TRUE
> ???
```

Beachten Sie den letzten Aufruf. Die Überprüfung auf `Double` taucht nicht im when-Ausdruck auf. Der else-Block gibt drei Fragezeichen als `String` zurück.

11.2.3 Überprüfen von Wertebereichen

Wir möchten für ein beliebiges Alter die entsprechende Altersgruppe erfahren. Dafür schreiben wir ein Programm, welches ein Alter vom Typ `Int` auf bestimmte Wertebereiche überprüft und eine entsprechende Altersgruppe als `String` zurückgibt. Die Wertebereiche sind willkürlich gewählt und entsprechen nicht unbedingt der tatsächlichen Konvention. Hier sehen wir ein Beispiel für Pragmatik. Es hängt von gesellschaftlichen Konventionen ab, bis wann ein Kind als Baby gilt. Semantisch ist dies hier für die Jahre 0–1 festgelegt. Syntaktisch können wir dies im when-Ausdruck festlegen.

Schauen wir uns also einmal die Implementierung an:

```
fun main() {
    val age = 42

    val groupForAge = when (age) {
        in 0..1 -> "Baby"
        in 2..12 -> "Child"
        in 13..17 -> "Teen"
        in 18..21 -> "Young Adult"
        else -> "Adult"
    }

    println(groupForAge)
}
```

Führen wir das Programm nun mit folgenden Werten aus:

```
val age = 0
val age = 1
val age = 2
val age = 12
val age = 13
val age = 17
val age = 18
val age = 30
```

Die Konsolenausgaben sind folgende:

```
> Baby
> Baby
> Child
> Child
> Teen
> Teen
> Young Adult
> Adult
```

Das Schlüsselwort `in` leitet die Überprüfung auf einen Wertebereich ein. Die Syntax für den Wertebereich selbst ist `lower_bound..upper_bound`. Diese Syntax erzeugt eine sogenannte *Range*. Wie im Beispiel zu sehen, sind die beiden Grenzen (Bounds) inklusive. Da der erste Fall die beiden Zahlen `0` und `1` abdeckt, muss der zweite Fall bei `2` starten. Dieses Muster wiederholt sich bis zum Ende.

Vielleicht ist Ihnen aufgefallen, dass das Programm fehlerhaft ist. Was passiert, wenn wir das Alter auf `-1` setzen? Gehen Sie diesen Aufruf gedanklich durch. Da der when-Ausdruck die `-1` nicht explizit abdeckt, greift die else-Bedingung, wodurch `"Adult"` zurückgegeben wird. Wir haben zwei Möglichkeiten, um das Problem zu lösen.

1. Wir verbieten, dass die Variable `age` negative Zahlen annehmen kann, indem wir den Typ von Int auf UInt ändern. Im Gegensatz zu Int erlaubt UInt ausschließlich positive ganzzahlige Zahlen.
2. Wir fügen eine zusätzliche Bedingung hinzu, welche überprüft, ob das Alter negativ, sprich kleiner als `0` ist. Wenn das der Fall ist, müssen wir eine Fehlermeldung zurückgeben.

Da wir Fehlerbehandlungen noch nicht thematisiert haben und es grundsätzlich besser ist, einen Fehler überhaupt nicht zuzulassen, als diesen potenziell zu erlauben und anschließend zu korrigieren, verbessern wir das Programm, indem wir von `Int` auf `UInt` wechseln:

```
fun main() {
    val age: UInt = 42u

    val groupForAge = when (age) {
        in 0u..1u -> "Baby"
        in 2u..12u -> "Child"
        in 13u..17u -> "Teen"
        in 18u..21u -> "Young Adult"
        else -> "Adult"
    }

    println(groupForAge)
}
```

Kotlin ermöglicht die Konvertierung von `Int` auf `UInt`, indem wir direkt nach dem `Int`-Literal ein kleines `u` hinschreiben. Das Programm würde nicht kompilieren, wenn wir `age` auf eine negative Zahl setzen würden.

11.2.4 Abbilden von langen if-else-Blöcken

Wir möchten für jeden Monat die jeweilige Jahreszeit erfahren. Die Monate bilden wir als Zahlen von `1` bis `12` ab. Die Jahreszeit soll entweder `"Spring"`, `"Summer"`, `"Fall"` oder `"Winter"` sein. Um das zu programmieren, müssen wir den Monat auf jede Zahl von `1` bis `12` überprüfen und den jeweiligen String zurückgeben. Eine Implementierung mit einem if-else-Ausdruck sieht so aus:

```
import kotlin.random.Random

fun main() {
    val month = Random.nextInt(1, 12) // ein zufälliger Monat zwischen 1 und 12

    val season =
        if (month == 1) { "Winter" }
        else if (month == 2) { "Winter" }
        else if (month == 3) { "Spring" }
        else if (month == 4) { "Spring" }
        else if (month == 5) { "Spring" }
        else if (month == 6) { "Summer" }
        else if (month == 7) { "Summer" }
        else if (month == 8) { "Summer" }
        else if (month == 9) { "Fall" }
        else if (month == 10) { "Fall" }
        else if (month == 11) { "Fall" }
        else if (month == 12) { "Winter" }
        else { "Unknown" }

    println(season)
}
```

Auch hier gewinnt die erste Bedingung, die zutrifft. Da wir einen if-else-Ausdruck verwenden, muss ein finaler else-Block angegeben werden. Denn es kann durchaus sein, dass die Variable `month` einen Wert außerhalb von `1` bis `12` hat. Der Typ `Int` erlaubt das zumindest, obwohl die Semantik nur `1` bis `12` vorsieht. Hierfür werden wir in Unterabschnitt 14.5.2, „Enum-Klassen", eine bessere Lösung kennenlernen.

Natürlich können wir die Blöcke für die jeweiligen Jahreszeiten auch zusammenfassen, indem wir mehr als nur eine Abfrage als Bedingung formulieren:

```
// ...
val season =
    if (month == 12 || month == 1 || month == 2) { "Winter" }
    else if (month == 3 || month == 4 || month == 5) { "Spring" }
    else if (month == 6 || month == 7 || month == 8) { "Summer" }
    else if (month == 9 || month == 10 || month == 11) { "Fall" }
    else { "Unknown" }
// ...
```

Das ist zwar kürzer, allerdings wiederholt sich die Variable in den Abfragen andauernd. Genau das lässt sich mit einem when-Ausdruck besser formulieren:

```
// ...
val season = when (month) {
    12, 1, 2 -> "Winter"
    3, 4, 5 -> "Spring"
    6, 7, 8 -> "Summer"
    9, 10, 11 -> "Fall"
    else -> "Unknown"
}
// ...
```

Hier überprüfen wir, ob `month` einem der durch Komma getrennten Werte entspricht. Es gibt insgesamt vier Fälle, wobei für jeden Fall nur einer von drei Werten gleich dem Wert von `month` sein muss. Das Komma bedeutet hier eine ODER-Verknüpfung der alternativ aufgezählten Werte.

Fairerweise muss man sagen, dass wir im if-Beispiel ebenfalls auf Wertebereiche (Ranges) zurückgreifen können, um den Code schöner zu gestalten:

```
// ...
val season =
    if (month in 1..2 || month == 12) { "Winter" }
    else if (month in 3..5) { "Spring" }
    else if (month in 6..8) { "Summer" }
    else if (month in 9..11) { "Fall" }
    else { "Unknown" }
// ...
```

Hier wird überprüft, ob der Wert von `month` im Bereich von beispielsweise `3` bis `5` liegt. Wenn ja, wird `"Spring"` zurückgegeben. Ranges lassen sich natürlich auch beim When-Ausdruck anwenden:

```
// ...
val season = when (month) {
    in 1..2, 12 -> "Winter"
    in 3..5 -> "Spring"
    in 6..8 -> "Summer"
    in 9..11 -> "Fall"
    else -> "Unknown"
}
// ...
```

Die letzten beiden Beispiele sollen zeigen, dass man jedes if-else in ein when umwandeln kann. IntelliJ bietet das sogar an, wenn man über das `when`-Schlüsselwort geht und die Vorschläge anzeigt. Doch die letzten beiden Beispiele zeigen auch, dass es nicht unbedingt immer sinnvoll ist.

if oder when?

Wenn man mehr als ein if-else braucht und die Lesbarkeit des Codes darunter leidet, ist ein when-Ausdruck meistens sinnvoller.

11.3 Wiederholung von Code mit while-Schleifen

Mit Schleifen können wir Code wiederholt ausführen. Kotlin verfügt im Wesentlichen über zwei Schleifen: *while* und *for*. Beide Schleifen machen im Kern das Gleiche. Je nach Anwendungsfall ist die eine Schleife geeigneter als die andere. Zum einen liegt das an der unterschiedlichen Syntax. Zum anderen hat die for-Schleife die Besonderheit, dass sie über eine festgelegte Anzahl von Daten iterieren kann. Voraussetzung ist, dass die Daten vom Typ `Iterable` sind. Datenstrukturen wie Arrays, Listen oder Ranges sind Beispiele dafür.

Schleifen jeder Art bestehen aus zwei Komponenten: **Bedingung** und **Wiederholung**. Die Bedingung, auch Abbruchbedingung genannt, muss ein Ausdruck vom Typ `Boolean` sein (ähnlich zum if). Die Wiederholung, auch Iteration oder Schleifendurchlauf genannt, kann jeder beliebige Code sein, der pro Schleifendurchlauf 1 x ausgeführt wird. Die Schleifendurchläufe passieren solange, wie die Bedingung wahr ist. Die Schleife bricht ab, sobald die Bedingung nicht mehr wahr ist.

Wenn eine while-Schleife ausgewertet wird, wird zuerst die Bedingung überprüft. Ist die Bedingung wahr, wird die Schleife durchlaufen. Danach wird die Bedingung wieder überprüft. Ist die Bedingung wahr, wird die Schleife erneut durchlaufen. Das passiert solange, bis die Bedingung nicht mehr erfüllt (also falsch) ist.

Üblicherweise möchte man die Schleifendurchläufe irgendwann beenden. Hierfür muss der Schleifendurchlauf die Bedingung beeinflussen. Ansonsten hat man eine sogenannte Endlosschleife.

§ **Definition *while-Schleife***

Eine while-Schleife führt Code solange aus, wie die Bedingung wahr ist. Da die Nichterfüllung der Bedingung die Schleife abbricht, wird diese auch Abbruchbedingung genannt. Die Bedingung wird anfangs und nach jedem Schleifendurchlauf überprüft. Einen Schleifendurchlauf nennt man auch Iteration. Eine while-Schleife wird dann verwendet, wenn die Anzahl der Iterationen zu Beginn unbekannt ist.

Neben der while-Schleife gibt es noch die *do-while*-Schleife. `while` und `do-while` unterscheiden sich nur darin, ob die Bedingung vor (while) oder erst nach der ersten Wiederholung (do-while) überprüft wird. In den folgenden Erklärungen gehen wir von der normalen while-Schleife aus, weil diese häufiger verwendet wird.

Die Syntax einer while-Schleife ist ganz simpel:

§ **Syntax *while-Schleife***

```
while (condition) {
    // code to repeat
}
```

Die *condition* muss ein Ausdruck vom Typ `Boolean` sein. Innerhalb der geschweiften Klammern befindet sich der Code, der wiederholt ausgeführt wird. Ein Schleifendurchlauf kann auch noch über die zwei Schlüsselworte `break` und `continue` gesteuert werden. Mit `break` kann eine Schleife frühzeitig abgebrochen und verlassen werden. Mit `continue` wird der aktuelle Schleifendurchlauf übersprungen.

While-Schleifen werden üblicherweise dann verwendet, wenn man nicht genau weiß, wie oft die Schleife durchlaufen wird. Diese Unwissenheit wird als Bedingung formuliert. Mit jedem Durchlauf sorgen wir dafür, dass wir uns der Bedingung nähern. Schauen wir uns dazu zwei charakteristische Anwendungsfälle für while-Schleifen an: Zählen, wie oft etwas passiert ist und ein Gameloop.

11.3.1 Zählen, wie oft etwas passiert

Wir wollen herausfinden, wie oft eine beliebige Ganzzahl durch 2 teilbar ist, bis die Zahl einen Wert unter 1 erreichen würde. Teilen wir das Problem einmal in Bedingung und Wiederholung ein:

- Bedingung: Solange die Zahl größer als 1 ist.
- Wiederholung: Teile die Zahl durch 2. Zähle die Anzahl der Teilungen um eins hoch.

Die Bedingung ist ein einfacher Ausdruck. Die Wiederholung besteht aus zwei Schritten.

Der erste Schritt teilt die Zahl durch 2 und überschreibt die gemerkte Zahl mit dem neuen Wert. Das hat direkten Einfluss auf die Bedingung, weil wir die Zahl reduziert haben. Je öfter wir teilen, desto näher kommen wir an die 1 ran. Die Bedingung ist, dass die Zahl noch größer als 1 ist.

Der zweite Schritt erhöht jedes Mal einen Zähler, wenn erfolgreich geteilt wurde. Schließlich wollen wir herausfinden, wie oft die Zahl durch 2 teilbar ist.

> **Eine Aufgabe für Sie:**
> Wenn Sie möchten, können Sie das Buch kurz zur Seite legen, Papier und Stift holen und den Code dafür schreiben. Nehmen wir die Zahl 15 als Beispiel. Die Implementierung sehen Sie in Listing 11.1. ■

Listing 11.1 Programm, welches herausfindet, wie oft eine Ganzzahl durch 2 teilbar ist, bis die Zahl einen Wert unter 1 erreicht

```
fun main() {
    var number = 15
    var counter = 0

    while (number > 1) {
        number /= 2 // kürzere Schreibweise für number = number / 2
        counter += 1
    }

    println("$counter Mal geteilt")
}
```

Um dieses Beispiel als Code umzusetzen, müssen `number` und `counter` veränderliche Variablen sein. Beim `counter` ist das selbstverständlich, weil wir zählen wollen, wie oft die

Division passiert. `number` müssen wir jedes Mal auf das Ergebnis der Division setzen. Wenn wir `number` mit jedem Schleifendurchlauf nicht verändern würden, würde die Schleife niemals abbrechen. Wir hätten eine Endlosschleife.

Gehen wir mal den Ablauf des Programms durch, indem wir jede Zeile auswerten. Die Schleifendurchläufe sind der Übersicht halber getrennt und eingerückt:

```
number = 15; counter = 0

15 > 1 => true
        number = 15 / 2 => number = 7
        counter = 0 + 1 => counter = 1

7 > 1 => true
        number = 7 / 2 => number = 3
        counter = 1 + 1 => counter = 2

3 > 1 => true
        number = 3 / 2 => number = 1
        counter = 2 + 1 => counter = 3

1 > 1 => false

println „3 Mal geteilt"
```

Nach der dritten Iteration wertet die Bedingung negativ aus. Die Schleife bricht ab und das Programm wird mit den Anweisungen hinter der while-Schleife weiter ausgeführt. Nach der Schleife folgt hier der Aufruf der `println`-Funktion.

11.3.2 Gameloop

Ein komplizierteres aber häufiges Beispiel ist ein sogenannter *Gameloop*, also eine Spielschleife. Ein Gameloop ist quasi eine kontrollierte Endlosschleife. Gameloops tauchen, wie der Name schon sagt, hauptsächlich in Spielen auf. Bislang haben wir Programme geschrieben, die nach Ausführung der `main`-Funktion beendet wurden. Die Ausführung eines Spiels kann aber beispielsweise rundenbasiert sein. Im Vorfeld ist nicht bekannt, wie viele Runden es gibt. Das kommt schließlich auf die Züge der Spieler an, die nicht vorhersehbar sind. Außerdem gibt es Spiele, die erst zu Ende sind, wenn das Spiel vom Benutzer beendet wird. Selbst wenn sie zum Beispiel das Level absolviert haben, wird in der Regel noch ein Menü oder Ähnliches angezeigt. Das Programm wird die ganze Zeit über weiter ausgeführt.

Etwas Ähnliches wie einen Gameloop finden wir auch bei Apps auf dem Smartphone. Hier heißt es zwar *Eventloop*, ist aber insgesamt sehr ähnlich. Die Apps werden gestartet und bleiben eine ganze Zeit lang aktiv, auch wenn wir als Benutzer nicht mit der App interagieren. Apps sind keine Programme, die nach dem Start stringent eine Reihe von Anweisungen durchlaufen und sich am Ende selbst beenden. Apps reagieren auf Eingaben, die als Ereignisse (Events) zur Ausführung bestimmter Codeblöcke führen. Apps sind also eventbasiert und laufen in einer kontrollierten Endlosschleife. Das Betriebssystem des Smartphones startet und beendet die Apps für uns. Auch das Betriebssystem ist ein Programm, das in einer Endlosschleife läuft. Das Betriebssystem wird nie pausiert. Dafür müssen wir das Smartphone schon ausschalten.

Schauen wir uns einen Gameloop am Beispiel des Spiels *Zahlen raten* an. Am Anfang des Spiels wird eine zufällige Zahl zwischen 0 und 10 generiert. Wir als Spieler raten solange eine Zahl, bis wir die gesuchte Zahl gefunden haben. Das Raten der Zahl erfolgt, indem wir über die Konsole eine Zahl eingeben. Der Code hierfür kommt aus der selbstgeschriebenen `readNumberFromConsole`-Funktion, auf die wir allerdings nicht weiter eingehen werden. Das Spiel läuft in einer Endlosschleife. Erst wenn wir die gesuchte Zahl gefunden haben, verlassen wir die Endlosschleife mit einem `break`. Ansonsten raten wir immer weiter. Wenn die geratene Zahl nicht der gesuchten Zahl entspricht, bekommen wir einen kleinen Hinweis, ob die gesuchte Zahl kleiner oder größer ist. Der Code hierfür ist:

```
// Liest die nächste Zahl von der Konsole ein
private fun readNumberFromConsole(): Int = readLine()?.toInt() ?: 0

fun main() {
    val number = Random.nextInt(0, 10) // Zufällige Zahl zwischen 0 und 10

    while (true) {
        println("Eine Zahl raten:")
        val guess = readNumberFromConsole()

        if (number == guess) {
            println("Zahl gefunden!")
            break
        } else {
            val hint = if (number < guess) "Kleiner" else "Größer"
            println("Nicht die richtige Zahl! Die gesuchte Zahl ist ${hint} als
                 ${guess}")
        }
    }

    println("Spiel vorbei")
}
```

Wenn wir anfangen zu spielen, sieht das Ganze so aus:

```
> Eine Zahl raten:
> 5
> Nicht die richtige Zahl! Die gesuchte Zahl ist Kleiner als 5
> Eine Zahl raten:
> 3
> Nicht die richtige Zahl! Die gesuchte Zahl ist Kleiner als 3
> Eine Zahl raten:
> 1
> Zahl gefunden!
> Spiel vorbei
```

Die vom Spieler eingegebenen Zahlen sind in diesem Beispiel `5`, `3` und `1`.

11.4 Iterieren über Datenstrukturen mit for-Schleifen

Unterschiedliche for-Schleifen:

In anderen Programmiersprachen gibt es zwei unterschiedliche Arten der for-Schleife: die fori-Schleife und die forEach-Schleife. Die fori-Schleife verändert pro Schleifendurchlauf einen Zähler und bricht ab, sobald dieser eine bestimmte Bedingung nicht mehr erfüllt (z. B. solange der Zähler kleiner als 10 ist). Kotlin bietet für diese Schleife allerdings keine Syntax, weshalb wir uns nun ausschließlich mit der forEach-Schleife befassen und diese als „normale" for-Schleife bezeichnen.

Eine for-Schleife besteht auch aus Bedingung und Wiederholung. Der Unterschied zur while-Schleife ist, dass sich die Bedingung implizit aus der **verwendeten Datenstruktur** ableitet. For-Schleifen sind nämlich nur in Kombination mit sogenannten *Iterables* möglich. Iterables sind Datenstrukturen wie beispielsweise Arrays, Listen oder Ranges (Wertebereiche). Die Bedingung der for-Schleife ist so aufgebaut, dass jedes Element der Datenstruktur 1 x verarbeitet wird. Im Schleifendurchlauf bekommen wir das jeweils aktuelle Element zur Verfügung gestellt.

Eine for-Schleife kann man als eine spezialisierte Form der while-Schleife betrachten. Während eine while-Schleife für fast alle Iterationen verwendet werden kann, ist eine for-Schleife zum Durchlaufen von bestimmten Datenstrukturen optimiert.

Definition *for-Schleife*

Eine for-Schleife durchläuft jedes Element aus einer iterierbaren Datenstruktur. In jedem Schleifendurchlauf wird das jeweils aktuelle Element zur Verfügung gestellt.

Eine iterierbare Datenstruktur ist alles vom Typ *Iterable*. Beispiele aus der Standardbibliothek sind Arrays, Listen oder Ranges.

Die Syntax einer for-Schleife ist:

Syntax *for-Schleife*

```
for (item in collection){
    // use item here
}
```

`collection` ist eine Variable oder ein Wert vom Typ Iterable, dessen Elemente durchlaufen werden. `item` ist eine unveränderliche Variable und bindet das aktuelle Element der Iterationen. Das heißt, dass bei jedem Schleifendurchlauf das jeweils nächste Element über diese Variable zugänglich gemacht wird. Da `item` nichts anderes als eine Variable ist, kann diese entsprechend frei benannt werden. Innerhalb der geschweiften Klammern kann anschließend auf `item` zugegriffen werden. Auf diese Weise kann jedes Element der Datenstruktur verarbeitet werden. Wie bei while-Schleifen können auch hier `break` und `continue` verwendet werden.

11.4.1 Iteration mit Arrays

In Abschnitt 9.4, „Arrays“, haben wir Arrays am Beispiel einer Banking-App betrachtet. Das Array beinhaltet alle Zahlungsein- und -ausgänge eines Kontos. Den Saldo haben wir über die auf Array definierte `sum`-Funktion errechnet. Die `sum`-Funktion macht letztlich nichts anderes, als über das Array zu iterieren und jedes Element auf eine mit `0` initialisierte Variable zu addieren. Vorher konnten wir das nicht selbst implementieren, weil wir das Array nicht als Ganzes bearbeiten konnten. Mit einer for-Schleife können wir das jetzt:

```
fun main() {
    val values = arrayOf(-3.99, -9.99, -580.0, 2000.0, -45.80, -12.99)
    var saldo = 0.0

    for (value in values) {
        saldo += value
    }

    println("Der Saldo ist $saldo")
}
```

Für jeden Schleifendurchlauf wird der jeweils aktuelle Betrag der Variable `value` zugewiesen. Die Variable steht in jeder Iteration zur Verfügung. Jeder Betrag wird auf die Variable `saldo` addiert. Am Ende haben wir die Summe aller Beträge.

Bleiben wir einmal bei dem gleichen Beispiel. Allerdings wollen wir diesmal den ersten Zahlungseingang finden. Ein Zahlungseingang ist ein positiver Betrag, beispielsweise das Gehalt. Dafür iterieren wir wieder über das Array und prüfen jeden Wert auf das Vorzeichen. Sobald wir den ersten positiven Wert gefunden haben, brechen wir die Iteration vorzeitig ab. Wenn wir am Ende der Schleife angekommen sind und keinen positiven Wert gefunden haben, geben wir das entsprechend aus.

```
fun main() {
    val values = arrayOf(-3.99, -9.99, -580.0, 2000.0, -45.80, -12.99)
    var firstIncome = 0.0

    for (value in values) {
        if (value >= 0) {
            firstIncome = value
            break
        }
    }

    if (firstIncome == 0.0) {
        println("Kein Zahlungseingang gefunden")
    } else {
        println("Der erste Zahlungseingang ist $firstIncome")
    }
}
```

In jedem Schleifendurchlauf überprüfen wir, ob der aktuelle Wert positiv ist. Wenn ja, binden wir den Wert an die Variable `firstIncome` und brechen die Schleife vorzeitig mit `break` ab. Wir wollen schließlich nur den ersten Treffer haben. Danach können wir aufhören.

11.4.2 Iteration mit Ranges

Häufig möchte man mit einer for-Schleife Code genau *n Mal* wiederholen. Wenn wir Code beispielsweise 3 x ausführen wollen, iterieren wir über eine *Range von 1 bis 3*. Wenn wir 3 x den gleichen Code ausführen wollen, geht das so:

```
fun main() {
    for (i in 1..3) {
        println("$i te iteration")
    }
}
```

Auf der Konsole wird Folgendes ausgegeben:

```
> 1 te iteration
> 2 te iteration
> 3 te iteration
```

Im obigen Beispiel wird von 1 bis *inklusive* 3 iteriert. Alternativ kann auch bis *exklusive* 3 iteriert werden. Das bietet sich an, wenn man zwar 3 x iterieren will, aber bei 0 anfangen möchte. Hierfür verwendet man anstelle von `..` den `..<`-Operator. Dieser legt eine Range fest, bei der der letzte Wert nicht enthalten ist. Der `..<`-Operator steht erst ab der Kotlin-Version 1.9 als stabiles Sprachfeature zur Verfügung. Wenn Sie eine frühere Kotlin-Version verwenden, müssen Sie die folgende Annotation hinzufügen:

```
@OptIn(ExperimentalStdlibApi::class)
fun main() {
    for (i in 0..<3) {
        println("$i te iteration")
    }
}
```

Die Konsolenausgabe ist dann:

```
> 0 te iteration
> 1 te iteration
> 2 te iteration
```

In Kotlin können wir auch eine Range von Buchstaben (Chars) erstellen. Zudem können wir bei einer for-Schleife den Iterationsschritt beeinflussen. Der Iterationsschritt beträgt standardmäßig 1. Das bedeutet, dass die Iteration keine Elemente überspringt. Mit dem Schlüsselwort `step` können wir angeben, in welchen Schritten die Iteration passieren soll:

```
fun main() {
    for (letter in 'A'..'Z' step 5) {
        println("$letter")
    }
}
```

Dieser Code soll alle Buchstaben von A bis Z iterieren, allerdings in 5er-Schritten. Die Konsolenausgabe sieht folgendermaßen aus:

```
> A
> F
> K
> P
> U
> Z
```

Bei der Verwendung des `step`-Schlüsselwortes in Kombination mit dem `..<`-Operator werden alle Werte in der Range berücksichtigt, die kleiner als die Obergrenze sind:

```
@OptIn(ExperimentalStdlibApi::class)
fun main() {
    for (i in 15..<42 step 8) {
        println("Zahl: $i")
    }
}
```

Auf der Konsole werden die Zahlen 15, 23, 31 und 39 ausgegeben. Denn die Range beginnt bei 15, geht dann jeweils einen Schritt von 8 weiter und enthält nur Zahlen, die kleiner 42 sind. Die Ausgabe ist also:

```
> Zahl: 15
> Zahl: 23
> Zahl: 31
> Zahl: 39
```

11.4.3 Geht das alles nicht auch mit einer while-Schleife?

Wenn wir die for-Schleife als eine spezialisierte Form der while-Schleife betrachten, bedeutet das, dass wir jede for-Schleife als while-Schleife ausdrücken können. Machen wir das doch einmal am Beispiel mit der Berechnung des Saldos:

```
fun main() {
    val values = arrayOf(-3.99, -9.99, -580.0, 2000.0, -45.80, -12.99)
    var saldo = 0.0
    var i = 0

    while (i < values.size) {
        val value = values[i]
        saldo += value
        i += 1
    }

    println("Der Saldo ist $saldo")
}
```

Das Ergebnis ist das Gleiche, der Weg ist allerdings länger und fehleranfälliger. Bei einer while-Schleife müssen wir die Bedingung explizit angeben. Zudem müssen wir jedes Element aus dem Array über die Indexschreibweise ansprechen, weil die Elemente nicht durch die Schleife gebunden werden. Dafür benötigen wir einen Zähler `i`. Dieser fängt bei 0 an und wird pro Schleifendurchlauf um 1 erhöht. Da der Index `i` bei 0 anfängt, ist das letzte Element erreicht, wenn die Länge des Arrays gleich dem Index - 1 ist. Genau das drückt die Bedingung aus.

Ganz schön kompliziert, oder? Wenn wir iterierbare Datenstrukturen per Hand durchlaufen, ist das immer fehleranfälliger, weil viele Parameter gegenseitig abgestimmt sein müssen. Der Index `i` muss immer bei 0 anfangen und pro Iteration um 1 erhöht werden. Die Bedingung der Schleife muss immer exakt kleiner als die Größe der Datenstruktur sein. All das übernimmt die for-Schleife für uns. Hier bekommen wir das jeweilige Element übergeben. Die Schleife hört automatisch auf, wenn es keine Elemente mehr gibt. Bedingung und Index werden abstrahiert.

11.5 Zusammenfassung

Kontrollstrukturen steuern den Ablauf eines Programms. Der Ablauf hängt vom Zustand des Programms ab, also von der aktuellen Belegung von Variablenwerten. Hier noch einmal die Kontrollstrukturen im Überblick:

Kontrollstrukturen:

- `if`-Anweisungen führen Codeblöcke nur aus, wenn eine Bedingung erfüllt ist.
- Optional kann für die Nichterfüllung ein alternativer `else`-Code festgelegt werden.
- Die Erfüllung der Bedingung hängt beispielsweise von den aktuellen Werten von Variablen ab. Die Bedingung wird ausgewertet und ist entweder erfüllt (`true`) oder nicht erfüllt (`false`).
- `if`-Ausdrücke nutzen ebenfalls eine Bedingung und definieren zwei alternative Codepfade, von denen einer ausgewertet werden soll, je nachdem, ob die Bedingung erfüllt wurde. Da ein Ausdruck immer einen Wert zurückliefert, ist bei `if`-Ausdrücken der `else`-Teil mit einem alternativen Ausdruck zwingend erforderlich.
- `if`-Anweisungen verzweigen über alternative Codeblöcke. `if`-Ausdrücke verzweigen über verschiedene Ausdrücke, die ausgewertet werden.
- `when` kann über mehrere Fälle verzweigen, wobei die passende Bedingung oder Erfüllung eines Musters bestimmt, welcher Codeblock ausgeführt wird.
- Auch `when` kann als Anweisung oder Ausdruck formuliert werden.
- Die wiederholte Ausführung von Codeabschnitten kann mit `for`-, `while`- oder `do while`-Schleifen geschehen.
- Bei einer `while`-Schleife wird ein Codeabschnitt solange wiederholt ausgeführt, wie die Eingangsbedingung erfüllt ist. Sie eignet sich dafür, wenn die Anzahl der Wiederholungen unbekannt ist.
- Bei einer `do while`-Schleife wird der Codeblock mindestens einmal ausgeführt und dann solange, wie die Ausgangsbedingung erfüllt bleibt.
- Bei einer `for`-Schleife wird über die Elemente einer Datensammlung iteriert. Das können beispielsweise die Zahlen einer `Range` sein, also z. B. die Werte von 0 bis 100. Es können aber auch die Elemente einer Liste oder eines Arrays nacheinander durchlaufen werden. In jedem Durchgang steht dann das nächste Element der Datensammlung in der Laufvariablen zur Verfügung.
- `for`-Schleifen eignen sich, wenn die Menge der Daten bekannt ist und als `Iterable` (siehe Punkt davor) vorliegt.

12 Funktionen

Obwohl wir Funktionen noch gar nicht thematisiert haben, sind uns bereits viele Funktionen wie `println`, `sin`, `toInt`, `toDouble` usw. begegnet. Unseren ersten Code haben wir sogar innerhalb einer `main`-Funktion geschrieben. Funktionen sind ein zentraler Baustein von vielen Programmiersprachen und kaum wegzudenken. Denn Funktionen bieten eine Menge Vorteile. Das bestätigt uns die Tatsache, dass wir bis jetzt Funktionen benutzt haben, ohne zu verstehen, was Funktionen genau sind.

12.1 Top-Level- und Member-Functions

Bislang haben wir zwei Arten von Funktionen kennengelernt:

1. Funktionen, die man *frei* über den Namen aufrufen kann. Beispiele sind `println()`, `sin()` oder `arrayOf()`.
2. Funktionen, die man *auf Werten* aufrufen kann[1]. Beispiele sind `1.toString()` oder `"hallo".toUpperCase()`.

Der Unterschied zwischen den beiden Arten ist, dass die einen Funktionen frei definiert und die anderen auf einem bestimmten Typ definiert sind. Für den Benutzer einer Funktion bedeutet das erst einmal nur, dass Funktionen, die auf Typen definiert sind (Kategorie 2), besser erkundet werden können. Wenn Sie in IntelliJ beispielsweise nach einem `Int`-Wert einen Punkt eingeben, schlägt Ihnen IntelliJ eine Menge Funktionen vor, die alle auf `Int` definiert sind. Wenn Sie danach ein „to" eintippen, reduziert sich die Liste auf alle Funktionen, die das Wort „to" beinhalten. So können Sie alle Funktionen sehen, die von `Int` zu einem anderen Typen konvertieren.

Freie Funktionen sind schwieriger auffindbar, weil diese eben nicht kontextsensitiv sind. Freie Funktionen haben aber durchaus ihre Daseinsberechtigung. Wenn Sie zum Beispiel ein `Int`-Array erzeugen wollen, brauchen Sie keinen bestehenden Kontext. Hier übergeben Sie der Funktion eine Menge von Werten und erhalten das entsprechende Array. Auf diesem Array können Sie wiederum viele Funktionen aufrufen.

---

1 Technisch gesehen sind das keine Funktionen, sondern Methoden. Der Einfachheit halber bleiben wir aber beim Begriff der Funktionen. Methoden lernen wir in Abschnitt 14.3, „Funktionen und Methoden", kennen.

Freie Funktionen werden auch Top-Level-Functions genannt. Funktionen, die auf Typen definiert sind, werden auch Member-Functions genannt. Member-Functions können implizit auf den Wert (beim Aufruf links vom Punkt) zugreifen. Schließlich muss die `toString`-Funktion wissen, welcher Wert zu einem String konvertiert werden muss. Beim Aufruf von `1.toString()` ist das die `1`. Wäre `toString` eine freie Funktion, muss die `1` als Argument übergeben werden: `toString(1)`. Diese Funktion existiert aber nicht.

> **§ Definition *Top-Level-Function***
>
> Eine Top-Level-Function (auch freie Funktion genannt) ist nicht an einen Typen gebunden und kann von überall aus (frei) aufgerufen werden. ■

> **§ Definition *Member-Function***
>
> Eine Member-Function ist auf einem Typen definiert und über die Punktnotation auf Werten des Typs aufrufbar. Member-Functions werden auch *Methoden* genannt. ■

■ 12.2 Funktionsaufrufe (Applikation)

Interessanter als die Unterschiede sind die Gemeinsamkeiten. Wenn wir über Funktionen sprechen, müssen wir zwischen der Anwendung und Definition (auch Deklaration genannt) unterscheiden. Da wir Funktionen bislang nur verwendet haben, schauen wir uns zuerst die Anwendung beziehungsweise den Aufruf von Funktionen an:

```
fun main() {
    val numbers = arrayOf(1, 2, 3) // erzeugt Array mit drei Elementen 1, 2, 3
        (Array<Int>)
    val sum = numbers.sum() // gibt den Int Wert 6 zurück
    println("Summe:") // gibt "Summe" auf der Konsole aus
    println(sum) // gibt den Wert hinter sum auf der Konsole aus, hier also 6
}
```

- Funktionen rufen wir über den jeweiligen Namen, gefolgt von runden Klammern, auf. Wenn wir zum Beispiel ein Array haben wollen, rufen wir `arrayOf` auf. Wenn wir etwas auf der Konsole ausgeben wollen, rufen wir `println` auf.
- Welche Werte in einem Array zusammengefasst werden sollen, übergeben wir der Funktion als **Argumente**. Ebenso übergeben wir `println` das als Argument, was auf der Konsole ausgegeben werden soll.
- Funktionen nehmen Argumente in einer **Parameterliste** entgegen. Die Parameterliste wird in runden Klammern angegeben. Der Aufruf von `println("Summe:")` gibt `Summe:` auf der Konsole aus. Der Aufruf `println(sum)` gibt `6` auf der Konsole aus.
- Für Funktionen sind die **Parameter immer variabel**. Die Funktionen wissen nicht, was für ein konkreter Wert hinter der Variable steckt. Doch das müssen sie auch nicht. In unserem Beispiel muss `println` nur den Wert in die Konsole schreiben. Auch `arrayOf` muss nur die übergebenen Argumente in einem Array zusammenfassen. Welche Werte das genau sind, ist bei der Definition unerheblich.

- Die Parameterliste kann **keinen, einen oder mehrere Parameter** haben. Das definiert jede Funktion für sich. Die Funktion `arrayOf` nimmt beliebig viele Argumente entgegen. Die `sum`-Funktion nimmt keinen und die `println`-Funktion genau ein Argument entgegen. Auch wenn eine Funktion kein Argument akzeptiert, müssen die runden Klammern beim Funktionsaufruf angegeben werden. Ansonsten wird die Funktion nicht aufgerufen.
- Funktionen geben immer einen **Wert zurück**. `arrayOf` gibt das erzeugte Array zurück. `sum` gibt die errechnete Summe vom Typ `Int` zurück. `println` gibt `Unit` zurück. Zur Erinnerung: Der Typ `Unit` hat nur einen Wert, nämlich sich selbst. Da eine Funktion immer etwas zurückgeben muss, geben Funktionen, die kein konkretes Ergebnis haben, `Unit` zurück.

Aus diesen Erkenntnissen formulieren wir eine Definition für Funktionen.

§ **Definition *Funktion***

Eine Funktion ist eine Einheit von Berechnungen. Eine Funktion akzeptiert Parameter und kann diese innerhalb der Berechnungen verwenden. Diese Parameter werden der Funktion als Argumente übergeben. Eine Funktion gibt immer etwas zurück. Wenn kein konkretes Ergebnis zurückgegeben werden kann, wird `Unit` zurückgegeben. ■

■ 12.3 Syntax

Nun ist des Öfteren das Wort *Argument* im Zusammenhang mit *Parameter* gefallen. Wenn wir Funktionen aufrufen, übergeben wir der Funktion Argumente. Argumente sind beispielsweise konkrete Werte wie `"Summe:"`, Variablen wie `sum` oder andere Ausdrücke. Die Funktion selbst sieht allerdings keine konkreten Werte, sondern variable Parameter. Nur dadurch kann die Funktion mit unterschiedlichen Werten aufgerufen werden.

Um diesen Unterschied besser zu verstehen, definieren wir jetzt eine eigene Funktion. Doch zunächst einmal die Syntax für eine Funktion als Ausdruck:

§ **Syntax *Funktion als Ausdruck***

```
fun name() = expression_body
fun name(parameter1: Type) = expression_body
fun name(parameter1: Type, parameter2: Type, ...) = expression_body
```

■

In Kotlin werden Funktionen mit dem Schlüsselwort `fun` eingeleitet. Danach folgt der Name der Funktion. Diesen Namen können wir, genau wie bei Variablen, selbst festlegen. In den runden Klammern werden die Parameter festgelegt. Mehrere Parameter werden durch Kommas getrennt. Die Parameter werden in der gleichen Syntax wie Variablen angegeben. Das ist kein Zufall, denn die Parameter sind schließlich Variablen für die Funktion. Es handelt sich dabei stets um unveränderliche Variablen. Wir können die Werte in der Funktion nutzen, aber nicht mehr verändern. Nach der Parameterliste folgt ein Gleichheitszeichen. Auf der rechten Seite des Gleichheitszeichens steht der Funktionskörper. Der Funktionskörper ist die Implementierung der Funktion. Hier passiert die Berechnung des Ergebnisses.

Bei der obigen Schreibweise ist die Funktion ein Ausdruck. Deshalb muss der Funktionskörper ebenfalls ein Ausdruck sein. Das ist äquivalent zu if- und when-Ausdrücken, wo die unterschiedlichen Code-Pfade ebenfalls Ausdrücke sein müssen.

Die Parameter können nun im Funktionskörper verwendet werden. Eine Funktion hat auch einen Typ. Ähnlich wie bei der Zuweisung von Variablen wird der Typ für die linke Seite (Funktion) vom Gleichheitszeichen auf Basis der rechten Seite (Funktionskörper) abgeleitet. Deshalb muss der Typ bei dieser Schreibweise nicht explizit angegeben werden.

Wenn die Funktion aus mehreren Ausdrücken oder Anweisungen bestehen soll, kann die Funktion auch als Anweisung geschrieben werden. Auch hier muss ähnlich zu if- und when-Anweisungen ein Anweisungsblock, in diesem Fall ein Funktionsblock, geöffnet werden:

§ **Syntax *Funktion als Anweisung***

```
fun name(parameter1: Type, parameter2: Type, ...): Type {
    expression, statements, body...
    return value
}
```

Wenn Sie einen Funktionsblock öffnen, wird das Gleichheitszeichen durch geschweifte Klammern ersetzt. Zudem müssen Sie jetzt nach der Parameterliste den Typ des Rückgabewerts angeben. Bei einem Funktionsausdruck wurde dieser abgeleitet. Wenn im Funktionsblock mehr als ein Ausdruck oder sogar nur Anweisungen stehen können, kann nicht mehr zuverlässig abgeleitet werden. Außerdem müssen Sie jetzt explizit einen Wert zurückgeben. Bei einem Funktionsausdruck passiert das auch implizit durch die Auswertung des Ausdrucks. Sie können einen Wert mit dem Schlüsselwort `return` zurückgeben. Da die Funktion mit `return` verlassen wird, machen Sie das meist in der letzten Zeile der Funktion. Der Rückgabetyp muss dem Rückgabewert entsprechen. Wenn eine Funktion zum Beispiel `Int` als Rückgabetyp hat, müssen Sie die Funktion beispielsweise mit `return 1` verlassen.

Die Kombination aus Name und Parametern wird als *Funktionssignatur* bezeichnet. Die Funktionssignatur muss für die Funktion zum Zeitpunkt der Definition im Gültigkeitsbereich (Scope) einzigartig sein. Die Signatur ist eine eindeutige Struktur, anhand der der Compiler entscheiden kann, welche Funktion bei einem Funktionsaufruf verwendet werden soll.

Sie sehen, dass Sie weniger Code und Syntax benötigen, um eine Funktion als Ausdruck zu schreiben, gegenüber einer Funktion als Anweisung. IntelliJ schlägt Ihnen sogar vor, eine Funktion von Anweisung nach Ausdruck zu überführen, wann immer es möglich ist. In allen folgenden Beispielen werden wir die Ausdrucksschreibweise bevorzugen. Sie können aber immer problemlos zwischen den Schreibweisen wechseln.

12.4 Funktionsdefinition (Deklaration)

Nun können wir endlich selber Funktionen schreiben. Unsere erste Funktion soll eine beliebige Ganzzahl entgegennehmen, diese quadrieren und das Ergebnis zurückgeben. Wir wollen die Funktion bevorzugt als Ausdruck schreiben. Der Syntax zufolge benötigen wir einen Namen, einen Parameter und einen Funktionskörper als Ausdruck. Im Funktionskörper findet die eigentliche Implementierung (Berechnung) statt.

Eine Aufgabe für Sie:

Wenn Sie möchten, können Sie das Buch kurz zur Seite legen, Papier und Stift holen und die Funktion selbst definieren. Danach gleichen wir das Ergebnis in Listing 12.1 ab.

Listing 12.1 Definition einer Funktion, die Ganzzahlen quadriert

```
fun quad(x: Int) = x * x
```

Die Funktion nimmt eine Zahl vom Typ `Int` als Parameter `x` entgegen. Im Funktionskörper multiplizieren wir `x` mit sich selbst. Da die Multiplikation von zwei `Ints` ein `Int` ergibt, wird der Rückgabetyp zu `Int` abgeleitet. Die Schreibweise als Ausdruck spart uns das explizite Zurückgeben des Ergebnisses. Lesen Sie die Definition von `quad` laut vor. Sie erklärt wortwörtlich, was passiert: „Funktion quad von x ist x multipliziert mit x". Nun können wir die Funktion mit unterschiedlichen Argumenten aufrufen:

```
fun main() {
    quad(1) // gibt 1 zurück
    quad(2) // gibt 4 zurück
    quad(5) // gibt 25 zurück
}
```

Gehen wir einmal detailliert auf den Unterschied zwischen Argument und Parameter ein. Wenn wir uns in die Lage der `quad`-Funktion versetzen, ist `x` eine Variable. Der tatsächliche Wert von `x` ist für die Implementierung unerheblich. Die Aufgabe der `quad`-Funktion ist es, ein *beliebiges* Int zu quadrieren.

Erst wenn wir die `quad`-Funktion verwenden, müssen wir einen konkreten Wert für `x` übergeben. In diesem Beispiel übergeben wir 1, 2 und 5 als Argument an die Funktion. Theoretisch können es beliebige `Int` Werte sein.

Wenn eine Funktionsdefinition eine allgemeine (abstrakte) Beschreibung ist, ist ein Funktionsaufruf eine konkrete Anwendung dessen. Vergleichen Sie das mit einem Kochrezept. Ein Rezept **beschreibt** eine Menge von Zutaten und wie diese Zutaten zusammen ein Gericht ergeben. Das Rezept gibt in der Regel nicht vor, woher Sie die konkreten Zutaten nehmen sollen. Das entscheiden Sie in dem Moment, wo Sie das Rezept **verwenden**. Und wenn Sie das Rezept an einem anderen Tag oder an einem anderen Ort erneut nachkochen (anwenden), sind die Parameter wieder anders belegt. Denken Sie allein an die Qualität der Zutaten. Die Qualität (Frische, Herkunft usw.) beeinflusst in der Regel auch das Ergebnis, obwohl das Rezept und die Abfolge der Anweisungen gleich sind. Die Parameter machen den Unterschied. Veranschaulichen wir das Beispiel mit einem Brotrezept. Hier sehen Sie, wie das gleiche Rezept jeweils unterschiedlich angewendet wird. Der Unterschied sind die Parameter:

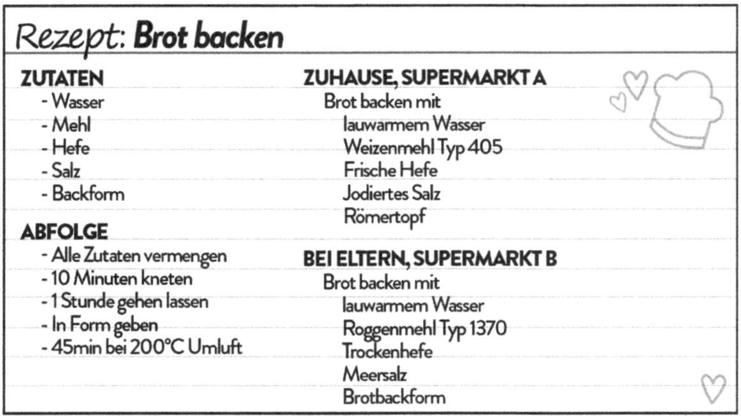

Alternativ dazu kann man Funktionen als Arbeitsauftrag betrachten. Ein Arbeitsauftrag besteht aus einer Menge von Anweisungen, die Sie nacheinander abarbeiten. Von Ihrem Chef bekommen Sie alle notwendigen Parameter, um den Auftrag zu erledigen. Wenn Sie anfangen, den Auftrag abzuarbeiten, berücksichtigen Sie den Input vom Ihrem Chef. Am Ende kommen Sie zu einem Ergebnis:

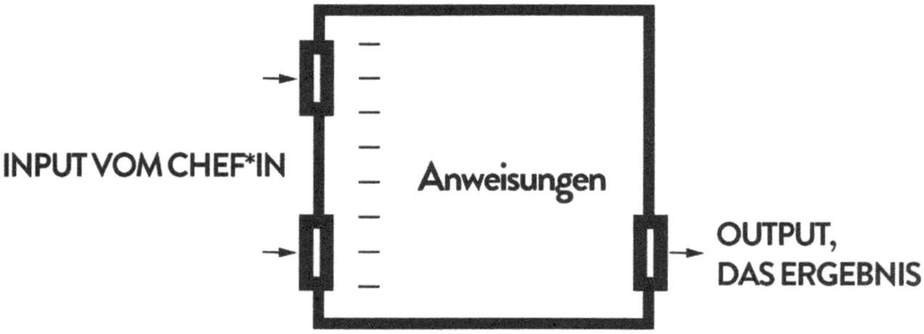

12.5 Funktionen als Abstraktion

Beleuchten wir mal Funktionen von einer anderen Seite. Dafür schauen wir uns an, wie Funktionsaufrufe ausgewertet werden. Evaluieren wir mal zwei unterschiedliche Aufrufe der `quad`-Funktion:

```
quad(2)
> quad(2)
> 2 * 2
> 4
```

```
quad(quad(1 + 1))
> quad(quad(1 + 1))
> quad(quad(2))
> quad(2 * 2)
> quad(4)
> 4 * 4
> 16
```

Sobald ein Funktionsaufruf evaluiert wird, werden zuerst seine Argumente evaluiert. Danach wird der Name durch seine Implementierung ersetzt, und gleichzeitig werden die Parameter durch die Argumente ersetzt, siehe Abschnitt 8.2, „Evaluation von Ausdrücken“.

Wenn Sie das so sehen, stellen Sie sich nicht auch die Frage, ob man anstelle von `quad(2)` nicht direkt `2 * 2` hätte hinschreiben können? Warum also das Ganze, vor allem für so simple Funktionen? Gute Frage. Gehen wir dafür dem Sinn hinter Funktionen auf den Grund.

Funktionen sind ein Weg, Ausdrücke zu abstrahieren, indem wir einen Namen verwenden. Nach außen wird die Funktion über ihren Namen angesprochen. Sobald eine Funktion evaluiert wird, wird der Name der Funktion durch den dahinter liegenden Code (Funktionskörper) ersetzt. Das wiederum löst die Abstraktion auf.

Übrigens:

Deshalb werden Funktionen in der Theorie (z. B. im *Lambda Calculus*) manchmal auch *Abstractions* genannt.

Zurück zur Frage: Lohnt es sich, simple Funktionen zu schreiben? Das kommt natürlich darauf an, aber grundsätzlich ja, auf jeden Fall. Funktionen skalieren sehr gut, denn wir können sowohl simple als auch sehr komplexe Funktionen schreiben. Wir können auch komplexe Funktionen aus simplen Funktionen zusammenbauen. Das werden Sie spätestens in Unterabschnitt 12.14.2, „Funktionen, die Funktionen zurückgeben“, sehen. Schauen wir uns derweil ein simpleres Beispiel an:

```
fun doubleQuad(x: Int) = quad(x) * 2
```

Wir implementieren eine Funktion namens `doubleQuad`, die aus `quad` und einer Multiplikation mit 2 besteht. Hier greifen wir natürlich auf die bestehende `quad`-Funktion zurück.

Wenn wir quadrieren können, können wir auch die Fläche eines Kreises berechnen:

```
fun circleArea(r: Int) = quad(r) * Math.PI
```

In Abschnitt 8.3, „Zusammenspiel von Werten und Typen“, haben wir Funktionen als Bausteine betrachtet. Das stimmt auf vielen Ebenen. Funktionen geben uns die Bausteine, um komplexe Gebilde aus kleinen Bausteinen zu errichten. Vielleicht sehen Sie das noch nicht, aber warten Sie ab. Wie bereits angekündigt, werden Sie am Ende des Kapitels sehen, wie die Komposition von simplen Funktionen ganze Programme entstehen lässt.

Und nicht nur das: Dadurch, dass wir Funktionen schreiben und damit Teilen unseres Codes verständliche Namen geben, schaffen wir mehr Klarheit und geben unserem Code insgesamt mehr Bedeutung.

12.6 Scoping

Schauen wir uns jetzt mal eine etwas größere Funktion an. Hier soll der zu zahlende Bruttopreis für eine Quittung aus Nettobeträgen berechnet werden:

```
fun priceToPay(receipt: Array<Double>): Double {
    var nettoSum = 0.0
    var bruttoSum = 0.0

    for (value in receipt) {
        nettoSum += value
    }

    bruttoSum = nettoSum * 1.19
    return bruttoSum
}
```

Zunächst legen wir uns zwei Variablen für die Brutto- und Nettosummen an. Danach summieren wir alle Werte aus der Quittung. Anschließend berechnen wir den Bruttopreis, indem wir die Mehrwertsteuer von 19 % auf die bisherige Summe aufschlagen (Multiplikation mit 1.19). Am Ende geben wir den Bruttobetrag als Ergebnis zurück.

Haben Sie Probleme, den Code nachzuvollziehen? Vielleicht war das etwas zu viel, denn die Funktion macht eigentlich zwei Dinge: Nettopreis summieren und Bruttopreis ausrechnen. Um hier ein wenig Abhilfe zu schaffen, können wir das größere Problem nicht in einer Funktion, sondern aufgeteilt in zwei kleineren Funktionen lösen. Für denjenigen, der die Funktion benutzt, soll sich nichts ändern. Dafür machen wir uns die Sichtbarkeit von Funktionen, das sogenannte *Scoping* zunutze.

Innerhalb von Funktionen können wir selbst Funktionen definieren. Die innere Funktion verfügt über alle Parameter der äußeren Funktion. Gleichzeitig ist die innere Funktion nur innerhalb der äußeren Funktion sichtbar, wodurch sie auch nur dort aufgerufen werden kann. Diese Sichtbarkeit bezeichnet man als *Scoping.*

Das Gleiche gilt auch für Variablen. Variablen der äußeren Funktion sind in der inneren Funktion sichtbar, allerdings nur, wenn sie vorher deklariert wurden (über der inneren Funktion). Variablen der inneren Funktion hingegen sind nur in der inneren Funktion sichtbar.

Die Funktionskörper definieren dabei den Sichtbarkeitsbereich (Scope). Schreiben wir einmal die `priceToPay`-Funktion so um, dass wir Gebrauch von inneren Funktionen machen:

```
fun priceToPay(receipt: Array<Double>): Double {
    fun applyMwst(netto: Double): Double { // applyMwst ist nur in priceToPay sichtbar
        val mwst = 1.19 // mwst ist nur in applyMwst sichtbar
        return netto * mwst
    }
    fun calculateSum(): Double { // calculateSum ist nur in priceToPay sichtbar
        var sum = 0.0
        for (value in receipt) { // hier kann auf receipt zugegriffen werden, da es
             von der äußeren Funktion (priceToPay) kommt
            sum += value
        }
        return sum
    }
    return applyMwst(calculateSum())
}
```

Diesmal teilen wir das Problem in zwei Teile auf. Der erste Teil berechnet den Bruttopreis. Der zweite Teil summiert alle Nettobeträge. Am Ende kombinieren wir beide Funktionen.

Gehen wir einmal die wichtigsten Punkte der Implementierung durch.

- Die `applyMwst`-Funktion nimmt einen Nettowert entgegen und rechnet die Mehrwertsteuer darauf. Die Mehrwertsteuer ist eine lokale Variable, die nur für die `applyMwst`-Funktion relevant ist. Deshalb legen wir die Variable auch innerhalb dieser Funktion an. Die Variable kann nur hier angesprochen werden. Am Ende wird das Ergebnis der Multiplikation zurückgegeben.
- Die `calculateSum`-Funktion macht sich das Scoping zunutze und greift auf die Variable `receipt` zu, die von der `priceToPay`-Funktion (außen) als Parameter gebunden wurde. Hier werden alle Elemente des Arrays durchlaufen und auf die lokale Variable `sum` addiert. Am Ende wird `sum` als Ergebnis der Funktion zurückgegeben.
- Die `priceToPay`-Funktion verwendet beide Funktionen, um den zu zahlenden Bruttobetrag zu errechnen. Das ist ein häufiges Muster zum Strukturieren von großen Funktionen. Zugegeben, die Funktion ist nicht unbedingt groß, aber der Punkt sollte klar sein.

Hier sehen Sie auch einmal ein Beispiel für eine Funktion als Anweisung. Der Funktionskörper aller drei Funktionen besteht nicht nur aus einem Ausdruck, sondern aus mehreren Anweisungen und Ausdrücken. Deshalb müssen wir den Rückgabetyp explizit angeben und einen passenden Wert zurückgeben. Das passiert mit dem Schlüsselwort `return`.

Nach außen hin können wir nach wie vor nur die `priceToPay`-Funktion aufrufen. `applyMwst` und `calculateSum` sind nur innerhalb von `priceToPay` definiert und sichtbar. Das Beispiel zeigt wiedermal die Abstraktionsfähigkeit von Funktionen. Derjenige, der die `priceToPay`-Funktion aufruft (konsumiert), interessiert sich nicht für die internen Abläufe der Funktion. Der Konsument möchte nur, dass das Versprechen der Funktion erfüllt wird.

> § **Definition *Scope***
>
> Der Scope bezeichnet einen Gültigkeitsbereich. Ein Scope wird üblicherweise mit geschweiften Klammern geöffnet und geschlossen. Scopes sind verschachtelte Strukturen. Das hat einen Einfluss auf die Sichtbarkeit der darin befindlichen Variablen und Funktionen. Dabei gilt: Je weiter außen definiert, desto sichtbarer. ■

Bei der Implementierung haben wir das Problem in zwei Teile (Funktionen) geteilt. In dem Moment, wo wir den beiden Teilen einen Namen gegeben haben, wussten wir sofort, wie die Funktionen aussehen müssen. Danach haben wir die Funktionen isoliert (für sich stehend) implementiert, indem wir der Signatur (Name und Parameter) gefolgt sind. Die `priceToPay`-Funktion profitiert nun von der Abstraktion, da beide Funktionen lediglich kombiniert und aufgerufen werden müssen.

Vergleichen Sie beide Implementierungen und entscheiden Sie selbst, was Sie besser finden. Probleme in Teile zu zerlegen, die Teile isoliert zu lösen und anschließend wieder zusammenzuführen, ist eine gängige Strategie in der Informatik. Das Vorgehen nennt man „Teile und herrsche“ (engl. *divide and conquer*).

12.7 Rekursive Funktionen

Funktionen in Programmiersprachen haben ihren Ursprung in den Funktionen aus der Mathematik. Ein paar mathematische Funktionen kennen Sie vielleicht noch aus dem Mathematikunterricht. Die Notation ist dabei ähnlich:

```
f(x) = x + 1

> f(1) ist 2
> f(2) ist 3
```

Das ist kein Zufall, denn viele Programmiersprachen beruhen auf Konzepten, die mathematisch definiert und/oder bewiesen sind. Das haben wir bereits bemerkt, als wir arithmetische Operationen in Kotlin angewendet haben (Addition, Multiplikation, Klammern, Punkt-vor-Strich usw.). Rekursion ist ein weiteres Konzept aus der Mathematik, welches uns in den meisten Programmiersprachen auch zur Verfügung steht und in einigen Sprachen sogar nicht mehr wegzudenken ist.

12.7.1 Endlose Rekursion

Eine rekursive Funktion ist eine Funktion, die sich selber wieder aufruft. Wenn es nur dabei bleibt, haben wir ganz schnell eine Endlosrekursion, also im Prinzip eine endlose Schleife, in der sich die Funktion immer wieder selbst aufruft:

```
fun f(): Unit = f() // f ist rekursiv, weil f sich selber wieder aufruft

fun main() {
    f() // Aufruf führt zum Programmabsturz mit einer StackOverflowError Exception
}
```

Wenn wir den Funktionsaufruf `f()` evaluieren, sieht das so aus:

```
> f() // name f wird ersetzt durch seinen Funktionskörper
> f() // name f wird ersetzt durch seinen Funktionskörper
> f() // name f wird ersetzt durch seinen Funktionskörper
> ... // das wiederholt sich unendlich
```

Das ist keine sinnvolle Rekursion, außer das Programm soll tatsächlich abstürzen.

12.7.2 Terminierende Rekursion

Die meisten Rekursionen arbeiten bei jedem Aufruf auf ein bestimmtes Ziel zu. Ist das Ziel erreicht, bricht die Rekursion ab. Hierfür ist es entscheidend, dass sich die Argumentwerte bei jedem Aufruf der rekursiven Funktion verändern (reduzieren). Anhand der veränderten Argumentwerte können wir messen, wann eine Rekursion ihre Arbeit erledigt und demnach ihr Ziel erreicht hat. Das erst einmal zur Theorie. Schauen wir uns dazu einmal die mathematische Definition der Fakultät-Funktion an. Diese ist rekursiv definiert:

```
factorial 0 => 1
factorial n => n * factorial(n - 1)
```

Diese Definition bedeutet:

- Die Fakultät von 0 ist 1.
- Die Fakultät von allen anderen Zahlen ist die jeweilige Zahl, multipliziert mit der Fakultät von der Zahl davor.

An dieser Definition erkennen wir genau zwei Dinge:

- Die Fakultät-Funktion ruft sich solange selbst mit einem reduzierten Argument auf (n - 1),
- bis das Argument auf 0 reduziert wurde.

Den rekursiven Aufruf mit reduziertem Argument bezeichnet man als **Rekursionsfortschritt**. Den Abbruch bezeichnet man als **Rekursionsabbruch**. Wir benötigen immer beides, um eine terminierende Rekursion zu definieren. Ansonsten haben wir eine Endlosrekursion.

§ **Definition *Rekursive Funktion***

Eine rekursive Funktion ist eine Funktion, die sich selbst wieder aufruft. Eine terminierende rekursive Funktion reduziert das Argument bei jedem Rekursionsfortschritt. Hat das Argument einen bestimmten Wert erreicht, bricht die Rekursion mit einem Ergebnis ab. ■

Evaluieren wir einmal die Fakultät-Funktion, um den Zusammenhang von Reduktion, Fortschritt und Abbruch zu verstehen. Wenn wir die Fakultät von 4 ausrechnen wollen, gehen wir nach der mathematischen Definition folgendermaßen vor:

```
// Definition
factorial 0 => 1
factorial n => n * factorial(n - 1)

// Anwendung
> factorial 4
> (4 * factorial 3)
> 4 * (3 * factorial 2)
> 4 * 3 * (2 * factorial 1)
> 4 * 3 * 2 * (1 * factorial 0)
> 4 * 3 * 2 * 1 * 0 (1)
> 24
```

- Um die Fakultät von 4 zu berechnen, berechnen wir `4 * Fakultät von 3`. Da wir 4 mit „Fakultät von 3" nicht multiplizieren können, müssen wir diesen Ausdruck weiter reduzieren.
- Um die Fakultät von 3 zu berechnen, berechnen wir `3 * Fakultät von 2`. Da wir `4 * 3` mit „Fakultät von 2" nicht multiplizieren können, müssen wir diesen Ausdruck weiter reduzieren.
- Um die Fakultät von 2 zu berechnen, berechnen wir `2 * Fakultät von 1`. Da wir `4 * 3 * 2` mit „Fakultät von 1" nicht multiplizieren können, müssen wir diesen Ausdruck weiter reduzieren.
- Um die Fakultät von 1 zu berechnen, berechnen wir `1 * Fakultät von 0`. Da wir `4 * 3 * 2 * 1` mit „Fakultät von 0" nicht multiplizieren können, müssen wir diesen Ausdruck weiter reduzieren.

- Die Fakultät von `0` ist `1`. Jetzt haben wir den rekursiven Ausdruck solange reduziert (Fortschritt gemacht), bis wir nicht mehr können (Abbruchkriterium erreicht). Jetzt können wir `4 * 3 * 2 * 1 * 1` berechnen. Das Ergebnis ist `24`. Die Rekursion ist zu Ende.

Der Rekursionsfortschritt äußert sich dadurch, dass wir mit jedem Schritt der Abbruchbedingung näher kommen. Das erreichen wir, indem der für den Abbruch relevante Parameter (`n`) reduziert wird. Jeder Schritt lässt den gesamten Ausdruck immer größer werden, weil jedes Mal ein weiterer (rekursiver) Funktionsaufruf hinzukommt. Erst wenn kein Funktionsaufruf mehr kommt (mit (1) gekennzeichnet), kann das Ergebnis berechnet werden.

Eine Aufgabe für Sie:
Trauen Sie sich zu, diese Fakultät-Funktion rekursiv in Kotlin zu implementieren? Nehmen Sie sich die Definition zur Hand und versuchen Sie es einmal. Die Lösung sehen Sie in Listing 12.2.

Listing 12.2 Rekursive Fakultät-Funktion in Kotlin

```
// Definition in der Mathematik
factorial 0 => 1
factorial n => n * factorial(n - 1)

// Definition in Kotlin
fun factorial(n: Int): Int =
    if (n == 0) 1
    else n * factorial(n - 1)
```

12.7.3 Rekursion vs. Iteration

In Abschnitt 11.3, „Wiederholung von Code mit while-Schleifen“, haben wir gelernt, dass wir mit Schleifen ebenfalls einen Fortschritt erreichen können. Dort haben wir auch gelernt, dass ein Fortschritt in der Regel irgendwann abgebrochen werden muss. In dieser Hinsicht sind Rekursion und Iteration ähnlich. Wir können die Fakultät-Funktion auch mit einer while-Schleife implementieren. Diese Implementierung ist iterativ:

```
fun factorial(n: Int): Int {
    var fac = 1
    var i = 1

    while (i <= n) {
        fac *= i
        i++
    }

    return fac
}
```

Hätten Sie gedacht, dass die iterative Implementierung komplizierter ist als die rekursive?

Die iterative Version beschreibt, *wie die Fakultät berechnet* wird. Sie müssen das Programm Zeile für Zeile durchgehen, um zu verstehen, was passiert. Hier müssen Sie so denken wie der Computer.

Die rekursive Version beschreibt, *wie die Fakultät definiert* ist. Sie sehen zwei Fallunterscheidungen: den Fortschritt, der die Berechnung aufbaut, und den Abbruch, der angibt, wann gerechnet wird.

Womöglich fragen Sie sich, wann Sie Iteration oder Rekursion verwenden sollen. Die Antwort ist eigentlich ganz einfach: Verwenden Sie das, was für das Problem am geeignetsten ist und womit Sie am besten klarkommen.

Rekursionen sind meistens eleganter und schlanker. Allerdings für viele auch schwieriger zu verstehen und vor allem schwieriger selbst zu implementieren. Es gibt Programmiersprachen, die zwar Listen (ähnlich zu Arrays) haben, aber über keine Schleifen verfügen. Hier müssen die Listen (und andere Datenstrukturen) rekursiv bearbeitet werden. Und das reicht auch vollkommen aus. In Kapitel 31, „Unveränderliche verkettete Liste“, werden Sie mit rekursiven Datenstrukturen arbeiten. Auf solchen Datenstrukturen werden alle Operationen ebenfalls rekursiv definiert. Alles andere wäre zu kompliziert oder sogar unmöglich.

12.7.4 Von Iteration zur Rekursion

Nachdem wir die Rekursion mit einem Beispiel aus der Mathematik betrachtet haben, schauen wir uns jetzt einmal ein vertrautes Beispiel an. Theoretisch können wir jede Funktion, die eine Iteration ausführt, rekursiv definieren. Ob das immer sinnvoll ist, lässt sich pauschal nicht sagen. Beurteilen wir das doch mit der rekursiven Implementierung der Summe in der `priceToPay`-Funktion. Da es jetzt primär um die Rekursion geht, ersetzen wir die `applyMwst`-Funktion durch die direkte Multiplikation mit der Mehrwertsteuer:

```
fun priceToPayRec(receipt: Array<Double>): Double {
    fun sum(receipt: Array<Double>): Double { // rekursive Funktion zum Berechnen der
      Summe
        if (receipt.isEmpty()) { // Abbruch: Wenn es keine Daten mehr gibt ...
            return 0.0 // brechen wir die Rekursion mit 0.0 ab.
        } else { // Fortschritt: Wenn es noch Daten im Array gibt ...
            val currentValue = receipt[0] // nehmen wir den aktuell ersten Wert des
                Arrays ...
            val remainingValues = receipt.copyOfRange(1, receipt.size) // und den
                restlichen Teil des Arrays ...
            return currentValue + sum(remainingValues) // und geben die Addition des
                aktuellen Wertes mit dem rekursivem Aufruf des restlichen Teils des
                Arrays zurück
        }
    }

    return 1.19 * sum(receipt)
}
```

Nun summieren wir die Werte aus dem Array rekursiv. Das funktioniert, weil wir vorher die Werte iterativ summiert haben. Wenn Sie genau hinschauen, sehen Sie, dass die `sum`-Funktion dem gleichen Muster wie bei der Fakultät-Funktion folgt.

1. Wir fangen mit dem gesamten Array an.
2. Wenn es noch Elemente im Array gibt, addieren wir das erste Element mit dem Ergebnis des rekursiven Aufrufs. Allerdings übergeben wir dabei nur das restliche Array, indem wir jedes Mal das erste Element aus dem Array entnehmen. Denn das wurde ja in diesem

Rekursionsfortschritt bereits addiert. Das Entfernen machen wir mit der `copyOfRange`-Funktion, indem wir das Array erst ab Index 1 kopieren, wodurch das Element an Index 0 entfällt.

3. Da wir bei jedem Schritt das Array um das jeweils erste Element reduzieren, haben wir irgendwann keine Elemente mehr. Wenn das Array leer ist, greift die if-Bedingung und bricht die Rekursion ab. Danach kann der gesamte Ausdruck addiert werden.

Schauen wir uns einmal an, wie der Aufruf der `priceToPayRec`-Funktion mit einem Array aus drei Elementen ausgewertet wird:

```
> priceToPayRec(arrayOf(1.0, 5.0, 2.0))
> 1.19 * sum(arrayOf(1.0, 5.0, 2.0))
> 1.19 * (1.0 + sum(arrayOf(5.0, 2.0)))
> 1.19 * (1.0 + (5.0 + sum(arrayOf(2.0))))
> 1.19 * (1.0 + (5.0 + (2.0 + sum(arrayOf()))))
> 1.19 * (1.0 + (5.0 + (2.0 + (0.0))))
> 1.19 * 8.0
> 9.52
```

Auch hier wird der Ausdruck durch den Rekursionsfortschritt immer länger, bis die Abbruchbedingung die Rekursion mit einem konkreten Wert auflöst. Erst dann können die einzelnen Werte addiert werden. Nach der rekursiven sum-Funktion wird noch mit `1.19` (Mehrwertsteuer) multipliziert.

Bei der `priceToPay`-Funktion ist die iterative Implementierung vollkommen in Ordnung. Die Rekursion bringt an dieser Stelle keinen zusätzlichen Nutzen. Bei der Fakultät-Funktion hingegen schon.

12.8 Shadowing von Variablen

Ist Ihnen bei der rekursiven `priceToPay`-Funktion aufgefallen, dass zweimal die gleiche Variable namens `receipt` im Scope der `sum`-Funktion ist? Schauen wir uns das einmal genauer an:

```
fun priceToPayRec(receipt: Array<Double>): Double {
    fun sum(receipt: Array<Double>): Double { // äußerer receipt Parameter durch
            diesen receipt Parameter überdeckt
        receipt // dieser Aufruf meint das innere receipt, der Parameter von sum
        ...
    }

    return 1.19 * sum(receipt) // dieser Aufruf meint den äußeren receipt Parameter
            (von priceToPayRec)
}
```

Das ist tatsächlich erlaubt, denn die innere Variable in `sum` überdeckt die äußere Variable in `priceToPay`. Wenn in `sum` auf die Variable `receipt` zugegriffen wird, ist damit die nächstgelegene Variable mit gleichen Namen gemeint. Die Variable `receipt` in `sum` wird verdeckt (*geshadowt*).

So muss man sich keine neuen Variablennamen ausdenken, wenn man an sich das Gleiche meint. Beim Shadowing sind Referenzen und Werte immer unterschiedlich. Der Name darf allerdings gleich sein.

Definition *Shadowing*
Shadowing bezeichnet das Verdecken von Variablennamen, die wegen Verschachtelungen gleich sein dürfen, da sie sich in unterschiedlichen Scopes befinden. Dabei wird immer die nächstliegende Variable referenziert.

12.9 Inline-Funktionen

Es kann vorkommen, dass kleine Funktionen, die z. B. nur aus einem einzigen Ausdruck bestehen, sehr häufig aufgerufen werden. In diesem Fall ist der Overhead (zusätzlicher Ressourcenaufwand) für den Funktionsaufruf (bezogen auf die Laufzeit) im Vergleich zur eigentlichen Ausführung sehr groß. Es kann sein, dass das Aufrufen der Funktion länger dauert als das eigentliche Ausführen der Funktion. Wenn Sie eine Funktion nun eine Million Mal aufrufen, dann verdoppelt sich in diesem Codeabschnitt die Laufzeit Ihres Programms erheblich. Schauen wir uns dazu noch einmal die `quad`-Funktion an:

```
fun quad(x: Int) = x * x
```

Diese Funktion können wir nun sehr häufig aufrufen, z. B. um alle quadrierten Zahlen von 0 bis 1000000 in einem Array zu speichern:

```
fun main() {
    val quadValues = arrayOfNulls<Int>(1_000_000)
    for (x in 0..quadValues.lastIndex) {
        quadValues[x] = quad(x)
    }
}
```

Es wird also eine Million Mal die Funktion `quad` aufgerufen. Der Code würde sehr viel schneller ausgeführt werden, wenn statt des Funktionsaufrufs direkt der Ausdruck verwendet wird:

```
fun main() {
    val quadValues = arrayOfNulls<Int>(1_000_000)
    for (x in 0..quadValues.lastIndex) {
        quadValues[x] = x * x // Schneller, aber weniger elegant
    }
}
```

Der Code wird dadurch schneller, weil wir uns eine Million Funktionsaufrufe sparen! Die Operation muss zwar weiterhin eine Million Mal ausgeführt werden, aber die Berechnung `x * x` ist relativ schnell ausgeführt im Vergleich zu einem Funktionsaufruf.

Leider wird der Code dadurch weniger verständlich. Die Bedeutung des Ausdrucks `x * x` ist weniger selbsterklärend als der Funktionsname `quad`. Zudem ist der Code nicht mehr wiederverwendbar. Dies mag bei so einfachen Ausdrücken kein Problem sein, aber bei komplexeren Ausdrücken lohnt es sich, Code wiederzuverwenden, um Fehler zu vermeiden oder Fehler nur einmal verbessern zu müssen.

In Kotlin gibt es eine Lösung, um beides zu erreichen: schnelle Ausführung und eleganter Code! Hierfür gibt es *Inline-Funktionen*. Bei einer Inline-Funktion steht in unserem Quellcode nach wie vor der Funktionsaufruf, aber bei der Kompilierung wird nicht mehr die Funktion aufgerufen. Stattdessen wird der Funktionsaufruf im generierten Bytecode durch den Funktionsrumpf ersetzt.

Sie können das Schlüsselwort `inline` verwenden, um eine Funktion als solche zu deklarieren:

```
inline fun quad(x: Int) = x * x
```

Bei der Kompilierung geschieht nun Folgendes: Überall im Code, wo `quad(x)` steht, wird beim Kompilieren der Funktionsaufruf durch den Ausdruck `x * x` ersetzt. Der Aufruf `quad(5)` wird also durch `5 * 5` ersetzt. Ihr Quellcode bleibt übersichtlich, da weiterhin der Funktionsaufruf dort steht. Der kompilierte Code ist schneller, da der Ausdruck direkt verwendet wird, statt die Funktion aufzurufen.

Semantisch ist dies sehr passend, denn das Gleichheitszeichen bei der Funktionsdefinition soll gerade ausdrücken, dass überall, wo im Code `quad(x)` steht, auch `x * x` stehen könnte. Demnach sind `quad(x)` und `x * x` semantisch gleich.

Das Ersetzen eines Funktionsaufrufs durch die Implementierung hat allerdings auch einen Haken. Der kompilierte Code vergrößert sich. Bei Funktionen, die durch einfache Ausdrücke definiert sind, macht dies keinen Unterschied. Der generierte Bytecode zum Aufruf von `quad(x)` und für die Berechnung von `x * x` ist ungefähr gleich lang. Sie können allerdings auch Funktionen mit einem längeren Funktionsrumpf als Inline deklarieren. Dann wird an jeder Stelle im Quellcode, wo die Funktion aufgerufen wird, der gesamte Code erneut eingefügt. Inline-Funktionen eignen sich daher am besten für Funktionen, die aus einem einzelnen Ausdruck oder aus wenigen Anweisungen bestehen.

Im obigen Beispiel ist die Inline-Funktion sehr angebracht. Zum einen wird die Funktion nur an einer Stelle im Code aufgerufen, d. h. `quad(x)` wird nur einmal dort durch `x * x` ersetzt und nicht etwa eine Million Mal. Zum anderen ist der ersetzte Code sehr kurz. Das kompilierte Programm wird dadurch also nicht größer, aber schneller.

12.10 Pure Funktionen und Funktionen mit Seiteneffekt

Die meisten Funktionen, die wir bislang kennengelernt haben, waren sogenannte *pure Funktionen*.

> **§ Definition *Pure Funktion***
>
> Eine pure Funktion ist deterministisch und hat keinen Seiteneffekt. Eine Funktion ist deterministisch, wenn sie für denselben Input immer denselben Output produziert.

Beispiele für deterministische Funktionen sind nahezu alle mathematischen Funktionen und Operatoren. Ausnahmen sind z. B. `Math.random`. Hier wird per Definition jedes Mal ein anderer Output produziert. Der Aufruf von `quad(2)` gibt immer 4 zurück, egal wie oft die Funktion mit demselben Argument aufgerufen wird. Determinismus wird u. a. dadurch garantiert, dass sich die Implementierung einer Funktion ausschließlich aus dem Input bedient und keinen *Seiteneffekt* durchführt.

§ **Definition *Seiteneffekt***

Eine Funktion hat einen Seiteneffekt, wenn die Funktion

- auf Daten zugreift, die nicht als Parameter übergeben werden, oder
- Zustandsveränderungen außerhalb ihres Funktionskörpers durchführt.

Damit sind beispielsweise Änderungen an globalen Variablen gemeint.

Wenn wir eine Berechnung haben und neben der Berechnung etwas anderes passiert, haben wir in der Regel einen Seiteneffekt. Denn sobald eine Funktion von nicht parametrisierbaren Eigenschaften abhängig ist, kann nicht mehr gewährleistet werden, dass die Funktion für denselben Parameter dasselbe Ergebnis produziert. Wie denn auch, denn die Funktion macht sich abhängig von *globalen* Parametern. Globale Parameter können wir nur bedingt kontrollieren. Und selbst wenn, dann macht es die Funktion insgesamt komplizierter und fehleranfälliger.

12.10.1 Das Schlechte an Seiteneffekten

Ein häufiger Seiteneffekt ist das Ausgeben von Text auf der Konsole. Die Konsole ist eine eigene Entität. Wenn wir auf die Konsole schreiben, verändern wir den Zustand der Konsole. Vor dem Schreiben ist die Konsole leer. Nach dem Schreiben zeigt die Konsole das Geschriebene an. Somit verändern wir etwas, was außerhalb unserer lokalen Funktionsgrenzen liegt.

Das mag für Sie jetzt vielleicht übertrieben klingen. Was soll denn so schlimm daran sein, wenn eine Funktion ihre Berechnung ganz normal durchführt und anschließend in die Konsole schreibt? Schauen wir uns dazu einmal folgende Funktion an:

```
fun authenticate(username: String, password: String) {
    fun performAuthentication(): Boolean = ... // Code zum Authentifizieren

    val authenticated = performAuthentication()

    if (authenticated)
        println("Erfolgreich authentifiziert mit $username und $password")
    else
        println("Authentifizierung fehlgeschlagen mit $username und $password")
}
```

Dieser Code hat zwei Probleme:

- Datenschutz: Keiner möchte, dass sein Login für einen Dienst irgendwo in einer Konsole oder Logdatei steht. Das ist ein sehr vereinfachtes Beispiel und sollte in der Praxis niemals zustande kommen. Doch die Vergangenheit hat gezeigt, dass sich die eine oder andere Software solch einen Skandal leistet, wenn auch unbeabsichtigt. Das Passwort ist hier nur ein Beispiel. Sobald personenbezogene Daten irgendwohin geschrieben werden, haben wir ein Datenschutzproblem.

- Funktionalität: Die Funktion gibt das Ergebnis der Authentifizierung nicht zurück! Derjenige, der die Funktion aufruft, weiß gar nicht, ob der Login funktioniert hat oder nicht. Man kann dem Benutzer kein Feedback im User-Interface geben. Außerdem gibt es keine Möglichkeit, diese Funktion zu testen. Man sagt auch, dass die Funktion das Ergebnis *konsumiert*. Das Schreiben in die Konsole verleitet dazu, Fortschritt zu konsumieren und nicht an den Aufrufer der Funktion weiterzugeben. Schauen Sie sich den Typ der Funktion an. Da kein Rückgabetyp definiert wurde, gibt die Funktion `Unit` zurück.

Eine bessere Implementierung der Funktion ist:

```
fun authenticate(username: String, password: String): Boolean {
    fun performAuthentication(): Boolean = ... // Code zum Authentifizieren

    val authenticated = performAuthentication()
    return authenticated
}
```

Hier wird das Ergebnis zurückgegeben. Der Aufrufer der Funktion darf selbst bestimmen, wie er mit dem Ergebnis umgehen möchte. Diese Änderung ist zwar trivial, aber dennoch entscheidend für den weiteren Programmablauf.

Ein anderes Beispiel für negative Seiteneffekte ist, wenn die Berechnung einer Funktion von globalen Variablen abhängig ist. Schauen wir uns dazu einmal die folgende Funktion an, die für ein Geburtsjahr das aktuelle Alter bestimmt:

```
fun currentAge(yearOfBirth: Int) =
    Calendar.getInstance().get(Calendar.YEAR) - yearOfBirth
```

`Calendar.getInstance().get(Calendar.YEAR)` ist ein komplizierter Ausdruck, um das aktuelle Jahr abzufragen. Machen wir für diese Funktion ein paar Beispielaufrufe. Hierfür verwenden wir die `assertEquals`-Funktion. Diese Funktion nimmt zwei Argumente entgegen und vergleicht diese auf Gleichheit. Wenn die Argumente nicht gleich sind, stürzt das Programm ab:

```
fun main() {
    assertEquals(30, currentAge(1990))
    assertEquals(20, currentAge(2000))
    assertEquals(10, currentAge(2010))
    assertEquals(0, currentAge(2020))
}
```

Wir erwarten beispielsweise, dass `currentAge(1990)` gleich mit `30` ist. Allerdings nur, wenn wir das Programm im Jahr 2020 ausführen. Sehen Sie das Problem mit der `currentAge`-Funktion? Die Funktion verwendet das aktuelle Datum als Referenzwert. Die Testfälle funktionieren nur im Jahr 2020. `Calendar.getInstance()` ist ein versteckter Seiteneffekt. Die Altersberechnung ist abhängig von einer globalen Variable: dem aktuellen Datum. Die Funktion ist nicht deterministisch, somit nicht pur und nicht testbar.

Bei genauer Betrachtung wollen wir nur in den Testfällen das Referenzjahr kontrollieren. In allen anderen Fällen soll das aktuelle Jahr das Referenzjahr bleiben. Denn so wird schließlich das Alter berechnet. Wir können das Problem ganz einfach beheben, ohne Einbußen beim Funktionsaufruf zu haben.

Die Funktion akzeptiert das Referenzjahr als zusätzlichen Parameter. Allerdings setzen wir den Wert des Parameters standardmäßig auf das aktuelle Jahr. Sofern nichts anderes angegeben, wird der Standardwert genommen. In den Testfällen überschreiben wir den Wert, um den Test deterministisch zu halten. Dieses Sprach-Feature von Kotlin nennt sich *Default Arguments*:

```
fun currentAge(
    yearOfBirth: Int,
    referenceYear: Int = Calendar.getInstance().get(Calendar.YEAR)
) = referenceYear - yearOfBirth
```

Beim Aufruf kann das Default-Argument überschrieben werden oder nicht:

```
fun main() {
    // Normale Aufruf, wo das aktuelel Jahr verwendet werden soll
    println("Ich bin ${currentAge(1990)} Jahre alt")

    // Testfälle, wo ein kontrollierbares Referenzjahr verwendet werden soll
    assertEquals(30, currentAge(1990, 2020))
    assertEquals(20, currentAge(2000, 2020))
    assertEquals(10, currentAge(2010, 2020))
    assertEquals(0, currentAge(2020, 2020))
}
```

An diesem Beispiel sehen wir noch einen Nachteil von Seiteneffekten. Sie verstecken Informationen, die eigentlich in die Funktionssignatur (Name und Parameter) gehören. Die `currentAge`-Funktion verbirgt uns das Referenzjahr. Sobald wir die implizite Abhängigkeit explizit machen, sprich `referenceYear` in die Parameterliste aufnehmen, wissen wir genau, welche Daten der Funktion für die Berechnung zur Verfügung stehen.

Schauen wir uns zuletzt noch ein Beispiel an, wo eine Funktion seinen Seiteneffekt über den Parameter durchführt, was den weiteren Programmverlauf beeinflusst. Ausgangssituation ist eine Funktion `first`, die ein Array entgegennimmt und das erste Element des Arrays zurückgibt:

```
fun first(array: Array<Int>): Int = array[0]

fun main() {
    val values = arrayOf(1, 2, 3)

    first(values) // gibt 1 zurück
    first(values) // gibt 1 zurück
}
```

Wenn es ausschließlich dabei bleibt, ist alles in Ordnung. Die `first`-Funktion ist deterministisch. Technisch gesehen gibt es aber nichts, was der Funktion verbietet, das Array über die Referenz zu verändern. So kann die `first`-Funktion das Array zum Beispiel frei umsortieren. Nach Aufruf der `first`-Funktion hat das Array im Programm einen anderen Zustand als vor dem Aufruf. Dadurch kann eine Funktion die Daten für weitere Funktionen beeinflussen. Als Benutzer der Funktion bekommen wir davon nichts mit:

```
fun first(array: Array<Int>): Int {
    val firstValue = array[0]
    array.reverse() // Array umsortieren, allerdings auch für alle anderen
    return firstValue
}
```

```
fun main() {
    val values = arrayOf(1, 2, 3)

    first(values) // gibt 1 zurück
    first(values) // gibt 3 zurück
}
```

Das Entscheidende ist, dass der Inhalt hinter der Referenz des Arrays umsortiert wird. Dadurch werden die Daten für alle umsortiert, die eine Referenz zu diesem Array haben. Es bleibt nicht bei einer lokalen Veränderung der `array`-Variable in der `first`-Funktion. Der Seiteneffekt verändert auch den referenzieren Wert der Variable `values` in der `main`-Funktion. Das ist für alle weiteren Anwendungen von `value` fatal.

Natürlich würde keiner von uns solch eine Funktion absichtlich schreiben. Doch wenn es technisch möglich ist, kann das ganz schnell unabsichtlich passieren. Vielleicht sogar durch ein Versehen oder Unwissenheit. Glücklicherweise bietet Kotlin eine alternative Datenstruktur zum Array an, welche unveränderlich ist. Diese Datenstruktur ist `List`. Auf Listen dürfen Funktionen nur lesend zugreifen.

Stellen Sie sich einen Funktionsaufruf einer puren Funktion wie einen stringenten, vertikalen Verlauf vor. Am Anfang steht der Input, am Ende der Output. In der Mitte passiert etwas mit dem Input, um den Output zu erhalten. Seiteneffekte sind Ausbrüche aus der Vertikalen. Denn sie bedienen sich an Entitäten, die nicht im Input gebunden sind:

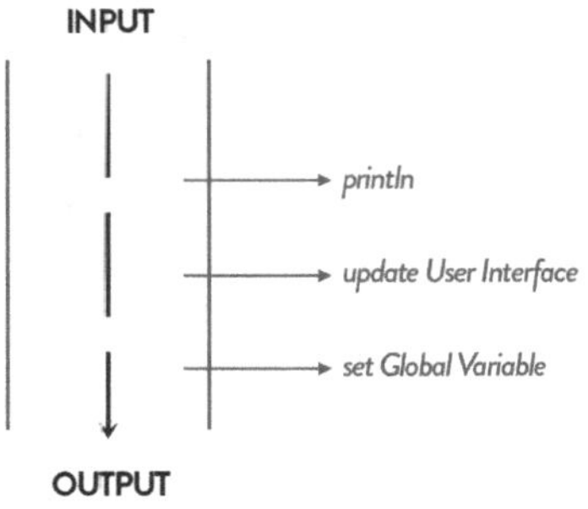

12.10.2 Ohne kommen wir aber auch nicht aus

Auf der anderen Seite kommen wir um Funktionen mit Seiteneffekten nicht herum. In einer Welt ohne Seiteneffekte könnten wir keine Daten vom Speichermedium lesen, auch keine Daten schreiben, keine Bilder, Texte oder Videos aus dem Internet herunterladen und nichts von all dem in einem User-Interface anzeigen. Denn all diese Funktionen müssen ihre lokalen Grenzen verlassen, weil sie physikalisch auf ein anderes Medium (Speichermedium, Grafik, Netzwerk) zugreifen müssen. Und das ist auch vollkommen in Ordnung. Ist das nicht widersprüchlich?

Auch wenn wir noch nicht über Software-Tests gesprochen haben, stimmen Sie sicherlich zu, dass wir als Softwareentwickler so viel wie möglich Code haben wollen, der auch testbar ist. Auf diese Weise können wir sicherstellen, dass unsere Funktionen für bestimmte Eingaben eine bestimmte Ausgabe produzieren. Wir könnten testen, ob unsere Funktionen überhaupt funktionieren. Stellen Sie sich eine Banking-App vor, die keine Testabdeckung hat. Würden Sie so eine App installieren? Eher nicht.

Um Code zu testen, muss dieser eine bestimmte Struktur haben. Pure Funktionen sind beispielsweise solch eine Struktur. Denn Determinismus ist per Definition testbar. Für jeden Input kann ein vorhersagbarer Output formuliert werden. Wenn Sie die Wahl haben, dann schreiben Sie Ihre Funktionen so pur wie möglich. Oftmals müssen Sie aber Seiteneffekte einbauen oder auf Funktionen mit Seiteneffekten zurückgreifen. Eine Strategie ist es, Seiteneffekte zu sammeln und gezielt in einer Funktion durchzuführen. Hierfür ein Beispiel.

```
fun writeToDisk(filename: String, content: String) { // hier passieren die
    Seiteneffekte
    val file = File(filename)

    val start = System.currentTimeMillis() // z.B. 1588944301893
    file.writeText(content) // schreibt den String in die Datei...
    val end = System.currentTimeMillis() // z.B. 1588944301893

    println("Fertig! Das Schreiben in die Datei hat ${end - start} Millisekunden
        gedauert")
}

fun main() {
    val factorial = factorial(10)
    val text = "Heute habe ich die Fakultätsfunktion rekursiv und pur implementiert.
        Die Fakultät von 10 beträgt $factorial"

    writeToDisk("functions.txt", text)
}
```

Alle Seiteneffekte werden gebündelt in der `writeToDisk`-Funktion ausgeführt.

- `file.writeText` schreibt den übergebenen String in eine Datei. Den Zugriff auf das Dateisystem muss uns das Betriebssystem bereitstellen. Hier überschreiten wir ganz klar die lokalen Grenzen einer Funktion. Anders ist es aber auch nicht möglich.
- `System.currentTimeMillis()` gibt die aktuelle Systemzeit seit dem 01.01.1990 in Millisekunden zurück. Da es die aktuelle Systemzeit ist, ist jeder Aufruf einzigartig und das Ergebnis niemals das Gleiche.
- Am Ende berechnen wir die vergangene Zeit zwischen der Deklaration von `start` und `end`. Dadurch wissen wir, wie lange die Ausführung dazwischen gedauert hat. Diese Zeit geben wir auf der Konsole aus.

Die `writeToDisk`-Funktion führt vier Seiteneffekte aus. Vielleicht führt der Aufruf von `File(filename)` sogar auch zu einem Seiteneffekt. Doch das ist in Ordnung, weil wir alle Effekte in einer Funktion bündeln. So können Sie alles bis auf `writeToDisk` problemlos nachvollziehen und testen.

12.10.3 Was denn nun?

Wenn es keine externe Welt gibt, ist der Input das Einzige, was den Output beeinflusst. Der Output der Funktion ist das Einzige, was das Programm beeinflusst. Auf diese Weise können wir den Ablauf des Programms nahezu vollständig nachvollziehen.

Die Realität ist aber anderes. In Kotlin können wir aus einer Funktion heraus jederzeit auf global definierte Funktionen und Variablen zugreifen. Das macht das Programmieren an sich einfacher. Gerade für Einsteiger ist das sehr verlockend. Seiteneffekte werden einfach in Kauf genommen.

Das Ziel ist es nicht, Seiteneffekte zu verteufeln und zu verbieten, sondern diese zu kontrollieren. Das erreichen wir, indem wir Seiteneffekte optimalerweise sammeln und gleichzeitig ausführen. Wenn Seiteneffekte überall im Code verstreut sind, können wir sie nicht mehr kontrollieren. Im schlimmsten Fall können wir noch nicht mal einmal mehr prüfen, ob die eigentlichen Funktionen korrekt sind. Wir haben gesehen, dass Seiteneffekte die Ergebnisse von Tests beeinflussen können.

In der Funktionalen Programmierung sind Seiteneffekte ein noch viel größeres Thema. Dort werden Seiteneffekte auf Typebene behandelt. Dadurch können Funktionen mit Seiteneffekten nur in einem bestimmten Kontext ausgeführt werden.

12.11 Die Ideen hinter Funktionaler Programmierung

Pure Funktionen und das kontrollierte Ausführen von Seiteneffekten sind Eigenschaften *Funktionaler Programmierung*. Bei der Funktionalen Programmierung werden Programme als Komposition von Funktionen beschrieben. Die Funktionale Programmierung hat ihren Ursprung in der Mathematik. Sie beruht auf dem mathematischen Modell des *Lambda Kalküls*. Das Lambda Kalkül besteht aus Werten, Funktionen (Lambdas) und (Funktions-) Applikationen. Das reicht aus, um Turing-vollständige Programme zu schreiben. Ein System ist Turing-vollständig, wenn es jede Art von Berechnung durchführen kann. Heutzutage sind fast alle modernen Programmiersprachen Turing-vollständig.

Da die Funktionale Programmierung der Mathematik nahe ist, sind Funktionale Programmiersprachen tendenziell besser fundiert. Zudem lässt sich die Korrektheit funktionaler Programme einfacher prüfen, weil es keinen veränderlichen Zustand gibt. Funktionen transformieren einen Zustand zu einem neuen. Deshalb sind pure Funktionen so wichtig. Die Funktionale Programmierung versteht Funktionen als Relationen von Input zu Output.

Funktionale Programmierung ist ein Programmierparadigma. Unter einem Programmierparadigma verstehen wir eine grundsätzliche Denkweise, wie Programmiersprachen aufgebaut sind, welchen Prinzipien sie folgen und wie wir Probleme in dieser Programmiersprache lösen.

Neben der funktionalen Programmierung gibt es noch die objektorientierte Programmierung. Die objektorientierte Programmierung gliedert Programme in Objekte. Objekte kapseln Eigenschaften und beschreiben einen Zustand. Objekte sprechen über Schnittstellen miteinander und verändern dadurch ihren Zustand.

Sie erkennen, dass funktionale Programmierung auf Transformationen aufbaut und Zustand verbietet, während Objektorientierung auf Zustand beruht. Klingt das für Sie verwirrend? Das sind eben zwei unterschiedliche Denkweisen und Anschauungen auf Programmiersprachen und Programmierung im Allgemeinen.

Kotlin ist eine fantastische objektorientierte Sprache. Das werden Sie im entsprechenden Teil III, „Objektorientierte Programmierung“, sehen. Das Buch dreht sich schließlich zu einem großen Teil um objektorientierte Programmierung mit Kotlin.

Kotlin ist keine funktionale Sprache. Kotlin hat allerdings viele Aspekte funktionaler Programmierung. Die Einteilung in Paradigmen bedeutet nicht, dass Kombinationen undenkbar sind. Kotlin ist eine sogenannte *Multiparadigmen*-Programmiersprache. Ein paar funktionale Aspekte haben wir bereits kennengelernt. Dazu zählen unveränderliche Variablen und pure Funktionen. Jetzt lernen wir zwei weitere Eigenschaften funktionaler Sprachen kennen: Funktionen als Werte (Lambdas) und Funktionen höherer Ordnung.

Kotlin als Multiparadigmen-Programmiersprache

In Kotlin können Sie nicht nur funktional und objektorientiert, sondern auch prozedural beziehungsweise imperativ entwickeln.

12.12 Lambdas

In Kotlin können wir Funktionen als Werte behandeln. Was bedeutet das? Überall, wo ein Wert stehen kann, kann auch eine Funktion stehen. Funktionen können Variablen zugewiesen werden, an andere Funktionen als Argument übergeben werden, und eine Funktion kann selbst von einer Funktion zurückgegeben werden.

Werte geben wir üblicherweise als Literal an. Der Wert `10` ist die Zahl als solches. Der Wert `"Hallo"` ist die Zeichenkette „Hallo“. Funktionen können auch als Literal angegeben werden. Ein Funktionsliteral nennt man *Lambda.*

Definition *Lambda*

Ein Lambda ist eine direkt angegebene Funktion (Funktionsliteral).

Bei der Syntax für Lambdas unterscheiden wir zunächst zwischen der mit und der ohne Parameter.

Syntax *Lambda mit Parameter*

```
{ param_1: Type, param_n: Type -> function_body }
```

Syntax *Lambda ohne Parameter*

```
{ function_body }
```

Bei einem Lambda gibt es keinen Funktionsnamen mehr. Der Wert `10` hat schließlich auch keinen Namen. Der Wert steht für sich. Was dann noch bleibt, sind Parameter, Funktionskörper und der Typ des Lambdas. Schauen wir uns ein paar Beispiele für die Lambda-Syntax an:

```
{ println("hallo") }
```

Die minimale Form sind geschweifte Klammern mit einem Inhalt (Ausdruck oder Anweisung) im Inneren der Klammern. Hier gibt es keinen Parameter. Der Typ des Lambdas entspricht dem Typ des letzten Ausdrucks im Funktionskörper. Diese Funktion hat den Typ `() -> Unit`. Der Typ kommt folgendermaßen zustande:

```
(Parameter Type) -> Return Type
```

Da das Lambda keinen Parameter hat, ist die Klammer leer. Der Return-Typ des Lambdas ist `Unit`, weil der letzte Ausdruck im Lambda die `println`-Funktion ist, die ein `Unit` zurückgibt. Das gesamte Lambda hat den Typ `() -> Unit`.

Schauen wir uns jetzt ein Beispiel mit Parameter an:

```
{ x -> x * x }
```

Was ist der Typ von diesem Lambda? Das kann uns der Kotlin-Compiler leider nicht sagen. Der Parameter `x` kann vieles sein, weil Multiplikation auf vielen Typen definiert ist. Dieser Ausdruck ist mehrdeutig. Wir müssen dem Compiler mehr Informationen geben. Das machen wir durch eine explizite Typangabe des Parameters. Die Typannotation sieht genauso aus wie bei Variablen:

```
{ x: Int -> x * x }
```

Wenn `x` vom Typ `Int` ist, ist die Multiplikation von zwei `Ints` ebenfalls ein `Int`. Demnach ist das Lambda vom Typ `(Int)-> Int`. Das bedeutet, dass wir dem Lambda ein Argument vom Typ `Int` geben und uns das Lambda ein Ergebnis vom Typ `Int` zurückgibt.

Schauen wir uns das nächste Lambda an:

```
{
  println("hallo")
  1 + 1
}
```

Welchen Typ hat das Lambda? Tipp: Schauen Sie sich die Parameter und den letzten Ausdruck an. Das Lambda nimmt nichts entgegen. Das erkennen wir am nicht vorhandenen Pfeil (`->`). Der letzte Ausdruck ist eine Addition von zwei Ints. Die Addition gibt einen Wert vom Typ `Int` zurück. Das Lambda hat den Typ `() -> Int`.

Kommen wir einmal zu dem Punkt zurück, dass wir bei einem Lambda den Namen weglassen können. Normale Funktionen benötigen unbedingt einen Namen, weil wir die Funktion über den Namen aufrufen. Wie rufen wir ein Lambda auf? Ein `Int` werten wir aus, indem wir das Literal hinschreiben. Lambdas werten wir genauso aus, allerdings müssen auch hier die runden Klammern hingeschrieben werden. Runde Klammern sind immer die Syntax für Funktionsapplikation:

```
{ x -> x * x }(5) // 25
```

Beim Aufruf mit einem Wert eines bestimmten Typs (hier 5 vom Typ `Int`) hat der Compiler mehr Informationen, wodurch die Typangabe des Parameters unnötig wird. Da wir das

Lambda auf die 5 anwenden, wird die 5 als Argument an das Lambda übergeben. Der Typ von `x` wird zu einem `Int` abgeleitet.

Ein Wert wie `42` bekommt erst einen Namen, wenn wir diesen einer Variable zuweisen. Damit geben wir dem Wert eine Bedeutung für das Programm. Das Gleiche können wir auch mit Lambdas machen:

```
val quad = { x: Int -> x * x }
```

Der Name eines Lambdas ist Teil der Variable und nicht Teil der Funktion. Jetzt können wir das Lambda hinter `quad` wie eine normale Funktion verwenden:

```
quad(5) // 25
```

Bei einer Variablendeklaration können wir den Typ explizit angeben. Dadurch sparen wir uns die Typangabe im Lambda:

```
val quad: (Int) -> Int = { x -> x * x }
```

Da Lambdas mit einem Parameter häufig vorkommen, können wir den ersten Parameter mit der anonymen Variable namens `it` direkt ansprechen. Diese Variable referenziert immer den ersten Parameter. Häufig ergibt sich die Bedeutung des ersten Parameters aus dem Namen der Funktion. Bei der `quad`-Funktion wissen wir beispielsweise, dass der Parameter die Zahl ist, die quadriert werden soll. Solch eine Vereinfachung der Syntax nennt man *„syntaktischen Zucker“*:

```
val quad: (Int -> Int) = { it * it }
```

§ **Definition *Syntaktischer Zucker***

Syntaktischer Zucker ist eine Vereinfachung der Syntax. Der Compiler überführt die einfachere Syntax in die längere. ■

Ein wichtiger Punkt bei einem Lambda ist, dass ein Lambda erst ausgeführt (evaluiert) wird, wenn es aufgerufen wird. Die Definition eines Lambdas führt den Funktionskörper nicht aus. Bei normalen Funktionsdefinitionen ist das zwar genauso, allerdings vergisst man das ganz schnell, vor allem wenn man Lambdas und andere Werte nacheinander an Variablen bindet. Schauen wir uns folgendes Beispiel an:

```
fun main() {
    val a = 1
    val b = 2

    val loop: () -> Unit = {
        println("loop called")
        while (true) {}
    }

    val add: (Int, Int) -> Int = { x, y ->
        println("add called")
        x + y
    }

    val result = add(3, 4)
}
```

Überlegen Sie mal, was auf der Konsole ausgegeben wird, wenn wir dieses Programm ausführen. Die Antwort ist: `add called`. Das Lambda hinter der `loop`-Variable wird zwar vom Compiler erfasst, aber nicht ausgeführt. Ein Lambda wird erst ausgeführt, wenn wir es mit runden Klammern aufrufen. Das Binden an eine Variable ist keine Ausführung. Erst wenn wir explizit `loop()` hinschreiben, sind wir in einer Endlosschleife gefangen.

Das mag verwirrend klingen, weil die Variablen `a` und `b` die Werte `1` und `2` erhalten, obwohl die Variablen nicht verwendet („aufgerufen") werden. Die Definition von Lambdas und Funktionen ist dahingehend besonders, da sie erst einmal nur beschreibend sind, bis sie mit Argumenten aufgerufen werden.

12.13 Closures

Closures erweitern ein Lambda um Daten aus seiner Umgebung. Umgebung meint, dass alle freien Variablen, die zum Zeitpunkt der Lambda-Definition verfügbar sind, auch im Scope des Lambdas existieren. Schauen wir uns dazu einmal ein simples Beispiel an:

```
fun main() {
    val x = 5
    val y = 3
    val add: () -> Int = { x + y }
    add()
}
```

Welchen Wert produziert der Aufruf von `add`? Die Antwort ist `8`. Wo kommen die Zahlen her, obwohl wir beim Aufruf keine Argumente übergeben haben? Als `add` definiert wurde, waren die beiden Variablen `x` und `y` in der Umgebung frei verfügbar. Das Lambda von `add` hat diese *freien Variablen* in seinem Scope *eingefangen*. Das macht `add` zu keinem einfachen Lambda, sondern zu einer *Closure*. Closure heißt auf Englisch so viel wie „umschließen". Eine Closure umschließt alle frei verfügbaren Variablen.

> **Definition *Closure***
> Eine Closure ist ein Lambda und seine Umgebung. Die Umgebung beinhaltet alle freien Variablen, die zum Zeitpunkt der Lambda-Definition verfügbar sind.

> **Definition *Freie Variablen***
> Freie Variablen sind Variablen in einer Closure, die zum Zeitpunkt der Closure-Definition aus der Umgebung übernommen wurden.

Modifizieren wir einmal das Beispiel:

```
fun main() {
    val x = 10
    val y = 8
    val add: (Int, Int) -> Int = { x, y -> x + y }
    add(2, 3)
}
```

Welchen Wert produziert der Aufruf von `add` jetzt? Die Antwort ist `5`. Obwohl `x` und `y` nach wie vor als freie Variablen im Scope von `add` verfügbar sind, haben die *gebundenen Variablen* bei gleichem Namen eine höhere Priorität als freie Variablen. Das haben wir bereits als *Shadowing* kennengelernt. Wenn zwei Variablen wegen eines verschachtelten Scope den gleichen Namen haben, wird die Variable bevorzugt, die näher im Scope definiert ist. IntelliJ zeigt beim letzten Beispiel sogar an, dass die Variablen `x` und `y` in der Closure verdeckt (*geshadowt*) sind und die äußeren Variablen `x` und `y` nicht verwendet werden.

> **Definition *Gebundene Variablen***
>
> Gebundene Variablen sind Variablen in einer Closure, die in der Closure lokal definiert wurden.

Wenn die freien Variablen unveränderlich sind (`val`), ist das Umschließen der Closure unproblematisch. Die freien Variablen können schließlich nicht mehr verändert werden. Doch was passiert mit freien Variablen, die veränderlich sind? Im folgenden Beispiel wollen wir für eine Uhrzeit herausfinden, ob Mittagszeit ist:

```
fun main() {
    var lunchTime = 12

    val isLunchTime: (Int) -> Boolean = { hour -> hour == lunchTime }

    lunchTime += 1

    isLunchTime(12) // was gibt dieser Aufruf zurück?
}
```

Überlegen Sie mal, was der Aufruf von `isLunchTime` zurückgibt.

Die Antwort ist `false`. `lunchTime` wird als freie Variable in `isLunchTime` gebunden. Danach wird `lunchTime` um 1 erhöht. Da `lunchTime` eine veränderliche Variable ist, kann das jederzeit passieren. Das verfälscht die Annahme von `isLunchTime`. Denn hier soll explizit gegen 12 Uhr überprüft werden. Das macht `isLunchTime` fehleranfällig.

Aus diesem Grund sind unveränderliche Zustände eine Voraussetzung für Funktionale Programmierung. Mit veränderlichen Variablen kann die Auswirkung einer Anweisung nie genau bestimmt werden. Unveränderlichkeit ist aber nicht nur in der funktionalen Welt sinnvoll. Auch hier ist es nicht vorgesehen, dass `lunchTime` jemals verändert wird. Die Komplexität und Fehleranfälligkeit einer Closure steigt sofort an, sobald auch nur eine veränderliche freie Variable in der Umgebung definiert wird.

> **Sie erinnern sich: Immutable First!**
>
> Auch hier gilt, dass Sie jede Variable zunächst unveränderlich deklarieren sollten. Erst wenn Sie eine Variable ausdrücklich verändern (mutieren) wollen, ändern Sie das `val` zu `var`.

12.14 Funktionen höherer Ordnung

Bisher haben wir ausschließlich Funktionen kennengelernt, die Werte von Basis-Datentypen als Parameter akzeptiert haben. Solche Funktionen nennt man Funktionen erster Ordnung (First-Order Functions). Kotlin erlaubt zudem Funktionen höherer Ordnung (High-Order Functions).

> § **Definition *Funktionen höherer Ordnung***
>
> Eine Funktion höherer Ordnung ist eine Funktion, die
>
> - eine Funktion als Parameter akzeptiert oder
> - eine Funktion zurückgibt.

Funktionen höherer Ordnung ermöglichen eine neue Art der Abstraktion. Bislang konnten wir nur normale Werte an Funktionen übergeben. Nun können wir ganze Codeblöcke an Funktionen übergeben. Ein häufiger Anwendungsfall ist, dass Funktionen höherer Ordnung einen Kontext eröffnen, übergebenen Code im Kontext ausführen und danach den Kontext schließen. Ein Kontext könnte beispielsweise die Verbindung zu dem Server einer App sein. Stellen Sie sich eine Chat-App vor. Eine Funktion höherer Ordnung stellt die Verbindung her, erlaubt etwa das Herunterladen von Nachrichten, das Senden von Nachrichten, das Suchen nach Benutzern usw. Ist eine Anfrage erledigt, beendet die Funktion die Verbindung. Die einzelnen Funktionen müssen sich nicht um die Verbindung kümmern. Das Managen der Verbindung wird durch die Funktion höherer Ordnung abstrahiert. Sie müssen nur Ihre Aufgaben (Nachrichten herunterladen, Nachrichten verschicken) erledigen. Die folgende Abbildung veranschaulicht das Beispiel:

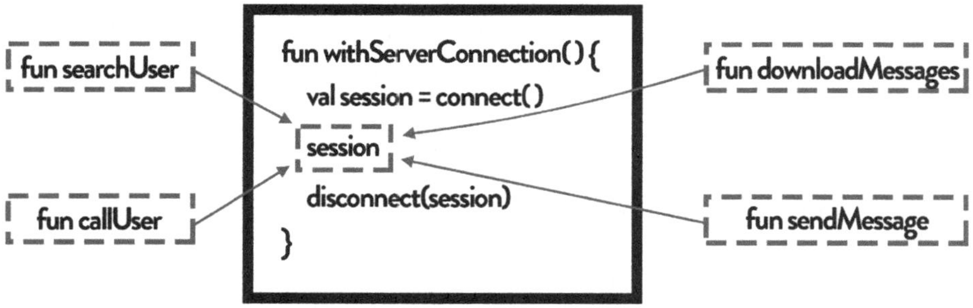

12.14.1 Funktionen, die Funktionen als Parameter akzeptieren

Schauen wir uns nochmal die `writeToDisk`-Funktion an, die wir im Abschnitt zu Seiteneffekten definiert haben:

```
fun writeToDisk(filename: String, content: String) {
    val file = File(filename)

    val start = System.currentTimeMillis()
```

```
    file.writeText(content)
    val end = System.currentTimeMillis()

    println("Fertig! Das Schreiben in die Datei hat ${end - start} Millisekunden
        gedauert")
}
```

An dieser Funktion erkennen wir ein Potenzial zur Abstraktion. Die Funktion macht zwei Dinge: Sie schreibt in eine Datei (`file.writeText`) und misst hierfür die Ausführungszeit. Das Schreiben in eine Datei ist eine konkrete Aufgabe. Das Messen von Ausführungszeiten ist eine andere konkrete Aufgabe, allerdings unabhängig vom Gegenstand der Messung. Wir könnten die Ausführungszeit von jedem erdenklichen Stück Code messen. Wie lange dauert es, die Fakultät von 1000 zu berechnen? Wie lange dauert es, die letzten 100 Tweets zum Hashtag *#kotlin* herunterzuladen?

Das Messen der Zeit ist unser Kontext. Mit der Startzeit eröffnen wir diesen und mit der Endzeit beenden wir ihn. Dazwischen kann jeder beliebige Code stehen. Hier kann man eine *übergebene Funktion* ausführen.

Teilen wir `writeToDisk` in zwei Funktionen auf. Die verbleibende `writeToDisk`-Funktion erzeugt eine Datei und beschreibt diese. Eine neue Funktion namens `measureTime` nimmt eine Funktion als Parameter entgegen, dessen Zeit zur Ausführung gemessen werden soll. `measureTime` ist somit eine Funktion höherer Ordnung:

```
fun writeToDisk(filename: String, content: String) {
    val file = File(filename)
    file.writeText(content)
}

fun measureTime(task: () -> Unit) {
    val start = System.currentTimeMillis()
    task()
    val end = System.currentTimeMillis()

    println("Die Ausführung hat ${end - start} Millisekunden gedauert")
}
```

Wenn wir eine Funktion als Parameter akzeptieren, muss die Funktion auch hier als Parameter, sprich mit Name und Typ festgelegt werden. Der Name der Funktion ist in diesem Beispiel `task` und der Typ ist `() -> Unit`. Die übergebene Funktion bekommt selbst nichts übergeben und gibt auch nichts zurück. Die Funktion soll einfach nur Code ausführen. Der Aufruf von `task` passiert dort, wo vorher `file.writeText` stand. Denn das ist die Stelle, die Ausführungszeit in Anspruch nimmt, was die Differenz zwischen `start` und `end` beeinflusst. Am Ende gibt `measureTime` die Ausführungszeit in Millisekunden auf der Konsole aus.

Schauen wir uns jetzt mal die Verwendung der Funktionen an:

```
fun main() {
    measureTime({
        val filename = "high_order_functions.txt"
        val content = "Funktionen höherer Ordnung können Funktionen als Parameter
            entgegennehmen"
        writeToDisk(filename, content)
    })
}
```

Wir rufen `measureTime` auf und übergeben ein Lambda. Das Lambda nimmt nichts entgegen und gibt nichts zurück. Das bewirken wir, indem wir keinen Parameter (Pfeil-Syntax) im Lambda angeben. Zudem ist `writeToDisk` der letzte Ausdruck, welcher `Unit` zurückgibt.

Sie sehen, dass das Lambda aus verschiedenen Anweisungen und Ausdrücken bestehen kann. Zur Erinnerung: Das Lambda wird erst ausgeführt, wenn es aufgerufen wird. Aufgerufen wird es in der `measureTime`-Funktion zwischen `start` und `end`.

Wir können natürlich jedes beliebige Lambda vom Typ `() -> Unit` an `measureTime` übergeben. Wenn eine Funktion das letzte Argument einer Parameterliste ist, können wir die runden Klammern weglassen (syntaktischer Zucker). Schauen wir uns das einmal am Beispiel der Fakultät-Funktion an:

```
fun main() {
    measureTime {
      factorial(1000)
    }
}
```

Das liest sich schon ein bisschen besser: „Messe die Zeit der Berechnung von Fakultät 1000“. Wenn ich das Programm ausführe, wird Folgendes angezeigt:

```
> Die Ausführung hat 1 Millisekunden gedauert
```

12.14.2 Funktionen, die Funktionen zurückgeben

Funktionen höherer Ordnung sind auch Funktionen, die andere Funktionen zurückgeben. Schauen wir uns das mal an einem konkreten Beispiel an. Wir schreiben ein Programm zum Validieren von Passwörtern. Die Validierung sagt uns, ob ein Passwort bestimmte Kriterien erfüllt oder nicht. Kriterien können sein:

- Mindestlänge, Maximallänge
- Mindestanzahl an Symbolen, Zahlen, Großbuchstaben
- Jede Kombination aus Kriterien, z. B. Mindestlänge X und Mindestanzahl an Zahlen Y

Die Validierung als solche ist eine Funktion vom Typ `(String)-> Boolean`. Die Funktion akzeptiert ein Passwort und gibt zurück, ob das Passwort valide ist oder nicht.

Die verschiedenen Kriterien sind ebenfalls Funktionen. Die Kriterien geben jeweils eine neue Validierungsfunktion zurück. Die Funktion enthält die Logik für die Validierung des Kriteriums.

Schauen wir uns das am Beispiel des einfachsten Kriteriums an, nämlich keinem:

```
fun main() {
    val noValidation: (String) -> Boolean = { password ->
        true
    }

    noValidation("test123") // true
}
```

`noValidation` ist eine Funktion vom Typ `(String)-> Boolean`. Die Validierung ignoriert das Passwort und gibt immer `true` zurück. Es ist egal, mit welchem Passwort wir `noValidation` aufrufen, das Passwort ist immer valide.

Kriterien ergänzen

Wir führen jetzt eine zusätzliche Abstraktion ein und definieren ein Kriterium, welches das Passwort auf eine Mindestlänge überprüft. Diese Funktion nimmt die Mindestlänge als Int entgegen und gibt eine Validierungsfunktion zurück, welche die Länge des Passworts auf die übergebene Mindestlänge prüft:

```
fun main() {
    val minLength: (Int) -> (String) -> Boolean = { min ->
        { password -> password.length >= min }
    }

    minLength(8)("test123") // false
    minLength(8)("test1234") // true
    minLength(2)("123") // true
}
```

Schauen Sie sich den Typ von `minLength` genau an. Die Funktion **ergänzt** die Validierungsfunktion `(String)-> Boolean` um einen weiteren Parameter. Der Parameter vom Typ Int gibt die Mindestlänge an. Dieser wird in der zurückgegebenen Funktion verwendet, um die Länge des Passworts zu überprüfen. Die Überprüfung gibt ein `Boolean` zurück, eben ob die Mindestlänge erfüllt ist oder nicht. Wenn wir `minLength` verwenden wollen, müssen wir zuerst ein Int als Argument übergeben. Dann bekommen wir eine Funktion zurück, die String erwartet und `Boolean` zurückgibt. In diesem Beispiel rufen wir die Funktion direkt mit einem String auf, weshalb Sie zwei runde Klammern nacheinander sehen.

Passwortrichtlinien definieren

Wir führen jetzt noch eine zusätzliche Abstraktion ein und definieren auf Grundlage der Kriterien drei unterschiedliche Passwortrichtlinien. Eine Richtlinie kombiniert ein oder mehrere Kriterien. Demnach bleibt eine Richtlinie weiterhin ein Kriterium. Auf Grundlage von `minLength` definieren wir `mediumPolicy` und `weakPolicy`. Beides sind Validierungsfunktionen und vom Typ `(String)-> Boolean`. Der Vollständigkeit halber definieren wir noch auf Basis von `noValidation` eine `noPolicy`-Funktion:

```
fun main() {
    val noValidation: (String) -> Boolean = { password ->
        true
    }

    val minLength: (Int) -> (String) -> Boolean = { min ->
        { password -> password.length >= min }
    }

    val noPolicy: (String) -> Boolean = noValidation
    val mediumPolicy: (String) -> Boolean = minLength(8)
    val weakPolicy: (String) -> Boolean = minLength(2)

    mediumPolicy("test123") // false
    mediumPolicy("test1234") // true
    weakPolicy("12") // true
    noPolicty("1") // true
}
```

`noPolicy` ist gleichzusetzen mit `noValidation`. Jedes Passwort ist immer valide. Spannender sind die beiden anderen Funktionen. `mediumPolicy` ist definiert als `minLength(8)`, während `weakPolicy` definiert ist als `minLength(2)`. Demnach ist ein Passwort mittelmäßig abgesichert, wenn es eine Länge von 8 hat. Ein Passwort ist schwach abgesichert, wenn es eine Länge von 2 hat.

Partielle Anwendung von Funktionen

Der Typ von `mediumPolicy` und `weakPolicy` ergibt sich aus der **partiellen Anwendung** von `minLength`. In beiden Fällen wurde `minLength` nur ein Argument (Int) übergeben. Zurück kommt eine Funktion vom Typ `(String)-> Boolean`. Während wir im Beispiel davor die Funktion direkt mit dem String aufgerufen haben, weisen wir jetzt die **verbleibende Funktion** einer Variable zu. Auf diese Weise können wir Funktionen „vorbereiten".

Bevor wir Funktionen höherer Ordnung kannten, hätten wir `minLength` wahrscheinlich als **eine Funktion mit zwei Parametern** implementiert. Mit Funktionen höherer Ordnung können wir das stattdessen als **zwei Funktionen mit jeweils einem Parameter** ausdrücken. Die Tatsache, dass wir eine Funktion so umwandeln können, nennt sich *Currying*. Dadurch können wir `minLength` mit unterschiedlichen Werten vorbereiten und diesen Funktionen eine andere Bedeutung geben. In unserem Programm hat `minLength(8)` eine andere Bedeutung als `minLength(2)`. Wenn wir `minLength` nicht mit Currying, sondern mit einer Funktion vom Typ `(Int, String)-> Boolean` implementiert hätten, könnten wir die Funktion nicht mehr vorbereiten, weil wir beim Aufruf von `minLength` **direkt beide Argumente** (Mindestlänge und Passwort) übergeben müssen. Außerdem verlieren wir dann die gemeinsame Basis einer Validierungsfunktion: den Typ `(String)-> Boolean`. Dieser Fakt wird gleich noch sehr wichtig sein.

§ **Definition *Currying***

Currying beschreibt die Transformation einer Funktion mit mehreren Argumenten in eine Sequenz von Funktionen mit jeweils nur einem Argument. Die Sequenz ist so aufgebaut, dass ein Argument akzeptiert und anschließend eine Funktion zurückgegeben wird, die das nächste Argument erwartet usw.

```
// Ohne Currying:
f: (A, B) -> C
res: C = f(a, b)

// Mit Currying:
f: (A) -> (B) -> C
g: (B) -> C = f(a)
res: C = g(b)
```

Ohne Currying müssen alle Argumente (Wert für `A` und `B`) gleichzeitig an die Funktion `f` übergeben werden, um einen Wert vom Typ `C` zu erhalten. Mit Currying wird zunächst nur ein Wert vom Typ `A` an die Funktion `f` übergeben. Das Ergebnis ist eine Funktion vom Typ `(B)-> C`, die das nächste Argument erwartet. Dieser Funktion (`g`) kann nun ein Wert vom Typ `B` übergeben werden, wodurch man letztlich einen Wert vom Typ `C` erhält. ■

In funktionalen Sprachen werden alle Funktionen mit mehreren Argumenten so ausgedrückt, dass sie jeweils eine Funktion zurückgeben, die das nächste Argument erwartet. In Kotlin haben wir keine vereinfachte Syntax (syntaktischen Zucker) für Currying. Deshalb haben wir das bei `minLength` von Hand implementiert. Kotlin ist eben keine vollständig funktionale Sprache.

Weitere Kriterien definieren

Jetzt, wo wir ein Grundgerüst haben, können wir mehr Validierungsfunktionen definieren. Die einzige Bedingung an eine Validierungsfunktion ist, dass eine Funktion vom Typ `(String)-> Boolean` zurückgegeben wird:

```
fun main() {
    val minLength: (Int) -> (String) -> Boolean = { min ->
        { password -> password.length >= min }
    }

    val maxLength: (Int) -> (String) -> Boolean = { max ->
        { password -> password.length <= max }
    }

    val range: (Int, Int) -> (String) -> Boolean = { min, max ->
        { password -> (min..max).contains(password.length) }
    }

    val minDigits: (Int) -> (String) -> Boolean = { min ->
        { password -> password.count { it.isDigit() } >= min }
    }

    val minSymbols: (Int) -> (String) -> Boolean = { min ->
        val symbols = listOf('$', '!', '%', '&', '/', '(', ')', '=');
        { password -> password.count(symbols::contains) >= min }
    }

    val minUpperCased: (Int) -> (String) -> Boolean = { min ->
        { password -> password.count { it.isUpperCase() } >= min }
    }
}
```

Werfen wir mal ein besonderes Augenmerk auf die `count`-Funktion, die an drei Stellen verwendet wird. `count` ist eine Funktion höherer Ordnung und nimmt in diesem Fall eine Funktion vom Typ `(Char)-> Boolean` entgegen. `count` zählt für jedes Zeichen, wie oft das Lambda zutrifft. Am Ende gibt `count` die Anzahl als Int zurück. So zählt `password.count { it.isDigit()}` beispielsweise, wie oft ein Zeichen in `passwort` eine Ziffer ist. Das Ergebnis davon wird mit `>= min` zu einem `Boolean` evaluiert. Dadurch überprüfen wir, ob ein Passwort die Mindestanzahl an Ziffern enthält. Das Gleiche gilt auch bei `minUpperCased`.

Interessant ist noch der Aufruf von `count` in `minSymbols`. Hier übergeben wir die `contains`-Funktion von `symbols` an `count`. Das funktioniert, weil die Typen übereinstimmen. Die Funktion `symbols.contains` hat den Typ `(Char)-> Boolean`, und `count` akzeptiert eine Funktion vom Typ `(Char)-> Boolean`. Der Aufruf überprüft, ob ein Zeichen (Char) von Passwort im Array `symbols` auftaucht (contains). Mit `::` übergeben wir die Funktion als Referenz. Die längere Schreibweise davon wäre:

```
fun main() {
    val minSymbols: (Int) -> (String) -> Boolean = { min ->
        val symbols = listOf('$', '!', '%', '&', '/', '(', ')', '=');
        { password -> password.count { char -> symbols.contains(char)} >= min }
    }
}
```

Wenn wir die Funktionsreferenz übergeben, sparen wir uns die Deklaration der Variable `char` und den Aufruf von `contains`. Das vereinfacht den Ausdruck ein wenig. Diesen Prozess nennt man *Eta-Reduction*:

```
> password.count { char -> symbols.contains(char) }
> password.count { symbols.contains(it) } // char durch it ersetzen
> password.count(symbols::contains) // Funktions-Aufruf durch Referenz setzen
```

Kriterien kombinieren

Jetzt, wo wir viele Kriterien haben, können wir noch eine zusätzliche Abstraktion einführen und mächtigere Passwortrichtlinien aus der Kombination verschiedener Kriterien formulieren. Nehmen wir einmal folgende Passwortrichtlinien an:

- Ein sicheres Passwort ist mindestens 20 Zeichen lang und enthält mindestens 3 Ziffern, 3 Symbole und 1 Großbuchstaben.
- Ein schwaches Passwort ist zwischen 1 und 8 Zeichen lang, enthält mindestens eine Ziffer und benötigt keine Symbole oder Großbuchstaben.

Versuchen wir einmal, eine starke und schwache Passwortrichtlinie mittels der verfügbaren Validierungsfunktionen zu bauen:

```
fun main() {
    val minLength: (Int) -> (String) -> Boolean = { ... }
    val maxLength: (Int) -> (String) -> Boolean = { ... }
    val range: (Int, Int) -> (String) -> Boolean = { ... }
    val minDigits: (Int) -> (String) -> Boolean = { ... }
    val minSymbols: (Int) -> (String) -> Boolean = { ... }
    val minUpperCased: (Int) -> (String) -> Boolean = { ... }

    val strongPolicy: (String) -> Boolean = minLength(20) && minDigits(3) &&
         minSymbols(3) && minUpperCased(1) // Error: auf (String) -> Boolean ist kein
         && definiert
    val weakPolicy: (String) -> Boolean = range(1, 8) && minDigits(1) && minSymbols(0)
         && minUpperCased(0) // s.o.
}
```

Eine Richtlinie muss nach wie vor den Typ `(String)-> Boolean` haben, damit wir eben ein Passwort übergeben können. Wir benötigen also einen Weg, um mehrere Funktionen vom Typ `(String)-> Boolean` zu einer einzigen Funktion vom Typ `(String)-> Boolean` zu kombinieren. Schreiben wir uns zunächst eine Funktion, die den gewünschten Typ hat. Danach versuchen wir, diese Funktion zu implementieren:

```
fun combine(
    first: (String) -> Boolean,
    second: (String) -> Boolean
): (String) -> Boolean = TODO()
```

Die Implementierung fangen wir an, indem wir ein Lambda zurückgeben, welches einen `String` (in diesem Fall das Passwort) akzeptiert. Diesen `String` können wir an die beiden Funktionen `first` und `second` übergeben. Beide Funktionen geben jeweils ein `Boolean` zurück. Um beide Validierungsfunktionen miteinander zu kombinieren, verknüpfen wir beide `Booleans` mit einem logischen UND. Es müssen beide Validierungsfunktionen erfolgreich sein, damit die Kombination aus beiden erfolgreich ist. Das resultierende `Boolean` geben wir im Lambda zurück:

```
fun combine(
    first: (String) -> Boolean,
    second: (String) -> Boolean
): (String) -> Boolean = { password ->
    val a = first(password)
    val b = second(password)
    val combined = a && b

    combined
}
```

Das war erstaunlich einfach, oder? Das, was wir gerade gemacht haben, nennt sich *Type-Driven-Development*. Wir haben uns einen Typen gewünscht, die Funktionssignatur hingeschrieben und die Implementierung entlang der Signatur vorgenommen.

Da wir nun die Möglichkeit haben, zwei Validierungsfunktionen zu einer zu kombinieren, können wir das auch für viele anwenden:

```
fun main() {
    val minLength: (Int) -> (String) -> Boolean = { ... }
    val maxLength: (Int) -> (String) -> Boolean = { ... }
    val range: (Int, Int) -> (String) -> Boolean = { ... }
    val minDigits: (Int) -> (String) -> Boolean = { ... }
    val minSymbols: (Int) -> (String) -> Boolean = { ... }
    val minUpperCased: (Int) -> (String) -> Boolean = { ... }

    val strongPolicy: (String) -> Boolean =
        combine(
            combine(
                combine(
                    minLength(20),
                    minDigits(3)
                ),
                minSymbols(3)
            ),
            minUpperCased(1)
        )

    val weakPolicy: (String) -> Boolean =
        combine(
            combine(
                combine(
                    range(1, 8),
                    minDigits(1)
                ),
                minSymbols(0)
            ),
            minUpperCased(0)
        )
```

```
    strongPolicy("das=wdgwdasdsatopwkc$") // false
    strongPolicy("dasdw5gwda6dsat3pwkc") // false
    strongPolicy("Dasdw5gwd=6d!at3pwk(c") // true
    weakPolicy("hello") // false
    weakPolicy("hello123") // true
}
```

Die Aufrufe von `strongPolicy` und `weakPolicy` funktionieren nach Angabe der Passwortrichtlinien. Allerdings ist die Kombination der verschiedenen Validierungsfunktionen mühsam und schwer zu lesen. Wenigstens ist `combine` kommutativ. Die Reihenfolge der Funktionen spielt keine Rolle. Alle Funktionen werden miteinander logisch verknüpft.

combine als Infix-Funktion

Wir könnten einen Schritt weiter gehen und die Nutzung der `combine`-Funktion verbessern, indem wir diese als *Infix*-Funktion auf dem Typ `(String) -> Boolean` definieren. Die Verwendung könnte dann so aussehen, wenn wir `combine` gleichzeitig in `and` umbenennen:

```
val strongPolicy = minLength(20) and minDigits(3) and minSymbols(3)
```

Gewinnen würden wir eine fantastische Lesbarkeit. Lesen Sie die Definition von `strongPolicy` vor: „Eine starke Richtlinie hat eine Mindestlänge von 20 und mindestens 3 Ziffern und mindestens 3 Symbole“. Das funktioniert allerdings nur mit *Extension Functions*, die wir erst in Abschnitt 40.4, „Extension Functions“, kennenlernen. ■

Halten wir erst einmal fest, was wir geschafft haben:

- `noValidation` ist unsere kleinste Einheit. Die Funktion akzeptiert einen `String` und gibt ein `Boolean` zurück. Diese Einheit nennen wir eine Primitive.
- `minLength`, `maxLength` usw. erweitern die Primitive mit zusätzlicher Funktionalität. Sie abstrahieren bestimmte Kriterien. Alle Kriterien geben auch eine Funktion vom Typ `(String) -> Boolean` zurück.
- `strongPolicy` und `weakPolicy` abstrahieren einen Schritt weiter, indem mehrere Kriterien zu einer Richtlinie kombiniert werden. All das funktioniert nur, weil alle Funktionen (Primitive, Kriterium und Richtlinie) eine Funktion vom Typ `(String) -> Boolean` zurückgeben.

Auf Grundlage dessen können wir viel mehr Kriterien einführen und neue Richtlinien definieren. Wir bauen komplizierte Dinge, indem wir viele kleine simple Dinge miteinander verbinden.

Die Betonung liegt auf simpel. Einfach ist das aber alles nicht! In Kotlin werden Sie selten auf Funktionen stoßen, die selbst Funktionen als Ergebnis zurückgeben. Das liegt unter anderem daran, dass Kotlin keine vollständig funktionale Sprache ist und keinen syntaktischen Zucker dafür anbietet. Wenn Sie diesen Abschnitt nicht 100%ig verstanden haben, ist das überhaupt nicht schlimm. Sie sollen nur wissen, dass Funktionen höherer Ordnung eben auch das bedeuten. Im Laufe des Buches werden wir Funktionen höherer Ordnung hauptsächlich als Argument für andere Funktionen verwenden.

Den gesamten Code finden Sie auch im Download-Portal von Hanser-Plus. Den Zugangscode finden Sie am Anfang des Buches.

12.15 Zusammenfassung

Fassen wir einmal zusammen, was wir in diesem Kapitel gelernt haben.

Funktionen:

- Funktionen sind kleine Einheiten, die Berechnungen (Code) ausführen.
- Funktionen sind frei oder auf Typen definiert.
- Funktionen werden über ihren Namen aufgerufen, akzeptieren 0 bis n Argumente und geben ein Ergebnis zurück.
- Funktionen können als Ausdruck oder Anweisung definiert werden.
- Funktionen gliedern Programme in kleine verständliche Teile.
- Funktionen eröffnen Gültigkeitsbereiche (Scopes).
- Funktionen können rekursiv definiert werden.
- Funktionen können pur sein, wodurch sie nachvollziehbar und testbar sind.
- Funktionen können Seiteneffekte haben.
- Funktionen mit Seiteneffekten fügen Komplexität hinzu.
- Funktionen können als Wert (Lambda) ausgedrückt werden. Lambdas haben einen Funktionstyp. In Kotlin werden Lambdas und Closures synonym verwendet.
- Funktionen höherer Ordnung nehmen Funktionen als Parameter entgegen oder geben Funktionen zurück.

12.16 Das war's

Das Kapitel zu Funktionen ist nicht zufällig das längste in diesem Buchteil geworden. Funktionen sind eben ein zentraler Baustein vieler Programmiersprachen. Das Verständnis für Funktionen ist so essenziell, da man immer mit Funktionen in Berührung kommt, egal ob man funktional, objektorientiert oder prozedural programmiert.

Vielleicht ist Ihnen sogar aufgefallen, dass wir das Wissen aller vorherigen Kapitel bei Funktionen angewendet haben. Wir haben über Anweisungen, Ausdrücke, Werte, Variablen (veränderlich und unveränderlich), Datentypen und diverse Kontrollstrukturen gesprochen. Für Sie war es ein wenig unfair, weil wir in jedem vorherigen Kapitel auf Funktionen zurückgreifen mussten, um Beispiele für die anderen Themen zu zeigen. Die Grundlagen des Programmierens kann man leider nicht linear erlernen. Viele Themen bedingen sich gegenseitig.

Jetzt haben Sie solide Grundkenntnisse, um viele Anwendungen zu programmieren. Natürlich müssen Sie sich hier und da noch ein wenig einarbeiten, aber mit diesen Grundlagen kommen Sie bereits sehr weit.

TEIL III

Objektorientierte Programmierung

Sie haben bereits gelernt, Daten, Kontrollstrukturen und Funktionen zu definieren. Mithilfe der Kontrollstrukturen lässt sich die Berechnung von Datenwerten steuern. Durch Funktionen können Anweisungsfolgen wiederverwendet werden. Das Aufrufen von Anweisungsblöcken wird auch als prozeduraler oder imperativer Programmierstil bezeichnet. Imperativ heißt: Es werden Befehle bzw. Anweisungen ausgeführt. Auch bei der objektorientierten Programmierung gibt es Anweisungsfolgen, also Variablenzuweisungen, if-Anweisungen, when-Anweisungen, Schleifen und andere Kontrollstrukturen.

Das objektorientierte Paradigma baut hierauf auf, allerdings wird ein ganz anderer Fokus gesetzt: Wir beschäftigen uns vor allem mit Objekten und der Kommunikation zwischen diesen Objekten. Zu den Grundprinzipien der objektorientierten Programmierung gehören *Abstraktion*, *Vererbung*, *Polymorphie*, *Kapselung* und *ganzheitliche Komposition*. Wir werden uns mit all diesen Konzepten in diesem und dem nächsten Teil des Buchs beschäftigen.

13 Was sind Objekte?

In der objektorientierten Programmierung gilt: Alles ist ein Objekt! Alle Objekte der Welt werden als Objekte im Speicher repräsentiert. Wenn Sie sich umschauen, dann sehen Sie lauter Objekte: Stühle, Tische, Bilder, Wände, Kaffeetassen, Stifte und vieles mehr. Nun, alles was Sie sehen, sind Objekte der realen Welt. Die objektorientierte Programmierung ist also sehr nahe an dem, was wir alltäglich wahrnehmen:

- Es gibt Objekte in der Welt (z. B. Kaffeetassen).
- Diese Objekte haben Eigenschaften (z. B. Farbe, Inhalte [Kaffee, Tee ...], Größe ...).
- Die Objekte stehen in Beziehung zueinander (z. B. befindet sich das Objekt Kaffee im Objekt Kaffeetasse, das Objekt Person trinkt Kaffee aus der Kaffeetasse).
- Es gibt Interaktionen zwischen Objekten (Kaffee trinken, Kaffee einschenken, Kaffeetasse spülen).
- Es gibt verschiedene Zustände der Objekte (die Kaffeetasse ist voll oder leer, der Kaffee ist heiß oder kalt).
- Je nach Zustand des Objekts verhält es sich anders (aus der leeren Tasse kann man nichts mehr trinken).
- Objekte lassen sich verschiedenen Klassen (oder Kategorien) zuordnen: Es gibt viele verschiedene Kaffeetassen, aber alle Kaffeetassen gehören der gleichen Klasse an. Die Klasse der Kaffeetassen (alle Kaffeetassen dieser Welt) ist etwas anderes als die Klasse der Gummibärchen (alle Gummibärchen dieser Welt).
- Wir unterscheiden zwischen den Klassen und den Exemplaren einer Klasse (die einzelne Kaffeetasse ist ein Exemplar der Klasse Kaffeetasse).

Die objektorientierte Programmierung orientiert sich daran, wie wir die Welt wahrnehmen. Auch in der Welt gibt es, wie Sie wissen, konkrete Kaffeetassen und zusätzlich unsere Vorstellungen über Kaffeetassen. Wir werden uns also damit beschäftigen, wie wir die realen Objekte und Objektbeziehungen der Welt mit objektorientierten Sprachen abbilden können. Auch abstraktere Datenstrukturen oder Algorithmen sind mentale Konzepte, die wir als Objekte abbilden können. Wenn Sie eine Liste in einem Programm abbilden möchten, dann ist dies ja auch ein Konzept, das Sie aus der Welt kennen: Einkaufsliste, Highscore-Liste, Aufgabenliste ... Auch für die Algorithmen gilt dies: Sortieralgorithmen funktionieren mit Objekten im Rechner, sie funktionieren aber genauso gut mit echten Objekten in der Welt (z. B. wenn Sie Tassen nach ihrer Größe sortieren).

Bislang haben wir von Objekten gesprochen, die oft materielle Dinge sind: Bücher, Tassen, Kaffeetassen usw. Oben steht aber, dass alles ein Objekt ist. Und damit sind dann auch alle Sachverhalte oder allgemeiner gesagt alle wahrnehmbaren Dinge zu verstehen: Auch eine Reise, eine Feier, eine Beziehung, eine Absicht, eine Stimmung, eine Gruppe usw. sind Objekte. Auch Personen sind Objekte. Auch die Teile eines Ganzen (z. B. die Teile eines Autos, die Teile des Körpers) sind Objekte.

Definition *Objekte in der Welt*

Allgemein können wir sagen, dass ein Objekt eine Sache oder ein Gegenstand ist. Ein Gegenstand kann alles sein, was Sie sich vorstellen können oder wovon Sie einen Begriff bilden können. Es sind also all jene Dinge, die uns als individuellen Menschen als erfahrbare Außenwelt „gegenüberstehen" (daher Gegenstand). ■

Objektorientierte Programmierung folgt damit einer bestimmten erkenntnistheoretischen Philosophie. Denn wir beschäftigen uns im Kant'schen Sinne mit den Gegenständen bzw. Objekten, die wir erkennen und begreifen können: Geschäftsprozesse, Abläufe, Termine, Spielregeln ... und viele weitere nicht-materielle Dinge.

Der Universalienstreit

Wir werden die philosophischen Überlegungen hier nicht vertiefen. Aber wenn Sie möchten, dann googeln Sie einmal nach „Universalienstreit" – da werden Sie sehen, dass sich die Philosophen nicht so einig sind, ob z. B. die Farbe Rot ein eigener Gegenstand ist. Da wird es dann richtig kompliziert. Dagegen ist objektorientierte Programmierung ein Kinderspiel: In Kotlin können wir sowohl die Klasse Rot anlegen und davon Objekte erzeugen, als auch die Klasse Color verwenden, um die Farbe Rot als Objekt abzubilden. ■

Für uns reicht es zu verstehen, dass prinzipiell alles, was Sie sprachlich ausdrücken können, auch ein Objekt sein kann. Dies gilt für existierende Begriffe ebenso wie sprachliche Konstruktionen. Der Ausdruck „sortiere alle Tassen" kann nicht nur als Funktion aufgefasst werden, sondern selbst zum Objekt – also zum Gegenstand Ihrer Betrachtung – werden. Sie können die Funktion `sortiereAlleTassen` definieren, aber eben auch eine Klasse `SortiereAlleTassen` schreiben. Diese Klasse würde allgemein beschreiben, was man so alles zum Tassen sortieren braucht (z. B. Tassenobjekte und eine bestimmte Strategie zum Sortieren). Diese Klasse steht im Bezug zu allgemeineren Fällen (sortiere irgendwelche Objekte) und spezielleren Fällen (sortiere die Tassen auf eine bestimmte Art und Weise).

Objekte zeichnen sich durch individuelle Eigenschaften und Funktionen aus. Objekte mit gemeinsamen Eigenschaften gehören derselben Kategorie an. In der objektorientierten Programmierung orientiert man sich dabei am mathematischen Konzept der Klasse. Eine Klasse definiert die Struktur, über die wir jedes einzelne Objekt einer Kategorie beschreiben können. Alle Kaffeetassen dieser Welt gehören also der Klasse Kaffeetasse an. Sie definiert die Menge aller möglichen Kaffeetassen. In der objektorientierten Programmierung können wir nun die Struktur dieser Klasse festlegen, indem wir die gemeinsamen Eigenschaften und Operationen für alle Objekte dieser Klasse definieren.

> **§ Definition *Objekte in der Programmierung***
>
> Objekte in einer objektorientierten Programmiersprache sind Repräsentationen von Objekten der realen Welt. Sie werden durch eine **Gruppierung von Werten und Operationen** abgebildet. Die Struktur dieser Werte und Operationen wird durch eine Klasse definiert. Von dieser Klasse können konkrete Exemplare, sogenannte Objektinstanzen, erzeugt werden. ■

In Kotlin sind alle Werte als Objekte abgebildet. Auch Werte vom Typ `Int`, `Double`, `String` oder `Boolean` sind Objekte. Deshalb konnten wir auf diesen Objekten auch Operationen ausführen. Wir haben bereits mit Variablen gearbeitet, z. B. um zu berechnen, wie viel Flüssigkeit in einer Flasche bleibt, wenn ein Glas vollgeschenkt wird. Diese Variablen können als Werte aufgelöst werden. Tatsächlich referenzieren die Variablen Objekte im Speicher. Unveränderliche Variablen referenzieren dabei stets dasselbe Objekt. Dieses Objekt kann sich aber eventuell verändern, wie wir noch sehen werden, wenn wir selbst zusammengesetzte Datentypen als Klassen definieren.

Man kann sich das so vorstellen: Für jede Information, die gespeichert werden soll, verwendet man einen Zettel. Diese Zettel stellen unsere Datenobjekte dar. Auf den Zettel lassen sich Daten schreiben:

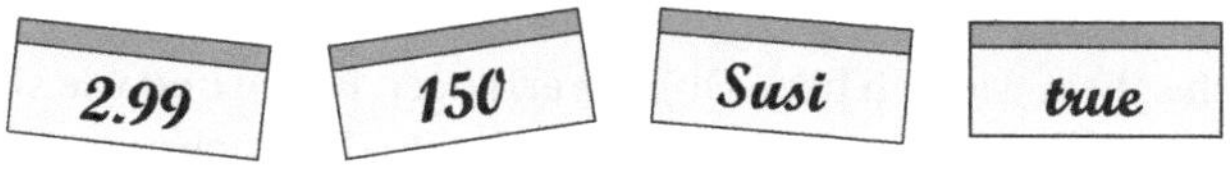

In der realen Welt können wir auf einen Zettel zeigen. Bei der Zuweisung eines Datenobjekts an eine Variable legen wir fest, welches Objekt die Variable referenzieren soll:

```
fun main() {
    var contentGlass = 200
}
```

Diese Anweisung bedeutet: Lege eine veränderliche Variable mit dem Namen `contentGlass` an. Diese Variable referenziert das `Int`-Objekt `200`:

Es können mehrere Variablen dasselbe Objekt referenzieren:

```
fun main() {
    var contentGlass = 200
    var startValue = contentGlass
    var copiedValue = startValue
}
```

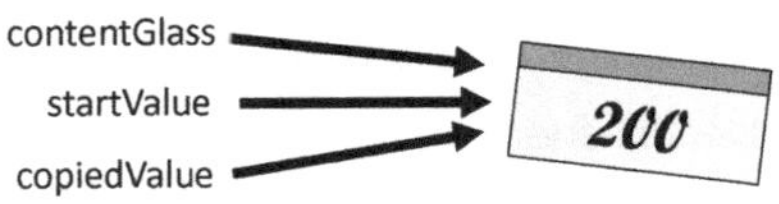

Die Variablen `contentGlass`, `startValue` und `copiedValue` verweisen alle auf dasselbe Objekt, das die Zahl `200` repräsentiert. Variablen können sich ändern, indem man ihnen ein neues Objekt zuweist. Dabei wird jedoch nicht das Objekt selbst verändert, sondern die Variable verweist nun auf ein anderes Objekt:

```
fun main() {
    // ...
    contentGlass = 150
}
```

Diese Anweisung führt zu folgender Veränderung:

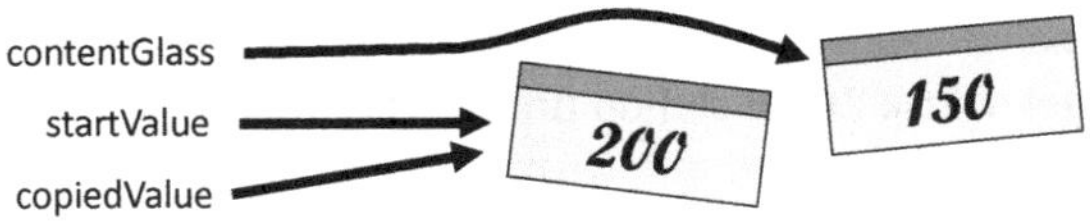

Wir werden gleich sehen, wie sich neue Objekte erzeugen lassen und wie sich komplexe Objekte aus anderen Objekten zusammensetzen können. In den nächsten Kapiteln werden Sie alles lernen, was Sie zum Abbilden von Objekten, zum Definieren von eigenen Datentypen sowie zum Abstrahieren von Gemeinsamkeiten benötigen.

Hier noch einmal die wichtigsten Punkte über Objekte zusammengefasst.

Objekte:

- Objekte repräsentieren Dinge aus der Welt.
- In Kotlin sind alle Daten als Objekte abgebildet.
- Objekte sind eine Gruppierung von Werten und Operationen.
- Objekte können von Variablen referenziert werden.
- Mehrere Variablen können dasselbe Objekt referenzieren.
- Objekte können verändert werden.

14 Klassen

Bislang haben wir die relevanten Daten über Gläser in einzelnen Variablen gespeichert:

```
fun main() {
    var contentGlass1 = 40
    val capacityGlass1 = 150

    var contentGlass2 = 90
    val capacityGlass2 = 200
}
```

Das ist aus zwei Gründen unübersichtlich. Zum einen gehören Variablen wie `contentGlass1` und `capacityGlass1` zusammen, denn sie beziehen sich beide auf das erste Glas. Genauso gehören `contentGlass2` und `capacityGlass2` zusammen. Zum anderen haben wir sehr ähnliche Variablennamen, sodass man schnell durcheinander kommen kann. Eine bessere Lösung ist es daher, einen eigenen Datentypen zu definieren, der die zusammengehörenden Werte als ein Ganzes zusammenfasst. Genau das können wir mit Klassen erreichen.

14.1 Eigene Klassen definieren

Eine Klasse beschreibt die allgemeine Struktur des Datentyps. Für jedes Glas wollen wir festlegen:

- aktueller Inhalt
- maximale Kapazität

Stellen Sie sich eine Klasse zunächst wie ein Formular vor, das man ausfüllen kann. Diese Formularvorlage gilt für alle Gläser dieser Welt:

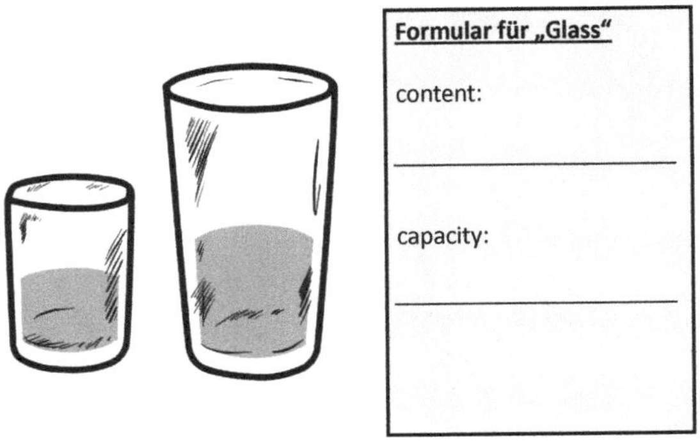

Dabei abstrahieren wir von den konkreten Werten. Wir sagen nicht mehr, was der aktuelle und maximale Inhalt ist. Es wird nur noch festgelegt, dass es diese beiden Werte geben soll. Zudem können wir festlegen, dass beide Werte vom Typ `Int` sind. Der Inhalt soll sich verändern können, der maximale Inhalt nicht. In Kotlin kann man eine solche Klassenstruktur wie folgt festlegen:

```
class Glass {
    var content: Int = 0
    var capacity: Int = 0
}
```

§ **Definition *Klassen und Objekte***

Eine Klasse in Kotlin definiert die allgemeine Struktur für Objekte dieser Klasse. Sie definiert einen neuen Datentyp. Objekte sind spezifische Exemplare einer Klasse. Man bezeichnet sie auch häufig als Instanzen einer Klasse. Während eine Klasse die allgemeine Struktur festlegt, speichert ein Objekt konkrete Werte für diese Struktur. ■

Alle Gläser dieser Welt gehören der Klasse `Glass` an. Die Klasse `Glass` besitzt die zwei Eigenschaften `content` und `capacity`. Um ein konkretes `Glass` abzubilden, müssen wir ein Objekt der Klasse `Glass` erzeugen und spezifische Werte festlegen.

Das geschieht so:

```
fun main() {
    val glass1 = Glass()
    glass1.content = 40
    glass1.capacity = 150

    val glass2 = Glass()
    glass2.content = 90
    glass2.capacity = 200
}
```

Ein Objekt einer Klasse muss man also zunächst erzeugen und kann dann spezifische Werte festlegen. Das Erzeugen geschieht, indem Sie den Klassennamen verwenden und dahinter die runden Klammern schreiben, also z. B. `Glass()`. Das ähnelt einem Funktionsaufruf. Tatsächlich rufen wir hier einen *Konstruktor* der Klasse auf, der das Objekt erzeugt. Wir werden gleich sehen, dass wir diesem Konstruktor auch Werte mitgeben können, um das Objekt bereits beim Erstellen mit gültigen Werten zu belegen.

Das Belegen mit spezifischen Werten kann man sich wie das Ausfüllen eines Formulars vorstellen:

Bisher mussten die beiden Daten einzeln gespeichert werden. Nun werden sie zu einer Einheit zusammengefasst. In diesem Beispiel haben wir beide Eigenschaften mit `var` als veränderliche Eigenschaften festgelegt, damit wir die konkreten Werte noch setzen können.

`glass1` und `glass2` sind zwar konstante Werte, d. h. sie referenzieren immer dasselbe Glas bzw. das Objekt, das ein Glas repräsentiert. Doch während `glass1` konstant dasselbe Glas ist, kann sich der Zustand dieses Objekts durchaus verändern. Der Inhalt kann sich z. B. verändern, denn wir haben bei der Klassendefinition festgelegt, dass die Eigenschaft `content` eine veränderliche Variable ist.

Der Zugriff auf die einzelnen Eigenschaften eines Objekts erfolgt über den Namen der Objektvariablen (z. B. `glass1`), gefolgt von einem Punkt und dann dem Namen der Eigenschaft, auf die zugegriffen werden soll (z. B. `content`). Diese Syntax nennt man Punktnotation.

§ **Definition *Punktnotation***

Die Punktnotation erlaubt den Zugriff auf einzelne Mitgliedselemente eines Objekts. Dabei wird hinter der Referenz auf ein Objekt (z. B. über eine Variable) der Name des Mitgliedselements geschrieben. Da es sich dabei wiederum um ein Objekt handeln kann, ist in einem Ausdruck auch eine Verkettung mehrerer Zugriffe möglich, z. B. `glass1.content.toFloat()`

14.2 Konstruktoren

In der Regel ist es so, dass einige Eigenschaften sofort beim Erzeugen des Objekts festgelegt werden sollen. Offensichtlich führt dies zu einer ganzen Menge Code, denn für jede Eigenschaftszuweisung benötigen Sie eine weitere Zeile. Deshalb gibt es eine Abkürzung: Man kann nämlich festlegen, was beim Konstruieren eines Objekts geschehen soll. Dies geschieht durch eine sogenannte *Konstruktor-Funktion*. Schauen wir uns erst einmal die für

Kotlin übliche Schreibweise an, die bei der Klassendefinition gleich einen Konstruktor mit festlegt. Dies vereinfacht die Klassendefinition und auch das Erzeugen von Objekten.

Die geänderte Klassendefinition für die Klasse `Glass` mit einem Konstruktor sieht so aus:

```
class Glass(var content: Int, val capacity: Int)
```

Das war's schon! Kotlin macht uns die Definition von Klassen sehr einfach. Wir haben mit einer einzigen Zeile Code die gesamte Struktur der Klasse festgelegt, bestehend aus den Eigenschaften `content` und `capacity`. Wir sind sogar noch einen Schritt weitergegangen, denn für die Eigenschaft `capacity` haben wir nun auch festgelegt, dass sich der Wert niemals ändern darf (`val`). Die maximale Füllmenge eines Glases bleibt konstant. Die aktuelle Füllmenge kann sich dagegen ändern. Gleichzeitig haben wir durch diese Klassendefinition den primären Konstruktor festgelegt, der die Werte für die Eigenschaften automatisch festlegt. Weil wir nun einen Konstruktor mit Parametern haben, müssen beim Erzeugen eines `Glass`-Objekts auch die Werte für die Eigenschaften gleich festgelegt werden:

```
fun main() {
    val glass1 = Glass(40, 150)
    val glass2 = Glass(90, 200)
}
```

Eben gerade haben wir gesehen, wie durch die Punktnotation einzelne Eigenschaften verändert werden. Dies entsprach dem Ausfüllen eines Formulars für Gläser. Beim Konstruktoraufruf werden gleich beim Erzeugen des Objekts alle erforderlichen Werte gesetzt. Dadurch ist das erzeugte Objekt sofort in einem gültigen Zustand.

Während der Inhalt `content` weiterhin veränderlich bleibt, soll die Eigenschaft `capacity` dagegen unveränderlich sein. Man könnte sagen: Maximaler Inhalt ist ein fest aufgeklebter Zettel, der nie wieder gelöst werden kann. Der (aktuelle) Inhalt des Glases ist dagegen mit einem Sticky Note aufs Formular gesetzt – diesen kann man austauschen, so wie wir es von Variablen gewohnt sind. Tatsächlich setzt sich jedes `Glass`-Objekt aus zwei Objekten zusammen: einem variablen `Int`-Objekt für den (aktuellen) Inhalt und einem unveränderlichen `Int`-Objekt für den maximalen Inhalt:

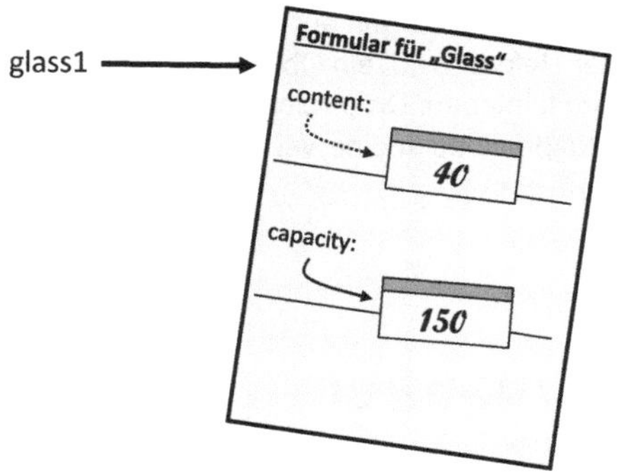

14.2.1 Aufgaben des Konstruktors

Ohne Konstruktoren müssten wir die Eigenschaften per Hand setzen, und dies kann schnell zu Fehlern führen. Häufig besitzt eine Klasse Eigenschaften, die schon beim Konstruieren eines Objekts der Klasse gesetzt werden sollten. Zum Beispiel könnte es sich um eine essenzielle Eigenschaft des Objekts handeln, ohne die dieses Objekt keinen Sinn ergibt.

§ **Definition *Konstruktor***

Der Konstruktor erzeugt ein Objekt gemäß der Klassenstruktur. Dabei werden alle Eigenschaften mit Werten initialisiert, sodass ein Objekt gleich nach der Konstruktion einen gültigen Zustand für alle Eigenschaften besitzt. ■

14.2.2 Primärer Konstruktor

Bei der Klassendefinition in Kotlin wird der primäre Konstruktor üblicherweise gleich im Klassenkopf festgelegt. Ein Konstruktor wird eigentlich mit dem Schlüsselwort `constructor` deklariert:

```
class Glass constructor(var content: Int, val capacity: Int) {
    //...
}
```

Das Schlüsselwort `constructor` kann aber weggelassen werden, wenn es keine Annotationen oder Sichtbarkeitsmodifikatoren geben soll. Mit einem Sichtbarkeitsmodifikator können Sie z. B. steuern, wer alles diesen Konstruktor nutzen darf. Oder anders ausgedrückt: Sie steuern, welche anderen Klassen oder Dateien diesen Konstruktor sehen und somit nutzen dürfen. Sie können einen Konstruktor etwa als `private` deklarieren, sodass aus anderen Bereichen Ihres Quellcodes kein Objekt von der Klasse erzeugt werden darf. Sie definieren also, dass nur die Klasse selbst diesen Konstruktor benutzen darf. Damit schränken Sie den Gültigkeitsbereich (Scope) dieses Konstruktors ein.

Der primäre Konstruktor wird immer zuerst aufgerufen, wenn ein Objekt dieser Klasse erzeugt wird. Der Aufruf `Glass(200, 100)` sieht nicht nur wie der Aufruf einer Funktion aus, Sie rufen tatsächlich die Konstruktor-Funktion auf, und diese liefert das fertig gebaute Objekt zurück.

Im Konstruktor können folgende Dinge festgelegt werden:

- Veränderliche Eigenschaften, die für jedes Objekt angelegt werden sollen, werden mit dem Schlüsselwort `var` gekennzeichnet.
- Unveränderliche Eigenschaften, die für jedes Objekt angelegt werden sollen, werden mit dem Schlüsselwort `val` gekennzeichnet.
- Vor den Eigenschaften können Sie optional einen Sichtbarkeitsmodifikator wie z. B. `private` oder `internal` schreiben.
- Weitere Parameter können für die Initialisierung des Objekts festgelegt werden. Vor diesen Parametern steht weder `var` noch `val`. Diese Parameter sind nur während der Konstruktion verwendbar.

Im Gegensatz zu einfachen Funktionen können im Konstruktor also auch Eigenschaften des Objekts definiert werden. Dazu werden die Parameter, die gleichzeitig als Eigenschaft des Objekts auch außerhalb des Konstruktor-Scopes verfügbar sein sollen, mit den schon bekannten Schlüsselwörtern `val` oder `var` versehen. Eine Eigenschaft ist nichts anderes als eine Variable, die zu einem Objekt gehört.

14.2.3 Parameter im Konstruktor verwenden

Bei Parametern, welche jedoch nur im Konstruktor benötigt und nicht als Eigenschaften gespeichert werden sollen, werden die Schlüsselwörter `var` und `val` weggelassen, ganz wie bei der Parameterliste einer Funktion.

Eine weitere mögliche Implementierung der Klasse `Glass` ist daher:

```
class Glass(contentParam: Int, capacityParam: Int) {
    var content = contentParam
    val capacity = capacityParam
}
```

Hierbei sind die Parameter `capacityParam` und `contentParam` nur im Konstruktor-Scope, also im Rumpf der Klasse und im `init`-Block (mehr dazu später) verfügbar und werden verwendet, um die Eigenschaften `capacity` und `content` zu initialisieren.

Diese Implementierung ist jedoch in den meisten Fällen nicht zu empfehlen, da sie einen erheblichen Mehraufwand mit sich bringt. Zudem ist es für andere Entwickler eventuell verwirrend, wenn sich der Name des Parameters im Konstruktor von der Eigenschaft des Objekts unterscheidet, da so die Zuordnung nur vermutet werden kann. Es ist nicht klar ersichtlich, dass es sich bei dem `capacityParam` um den initialen Wert für die Eigenschaft `capacity` handeln soll.

Genauso gut könnte es sich um einen Parameter handeln, aus dem sich die `capacity` erst noch berechnet. Es gibt jedoch Situationen, in denen diese Implementierung nötig ist, eben dann, wenn es sich um zusammengesetzte oder berechnete Eigenschaften handelt.

14.2.4 Initialisierungsblöcke

Vielleicht haben Sie sich bereits gefragt, wo sich der Funktionsblock des Konstruktors befindet. Immerhin wird hier der Konstruktor als eine spezielle Funktion beschrieben. In den meisten Situationen wird der Konstruktor lediglich zum Initialisieren von Eigenschaften verwendet.

Da dies jedoch entweder direkt in der Parameterliste oder im Rumpf der Klasse gemacht werden kann, wird sehr oft gar kein Funktionsblock beim Konstruktor benötigt.

Falls doch ein Block zum Aufbereiten oder Kontrollieren von Werten oder sonstigen Aktionen beim Konstruieren eines Objekts benötigt wird, kann dazu ein `init`-Block implementiert werden. Dabei handelt es sich um den Code-Block des Konstruktors, welcher jedoch im Gegensatz zu vielen anderen Programmiersprachen in Kotlin optional ist. Dieser Block wird beim Aufruf aller Konstruktoren ausgeführt. Auch die Parameter des Konstruktors sind in diesem Block verfügbar.

Nehmen wir an, dass wir bei der Erstellung eines `Glass` sicherstellen möchten, dass der `content` die `capacity` nicht überschreitet. Eine Möglichkeit, diese Überprüfung durchzuführen, schauen wir uns jetzt an:

```
class Glass(contentParam: Int, val capacity: Int) {

    var content = 0

    init {
        content = if(contentParam <= capacity) {
            contentParam
        } else {
            capacity
        }
    }
}
```

Dabei wird der `contentParam` nur als Parameter im Konstruktor übergeben (es fehlt `var` als Schlüsselwort). Die eigentliche Eigenschaft trägt weiterhin den Namen `content` und bekommt zunächst den Wert `0` zugewiesen.

14.2.5 Klassen ohne expliziten Konstruktor

Wenn Sie eine Klasse festlegen, bei der keine Eigenschaften über den Konstruktor gesetzt werden sollen, dann können Sie diesen auch ganz weglassen. Dies ist also auch eine gültige Klassendefinition:

```
class WaterTap // Wasserhahn
```

14.2.6 Zusätzliche Eigenschaften festlegen

Neben den im Konstruktor festgelegten Eigenschaften können wir zusätzliche Eigenschaften definieren. Dazu müssen wir einen *Klassenrumpf* anlegen, in dem wir zusätzliche Eigenschaften definieren, wie z. B.:

```
class Glass(var content: Int, val capacity: Int) {
    var drinkName = "Wasser"
}
```

Hier wurde als zusätzliche Eigenschaft `drinkName` festgelegt, die speichert, welches Getränk enthalten ist. Da wir in dem Beispiel oben für die Eigenschaft `drinkName` freien Zugriff gewähren, kann die Eigenschaft jederzeit verändert werden:

```
fun main() {
    val glass1 = Glass(40, 150)
    val glass2 = Glass(90, 200)
    glass1.drinkName = "Cola"
    glass2.drinkName = "Tee"
}
```

14.2.7 Klassen mit sekundären Konstruktoren

In seltenen Fällen benötigen Sie hingegen mehrere Konstruktoren. Sekundäre Konstruktoren werden ebenfalls mit dem Schlüsselwort `constructor` deklariert. Im sekundären Konstruktor können zusätzliche Berechnungen durchgeführt werden. Das Bauen des Objekts muss jedoch weiterhin über den primären Konstruktor erfolgen, denn dieser legt die Eigenschaften der Klasse fest. Ein sekundärer Konstruktor darf also eine andere Signatur haben, aber keine zusätzlichen Eigenschaften der Klasse einführen:

```
class Glass(var content: Int, val capacity: Int) {

    constructor(part: Double, capacity: Int) :
            this((part * capacity).toInt(), capacity) {
        // Zusätzlicher Code falls gewünscht
    }
}
```

In diesem Beispiel wurde ein sekundärer Konstruktor festgelegt, der als ersten Parameter einen `Double`-Wert enthält. Damit unterscheidet sich die Signatur zum primären Konstruktor. Der `Double`-Wert soll angeben, zu welchem Anteil das `Glass` bereits gefüllt ist. Sie können nun ein `Glass` auch auf diese Weise erzeugen:

```
fun main() {
    val glass = Glass(0.2, 300) // content ist 20 Prozent von 300, also 60ml
    val anotherGlass = Glass(0.4, 200) // content ist 40 Prozent von 200, also 80ml
}
```

Was genau passiert da? Zunächst wird durch die Wahl der Argumente festgelegt, welcher Konstruktor zum Einsatz kommt. Durch den Typ der Argumente lässt sich der Konstruktor mit der passenden Signatur bestimmen, d. h. die Parameter des Konstruktors haben dieselben Typen wie die Argumente beim Aufruf.

Bei `Glass(0.2, 300)` werden ein `Double`- und ein `Int`-Wert als Argumente übergeben. Daher passt hier nur der sekundäre Konstruktor, denn der hat genau diese Parametertypen. Der sekundäre Konstruktor delegiert dann die Arbeit an den primären Konstruktor. Da wir den Konstruktor von dieser Klasse aufrufen wollen, verwenden wir das Schlüsselwort `this`. Mit dem Schlüsselwort `this` referenzieren wir das aktuelle Objekt (mehr dazu später). Der primäre Konstruktor erwartet als Argumente zwei `Int`-Werte. Zum einen reichen wir die `capacity` unverändert weiter. Die initiale Füllmenge wird hingegen berechnet, indem der Anteil mit der maximalen Kapazität multipliziert `(part * capacity)` und dann in einen `Int` Wert umgewandelt wird.

Klingt alles sehr kompliziert? Die gute Nachricht: Sie werden ganz selten sekundäre Konstruktoren benötigen. In anderen Programmiersprachen ist es oft notwendig, mehrere Konstruktoren festzulegen, um Standardwerte zu setzen. Es gibt dann Konstruktoren, bei denen alle Werte festgelegt werden müssen, und andere Konstruktoren, die mit weniger Parametern auskommen.

In Kotlin gibt es hierfür einen besseren Weg, nämlich den Einsatz von Standardwerten für Parameter. Diese Werte ermöglichen es, dass beim Aufruf des Konstruktors (oder anderer Funktionen) nicht alle Argumente übergeben werden müssen.

14.2.8 Default Arguments

Hin und wieder kommt es vor, dass für bestimmte Parameter oft der gleiche Wert als Argument verwendet wird. Betrachten wir dazu einmal das folgende Beispiel:

```
fun main() {
    val glass1 = Glass(80, 250)
    val glass2 = Glass(50, 200)
    val glass3 = Glass(100, 200)
    val glass4 = Glass(90, 200)
    val glass5 = Glass(70, 200)
}
```

Wir haben mehrere Instanzen vom Typ `Glass` erzeugt. Dabei fällt auf, dass die meisten `Glass`-Objekte eine `capacity` von `200` haben. Es wäre nun wünschenswert, einfach einen Standardwert für die `capacity` zu verwenden. So muss man beim Erzeugen des Objekts keine `capacity` angeben, sofern diese dem Standardwert entspricht:

```
fun main() {
    val glass = Glass(50) // Das wäre gut
}
```

Eine Möglichkeit wäre, dass wir die Eigenschaft `capacity` aus dem Konstruktor herausnehmen und im Klassenrumpf mit einem Standardwert initialisieren:

```
class Glass(var content: Int) {
    val capacity = 200
}
```

Dann wäre es jedoch nicht mehr möglich, direkt beim Erzeugen eines `Glass`-Objekts einen anderen Wert für `capacity` zu setzen. Und da `capacity` ein unveränderlicher Wert ist, können wir ihn nicht mehr nachträglich setzen:

```
fun main() {
    val glass = Glass(80)
    glass.capacity = 250 // Das geht nicht!
}
```

In Kotlin gibt es eine bessere Lösung. Sie können für die Parameter von Funktionen und Konstruktoren nämlich Standardwerte festlegen. Dazu wird der Parameter einfach in der Parameterliste initialisiert:

```
class Glass(var content: Int, val capacity: Int = 200)
```

Diese Initialisierung findet jedoch nur dann statt, wenn kein Wert für diesen Parameter übergeben wird. Hierbei sind jedoch noch zwei Dinge zu beachten:

1. Auch bei Default Arguments ist die Reihenfolge der übergebenen Werte relevant. Ist also der erste Parameter in einer Parameterliste ein Default Argument, so wird auch der erste Wert beim Aufruf auf diesen Parameter gesetzt. Aus diesem Grund ist es sinnvoll, Default Arguments immer hinter die anderen Argumente zu setzen.
2. Im Gegensatz zu Initialisierungen an anderen Stellen im Programmcode muss in einer Parameterliste immer der Typ des Parameters explizit angegeben werden. Hier kann Kotlin den Typ nicht inferieren.

Jetzt können wir Instanzen vom Typ `Glass` folgendermaßen erzeugen:

```
fun main() {
    val glass1 = Glass(80, 250) // capacity wird explizit auf 250 gesetzt
    val glass2 = Glass(50)  // capacity wird implizit auf 200 gesetzt
    val glass3 = Glass(100) // capacity wird implizit auf 200 gesetzt
    val glass4 = Glass(90)  // usw.
    val glass5 = Glass(70)
}
```

Durch das Festlegen von Standardwerten sparen wir uns das Definieren weiterer Konstruktoren und Funktionen.

14.2.9 Named Arguments

Wie im letzten Abschnitt erwähnt, ist die Reihenfolge der Werte auch bei Parameterlisten mit Default Arguments relevant. Was macht man jedoch, wenn man mehrere Default Arguments hat, aber nur einige davon übergeben möchte? Nehmen wir als Beispiel die Klasse `Glass`. Wir können ein leeres `Glass` erzeugen, indem wir dem Konstruktor keine Argumente übergeben. Hier bietet es sich ebenfalls an, den `content` als Default Argument zu setzen:

```
class Glass(var content: Int = 0, val capacity: Int = 200)
```

Nun können wir eine `Glass`-Instanz erzeugen, ohne einen Wert zu übergeben. Ein Standardglas hat also einen `content` von `0` und eine `capacity` von `200`. Doch haben Sie eine Idee, wie Sie beim Erstellen eines `Glass` zwar eine `capacity`, jedoch keinen `content` angeben können?

Dazu gibt es sogenannte *Named Arguments*. Named Arguments geben uns die Möglichkeit, dem Compiler mitzuteilen, welcher Parameter gerade übergeben wird. Normalerweise werden alle Parameter nacheinander akzeptiert. Wenn wir das steuern können, haben wir zwei Vorteile:

1. Man kann die Reihenfolge der Parameter beim Aufruf beliebig wählen.
2. Die Lesbarkeit kann unter Umständen gefördert werden.

Mit Named Arguments können die Aufrufe des `Glass`-Konstruktors folgendermaßen aussehen:

```
fun main() {
    val glass1 = Glass(80) // content = 80, capacity = 200 (default)
    val glass2 = Glass(capacity = 50) // content = 0 (default), capacity = 50
    val glass3 = Glass(content = 100) // content = 100, capacity = 200 (default)
    val glass4 = Glass(content = 30, capacity = 100) // content = 30, capacity = 100
    val glass5 = Glass(capacity = 90, content = 10) // content = 10, capacity = 90
    val glass6 = Glass(10, 120) // content = 10, capacity = 120
    val glass7 = Glass() // content = 0 (default), capacity = 200 (default)
}
```

Übrigens:

Default Arguments und Named Arguments sind nicht nur mit Konstruktoren, sondern auch mit Funktionen und Methoden möglich.

14.3 Funktionen und Methoden

Wir haben nun sehr ausführlich gesehen, wie sich Objekte initialisieren lassen. In Kotlin ist dies sehr wichtig, da hiermit der Zustand von Objekten zu Beginn festgelegt wird. Wir haben bereits gesehen, dass es oft besser ist, Werte nicht mehr zu verändern. Daher kommt es in Kotlin oft vor, dass Objekte erzeugt werden, deren Zustand sich nicht mehr verändert. Der Zustand eines Objekts kann sich jedoch auch verändern, wenn einzelne Eigenschaften als `var` definiert sind.

Das Verändern des Objektzustands geschieht in Funktionen, die mit den Objekten arbeiten. Wir werden sehen, wie sich Funktionen direkt für Klassen definieren lassen.

14.3.1 Objekte als Parameter

Wir haben viele Möglichkeiten kennengelernt, Gläser als Objekte derselben Klasse zu erzeugen. Auch eine Flasche können wir als weitere Klasse abbilden:

```
class Bottle(var content: Int)
```

Wir können nun auch ein Objekt der Klasse `Bottle` erzeugen:

```
fun main() {
    val glass1 = Glass(80)
    val glass2 = Glass(100)
    val bottle = Bottle(800)
}
```

Die Variablen `glass1`, `glass2` und `bottle` enthalten Referenzen auf verschiedene Objekte. Diese Referenzen können als Argumente an eine Funktion übergeben werden. Diese Funktion erhält die Referenz als Parameter. Diese Parameter sind unveränderliche Variablen. Allerdings können diese konstanten Referenzen auf Objekte verweisen, die sich sehr wohl ändern lassen.

Wir können nun also eine Funktion schreiben, in der wir die Flüssigkeit von einem `Bottle`-Objekt in ein `Glass`-Objekt umfüllen:

```
fun calculateAmount(contentBottle: Int, contentGlass: Int, maxGlass: Int): Int {
    val capacity = maxGlass - contentGlass
    return if (contentBottle >= capacity) capacity else contentBottle
}

fun decant(bottle: Bottle, glass: Glass) {
    val amount = calculateAmount(bottle.content, glass.content, glass.capacity)

    bottle.content -= amount
    glass.content += amount
}
```

Der Vorteil von Funktionen ist, dass sie mehrfach wiederverwendet und mit unterschiedlichen Argumenten aufgerufen werden können:

```
fun main() {
    decant(bottle, glass1)
    decant(bottle, glass2)
}
```

14.3.2 Methoden: Funktionen auf Objekten ausführen

Neben Eigenschaften lassen sich auch Funktionen für eine Klasse festlegen. Klassen sind nicht nur zum Kapseln von Eigenschaften geeignet, sondern auch zum Kapseln von Funktionen. Im Sinne der Objektorientierung sollten wir Funktionen, die sich auf bestimmte Klassen beziehen, auch zum Teil dieser Klasse werden lassen.

> **Definition *Methoden***
>
> Die Funktionen einer Klasse nennt man Methoden. Es handelt sich dabei um Funktionen, die mit den Zustandsdaten eines Objekts arbeiten. Im Sinne der Objektorientierung sollten wir Funktionen, die sich auf bestimmte Klassen beziehen, auch zum Teil dieser Klasse werden lassen.

Man kann sich das so vorstellen: Eine Klasse haben wir als Formularvorlage angesehen. Nun legen wir zusätzlich noch Gebrauchsanleitungen fest, was man mit Objekten dieser Klasse anstellen kann. Die Gebrauchsanleitung müssen wir nur einmal festlegen, aber das spezifische Verhalten ändert sich, je nachdem, auf welches Objekt wir sie anwenden. Auf dieses Objekt kann innerhalb der Funktion über einen Parameter `this` zugegriffen werden, der automatisch in dieser Funktion zur Verfügung steht. Durch diesen impliziten `this`-Parameter wird eine Funktion zu einer Methode für die Objekte einer Klasse (auch Mitgliedsfunktion oder Member-Function genannt).

Nehmen wir an, wir wollen eine Gebrauchsanleitung festlegen, wie man die Daten auf dem ausgefüllten Formular (also die Zustandsdaten eines Objekts) vorlesen soll. Dazu könnten wir in der Klasse folgende Funktion festlegen:

```
class Glass(var content: Int, val capacity: Int) {
    var drinkName = "Wasser"

    fun readOut() {
        println("Es sind noch $content ml $drinkName im Glas.")
        println("Die maximale Füllmenge sind $capacity ml.")
    }
}
```

Beachten Sie, dass diese Funktion im Klassenrumpf festgelegt wurde. Diese Anleitung gehört also fest zur Klasse. Daher kann man sie auch für Objekte der Klasse `Glass` aufrufen. Man sagt auch, dass die Funktion `readOut()` auf `Glass` definiert ist.

Der Aufruf `glass1.readOut()` erzeugt die Ausgabe:

```
> Es sind noch 40 ml Cola im Glas.
> Die maximale Füllmenge sind 150 ml.
```

Der Aufruf `glass2.readOut()` erzeugt die Ausgabe:

```
> Es sind noch 90 ml Tee im Glas.
> Die maximale Füllmenge sind 200 ml.
```

Die Ausgabe hängt also von den Eigenschaftswerten des Glases ab, für das die Methode aufgerufen wird. Man kann sich dies so vorstellen. Sie haben einmalig für die Klasse die Gebrauchsanleitung für das Vorlesen festgelegt:

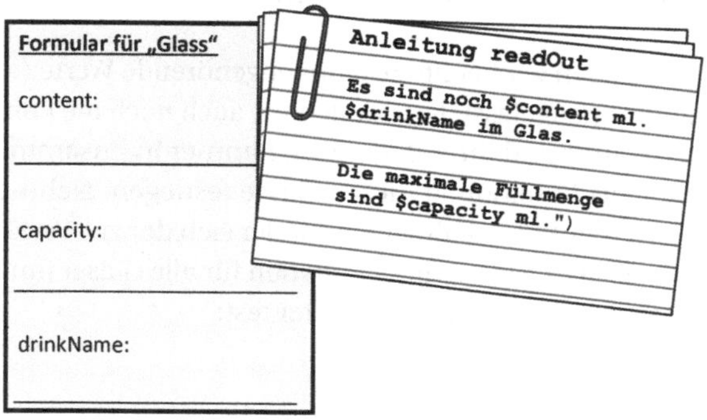

Wenn man diese Anleitung nun auf verschieden ausgefüllte Formulare anwendet, dann wird Unterschiedliches vorgelesen:

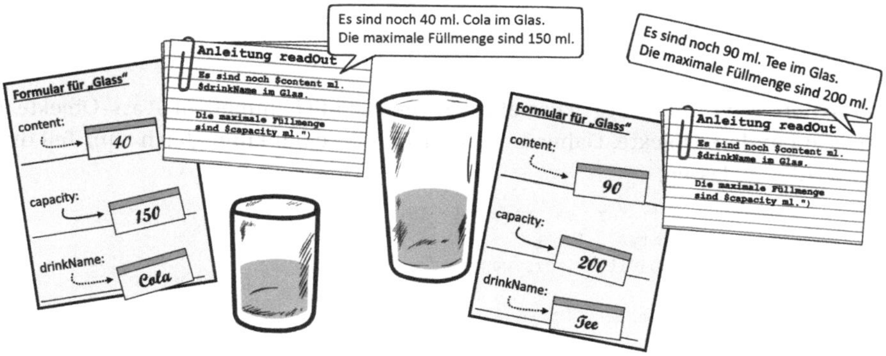

Dieselbe Anleitung für unterschiedliche Objektexemplare führt zu unterschiedlichen Ausgaben. Wir haben also gesehen: Die Klasse legt die Eigenschaften und Methoden allgemein fest. Sie ist so etwas wie der Bauplan für konkrete Objekte. Wenn wir ein konkretes Exemplar einer Klasse erzeugen (oft als *Instanz* oder engl. *instance* bezeichnet), dann hat dieses Objekt konkrete Eigenschaftswerte. Die Eigenschaftswerte bestimmen den Zustand des Objekts. Jedes Objekt kann unterschiedliche Eigenschaftswerte haben, aber die Objekte einer Klasse haben die gleiche Eigenschaftsstruktur.

§ **Definition *Mitglieder***

Eine Klasse hat verschiedene Bestandteile. Dazu gehören Eigenschaften und Methoden. Diese werden auch Mitglieder (Member) der Klasse genannt. Die Klasse definiert, welche Eigenschaften und Methoden zur Verfügung stehen. Die Klasse legt auch fest, welchen Typ die Eigenschaften haben und welche Signatur die Methoden besitzen. Die konkrete Ausprägung einer Eigenschaft mit Datenwerten geschieht erst in den Objekten einer Klasse, d. h. in den konkreten Instanzen. ■

14.3.3 Von Funktionen zu Methoden

Bei der Klasse `Glass` haben wir bereits zusammengehörende Werte (`content` und `capacity`) zu einer Einheit zusammengefasst. Jetzt wollen wir auch noch die Funktionen, die aufgrund ihrer Semantik (also aufgrund ihrer Bedeutung) immer in Zusammenhang mit Objekten einer Klasse stehen, als Funktionen dieser Klasse festlegen. Nehmen wir einmal an, Sie möchten eine weitere Funktion definieren, mit der sich der zur Verfügung stehende Inhalt für ein Glas berechnen lässt. Damit diese Funktion für alle Gläser funktioniert, legen Sie für die Funktion ein bestimmtes Glas als Parameter fest:

```
fun remainingCapacity(glass: Glass): Int {
    return glass.capacity - glass.content
}
```

Die Funktion ruft man so auf:

```
fun main() {
    val glass1 = Glass(100, 200)
    val glass2 = Glass(50, 300)

    val remainingCapacity1 = remainingCapacity(glass1)
    val remainingCapacity2 = remainingCapacity(glass2)
}
```

Die Funktion `remainingCapacity` bezieht sich offensichtlich immer auf `Glass`-Objekte und niemals auf andere Objekte. Daher ist es sinnvoll, diese Funktion gleich zum Teil dieser Klasse werden zu lassen:

```
class Glass(var content: Int, val capacity: Int) {
    fun remainingCapacity(): Int {
        return this.capacity - this.content
    }
}
```

Die wesentliche Änderung und Vereinfachung ist, dass wir keinen Parameter mehr übergeben müssen. Denn der Aufruf der Methode bezieht sich bereits immer auf ein bestimmtes Objekt. Auf dieses Objekt lässt sich mit `this` zugreifen. Die Methode `remainingCapacity()` nimmt also von diesem Glas (`this`) den maximalen Inhalt und zieht von diesem Glas den aktuellen Inhalt ab.

Dieses Glas ist das Glas, für das wir die Methode aufrufen:

```
fun main() {
    // ...
    val remainingCapacity1 = glass1.remainingCapacity()
    val remainingCapacity2 = glass2.remainingCapacity()
}
```

Beim ersten Aufruf bezieht sich `this` also auf `glass1`, und beim zweiten Aufruf bezieht sich `this` auf `glass2`.

Vielleicht wundern Sie sich, was der Nutzen ist. Vorher haben wir der `remainingCapacity`-Funktion das betreffende `Glass` als Parameter übergeben. Jetzt rufen wir für das betreffende `Glass` die Funktion der Klasse auf.

Ein großer Vorteil ist, dass wiederum zusammengehörende Dinge als eine Einheit zusammengefasst werden. Die Funktion `remainingCapacity()` ist nun zum Teil der Klasse `Glass` geworden. So sehen Sie auch immer gleich, welche Funktionen für jedes `Glass` verfügbar sind. Die IDE (z. B. IntelliJ) unterstützt Sie sogar dabei, indem für ein Objekt einer Klasse eingeblendet wird, welche Methoden für dieses Objekt aufgerufen werden können.

Das Definieren von Methoden hat zudem den Vorteil, dass man sich diese Funktionen wie Benachrichtigungen oder Anfragen an ein Objekt vorstellen kann.

Der Aufruf `glass1.remainingCapacity()` bedeutet in etwa: „Hey Glas Nr. 1, wie viel Kapazität ist bei dir noch frei?“.

> **Methoden sind Funktionen einer Klasse!**
>
> Methoden ermöglichen es, eine Nachricht oder Anfrage an ein Objekt einer Klasse zu senden. Die Bearbeitung oder Beantwortung dieser Anfrage ist als Funktionalität in der Klassendefinition festgelegt. Die Anweisungen innerhalb einer Methode beziehen sich immer auf das Objekt, für das die Methode aufgerufen wurde.

Da Methoden sich ebenso wie Eigenschaften auf ein Objekt beziehen, bezieht sich auch der Zugriff auf Eigenschaften in den Methoden auf dieses Objekt.

Die Aufrufe `glass1.remainingCapacity()` und `glass2.remainingCapacity()` führen also zu unterschiedlichen Ergebnissen, wenn die Gläser unterschiedlich gefüllt sind.

Wenn eindeutig ist, dass die Eigenschaft der Klasse gemeint ist, kann das Keyword `this` weggelassen werden:

```
class Glass(var content: Int, val capacity: Int) {
    fun remainingCapacity(): Int {
        return capacity - content // Es geht auch ohne this
    }
}
```

Dies ist nicht der Fall, wenn ein Parameter einer Methode den gleichen Namen hat wie die Eigenschaft des Objekts. In Kotlin gibt es Gültigkeitsbereiche für die Namen von Eigenschaften, Methoden und Klassen. Wenn ein neuer Name lokal festgelegt wird, überdeckt dieser eventuell einen Namen, der in einem äußeren Gültigkeitsbereich definiert wurde. Dies hatten wir bereits in Abschnitt 12.8, „Shadowing von Variablen“, kennengelernt.

In diesem Fall muss mit `this` explizit gekennzeichnet werden, dass die Eigenschaft des Objekts und nicht der Parameter referenziert werden soll. Dadurch kann der Compiler zwischen der Eigenschaft der Klasse (allgemeinerer Namensraum) und dem Parameter (lokaler Namensraum) unterscheiden.

Ein Beispiel dafür sehen Sie hier:

```
class Glass(var content(1): Int, var capacity(3): Int) {
    fun add(content(2): Int) {
        val calculatedContent = this.content(1) + content(2)
        this.content(1) = if (calculatedContent <= capacity(3)) {
            calculatedContent
        } else {
            println("Das Glas ist voll")
            capacity(3)
        }
    }
}
```

Das Schlüsselwort `this` wird auch noch in anderen Situationen zwingend benötigt, z. B. wenn eine Methode eine Referenz auf das Objekt selbst zurückgeben oder als Argument weitergeben möchte. Hier ein Beispiel:

```
class Glass(var content: Int, val capacity: Int) {
    fun biggerGlass(other: Glass): Glass {
        return if (this.capacity >= other.capacity) {
            this
        } else {
            other
        }
    }
}
```

Die Methode `biggerGlas` vergleicht das `Glass`, für das die Methode aufgerufen wird, mit einem anderen `Glass`. In der `if`-Bedingung sieht man zunächst, warum die Verwendung von `this` mehr als guter Stil ist. Es wird zweimal auf `capacity` zugegriffen: einmal für dieses Glas (`this`) und einmal für das andere Glas (`other`). Je nachdem, wo mehr enthalten ist, soll entweder dieses (`this`) oder das andere (`other`) Glas zurückgegeben werden. Das aktuelle Glas können wir nur über `this` referenzieren.

`this` ist ein impliziter Parameter, der uns beim Aufruf von Methoden eines Objekts zur Verfügung steht. `other` ist ein von uns eingeführter Parameter, der beim Aufruf der Methode explizit angegeben werden muss.

Mit folgender Anweisung können Sie der Variablen `bigGlass` das größere Glas zuweisen:

```
fun main() {
    // ...
    val bigGlass = glass1.biggerGlass(glass2)
}
```

14.4 Datenkapselung

Eventuell ist Ihnen schon aufgefallen, dass die Implementierung der `Glass`-Klasse noch Fehlerquellen birgt. Eine davon ist zum Beispiel, dass zwar bei der `add`-Methode und im Konstruktor überprüft wird, ob die `capacity` überschritten wurde, es jedoch immer noch möglich ist, über andere Wege die `capacity` zu überschreiten.

Am einfachsten kann dieser Fehlzustand herbeigeführt werden, indem man einfach von außerhalb die Eigenschaft `content` verändert:

```
fun main() {
    val glass1 = Glass(200, 100)
    glass1.content = 500
}
```

Hier wird der `content` des Objekts `glass1` auf `500` gesetzt, obwohl es nur eine `capacity` von `200` hat. Das ist ohne weitere Probleme möglich, da diese Eigenschaft weder mithilfe von Sichtbarkeitsmodifikatoren noch durch andere Mechanismen überprüft oder geschützt wird.

Da es keine denkbare Situation gibt, in der die Eigenschaft `content` einen Wert unter `0` oder größer als `capacity` haben sollte, gibt es hier eigentlich nur eine valide Lösung, den Wert der Eigenschaft zu kontrollieren. Dafür sind *Setter-Methoden* vorgesehen.

14.4.1 Setter und Getter

Die Zuweisung `glass1.content = 500` führt intern zu einem Aufruf einer `set`-Methode, also einer Methode, die den Eigenschaftswert `content` für `glass1` setzt. Die `set`-Methode wird automatisch erzeugt und weist den übergebenen Wert dem sogenannten *Backing Field* zu. Das Backing Field ist das eigentliche Datenfeld vom `Int`-Objekt, also der Speicherplatz, wo der Wert tatsächlich steht. Wir können die Klasse `Glass` ändern und die `set`-Methode selbst festlegen.

Dazu sind folgende Schritte nötig:

- Wir legen die Eigenschaft `content` im Rumpf der Klasse statt im Konstruktor fest.
- Für die Eigenschaft definieren wir eine angepasste `set`-Methode.
- Im Konstruktor der Klasse legen wir einen Parameter fest, um den Startwert zu setzen.

Mit dieser Änderung sieht die Klasse `Glass` so aus:

```
class Glass(content: Int, val capacity: Int) {
    var content = 0
        set(value) {
            field = when {
                value <= 0 -> 0
                value >= capacity -> capacity
                else -> value
            }
        }
}
```

Die `set`-Methode einer Eigenschaft muss immer direkt hinter der Eigenschaft definiert werden. Die Methode hat genau einen Parameter, nämlich den Wert, der *neu gesetzt* werden soll. Diesen übernehmen wir jedoch nicht einfach. Stattdessen unterscheiden wir drei Fälle:

- **Wenn** `value <= 0` ist, **dann** setzen wir das Eigenschaftsfeld auf `0`. Ein Glas kann schließlich keine negativen ml haben.
- **Wenn** `value >= capacity` ist, **dann** setzen wir das Eigenschaftsfeld auf `capacity`. Ein Glas kann schließlich nur maximal gefüllt werden.
- **Ansonsten** setzen wir das Eigenschaftsfeld auf `value`. Dieser Wert liegt dann zwischen `0` und `capacity`. Das Glas wird normal gefüllt.

Um den Wert endgültig zuzuweisen, wird er auf das Backing Field gesetzt, auf das man über das Schlüsselwort `field` zugreifen kann.

§ **Definition *Backing Field***

Das Backing Field einer Eigenschaft speichert den tatsächlichen Wert. In Kotlin kann es auch Eigenschaften geben, die dynamisch berechnet werden und daher ohne ein Backing Field auskommen.

Wichtig ist dabei, dass wir zwar die Klassenstruktur intern ändern, dies aber nicht nach außen sichtbar wird. Das bedeutet, dass es weiterhin die Eigenschaft `content` gibt und diese nach wie vor gesetzt werden kann, z. B. durch diese Anweisung: `glass1.content = 500`. Der Wert von `glass1.content` ist nun aber nicht 500. Die `set`-Methode korrigiert den Wert auf 200.

Achtung: Das eigentliche Setzen des Wertes geschieht erst beim Setzen auf das Backing Field (`field = ...`). Zudem sollte in einer `set`-Methode niemals der Wert auf die Eigenschaft selbst gesetzt werden, da somit die `set`-Methode nochmals aufgerufen wird. Dies führt zu einer Endlosrekursion, wie in Zeile 6 des folgenden Beispiels:

```
1     //...
2     var content = 0
3         set(value) {
4             // Setzen von content ruft die set-Methode erneut auf und führt
5             // zu einer Endlosrekursion.
6             content = when {
7                 value <= 0 -> 0
8                 value >= capacity -> capacity
9                 else -> value
10            }
11        }
12    //...
```

Eine `set`-Methode wird immer aufgerufen, wenn ein Wert auf die Eigenschaft gesetzt wird. Also sollten wir damit auf der sicheren Seite sein. Naja, nicht ganz. Die Aussage stimmt soweit, jedoch mit einer Einschränkung. Wenn ein Wert im Klassen-Rumpf oder in der Parameterliste des Konstruktors gesetzt wird, wird dieser Wert direkt auf das Backing Field gesetzt. Die `set`-Methode wird übersprungen. Deshalb muss in einem solchen Fall der Wert im `init`-Block zugewiesen werden:

```
class Glass(content: Int, val capacity: Int) {
    // ...

    init {
        this.content = content
    }

    fun add(content: Int) {
        this.content += content
    }
}
```

Erst hier wird die `set`-Methode aufgerufen. Abgesehen von dieser Einschränkung, haben wir jedoch jetzt wirklich das Setzen der Eigenschaft `content` unter Kontrolle. Aus diesem Grund muss auch in der `add`-Methode keine Überprüfung mehr durchgeführt werden.

Auf ähnliche Art und Weise können Sie auch den lesenden Zugriff auf eine Variable kontrollieren. Das wird häufig dazu verwendet, um den eigentlichen Wert der Eigenschaft dynamisch zu berechnen. Dazu können Sie für jede Eigenschaft auch eine `get`-Methode definieren, welche keinen Wert entgegennimmt, jedoch einen zurückgibt.

14.4.2 Berechnete Eigenschaften

Nehmen wir an, ein `Glass` hat eine Eigenschaft `empty`, welche angibt, ob ein `Glass` leer ist. Ergänzend dazu gibt es eine Eigenschaft `full`, welche angibt, ob es voll ist. Zudem soll es eine Eigenschaft `fillLevel` geben, die zurückgibt, zu viel wie Prozent das Glas gefüllt ist. Statt diese Werte bei jeder Veränderung von `content` zu setzen, könnten sie auch erst beim Aufruf der `get`-Methode berechnet werden:

```
class Glass(content: Int, val capacity: Int) {
    // ...

    val empty: Boolean
        get() = content == 0

    val full: Boolean
        get() = content == capacity

    var fillLevel: Float
        get() = content.toFloat() / capacity
        set(value) {
            content = (value * capacity).toInt()
        }
}
```

Das eliminiert eine häufige Fehlerquelle: Wenn verschiedene Variablen in Abhängigkeit zueinander stehen und gemeinsam verändert werden müssten, vergisst man leicht eine Variable. Dafür wird aber mehr Rechenzeit benötigt, weil die Berechnung bei jedem Zugriff auf die Eigenschaft durchgeführt wird.

Die `get()`-Methode muss einen Wert vom Typ der Eigenschaft zurückgeben. Für `full` und `empty` muss also ein `Boolean` zurückgegeben werden. Bei `fillLevel` ist es ein `Float`. Bei jedem Zugriff auf `empty`, `full` und `fillLevel` wird der entsprechende Ausdruck hinter dem `get` ausgeführt. Dieser Ausdruck berechnet den *aktuellen Wert* für die Eigenschaft und gibt diesen zurück.

Sie können für solche Eigenschaften nicht nur einen lesenden, sondern auch einen schreibenden Zugriff festlegen. Die Eigenschaft `fillLevel` hat zwar kein eigenes Backing Field, kann allerdings trotzdem gesetzt werden: `glass1.fillLevel = 0.3`. Wenn hier ungültige Werte verwendet werden wie z. B. `1.5` oder `-0.2`, dann wird dennoch sichergestellt, dass `content` weiterhin richtig gesetzt wird. Denn bei der `set`-Methode von `fillLevel` wird beim Setzen von `content` automatisch die `set`-Methode von `content` aufgerufen. Diese stellt sicher, dass nur gültige Werte gesetzt werden.

14.4.3 Methoden in Eigenschaften umwandeln

Bislang wurde der zur Verfügung stehende Inhalt von der Methode `remainingCapacity` berechnet. Wir können aber auch eine Eigenschaft definieren, die diesen Wert bereitstellt. Im Prinzip ist es ja auch eine Eigenschaft eines bestimmten `Glass`, wie viel Platz noch verfügbar ist. Somit sieht die Klasse `Glass` auf dem aktuellen Stand so aus:

```
class Glass(content: Int, val capacity: Int) {
    var content = 0
        set(value) {
            field = when {
                value <= 0 -> 0
                value >= capacity -> capacity
                else -> value
            }
        }

    val empty: Boolean
        get() = content == 0

    val full: Boolean
        get() = content == capacity

    var fillLevel: Float
        get() = content.toFloat() / capacity
        set(value) {
            content = (value * capacity).toInt()
        }

    val remainingCapacity: Int
        get() = capacity - content

    init {
        this.content = content
    }

    fun add(content: Int) {
        this.content += content
    }
}
```

Für die Eigenschaft `remainingCapacity` haben wir keine `set`-Methode festgelegt. Sie kann also nicht gesetzt werden. Daher haben wir die Eigenschaft als `val` definiert. Ein lesender Zugriff ist somit möglich, ein schreibender Zugriff hingegen nicht. Dennoch kann sich der Eigenschaftswert ändern, er wird ja dynamisch berechnet. `val` bedeutet also nicht unbedingt konstant, sondern unveränderlich in dem Sinne, dass wir den Wert nicht setzen können.

Berechnete Eigenschaft vs. Methode

Eigenschaftswerte können also auch durch Funktionen berechnet werden. Wo ist dann noch der Unterschied zu einer selbst definierten Methode, bei der Daten gesetzt oder ausgelesen werden? Zum einen können Methoden zusätzlich Parameter festlegen, um einen Wert zu berechnen. Wenn keine Parameter erforderlich sind, dann kann tatsächlich die Methode durch eine berechnete Eigenschaft ersetzt werden. Dabei ist es eher eine Konvention, dass kurze schnelle Berechnungen eher als berechnete Eigenschaft und umfangreichere Berechnungen eher als Funktion – also hier als Methode der Klasse – definiert werden.

Letztlich ist dies eine pragmatische Entscheidung, das heißt es kommt auf die Bedeutung für uns Menschen an. Die verbleibende Kapazität lässt sich einerseits berechnen, gleichzeitig ist sie eine Eigenschaft, die ein Glas nun einmal hat. Es kommt also darauf an, ob wir als Menschen in einer bestimmten Situation einen Wert eher als eine Eigenschaft oder als das Ergebnis einer Berechnung auffassen.

14.4.4 Sichtbarkeitsmodifikatoren

Da jeder Zugriff auf eine Eigenschaft in Kotlin immer über setter/getter geschützt wird, sind Eigenschaften häufig `public`, d. h. jeder kann auf die Eigenschaft zugreifen. Allerdings können wir verhindern, dass Benutzer unserer Klasse einfach beliebige Werte für die Eigenschaften festlegen. Wir haben also, wenn nötig, die Kontrolle darüber, wie die eigentlichen Werte gesetzt werden.

Grundsätzlich sollten Sie so wenig Zugriff auf Ihre Implementierung gewähren wie möglich. Dadurch schützen Sie nicht nur Ihre Daten. Sie können auch Ihre Implementierung ändern, ohne dass andere Klassen davon betroffen sind. In Kotlin sieht es so aus, als ob man jederzeit einfach auf alle Eigenschaften zugreifen kann. Tatsächlich ist jeder Zugriff auf Eigenschaften über eine `setter/getter`-Methode geregelt. Sie können diese Methode selbst definieren, ohne dass sich die Syntax für den Zugriff auf die Eigenschaft ändert.

Der Vorteil einer eigenen `set`-Methode ist, dass Sie zum einen regeln können, *ob* die Eigenschaft tatsächlich gesetzt wird (ob es sich etwa um einen gültigen Wert handelt). Zum anderen können Sie festlegen, *wie* die Eigenschaft gesetzt wird. Denn in welchem Format die Eigenschaft intern gespeichert wird und ob weitere Daten gesammelt werden (z. B. wie häufig eine Eigenschaft verändert wird), das ist nach außen hin nicht sichtbar. `set` und `get` können dabei auch für Eigenschaftswerte bereitgestellt werden, ohne dass ein Backing Field zum Speichern der Daten benötigt wird. Dies haben wir für die Eigenschaften `full`, `empty`, `fillLevel` und `remainingCapacity` gesehen. Dort wird der Eigenschaftswert berechnet. Nach außen hin (also bei der Benutzung von Objekten der Klasse) ist dies nicht sichtbar, Sie verbergen also die Details der Implementierung.

In unserer Klasse `Glass` werden nur die Eigenschaften `content` und `capacity` in Backing Fields gespeichert. Man kann sich das so vorstellen: Die Backing Fields sind `private` und niemals direkt veränderbar. Die Eigenschaften selbst sind jedoch `public`, also nach außen hin sichtbar. Wenn eine Eigenschaft gesetzt wird, z. B. mit `glass1.content = 100`, dann wird nicht direkt das private Backing Field gesetzt. Stattdessen wird intern `set(100)` für die Eigenschaft `content` aufgerufen. Wenn wir keine eigene `set`-Methode definieren, dann generiert der Compiler eine für uns, die einfach nur den zugewiesenen Wert (z. B. 100) auf das Backing Field setzt. Wenn wir steuern möchten, wie das Setzen des Eigenschaftsfeldes geschieht, legen wir eine eigene `set`-Methode an und setzen selbst den Wert auf das Backing Field. Das Backing Field ist also nicht nach außen sichtbar.

Dennoch kann es sinnvoll sein, Eigenschaften und Methoden nach außen hin überhaupt nicht sichtbar zu machen, wenn sie nur für interne Zwecke dienen. Beispiele dafür sind Hilfsfunktionen oder ein nach außen nicht sichtbarer Zustand des Objekts. Wenn Sie beispielsweise in einer Eigenschaft speichern möchten, wie viel Flüssigkeit daneben geschüttet wurde, diese Eigenschaft von außen aber weder verändert noch ausgelesen werden soll, dann können Sie diese Eigenschaft nach außen hin völlig unsichtbar machen. In Kotlin gibt es hierfür folgende Sichtbarkeitsmodifikatoren, die vor eine Eigenschaft oder Methode geschrieben werden können.

- `public`: Das ist der Standard. Eigenschaften und Methoden können von überall aus gesehen und aufgerufen werden. Da `public` der Standard ist, muss das nicht vor eine Eigenschaft oder Methode geschrieben werden.
- `internal`: Die Deklaration (Eigenschaft oder Methode) ist nur innerhalb eines Moduls sichtbar. Dieser Modifikator wird häufig verwendet, wenn man eine eigene Bibliothek

schreibt und steuern möchte, welche Klassen, Eigenschaften und Methoden für den Programmierer sichtbar sind, der die Bibliothek verwendet. In diesem Buch werden wir `internal` allerdings nicht verwenden.

- `private`: Die Deklaration ist nur innerhalb derselben Klasse sichtbar.
- `protected`: Genau wie `private`, allerdings können Unterklassen, siehe Kapitel 16, „Vererbung", auf die Deklarationen zugreifen.

Greifen wir noch einmal unser Glasbeispiel auf. Beim Setzen des Wertes für die Eigenschaft `content` wird überprüft, ob der `content` die `capacity` nicht überschreitet. Im nächsten Beispiel wurde die Klasse `Glass` so angepasst, dass die übergelaufene Füllung in einer privaten Eigenschaft `overflow` abgespeichert wird:

```
class Glass(content: Int, val capacity: Int) {
    private var overflow = 0

    var content = 0
        set(value) {
            field = when {
                value <= 0 -> 0
                value >= capacity -> {
                    overflow += value - capacity
                    capacity
                }
                else -> value
            }
        }
    // ...
}
```

Die Sichtbarkeit der Eigenschaft `overflow` wurde auf `private` gesetzt. Dadurch ist die Eigenschaft nur innerhalb der Klasse `Glass` sichtbar und kann auch nur dort verwendet werden. In der `set`-Methode wird der `overflow` berechnet, wenn `value` die `capacity` überschreitet.

Häufig kommt es vor, dass eine Klasse es erlauben möchte, dass Eigenschaften nach außen hin sichtbar, aber nicht veränderbar sein sollen. Gleichzeitig soll es der Klasse selbst aber erlaubt sein, die Variable zu verändern. Für diesen Fall können Sie festlegen, dass `set`-Methoden `private` sein sollen:

```
class Glass(content: Int, val capacity: Int) {
    var overflow = 0
        private set

    // ...
}
```

Auf die Eigenschaft `overflow` kann zwar von außerhalb der Klasse zugegriffen werden, allerdings ist das Setzen nur noch innerhalb der Klasse möglich, da die `set`-Methode als `private` definiert wurde. Andersherum (private get, public set) funktioniert dies übrigens nicht. Das würde aber auch keinen Sinn machen, da wir sonst eine für uns unsichtbare Variable verändern würden.

14.5 Spezielle Klassen

Klassen spielen in der objektorientierten Programmierung eine zentrale Rolle, da sie die Struktur der Objekte festlegen. Daher gibt es auch spezielle Formen von Klassen, die wir uns in den folgenden Abschnitten anschauen werden:

- Daten-Klassen stellen Klassen dar, die sich ausschließlich durch die aktuellen Werte ihrer Eigenschaften auszeichnen.
- Enum-Klassen stellen Klassen dar, die nur bestimmte (vordefinierte) Werte annehmen können. Beispiele dafür sind eine definierte Aufzählung von Farben (Rot, Grün, Blau), Spielmodi (Singleplayer, Multiplayer) oder Himmelsrichtungen (Nord, Ost, Süd, West).
- Singuläre Objekte, die aufgrund ihrer Einzigartigkeit keine Klassendefinition benötigen. Es gibt nämlich nur ein Exemplar davon.
- Verschachtelte Klassen, die als Teil einer anderen Klasse definiert werden.

14.5.1 Daten-Klassen

In der objektorientierten Programmierung unterscheidet man zwei Arten der Gleichheit. Zum einen können zwei Objekte gleich sein, wenn es sich tatsächlich um dasselbe Objekt handelt. Wenn also zwei Variablen dasselbe Objekt referenzieren, dann sind ihre Werte gleich. Man sagt auch: die **Identität** des Objekts ist gleich. Zum anderen können wir aber auch sagen, dass zwei Objekte gleich sind, wenn ihre Eigenschaften die gleichen Werte haben. Es kann sich also durchaus um zwei verschiedene Objekte handeln, die aber die gleichen Werte besetzen. Man sagt auch: Die **Werte** des Objekts sind gleich.

Übrigens:
Objekte, die durch ihre Identität definiert werden, werden auch *Reference Objects* genannt.
Objekte, die durch die Werte all ihrer Eigenschaften definiert werden, werden auch *Value Objects* genannt.

Denken wir zum Beispiel an das Konzept unserer Gläser. Zwei `Glass`-Objekte sind bezogen auf ihre Entität nur dann gleich, wenn es sich um **dasselbe Objekt** handelt. Auch wenn Sie zwei 250-ml-Gläser haben, die jeweils mit 100 ml gefüllt sind, so handelt es sich doch um verschiedene Objekte.

Jedoch gibt es auch Typen, deren Objekte tatsächlich als gleich betrachtet werden sollen, wenn sie den **gleichen Inhalt** haben. Betrachten wir zum Beispiel eine Adresse. Eine Adresse ist dann dieselbe Adresse, wenn all ihre Werte (Straße, Hausnummer, PLZ, Ort) gleich sind. Dabei ist es vollkommen egal, ob es sich um das dasselbe Objekt handelt. Zwei Objekte mit derselben Adresse gelten als gleich. Ein solches Objekt nennt man *Value Object*, da es durch seine Werte definiert ist.

Gleichheit von normalen Klassen

Doch wie kann man in Kotlin zwischen den beiden Objektarten unterschieden? Um diese Frage zu beantworten, müssen wir verstehen, was genau bei dem Vergleich geschieht. Dazu definieren wir zunächst die Klasse `Address` mit den Eigenschaften `street`, `houseNumber`, `postCode` und `city`:

```
class Address(
    val street: String,
    val houseNumber: Int,
    val postCode: String,
    val city: String
)
```

Als Nächstes erzeugen wir zwei Objekte dieses Typs:

```
fun main() {
    val addr1 = Address("Blumenstraße", 10, "12345", "Entenhausen")
    val addr2 = Address("Blumenstraße", 10, "12345", "Entenhausen")
}
```

Nun stellt sich die Frage: Was wertet der Ausdruck `addr1 == addr2` aus?

Intern wird die Methode `equals()` des ersten Objekts aufgerufen. Man könnte also auch schreiben: `addr1.equals(addr2)`. Die Basisimplementierung der Methode wird von `Any` vererbt (was das bedeutet, sehen wir in Kapitel 17, „Polymorphie"). Diese legt fest, dass zwei Objekte dann gleich sind, wenn es sich tatsächlich um **dasselbe** Objekt handelt. Es reicht also nicht aus, dass die Eigenschaftswerte identisch sind. Der Aufruf von `addr1 == addr2` wertet also zu `false` aus.

Wie zuvor beschrieben, sind solche Value Objects jedoch gleich, wenn ihre Werte gleich sind. Um dieses Verhalten zu erreichen, müsste also das Verhalten der `equals`-Methode überschrieben bzw. geändert werden.

Bei der `equals`-Methode handelt es sich also um die Methode, die aufgerufen wird, wenn die Gleichheit zweier Objekte überprüft werden soll. An dieser Stelle sollte also nicht auf die Gleichheit der Objekte, sondern auf die seiner Eigenschaften überprüft werden.

Dafür müssen wir die `equals`-Methode der Klasse `Address` so überschreiben, dass alle Eigenschaften verglichen werden:

```
class Address(
  val street: String,
  val houseNumber: Int,
  val postCode: String,
  val city: String
) {
  override fun equals(other: Any?): Boolean = when (other) {
      is Address -> this.street == other.street &&
              this.houseNumber == other.houseNumber &&
              this.postCode == other.postCode &&
              this.city == other.city
      else -> false
    }
}
```

Was genau das Überschreiben einer Methode bedeutet, lernen wir in Abschnitt 17.1, „Überschreiben von Methoden", kennen. Uns geht es erst einmal nur darum, dass wir den Vergleich zweier Objekte vom Typ `Address` selbst kontrollieren wollen.

Da `other` vom Typ `Any?` ist, müssen wir zunächst überprüfen, ob `other` vom Typ `Address` ist. Wenn ja, können wir alle Eigenschaften vergleichen. In diesem Fall sagen wir, dass zwei `Address`-Instanzen gleich sind, wenn `street`, `houseNumber`, `postCode` und `city` den gleichen Wert haben. Der Aufruf `addr1 == addr2` wertet jetzt zu `true` aus.

Wir können also steuern, welche Eigenschaften für den Vergleich miteinbezogen werden. Allerdings ist dies sehr aufwendig.

Und es gibt noch eine wichtige Sache: Wenn Sie die `equals`-Methode überschreiben, dann müssen Sie auch die `hashCode`-Methode überschreiben. Das ist eine Art Vertrag, die für diese beiden Methoden geschlossen wurde. Der Compiler zwingt Sie allerdings nicht dazu. Es ist jedoch semantisch falsch, wenn Objekte, die gleich sind, zu unterschiedlichen Hashwerten führen können. Spätestens wenn Sie solche Objekte als Schlüssel verwenden möchten, z. B. beim Speichern in einer `HashMap`, kommt es zu Fehlern! Sie müssen diese Information an dieser Stelle noch nicht vollständig verstehen. Jedoch sollten Sie spätestens dann daran denken, wenn Sie selbst eine `equals`-Methode überschreiben.

Gleichheit von Daten-Klassen

In Kotlin gibt es eine sehr einfache Möglichkeit, diese Methoden vom Compiler automatisch generieren zu lassen. Sie können eine Klasse als sogenannte *Daten-Klasse* deklarieren. Dazu schreibt man einfach das Schlüsselwort `data` vor die Klassendefinition:

```
data class Address(
    val street: String,
    val houseNumber: Int,
    val postCode: String,
    val city: String
)
```

Für Daten-Klassen wird die `equals`-Methode so definiert, dass zwei Objekte dann gleich sind, wenn alle Eigenschaftswerte gleich sind. Auch die `hashCode`-Methode wird automatisch definiert, sodass der Hashcode aus allen Eigenschaften berechnet wird. Wenn wir also zwei Adressen-Objekte haben, dann gilt:

```
fun main() {
    // ...
    addr1 == addr2 // true
    addr1.hashCode() == addr2.hashCode() // true
}
```

Die automatisch erzeugte `equals`-Methode hat noch einen weiteren Vorteil. Wenn `Address` eine normale Klasse wäre und wir eine weitere Eigenschaft hinzufügen würden, müssten wir die `equals`-Methode anpassen. Das ist etwas, woran wir als Entwickler denken müssen. Wir haben eine versteckte Abhängigkeit zwischen Eigenschaften und `equals`. Das ist eine zusätzliche Fehlerquelle. Bei einer `data class` haben wir diese Fehlerquelle eliminiert. Der Compiler aktualisiert die `equals`-Methode für jede Eigenschaften, die wir hinzufügen.

Bei den automatisch generierten Methoden werden allerdings nur die Eigenschaften berücksichtigt, die im Konstruktor angelegt sind. Eine Daten-Klasse kann wie andere Klassen auch zusätzliche Eigenschaften im Klassenrumpf definieren. Diese Eigenschaften werden dann jedoch nicht von der `equals`- und `hashCode`-Methode berücksichtigt. Dies kann nützlich sein, wenn Sie z. B. für eine Adresse zusätzliche Informationen speichern möchten, die bei einem Datenvergleich von zwei Adressen nicht berücksichtigt werden sollen.

Die toString-Methode

Der Compiler generiert neben der `equals`- und `hashCode`-Methode zusätzlich die folgenden Methoden automatisch, ohne dass Sie etwas selbst programmieren müssen: `toString`, `copy` und `component`. Auch diese sind sehr nützlich, wie wir im Folgenden sehen werden.

Die `toString`-Methode wird dafür genutzt, um eine Repräsentation des Objekts als Zeichenkette (String) zu erhalten. Diese wird z. B. eingesetzt, wenn Sie ein Objekt auf der Konsole ausgeben möchten:

```
fun main() {
    val addr1 = Address("Blumenstraße", 10, "12345", "Entenhausen")
    println(addr1)
}
```

Die `println`-Funktion verwendet für die Konsolenausgabe von Objekten die `toString`-Methode. Deshalb müssen wir beim obigen Beispiel nicht explizit `toString` auf dem Objekt `addr1` aufrufen.

Die Standardimplementierung von `toString` gibt den Klassennamen und den Hashwert des Objekts auf der Konsole aus. Bei dem obigen Objekt wäre das z. B. `Address@4e50df2e`.

Diese Ausgabe gibt uns bei der Suche nach Fehlern oder bei der Ausgabe von Ergebniswerten keine Einblicke in den aktuellen Zustand des `addr1`-Objekts. Daher müssten wir die `toString`-Methode selbst anpassen, um eine sinnvolle Ausgabe zu erhalten.

Bei Daten-Klassen wird diese `toString`-Methode automatisch vom Compiler generiert. Sie wird so definiert, dass der Klassenname und die Eigenschaftsnamen nebst Wertebelegung ausgegeben werden. Wenn beim obigen Beispiel die Klasse `Address` eine Daten-Klasse wäre, würde der `println`-Aufruf zur folgenden Ausgabe führen:

```
> Address(street=Blumenstraße, houseNumber=10, postCode=12345, city=Entenhausen)
```

Die copy-Methode

Eine weitere nützliche und automatisch generierte Methode ist `copy`. Diese Methode liefert eine Kopie des Objekts, wobei Sie einzelne Werte verändern können:

```
fun main() {
    val addr1 = Address("Blumenstraße", 10, "12345", "Entenhausen")

    // addr2 ist ein neues Objekt, mit den gleichen Werten wie addr1
    val addr2 = addr1.copy()

    // addr3 ist ein neues Objekt, mit den gleichen Werten wie addr1, bis auf die
        houseNumber
    val addr3 = addr1.copy(houseNumber = 15)
}
```

Das Kopieren von Daten in ein neues Objekt ist insbesondere sinnvoll, wenn ganz im Sinne der funktionalen Programmierung mit unveränderlichen Daten gearbeitet wird. Das ursprüngliche Objekt behält seinen Zustand bei und kann somit ohne Bedenken von anderen Objekten weitergenutzt werden. Das lässt sich einfach überprüfen, indem man `addr1`, `addr2` und `addr3` nacheinander auf der Konsole ausgibt. Die ersten beiden Adressen haben die gleichen Werte, während bei `addr3` die Hausnummer 15 ist:

```
> Address(street=Blumenstraße, houseNumber=10, postCode=12345, city=Entenhausen)
> Address(street=Blumenstraße, houseNumber=10, postCode=12345, city=Entenhausen)
> Address(street=Blumenstraße, houseNumber=15, postCode=12345, city=Entenhausen)
```

Die `copy`-Methode steht Ihnen für normale Klassen nicht zur Verfügung. Sie müssten diese selbst implementieren. Bei Daten-Klassen nimmt Ihnen der Compiler die Arbeit ab. Beim Kopieren ist zu beachten, dass nur die Eigenschaften berücksichtigt werden, die im Konstruktor definiert sind.

Die component-Methoden

Der Compiler generiert zudem für jede im Konstruktor festgelegte Eigenschaft eine eigene Zugriffsfunktion. Diese Zugriffsfunktionen sind durchnummeriert. Für unser Beispiel mit den vier Eigenschaften *Straße*, *Hausnummer*, *Postleitzahl* und *Stadt* sind es also vier Methoden `component1`, `component2`, `component3` und `component4`. Diese Methoden können für jedes Objekt der Daten-Klasse `Address` aufgerufen werden:

```
fun main() {
    val addr1 = Address("Blumenstraße", 10, "12345", "Entenhausen")
    val street: String = addr1.component1()
    val houseNumber: Int = addr1.component2()
}
```

Der Rückgabetyp der jeweiligen `component`-Methode entspricht dem Typ der jeweiligen Eigenschaft. `component1` liefert also die Straße als `String`, `component2` die Hausnummer als `Int` usw. zurück.

Doch wozu werden diese Methoden überhaupt benötigt? Schließlich könnten wir auch direkt auf die Eigenschaften zugreifen. Die `component`-Methoden werden von Kotlin genutzt, um einen komplexen Datentyp wie etwa eine Adresse zu dekonstruieren, also wieder auseinanderzubauen. Auf diese Weise können Sie durch eine einzelne Anweisung die Daten der Adresse einzelnen Variablen zuweisen:

```
fun main() {
    val addr1 = Address("Blumenstraße", 10, "12345", "Entenhausen")
    val (street, houseNumber, zip, city) = addr1
}
```

Die lokalen Variablen `street`, `houseNumber`, `zip` und `city` enthalten nun die jeweiligen Eigenschaftswerte von `addr1`. Damit diese Dekonstruktion von Werten eines komplexen Objekts funktioniert, werden die `component`-Methoden benötigt.

Falls Sie beim Dekonstruieren einen der Werte nicht benötigen, können Sie mit dem Unterstrich diesen Wert auslassen. So definiert die folgende Anweisung die Variablen `street`, `zip` und `city`:

```
fun main() {
    val addr1 = Address("Blumenstraße", 10, "12345", "Entenhausen")
    val (street, _, zip, city) = addr1
}
```

Eine Variable für die Eigenschaft `houseNumber` wird nicht angelegt. Das Ergebnis des internen Aufrufs von `addr1.component2` wird nicht verwendet.

Zusammenfassend lässt sich also sagen, dass Daten-Klassen sehr nützlich sind, da einige sinnvolle Methoden automatisch von Kotlin hinzugefügt werden. Doch warum nutzen wir dann nicht immer Daten-Klassen? Daten-Klassen haben auch einige Einschränkungen. Die wichtigste Einschränkung ist, dass von Daten-Klassen keine Erweiterungen (Ableitungen) angelegt werden können. In Kapitel 16, „Vererbung", werden wir sehen, dass Sie die Struktur einer Klasse als Grundlage für weitere Klassen nutzen können. Mit Daten-Klassen geht das nicht. Die Aufgabe von Daten-Klassen ist es vor allem, Daten abzubilden. Daher ist es auch erforderlich, dass mindestens eine Eigenschaft im primären Konstruktor festgelegt wird. Zudem müssen alle Parameter im primären Konstruktor entweder mit `val` oder `var` deklariert sein, damit sie als Teil der Eigenschaften einer Daten-Klasse berücksichtigt werden.

14.5.2 Enum-Klassen

Es gibt Situationen in denen eine Klassifizierung dabei helfen soll, eine Menge von möglichen Werten einzuschränken.

Betrachten wir einmal folgendes Beispiel. Wir definieren eine Funktion `daysUntilWeekend`, die für einen Wochentag die Tage bis zum Wochenende berechnet und anschließend in der Konsole ausgibt:

```
fun daysUntilWeekend(weekDayName: String) {
    val weekDayIndex = when (weekDayName) {
        "Montag", "montag" -> 0
        "Dienstag", "dienstag" -> 1
        "Mittwoch", "mittwoch" -> 2
        "Donnerstag", "donnerstag" -> 3
        "Freitag", "freitag" -> 4
        "Samstag", "samstag" -> 5
        "Sonntag", "sonntag" -> 6
        else -> {
            println("Unbekannter Tag: $weekDayName")
            return
        }
    }
    val daysUntilWeekend = 5 - weekDayIndex
    if (daysUntilWeekend > 0)
        println("Es ist $weekDayName. Tage bis zum Wochenende: $daysUntilWeekend")
    else
        println("Es ist $weekDayName und damit Wochenende!")
}
```

Die Funktion `daysUntilWeekend` nimmt den Namen eines Wochentags entgegen. Danach bildet die Funktion den Namen des Wochentags auf einen Index ab. Das passiert in einem `when`-Ausdruck. Dabei wird für den Wert `"Montag"` oder `"montag"` der Index `0` vergeben und der Variable `dayIndex` zugewiesen. Für den Wert `"Dienstag"` oder `"dienstag"` ist es der Index `1` usw. In dem Fall, dass kein valider Name eines Wochentags übergeben wurde, wird in der Konsole eine Information ausgegeben und die Funktion beendet. Anschließend werden die übrig gebliebenen Tage bis zum Wochenende berechnet und in `daysUntilWeekend` gespeichert. Mit den berechneten Werten kann nun die Konsolenausgabe gemacht werden.

Nun können wir diese Funktion in der `main`-Funktion aufrufen:

```
fun main() {
    daysUntilWeekend("Dienstag")
    daysUntilWeekend("Donnerstag")
    daysUntilWeekend("Samstag")
```

```
    daysUntilWeekend("Mo")
}
```

In der Konsole steht dann:

```
> Es ist Dienstag. Tage bis zum Wochenende: 4
> Es ist Donnerstag. Tage bis zum Wochenende: 2
> Es ist Samstag und damit Wochenende!
> Unbekannter Tag: Mo
```

Bei dieser Implementierung fällt einiges auf:

1. Der Typ `String` ist als Wochentag fehleranfällig. Woher weiß der Aufrufende, wie der String aussehen muss? Eingaben wie `"Monday"` oder `"Mo"` sind ungültig. Zwar haben wir schon auf die Groß- und Kleinschreibung des deutschen Namens geachtet, jedoch ist für den Aufrufenden nicht erkennbar, was übergeben werden muss.
2. Der Aufrufende hat die Möglichkeit, Werte außerhalb des geforderten Wertebereichs einzugeben. Aus diesem Grund muss bei dieser Implementierung mithilfe des `else`-Blocks eine ungültige Eingabe abgefangen werden. Denn was ist das Ergebnis der Funktion, wenn der Wochentag nicht erkannt werden konnte?
3. Wir müssen den Wochentag in einen `Int` umrechnen, um eine mathematische Operation ausführen zu können. Auch wenn dieser Index für einen Tag immer gleich ist, muss dieser Schritt getätigt werden.
4. Es ist nicht klar, was die Zahl `5` bei der Berechnung von `daysUntilWeekend` zu bedeuten hat. Vielleicht kann man sich denken, dass es sich um die Anzahl der Wochentage handelt, jedoch ist dies nicht eindeutig ersichtlich.

Wir können alle Probleme lösen, indem wir einen Wochentag als Typ definieren. Das machen wir aber nicht mit einer einfachen Klasse, sondern mit einer sogenannten *Enum-Klasse.*

Enum ist die Abkürzung für Enumeration (Aufzählung). Bei Enum-Klassen handelt es sich also um Aufzählungsklassen. Damit ist gemeint, dass alle möglichen Werte des Wertebereichs vollständig aufgezählt werden.

Doch was genau ist ein Enum? Ein Enum ist in Kotlin eine Klasse zum Abbilden von *ordinalen* und *nominalen* Datentypen. Man könnte auch von Kategorien sprechen. Also Datentypen, die eine abzählbare Menge an Werten haben.

Die Werte ordinaler Datentypen haben eine Rangfolge. Die Abstände zwischen den Rängen sind jedoch unbekannt. Ein Beispiel hierfür sind: Wochentage, Schulnoten, Dienstgrade usw. Es ist also möglich zu sagen: Montag kommt vor Dienstag und „sehr gut" ist besser als „gut". Solche Werte lassen sich in ihrer Gleichheit und in ihrem Rang vergleichen. Dennoch lassen sich diese Werte nicht addieren oder multiplizieren. Was soll denn auch Montag + Dienstag ergeben? Die einzelnen Werte eines Enums werden auch Enum-Konstanten genannt. Dabei handelt es sich eigentlich um konstante Werte vom Typ der Enum-Klasse. Der Rang der einzelnen Enum-Konstanten wird durch eine Ordnungszahl angegeben. Diese Zahl fängt bei 0 an und wird pro Konstante um 1 erhöht. Jede Konstante bekommt eine Zahl zugewiesen.

Es ist jedoch auch möglich, nominale Kategorien mit Enums abzubilden. Also Kategorien, deren Werte im Gegensatz zu ordinalen Werten keinen Rang haben. Ein Beispiel dafür ist die Laufrichtung bei Spielfiguren. Man kann nicht sagen, dass HOCH besser ist als RUNTER, LINKS oder RECHTS. Dennoch lassen sich solche Werte auf Gleichheit vergleichen.

Im Falle unserer Wochentage handelt es sich also um ordinale Werte, die wir sehr gut mit einer Enum-Klasse abbilden können:

```
enum class WeekDay {
    MONDAY,
    TUESDAY,
    WEDNESDAY,
    THURSDAY,
    FRIDAY,
    SATURDAY,
    SUNDAY
}
```

Zuerst definieren wir den Typ `WeekDay` mit dem Schlüsselwort `enum class`. Als Nächstes geben wir im Rumpf des Enums die möglichen Werte (Enum-Konstanten) an. Alle Werte werden durch Kommas getrennt. Das ist die Aufzählung. Jeder Wert bekommt automatisch eine Ordnungszahl zugewiesen. `MONDAY` hat den Wert 0, `TUESDAY` den Wert 1 usw. Zudem gilt in Kotlin die Konvention, dass alle Enum-Konstanten großgeschrieben werden.

Eine Variable vom Typ `WeekDay` kann also **ausschließlich** die Werte `MONDAY`, `TUESDAY`, `WEDNESDAY`, `THURSDAY`, `FRIDAY`, `SATURDAY` oder `SUNDAY` annehmen. Das bedeutet, dass zur Laufzeit und außerhalb der Enum-Definition kein weiterer möglicher Wert mehr hinzugefügt werden kann. Ein Enum macht also nur dann Sinn, wenn der Wertebereich immer gleich bleibt.

Schauen wir uns nun einmal an, was sich durch die Nutzung eines Enums in unserem Beispiel verändert:

```
fun daysUntilWeekend(weekDay: WeekDay) {
    val weekDayName = when (weekDay) {
        WeekDay.MONDAY -> "Montag"
        WeekDay.TUESDAY -> "Dienstag"
        WeekDay.WEDNESDAY -> "Mittwoch"
        WeekDay.THURSDAY -> "Donnerstag"
        WeekDay.FRIDAY -> "Freitag"
        WeekDay.SATURDAY -> "Samstag"
        WeekDay.SUNDAY -> "Sonntag"
    }
    val daysUntilWeekend = WeekDay.SATURDAY.ordinal - weekDay.ordinal
    if (daysUntilWeekend > 0)
        println("Es ist $weekDayName. Tage bis zum Wochenende: $daysUntilWeekend")
    else
        println("Es ist $weekDayName und damit Wochenende!")
}
```

Nun kann die Funktion `daysUntilWeekend` einen Wert vom Typ `WeekDay` entgegennehmen. Dadurch ist der Wertebereich der Funktion genau festgelegt. Da selbst bei nominalen Werten die Gleichheit überprüft werden kann, kann man mit einem when-Ausdruck herausfinden, um welchen Tag es sich handelt. Im Gegensatz zur vorherigen Implementierung wird der `else`-Block nicht mehr benötigt, da wir alle möglichen Werte von `weekDay` abdecken können. In diesem Beispiel liefert uns das Enum einen weiteren Vorteil. Da die Ordnungszahl des Enums bei `0` anfängt und der Reihenfolge nach hochgezählt wird, entspricht die Ordnungszahl auch dem Tagesindex. So kann die Ordnungszahl für die Berechnung der übrig bleibenden Wochentage bis zum Wochenende verwendet werden. Mit `.ordinal` kann die jeweilige Ordnungszahl für einen Wochentag ermittelt werden.

Auch beim Aufruf der Funktion hat sich etwas geändert. Hier muss nun eine der Enum-Konstanten als Wert übergeben werden. Der entscheidende Vorteil ist, dass kein ungültiger Wert mehr übergeben werden kann:

```
fun main() {
    daysUntilWeekend(WeekDay.TUESDAY)
    daysUntilWeekend(WeekDay.THURSDAY)
    daysUntilWeekend(WeekDay.SATURDAY)
}
```

Die Konsolenausgabe ist entsprechend:

```
> Es ist Dienstag. Tage bis zum Wochenende: 4
> Es ist Donnerstag. Tage bis zum Wochenende: 2
> Es ist Samstag und damit Wochenende!
```

Wie eingangs erwähnt, ist eine Enum-Klasse auch eine Klasse. Das eröffnet uns die Möglichkeit, unser Beispiel noch ein wenig zu optimieren. Wie jede Klasse kann auch die Enum-Klasse einen Konstruktor haben. In unserem Beispiel würde es sich anbieten, dass ein Wochentag selbst weiß, wie er heißt. Dazu versehen wir das `WeekDay`-Enum mit einem Konstruktor, genauso wie wir es bei einer Klasse machen würden:

```
enum class WeekDay(val title: String) {
    MONDAY("Montag"),
    TUESDAY("Dienstag"),
    WEDNESDAY("Mittwoch"),
    THURSDAY("Donnerstag"),
    FRIDAY("Freitag"),
    SATURDAY("Samstag"),
    SUNDAY("Sonntag")
}
```

Im Konstruktor nehmen wir den `title` des `WeekDay` entgegen. Da jede Enum-Konstante eine Instanz der Klasse ist, muss jede Konstante einen Titel angeben. Dieses Attribut heißt bewusst `title` und nicht `name`, da die Eigenschaft `name` schon belegt ist. Mehr dazu später.

Dadurch, dass ein Wochentag jetzt seinen Bezeichner kennt, kann in der `daysUntilWeekend`-Funktion das Pattern-Matching für den Namen weggelassen werden. Stattdessen kann über die Eigenschaft `title` der Titel einer Wochentag-Instanz abgefragt werden:

```
fun daysUntilWeekend(weekDay: WeekDay) {
    val weekDayName = weekDay.title
    val daysUntilWeekend = WeekDay.SATURDAY.ordinal - weekDay.ordinal
    if (daysUntilWeekend > 0)
        println("Es ist $weekDayName. Tage bis zum Wochenende: $daysUntilWeekend")
    else
        println("Es ist $weekDayName und damit Wochenende!")
}
```

Bei genauerer Betrachtung fällt auf, dass sich die Berechnung innerhalb der `daysUntilWeekend`-Funktion eigentlich nur auf den Wochentag bezieht. Aus diesem Grund kann und sollte diese Berechnung auch von der `WeekDay`-Klasse durchgeführt werden. Hier bietet sich eine berechnete Eigenschaft an:

```
enum class WeekDay(val title: String) {
    MONDAY("Montag"),
    TUESDAY("Dienstag"),
```

```
    WEDNESDAY("Mittwoch"),
    THURSDAY("Donnerstag"),
    FRIDAY("Freitag"),
    SATURDAY("Samstag"),
    SUNDAY("Sonntag");

    val daysUntilWeekend: Int
        get() = SATURDAY.ordinal - this.ordinal
}
```

Dazu trennt man den Deklarationsbereich der Enum-Konstanten durch ein Semikolon vom Körper der Klasse ab. Anschließend legen wir eine berechnete Eigenschaft namens `daysUntilWeekend` an. Die Berechnung des Werts wird in der `get`-Methode durchgeführt. An dieser Stelle kann auch der Name des Enums weggelassen werden, da wir uns im gleichen Scope wie die Enum-Konstanten befinden. Zudem kann direkt auf die `ordinal`-Eigenschaft zugegriffen werden, weil sich dieser Aufruf ja auf das Objekt bezieht, von dem die Eigenschaft abgefragt wird. Nun können wir in unserer ursprünglichen `daysUntilWeekend`-Funktion direkt auf die Eigenschaft `daysUntilWeekend` des übergebenen `WeekDays` zugreifen. Die Funktion macht jetzt nur noch die Konsolenausgabe für den jeweiligen `WeekDay`:

```
fun daysUntilWeekend(weekDay: WeekDay) {
    if (weekDay.daysUntilWeekend > 0)
        println("Es ist ${weekDay.title}. Tage bis zum Wochenende:
             ${weekDay.daysUntilWeekend}")
    else
        println("Es ist ${weekDay.title} und damit Wochenende!")
}
```

Natürlich kann man innerhalb der Enum-Klasse auch Methoden und weitere Eigenschaften anlegen, ebenso wie man es in einer Klasse machen kann. Neben der `ordinal`Eigenschaft verfügt eine Enum-Klasse noch über weitere Eigenschaften und Methoden. Eine davon ist die zuvor erwähnte Eigenschaft `name`, welche den Namen der Enum-Konstante beinhaltet. So gibt `WeekDay.MONDAY.name` zum Beispiel `"MONDAY"` zurück. Mit der Methode `WeekDay.values()` können alle Enum-Konstanten abgefragt werden. Über den Aufruf `WeekDay.valueOf(value: String)` wird die Enum-Konstante zurückgegeben, dessen `name` dem übergebenen `value` entspricht.

14.5.3 Singuläre Objekte

Stellen Sie sich vor, Sie möchten in Ihrem Programm ein Freibad abbilden. Und für die Entscheidung, ob das Freibad öffnet, benötigen Sie Informationen über das aktuelle Wetter. Im echten Leben würden Sie auf einen Wetterdienst zugreifen, welcher wiederum das Wetter beobachtet. Stellen Sie sich für dieses Beispiel einmal vor, es gäbe keinen Wetterdienst. Dann müssten Sie das Wetter beobachten. Aber wer hat die Informationen über das Wetter? Im Prinzip ist das Wetter etwas Eigenständiges. Keiner ist für das Wetter zuständig. Damit das Beispiel nicht zu komplex wird, gehen wir auch davon aus, dass auf der ganzen Welt das gleiche Wetter herrscht. Dann würde die ganze Welt auf das gleiche Wetter zugreifen. Es ist also nur eine einzige Instanz! Es gibt also nicht zwei verschiedene Wetterobjekte, sondern nur eins. Jedoch stellt sich die Frage, wie so etwas in einem Programm abgebildet werden kann. Auch für solche Situationen bietet Kotlin eine Lösung.

Implementieren wir erst einmal das Grundgerüst unseres Beispiels:

```
class OutdoorPool(val name: String) {
    val isOpen: Boolean
        get() = TODO("Return true, wenn es ist nicht am Regnen oder Gewittern ist,
             ansonsten false")
}

fun main() {
    val pool = OutdoorPool("Mein liebstes Freibad")
    println("${pool.name} hat geöffnet: ${pool.isOpen}")
}
```

Wir erstellen eine Klasse namens `OutdoorPool`, die unser Freibad repräsentiert. Diese Klasse hat ein `Boolean`-Attribut namens `isOpen`, dessen Wert `true` sein soll, sofern es nicht regnet oder gewittert. Zudem wird im Konstruktor der Name des Schwimmbads übergeben. In der `main`-Funktion wird eine Instanz von `OutdoorPool` mit dem Namen `"Mein liebstes Freibad"` erzeugt und der Variable `pool` zugewiesen. Als Nächstes wird in der Konsole ausgegeben, ob das Freibad geöffnet hat. Dabei sollte die Ausgabe, wenn das Freibad geöffnet hat, wie folgt aussehen:

```
> Mein liebstes Freibad hat geöffnet: true
```

Ansonsten sollte an Stelle von **`true`** ein **`false`** stehen. Doch wo bekommt der `OutdoorPool` die Information über das Wetter her? Wir könnten eine Klasse namens `Weather` erstellen. Doch dann müsste irgendjemand eine Instanz dieser Klasse erzeugen und sie für alle Freibäder dieser Welt verfügbar machen. Das wäre zwar möglich, jedoch nicht besonders schön. Im echten Leben müssen Sie ja auch nicht jemanden fragen, ob er Ihnen mal ein Wetter erzeugt. Das Wetter ist halt da.

Nein, viel besser wäre es, wenn wir auch in Kotlin eine *singuläre Instanz* abbilden könnten, auf die man **direkt** und von **überall aus** zugreifen kann. Wir möchten also ein Objekt verwenden, ohne dafür eine Klasse zu definieren.

Stellen Sie sich vor, Sie erstellen eine Klasse, von der es nur eine Instanz im gesamten Programm geben darf. Und damit es nur eine Instanz von dieser Klasse gibt, übernimmt Kotlin das Erstellen und Zurverfügungstellen dieser Instanz für Sie. Dazu müssen Sie dem Compiler lediglich mitteilen, dass dies solch eine Klasse ist. Das machen Sie mit dem Schlüsselwort `object`. Damit teilen Sie dem Compiler mit, dass Sie gerade keine instanziierbare Klasse erzeugen, sondern ein sogenanntes *Singleton*, also ein Objekt, wovon es nur eins (Single) geben darf.

Schauen wir uns einmal an, wie das Wetter als Singleton aussieht:

```
object Weather {
    var rainy = false
    var stormy = false
}
```

Dazu erzeugen wir mit dem Schlüsselwort `object` ein Objekt mit dem Namen `Weather`. Dieses Objekt hat zwei Attribute: `rainy` und `stormy`. Wenn das Programm nun ausgeführt wird, erstellt das System **eine Instanz** von `Weather` und stellt diese über den gleichen Namen zur Verfügung. So kann man über `Weather.rainy` und `Weather.stormy` auf den aktuellen Zustand des Objekts zugreifen. Jetzt können wir die `get`-Methode von `isOpen` implementieren:

```
class OutdoorPool(val name: String) {
    val isOpen: Boolean
        get() = !Weather.rainy && !Weather.stormy
}

fun main() {
    val pool = OutdoorPool("Mein liebstes Freibad")
    println("${pool.name} hat geöffnet: ${pool.isOpen}")
}
```

Die Ausgabe in der Konsole sollte nun `Mein liebstes Freibad hat geöffnet: **true**` sein, da es weder `stormy` noch `rainy` ist. Doch was passiert, wenn jemand nun von einer anderen Stelle im Programm diese Werte manipuliert? Schauen wir uns das einmal an:

```
fun main() {
    val pool = OutdoorPool("Mein liebstes Freibad")
    println("${pool.name} hat geöffnet: ${pool.isOpen}")

    Weather.rainy = true

    println("${pool.name} hat geöffnet: ${pool.isOpen}")
}
```

Hier wird nach der ersten Ausgabe der Wert von `Weather.rainy` verändert. Wissen Sie, was das Ergebnis der zweiten Ausgabe ist?

`Weather` ist die einzige Instanz des Objekts im kompletten Programm. Demzufolge betreffen alle Zugriffe und Änderungen, egal von wo und wem, dasselbe Objekt. Die zweite Konsolenausgabe ist demnach: `Mein liebstes Freibad hat geöffnet: **false**`.

Innerhalb eines Objekts können Sie annähernd alles machen, was Sie auch innerhalb einer Klasse machen können. Mit einigen wenigen Ausnahmen. Zum Beispiel kann ein Objekt keinen Konstruktor haben, da es keine unterschiedlichen Objekte haben kann. Die Aufgabe des Konstruktors ist ja die Initialisierung unterschiedlicher Objekte derselben Klasse. Bei einem singulären Objekt muss der Anfangszustand hingegen einmalig festgelegt werden. Klar, wer soll denn auch die Werte festlegen, die beim Erzeugen der einen einzigen Instanz übergeben werden sollen?

Neben den komplett alleinstehenden singulären Objekten gibt es noch singuläre Objekte, die zu einer spezifischen Klasse gehören. Das sind sogenannte *Companion-Objekte*. Stellen Sie sich vor, Sie möchten abspeichern, wie viele Schwimmbäder es insgesamt gibt. Sie müssen also jedes Mal, wenn ein `OutdoorPool` erzeugt wird, eine Variable hochzählen.

Eine mögliche Implementierung sieht so aus:

```
class OutdoorPool(val name: String) {
    val isOpen: Boolean
        get() = !Weather.rainy && !Weather.stormy

    init {
        poolCount++
    }

    companion object {
        var poolCount = 0
            private set
    }
}
```

Dazu wird innerhalb der `OutdoorPool`-Klasse das dazugehörige Companion-Objekt mit den Schlüsselwörtern `companion object` erzeugt und implementiert. Dieses Objekt verhält sich genauso wie ein normales (singuläres) Objekt. Der Unterschied ist, dass es über den Namen der bereits existierenden Klasse aufgerufen wird. Zudem befindet sich das Objekt im Scope der Klasse, sodass zum Beispiel mit Sichtbarkeitsmodifikatoren der Zugriff auf Teile des Objekts auf die Klasse beschränkt werden kann. In unserem Beispiel hat das Objekt die Eigenschaft `poolCount`, was die globale Anzahl der erzeugten `OutdoorPool`-Instanzen speichert. Zudem wird der Zugriff auf die `set`-Methode dieser Variable auf diese Klasse beschränkt, damit nur diese Klasse das Attribut setzen kann. Um beim Erzeugen einer Instanz auch den `poolCount` zu erhöhen, implementieren wir den `init`-Block. Dieser Code-Block wird ausgeführt, sobald eine Instanz erstellt wird. In diesem Block wird die `poolCount`-Variable um 1 erhöht.

Schauen wir uns nun an, wie man ein solches Companion-Objekt nutzt:

```
fun main() {
    val pool1 = OutdoorPool("Mein liebstes Freibad")
    println("Es gibt im Moment ${OutdoorPool.poolCount} Schwimmbäder!")

    val pool2 = OutdoorPool("Mein zweitliebstes Freibad")
    println("Es gibt im Moment ${OutdoorPool.poolCount} Schwimmbäder!")

    val pool3 = OutdoorPool("Mein drittliebstes Freibad")
    val pool4 = OutdoorPool("Mein viertliebstes Freibad")
    println("Es gibt im Moment ${OutdoorPool.poolCount} Schwimmbäder!")
}
```

Dazu erzeugen wir in der `main`-Funktion eine Menge Instanzen von `OutdoorPool`. Zwischendurch geben wir immer mal wieder den Wert von `poolCount` auf der Konsole aus. In diesem Fall greifen wir auf das Companion-Objekt über den Namen der Klasse zu.

Wissen Sie, wie die gesamte Konsolenausgabe aussieht? Die Lösung sehen Sie hier:

```
> Es gibt im Moment 1 Schwimmbäder!
> Es gibt im Moment 2 Schwimmbäder!
> Es gibt im Moment 4 Schwimmbäder!
```

14.5.4 Daten-Objekte

In den ersten Versionen von Kotlin war es nicht möglich, singuläre Objekte als Daten-Objekte zu kennzeichnen (analog zu Klassen und Daten-Klassen). Wir haben in Unterabschnitt 14.5.1, „Daten-Klassen“, gesehen, dass Kotlin nützliche Methoden für Klassen generieren kann, die vor allem für das Speichern von Daten zuständig sind.

Dies geht seit Kotlin 1.9 auch für singuläre Objekte. Dabei werden allerdings nur die Methoden `toString`, `equals` und `hashCode` automatisch generiert. Das Kopieren eines singulären Objekts ist nicht sinnvoll, denn die Idee ist es ja gerade, dass dieses Objekt nur einmal existiert.

Der praktische Nutzen von Daten-Objekten lässt sich am folgenden Beispiel illustrieren. Wir möchten zunächst eine Daten-Klasse für Aufgaben (Todos) verwenden und noch ein singuläres Objekt für das „Nichtstun“. Fürs Nichtstun kann man immer das gleiche Objekt verwenden. Denn Nichtstun bleibt Nichtstun.

```
data class TodoItem(val action: String)
object NothingTodo

fun main() {
    val myTodos = listOf(
        TodoItem("Aufräumen"),
        TodoItem("Buch lesen"),
        NothingTodo
    )
    println(myTodos)
}
```

Wenn wir das Programm ausführen, wird Folgendes ausgegeben:

```
> [TodoItem(action=Aufräumen), TodoItem(action=Buch lesen), NothingTodo@7b23ec81]
```

Für Objekte der Daten-Klasse `TodoItem` erfolgt die Ausgabe durch eine aussagekräftige Repräsentation, da durch das Schlüsselwort `data` automatisch die `toString`-Methode vom Compiler generiert wird, sodass der Klassenname und alle Datenwerte ausgegeben werden.

Soll nun auch für das `NothingTodo`-Objekt eine automatische Implementierung der Methode erfolgen, kann ab Kotlin 1.9 ein Objekt als Daten-Objekt deklariert werden:

```
data class TodoItem(val action: String)
data object NothingTodo
```

Die Ausgabe ändert sich, da automatisch die `toString`-Methode für `NothingTodo` definiert wird. Die Ausgabe ist nun:

```
> [TodoItem(action=Aufräumen), TodoItem(action=Buch lesen), NothingTodo]
```

Dies sorgt für mehr Konsistenz bei der Entwicklung und der Ausgabe von Objektrepräsentationen. Da singuläre Objekte keine Werte im Konstruktor übergeben bekommen, werden auch keine Daten für das `NothingTodo` ausgegeben. Auch wenn im Rumpf von `NothingTodo` noch Eigenschaften angelegt werden, dann bleiben diese, in Analogie zur Daten-Klasse, in der `toString`-Methode unberücksichtigt:

```
data object NothingTodo {
    val idleInterval = 5  // 5 Minuten nichts tun
}
```

Die Ausgabe bleibt weiterhin gleich.

14.6 Verschachtelte Klassen

Die Klassen in Kotlin sind jeweils innerhalb desselben Pakets sichtbar. Ein Paket wird durch Dateien im selben Ordner des Quellcodes definiert. In zwei verschiedenen Paketen dürfen die Klassen denselben Namen haben. Es kann z. B. in zwei verschiedenen Paketen eine Klasse `Person` geben.

In manchen Fällen kann es vorkommen, dass Klassen nur sehr lokal benötigt werden und die Gültigkeit der Namen sich nicht auf das gesamte Paket beziehen soll. Für eine Strukturierung der Namensräume von Klassen bietet Kotlin die Möglichkeit, Klassen ineinander zu verschachteln. Innerhalb einer Klasse kann es also weitere Klassen geben.

In Kotlin gibt es insgesamt vier verschiedene Formen der verschachtelten Klasse: statische Klassen, innere Klassen, lokale innere Klassen und anonyme innere Objekte. Wir veranschaulichen diese einmal am Beispiel von einem Schrank (`Cabinet`) mit Regalen (`Shelf`), einer bestimmten Größe (`Dimension`) und ggf. mit Schrauben (`Screw`) zum Zusammenbauen.

14.6.1 Statische Klassen

Eine statische Klasse ist die simpelste Form einer verschachtelten Klasse:

```
class Cabinet {
  class Dimension { }
}
```

Die statische Klasse `Dimension` ist zwar eine verschachtelte Klasse, ansonsten wird sie aber wie eine Top-Level-Klasse behandelt, also im Prinzip wie eine ganz normale Klasse in einer Quelldatei. Das heißt, Sie können Instanzen der Klasse `Dimension` erzeugen, die unabhängig von der äußeren Klasse auf dem Heap existieren:

```
val cb: Cabinet.Dimension = Cabinet.Dimension()
```

Statisch heißt also, dass etwas unabhängig von Objektinstanzen existieren kann. Es handelt sich also nicht um eine innere Klasse, da die Exemplare nicht von einer äußeren Klasse abhängig sind. Der größte Nutzen statischer Klassen ist, dass sie im Prinzip ein eigenes Unterpaket mit einem eigenen Namensraum bilden. Der Klassenname aus unserem Beispiel ist `Cabinet.Dimension`. Wenn Sie nun im selben Paket (vielleicht `package furniture`) eine weitere Klasse `PictureFrame` definieren, dann können Sie auch dort wieder eine Klasse `Dimension` anlegen, die unterschiedlich definiert ist:

```
package furniture

class Cabinet {
    class Dimension(val width: Int, val height: Int, val depth: Int)
}

class PictureFrame {
    class Dimension(val width: Int, val height: Int)
}
```

Obwohl beide Klassen im selben Paket liegen, kommt es nicht zu einer Namenskollision. Durch die Verschachtelung drücken Sie zudem aus, dass die Klassen `Cabinet.Dimension` und `PictureFrame.Dimension` inhaltlich zu den jeweils äußeren Klassen gehören. Dennoch können Sie unabhängig von einer `Cabinet`-Instanz eine `Cabinet.Dimension`-Instanz verwenden. Mit der verschachtelten Klasse `Dimension` erreichen wir zudem, dass Eigenschaften, die logisch zusammengehören und eine Einheit bilden, auch als ein Objekt zusammengefasst werden. Dies entspricht dem Prinzip der Ganzheitlichkeit. Um die Ausmaße eines Schranks festzulegen, benötigen Sie immer die drei zusammengehörigen Werte Breite, Höhe und Tiefe – nur zusammen bilden diese drei Werte ein Ganzes. Es ist nun auch möglich, mehrere Ausmaße für einen Schrank (z. B. für Unterbau und Aufsatz) als Objekte anzulegen.

Für verschachtelte Klassen können Sie zudem Modifikatoren verwenden. Sie können die `Dimension` innerhalb der Klasse `Cabinet` etwa als `private` deklarieren:

```
class Cabinet {
    private class Dimension(val width: Int, val height: Int, val depth: Int)
}
```

In der Konsequenz kann nur noch von der Klasse `Cabinet` eine Instanz von `Cabinet.Dimension` erzeugt werden, da diese Klasse nur noch dort sichtbar ist.

14.6.2 Innere Klassen

Eine innere Klasse (auch Mitgliedsklasse genannt) definiert eine innere Klassenstruktur, deren Objekte nur in Verbindung mit einer äußeren Klasse existieren können (also ähnlich wie Objekteigenschaften). Es kann keine Instanz einer inneren Klasse auf dem Heap geben, die nicht an eine Instanz der äußeren Klasse gebunden ist. Das Besondere dabei ist, dass Sie aufgrund der engen Verbindung aus der inneren Klasse heraus auf die Eigenschaften der äußeren Klasse zugreifen können. Die Exemplare der inneren Klasse haben also bildlich gesprochen eine implizite Referenz auf die äußere Klasse, zu der sie gehören. Betrachten wir einmal dieses Beispiel:

```
class Cabinet(val name: String) {
    private val s1 = Shelf("CDs")
    private val s2 = Shelf("Bücher")

    // Mitgliedsklasse Cabinet.Shelf
    // Ist immer gebunden an ein Objekt der äußeren Klasse
    inner class Shelf(val content: String) {
        fun output() {
            println("$name enthält: $content")
        }
    }

    fun build() {
        s1.output()
        s2.output()
    }
}
```

Wenn wir nun von der Klasse `Cabinet` eine Objektinstanz erzeugen und einer Variablen `cabinet` zuweisen, dann kann man sich den Zusammenhang der Objekte so vorstellen:

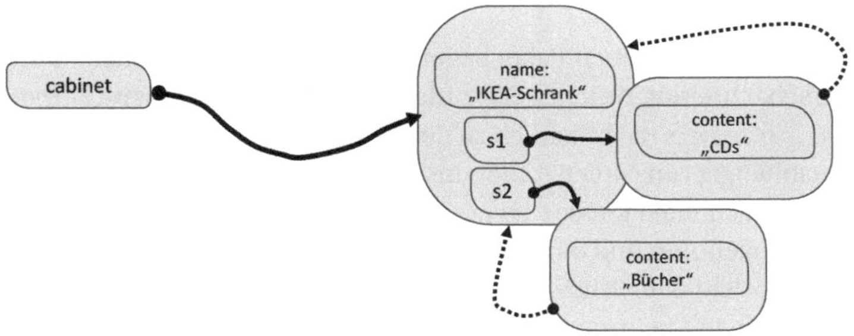

Die Referenzvariable `cabinet` verweist auf ein Objekt der Klasse `Cabinet`. Dieses Objekt enthält die Eigenschaften `name`, `s1` und `s2`. Die Referenzvariablen `s1` und `s2` verweisen auf Objekte der inneren Klasse `Shelf`. Ein Objekt der Klasse `Cabinet.Shelf` kann nur in Zusammenhang mit einem Objekt der äußeren Klasse Cabinet existieren. Innerhalb der

Klasse `Shelf` kann auf die Eigenschaften der äußeren Klasse zugegriffen werden. Die Objekte referenzieren also intern wiederum das Objekt der äußeren Klasse (gestrichelter Pfeil), wobei hierfür vom Programmierer keine Referenzvariable angelegt werden muss – der Verweis erfolgt implizit. Dadurch ist es möglich, in der Methode `output()` der Klasse `Shelf` direkt auf die Eigenschaft `name` zuzugreifen. Wenn nun die Methode `output()` für `s1` und `s2` aufgerufen wird, dann greifen beide Objekte auf die Eigenschaft `name` des gleichen Objekts der äußeren Klasse zu. Beim Zugriff auf die Eigenschaft `content` wird hingegen jeweils der Eigenschaftswert der unterschiedlichen Objektinstanzen von `Shelf` verwendet, sodass die `build`-Funktion für `s1` und `s2` Folgendes ausgibt:

```
> IKEA-Schrank enthält: CDs
> IKEA-Schrank enthält: Bücher
```

Die enge Verzahnung der Objektinstanzen der inneren und äußeren Klassen geschieht beim Aufruf des Konstruktors der inneren Klasse `Shelf`. Wenn man den Konstruktor für eine innere Klasse aufruft, dann muss feststehen, für welches Objekt der äußeren Klasse die neue Instanz der inneren Klasse erzeugt wird. In den meisten Fällen wird ein Objekt der inneren Klasse innerhalb einer Methode oder eines Konstruktors der äußeren Klasse aufgerufen. Wenn eine Methode für ein Objekt (der äußeren Klasse) aufgerufen wird, dann ist dieses Objekt über `this` referenzierbar. So wie Sie für den Zugriff auf die Eigenschaft `name` auch explizit `this.name` schreiben könnten, ist es auch möglich, beim Erzeugen der inneren Klasse explizit anzugeben, zu welchem Objekt der äußeren Klasse die neu erzeugte innere Klasse gehören soll:

```
class Cabinet(val name: String) {
    private val s1 = this.Shelf("CDs")
    private val s2 = this.Shelf("Bücher")
    // ...
}
```

Das neu erzeugte `Shelf`-Objekt wird also an das `Cabinet`-Objekt gebunden, zu dem die Eigenschaften `s1` und `s2` gehören. Das allgemeine Format zum Erzeugen innerer Klassen ist:

```
referenzAufAuessereKlasse.InnereKlasse(...)
```

Da in unserem Beispiel die Klasse `Shelf` öffentlich sichtbar ist, können wir auch außerhalb von `Cabinet` eine Instanz von `Shelf` erzeugen. Wir müssen dieses `Shelf`-Objekt aber zwingend über einen existierenden Schrank erzeugen:

```
val cabinet = Cabinet("Ikea-Schrank")
val cs = cabinet.Shelf("Fotoalben")
```

Auch das über `cs` referenzierte `Shelf`-Objekt ist fest mit dem `Cabinet`-Objekt verbunden, obwohl die Objektinstanz von `Cabinet` selbst nicht auf das `Shelf`-Objekt `cs` verweist.

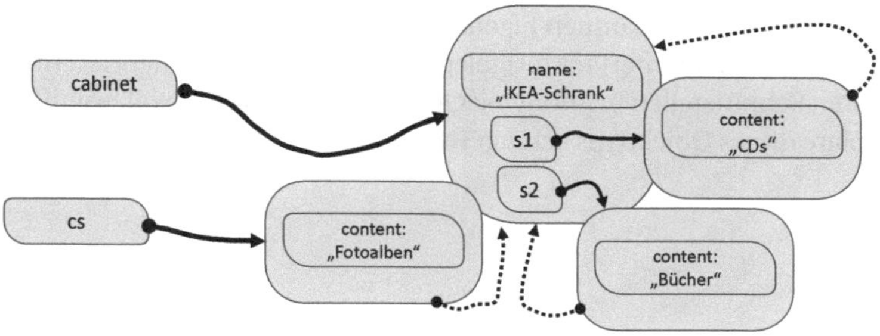

14.6.3 Lokale innere Klassen

Verschachtelte Klassen bieten den Vorteil, dass sie eine Struktur definieren, die aber nur innerhalb eines sehr lokalen Kontexts (nämlich der äußeren Klasse) relevant ist. Sie können Klassenstrukturen auch noch lokaler definieren, nämlich innerhalb eines Funktionsrumpfs:

```
class Cabinet {
    fun build() {
        class Screw(val size: Int)

        val s1 = Screw(3)
        val s2 = Screw(2)
    }
}
```

Die Klasse `Screw` ist hier nur innerhalb der Methode `build` bekannt. Ein Sichtbarkeitsmodifikator ist für solche lokalen Klassen nicht erlaubt. Bei der lokalen inneren Klasse handelt es sich um echte innere Klassen, d. h. die Instanz ist fest gebunden an ein Exemplar der äußeren Klasse.

14.6.4 Anonyme innere Objekte

Anonyme innere Objekte funktionieren im Prinzip wie die gerade besprochenen Mitgliedsklassen. Jedes anonyme Objekt ist immer fest an eine äußere Klasse gebunden. Der Unterschied zu den Mitgliedsklassen ist jedoch, dass anonyme Objekte keinen Namen tragen und daher immer sofort erzeugt werden müssen. Dies ist dann sinnvoll, wenn Sie ein Objekt erzeugen, das eine existierende Klasse erweitert oder eine Schnittstelle implementiert. Was damit gemeint ist, erfahren Sie im nächsten Teil des Buchs, wenn wir uns mit Vererbung beschäftigen.

Der Vollständigkeit halber soll hier jedoch auch die allgemeine Schreibweise für anonyme innere Objekte eingeführt werden:

```
object : Oberklasse() {
    /* Implementierung des anonymen Objekts */
}

object : EinInterface {
    /* Implementierung des anonymen Objektes */
}
```

Das heißt, ein anonymes Objekt kann entweder ein *Interface* (Schnittstelle) implementieren oder eine existierende Klasse erweitern. Die Definition der Klasse erfolgt direkt hinter dem Konstruktoraufruf. Hier können Eigenschaften und Methoden festgelegt werden. Oft werden nur die von einem Interface festgelegten Methoden implementiert (mehr dazu in Abschnitt 18.2, „Schnittstellen"). Anonyme Objekte sind dann sinnvoll, wenn nur an einer Stelle Exemplare dieses Objekttyps erzeugt werden.

14.7 Inline-Value-Klassen

Oftmals gibt es den Anwendungsfall, dass eine Klasse einen einzigen Wert im Konstruktor speichert und diesen quasi umhüllt. Zum Beispiel hält die folgende Klasse `Account` nur den aktuellen Geldwert:

```
class Account(val amount: Int)
```

Der Zugriff auf den eigentlichen Wert erfordert somit eine zusätzliche Indirektionsstufe, wie folgendes Beispiel zeigt:

```
fun main() {
    val amount: Int = 3000
    val account = Account(3000)

    val money = amount // direkter Zugriff auf Int-Objekt, zur Laufzeit. Sogar direkt
         auf die Zahl 3000 im Speicher
    val money2 = account.amount // eine zusätzliche Indirektionsstufe, kein direkter
         Zugriff auf den Speicher
}
```

Der Nachteil einer zusätzlichen Indirektionsstufe ist eine geringfügig verlängerte Laufzeit. Kritisch kann dieser Overhead werden, wenn in einem Algorithmus sehr häufig auf diese Daten zugegriffen wird.

Besonders stark wirkt sich dieser Effekt bei primitiven Datentypen wie etwa `Int` oder `Double` aus. Diese werden intern zur Laufzeit auf der Java Virtual Machine nicht mehr als Objekte, sondern direkt als Datenwerte abgebildet. Für die Zahl 3000 wird z. B. nicht mehr auf ein Objekt referenziert, sondern die Zahl 3000 steht unmittelbar im Speicher. Dies erhöht die Verarbeitungsgeschwindigkeit.

Der Zugriff auf Objekte und ihre Methoden ist zwar sehr komfortabel bei der Entwicklung, führt aber zu Performance-Einbußen zur Laufzeit, wenn sehr häufig indirekt auf die Daten zugegriffen wird. Daher wird bei der Kompilierung z. B. ein Int-Objekt wieder in einen primitiven Datentyp umgewandelt. Der primitive Datentyp repräsentiert die Zahl als solches, ohne den Overhead einer Klasse.

Wenn nun aber ein Int-Objekt als Eigenschaft einer Klasse verwendet wird wie etwa im Account-Beispiel, dann wird auch immer ein Account-Objekt erzeugt, das diesen Datenwert hält.

Um dieses Problem zu lösen, gibt es seit Kotlin 1.5 die *Inline Value Classes*. Eine solche Klasse kann genau einen Datenwert speichern, und dieser muss im primären Konstruktor festgelegt werden:

```
@JvmInline
value class Account(val amount: Int)
```

Eine Klasse wird als Inline-Value-Klasse festgelegt, indem das Schlüsselwort `value` vorangestellt wird. Derzeit muss zudem noch eine Compiler-Direktive `@JvmInline` vor die Deklaration gestellt werden. Diese Direktive gibt dem Compiler die Information, dass die folgende Value-Klasse intern durch den einzelnen Wert repräsentiert wird.

Beim Entwickeln können wir die `Account`-Klasse wie gewohnt nutzen und Objekte von ihr erzeugen. Jedes Objekt enthält dabei nur einen einzigen unveränderlichen Wert, nämlich `amount`. Beim Kompilieren wird die Klasse durch den eigentlichen Datenwert ersetzt, d. h. im übersetzten Code wird nicht mehr mit `Account`-Objekten gearbeitet, sondern direkt mit dem primitiven Datentyp Integer. Demnach findet auch keine Objekterzeugung für `Account` statt, was zusätzlich Laufzeit und Speicher im Heap spart.

In unserem Code können wir also z. B. schreiben:

```
fun main() {
    val account = Account(500)
    if (account.amount > 1_000_000)
        println("Du bist Millionär!")
}
```

Im kompilierten Code wird kein `Account`-Objekt mehr erzeugt. Stattdessen wird die primitive Zahl `500` direkt als Wert von `account` verwendet. Dies beschleunigt den Zugriff auf diesen Wert. Der Begriff Inline-Value-Klasse ist angelehnt an den Begriff Inline-Funktion (siehe Abschnitt 12.9, „Inline-Funktionen"). Bei Inline-Funktionen wird ebenfalls der Aufruf einer Funktion beim Kompilieren durch den Funktionsrumpf ersetzt, sodass ein Funktionsaufruf gespart und der Code direkt ausgeführt werden kann.

Das Spannende ist, dass uns dennoch der Typ `Account` während der Entwicklung vollständig erhalten bleibt. Obwohl `Account` zur Laufzeit durch den primitiven Datentyp Integer ersetzt wird, profitieren wir während der Entwicklung von der Typsicherheit. Angenommen, wir haben eine Funktion namens `payout`, die ein Objekt vom Typ `Account` akzeptiert. Diese Funktion können wir auch nur mit Objekten vom Typ `Account` aufrufen. Ein `Int` wird nicht akzeptiert:

```
fun payout(account: Account) {
    println("Auszahlung von ${account.amount} Euro")
}

fun main() {
    val account = Account(500)
    payout(account) // Kompiliert
    payout(account.amount) // Kompiliert nicht
    payout(500) // Kompiliert auch nicht
}
```

Ein weiterer Vorteil von Inline-Value-Klassen ist es, dass weiterhin `init`-Blöcke, Methoden und berechnete Eigenschaften für die Klasse definiert werden können. So können z. B. valide Werte bei der Initialisierung eingefordert und zusätzliche Funktionalitäten bereitgestellt werden:

```
@JvmInline
value class Account(val amount: Int) {
    init {
        require(amount >= 0)
    }

    val isMillionaire: Boolean
        get() = amount >= 1_000_000

    fun hasEnoughMoney(targetAmount: Int) =
        amount >= targetAmount
}
```

Der `init`-Block prüft, dass kein Konto mit einem negativen Betrag angelegt werden darf. Die Methode `hasEnoughMoney` prüft, ob genug Geld auf dem Konto ist, um einen Zielbetrag, z. B. für einen Einkauf, abzudecken. Die Eigenschaft `isMillionaire` gibt an, ob der Besitzer des Kontos ein Millionär ist. Dabei handelt es sich um eine dynamisch berechnete Eigenschaft.

Inline-Value-Klassen dürfen keine Eigenschaften festlegen, die ein zusätzliches Backing Field benötigen. Die Idee hinter einer Inline-Value-Klasse ist es gerade, dass nur *ein einziger Wert* gespeichert wird. Auf Basis dieses Wertes können zusätzliche Eigenschaften abgeleitet (dynamisch berechnet) werden, aber es können keine zusätzlichen Daten gespeichert werden. Zudem muss der Wert unveränderlich (`val`) sein.

Der gespeicherte Wert einer Inline-Value-Klasse kann jedoch durchaus etwas Komplexes sein, wie folgendes Beispiel zeigt:

```
class Point(var x: Int, var y: Int)

@JvmInline
value class PlayerPosition(val point: Point) {
    fun reset() {
        // Position nach oben links setzen:
        point.x = 0
        point.y = 0
    }

    fun moveUp() {
        point.y -= 1
    }

    val isAtStartingPosition: Boolean
        get() = point.x == 0 && point.y == 0
}
```

Während `Point` zwei Werte für die Koordinate speichert, enthält `PlayerPosition` nur einen einzigen unveränderlichen Wert, nämlich ein komplexes `Point`-Objekt. Wenn im Code eine `PlayerPosition` verwendet wird, dann wird beim Kompilieren diese stets durch das `Point`-Objekt ersetzt. Die Werte des `Point`-Objekts können sich nach wie vor ändern, da in unserem Beispiel `x` und `y` als `var` deklariert sind. Dabei spart man auch hier beim Zugriff zumindest eine Indirektionsstufe:

```
fun main() {
    val pacMan = PlayerPosition(Point(10, 5))
    pacMan.moveUp() // Wird beim Kompilieren zu einer Funktion, wo direkt point.y -= 1
         gesetzt wird
    pacMan.point.x += 1  // Wird beim Kompilieren direkt zu point.x += 1, es gibt also
         nur eine Indirektionsstufe. Statt des PlayerPosition-Objekts wird zur
         Laufzeit nur ein Point-Objekt verwendet
}
```

Auch beim Aufruf der Methode `reset` wird zur Laufzeit der Code direkt für das `Point`-Objekt ausgeführt. Inline-Value-Klassen ermöglichen es somit, existierende Klassen zu umhüllen und mit zusätzlicher Logik auszustatten. Im Beispiel der `PlayerPosition` ermöglichen wir es beispielsweise, dass die Koordinaten von `Point` auf x = 0 und y = 0 gesetzt werden. Eine Funktionalität, die Point so nicht direkt bietet.

Inline-Value-Klassen umhüllen dabei immer genau einen Wert und können für diesen zusätzliche Methoden und berechnete Eigenschaften bereitstellen. Der Zugriff auf diesen Wert ist zur Laufzeit besonders effizient, da direkt auf den Wert zugegriffen und eine Indirektionsstufe gespart wird. Der Wert wird quasi inline ersetzt. Während der Entwicklung werden uns wichtige Features einer Klasse wie z. B. ein init-Block, Methoden und Typsicherheit geboten. Während der Laufzeit haben wir die Vorteile eines primitiven Datentyps.

Die Einschränkungen sind, dass Inline-Value-Klassen nicht mehrere Werte speichern können. Des Weiteren können sie nur unveränderliche Werte (`val`) umhüllen. Zudem können sie nicht Teil einer komplexen Klassenhierarchie sein. Sie können zwar Interfaces implementieren, aber weder Eigenschaften oder Methoden von Oberklassen erben noch lassen sich von ihnen spezifische Unterklassen bilden. Mit Vererbung und Klassenhierarchien werden wir uns in Teil IV, „Vererbung und Polymorphie", ausführlich beschäftigen.

Typen geben Werte eine Bedeutung

Neben dem Performance-Gewinn legen wir durch Inline-Value-Klassen auch zusätzliche Semantik fest. Dies lässt sich am besten am Beispiel von Int-Werten erläutern. Zahlen können zunächst alles mögliche bedeuten: Kontostände, Alter, Geschwindigkeit usw. Durch das Umhüllen in eine Inline-Value-Klasse legen wir einen Typen und damit eine klare Bedeutung für den umhüllten Wert fest. Dies lässt sich auch daran sehen, dass wir Methoden festlegen können, die nur für diese Bedeutung des Int-Wertes Sinn ergeben.

Wir empfehlen daher, häufiger in Betracht zu ziehen, einfache Datenwerte mit Inline-Value-Klassen zu umhüllen. Während die Performance verbessert wird, drücken wir zudem im Programmcode sehr viel klarer aus, wofür der Wert verwendet wird.

14.8 Klassen und Objekte sind Abstraktionen

Wir können also verschiedene Objekte der Welt als Klassen abbilden und daraus Objekte im Speicher erzeugen. Dies ist ein Grundsatz, den wir schon in der Einleitung dieses Buchteils kennengelernt haben: Alles kann ein Objekt sein! Kameras, Telefone, Münzen, Donuts, Tomaten, Kisten, Schweizer Käse, Autos, Monster, Einhörner, Elefanten, Gespräche, Ziele, Ereignisse, Apps, Bildschirmfenster ... Alles! Dies umfasst sowohl die materiellen wie auch immateriellen Dinge. Es umfasst alles, was wir uns vorstellen können.

In der objektorientierten Programmierung bilden wir Objekte aus der realen Welt ab. Abbilden bedeutet hier, dass wir nicht alle Eigenschaften eines Objektes erfassen. Stattdessen isolieren wir die Eigenschaften, die für unsere jeweilige Aufgabenstellung relevant sind. Dies können je nach Situation ganz andere Eigenschaften sein. Nehmen wir einmal an, wir wollen Autos als Objekte abbilden. Wenn Sie ein Rennspiel umsetzen, dann interessiert Sie vielleicht vor allem die Geschwindigkeit, die Beschleunigung, das Lenkverhalten usw. Wenn Sie dagegen ein Shopsystem umsetzen, dann ist vielleicht für jedes Auto interessant, wie viel es kostet, welche Bauteile es hat und wo man diese bestellen kann. Abstrahieren bedeutet wörtlich, dass man etwas abzieht. Wir lassen alle Eigenschaften, die für unsere Aufgabenstellung irrelevant sind, unter den Tisch fallen. Wir fokussieren uns auf jene Eigenschaften, die uns interessieren.

Objekte mit derselben Struktur, aber unterschiedlichen Werten können derselben Klasse zugerechnet werden. Das gilt nicht nur für die objektorientierte Programmierung, sondern auch für unser Alltagsgeschehen. Autos werden z. B. in unterschiedliche Klassen eingeteilt. Aus mathematischer Sicht sind Klassen nichts anderes als Mengen von ähnlichen Objekten. Aus psychologischer Sicht sind Klassen nichts anderes als Schemata oder Muster, die sich im Kopf bilden. Sprachwissenschaftler würden vermutlich von Kategorien unterschiedlicher Objekte sprechen, wobei jede Kategorie als eine Klasse abgebildet wird.

14.9 Zusammenfassung

Klassen legen die Struktur von Objekten fest. Das Wichtigste über Klassen wird hier noch einmal zusammengefasst:

Klassen:

- Eine Klasse definiert die Struktur von Objekten, indem Eigenschaften und Methoden festgelegt werden.
- Objekte können als Exemplare der Klasse erzeugt werden. Jedes Objekt stellt alle in der Klasse definierten Eigenschaften und Methoden bereit.
- Über die Punktnotation kann auf die Eigenschaften und Methoden der Klasse zugegriffen werden.
- Konstruktoren initialisieren die Eigenschaftswerte beim Erzeugen eines neuen Objekts der Klasse.
- Der Zustand eines Objekts legt fest, wie die Eigenschaft oder Methode ausgewertet wird.
- Der Aufruf einer Methode kann Seiteneffekte haben und den Zustand eines Objekts verändern.
- Objekte sollten ihren internen Zustand möglichst kapseln, also nach außen verstecken.
- Klassen legen fest, welche Zugriffe erlaubt und welche Daten nach außen sichtbar sind.
- Es gibt besondere Klassen: Daten-, Enum-, verschachtelte und Inline-Value-Klassen.
- Singuläre Objekte (Singletons) können mit dem `object`-Schlüsselwort festgelegt werden. Ein solches Objekt bildet quasi eine Klasse für sich, wobei die Klasse anonym ist und nicht zusätzlich definiert werden muss.

15 Movie Maker – Ein Simulationsspiel

In den letzten Kapiteln wurden einige sehr wichtige Themen behandelt. Die wichtigsten Grundlagen zum Programmieren mit Kotlin sind nun gelegt. Nun ist es an der Zeit, die gelernten Mittel einmal in einem größeren Beispiel anzuwenden. Hierzu werden wir ein kleines Spiel entwickeln, bei dem Spieler in die Rolle eines Filmproduzenten schlüpfen.

Das Spiel soll wie folgt aufgebaut sein:

1. **Produktion planen:**
   Spieler produzieren einen Film, indem sie Folgendes festlegen:
   (a) Hauptdarsteller
   (b) Regisseur
   (c) Genre (z. B. „Drama“, „Comedy“, „Horror“)
   (d) Budget
2. **Film produzieren:**
   (a) Der Film wird produziert.
   (b) Vom Konto des Spielers werden Produktionskosten (Gehalt für Hauptdarsteller, Regisseur, Budget) abgezogen.
3. **Bewertungen des Films berechnen:**
   Es werden Bewertungen für den Film berechnet. Dabei sollen unterschiedliche Bewertungen entstehen. Bei den Bewertungen soll Folgendes berücksichtigt werden:
   (a) Passt das Genre zum Hauptdarsteller?
   (b) Passt der Hauptdarsteller zum Regisseur?
   (c) Wie viel Erfahrung haben Hauptdarsteller und Regisseur?
4. **Erfahrungswerte anpassen:**
   Hauptdarsteller und Regisseur sammeln bei jedem Film neue Erfahrungen und werden immer besser. Allerdings lernen einzelne Personen unterschiedlich schnell, und es gibt auch für jede Person ein unterschiedliches Maximum an Erfahrungen.
5. **Einnahmen:**
   Basierend auf den Bewertungen spielt der Film Einnahmen ein. Diese werden dem Konto des Spielers gutgeschrieben.
6. **Nächste Runde:**
   Nach der Produktion eines Films kann sofort der nächste Film produziert werden. Es geht also bei Schritt 1 weiter.

Eine Aufgabe für Sie:

Bevor wir in den nächsten Abschnitt übergehen, eine kleine Aufgabe für Sie: Sie haben alle Konzepte kennengelernt, um dieses Projekt umzusetzen. Zwar haben wir in den vorherigen Kapiteln noch keine solch komplexen Programme besprochen; dennoch haben Sie alle Bausteine kennengelernt, die Sie für die erste Umsetzung dieser Aufgabenstellung benötigen. Überlegen Sie, welche Klassen Sie für die Umsetzung des Spiels mindestens benötigen. Welche Eigenschaften müssen diese Klassen definieren? Selbst aktiv zu werden, ist der einfachste und beste Weg, programmieren zu lernen.

15.1 Überlegungen zur Klassenstruktur

Beginnen wir mit der Klassenstruktur. Bevor wir mit der Implementierung anfangen können, müssen wir uns Gedanken darüber machen, welche Klassen wir für unser Programm benötigen und aus welchen Teilen diese bestehen. Dazu betrachten wir einmal die folgende Klassenstruktur:

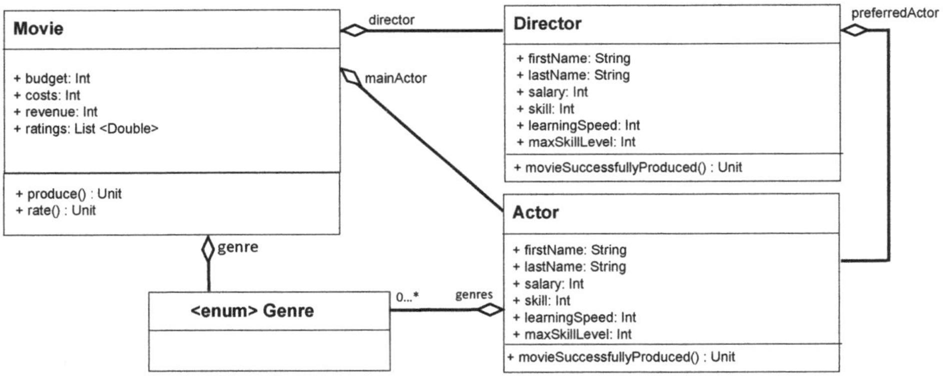

In dem Simulationsspiel sollen Filme produziert werden. Daher benötigen wir zunächst eine Klasse `Movie`, mit der Filme repräsentiert werden können.

Der `Movie`-Kasten repräsentiert die allgemeine Klasse `Movie`. Er legt die Struktur fest, ohne konkrete Werte zu definieren. Diese Struktur ist quasi der „Bauplan“ für die späteren Objekte oder wie bei unserem `Glass`-Beispiel das unausgefüllte Formular. Alle Eigenschaften, die durch Basis-Datentypen repräsentiert werden, schreiben wir direkt in den zweiten Bereich des `Movie`-Kastens. Für Eigenschaften, die durch komplexe Objekte dargestellt werden, müssen wir irgendwo definieren, wie die Struktur dieser Objekte aufgebaut ist. Daher zeichnen wir für diese Eigenschaften einen Pfeil auf die Klasse, mit der die Struktur dieser Objekte definiert wird. Den Eigenschaftsnamen schreiben wir in den Pfeil. Die Bewertungen sind in einer Liste gespeichert. Diese Liste enthält Referenzen auf die gespeicherten Objekte. Eine Liste speichert eine Menge von Objekten des angegebenen Typs. Eine Liste ist ähnlich zu einem Array, hat aber eine Menge mehr Funktionen. Deshalb benutzen wir hier eine Liste.

In Kapitel 27, „Listen selbst implementieren“, werden wir uns die Implementierung einer eigenen Liste noch genauer angucken.

Neben der Datenstruktur enthält der `Movie`-Kasten im letzten Bereich zudem die Methoden, die von der Klasse `Movie` bereitgestellt werden sollen.

Unified Modeling Language (UML)

Die Darstellung des Klassendiagramms ist an die Unified Modeling Language (UML) angelehnt. Dies ist eine vereinheitlichte (unified) Sprache zur Modellierung von Strukturen. Diese visuelle Sprache soll Diagramme einheitlich darstellen. Die Sprache ist sehr mächtig, aber leider oft auch unübersichtlich. Daher wird in diesem Buch nicht der strenge Standard umgesetzt, sondern eine stark vereinfachte Darstellung.

15.1.1 Eigenschaften und Methoden von Movie

Die Klasse `Movie` benötigt mindestens folgende Eigenschaften:

- `budget`:
  Das Budget, das für diesen Film zur Verfügung steht. Hierfür ist der Typ `Double` geeignet.
  Beispielwert: `500000.00`
- `costs`:
  Die Gesamtausgaben des Films. Hierfür ist der Typ `Double` geeignet.
  Beispielwert: `3700000.00`
- `revenue`:
  Die Gesamteinnahmen des Films. Hierfür ist der Typ `Double` geeignet.
  Beispielwert: `6300000.00`
- `ratings`:
  Die Bewertungen des Films. Hierfür eignet sich eine Liste, die Objekte vom Typ `Double` enthält.
  Beispielwert: `listOf(3.523, 4.72)`
- `director`:
  Der Regisseur des Films. Ein Regisseur ist ein komplexes Objekt, das aus mehreren Eigenschaften besteht. Deshalb definieren wir hierfür einen eigenen Typ namens `Director`. Die Variable `director` zeigt auf ein Objekt des selbst definierten Typs `Director`.
  Beispielwert: Eine `Director`-Instanz
- `mainActor`:
  Der Hauptdarsteller des Films. Auch ein Darsteller ist ein komplexes Objekt, das aus mehreren Eigenschaften besteht. Deshalb wird auch für ihn ein eigener Typ namens `Actor` definiert. Die Variable `mainActor` referenziert auf ein Objekt des weiteren Typs `Actor`.
  Beispielwert: Eine `Actor`-Instanz
- `genre`:
  Das Genre des Films. Bei einem Genre handelt es sich um eine fest definierte Menge an möglichen Werten. Aus diesem Grund wird hierfür ein Enum namens `Genre` implementiert. Die Variable `genre` zeigt auf eine Enum-Konstante des eigenen Enums `Genre`.
  Beispielwert: `Genre.THRILLER`

Zusätzlich könnte die Klasse `Movie` folgende Methoden definieren:

- `startProduction()`:
  Die Filmproduktion wird gestartet.
- `createRating()`:
  Eine neue Bewertung wird erstellt.

15.1.2 Eigenschaften und Methoden von Director

Wie schon erwähnt, handelt es sich bei `Director` und `Actor` um komplexe Typen. Dabei besteht ein `Director` aus folgenden Eigenschaften:

- `firstName`:
  Der Vorname des Regisseurs. Dabei handelt es sich um einen `String`.
  Beispielwert: `"Steven"`
- `lastName`:
  Der Nachname des Regisseurs. Dabei handelt es sich ebenfalls um einen `String`.
  Beispielwert: `"Spielberg"`
- `salary`:
  Das aktuelle Gehalt des Regisseurs für eine Filmproduktion. Hierfür ist der Typ `Double` geeignet.
  Beispielwert: `2000000.00`
- `skill`:
  Der aktuelle Erfahrungswert des Regisseurs. Dieser wird mit dem Typ `Int` repräsentiert. Wir verwenden den englischen Begriff „skill", der eigentlich „Fähigkeit" oder „Kompetenz" bedeutet, um die Erfahrung zu speichern. Je erfahrener jemand ist, desto fähiger ist die Person.
  Beispielwert: `300`
- `learningSpeed`:
  Die Lerngeschwindigkeit des Regisseurs. Diese wird ebenfalls mit dem Typ `Int` repräsentiert.
  Beispielwert: `814`
- `maxSkillLevel`:
  Die maximale Erfahrung, die der Regisseur erreichen kann. Auch hier wird ein `Int` verwendet.
  Beispielwert: `300`
- `preferredActor`:
  Der bevorzugte Schauspieler des Regisseurs. Hier wird der gleiche Typ referenziert wie bei dem Attribut `mainActor` der Klasse `Movie`.
  Beispielwert: Eine `Actor`-Instanz

15.1.3 Eigenschaften und Methoden von Actor

Die Klasse `Actor` besteht aus folgenden Eigenschaften:

- `firstName`:
  Der Vorname des Schauspielers. Dabei handelt es sich um einen `String`.
  Beispielwert: `"Emma"`
- `lastName`:
  Der Nachname des Schauspielers. Dabei handelt es sich ebenfalls um einen `String`.
  Beispielwert: `"Thompson"`
- `salary`:
  Das aktuelle Gehalt des Schauspielers. Hierfür ist der Typ `Double` geeignet.
  Beispielwert: `1200000.00`
- `skill`:
  Der aktuelle Erfahrungswert des Schauspielers. Dieser wird mit dem Typ `Int` repräsentiert.
  Beispielwert: `140`
- `learningSpeed`:
  Die Lerngeschwindigkeit des Schauspielers. Diese wird ebenfalls mit dem Typ `Int` repräsentiert.
  Beispielwert: `8`
- `maxSkill`:
  Die maximale `Erfahrung`, die der Schauspieler erreichen kann. Auch hier wird ein `Int` verwendet.
  Beispielwert: `200`
- `genres`:
  Eine Liste der Genres, für die dieser Schauspieler verfügbar ist. Diese Liste enthält Referenzen zu Enum-Konstanten des `Genre`-Enums.
  Beispielwert: `listOf(Genre.THRILLER, Genre.ACTION, Genre.DRAMA)`

Zusätzlich sollten die Klassen `Actor` und `Director` folgende Methode definieren:

- `movieSuccessfullyProduced()`:
  Damit werden Objekte dieser Klasse darüber informiert, dass der Film erfolgreich produziert wurde. Beim Aufruf dieser Methode wird die Erfahrung des `Actors` und `Directors` erhöht.

15.1.4 Genre als Enum

Nun fehlt nur noch das Enum `Genre`, für das wir in diesem Beispiel die Konstanten `ACTION`, `DRAMA`, `THRILLER`, `HORROR` und `FANTASY` definieren. Natürlich gibt es noch jede Menge weitere Genres, jedoch beschränken wir uns hier auf die genannten, damit das Beispiel übersichtlich bleibt.

15.1.5 Objektstruktur

Damit wir einen `Movie` abbilden können, benötigen wir also weitere Klassen. Wenn ein Objekt der Klasse `Movie` erzeugt wird, dann besteht dieses Objekt wiederum aus weiteren Objekten.

Da in Kotlin alle Daten als Objekte repräsentiert werden, haben wir dies sogar schon kennengelernt. Ein `Glass`-Objekt hat sich z. B. aus mehreren `Int`-Objekten zusammengesetzt. Ein `Movie`-Objekt setzt sich nun jedoch nicht nur aus Basis-Datentypen zusammen, sondern auch noch aus Objekten, deren Klasse wir selbst definiert haben. Eine Objektstruktur könnte demnach so aussehen:

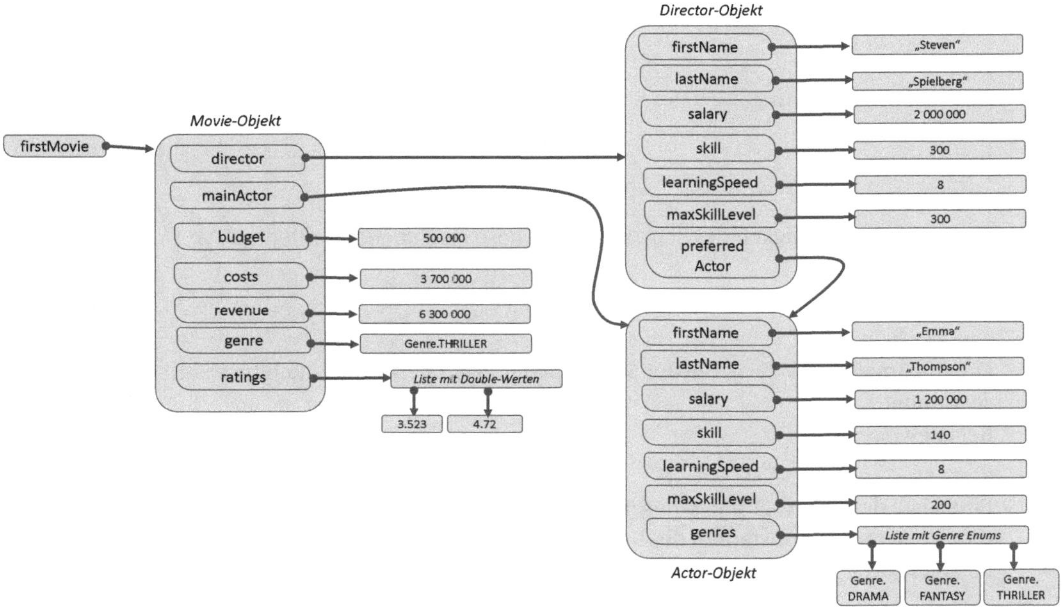

Die Referenzvariable `firstMovie` kann z. B. in der `main`-Funktion festgelegt werden. Sie verweist auf ein konkretes Objekt der Klasse `Movie`. Dieses `Movie`-Objekt besteht aus einem Genre, einer Liste mit `Double`-Werten für die Bewertung und den Eigenschaftsvariablen `budget`, `costs` und `revenue`. Zudem hat das `Movie`-Objekt die Eigenschaften `director` und `mainActor`. `director` ist eine Referenz auf ein Objekt der Klasse `Director`. Dass sich hier der Name der Eigenschaft `director` und der Klasse `Director` nur in der Groß- und Kleinschreibung unterscheiden, kommt häufig vor. Variablennamen werden schließlich klein geschrieben. Die Unterscheidung zwischen der Klasse (groß) und einem konkreten Objekt (klein) ist dabei sehr wichtig. Die Klasse `Director` definiert die allgemeine Struktur aller `Director`-Objekte. Die Eigenschaft `director` ist eine Referenzvariable und verweist auf ein konkretes `Director`-Objekt. Dieses Objekt hat dieselbe Struktur wie alle `Director`-Objekte, jedoch individuelle Werte. Verschiedene Regisseure haben schließlich z. B. unterschiedliche Namen und unterschiedliche Erfahrungswerte.

Syntax vs. Konvention

Die Kleinschreibung von Bezeichnern (Namen) für Objektvariablen und die Großschreibung für Bezeichner von Klassen ist eine Konvention und nicht Teil der Syntax. Sie könnten auch `director` als Klassennamen verwenden und `Director` als Variablenname. Damit würden Sie aber jeden Leser Ihres Codes verwirren! Sie sollten sich an die Konvention halten, damit sofort ersichtlich ist, was bezeichnet wird.

Jeder Film hat zudem einen `mainActor`. Die Eigenschaft `mainActor` ist eine Referenz auf ein Objekt der Klasse `Actor`. Hier sehen wir, dass sich die Bezeichner für die Klasse (hier `Actor`) und die Bezeichner für Referenzen auf Objekte der Klasse (hier `mainActor`) auch häufig unterscheiden. An dieser Stelle ist das auch sinnvoll, weil es eben um den Hauptdarsteller und nicht um irgendeinen Darsteller handelt. Zudem enthält jedes `Director`-Objekt eine Referenz auf einen `Actor`. Diese wird in der Eigenschaft `preferredActor` gespeichert. In diesem Beispiel verweisen `mainActor` und `preferredActor` auf dasselbe `Actor`-Objekt. Dies muss aber nicht so sein. Es kann auch einen Film geben, bei dem der `mainActor` nicht der Präferenz eines Regisseurs entspricht.

Atomare Objekte

In diesem Beispiel sehen Sie, dass es Objekte gibt, die sich wiederum aus anderen Objekten zusammensetzen. Es gibt jedoch auch Objekte, die keine weiteren Objekte referenzieren. Das sind *atomare Objekte*. Sie setzen sich nicht aus weiteren Objekten zusammen. In dem Beispiel gilt dies für alle `Int`-, `String`- und `Double`-Objekte.

15.2 Von der Skizze zum Programm

Wollten wir nicht eigentlich programmieren? Bislang haben wir sehr viel skizziert, aber noch keine Zeile Code geschrieben. Trotzdem haben wir schon intensiv an unserem Programm gearbeitet! Denn bei der objektorientierten Programmierung geht es vor allem um die passende Modellierung der Objekte und der Zusammenhänge zwischen den Objekten. Deshalb ist es besonders wichtig, diese Zusammenhänge zunächst greifbar zu machen, z. B. durch Diagramme und Skizzen. Denn erst, wenn Sie die grobe Struktur verstehen, sollten Sie mit der Umsetzung beginnen.

15.2.1 Movie-Maker-Projekt anlegen

Für dieses Programm legen wir ein neues Projekt an. Anders als bisher werden wir unseren Code auf mehrere Dateien verteilen, damit es übersichtlicher wird. Die wesentliche Funktionalität des Spiels besteht darin, Filme zu produzieren. Daher scheint die Klasse `Movie` die wichtigste Klasse zu sein. Von dieser Klasse soll pro Spielrunde ein neues Objekt erzeugt werden. Aus der Klassenstruktur geht hervor, dass ein `Movie`-Objekt aus weiteren Objekten besteht, die Sie selbst definieren müssen: `Actor` und `Director`. Während bei der Planung oft mit den zusammengesetzten Objekten begonnen wird (man geht vom `Movie` aus und überlegt sich, welche Bestandteile ein `Movie` haben soll), beginnt man bei der Umsetzung oft mit den einzelnen Komponenten, aus denen sich diese Objekte zusammensetzen. Sie wollen zwar `Movie`-Objekte erzeugen, benötigen aber dafür zunächst `Actor`- und `Director`-Objekte. Für die Erzeugung von `Actor`-Objekten wiederum benötigen Sie das `Genre`-Enum. Wir müssen also ganz unten in der Struktur anfangen: mit der Definition eines Genres als Enum.

15.2.2 Genre implementieren

Erzeugen Sie in einem neu angelegten Projekt eine Kotlin-Datei mit dem Namen „Genre“:

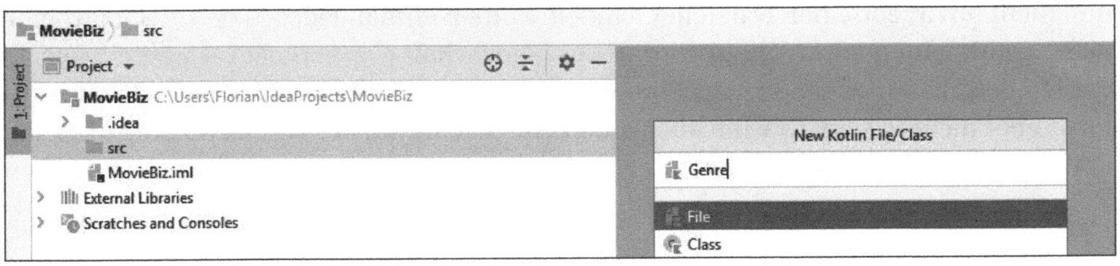

In dieser Datei wird das Enum `Genre` definiert:

```
enum class Genre {
    ACTION,
    DRAMA,
    THRILLER,
    HORROR,
    FANTASY
}
```

15.2.3 Actor und Director implementieren

Anschließend können Sie auf gleiche Art und Weise eine Datei namens „People“ erstellen, in der die Klassen `Actor` und `Director` definiert werden. Die Eigenschaften und Methoden für diese Klassen haben wir bereits weiter oben beschrieben. Daraus können Sie direkt den Code ableiten. Die Implementierung der Methode können Sie zunächst noch unvollständig lassen. Sie müssen sich bei der Implementierung noch überlegen, welche Eigenschaften veränderlich (`var`) oder unveränderlich (`val`) sein sollen. Wie die Implementierung dieser zwei Klassen aussehen kann, sehen Sie hier:

```
import kotlin.random.Random

class Actor(
    val firstName: String,
    val lastName: String,
    val genres: List<Genre>
) {
    var salary = Random.nextDouble(100000.0, 2000000.0)
    val learningSpeed = Random.nextInt(2, 10)
    val maxSkillLevel = Random.nextInt(200, 400)
```

```
    var skill = Random.nextInt(100, maxSkillLevel)

    fun movieSuccessfullyProduced() {}
}

class Director(
    val firstName: String,
    val lastName: String,
    val preferredActor: Actor
) {
    var salary = Random.nextDouble(100000.0, 2000000.0)
    val learningSpeed = Random.nextInt(2, 10)
    val maxSkillLevel = Random.nextInt(200, 400)
    var skill = Random.nextInt(100, maxSkillLevel)

    fun movieSuccessfullyProduced() {}
}
```

Bis auf `skill` und `salary` sind alle Eigenschaften unveränderlich. Die Eigenschaft `skill` wächst mit jedem Film an. Die Eigenschaft `salary` kann sich auch noch später ändern, z. B. wenn ein Schauspieler in einem besonders erfolgreichen Film mitgespielt hat. Die Eigenschaften `salary`, `learningSpeed`, `maxSkillLevel` und `skill` werden nicht im primären Konstruktor festgelegt, sondern im Klassenrumpf bei der Initialisierung mit zufälligen Werten belegt.

Um zufällige Werte zu generieren, greifen wir auf die Methoden `nextDouble(from, until)` und `nextInt(from, until)` des `Random`-Objekts aus der Standardbibliothek von Kotlin zu. Diese Methoden erzeugen zufällige `Int`- und `Double`-Werte zwischen den Werten, die für `from` und `until` übergeben werden. Der Aufruf `Random.nextDouble(100.0, 200.0)` erzeugt also einen zufälligen `Double`-Wert zwischen `100.0` und `200.0`.

Die Klassen sind nun in einer ersten Version definiert. Zu beachten ist hierbei nochmals, dass die Klasse nur die Struktur der Objekte festlegt und nicht die speziellen Werte eines Objekts! Beim Erzeugen können für den `Actor` die Werte `firstName`, `lastName` und `genre` festgelegt werden. Die anderen Werte werden für jedes Objekt zufällig festgelegt. Da es sich um ein Spiel handelt, sollten alle Werte zufällig sein. Die Spieler sollen im Spielverlauf schätzen, wie gut ein Schauspieler oder Regisseur tatsächlich ist. Das macht das Spiel nicht vorhersehbar und damit spannender. Daher haben wir einige zusätzliche Eigenschaften der Klassen `Actor` und `Director` zufällig festgelegt. Dies ist nicht unbedingt der beste Stil, da wir so nicht mehr steuern können, wie die Werte gesetzt sind. Aber es illustriert recht gut, dass wir bei der Klassendefinition festlegen können, welche Werte beim Erzeugen eines Objekts von uns gesetzt werden können und welche Werte berechnet werden (hier durch zufällige Werte). Jetzt können wir Instanzen dieser Klasse erzeugen und sie mit individuellen Werten versehen:

```
fun main() {
    val actor = Actor(
        "Emma",
        "Thompson",
        listOf(Genre.DRAMA, Genre.THRILLER, Genre.FANTASY)
    )
}
```

15.2.4 Erfahrungszuwachs bei Fertigstellung eines Films

Die Eigenschaft `skill` eines `Actor`-oder `Director`-Objekts soll sich erhöhen, wenn ein Film erfolgreich produziert wurde.

Objekte der Klasse `Actor` oder `Director` können über die `movieSuccessfullyProduced`-Methode informiert werden, dass ein `Movie`-Objekt unter ihrer Beteiligung erfolgreich abgeschlossen wurde.

In dieser Methode können wir also die Logik definieren, dass sich der Erfahrungswert erhöhen soll. Dabei spielen drei Werte eine Rolle:

- Der aktuelle Erfahrungswert (`skill`)
- Die Lerngeschwindigkeit (`learningSpeed`, die auf den aktuellen Erfahrungswert (`skill`) addiert wird
- Der maximale Erfahrungswert (`maxSkillLevel`), welcher dabei nicht überschritten werden darf

Die Methode `movieSuccessfullyProduced()` wird sowohl für die Klasse `Actor` als auch `Director` benötigt. Dadurch sehen die Klassen zum Ende dieses Abschnitts folgendermaßen aus:

```
// Genre.kt
enum class Genre {
    ACTION,
    DRAMA,
    THRILLER,
    HORROR,
    FANTASY
}

// People.kt
import kotlin.random.Random

class Actor(
    val firstName: String,
    val lastName: String,
    val genres: List<Genre>
) {
    var salary = Random.nextDouble(100000.0, 2000000.0)
    val learningSpeed = Random.nextInt(2, 10)
    val maxSkillLevel = Random.nextInt(200, 400)
    var skill = Random.nextInt(100, maxSkillLevel)

    fun movieSuccessfullyProduced() {
        skill += learningSpeed
        if (skill > maxSkillLevel) {
            skill = maxSkillLevel
        }
    }
}

class Director(
    val firstName: String,
    val lastName: String,
    val preferredActor: Actor
) {
```

```
    var salary = Random.nextDouble(100000.0, 2000000.0)
    val learningSpeed = Random.nextInt(2, 10)
    val maxSkillLevel = Random.nextInt(200, 400)
    var skill = Random.nextInt(100, maxSkillLevel)

    fun movieSuccessfullyProduced() {
        skill += learningSpeed
        if (skill > maxSkillLevel) {
            skill = maxSkillLevel
        }
    }
}
```

15.3 Komplexe Objekte zusammensetzen

Komplexe Objekte können sich aus anderen Objekten zusammensetzen, wie wir bereits in den Beispielen gesehen haben. Dabei kann sich ein komplexes Objekt sowohl aus atomaren als auch selbst wiederum aus komplexen Objekten zusammensetzen. Ein `Director` hat zum Beispiel auch einen `Actor` als eine Komponente. Und ein `Actor` hat wiederum eine Liste mit `Genre`-Objekten als Komponenten.

Dass sich Objekte aus anderen Objekten zusammensetzen, ist uns aus unserer Umwelt durchaus bekannt. Ein Auto besteht etwa aus Reifen, Frontscheibe, Rädern, Motor ... Ein Motor besteht wiederum aus Einzelteilen. Auch der menschliche Körper als ein Objekt setzt sich wiederum aus einzelnen Teilen zusammen: Kopf, Arme, Beine, Hände ... Und der Kopf besteht wieder aus Augen, Nase, Mund, Ohren ... Nicht immer werden wir bei der Modellierung alle Einzelteile gesondert aufführen. Es ist jedoch wichtig zu verstehen, dass die einzelnen Bestandteile jeweils ein Ganzes bilden sollten: Wir nehmen eine Hand als Ganzes wahr, wir nehmen auch die einzelnen Finger als Ganzes wahr. Eine Dreiviertel-Hand ist zwar denkbar, aber sehr unnatürlich. Es gibt so etwas wie einen „natural cut“. Wenn ein Koch ein Huhn auseinander nimmt, dann wird er nicht wahllos drauflos schneiden. Vielmehr gibt es Teile, die auf „natürliche“ Weise zusammenhängen und als eine Einheit abgetrennt werden.

Zurück zu unserer Programmierung: Daten sollten immer in den Objekten gespeichert werden, zu denen sie gehören. Wenn Sie z. B. ein Objekt Kopf verwenden und zudem zwei Objekte Augen, dann sollte die Augenfarbe auch im Augen-Objekt gespeichert werden und nicht im Kopf-Objekt. Und schon gar nicht im Nasen-Objekt!

15.3.1 Skills als eine Einheit zusammenfassen

Natürlich zusammengehörende Daten sollen daher auch im Programmcode als eine Einheit abgebildet werden. Dies ist in unserem Code derzeit noch nicht der Fall, denn die Eigenschaften `learningSpeed`, `maxSkillLevel` und `skill` gehören eigentlich zusammen. Dies gilt sowohl für die Klasse `Actor` als auch für `Director`.

Das ist nicht besonders elegant. Schöner ist es, eine eigene Klasse zu definieren, mit der ausgedrückt wird, dass diese drei Werte auch wirklich zusammengehören:

```
class Skill {
    val maxSkill = Random.nextInt(200, 400)
    var currentSkill = Random.nextInt(100, maxSkill)
    val learningSpeed = Random.nextInt(1, 10)
}
```

Im Zuge dessen haben wir auch direkt die Initialisierung mit Zufallswerten direkt in die Klasse `Skill` verschoben. Außerdem haben wir die Eigenschaften von `maxSkillLevel` nach `maxSkill` und `skill` nach `currentSkill` umbenannt. Schließlich handelt es sich hierbei nur um Skill-Wert.

Den aktuellen Erfahrungswert speichern wir nun in der Eigenschaft `currentSkill`. Der Wertebereich des aktuellen Erfahrungswerts (`currentSkill`) ist eingeschränkt durch den maximalen Erfahrungswert (`maxSkill`). Zudem soll die Erfahrung mit jedem erfolgreich produzierten Film steigen. Allerdings darf der neue Wert nicht niedriger sein als der alte. Diese Regel können wir beim Setzen des Werts festlegen, indem wir die `set`-Methode der Eigenschaft `currentSkill` definieren:

```
class Skill {
    val maxSkill = Random.nextInt(200, 400)
    var currentSkill = Random.nextInt(100, maxSkill)
        set(value) {
            if (value > field && value <= currentSkill) {
                field = value
            }
        }
    val learningSpeed = Random.nextInt(1, 10)
}
```

15.3.2 Begleit-Objekt für Skills

Wir haben also nicht nur die gemeinsamen Eigenschaften ganzheitlich gebündelt, sondern auch die für Skills notwendige Logik in der passenden Klasse verortet. Diese können wir nun unabhängig ausbauen. Ein Beispiel hierfür wäre das Speichern des aktuell höchsten Erfahrungswerts in einem Companion-Objekt (Begleit-Objekt). Wenn Sie speichern möchten, was der aktuell höchste Erfahrungswert aller Schauspieler und Regisseure ist, dann sollten Sie dies nicht in den einzelnen Objekten der Klasse `Skill` speichern. Denn der Datenwert wird nur einmal für alle Objekte der Klasse `Skill` benötigt.

Zur Erinnerung: In einem Companion-Objekt werden häufig konstante Werte gespeichert, die für alle Objekte der Klasse gelten sollen. Es können aber auch veränderliche Werte gespeichert werden, die für alle Objekte der Klasse gelten sollen. Für die Klasse `Skill` könnte das so aussehen:

```
class Skill {
    val maxSkill = Random.nextInt(200, 400)
    var currentSkill = Random.nextInt(100, maxSkill)
        set(value) {
            if (value > field && value <= currentSkill) {
                field = value
            }
        }
    val learningSpeed = Random.nextInt(1, 10)
```

```
    companion object {
        const val MIN_INIT = 100
        const val MAX_INIT = 200

        var highestLevel = MIN_INIT // Die Eigenschaft ist nur intern veränderlich
            private set
    }
}
```

Die mit `const val` gekennzeichneten Werte sollen sich nie mehr ändern. Durch das Schlüsselwort `const` werden die Konstanten `MIN_INT` und `MAX_INIT` zur Compilezeit tatsächlich durch die literalen Datenwerte 100 und 200 ersetzt.

Unveränderliche Variablen und Konstanten

Bei unveränderlichen Variablen legen wir fest, dass unser Programmcode diese Variable nicht verändern kann, es gibt also keine öffentliche `set`-Methode. Anderseits haben wir auch schon Fälle kennengelernt, wo ein `val`-Wert dynamisch berechnet wird und sich somit durchaus ändern kann. Wir können ihn nur nicht direkt ändern. Im kompilierten Byte-Code wird eine unveränderliche Variable (auf Kotlin-Ebene) übrigens als ein Objekt angelegt, das sich durchaus ändern kann – wir stellen nur keine Methoden bereit, um dies auch wirklich zu tun. Daher ist ein `val`, wenn es nicht dynamisch berechnet wird, faktisch auch unveränderlich. Bei echten Konstanten, die durch `const` ausgezeichnet werden, wird jedoch kein Objekt verwendet, sondern der primitive, unveränderliche Wert eingesetzt. Das Schreiben von `MIN_INIT` ist also wirklich gleichbedeutend wie das Schreiben von `100`.

15.3.3 Objektkomposition und Objektaggregation

Nachdem wir die drei Eigenschaften aus den Klassen `Actor` und `Director` in eine eigene Klasse ausgelagert und einige Verbesserungen durchgeführt haben, können wir die beiden Klassen `Actor` und `Director` komponieren:

```
class Actor(
    val firstName: String,
    val lastName: String,
    val genres: List<Genre>
) {
    var salary = Random.nextDouble(100000.0, 2000000.0)
    val skill: Skill = Skill() // Skill selbst erzeugt zufällige Werte

    fun movieSuccessfullyProduced() {
        skill.currentSkill += skill.learningSpeed
    }
}

class Director(
    val firstName: String,
    val lastName: String,
    val preferredActor: Actor
) {
    var salary = Random.nextDouble(100000.0, 2000000.0)
```

```
    var skill: Skill = Skill() // Skill selbst erzeugt zufällige Werte

    fun movieSuccessfullyProduced() {
        skill.currentSkill += skill.learningSpeed
    }
}
```

Beachten Sie, dass in der `movieSuccessfullyProduced`-Methode jetzt eine viel übersichtlichere Logik gegeben ist. Die Implementierung beschränkt sich auf eine einzige Zeile Code und fokussiert sich auf eine einzige Zuständigkeit: den aktuellen Erfahrungswert, um den Lernzuwachs zu erhöhen. Die Klasse `Skill` übernimmt mit der `set`-Methode die Aufgabe, dass `currentSkill` nur gültige Werte annehmen kann. Die Logik ist also dorthin gewandert, wo sie auch semantisch verortet ist.

Redundanz in Variablennamen

Die Bezeichnung `currentSkill` ist etwas umständlich und wird hier zur Verdeutlichung gewählt. Eleganter wären kürzere Eigenschaftsnamen wie etwa `current` und `max`, denn es ist ja nun festgelegt, dass sich diese Werte immer auf einen `Skill` beziehen. Der Suffix `skill` ist daher nicht notwendig. ■

Jeder `Actor` und `Director` hat nun sein eigenes `Skill`-Objekt. Das heißt, jedes `Skill`-Objekt gehört genau zu einem `Actor` oder `Director`. Es gilt eine HAT-EIN Beziehung. Ein `Actor` HAT-EIN `Skill`-Objekt. In diesem Fall spricht man von *Objektkomposition*. Es kommt jedoch auch häufig vor, dass ein Objekt von mehreren anderen Objekten verwendet wird. Auch die Klasse `Movie` wird aus mehreren Objekten zusammengesetzt werden, sie verwendet `Actor`- und `Director`-Objekte. Diese können jedoch von mehreren Filmen verwendet werden, denn ein und derselbe Schauspieler kann ja in mehreren Filmen mitspielen. In diesem Fall spricht man von *Objektaggregation*. Ein `Actor`-Objekt gehört nicht zu einem einzigen `Movie`, sondern kann von mehreren Filmen, also von mehreren `Movie`-Objekten, verwendet werden.

In Kotlin werden sowohl Komposition als auch Aggregation über Referenzen auf jene Objekte abgebildet, aus denen sich ein komplexeres Objekt zusammensetzt. Wann handelt es sich nun um Aggregation oder um Komposition? Es kommt auf Ihr Modell an. Es kann sein, dass in einer Softwareanwendung die Existenz von Objekten fest an die Existenz eines anderen Objekts gekoppelt ist. Dann wäre es eine Objektkomposition. Wenn jedoch ein Objekt auch unabhängig von einem anderen Objekt existieren kann, so handelt es sich um Objektaggregation. In der Modellierung von Softwarearchitekturen spielt diese Unterscheidung eine wichtige Rolle. Da in Kotlin beides durch Referenzen abgebildet wird, müssen Sie selbst darauf achten, dass die Objekte einer Komposition nicht mehrfach verwendet werden.

§ **Definition *Komposition und Aggregation***

Wenn ein Objekt ausschließlich von einem einzigen anderen Objekt verwendet wird, spricht man von Objektkomposition. Fassen Sie sich einmal an Ihre Nase ... diese Nase gehört Ihnen alleine, und sie ist eng an Ihre Existenz gebunden. Ohne Sie gäbe es auch nicht Ihre Nase!

Bei der Aggregation können dagegen Objekte von mehreren Objekten gleichzeitig verwenden. Die Existenz ist also nicht fest an andere Objekte gekoppelt. ■

15.3.4 Zusammensetzung der Klasse Movie

Die Klasse `Movie` wird also ein Beispiel sein, bei dem auch aggregierte Objekte eingesetzt werden. Sie verwendet ein Objekt der Klasse `Director` und ein Objekt der Klasse `Actor` als aggregierte Objekte.

Unser eigentliches Ziel ist es ja, `Movie`-Objekte zusammenzusetzen. Interessant ist dabei, dass wir bei der Modellierung von der Klasse `Movie` ausgehend die zusätzlich benötigten Klassen `Actor` und `Director` identifiziert hatten. Bei der Umsetzung gehen wir aber genau umgekehrt vor: Wir mussten erst die Klassen `Actor` und `Director` definieren, um diese nun in einer `Movie`-Klasse zu verwenden.

Während wir `Actor` und `Director` in derselben Datei angelegt haben, weil sie irgendwie zusammengehören (wie genau, sehen wir im nächsten Kapitel), soll für die Klasse `Movie` eine neue Datei verwendet werden. Folgenden Code schreiben wir in eine neue Datei namens `Movie`:

```
class Movie(
    val title: String,
    val director: Director,
    val mainActor: Actor,
    val budget: Int,
    val genre: String
) {
    private val ratings = mutableListOf<Double>()

    val costs = director.salary + mainActor.salary + budget

    var revenue = 0
        private set

    fun produce() {
        // Logik überlegen wir später
    }

    fun rate() {
        // Logik überlegen wir später
    }
}
```

Zunächst werden im Konstruktor die essentiellen Daten für einen Film verlangt: Titel, Regisseur, Hauptdarsteller, Budget und Genre. Zudem werden weitere Eigenschaften angelegt.

Die `costs` können gleich bei der Konstruktion des Objekts berechnet werden. Sie sind fix und ändern sich nicht mehr. Auch dann nicht, wenn sich das Gehalt des Schauspielers später erhöht.

Auch auf die Eigenschaft `revenue` soll nur lesend zugegriffen werden. Allerdings können die Einnahmen erst berechnet werden, wenn der Film produziert wird. Daher definieren wir die Variable als `var`, legen allerdings gleichzeitig fest, dass die `set`-Methode `private` ist. In der Konsequenz ergibt sich, dass nur Methoden der Klasse selbst diese Eigenschaft verändern dürfen. Sie ist also vor Schreibzugriffen durch andere Klassen geschützt.

Zudem legen wir eine Liste mit Bewertungen (`ratings`) an. Diese ist nach außen ebenfalls nicht sichtbar. Wir verwenden die Liste nur intern, um später die Einnahmen zu berechnen. Die Liste ist veränderbar (*mutable*), da später noch Bewertungen hinzugefügt werden. Die

Liste selbst ist in einer unveränderlichen Variable gespeichert. Es handelt sich also immer um dieselbe Liste für jedes Filmobjekt. Aber die Liste kann verändert werden.

Wenn nun ein `Movie`-Objekt produziert werden soll, dann müssen insgesamt mindestens drei Objekte erzeugt werden. Für das Testen und Ausführen von Beispielcode legen wir eine weitere Datei namens `App` an, in der auch eine `main`-Funktion angelegt wird:

```
fun main() {
    val emma = Actor(
        "Emma",
        "Thompson",
        listOf(Genre.DRAMA, Genre.THRILLER, Genre.FANTASY)
    )
    val steven = Director("Steven", "Spielberg", emma)
    val firstMovie = Movie("Der Superfilm", steven, emma, 90000, Genre.DRAMA)

    println("${firstMovie.title}, Gesamtkosten: ${firstMovie.costs}")
}
```

Wenn Sie dieses Programm laufen lassen, dann erhalten Sie z. B. folgende Ausgabe:

```
> Der Superfilm, Gesamtkosten: 1578725.08
```

Da wir zufällige Werte für die Kosten der Schauspieler gewählt haben, wird bei Ihnen sicherlich ein anderer Wert stehen. Zudem wurde der Wert in der Ausgabe etwas gekürzt. Erzeugen wir nun fünf zufällige Bewertungen in der `rate`-Methode der Klasse `Movie`:

```
import kotlin.random.Random

class Movie(/* ... */) {
    // ...

    private val ratings = mutableListOf<Double>()

    fun rate() {
        for (x in 1..5) { // fünf Bewertungen erzeugen
            val rating = Random.nextDouble(0.0, 5.0) // Zufallswert zwischen 0.0 und
                5.0
            ratings.add(rating)
        }
    }
}
```

Hier muss später natürlich noch eine sinnvollere Logik eingebaut werden, sodass bei den Bewertungen auch die Qualität des Films berücksichtigt wird. Aber erst einmal reicht der Zufallsmechanismus. Mit der for-Schleife führen wir den Code insgesamt 5 x aus. Jeder Schleifendurchlauf erzeugt eine zufällige Bewertung zwischen `0.0` und `5.0`. Dafür verwenden wir die `Random.nextDouble`-Funktion. Am Ende fügen wir die Bewertung der Liste hinzu. Dafür rufen wir die `add`-Methode auf der veränderlichen Liste `ratings` auf und übergeben das gerade erzeugte `rating`.

15.3.5 Film produzieren

Als Nächstes können wir festlegen, was passieren soll, wenn der Film produziert wird. Bei der Produktion eines Filmes soll Folgendes passieren:

1. Es wird ein zufälliger Basisbetrag für Einnahmen zwischen 1 und 2 Millionen festgelegt.
2. Der Film wird bewertet.
3. Für jede Bewertung werden Einnahmen erzielt. Die Höhe dieser Teileinnahmen berechnet sich aus dem Basisbetrag und der jeweiligen Bewertung zwischen 0 und 5 Punkten.
4. Die Teileinnahmen werden zu den gesamten Einnahmen des Films addiert.
5. Die berechneten Gesamteinnahmen werden in der Eigenschaft `revenue` gespeichert.
6. Die Gesamteinnahmen und der Gewinn werden ausgegeben.
7. Schauspieler und Regisseur werden benachrichtigt, dass der Film fertiggestellt ist.

Diesen Ablauf, den wir hier zunächst als *Pseudocode* definiert haben, können wir direkt in richtigen Code überführen. Das alles implementieren wir in der Methode `produce`. Da die Methode lang sein wird, stehen die einzelnen Arbeitsschritte des Pseudocodes jeweils im Kommentar.

> § **Definition *Pseudocode***
>
> Pseudocode legt einen Algorithmus informell fest, sodass Programmiererinnen und Programmierer den Ablauf verstehen können. Dabei wird natürliche Sprache verwendet. Der Pseudocode sollte präzise genug sein, dass er sich direkt in den Code einer bestimmten Programmiersprache wie etwa Kotlin überführen lässt. ■

```
class Movie(/* ... */) {
    // ...

    // Hilfsfunktion: Formatiert das Double zu einem String mit 2 Nachkommastellen
    fun format(double: Double): String = "%.2f".format(double)

    fun produce() {
        println("Produziere: $title, Gesamtkosten: ${format(costs)}")

        // 1. Definiere eine Basiseinnahme zwischen 1 Million und 2 Millionen
        val baseRevenue = Random.nextInt(1_000_000, 2_000_0000)

        // 2. Füllt die Liste ratings
        rate()

        var totalRevenue = 0

        // 3. Einnahmen je Bewertung berechnen:
        for (rating in ratings) {
            val additionalRevenue = (baseRevenue * rating).toInt()
            totalRevenue += additionalRevenue // 4. Erhöhe die gesamte Einnahme
            println("Film wurde bewertet mit ${format(rating)} Punkten. Einnahmen:
                 $additionalRevenue")
        }
```

```
            // 5. Eigenschaft aktualisieren:
            this.revenue = totalRevenue

            // 6. Informative Ausgabe auf der Konsole:
            println("Gesamteinnahmen des Films: $revenue")

            val profit = revenue - costs
            if (profit >= 0) {
                println("Gewinn: ${format(profit)}")
            } else {
                println("Verlust: ${format(-profit)}")
            }

            // 7. Hauptdarsteller und Regisseur informieren, dass sie nun mehr Erfahrung
                 haben
            mainActor.movieSuccessfullyProduced()
            director.movieSuccessfullyProduced()
        }
    }
```

Zur besseren Formatierung von `Double`-Werten wurde eine kleine Hilfsfunktion namens `format` geschrieben. Diese nimmt ein `Double` entgegen und formatiert den `Double`-Wert zu einem `String` mit 2 Nachkommastellen. Dadurch ist die Konsolenausgabe schöner zu lesen.

Jetzt können wir endlich einen Film produzieren:

```
fun main() {
    val emma = Actor(
        "Emma",
        "Thompson",
        listOf(Genre.DRAMA, Genre.THRILLER, Genre.FANTASY)
    )
    val steven = Director("Steven", "Spielberg", emma)
    val firstMovie = Movie("Der Superfilm", steven, emma, 90000, Genre.DRAMA)

    firstMovie.produce() // Film produzieren ...
}
```

Da die Methode `produce` eine Menge Aufrufe von `println` enthält, sieht die Konsole folgendermaßen aus:

```
> Produziere: Der Superfilm, Gesamtkosten: 2409868,99
> Film wurde bewertet mit 3,38 Punkten. Einnahmen: 18536524
> Film wurde bewertet mit 4,13 Punkten. Einnahmen: 22682692
> Film wurde bewertet mit 4,05 Punkten. Einnahmen: 22225436
> Film wurde bewertet mit 4,52 Punkten. Einnahmen: 24817573
> Film wurde bewertet mit 1,27 Punkten. Einnahmen: 6998436
> Gesamteinnahmen des Films: 95260661
> Gewinn: 92850792,01
```

Gleich der erste Film spielt Gewinn ein, super!

15.3.6 Ein Objekt für Spieldaten

Für unser Spiel werden wir weitere Daten benötigen, z. B. den aktuellen Kontostand, der bislang erfolgreichste Film, eine Liste aller Filme sowie Listen mit allen Schauspielern und

Regisseuren. Schließlich sollen Spieler bei der Produktion neuer Filme wählen können, wer in dem Film mitspielen soll.

Für diese Spieldaten könnten wir nun eine Klasse `GameData` definieren. Von dieser Klasse würde es genau ein einziges Objekt geben. Wir haben bereits gesehen, dass wir hierfür ein singuläres Objekt, sprich ein Singleton verwenden können.

Wir können sogar die Initialisierung der Eigenschaften dieses Objekts steuern, indem wir einen `init`-Block definieren. Dieser Block wird beim Erzeugen des Objekts ausgeführt.

Für unser Spiel werden wir also ein Objekt `GameData` anlegen, in dem der Kontostand und die Listen mit Schauspielern, Regisseuren und Genres gespeichert werden. Das Objekt legen wir in einer neuen Datei `GameData` fest, um die Gesamtstruktur des Projekts übersichtlich zu halten:

```
object GameData {
    val actors = mutableListOf<Actor>()
    val directors = mutableListOf<Director>()
    val genres = Genre.values() // Gibt ein Array mit allen Enum-Werten zurück

    init {
        actors.add(Actor("Emma", "Thompson", getRandomGenres()))
        actors.add(Actor("John", "Goodman", getRandomGenres()))
        actors.add(Actor("Susi", "Sonnenschein", getRandomGenres()))
        actors.add(Actor("Fridolin", "Fröhlich", getRandomGenres()))

        directors.add(Director("Steven", "Spielberg", getRandomActor()))
        directors.add(Director("Roland", "Emmerich", getRandomActor()))
        directors.add(Director("Hanna", "Heiter", getRandomActor()))
        directors.add(Director("Lars", "Lustig", getRandomActor()))
    }

    fun getRandomGenres(): List<Genre> = listOf(genres.random(), genres.random())

    fun getRandomActor(): Actor = actors.random()
}
```

Das Objekt stellt sogar Methoden bereit, um zufällig `Genres` oder einen `Actor` zu wählen. Diese Methoden können Sie benutzen, um zum Beispiel die Genres für einen Schauspieler oder den bevorzugten Schauspieler für einen Regisseur festzulegen. Beachten Sie dabei, dass erst `Actors` in die `actors`-Liste eingefügt werden müssen, damit die Methode `getRandomActor()` auch einen Wert liefert. Wenn Sie die Methode aufrufen, bevor Schauspieler in der Liste sind, stürzt das Programm mit einer `NoSuchElementException` ab. Sie greifen nämlich auf ein zufälliges Element zu, das es gar nicht geben kann.

15.3.7 Code zum Projekt

Den gesamten Code zum Projekt finden Sie auch im Download-Portal von Hanser-Plus. Da wir im Laufe des Buches immer wieder am Movie-Maker-Beispiel arbeiten werden, finden Sie dort den jeweiligen Stand zum Ende eines jeden Kapitels. Den Zugangscode finden Sie am Anfang des Buches.

TEIL IV

Vererbung und Polymorphie

Dieser Buchabschnitt beschäftigt sich mit Vererbung und Klassenhierarchien. Bislang haben wir schon verschiedene Formen von Klassen kennengelernt. Durch Vererbung wird es möglich, bestehende Klassen um Funktionalität zu erweitern. Eine Klassenhierarchie definiert dabei Spezialisierungen von allgemeineren Datentypen. Der Vorteil ist, dass unterschiedliche Objekte auf dieselbe Weise verarbeitet werden können. Hierzu werden wir die Mechanismen der *Polymorphie* kennenlernen.

16 Vererbung

Vererbung ist ein wichtiges Konzept der objektorientierten Programmierung. Dabei werden bestehende Funktionalitäten einer Klasse an eine neue Klasse weitergegeben, also quasi vererbt. Diese Vererbung reduziert Codedoppelungen und führt eindeutige Beziehungen zwischen Klassen und damit auch den Typen von Objekten ein. Wir werden sehen, dass sich durch die Verallgemeinerung auf eine Klasse mit gemeinsamen Eigenschaften und Methoden, die Objekte von spezialisierten Unterklassen auf die gleiche Weise verwenden lassen.

> § **Definition *Vererbung***
>
> Mit Vererbung ist das Übernehmen von Eigenschaften und Funktionalität von einer existierenden Klasse in eine neue Klasse gemeint. Dabei gibt es jeweils eine Basisklasse (auch Oberklasse oder Superclass genannt), in der bereits Eigenschaften und Methoden definiert sind. Von dieser Basisklasse wird eine neue Klasse abgeleitet. Damit ist gemeint, dass diese neue Klasse alle bisherigen Eigenschaften und Methoden der Basisklasse übernimmt und diese um zusätzliche Eigenschaften und Methoden erweitert. Diese erweiterte Klasse nennt man auch Unterklasse (Subclass). ■

Wir werden uns dieses Prinzip zunächst allgemein anschauen und dann auf unser MovieMaker-Beispiel anwenden. Denn in den Klassen `Actor` und `Director` gibt es noch sehr viele Codedoppelungen. Diese Gemeinsamkeiten lassen sich in eine gemeinsame Oberklasse `Person` auslagern, damit sie von den beiden speziellen Klassen `Actor` und `Director` wiederverwendet werden können. Zudem können dadurch sowohl Objekte von `Actor` als auch `Director` einheitlich verarbeitet werden, solange man diese nur als `Person` betrachtet.

16.1 Vererbungsbeziehung

Die Vererbungsbeziehung kann mit einem Klassendiagramm visualisiert werden. Der Pfeil zeigt dabei auf die allgemeinere Klasse, von der geerbt wird:

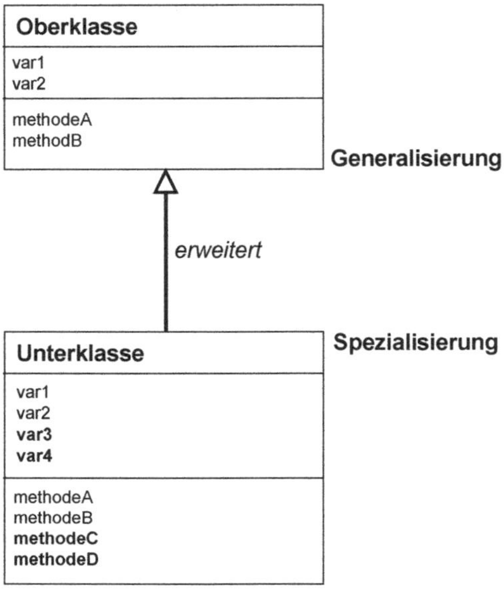

- Es gibt eine allgemeine Oberklasse mit den Eigenschaften `var1` und `var2` und den Methoden `methodeA` und `methodeB`.
- Es gibt eine spezialisierte Unterklasse, in der die Oberklasse um die Eigenschaften `var3` und `var4` und die Methoden `methodeC` und `methodeD` erweitert wird.

Das bedeutet, dass in Objektexemplaren der Oberklasse nur die Eigenschaften `var1`, `var2` zur Verfügung stehen. In Objektexemplaren der Unterklasse stehen dagegen die Eigenschaften `var1`, `var2`, `var3` und `var4` zur Verfügung. In Kotlin wird die Vererbung, also das Übernehmen von Funktionalität aus der Oberklasse, durch einen Doppelpunkt (`:`) definiert. Wenn eine neue Klasse auf einer existierenden Klasse aufbaut, dann kann diese auch das Verhalten verändern. Daher müssen wir ausdrücklich erlauben, dass eine Klasse in Unterklassen verändert werden darf. Für die Oberklasse muss daher das Schlüsselwort `open` verwendet werden, um diese Klasse für Erweiterungen (auch Veränderungen und Einschränkungen) zu öffnen.

Der Code für Oberklasse und Unterklasse kann so aussehen, wobei hier zur Vereinfachung auf Konstruktoren verzichtet wurde:

```
open class Oberklasse {
    val var1: Int = TODO()
    val var2: Int = TODO()
    fun methodeA(): Unit = TODO()
    fun methodeB(): Unit = TODO()
}
```

```
class Unterklasse : Oberklasse() {
    val var3: Int = TODO()
    val var4: Int = TODO()
    fun methodeC(): Unit = TODO()
    fun methodeD(): Unit = TODO()
}

fun main() {
    val oberklasse = Oberklasse()
    val unterklasse = Unterklasse()
}
```

Als Methoden stehen Objekten der Unterklasse sowohl `methodeA`, `methodeB`, `methodeC` und `methodeD` zur Verfügung. Folglich stehen Objekten der Oberklasse nur die Methoden `methodeA` und `methodeB` zur Verfügung.

Veranschaulichen lässt sich dies, wenn wir uns anschauen, welche Speicherbereiche auf dem Heap angelegt werden. Der Heap ist der Speicherbereich, auf dem Objekte abgelegt werden, die im Programm existieren:

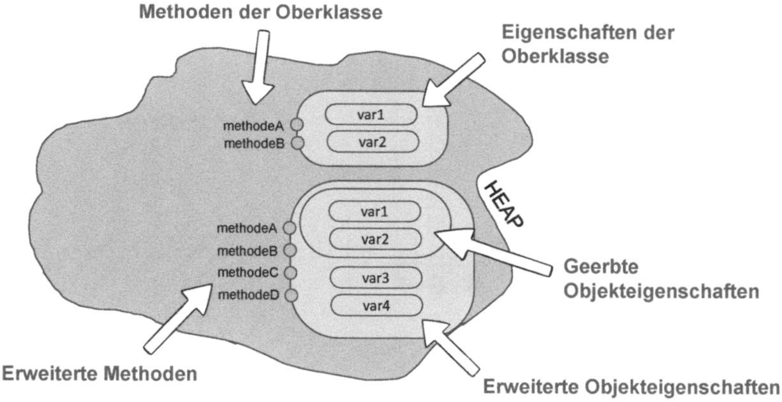

Über die Referenzvariable `oberklasse` kann auf ein Objekt der Oberklasse zugegriffen werden. Somit sind die Aufrufe `oberklasse.var1 = 10` oder `oberklasse.var2 = 20` möglich.

Über die Referenzvariable `unterklasse` lässt sich auf ein Objekt der Unterklasse zugreifen. Somit sind Aufrufe `unterklasse.var1 = 10` oder `unterklasse.var3 = 42` möglich. Zudem können z. B. sowohl `unterklasse.methodeA()` wie auch `unterklasse.methodeC()` aufgerufen werden.

§ **Definition *Oberklasse und Unterklasse***

Die Begriffe Ober- und Unterklasse meinen, dass eine Klasse in der Klassenhierarchie höher oder tiefer angesiedelt ist. Im Englischen spricht man von Superclass und Subclass. Die Oberklasse wird manchmal auch als Mutter- oder Vaterklasse bezeichnet. Bezieht man sich auf die Unterklasse, so spricht man auch oft von der abgeleiteten Klasse.

16.2 Klassenhierarchien

Eine Klassenhierarchie kann sich über beliebig viele Ebenen ausbreiten. Nehmen wir einmal die Klasse der Autos. Diese Klasse lässt sich klar von der Klasse der Fahrräder abgrenzen. Auf einer höheren (allgemeineren) Ebene können wir aber sowohl Autos als auch Fahrräder als Land-Fahrzeuge betrachten. Auf einer tieferen (spezielleren) Ebene können wir Autos z. B. in die Klassen Cabriolet und Kombi verfeinern. Dabei gilt: Alle Cabriolets sind Autos, alle Kombis sind Autos. Sowie auch alle Regisseure Personen sind und alle Schauspieler Personen sind. Es besteht die IST-EIN-Beziehung. Ein Kombi IST-EIN Auto. Ein Auto IST-EIN Land-Fahrzeug. Ein Schauspieler IST-EINE Person.

Eine Klassenhierarchie **verallgemeinert nach oben** hin und **spezialisiert nach unten** hin die Klassen. Daher sollte für alle Unterklassen die IST-EIN-Beziehung gelten. Dies bezieht sich nicht nur auf die nächsthöhere, sondern auf alle darüber liegenden Ebenen. Wir können sagen: Ein Kombi IST-EIN Auto. Genauso können wir sagen: Ein Kombi IST-EIN Fahrzeug.

Hier sehen Sie zwei Beispiele für Klassenhierarchien:

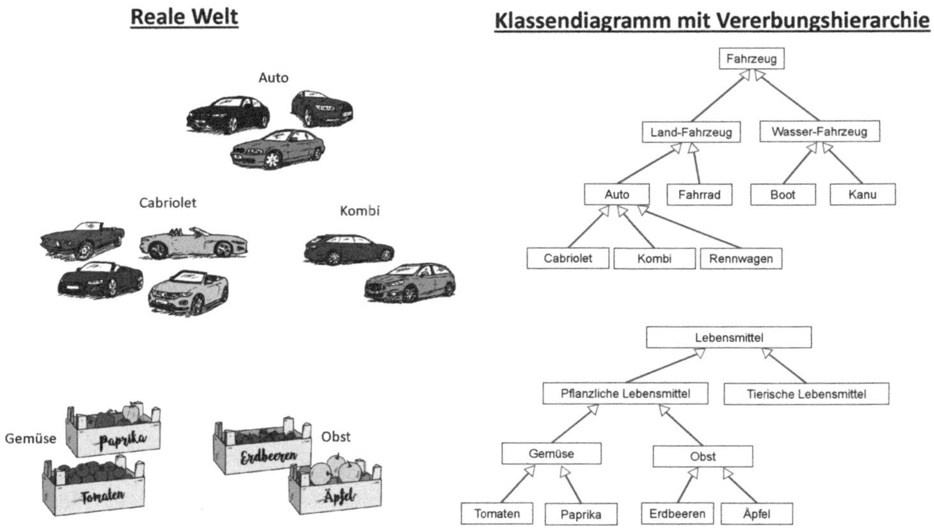

Ganz oben in der Klassenhierarchie steht immer die Klasse `Any`. In Kotlin ist jede Klasse von der Klasse `Any` abgeleitet. Das passiert ganz automatisch. Wenn wir eine eigene Klasse anlegen, ist `Any` automatisch der Obertyp. Damit haben wir auch Zugriff auf die Methoden von `Any`. Deswegen können wir auf jedem Objekt, egal ob Basis-Datentyp oder selbst definiert, die `toString`-Methode aufrufen. Diese wird nämlich von `Any` vererbt.

Wenn Sie für eine Klasse keine Oberklasse festlegen, dann wird Ihre Klasse automatisch von `Any` abgeleitet:

```
open class ABC

class XYZ : ABC()
```

Die Klasse `ABC` erbt automatisch alle Eigenschaften und Methoden der Klasse `Any`. Die Klasse `XYZ` erbt alle Eigenschaften und Methoden von `ABC` und damit auch alle Eigenschaften der Klasse `Any`. Die Vererbungs- und Typenhierarchie funktioniert über mehrere Ebenen.

> **Daten-Klassen sind immer final!**
>
> Von Daten-Klassen können keine Unterklassen gebildet werden. Eine Daten-Klasse ist stets `final`. Das Schlüsselwort ist das Gegenteil von `open`.

16.3 Eigenschaften und Methoden vererben

Den praktischen Nutzen von Vererbung können wir für unser Movie-Maker-Programm sehen. Die Klassen `Actor` und `Director` sind sehr ähnlich in ihrem Aufbau. Codeänderungen wie etwa das Austauschen der einzelnen Skill-Eigenschaften durch ein Objekt der Klasse `Skill` mussten in beiden Klassen durchgeführt werden. Dies erhöht den Wartungsaufwand für unseren Code und führt schnell zu Fehlern, wenn man vergisst, beide Klassen anzupassen.

Schauen wir uns noch einmal die beiden Klassen `Director` und `Actor` im Vergleich an:

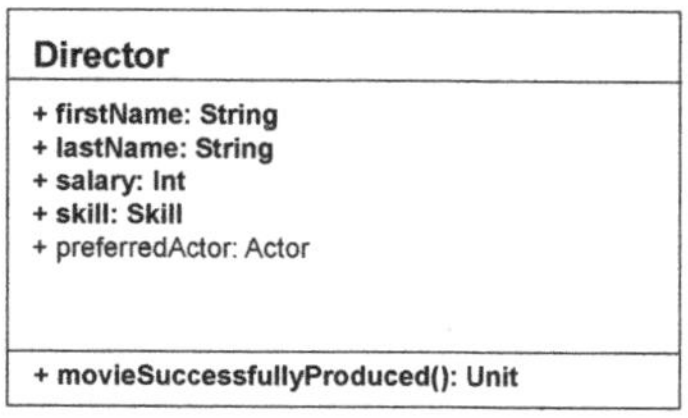

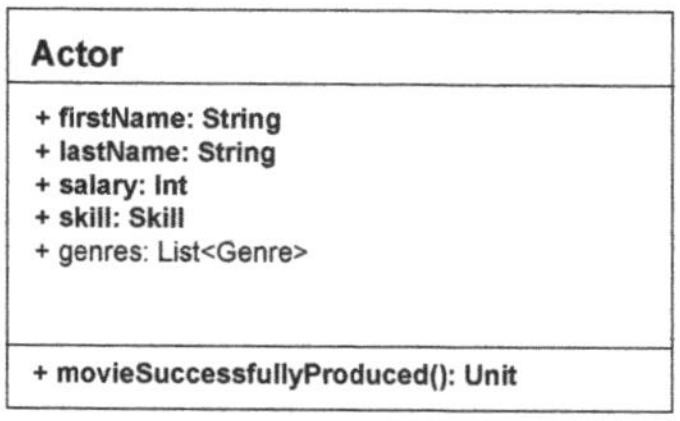

Die gemeinsamen Eigenschaften und Methoden sind in der Abbildung hervorgehoben. Woran liegt es, dass sowohl `Director` und `Actor` fast dieselben Eigenschaften und Methoden besitzen? Weil es sich in beiden Fällen um **Personen** handelt. Und in unserem Programm hat jede Person einen Vornamen (`firstName`), einen Nachnamen (`lastName`), ein Gehalt (`salary`) und ein komplexes Objekt für die Erfahrung (`skill`). Zudem kann jede Person darüber informiert werden, dass ein Film erfolgreich produziert wurde, an dem die Person teilgenommen hat.

Wir legen eine neue Klasse `Person` an, in der alle Eigenschaften und Methoden enthalten sind, die für alle Personen relevant sind. Wir verschieben also die gemeinsamen Eigenschaften und Methoden in eine neue Klasse:

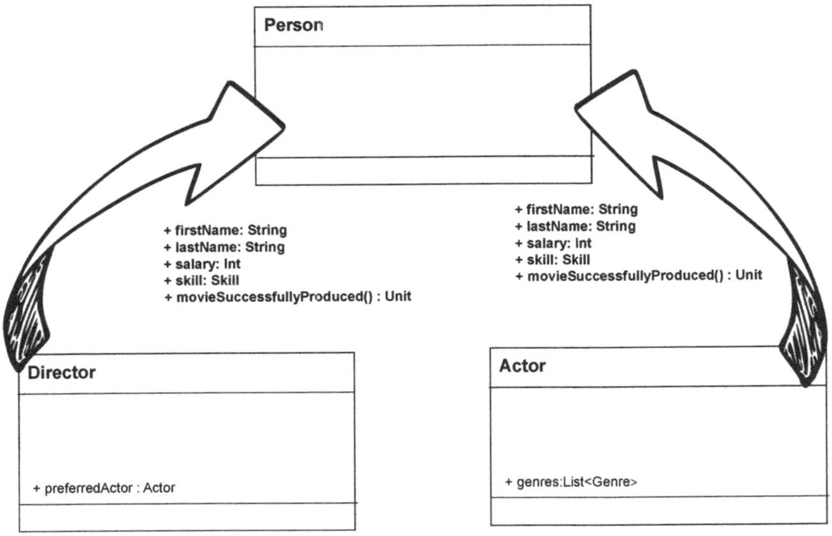

Nun ist in der Klasse `Person` alles enthalten, was in unserem Programm einer Person zuzuordnen ist. `Actor` und `Director` sind Personen, aber offensichtlich handelt es sich in beiden Fällen um spezielle Personen, die darüber hinaus noch mehr Eigenschaften haben, als einer allgemeinen Person zuzuordnen ist. Ein `Director` hat z. B. keine Liste mit Genres. Wir können diese spezielleren Klassen von der allgemeinen Klasse ableiten und die bereits festgelegten Eigenschaften und Methoden übernehmen, ohne diese erneut zu schreiben.

Definieren wir mal die allgemeinere Klasse `Person`, die alles enthält, was Personen gemeinsam haben:

```
open class Person(val firstName: String, val lastName: String) {
    var salary = Random.nextInt(100_000, 2_000_000)
    val skill = Skill() // Skill selbst erzeugt zufällige Werte

    fun movieSuccessfullyProduced() {
        skill.currentSkill += skill.learningSpeed
    }
}
```

Vor der Klassendefinition von `Person` steht das Schlüsselwort `open`. Damit legen wir fest, dass diese Klasse *offen für Vererbung* ist. Wenn Sie das Schlüsselwort `open` nicht davor schreiben, dann kann diese Klasse nicht als allgemeinere Klasse (Basis-Klasse) verwendet werden. Die Klasse `Director` kann jetzt auf der Klasse `Person` aufbauen (da diese `open` ist) und alle Eigenschaften und Methoden von der Klasse `Person` erben. Darüber hinaus kann die Klasse natürlich weitere Eigenschaften und Methoden definieren, die allerdings speziell für einen `Director` sind:

```
class Director(
    firstName: String,
    lastName: String,
    val preferredActor: Actor
) : Person(firstName, lastName)
```

Vererbung wird in Kotlin durch den Doppelpunkt (`:`) nach der Parameterliste der Klasse ausgedrückt. Die Klasse `Director` erbt also von der Klasse `Person`.

Dabei sollten Sie sich folgende Dinge genau anschauen:

- Die Klasse `Director` baut auf der Klasse `Person` auf. Sie besitzt also alle Eigenschaften und Methoden von `Person`.
- Die Klasse `Person` hat einen Konstruktor, in dem die Eigenschaften `firstName` und `lastName` definiert werden. Jede `Person` hat diese Eigenschaften und die Werte für diese Eigenschaften müssen beim Konstruieren eines `Person`-Objekts festgelegt werden.
- Da `Director` von `Person` erbt, muss beim Erstellen eines `Directors` auch festgelegt werden, was der `firstName` und `lastName` einer `Person` ist. Der Aufruf `Person(firstName, lastName)` ist dabei der Konstruktoraufruf der Klasse `Person`.
- Auch die Klasse `Director` hat weiterhin einen Konstruktor. In diesem legen wir jedoch nicht mehr `firstName` und `lastName` als Eigenschaften fest. Sonst würden diese doppelt existieren, was nicht sinnvoll ist. Stattdessen legen wir im Konstruktor von `Director` einfache Parameter fest (ohne `val` oder `var`), die wir verwenden, um den Konstruktor der Oberklasse Person aufzurufen. Wenn in einer Parameterliste die Parameter kein `val` oder `var` vor dem Namen stehen haben, sind diese Parameter nur während der Konstruktion verfügbar. Das reicht an dieser Stelle vollkommen aus, da die Parameter direkt an `Person` weitergereicht werden.
- Die Eigenschaft `preferredActor` ist eine spezifische Erweiterung für die Klasse `Director`. Daher wird sie als zusätzliche Eigenschaft im Konstruktor mit `val` deklariert.

Verdeutlichen wir nochmal die Konstruktoren von `Director` und `Person`:

```
class Director(firstName: String, lastName: String, val preferredActor: Actor) : Person(firstName, lastName)
```

Konstruktordefinition von Director **Konstruktoraufruf von Person**

Auch die Klasse `Actor` lässt sich nun mit sehr wenigen Zeilen Code definieren, da sie auf der vorhandenen Klasse `Person` aufbauen kann:

```
class Actor(
    firstName: String,
    lastName: String,
    val genres: List<Genre>
) : Person(firstName, lastName)
```

Die Definition der Klasse `Actor` ist auf wenige Zeilen geschrumpft, da sie die Eigenschaften und Methoden von der Oberklasse `Person` erbt und nur noch eine Eigenschaft `genres` im Konstruktor ergänzt.

Die Unterklassen (hier `Director` und `Actor`) erweitern die Oberklasse (hier `Person`) um zusätzliche Eigenschaften und Methoden. Bei `Director` und `Actor` handelt sich also um eine **Spezialisierung** der Oberklasse.

16.4 Zusammenfassung

Durch Vererbung kann Code wiederverwendet werden, da abgeleitete Klassen die Struktur und Funktionalität der Oberklassen übernehmen und erben.

Vererbung:

- Die Oberklasse muss explizit für Vererbung geöffnet sein.
- Eine Unterklasse übernimmt alle Eigenschaften und Methoden der Oberklasse und kann zusätzlich neue Eigenschaften und Methoden einführen.
- Als offen gekennzeichnete Methoden und Eigenschaften können in der Unterklasse überschrieben werden.
- Bei der Ausführung einer Methode der Unterklasse kann mit dem Schlüsselwort `super` auf die Implementierung der Oberklasse zugegriffen werden.
- Unterklassen spezialisieren die Oberklasse. Es besteht eine IST-EIN-Beziehung zwischen Unter- und Oberklasse. Gemeinsam bilden die Klassen eine Klassenhierarchie.

17 Polymorphie

Wir haben bereits gesehen, dass alle Objekte als Strings repräsentiert werden, sobald wir diese z. B. an die `println`-Funktion übergeben. Dies liegt daran, dass alle Klassen die `toString`-Methode von der allgemeinen Oberklasse `Any` erben.

`toString` ist in der Klasse `Any` definiert und damit für jedes Objekt verfügbar. Sie wird immer dann automatisch aufgerufen, wenn ein Objekt bei einer String-Operation verwendet wird:

```
fun main() {
    val emma = Actor(
        "Emma",
        "Thompson",
        listOf(Genre.DRAMA, Genre.THRILLER, Genre.FANTASY)
    )
    val output = "Dies ist $emma"
    println(output)
}
```

Dabei wird eine neue Zeichenkette erstellt, die zum einen aus dem String `"Dies ist "` und der textuellen Repräsentation vom Objekt `emma` besteht. Wir hätten auch

```
"Dies ist ${emma.toString()}"
```

schreiben können. Das funktioniert, obwohl wir die Methode `toString()` gar nicht für unsere Klasse `Actor` definiert haben. Es wird die Implementierung aus der Oberklasse `Any` verwendet. Diese Standardimplementierung gibt die eindeutige ID des Objekts aus:

```
> Dies ist Actor@254989ff
```

Wäre es nicht schön, wenn die Objekte etwas informativere String-Informationen bereitstellen könnten? Dazu ist es nötig, dass sich unterschiedliche Objekte beim Aufruf derselben Methode verschiedenartig verhalten. Genau dies wird durch Polymorphie erreicht.

§ **Definition *Polymorphie***

Polymorphie ermöglicht den Zugriff auf Objekte unterschiedlicher Klassenimplementierungen über eine gemeinsame Schnittstelle. Polymorphie stammt aus dem Griechischen und heißt in etwa „Vielgestaltigkeit“. Es ist ein zentrales Konzept der objektorientierten Programmierung. Es erlaubt uns, Objekte, die ganz unterschiedlich gestaltet sind, auf die gleiche Weise zu verwenden. ■

Wir können z. B. für die Klasse `Fahrzeug` festlegen, dass es immer eine Methode `losfahren` geben soll. Wie dieses `losfahren` aussieht, also welche Struktur dahinter liegt, das wird für Unterklassen wie `Auto` oder `Fahrrad` ganz unterschiedlich aussehen. Die Entscheidung, welche Implementierung von `losfahren` gewählt wird, geschieht erst zur Laufzeit. Daher spricht man hier von *später Bindung*. Erst zur Laufzeit wird die tatsächliche Implementierung an einen Methodenaufruf gebunden.

17.1 Überschreiben von Methoden

Wir können die Methode `toString` überschreiben und selbst festlegen, wie ein Objekt textuell repräsentiert werden soll. Dafür schreiben wir das Schlüsselwort `override` vor die vollständige Signatur der Methode, inklusive Rückgabetyp:

```
open class Person(val firstName: String, val lastName: String) {
    // ...
    override fun toString () : String = "$firstName $lastName"
}
```

Wenn wir mit dieser Änderung das Beispiel mit dem `println(output)` erneut ausführen, wird Folgendes auf der Konsole ausgegeben:

```
> Dies ist Emma Thompson
```

17.1.1 Eine Methode unterschiedlich überschreiben

Insbesondere können wir für verschiedene Klassen unterschiedliche `toString`-Methoden festlegen. Wenn wir die Methode `toString` bereits in der Klasse `Person` überschreiben, dann wird für alle Personen der Vor- und Nachname ausgegeben. Weiterhin ist es möglich, in den Unterklassen von `Person` die Methode erneut zu überschreiben.

Wir können also ein allgemeines Verhalten der `toString` Methode für alle Personen festlegen und ein spezielleres Verhalten in den Klassen `Director` und `Actor`:

```
open class Person(val firstName: String, val lastName: String) {
    // ...
    override fun toString () : String = "$firstName $lastName"
}

class Actor(
    firstName: String,
    lastName: String,
    val genres: List<Genre>
) : Person(firstName, lastName) {
    // ...
    override fun toString(): String = "Schauspieler*in $firstName $lastName"
}

class Director(
    firstName: String,
    lastName: String,
```

```
    val preferredActor: Actor
) : Person(firstName, lastName) {
    // ...
    override fun toString(): String = "Regisseur*in $firstName $lastName"
}
```

Wenn wir mit dieser Änderung das Beispiel mit dem `println(output)` nochmal ausführen, wird Folgendes auf der Konsole ausgegeben:

```
> Dies ist Schauspieler*in Emma Thompson
```

Bei genauem Hinschauen stellen wir fest, dass es noch eine kleine Codedoppelung gibt. Alle drei Methoden generieren eine Teilzeichenkette, die aus `firstName` und `lastName` zusammengesetzt ist. Dieses allgemeine Verhalten ist bereits in der Oberklasse `Person` definiert. Abgeleitete Unterklassen können nun auf Methoden der Oberklasse mit dem `super`-Schlüsselwort zugreifen:

```
open class Person(val firstName: String, val lastName: String) {
    // ...
    override fun toString () : String = "$firstName $lastName"
}

class Actor(
    firstName: String,
    lastName: String,
    val genres: List<Genre>
) : Person(firstName, lastName) {
    // ...
    override fun toString(): String = "Schauspieler*in ${super.toString()}"
}

class Director(
    firstName: String,
    lastName: String,
    val preferredActor: Actor
) : Person(firstName, lastName) {
    // ...
    override fun toString(): String = "Regisseur*in ${super.toString()}"
}
```

Der Vorteil ist, dass nun Änderungen an der allgemeinen textuellen Repräsentation einer `Person` nur einmalig in der Oberklasse `Person` durchgeführt werden müssen. Wenn man z. B. nur den Vornamen einer `Person` ausgeben möchte, so ist die Änderung nur an einer Stelle nötig. Die Unterklassen können jeweils entscheiden, ob sie sich über den `super`-Aufruf dem allgemeinen Verhalten der Methode in Oberklasse anschließen und diese nur erweitern wollen oder ob sie die textuelle Repräsentation vollständig ändern.

17.1.2 Dynamische Bindung

Wovon hängt es nun ab, welche `toString`-Methode überhaupt aufgerufen wird? Vom Typ der Referenzvariablen oder vom Typ des referenzierten Objekts? Schauen wir uns einmal folgende Codeänderung an:

```
fun main() {
    val emma: Person = Actor(
        "Emma",
        "Thompson",
        listOf(Genre.DRAMA, Genre.THRILLER, Genre.FANTASY)
    )

    val steven: Person = Director("Steven", "Spielberg", emma)

    val hanna: Person = Person("Hanna", "Heiter")

    println(emma)
    println(steven)
    println(hanna)
}
```

Es werden ein `Director`-, ein `Actor`- und ein `Person`-Objekt erzeugt. Jedes dieser Objekte wird in einer Referenzvariablen vom Typ `Person` gespeichert. Dies funktioniert, da ja alle Objekte aufgrund ihrer Oberklassen auch vom Typ `Person` sind. Doch welche `toString`-Methode wird aufgerufen? Die Ausgabe sehen Sie hier:

```
> Regisseur*in Steven Spielberg
> Schauspieler*in Emma Thompson
> Hanna Heiter
```

Es wird also nicht `toString`-von der Klasse `Person` aufgerufen, sondern von der Klasse des jeweiligen Objekts. Entscheidend bei der Ausführung ist nicht der Typ der Variablen, sondern der Typ des tatsächlichen Objekts! Der Typ legt nur die erlaubten Operationen fest. Alle Personen haben dieselben Operationen zur Verfügung, darunter auch die Methode `toString`, die es sogar für alle Kotlin-Objekte gibt. Wie die Operation jedoch umgesetzt wird, das ist in den jeweiligen Klassen der Objekte festgelegt. Der Aufruf einer Methode über die Referenzvariable eines Obertyps kann also zur Ausführung von ganz unterschiedlichem Code führen.

Polymorphie ermöglicht unterschiedliche Implementierung der gleichen Operationen durch Überschreiben von Methoden. Der Aufruf dieser Operationen ist über den Obertyp möglich. Die Ausführung der tatsächlichen Implementierung hängt ab vom tatsächlichen Untertyp (späte Bindung), d. h. in Kotlin von der Struktur der Klasse.

17.1.3 Überschreiben eigener Methoden

Wenn Sie möchten, dass die Methoden Ihrer eigenen Klasse überschrieben werden können, dann muss die Methode in der Oberklasse mit `open` deklariert werden. Schauen wir uns dies erst einmal allgemein an: Die Klasse `XYZ` erweitert die Klasse `ABC` um die Methode `c()`. Zudem wird die Methode `a()` in der Klasse `ABC` überschrieben:

```
open class ABC {
    open fun a() {}
    open fun b() {}
}

class XYZ : ABC() {
    override fun a() {}
```

```
    fun c() {}
}

fun main() {
    val example1: ABC = ABC()
    val example2: ABC = XYZ()
    val example3: XYZ = XYZ()
    example1.a()  // Der Code von a() aus ABC wird aufgerufen
    example2.a()  // Der Code von a() aus XYZ wird aufgerufen
    example2.c()  // Typfehler, da c() nur über den Typ XYZ zugreifbar ist
    example3.c()  // exemplar3 ist vom Typ XYZ und ermöglicht den Aufruf von c()
    example3.b()  // Der Code b() von ABC wird ausgeführt,
                  // da XYZ die Methode b() erbt
}
```

Wir können das Überschreiben von Methoden nutzen, um zum Beispiel für die unterschiedlichen Personen `Actor` und `Director` verschiedene Reaktionen auf die Fertigstellung eines Films festzulegen. Allgemein wird eine Person über die Fertigstellung des Films über den Methodenaufruf von `movieSuccessfullyProduced()` informiert. Wir können in der Klasse `Person` zunächst allgemein festlegen, was in diesem Fall geschehen soll. Damit sich dieses Verhalten in den Unterklassen ändern darf, deklarieren wir diese Methode als `open`:

```
open class Person(val firstName: String, val lastName: String) {
    // ...
    open fun movieSuccessfullyProduced() {
        skill.currentSkill += skill.learningSpeed
    }
}
```

In den Unterklassen können Sie das Verhalten verändern, Sie müssen aber nicht. Sie können z. B. festlegen, dass für Regisseure der Lernfaktor nicht berücksichtigt wird, sondern nach jedem Film die Erfahrung immer um `1` steigt.

In der Klasse `Director` schreiben Sie dann:

```
class Director(
    firstName: String,
    lastName: String,
    val preferredActor: Actor
) : Person(firstName, lastName) {
    // ...
    override fun movieSuccessfullyProduced() {
        if (skill.currentSkill < skill.maxSkill) {
            skill.currentSkill += 1
        }
    }
}
```

Sie können dabei auch den Code der Oberklasse ausführen und zusätzliche Funktionalität einbauen, z. B. könnten Sie in der Klasse `Actor` definieren, dass zunächst wie gewohnt der `skill` steigt. Dazu wird die existierende `movieSuccessfullyProduced`-Methode der `super`-Klasse (also hier der Klasse `Person`) ausgeführt. Zudem soll jedoch auch noch die Eigenschaft `salary` ansteigen, wenn mindestens 80 % des maximalen Erfahrungswerts erreicht sind:

```
class Actor(
    firstName: String,
    lastName: String,
    val genres: List<Genre>
) : Person(firstName, lastName) {
    // ...
    override fun movieSuccessfullyProduced() {
        // Funktionalität der Oberklasse weiterverwenden:
        super.movieSuccessfullyProduced()

        // Zusätzliche Funktionalität für die Unterklasse definieren:
        if (skill.currentSkill > skill.maxSkill * 0.8) {
            salary += 20000
        }
    }
}
```

Mit dem `super`-Schlüsselwort können Sie ganz allgemein auf die Eigenschaften und Methoden der Superklasse (also der Oberklasse) zugreifen. Dies gilt zum Beispiel auch, wenn Sie in einer Unterklasse Eigenschaften oder Methoden mit demselben Namen verwenden. Diese verstecken dann die Eigenschaften der Oberklasse, denn eine Unterklasse definiert einen lokaleren Namensraum, und es gelten immer die Namen des engsten Scopes. Mit `super` lässt sich der lokale Namensraum der Unterklasse verlassen, und man wechselt in den Namensraum der Oberklasse. Daher können wir auch gezielt die `movieSuccessfullyProduced`-Methode der Oberklasse aufrufen, indem wir `super.movieSuccessfullyProduced()` verwenden.

Beachten Sie:

Das Überschreiben einer Methode oder Eigenschaft wird mit dem Schlüsselwort `override` deklariert. Es darf nur für solche Klassenelemente verwendet werden, die in der Oberklasse als `open` deklariert wurden. Bei Methoden ist darauf zu achten, dass eine Methode nur dann überschrieben wird, wenn sie auch wirklich dieselbe Signatur (Namen und Parametertypen) und denselben Rückgabetyp besitzt. Ansonsten ist `override` nicht zulässig.

Wenn eine Unterklasse eine Methode einführt, die zwar denselben Namen besitzt, aber andere Parametertypen verwendet, dann wird diese Methode nicht überschrieben. Stattdessen wird sie überladen. Überladen heißt, dass es Funktionen oder Methoden gibt, die zwar denselben Namen, aber unterschiedliche Parameter besitzen.

17.1.4 Überladen von Methoden

Es gibt in der objektorientierten Programmierung zwei Begriffe, die sich ähnlich anhören, aber ganz unterschiedliche Dinge meinen. Es ist daher wichtig, diesen Unterschied zu verstehen.

Beim Überschreiben wird eine Methode aus einer Oberklasse überschrieben, indem sie in der Unterklasse neu definiert wird. Dabei überschreibt eine Methode aus der Unterklasse die Methode aus der Oberklasse, wenn sie die gleiche Signatur hat (also den gleichen Namen und die gleichen Parameter). Aufgrund später Bindung wird beim Aufruf immer die

Methode verwendet, die für das Objekt einer Klasse gilt. Wenn eine Methode in einer Klasse überschrieben wurde, dann wird also der speziellere Code ausgeführt.

Beim Überladen wiederum werden Methoden innerhalb einer Klasse mit demselben Namen definiert. Während der Name überladen ist (also mehrfach eingesetzt wird), können die Methoden dennoch anhand ihrer vollständigen Signatur voneinander unterschieden werden. Zur Signatur gehören neben dem Methodennamen noch die vollständige Parameterliste sowie die Typen der Parameter. Die Namen der Parameter sowie der Rückgabetyp gehören dagegen nicht zur Signatur, denn sie sind für die Auswahl der richtigen Methode nicht relevant. Betrachten wir zur Veranschaulichung einmal folgendes Beispiel:

```
fun f() {}
fun f(a: Int) {}
fun f(a: Int, b: Int) {}
```

Die Funktion `f()` ist überladen, da es sie mehrfach gibt. Aufgrund der Signatur lässt sich bei einem Aufruf dennoch eindeutig bestimmen, welche Methode aufgerufen werden soll.

Nicht erlaubt ist hingegen, Funktionen mit gleicher Signatur und unterschiedlichen Rückgabetypen zu definieren:

```
fun f(a: Int, b: Int): Unit = TODO()
fun f(a: Int, b: Int): Int = TODO()
fun f(a: Int, b: Int): Double = TODO()
```

Hier würde der Compiler einen Fehler melden, da alle drei Methoden dieselbe Signatur haben und nicht entschieden werden kann, welche Methode denn nun eigentlich aufgerufen werden soll. Entscheidend für den Aufruf ist nicht der Rückgabetyp, sondern die Parameterliste.

Wir könnten für die Klasse `Person` die Funktion `movieSuccessfullyProduced` überladen, indem wir für sie eine Methode definieren, die einen zusätzlichen Parameter erwartet:

```
open class Person(val firstName: String, val lastName: String) {
    // ...
    open fun movieSuccessfullyProduced() {
        skill.currentSkill += skill.learningSpeed
    }

    open fun movieSuccessfullyProduced(rating: Double) {
        skill.currentSkill += (skill.learningSpeed * rating).toInt()
    }
}
```

Bei der zweiten Definition der Funktion wird das `rating` des Films als zusätzlicher Parameter übergeben. Die Berechnung erfolgt nun etwas anders.

17.2 Typen und Klassen

Das Vererben von Eigenschaften ist nicht nur ein praktischer Weg, um Codedoppelungen zu vermeiden. Vielmehr legen Sie damit auch Typbeziehungen zwischen Objekten fest. Der Typ eines Objekts oder eines Werts bestimmt die Menge aller Operationen, die für das Objekt ausführbar sind. So wie für Zahlen nur bestimmte Operationen möglich sind, so sind auch allgemein für den Typ eines Objektes nur bestimmte Operationen möglich. Dazu gehören die Methoden, die für das Objekt definiert sind. Auch das Setzen und Lesen von sichtbaren Eigenschaften gehört dazu. Wenn Sie ein Objekt der Klasse `Director` erzeugen und über eine Referenzvariable darauf zugreifen, dann sind bestimmte Methoden und Eigenschaften auf diesem Objekt verfügbar:

```
fun main() {
    val emma = Actor(
        "Emma",
        "Thompson",
        listOf(Genre.DRAMA, Genre.THRILLER, Genre.FANTASY)
    )

    val steven: Director = Director("Steven", "Spielberg", emma)
    steven.salary + 100 // salary kommt von der Klasse Person

    println(steven.preferredActor) // preferredActor kommt von der Klasse Director
    println(steven.genres) // Fehler, weil Genres nicht für Regisseure definiert sind
}
```

Zu den verfügbaren Operationen für ein `Director`-Objekt gehört u. a. das Ändern des Gehalts `salary` und das Auslesen des bevorzugten Schauspielers `preferredActor`. Die Eigenschaft `genres` gibt es dagegen nicht. Diese Eigenschaft ist nicht auf dem Typ `Director` definiert.

17.2.1 Obertypen und Untertypen

Nun haben wir ja gesehen, dass die Klasse `Director` von der Klasse `Person` abgeleitet ist und diese erweitert. Erweitern bedeutet, dass zusätzliche Eigenschaften und Methoden hinzukommen und gleichzeitig alle vorhandenen Eigenschaften und Methoden der Klasse `Person` geerbt werden. Somit ist sichergestellt, dass jedes Objekt einer Unterklasse alles kann, was auch die Oberklasse kann. Ein `Director` kann alles, was eine `Person` kann. Damit definiert die Oberklasse `Person` automatische eine Teilmenge der Operationen, die für die Objekte der Unterklassen möglich sind.

Das bedeutet aber auch, dass der Typ `Person` ein Obertyp von `Director` ist. Ein `Director` ist nicht nur vom Typ `Director`, sondern **auch** vom Typ `Person`. Vererbung hat einen Einfluss auf die Typhierarchie.

Anschaulicher wird es vielleicht, wenn wir uns dies in der Praxis anschauen. In Kotlin wird für eine Variable immer ein Typ definiert. Der Compiler kann diesen Typ erkennen, wir können ihn aber auch explizit angeben.

Wir haben bislang meistens den Fall kennengelernt, dass der Typ der Variable und der Typ des erzeugten Objekts identisch sind:

```
val steven: Director = Director("Steven", "Spielberg", emma)
```

Der Typ des erzeugten Objekts `Director` hat logischerweise den gleichnamigen Typ `Director`. Die Variable `steven` bindet das Objekt vom Typ `Director`, weshalb die Variable ohne Weiteres ebenfalls vom Typ `Director` ist.

Nun ist aber auch folgende Anweisung möglich:

```
val steven: Person = Director("Steven", "Spielberg", emma)
```

Warum ist das erlaubt? Objekte vom Typ `Director` können wegen der Vererbung (Typhierarchie) alles, was der Typ `Person` festlegt. Deshalb können wir ein Objekt vom Typ `Director` wie ein Objekt vom Typ `Person` behandeln. Genau das drückt die Zuweisung mit expliziter Typenangabe aus. Die Variable `steven` erlaubt uns jetzt aber nur, auf alle Eigenschaften und Methoden zuzugreifen, die ausschließlich auf Objekten vom Typ `Person` definiert sind:

```
fun main() {
    // ...
    val steven: Person = Director("Steven", "Spielberg", emma)
    steven.salary + 100 // salary kommt von der Klasse Person

    println(steven.preferredActor) // Fehler, weil preferredActor von
                                   // der Klasse Director kommt
    println(steven.genres) // Fehler, weil Genres weder für Regisseure
                           // noch für Personen definiert sind
}
```

Im Gegensatz zum Beispiel, wo die Variable `steven` vom Typ `Director` war, können wir jetzt über `steven` nicht mehr auf `preferredActor` zugreifen. Die Eigenschaft `preferredActor` ist nur auf Objekten vom Typ `Director` definiert. Die Variable `steven` ist aber vom Typ `Person`.

17.2.2 Generalisierung und Spezialisierung

Der Untertyp ermöglicht Ihnen zusätzliche Operationen im Gegensatz zum Obertyp. Über eine Referenzvariable des Typs `Director` sind alle Operationen erlaubt, die für Objekte der Klasse `Director` definiert sind. Über eine Referenzvariable des Typs `Person` sind hingegen nur die Operationen erlaubt, die für eine `Person` definiert sind. Da dies immer eine Teilmenge aller für `Director` erlaubten Operationen ist, kann eine Referenzvariable vom Typ `Person` auch auf ein Objekt vom Typ `Director` verweisen. Dies ist mit Typkompatibilität gemeint, und der Kotlin-Compiler prüft bereits zur Übersetzungszeit, ob die Zuweisungen von Objektreferenzen an Referenzvariablen gültig sind.

Warum ist es nun sinnvoll, ein Objekt der Klasse `Director` an eine Referenzvariable des Typs `Person` zuzuweisen, wenn diese doch viel weniger kann? Es stimmt, die spezialisierten Untertypen können grundsätzlich mehr, da sie den Funktionsumfang erweitern. Der Vorteil von allgemeineren Typen ist jedoch, dass die Menge aller Objekte, die diesen Typ besitzen, umfangreicher ist. Es gibt mehr Personen, als es Regisseure oder Schauspieler gibt. Wenn Sie nun eine Funktion festlegen möchten, die sowohl `Director`- als auch `Actor`-Objekte als Parameter akzeptieren soll, dann können Sie einen Parameter mit dem allgemeineren Typ `Person` verwenden. Die folgende Funktion erwartet z. B. zwei Objekte vom Typ `Person` als Parameter und liefert die `Person` zurück, die mehr Geld verdient:

```
fun earnsMoreMoney(p1: Person, p2: Person): Person {
    return if (p1.salary > p2.salary) p1 else p2
}
```

Sie können diese Funktion nun sowohl mit `Actor`- als auch mit `Director`-Objekten verwenden:

```
fun main() {
    val emma = Actor(
        "Emma",
        "Thompson",
        listOf(Genre.DRAMA, Genre.THRILLER, Genre.FANTASY)
    )

    val steven = Director("Steven", "Spielberg", emma)

    val bigShot = earnsMoreMoney(emma, steven)
    println("${bigShot.firstName} verdient mehr")
}
```

Die Funktion `earnsMoreMoney` erwartet zwei Personen. Sowohl `Director` als auch `Actor` sind Objekte vom Typ `Person`. Welchen Typ hat nun die Variable `bigShot`? Da die Methode `earnsMoreMoney` eine `Person` zurückliefert, ist auch `bigShot` vom Typ `Person`. Dabei ist es ganz egal, ob ein `Actor` oder ein `Director` zurückgeliefert wird. Das gilt auch, wenn wir z. B. zwei Schauspieler übergeben:

```
fun main() {
    val emma = Actor(
        "Emma",
        "Thompson",
        listOf(Genre.DRAMA, Genre.THRILLER, Genre.FANTASY)
    )

    val john = Actor(
        "John",
        "Goodman",
        listOf(Genre.COMEDY)
    )

    val bigShot = earnsMoreMoney(emma, john)
    println("${bigShot.firstName} verdient mehr")
}
```

Wir können sehen, dass `earnsMoreMoney` in diesem Beispiel einen `Actor` zurückgeben muss, denn wir übergeben ja zwei `Actor`-Objekte. Der Compiler kann dies aber nicht feststellen. Der Compiler müsste nämlich das Programm ablaufen lassen, um sicherzustellen, dass wirklich ein `Actor` zurückgegeben wird. Dies steht erst zur Laufzeit fest. Wir können dies nur deswegen sehen, weil wir im Kopf den Programmcode durchlaufen können.

Da `bigShot` vom Typ `Person` ist, kann z. B. nicht auf die Eigenschaft `genres` zugegriffen werden:

```
fun main() {
    // ...
    val genres = bigShot.genres // Fehler, genres ist nicht auf Personen definiert
}
```

Die Eigenschaft `genres` ist zwar für Schauspieler definiert, aber nicht für alle Personen! Wenn wir sicher sind, dass der `bigShot` ein `Actor` ist, dann können wir einen sogenannten *Typecast* durchführen. Dadurch behandeln wir die `Person` wie einen `Actor`:

```
fun main() {
    // ...
    val bigShot = earnsMoreMoney(emma, john) as Actor
    val genres = bigShot.genres // OK, weil bigShot jetzt vom Typ Actor ist
}
```

Mit dem Schlüsselwort `as` legen wir fest, dass das Ergebnis von `earnsMoreMoney` als Typ `Actor` angesehen werden soll. Wir „casten“ eine Referenz vom Typ `Person` auf den Typ `Actor`. Dadurch können wir in der nächsten Zeile auf die Eigenschaften von Schauspielern, also von `Actor`-Objekten, zugreifen. Doch Vorsicht! Wenn Sie zur Laufzeit einen unerlaubten Typecast durchführen, dann kommt es zu einem Fehler und Programmabbruch. Der Compiler kann nicht prüfen, ob ein Typecast legitim ist. Folgender Code wird z. B. vom Compiler akzeptiert, liefert aber einen Fehler beim Programmablauf:

```
fun main() {
    val steven = Director("Steven", "Spielberg", emma)
    val roland = Director("Roland", "Emmerich", emma)

    val bigShot = earnsMoreMoney(steven, roland) as Actor // An dieser Stelle stürzt
        das Programm ab
    val genres = bigShot.genres
}
```

Wir vergleichen das Gehalt von zwei `Director`-Objekten mit einander, also bekommen wir sicherlich ein Objekt vom Typ `Director` zurück. Dieses Objekt wollen wir dann als `Actor` behandeln. Das geht jedoch nicht, und es kommt zu einem Fehler. Allerdings erst, wenn das Programm ausgeführt wird.

17.2.3 Typkompatibilität

Allgemein gilt, dass das Zuweisen eines Objekts eines spezielleren Typs an eine Variable eines allgemeineren Typs immer möglich ist. Denn der allgemeinere Typ legt ja weniger mögliche Operationen fest, und es ist garantiert, dass die Untertypen alle Operationen des Obertyps ermöglichen. Beispiele dafür sehen Sie hier:

```
fun main() {
    var a: Actor = Actor("Emma" , "Thompson", listOf(Genre.DRAMA)) // Kein Problem
    var p: Person = Person("Lars", "Lustig") // Kein Problem

    val p2: Person = Actor("John", "Goodman", listOf(Genre.DRAMA)) // Kein Problem,
        jeder Schauspieler kann alles, was eine Person kann
    val a2: Actor = Person("", "") // Typfehler, denn ein Schauspieler ist spezieller
        als eine Person
}
```

Die letzte Anweisung führt zu einem Typfehler, der bereits vom Compiler erkannt wird. Denn über die Referenzvariable `a2` würden Operationen zugänglich gemacht werden, die nur für `Actor` sinnvoll sind. Über `a2` könnte man etwa `a2.genres` aufrufen, doch für das erzeugte `Person`-Objekt ist diese Operation gar nicht verfügbar. Wir können die Typkompatibilität veranschaulichen, wenn wir uns die „reale“ Existenz der Objekte auf dem Heap anschauen:

```
p : Person = Person ("Lars", "Lustig")
a : Actor = Actor("Emma" , "Thompson", listOf(…))
```

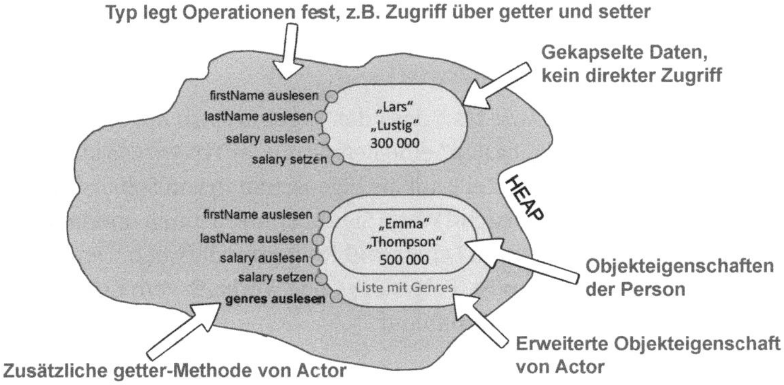

Hier werden jeweils ein Objekt vom Typ `Person` und `Actor` erzeugt. Für das `Person`-Objekt werden die Datenfelder `firstname`, `lastName` und `salary` auf dem Heap angelegt. Für das `Actor`-Objekt werden ebenfalls alle Datenfelder von `Person` und zusätzlich das Datenfeld `genres` von `Actor` angelegt.

Die Zugriffsmethoden zum Setzen und Auslesen von Eigenschaften sind Teil des Operationsumfangs, der durch den Typ festgelegt wird. Eigenschaften mit `var` haben stets eine `set`- und `get`-Methode, `val`-Eigenschaften haben nur die `get`-Methode. Der Compiler erzeugt diese automatisch, wenn wir sie nicht selbst für die Eigenschaften definieren. Die Klasse `Actor` stellt zusätzliche Operationen bereit, indem sie die Klasse `Person` um die Eigenschaft `genres` erweitert und somit eine zusätzliche Operation zum Auslesen dieser Eigenschaft bereitgestellt wird.

Den Zugriff auf Objekte über Referenzvariablen kann man sich wie eine Steuerung der Objekte über eine Fernbedienung vorstellen. Die Referenzvariable enthält nicht das Objekt selbst, sondern ruft über die Referenz Operationen für das Objekt auf. Der Typ der Referenzvariable legt nun fest, welche Operationen zur Verfügung stehen – also quasi welche Knöpfe sich auf der Fernbedienung befinden:

```
p : Person = Person ("Lars", "Lustig")
a : Actor = Actor("Emma" , "Thompson", listOf(…))
```

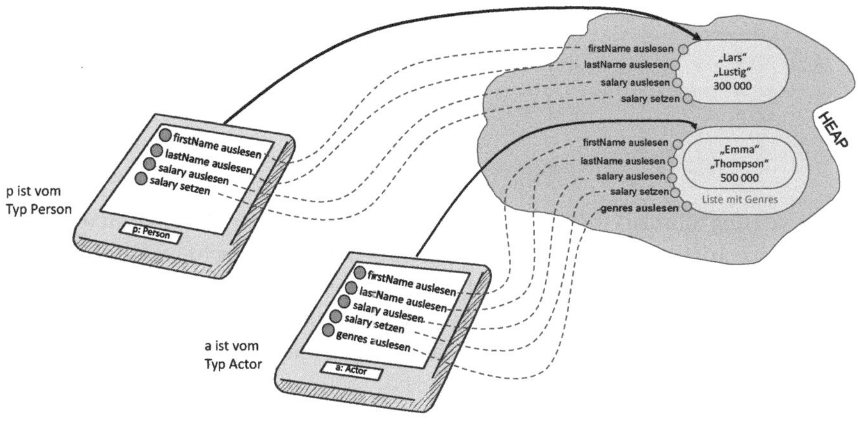

Die Referenzvariable p ist vom Typ `Person`. Sie ermöglicht folgende Operationen: Vorname auslesen, Nachname auslesen, Gehalt auslesen, Gehalt setzen. Dies sind also vier Knöpfe auf unserer Fernbedienung.

Die Referenzvariable a ist vom Typ `Actor`. Sie ermöglicht folgende Operationen: Vorname auslesen, Name auslesen, Gehalt auslesen, Gehalt setzen, Genre auslesen. Dies wäre also eine Fernbedienung mit einem zusätzlichen Knopf.

Weisen wir nun der Referenzvariablen p den Wert der Variablen a zu:

```
p : Person = Person ("Lars", "Lustig")
a : Actor = Actor("Emma" , "Thompson", listOf(...))

p = a
```

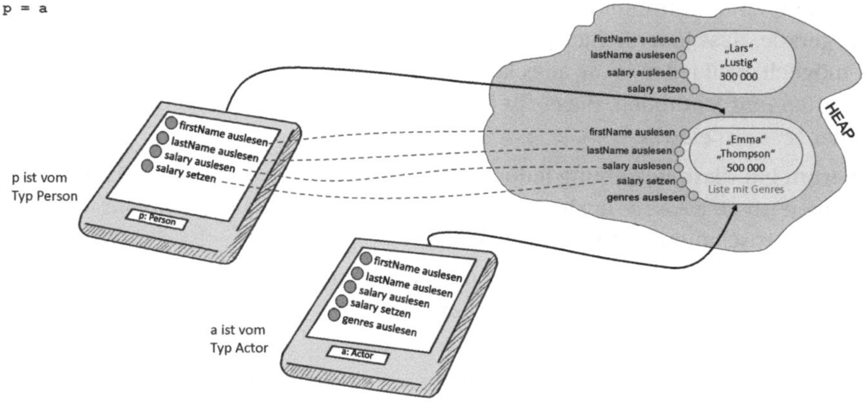

Nun zeigen sowohl p als auch a auf ein `Actor`-Objekt. Dies ist auch kein Problem, denn alle Operationen, die uns p über die „Fernbedienung“ anbietet, sind auch für dieses `Actor`-Objekt definiert. Andersherum gibt es jedoch ein Problem:

```
p : Person = Person ("Lars", "Lustig")
a : Actor = Actor("Emma" , "Thompson", listOf(...))

a = p
```

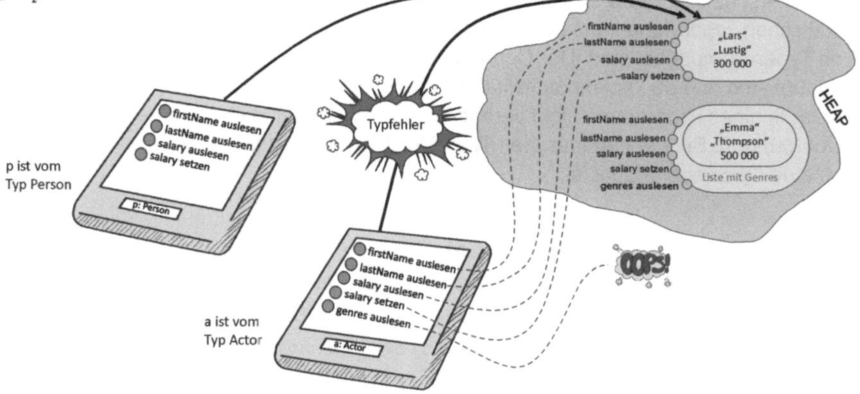

Beim Versuch, `a` auf ein `Person`-Objekt verweisen zu lassen, kommt es zu einem Typfehler. Denn die „Fernbedienung" erlaubt Operationen, die für Objekte der Klasse `Person` gar nicht zugelassen sind!

17.2.4 Upcast und Downcast

Über einen Cast („Umwandlung") kann ein Typ als ein anderer Typ betrachtet werden (es ist also keine echte Umwandlung, sondern eher eine Änderung der Sichtweise). Ein Upcast funktioniert immer, d. h. wir können etwas Spezielleres immer als etwas Allgemeineres auffassen. Ein `Actor` ist immer auch eine `Person`. Die Beziehung `Actor` **IST-EINE** `Person` definiert gerade, dass jeder Schauspieler als Person angesehen werden kann. Praktisch ist dies möglich, weil jeder `Actor` alles kann, was auch eine `Person` allgemein kann, d. h. Eigenschaften und Methoden, die es für jede `Person` gibt, die gibt es auch für alle `Actors` (denn jeder `Actor` ist eine `Person`).

Andersherum gilt diese Beziehung jedoch nicht immer: Nicht jede `Person` ist ein `Actor`. Daher können wir eine `Person` auch nicht einfach als `Actor` betrachten, denn für `Actor` sind zusätzliche Eigenschaften und Methoden definiert.

Beispiel: `Actor`-Objekte verfügen über `genres`. Würde man nun eine andere `Person` (z. B. einen `Director` oder einen `Salesman`) nach den `genres` fragen, so gibt es ein Problem (ein `Salesman` kennt kein Filmgenre).

Allerdings kann es sein, dass wir über die Referenz eines Obertyps (z. B. eine Variable `p` vom Typ `Person`) tatsächlich auf ein Objekt eines spezielleren Untertyps verweisen (`p` kann z. B. auf ein `Actor`-Objekt referenzieren). In diesem Falle ist ein expliziter Downcast erlaubt. Praktisch bedeutet dies: Wir können eine `Person` als `Actor` auffassen, wenn diese `Person` auch tatsächlich ein `Actor` ist! Ja, eine Person ist dann ein Schauspieler, wenn sie tatsächlich ein Schauspieler ist.

§ **Definition *Statische und dynamische Typprüfung***

Zu unterscheiden ist zwischen der statischen und dynamischen Typprüfung. Bei der statischen Typprüfung kann bereits vor dem Ablauf eines Programms ermittelt werden, ob Typen kompatibel sind. Der Compiler prüft zur Compilezeit, welche Operationen erlaubt sind und ob Typkompatibilität gewährleistet ist. Dies kann sich während des Ablaufs eines Programms nicht verändern. Daher handelt es sich um eine statische Überprüfung. Bei der dynamischen Typprüfung kann erst zur Laufzeit ermittelt werden, ob eine Operation erlaubt ist. ■

Wenn z. B. `steven` als `Director` behandelt wird, also eine Typumwandlung von `Person` nach `Director` angestoßen wird, dann kann erst zur Laufzeit ermittelt werden, ob die Variable `steven` tatsächlich ein Objekt vom Typ `Director` referenziert. Da `steven` eine veränderliche Variable ist, kann es durchaus sein, dass `steven` ein `Actor`-Objekt referenziert. Erst zur Laufzeit kann daher auch entschieden werden, welche konkrete Methode ausgeführt wird.

Die Typüberprüfung zur Compilezeit kann viele Fehler verhindern. Der Compiler kann eine statische Typüberprüfung durchführen und verhindert folgende Fehler:

- Den Aufruf von nicht existierenden Methoden.
- Den Zugriff zu nicht existierenden Variablen.
- Die falsche Interpretation von Daten.

17.2.5 Vorsicht bei der Typinferenz

Der Kotlin-Compiler leitet in vielen Fällen selbst ab, welchen Typ eine Variable haben soll:

```
fun main() {
    // ...
    var someone = Director("Steven", "Spielberg", emma)
}
```

In diesem Beispiel ist der Typ von `someone` entsprechend `Director`. Zugriffe auf `some.genres` sind nicht erlaubt, Regisseure kennen keine Genres (zumindest in unserem Programm). Zudem ist es nicht erlaubt, Objekte eines anderen Typs an diese Variable zuzuweisen:

```
fun main() {
    // ...
    var someone = Director("Steven", "Spielberg", emma)
    someone = Actor("Emma", "Thompson", listOf(Genre.DRAMA)) // Fehler
}
```

Denn die Variable `someone` erlaubt den Zugriff auf alle Eigenschaften, die ein `Director` hat. Dazu gehört z. B. `someone.preferredActor`. Ein `Actor`-Objekt hat diese Eigenschaft jedoch gar nicht. Es kommt daher schon zu einem Compilerfehler.

Es kann aber möglich sein, dass Sie in der Variablen `someone` nicht nur `Director`-, sondern auch `Actor`-Objekte referenzieren möchten. Dies ist nur möglich, wenn die Variable vom allgemeineren Typ `Person` ist. Denn dann werden nur Operationen zugelassen, die für alle Personen gültig sind, z. B. der Zugriff auf das Gehalt: `someone.salary`.

Doch wie erklären wir dem Compiler, dass `someone` vom Typ `Person` sein soll und nicht von dem spezifischeren Typ des Objekts, das wir initial zuweisen – also hier ein `Director`-Objekt. Genau in dieser Situation müssen wir explizit festlegen, welchen Typ die Variable haben soll. Folgender Code funktioniert nun:

```
fun main() {
    // ...
    var someone: Person = Director("Steven", "Spielberg", emma)
    someone = Actor("Emma", "Thompson", emptyList())
}
```

Er funktioniert deshalb, weil nun weniger Operationen über die Variable `someone` möglich sind als bisher. Wenn Sie nun über `someone` auf die `genres` zugreifen möchten, dann müssen Sie sicherstellen, dass Sie auch wirklich ein `Actor`-Objekt haben, und müssen dieses dann casten:

```
fun main() {
    // ...
    (someone as Actor).genres
}
```

17.2.6 Smart Casts

Der Kotlin-Compiler ist an einigen Stellen sehr schlau, denn er unterstützt *Smart Casts*. Wenn klar ist, dass ein Objekt von einem bestimmten Typ ist, dann müssen Sie nicht explizit casten. Hier wäre ein expliziter Cast nötig:

```
fun main() {
    val someone = earnsMoreMoney(
        Actor("Emma" , "Thompson", listOf(Genre.DRAMA)),
        Actor("John" , "Goodman", listOf(Genre.COMEDY))
    )
    someone.genres // Geht nicht! someone ist vom Typ Person
}
```

Sie können mit dem `is`-Operator prüfen, ob ein Objekt einen bestimmten Typ besitzt:

```
fun main() {
    val someone = earnsMoreMoney( // someone ist hier vom Typ Person
        Actor ("Emma" , "Thompson", listOf(Genre.DRAMA)),
        Actor ("John" , "Goodman", listOf(Genre.COMEDY))
    )

    if (someone is Actor) {
        someone.genres   // someone ist hier vom Typ Actor, weil das if darauf geprüft
             hat
    }
}
```

In diesem Beispiel haben wir geprüft, ob `someone` vom Typ `Actor` ist. Nur wenn das der Fall ist, wird der `if`-Block ausgeführt. Kotlin weiß daher, dass in diesem Block die Variable `someone` vom Typ `Actor` ist, und führt deshalb den Cast automatisch durch. Ziemlich smart!

Kotlin bekommt auch mit, dass die Variable `someone` einen `Actor` enthalten muss, wenn wir gerade die Zuweisung gemacht haben:

```
fun main() {
    // ...
    val someone = Actor("Emma", "Thompson", listOf(Genre.DRAMA))
    someone.genres // geht, wir haben gerade einen Actor zugewiesen. Obwohl someone
         vom Typ Person ist, stehen die Eigenschaften von Actor zur Verfügung
}
```

Kotlin kann dies nur für lokale Variablen erkennen. Bei den Eigenschaften einer Klasse geht dies jedoch nicht so einfach. Diese Eigenschaften können ja von außerhalb oder von anderen Methoden verändert werden. Daher kann erst zur Laufzeit festgestellt werden, welchen Typ ein referenziertes Objekt hat.

Zusammenfassend lässt sich sagen, dass Polymorphie die dynamische Bindung von Methoden zur Laufzeit ermöglicht. Zur Kompilierzeit legt der Typ der Variablen fest, welche Operationen möglich sind. Zur Laufzeit wird geschaut, welchen Typ das gerade referenzierte Objekt tatsächlich hat. Dieser Typ legt fest, welche Implementierung für die Ausführung von Operationen verwendet wird (späte Bindung). Somit kann beim Aufruf einer Methode oder Eigenschaft von der Implementierung abstrahiert werden. Die Objektinstanzen legen fest, wie das Verhalten letztlich ausgeführt wird.

18 Abstrakte Klassen und Schnittstellen

Wir haben bereits gesehen, dass es einzigartige Objekte geben kann, für die keine Klassen definiert werden müssen. Es gibt aber nicht nur Objekte ohne Klassen, sondern es kann umgekehrt auch Klassen ohne Objekte geben! Doch wozu ist dies sinnvoll?

18.1 Abstrakte Klassen

Zur Erinnerung: Klassen legen die allgemeine Struktur für Objekte des gleichen Typs fest. Die Klasse `Actor` legt die Struktur für jedes `Actor`-Objekt fest. Da die Struktur für `Actor` und `Director` in Teilen identisch ist, haben wir eine gemeinsame Oberklasse `Person` eingeführt. Diese legt die gemeinsame Teilstruktur fest.

In unserem Spiel soll es aber nur `Actor` oder `Director` geben, doch keine Objekte der allgemeineren Klasse `Person`. Anders gesagt: Es soll nicht möglich sein, Objekte der Klasse `Person` zu erzeugen. Wir wollen nur Objekte von spezifischen Klassen erzeugen, die zwar auf der Klasse `Person` aufbauen, jedoch die Struktur erst vervollständigen. Personen sind ein *abstrakteres Konzept* als die spezialisierten Personen `Actor` und `Director`. In Kotlin können Sie für Klassen explizit festlegen, dass diese **abstrakt** sind und nur eine **Teilstruktur** festlegen. Mit dem Schlüsselwort `abstract` deklarieren Sie eine Klasse als abstrakt. Von dieser Klasse können dann **keine Exemplare** erzeugt werden, sondern nur von Unterklassen, die nicht abstrakt sind:

```
abstract class Person(val firstName: String, val lastName: String)
```

Da für eine abstrakte Klasse festgelegt ist, dass sie auf alle Fälle noch in einer Unterklasse weiter spezialisiert werden muss, dürfen wir hier das Schlüsselwort `open` weglassen. Abstrakte Klassen sind immer offen für Ableitungen.

Da abstrakte Klassen nicht die vollständige Struktur festlegen müssen, können auch alle oder einzelne Methoden einer Klasse als abstrakt gekennzeichnet sein. Abstrakte Methoden werden nicht in der Oberklasse implementiert, sondern müssen in einer der Unterklassen implementiert werden.

Ein Beispiel soll dies verdeutlichen. Wir können uns z. B. überlegen, dass für alle Personen eine Methode bereitstehen soll, in der eine Gehaltserhöhung berechnet wird. Wie diese

Berechnung aussehen soll, muss aber jede Unterklasse selbst festlegen. Eine Gehaltserhöhung ist in den meisten Fällen nicht generalisierbar, sondern individuell. Die Methode `increaseSalary()` wird also als abstrakt deklariert und darf keinen Methodenrumpf enthalten:

```
abstract class Person(val firstName: String, val lastName: String) {
    // ...
    abstract fun increaseSalary()
}
```

Die Unterklassen `Actor` und `Director` müssen nun diese Methode **unbedingt selbst implementieren**. Wir zwingen also die Unterklassen dazu, dass die Methode implementiert wird. Wenn eine Unterklasse die Methode nicht implementiert, dann wäre das Verhalten der Klasse nicht vollständig festgelegt. Die Klasse würde nicht kompilieren. Sie müssten die Klasse dann ebenfalls als `abstract` deklarieren.

> **Merken Sie sich:**
>
> Solange nicht alle deklarierten Methoden implementiert sind (also einige Methoden abstrakt bleiben), muss auch die Klasse abstrakt sein, da nicht das gesamte Verhalten festgelegt ist. ■

Die Klassen `Actor` und `Director` müssen also `increaseSalary()` zwingend implementieren, damit von ihnen überhaupt Objekte erzeugt werden können. Dabei können beide Klassen das Verhalten unterschiedlich implementieren, was in diesem Beispiel der Fall sein wird. Bei einer Gehaltserhöhung werden beim `Director` einfach 100 Euro dazugezählt, beim `Actor` wird das Gehalt um 10 % erhöht (das aktuelle Gehalt `salary` wird mit `1.1` multipliziert):

```
class Director(firstName: String, lastName: String, val preferredActor: Actor) :
     Person(firstName, lastName) {
    // ...
    override fun increaseSalary() {
        salary += 100
    }
}

class Actor(firstName: String, lastName: String, val genres: List<Genre>) :
     Person(firstName, lastName) {
    // ...
    override fun increaseSalary() {
        salary = (salary * 1.1).toInt()
    }
}
```

> **Definition *Abstrakte Klassen***
>
> Eine abstrakte Klasse ist eine Klasse, die noch keine vollständige Struktur definiert. Dadurch kann kein Objekt dieser Klasse erzeugt werden, weil Implementierungen fehlen. Abstrakte Klassen definieren Teilimplementierungen, indem sie die Strukturen und das Verhalten nur zum Teil definieren. Dabei darf eine abstrakte Klasse durchaus nur aus abstrakten Methoden bestehen. Sie darf aber auch alle Methoden konkret definieren und trotzdem abstrakt sein. ■

Klingt alles ziemlich ... abstrakt? Dann ein anschauliches Beispiel aus der Welt. Wenn Sie im Café sitzen und einen Cappuccino bestellen, dann ist die Zubereitung eine abstrakte Funktion! Sie legen zwar konkret fest, WAS gemacht werden soll (einen Cappuccino zubereiten) und WAS Sie als Lieferung erwarten (einen Cappuccino). Das WIE bleibt jedoch abstrakt. Es ist nicht definiert, WIE der Cappuccino zubereitet wird. Die gleiche Funktion kann sehr unterschiedlich umgesetzt werden.

- Ein Barista steht an der Cappuccinomaschine und bereitet den Cappuccino per Hand zu. Lecker!
- Die Bedienung drückt beim Kaffeevollautomaten auf einen Knopf. Ganz OK.
- Eine Küchenhilfe gießt heißes Wasser auf Instant-Cappuccino-Pulver. Grausam!

Verschiedene Klassen (Barista, Bedienung, Küchenhilfe) können die gleiche abstrakte Funktion anbieten (Cappuccino zubereiten), die konkrete Umsetzung kann aber sehr unterschiedlich aussehen. Wir nehmen das Zubereiten von Cappuccino meist nicht als etwas Abstraktes wahr, weil wir sofort selbst eine konkrete Vorstellung entwickeln, wie der Cappuccino zubereitet werden soll (wir haben unsere konkrete Implementierung im Kopf). Spätestens dann, wenn der Instant-Cappuccino vor Ihnen steht, wissen Sie, dass die Zubereitung eines Cappuccinos eine abstrakte Funktion ist. Ihre Vorstellung von der Zubereitung kann sich von der konkreten Zubereitungsart der vor Ihnen stehenden Tasse Cappuccino unterscheiden.

18.2 Schnittstellen

Es geht auch noch abstrakter! Wenn Sie nur Funktionen festlegen möchten, ohne eine (Teil)-Struktur für die Datenspeicherung zu definieren, dann können Sie eine Schnittstelle festlegen. Abstraktion hört sich immer erst einmal sehr theoretisch an, wir mögen es eigentlich lieber konkret. Doch in der objektorientierten Programmierung hilft uns die Abstraktion dabei, flexibler zu werden und uns (erst einmal) nicht um alle Details kümmern zu müssen.

§ **Definition *Schnittstellen***

Schnittstellen, im Englischen *interfaces*, legen Operationen fest, ohne die Implementierung der Datenstruktur festzulegen. In Kotlin definiert man in einem `interface` abstrakte Methoden, abstrakte Eigenschaften (also ohne Backing Field) oder Methoden mit einer Standardimplementierung. Das Ziel ist die Definition eines Datentyps, der eine bestimmte Menge an Operationen bereitstellt. ■

Anschaulich gesprochen definiert eine Schnittstelle eine Reihe von Funktionen. Dabei muss noch nicht festgelegt sein, wie die Funktionen umgesetzt sind. Sie können z. B. festlegen, dass ein Kaffeeautomat bestimmte Funktionen bereitstellen muss, ohne festzulegen, wie diese durchgeführt werden.

18.2.1 Schnittstellen definieren

Wir können in unserem Movie-Maker-Beispiel eine Bewertung als Interface definieren:

```
interface Rating {
    fun getScore(movie: Movie): Int
    fun getInfoText(movie: Movie): String
}
```

Die Schnittstelle definiert zwei Operationen, nämlich die Funktionen `getScore` und `getInfotext`.

- `getScore` soll einen Punktwert als Bewertung für einen Film liefern, z. B. 2 oder 10.
- `getInfoText` soll einen Infotext liefern, z. B. „Toller Film“ oder „Miserables Ergebnis“.

Für jede Funktion in einem Interface muss die Signatur vollständig festgelegt werden, d. h. es müssen Funktionsname und -parameter festgelegt werden. Zudem muss der Rückgabetyp der Funktion festgelegt werden. Die Implementierung hingegen muss nicht festgelegt werden. Stattdessen sollen andere Klassen das Interface implementieren. Da die Methoden eines Interfaces in der Regel abstrakt sind, muss das Schlüsselwort `abstract` nicht vor die Methoden geschrieben werden. Der Vorteil von Schnittstellen ist, dass Sie für Objekte festlegen, welche Operationen zur Verfügung stehen, ohne die konkrete Implementierung zu kennen. Sie können allerdings auch schon Standardimplementierungen bereitstellen. Eine Schnittstelle abstrahiert allerdings von der konkreten Speicherung der Daten. Es gibt keine Backing Fields für Schnittstellen. Daher können Sie in Standardimplementierungen auch nicht auf diese Daten zugreifen. Sie können jedoch abstrakt definierte Eigenschaften (also Eigenschaften ohne Backing Field) darin verwenden.

18.2.2 Schnittstellen implementieren

Die abstrakten Funktionen einer Schnittstelle müssen in einer Klasse, die diese Schnittstelle implementiert, definiert werden. Sie können z. B. **verschiedene Implementierungen** schreiben, um einen Film zu bewerten. Eine erste Klasse, die das Interface implementiert, könnte eine Bewertung berechnen, indem die Eignung zwischen Genre des Films und des Schauspielers sowie die Eignung zwischen Schauspieler und Regisseur berücksichtigt wird:

```
// Klasse RatingBasedOnMatchingCast implementiert das Interface Rating
class RatingBasedOnMatchingCast : Rating {

    override fun getScore(movie: Movie): Int {
        var score = 0

        if (movie.mainActor.genres.contains(movie.genre)) {
            score += 5
        }

        if (movie.director.preferredActor == movie.mainActor) {
            score += 5
        }

        return score
    }
```

```
    override fun getInfoText(movie: Movie): String =
        if (getScore(movie) > 5)
            "Toller Film"
        else
            "Mieser Film"
}
```

Eine Klasse implementiert ein Interface, indem der Name des Interfaces hinter den Klassennamen geschrieben wird, ähnlich wie beim Ableiten einer Klasse von einer Oberklasse.

Eine Klasse, die ein Interface implementiert, muss alle Methoden des Interfaces implementieren oder als abstrakt deklariert sein. Man kann sich das so vorstellen:

- Ein Interface garantiert, dass die Objekte einer Klasse bestimmte Funktionen zur Nutzung bereitstellt.
- Damit die Funktionen genutzt werden können, müssen sie natürlich implementiert sein.
- Ohne eine Implementierung bleiben die Methoden abstrakt, und daher muss auch die Klasse abstrakt bleiben. Es dürfen keine Objekte von ihr erzeugt werden, da noch nicht alle Operationen, die von den Objekten der Klasse erwartet werden, tatsächlich definiert sind.

18.2.3 Schnittstellen für polymorphes Verhalten

Das Interface ist nichts anderes als ein Typ. Denn das Interface definiert eine Menge von Operationen, die auf Objekten des Typs erlaubt sind. In diesem Fall sind die Operationen die beiden Funktionen `getScore` und `getInfoText`. Objekte des Typs erhalten wir, wenn wir ein Objekt der Klasse `RatingBasedOnMatchingCast` erzeugen. Durch das Implementieren eines Interfaces wird die Typhierarchie erweitert. Schauen wir uns das einmal an, indem wir jeweils zwei Objekte von `RatingBasedOnMatchingCast` erzeugen, diese aber Variablen unterschiedlichen Typs zuweisen:

```
fun main() {
    val r1: RatingBasedOnMatchingCast = RatingBasedOnMatchingCast()
    val r2: Rating = RatingBasedOnMatchingCast()
}
```

Über `r1` und `r2` können wir nun auf alle Operationen zugreifen, die auf `Rating` definiert sind. Über `r1` alleine könnten wir auf noch mehr Operationen zugreifen, wenn die Klasse `RatingBasedOnMatchingCast` weitere Eigenschaften oder Methoden definieren würde:

```
fun main() {
    // ...
    val r1: RatingBasedOnMatchingCast = RatingBasedOnMatchingCast()
    r1.getInfoText(firstMovie)
}
```

Da wir auf alle Operation von `Rating` zugreifen können, ist es erforderlich, dass die Klasse `RatingBasedOnMatchingCast` alle Methoden implementiert. Sonst wäre nicht definiert, was bei dem Aufruf `r1.getInfoText()` geschehen soll.

Wie gesagt, können nun ganz unterschiedliche Implementierung des Interfaces geschrieben werden. Die unterschiedlichen Implementierungen können auf dieselbe Weise verwendet werden. Nehmen wir an, wir wollen eine weitere Bewertungsstrategie schreiben, die auf Basis der Erfahrung der Schauspieler beruht:

```
class RatingBasedOnExperience : Rating {
    override fun getScore(movie: Movie): Int =
        movie.mainActor.skill.currentSkill + movie.director.skill.currentSkill

    override fun getInfoText(movie: Movie): String =
        if (getScore(movie) > 5)
            "Toller Film"
        else
            "Mieser Film"
}
```

Auch hier müssen beide Methoden festgelegt werden, um das Interface zu implementieren. Die Implementierung sieht etwas kürzer aus, weil wir die Berechnung der Werte in einer Zeile erledigen.

Die Verwendung beider Bewertungsstrategien sieht exakt gleich aus. Schließlich rufen wir die gleiche Funktion auf. Der Unterschied ist, dass der eine Aufruf auf die Implementierung in `RatingBasedOnMatchingCast` und der andere Aufruf auf die Implementierung in `RatingBasedOnExperience` zugreift:

```
fun main() {
    // ...
    val r1: Rating = RatingBasedOnMatchingCast()
    val r2: Rating = RatingBasedOnExperience()

    println(r1.getInfoText(firstMovie))
    println(r2.getInfoText(firstMovie))
}
```

Sie können Objekte unterschiedlicher Klassen gleich behandeln – zumindest hinsichtlich der Operationen, die im Interface definiert sind. Polymorph bedeutet hier, dass dieselbe Operation unterschiedlich gestaltet sein kann. Wir hatten bereits bei der Vererbung und dem Aufbau von Klassenhierarchien gesehen, dass sich Objekte unterschiedlichen Typs gleich behandeln lassen, wenn sie einen gemeinsamen Obertyp haben. Sowohl `Actor` als auch `Director` können als `Person` angesehen werden. Interfaces können eine gleiche Sicht auf Objekte aus unterschiedlichen Klassenhierarchien gewähren. Sie können z. B. eine eigene Klassenhierarchie aufbauen, die Bewertungen liefert. Sie können aber auch Klassen aus einer bestehenden Klassenhierarchie dieses Interface implementieren lassen. Sie können z. B. eine Klasse `Reviewer` als Unterklasse von `Person` definieren. Diese Klasse erbt alle Eigenschaften von `Person` und muss zudem alle in der Schnittstelle `Rating` definierten Methoden bereitstellen:

```
// Reviewer erbt von Person und implementiert Rating
class Reviewer(firstName: String, lastName: String) : Person(firstName, lastName),
     Rating {
    private val preferredActor = GameData.getRandomActor()
    private var mood = 1  // die Laune des Kritikers

    // increaseSalary kommt von Person und muss implementiert werden
    override fun increaseSalary() {
        mood += 1
    }
```

```
    // getScore kommt von Rating und muss implementiert werden
    override fun getScore(movie: Movie): Int {
        val baseScore = if (movie.mainActor == preferredActor) 5 else 3
        return baseScore * mood
    }

    // getInfoText kommt von Rating und muss implementiert werden
    override fun getInfoText(movie: Movie): String =
        if (getScore(movie) > 5)
            "Toller Film"
        else
            "Mieser Film"
}
```

Der `Reviewer` ist eine `Person` (und somit auch in dieser Klassenhierarchie) und gleichzeitig ein Objekt, das Bewertungen für Filme vornehmen kann und alle Operationen des Interface `Rating` bereitstellt. Hinter dem Doppelpunkt im Klassenkopf können eine Oberklasse und beliebig viele Interfaces festgelegt werden, die von der Klasse implementiert werden. Diese werden durch Kommas getrennt.

Da unser `Reviewer` nicht nur die Schnittstelle `Rating` implementiert, sondern auch von der abstrakten Klasse `Person` erbt, muss auch noch die dort definierte abstrakte Methode `increaseSalary()` implementiert werden.

Unser Kritiker bewertet einen Film wie folgt: Er vergibt Basispunkte, die höher sind, wenn sein `preferredActor` der `mainActor` des Films ist. Je nach Laune (`mood`) werden die Basispunkte multipliziert. Die Eigenschaft `mood` erhöht sich mit jeder Gehaltserhöhung.

Das ist vielleicht nicht ganz objektiv, aber immer noch fairer als die folgende Implementierung, bei der ein zufälliger Wert als Grundlage für die Bewertung genommen wird:

```
class RandomRating : Rating {
    val randomScore = Random.nextInt(0, 20)

    override fun getScore(movie: Movie): Int = randomScore

    override fun getInfoText(movie: Movie): String =
        if (getScore(movie) > 5)
            "Toller Film"
        else
            "Mieser Film"
}
```

Der Vorteil unterschiedlicher Implementierungen derselben Schnittstelle ist, dass man sie auf gleiche Weise verwenden kann. Wir können z. B. im `GameData`-Objekt eine Liste mit unterschiedlichen Bewertungsstrategien festlegen:

```
object GameData {
    // ...
    val ratingStrategies = listOf<Rating>(
        RatingBasedOnExperience(),
        RatingBasedOnMatchingCast(),
        RandomRating(),
        Reviewer("Gregor", "Grimmig")
    )
}
```

Diese Strategien von Bewertungen können wir dann in einer for-Schleife durchlaufen und auf dieselbe Weise für einen Film anwenden. Ein Interface verwendet man schließlich immer auf die gleiche Weise:

```
fun main() {
    // ...
    var totalScore = 0
    for (rating in GameData.ratingStrategies) {
        totalScore += rating.getScore(firstMovie)
    }
}
```

Die Variable `rating` abstrahiert über die konkrete Implementierung einer Bewertung. An dieser Stelle wissen wir nicht, nach welchen Kriterien bewertet wird. Doch das ist auch nicht wichtig. An dieser Stelle wollen wir nur alle Bewertungen zum Film `firstMovie` summieren.

Der Aufruf von `rating.getScore(firstMovie)` ist polymorph, weil die `getScore`-Funktion unterschiedlicher Objekte aufgerufen wird, obwohl wir den Aufruf über das gleiche Interface machen.

`GameData.ratingStrategies` ist eine Liste von `Rating`-Objekten. Und nicht eine Liste von `RatingBasedOnExperience`-, `RatingBasedOnMatchingCast`- oder `RandomRating`-Objekten. Die Gemeinsamkeit von all den Objekten ist, dass alle vom Typ `Rating` sind.

18.2.4 Standardverhalten für Interfaces

Vielleicht haben Sie schon bemängelt, dass bei allen Implementierungen des `Rating`-Interfaces die Methode `getInfoText()` auf dieselbe Weise umgesetzt wurde. Das ist ja Codedoppelung.

Doch was soll man machen, wenn für die meisten Implementierungen dieselbe Implementierung gewünscht ist? In Kotlin ist es erlaubt, ein Standardverhalten für eine Operation bereits im Interface festzulegen. Weiterhin dürfen keine veränderlichen Daten im Interface definiert werden. Ein Interface definiert keinen Zustand und legt keine Datenstruktur fest, sondern nur die Operationen.

```
interface Rating {
    fun getScore(movie: Movie): Int
    fun getInfoText(movie: Movie): String =
        if (getScore(movie) > 5)
            "Toller Film"
        else
            "Mieser Film"
}
```

Damit können wir jetzt auf alle duplizierten Implementierungen von `getInfoText` verzichten. Dennoch kann die Funktion überschrieben werden, muss sie aber nicht:

```
class RatingBasedOnMatchingCast : Rating {

    override fun getScore(movie: Movie): Int = TODO()

    // Hier übernehmen wir die Default-Implementierung von getInfoText, weshalb wir
         diese nicht überschreiben
}
```

```
class RatingBasedOnExperience : Rating {
    override fun getScore(movie: Movie): Int = TODO()

    // Hier entscheiden wir uns dafür, die Default-Implementierung zu überschreiben
    override fun getInfoText(movie: Movie): String {
        val score = getScore(movie)
        return when {
            score > 7 -> "Toller Film"
            score > 4 -> "Mittelmäßiger Film"
            score <= 4 -> "Schlechter film"
            else -> "Kein Kommentar"
        }
    }
}
```

Übrigens:

Neben der Standardimplementierung dürfen Sie auch konstante, unveränderliche Werte sowie Eigenschaften ohne Backing Field festlegen. Eine Eigenschaft ohne Backing Field bedeutet ja eigentlich nur, dass es entsprechende `set`- und `get`-Methoden gibt, aber nicht, dass tatsächlich eine Datenstruktur festgelegt wird. Sie könnten auch eigene set- und get-Methoden in einem Interface festlegen, ohne tatsächlich schon Daten zu speichern. Wenn Sie z. B. die Methoden `setMood(mood: Int)` und `getMood(): Int` definieren, legen Sie fest, dass diese zur Verfügung stehen. Sie legen nicht fest, wie diese implementiert sind.

18.2.5 SAM-Interfaces

Im letzten Abschnitt haben wir durch die Festlegung eines Standardverhaltens nur noch eine einzige Funktion im Interface, die bei der Implementierung berücksichtigt werden muss. Es handelt sich dabei um die Funktion `fun getScore(movie: Movie): Int`.

Es kommt sehr häufig vor, dass eine Schnittstelle nur die Implementierung einer einzigen Methode erfordert. Tatsächlich werden Schnittstellen manchmal nur dafür verwendet, einen Codeschnipsel zu übergeben:

```
interface ExecutableCode {
    fun execute()
}
```

Das Interface `ExecutableCode` legt nur die Methode `execute` fest. Implementierende Klassen können die `execute`-Methode mit beliebigem, ausführbarem Code füllen. Einfache Beispiele für eine Implementierung wären:

```
class PrintHelloWorld : ExecutableCode {
    override fun execute() {
        println("Hello World.")
    }
}

class CalculateAndPrint(val a: Int, val b: Int) : ExecutableCode {
    override fun execute() {
        val result = a + b
```

```
        println("Das Ergebnis ist: $result")
    }
}
```

Durch das Interface haben beide Klassen den Typ `ExecutableCode` und stellen die `execute`-Methode bereit. Durch diese Abstraktion können beliebige Codeschnipsel an andere Klassen oder Funktionen übergeben werden. Im folgenden Beispiel definieren wir eine `executeCode`-Funktion, die ein Objekt vom Typ `ExecutableCode` erhält. Neben der Ausgabe „`Der nächste Schritt ist`" erfolgt in dieser Methode der Aufruf von `execute` für den Codeschnipsel:

```
fun executeCode(code: ExecutableCode) {
    println("Der nächste Schritt ist: $code")
    code.execute()
}
```

Die Objekte, die der `executeCode`-Funktion übergeben werden, können Exemplare unterschiedlicher Klassen sein, solange diese die Schnittstelle `ExecutableCode` erfüllen und damit die `execute`-Methode bereitstellen. Im folgenden Beispiel erzeugen wir zwei verschiedene `ExecutableCode`-Objekte und übergeben diese nacheinander an die `executeCode`-Methode:

```
fun main() {
    val task1: ExecutableCode = PrintHelloWorld()
    val task2: ExecutableCode = CalculateAndPrint(8, 5)

    executeCode(task1)
    executeCode(task2)
}
```

`executeCode` gibt für jeden Eintrag auf der Konsole „`Der nächste Schritt ist`" aus und führt danach den Code aus, der in der `execute`-Methode der jeweiligen Klasse festgelegt wurde. Die Ausgabe ist in diesem Beispiel:

```
> Der nächste Schritt ist: PrintHelloWorld@681a9515
> Hello World.
> Der nächste Schritt ist: CalculateAndPrint@3af49f1c
> Das Ergebnis ist: 13
```

Die Aufgabe des Interfaces ist es also festzulegen, dass implementierende Klassen eine ausführbare Funktion bereitstellen. Die Aufgabe von `executeCode` ist es hingegen, beliebigen Code auszuführen, der in der `execute`-Methode definiert ist. Damit kann `executeCode` beliebigen Code empfangen und diesen an geeigneter Stelle ausführen. In unserem Beispiel ist dies recht simpel: Es wird eine Info ausgegeben, welcher Code als Nächstes ausgeführt wird, und dann wird dieser tatsächlich ausgeführt. Die Konfiguration einer Funktion oder eines anderen Objekts mit einem Codeschnipsel ermöglicht es festzulegen, welcher Code ausgeführt werden soll. Nützlich ist so etwas beispielsweise, wenn man flexibel eine Funktion festlegen möchte, die beim Anklicken eines Buttons ausgeführt werden soll. Ein anderes Beispiel ist das Festlegen einer Funktion, die für alle Objekte einer Liste ausgeführt werden soll.

In jedem dieser Fälle geht es also praktisch darum, eine Funktion als Parameter festzulegen. In Abschnitt 12.14, „Funktionen höherer Ordnung", haben wir bereits gesehen, dass Funktionen andere Funktionen als Parameter verwenden können, sogenannte Funktionen höherer Ordnung.

Wenn es also häufig vorkommt, dass Interfaces die Implementierung genau einer Funktion verlangen und andererseits Funktionen auch direkt als Wert übergeben werden können, lässt sich dann nicht ein solches Interface durch eine einzelne Funktion erfüllen?

Die Antwort lautet: Seit Kotlin 1.4 ist dies möglich! Das neu eingeführte Konzept sind *funktionale Interfaces*, auch *Single Abstract Method* (SAM) Interfaces genannt. Dabei handelt es sich, wie der Name andeutet, um Interfaces, die nur noch eine einzige abstrakte (also noch nicht definierte) Methode enthalten. Diese kann dann entweder wie gewohnt in einer Klassenimplementierung definiert werden oder eben direkt durch eine Lambda-Funktion.

SAM-Interfaces definieren und verwenden

Damit ein Interface als funktionales Interface gilt, muss das Schlüsselwort `fun` vor die Interface-Deklaration geschrieben werden. Das Interface darf dann auch nur noch eine einzige abstrakte Methode enthalten:

```
fun interface ExecutableCode {
    fun execute()
}
```

Jetzt können wir der `executeCode`-Funktion entweder Objekte übergeben, die das `ExecutableCode`-Interface implementiert haben, oder wir übergeben der Funktion direkt einen Lambda-Ausdruck. Da vom Interface `ExecutableCode` erwartet wird, dass genau eine Funktion festgelegt wird, erfüllt der Lambda-Ausdruck genau diese Erwartung:

```
fun main() {
    // ...
    val task1: ExecutableCode = PrintHelloWorld()
    executeCode(task1) // Geht immer noch

    // Jetzt aber auch mit Lambdas
    executeCode { println("Ausführen eines Lambda-Ausdrucks") }
}
```

Dies führt zu einer sehr hohen Flexibilität. Zurück zu unserem Beispiel mit dem `Rating`-Interface. Dieses Interface hatte ja inzwischen ein Standardverhalten für `getInfoText(movie: Movie)` erhalten, sodass nur die Methode `getScore(movie: Movie)` als einzige Methode übrigbleibt, die noch abstrakt ist. Und wenn es nur eine einzige abstrakte Methode im Interface gibt, dann darf dieses Interface als funktionales Interface deklariert werden:

```
fun interface Rating {
    fun getScore(movie: Movie): Int

    fun getInfoText(movie: Movie): String =
        if (getScore(movie) > 5)
            "Toller Film"
        else
            "Mieser Film"
}
```

Für die bislang definierten Klassen, die dieses Interface implementieren, ändert sich dadurch nichts. Aber wir können nun statt einer weiteren Klasse auch einen Lambda-Ausdruck verwenden, um ein `Rating` zu berechnen. In der folgenden Zeile weisen wir der Variable `budgetBasedRating` ein Lambda zu, welches ein `Rating` auf Basis des Budgets vergibt.

```
fun main() {
    val budgetBasedRating = Rating { movie ->
        if (movie.budget > 200000) 5 else 3
    }
}
```

Die Implementierung erfolgt über einen Lambda-Ausdruck, den wir an das funktionale Interface `Rating` übergeben. Dieser nimmt den Parameter `movie` und entscheidet anhand des Filmbudgets, ob 5 oder 3 Sterne vergeben werden. Somit ist das Lambda vom Typ `(Movie) -> Int`, was dem Typ der abstrakten `getScore`-Funktion entspricht, welche ebenfalls vom Typ `(Movie) -> Int` ist. Damit ist `budgetBasedRating` eine gültige Implementierung des funktionalen Interfaces `Rating`.

In `GameData` können in der Liste mit Ratings nun sowohl Objekte von Klassen, die das Interface `Rating` implementieren, als auch Lambda-Ausdrücke vom Typ `(Movie) -> Int`, für die eine SAM-Umwandlung zum Typ `Rating` durchgeführt wird, gespeichert werden:

```
object GameData {
    // ...
    val ratingStrategies = listOf<Rating>(
        RatingBasedOnExperience(),
        RatingBasedOnMatchingCast(),
        RandomRating(),
        Reviewer("Gregor", "Grimmig"),
        Rating { movie -> if (movie.budget > 200000) 5 else 3 }
    )
}
```

Da die Liste hier nur `Rating`-Objekte speichert, müssen wir explizit angeben, dass der Lambda-Ausdruck in eine Implementierung des `Rating`-Interfaces umgewandelt werden soll (*SAM conversion*). Um dies zu erreichen, schreiben wir den Namen des Interfaces, hier also `Rating`, gefolgt vom Lambda-Ausdruck, als letzten Listeneintrag in unseren Code.

SAM-Umwandlung

Die SAM-Umwandlung (*SAM conversion*) muss immer dann explizit durch den Interface-Namen festgelegt werden, wenn Sie für eine Variable den Typ des Interfaces explizit angeben. Das folgende Beispiel funktioniert daher nicht, da `budgetBasedRating` vom Typ `Rating` ist, der Lambda-Ausdruck jedoch vom Typ `(Movie) -> Int`:

```
fun main() {
    val budgetBasedRating: Rating = { movie: Movie ->
        if (movie.budget > 200000) 5 else 3
    }
}
```

Der Compiler wandelt das Lambda in diesem Fall nicht automatisch in ein `Rating` um. Damit aus dem Lambda-Ausdruck ein Objekt vom Typ `Rating` wird, müssen Sie `Rating` als Typ vor das Lambda schreiben. Dann erfolgt auch die SAM-Umwandlung:

```
fun main() {
    val budgetBasedRating = Rating { movie ->
        if (movie.budget > 200000) 5 else 3
    }
}
```

Wenn Sie hingegen eine Funktion haben, die ein SAM-Interface als Parameter erwartet, erfolgt die SAM-Umwandlung automatisch. Nehmen wir einmal folgende Funktion als Beispiel:

```
fun showRating(rating: Rating) {}
```

Die Funktion `showRating` können Sie direkt mit einem Lambda-Ausdruck aufrufen, der dem Typ der noch nicht definierten Funktion `getScore` entspricht:

```
fun main() {
    val budgetBasedRating: (Movie) -> Int = { movie ->
        if (movie.budget > 200000) 5 else 3
    }

    showRating(budgetBasedRating)
}
```

Die automatische SAM-Umwandlung ist vor allem dann praktisch, wenn Sie einer Funktion direkt einen Lambda-Ausdruck als Parameter übergeben, der dann in den erwarteten Typ konvertiert wird:

```
fun main() {
    showRating { movie -> if (movie.budget > 200000) 5 else 3 }
}
```

In diesem Fall inferiert der Compiler, dass das Lambda als ein Objekt vom Typ `Rating` angesehen werden soll. Dass dies beim Speichern in einer Variablen oder in einer Liste mit festgelegtem Typ nicht automatisch geschieht, ist etwas inkonsistent. Der häufigste Fall dürfte aber sein, dass Sie einer Funktion, wie im letzten Beispiel, direkt einen Lambda-Ausdruck übergeben.

Es gibt also zahlreiche unterschiedliche Möglichkeiten, ein Interface zu implementieren. Dies ist nicht verwunderlich, denn Interfaces sind ein sehr wichtiges Konzept in der objektorientierten Programmierung. Sie abstrahieren von der konkreten Implementierung und erlauben somit das Austauschen und Ergänzen von Code, ohne dass die Implementierung bekannt sein muss. Solange sichergestellt ist, dass alle erforderlichen Funktionen bereitgestellt werden, kann Code, der auf die Funktionen eines Interfaces zugreift, mit beliebigen Implementierungen umgehen.

18.2.6 Mehrere Interfaces implementieren

Klassen können mehrere Interfaces implementieren. Durch das Implementieren mehrerer Interfaces erlaubt eine Klasse ganz unterschiedliche Sichtweisen auf die Objekte. Denn jedes Interface legt auch einen Typ fest, und Sie können Referenzvariablen deklarieren, die den Typ eines Interfaces haben.

Sie können ein Exemplar der Klasse `Reviewer` also sowohl in einer Variablen vom Typ `Rating`, aber auch vom Typ `Person` referenzieren! Damit erreichen wir, dass Objekte, die von ihrer Struktur her sehr unterschiedlich sein können (also verschiedenen Klassen und Klassenhierarchien angehören), auf dieselbe Weise behandelt werden können, solange sie die gleichen Operationen zur Verfügung stellen.

Wenn mehrere Interfaces implementiert werden, die eine Default-Implementierung für Methoden mit derselben Signatur bereitstellen, dann muss die Methode überschrieben werden. In dieser Methode kann eine eigene Implementierung erfolgen oder auf eine bestimmte Implementierung der Interfaces zugegriffen werden.

```
interface InterfaceWizard {
    fun magicNumber(): Int = 42
    fun magicString(): String = "Zweiundvierzig"
    fun magicChar(): Char = 'X'
}

interface InterfaceWitch {
    fun magicNumber(): Int = 7
    fun magicString(): String = "Sieben"
    fun magicBoolean(): Boolean = true
}

class Magic : InterfaceWizard, InterfaceWitch {
    override fun magicNumber() = super<InterfaceWizard>.magicNumber()
    override fun magicString(): String = "Abrakadabra"
}
```

In diesem Beispiel implementiert die Klasse `Magic` die Schnittstellen `InterfaceWizard` und `InterfaceWitch`. Beide Schnittstellen stellen für alle Methoden schon eine sehr einfache Standardimplementierung bereit. Daher stehen `magicChar()` und `magicBoolean()` auch in Objekten der Klasse `Magic` zur Verfügung, ohne dass diese Klasse diese Methoden selbst implementieren muss. Sie darf sie aber überschreiben.

Für die Methoden `magicNumber()` und `magicString()` liegen ebenfalls Standardimplementierungen vor. Da nicht definiert wäre, welche Standardimplementierung verwendet werden soll, muss die Klasse `Magic` diese beiden Methoden zwingend selbst implementieren. Sie kann dabei auf die Standardimplementierungen der Schnittstellen zurückgreifen. Dies geschieht über das `super`-Schlüsselwort. Um zu spezifizieren, von welchem Interface die Implementierung verwendet werden soll, wird der Typ dieses Interfaces als Parameter in spitze Klammern geschrieben: `super<InterfaceWizard>.magicNumber()`.

Kotlin erlaubt keine Mehrfachvererbung!

Sie können nicht eine Klasse aus mehreren anderen Klassen ableiten. Mehrfachvererbung wird in einigen objektorientierten Sprachen angeboten (z. B. C++), ist aber eine häufige Fehlerquelle, da die Regeln für Konfliktfälle sehr kompliziert sind.

18.3 Alles sind Typen

Sowohl Interfaces als auch abstrakte und konkrete Klassen definieren Typen. Ein Typ legt Operationen (d. h. die Methoden) und im Falle von Klassen und Objekten auch die Datenstruktur (d. h. die Datenfelder für Eigenschaften) fest.

Zu unterscheiden ist dabei zwischen dem Typ einer Referenzvariable und dem Typ des referenzierten Objekts. Nehmen wir an, wir speichern ein Exemplar eines `Directors` in einer Referenzvariable vom Typ `Person`:

```
fun main() {
    // ...
    val steven: Person = Director("Steven", "Spielberg", emma)
}
```

In diesem Beispiel ist `Person` der Typ der Referenzvariable `steven`. Der Typ des Objekts ist weiterhin `Director`. Der Typ `Director` ist dabei ein Untertyp von `Person`.

Welche Typisierung hat nun eine Variable oder ein Objekt? Schauen wir uns dies für Objekte an. Jedes Objekt hat:

- den Typ der Klasse
- die Obertypen der Klasse (also alle Typen der Oberklassen)
- den Typ aller implementierten Interfaces (und deren Obertypen)

Beispiele dafür sind:

```
open class Oberklasse()
class Unterklasse : Oberklasse(), Interface1, Interface2
```

Die Klasse `Unterklasse` hat folgende Typen: `Unterklasse`, `Oberklasse`, `Any`, `Interface1` und `Interface2`. Das können wir durch explizite Typangaben bei Referenzvariablen überprüfen:

```
fun main() {
    val a: Unterklasse = Unterklasse()
    val b: Oberklasse = Unterklasse() // Weil Unterklasse von Oberklasse erbt
    val c: Any = Unterklasse() // Weil Oberklasse (implizit) von Any erbt
    val d: Interface1 = Unterklasse() // Weil Unterklasse Interface1 implementiert
    val e: Interface2 = Unterklasse() // Weil Unterklasse Interface2 implementiert
}
```

Dieser Code kompiliert fehlerfrei, eben weil `Unterklasse` all diese Typen hat.

Erweitern wir einmal unser Beispiel:

```
interface Interface1: InterfaceA, InterfaceB
```

Das Interface `Interface1` hat folgende Typen: `Interface1`, `InterfaceA` und `InterfaceB`. Jetzt verfügt `Unterklasse` über zwei weitere Typen, weil `Unterklasse` `Interface1` implementiert:

```
fun main() {
    // ...
    val f: InterfaceA = Unterklasse() // Weil Interface1 InterfaceA implementiert
    val g: InterfaceB = Unterklasse() // Weil Interface1 InterfaceB implementiert
}
```

Der Typ eines Objekts und einer Referenzvariable ist vor allem relevant bei:

- Deklaration von Klassen, Interfaces, Variablen und Methoden
- Typanpassung (Cast)
- Prüfung, ob eine Zuweisung erlaubt ist
- Prüfung, ob ein Methodenaufruf erlaubt ist
- Auflösung von (statisch) überladenen Namen

Der Typ legt unter anderem fest, welche Methoden aufgerufen werden können. Wie diese Methoden implementiert werden und ob sie durch Unterklassen spezialisiert sind, ist nicht durch den Typ einer Referenzvariable festgelegt. Hier ist relevant, welchen Typ das tatsächliche Objekt hat.

Der Typ `Person` legt etwa fest, dass es die Methode `increaseSalary()` gibt. Sie kann für alle Personen aufgerufen, aber unterschiedlich implementiert sein (Polymorphie).

Allerdings unterdrückt die Typüberprüfung auch den Aufruf zu existierenden Methoden und den Zugriff zu existierenden Variablen, wenn der Compiler (aufgrund der Typdeklaration) nicht genug Informationen hat. Kotlin verbietet also manchmal korrekte Aktionen, wenn dem Compiler die benötigten Informationen fehlen; z. B. können die zusätzlichen Methoden eines `Actor`-Objekts nicht aufgerufen werden, wenn dieses über eine Variable vom Typ `Person` referenziert wird. Der Compiler kann nicht sicher prüfen, ob die Methoden tatsächlich aufrufbar sind. Dies kann erst zur Laufzeit geschehen. Durch einen expliziten Typecast teilen wir dem Compiler mit: Das ist schon in Ordnung, du kannst diese `Person` als `Actor` einsetzen. Sollte dies jedoch nicht stimmen, dann gibt es einen Fehler zur Laufzeit.

18.4 Zusammenfassung

Abstrakte Klassen und Schnittstellen legen Methoden und Eigenschaften fest, ohne diese selbst zu definieren. Hier noch einmal die wichtigsten Zusammenhänge.

Abstrakte Klassen und Schnittstellen:

- Abstrakte Klassen legen eine Teilstruktur fest, und es können daher keine Exemplare von ihnen erzeugt werden.
- Da zur Vervollständigung einer Struktur die Implementierung aller abstrakten Methoden und Eigenschaften erforderlich ist, sind abstrakte Klassen automatisch für die Vererbung offen.
- Unterklassen übernehmen die Teilstruktur einer abstrakten Klasse und müssen entweder alle abstrakten Bestandteile selbst implementieren oder ebenfalls abstrakt sein.
- Eine Schnittstelle definiert Operationen (abstrakte Methoden oder Eigenschaften), die bereitstehen sollen. Sie definiert jedoch keine Struktur, d. h. eine Schnittstelle speichert niemals selbst Daten. Es können auch keine Objekte von ihr erzeugt werden.
- Eine Schnittstelle kann Standardverhalten für Methoden und Eigenschaften bereitstellen, wenn dabei nicht auf einen internen Zustand bzw. eine eigene Datenstruktur zugegriffen wird.
- Eine Klasse kann mehrere Schnittstellen implementieren. Bei der Implementierung müssen alle verlangten Operationen bereitgestellt werden.
- Ein Lambda-Ausdruck kann eine gültige Implementierung einer Schnittstelle sein, wenn diese nur eine einzige abstrakte Funktion enthält (SAM-Interface).
- Schnittstellen, abstrakte Klassen und konkrete Klassen definieren Typen. Daher kann z. B. eine Variable vom Typ einer Schnittstelle deklariert werden. Die Variable kann dann auf Objekte einer Klasse referenzieren, die diese Schnittstelle erfüllt.

TEIL V

Robustheit

In diesem Teil werden wir sehen, wie sich Programme robuster und wartbarer gestalten lassen. Dazu schauen wir uns das Konzept der *Nullfähigkeit* an, mit der sich auf eine sichere Weise festlegen lässt, ob Variablen Werte enthalten müssen. Zudem werden wir lernen, auf Fehler und Ausnahmesituationen zu reagieren.

Wenn wir es schaffen, unsere Programme robuster zu gestalten, dann können wir auch ein erstes Programm schreiben, das Benutzerinteraktionen zulässt. Wir werden unser Movie-Maker-Spiel daher als Version für die Konsole entwerfen.

Damit unser Spiel auch später noch gut erweiterbar bleibt, müssen wir uns etwas genauer mit der Gestaltung unserer Klassenstruktur beschäftigen. Und für ein gutes Design von Klassenstrukturen werden wir erste *Entwurfsmuster* kennenlernen.

19 Nullfähigkeit

Bisher haben wir gesehen, dass jede Variable immer mit einem Wert versehen werden muss. Jede Variable referenziert also immer ein konkretes Objekt.

Es gibt jedoch Fälle, in denen eine Referenzvariable auf kein Objekt verweisen soll. Nehmen wir an, wir wollen in einer Variable den bislang besten Film speichern:

```
fun main() {
    val bestMovie = TODO("besten Film ermitteln...")
}
```

Welcher Film soll referenziert werden, wenn noch gar kein Film produziert wurde? Wir könnten natürlich ein sinnloses `Movie`-Objekt als Platzhalter erzeugen. Das ist aber nicht besonders elegant. Wenn das Spiel gerade erst startet, gibt es noch **keinen** besten Film.

19.1 Nullfähige Typen

In Kotlin gibt es die Möglichkeit festzulegen, dass eine Referenzvariable auf **nichts** verweist. Das machen wir mit dem Schlüsselwort `null`. Das `null` steht dabei für „nichts", d. h. es wird kein Objekt referenziert. Dies ist allerdings gefährlich! Denn was würde z. B. passieren, wenn wir versuchen, auf die Eigenschaft eines Objekts zuzugreifen, das es gar nicht gibt?

```
fun main() {
    val bestMovie = null
    bestMovie.title // Error: Unresolved reference: title
}
```

Der Code kompiliert nicht, weshalb es gar nicht erst zu einer `NullPointerException` kommt. Ein `title` von *nichts* – was soll das sein? In einigen Sprachen würde der Code zunächst kompilieren. Allerdings wird bei solch einer Operation ein Fehler zur Laufzeit geworfen. In Java wäre das die gefürchtete `NullPointerException`. Diese benachrichtigt den Entwickler (oder im schlechteren Fall den Anwender) darüber, dass ein Ausnahmezustand (Exception) eingetreten ist: Es soll etwas von *nichts* gelesen werden, das geht nicht, also bitte reagiere darauf.

Das Problem dabei ist, dass dies ein häufiger Fehler ist. Und zwar so häufig, dass er bereits mehrere Milliarden Euro Schaden angerichtet und vermutlich auch viele Unfälle verursacht hat. Gleichzeitig entspricht der Auftrittsort des Fehlers meist nicht dem Ort der Fehlerursache. So kann die Suche nach der Ursache sehr lange dauern.

The Billion Dollar Mistake

Fragen Sie sich, was es mit den mehreren Milliarden Euro Schaden auf sich hat? Wenn es Sie interessiert, dann googeln Sie mal nach dem *Billion Dollar Mistake*.

Kotlin erlaubt es grundsätzlich erst einmal nicht, dass eine Referenzvariable eines beliebigen Typs auf nichts verweisen darf. Die folgende Anweisung ist daher nicht erlaubt und führt zu einem Compilerfehler:

```
fun main() {
    val bestMovie: Movie = null // Das geht nicht. Zum Glück!
}
```

Der entscheidende Unterschied ist, dass Kotlin das bereits zur Compilezeit anmerkt. Sprachen wie beispielsweise Java hingegen erlauben das zur Compilezeit und nehmen es hin, dass das Programm zur Laufzeit mit einer `NullPointerException` abstürzen kann.

19.1.1 Typen nullfähig machen

Nun kann es aber wie bereits erwähnt durchaus Fälle geben, in denen eine Variable auf nichts verweisen soll. In Kotlin müssen wir in solchen Fällen explizit sagen, dass ein Typ „nullfähig" ist. Da die Nullfähigkeit so wichtig ist, gibt es in Kotlin eine besondere Syntax dafür. Wir schreiben einfach ein Fragezeichen hinter den Typ, der nullfähig gemacht werden soll. Wenn wir also eine Variable `bestMovie` haben möchten, die auf nichts verweisen kann, dann können wir diese wie folgt deklarieren:

```
fun main() {
    var bestMovie: Movie? = null
}
```

Definition *Nullfähige Typen*

Ein nullfähiger Typ kann entweder einen Wert haben oder nicht. In Kotlin machen wir einen Typ nullfähig, indem wir nach dem Typ ein Fragezeichen hinschreiben. Nullfähige Typen werden auch *Optional Types* oder *Optionals* genannt. Optional deshalb, weil der Wert optional ist.

19.1.2 Optional ist ein eigener Typ

Der Typ von `bestMovie` ist nicht `Movie`, sondern `Movie?`. Das ist entscheidend, denn es handelt sich tatsächlich um zwei unterschiedliche Typen! Das fällt spätestens dann auf, wenn wir `bestMovie` als `Movie` behandeln wollen:

```
fun congratulate(movie: Movie) {
    println("Der beste Film ist ${movie.title}")
    println("Mit ${movie.mainActor} als Hauptdarsteller!")
    println("Und ${movie.director} als Regisseur!")
}
```

Die `congratulate`-Funktion akzeptiert ein Objekt vom Typ `Movie`, um dem Hauptdarsteller und Regisseur zum besten Film zu gratulieren. Wenn wir die Funktion mit `bestMovie` aufrufen wollen, bekommen wir aber folgenden Fehler:

```
fun main() {
    val bestMovie: Movie? = null
    congratulate(bestMovie) // Error: Type mismatch. Required: Movie. Found: Movie?
}
```

Kotlin verschiebt die Nullfähigkeit auf die Typebene. Die explizite Modellierung auf Typebene hat den Vorteil, dass wir jeden Typ nullfähig machen können:

```
fun main() {
    var maybeInt: Int? = 3
    maybeInt = null

    var maybeString: String? = null
    maybeString = "Hat entweder einen Wert oder nicht!"
}
```

Wenn nullfähige Typen gänzlich andere Typen sind, können wir auch keine Standard-Operationen auf nullfähige Basis-Datentypen verwenden:

```
fun main() {
    val maybeInt: Int? = 3
    val sum = maybeInt + maybeInt // Error
}
```

Der +-Operator ist nur auf Werten vom Typ `Int` und nicht auf `Int?` definiert. Wir benötigen also einen Weg, um die Nullfähigkeit aufzulösen. Das schauen wir uns gleich an.

> **Sie können sich die Nullfähigkeit so vorstellen:**
>
> Sie heben einen *beliebigen Typen* in einen höheren Kontext. Der Kontext fügt zusätzlich hinzu, dass *ein Wert abwesend sein darf*. Kurz gesagt: Sie erweitern einen Typ um die Fähigkeit, keine Werte zu haben.

19.2 Sicherer Zugriff auf nullfähige Typen

Wenn wir nun einfach auf die Eigenschaften von `bestMovie` zugreifen könnten, dann wäre dies gefährlich! Denn der Zugriff auf Eigenschaften eines nicht existierenden Objekts führt zu einer `NullPointerException`. In vielen anderen Programmiersprachen kann dies leicht geschehen. Kotlin schützt uns jedoch davor. Für nullfähige Typen gilt nämlich, dass wir vor jedem Zugriff zwingend überprüfen müssen, ob tatsächlich ein Objekt existiert. Folgendes ist nicht erlaubt:

```
fun main() {
    val bestMovie: Movie? = null
    bestMovie.title // Das geht nicht
}
```

Die Eigenschaft `title` ist nur auf Objekten des Typs `Movie` definiert. Die Variable `bestMovie` referenziert allerdings auf ein Objekt des Typs `Movie?`. Das sind zwei vollkommen unterschiedliche Typen. Deshalb funktioniert der Aufruf nicht.

19.2.1 Überprüfen auf null

Wir können nur auf den `title` zuzugreifen, wenn vorher geprüft wurde, dass `bestMovie` auch wirklich auf ein Objekt verweist, sprich vom Typ `Movie` ist. Erlaubt ist daher folgender Aufruf:

```
fun main() {
    val bestMovie: Movie? = null

    if (bestMovie != null) {
        bestMovie.title
    }
}
```

Durch diese Überprüfung wird sichergestellt, dass `bestMovie` einen Wert hat, bevor wir darauf zugreifen. In dem if-Block hat `bestMovie` den Typ `Movie`. Hier findet ein *Smart Cast* statt. Wenn `bestMovie` `null` ist, dann wird der Code im if-Block gar nicht ausgeführt. Dafür könnten wir einen else-Block definieren. Durch die Überprüfung kann es nicht zu einer `NullPointerException` kommen.

19.2.2 Safe Calls

Da diese Überprüfung für nullfähige Typen sehr häufig vorkommen kann, gibt es einen speziellen Operator, wodurch der Zugriff erleichtert wird. Das ist der *Safe Call*-Operator. Dieser wird mit `?.` angegeben. Das Fragezeichen beim Optional kann man sich so erklären: Es ist fraglich, ob das Objekt überhaupt existiert. Genauso muss also auch beim Zugriff gefragt werden, ob das Objekt tatsächlich existiert. Die Verwendung des Operators sieht so aus:

```
fun main() {
    val bestMovie: Movie? = null
    bestMovie?.title
}
```

Nur wenn `bestMovie` nicht `null` ist, wird auf den Titel zugegriffen und der Inhalt ausgewertet. Doch was ist das Ergebnis des Ausdrucks, wenn `bestMovie` jetzt `null` ist? Die Antwort lautet: Der gesamte Ausdruck wird als `null` ausgewertet. Da wir mit diesem nichts auch nichts mehr anstellen, gibt es keine Probleme.

Nehmen wir an, der Titel soll in einer lokalen Variable gespeichert werden:

```
fun main() {
    val bestMovie: Movie? = null
    val currentTitle = bestMovie?.title
}
```

Eine Aufgabe für Sie:

Überlegen Sie, welchen Typ die Variable `currentTitle` hat.

Man könnte annehmen, dass der Typ von `currentTitle` ein `String` ist. Schließlich ist die Eigenschaft `title` der Klasse `Movie` vom Typ `String`. Allerdings kann es sein, dass `bestMovie` `null` ist. Dann wird auch der gesamte Ausdruck zu `null` ausgewertet. Somit kann das Ergebnis des Ausdrucks `bestMovie?.title` also auch `null` sein. Daher ist der Typ von `currentTitle` nicht `String`, sondern `String?`. Es kann entweder ein Objekt vom Typ `String` sein oder eben `null`.

19.2.3 Verkettung von Safe Calls

Die Safe Calls können auch über verkettete Zugriffsstufen erfolgen. Nehmen wir an, wir wollen auf den Namen des Hauptdarstellers des besten Films zugreifen. Dann sieht der Zugriff so aus:

```
fun main() {
    val bestMovie: Movie? = null
    bestMovie?.mainActor?.firstName
}
```

Warum müssen wir hier zweimal mit `?.` einen Safe Call machen? Die Eigenschaft `mainActor` der Klasse `Movie` ist eine Variable, die niemals `null` sein kann. Der Typ von `mainActor` ist `Actor` und damit nicht nullfähig. Und trotzdem ist der Zugriff so richtig und erforderlich.

Spielen wir einmal die beiden Szenarien durch, um zu verstehen, was da passiert. Wenn `bestMovie` tatsächlich ein Objekt referenziert, dann ist der Fall gut nachvollziehbar. Es gibt ja ein `Movie`-Objekt, auf das wir zugreifen können. Dieses `Movie`-Objekt referenziert ein `Actor`-Objekt, das wir über die Eigenschaft `mainActor` ebenfalls ansprechen können. Dieses Objekt hat nun wiederum die Eigenschaft `firstName`. Das alles funktioniert problemlos, wenn alle Objekte existieren.

Spannend ist nun der andere Fall. Wenn zu Beginn unseres Programms noch kein bester Film existiert, dann verweist `bestMovie` auf `null`. Folglich kann der erste Teil des Ausdrucks (`bestMovie?.mainActor`) bereits `null` sein. Daher müssen wir sicherstellen, dass der Zugriff auf `firstName` nur erfolgt, wenn die Auswertung des ersten Teilausdrucks tatsächlich eine Referenz auf ein Objekt liefert.

Anders gesagt: Ein Film, den es nicht gibt, hat auch keinen Hauptdarsteller. Und ein Hauptdarsteller, den es nicht gibt, hat auch keinen Vornamen. Daher ist der gesamte Ausdruck `null`.

Sie können sich das so vorstellen: Wenn Sie sich einmal im Kontext von nullfähigen Typen bewegen, dann bleiben auch alle Folgeaufrufe im gleichen Kontext. Es gibt ein paar Möglichkeiten, um den Kontext sicher oder unsicher zu verlassen.

19.3 Nullfähige Typen auflösen

Bleiben wir einmal beim letzten Beispiel. Wir fügen eine Funktion hinzu, die den Namen eines Hauptdarstellers entgegennimmt und diesem zum besten Film gratuliert:

```
fun congratulate(name: String) {
    println("Herzlichen Glückwunsch an $name")
}
```

Das Problem ist, dass der Aufruf `bestMovie?.mainActor?.firstName` ein Objekt vom Typ `String?` zurückgibt. Die `congratulate`-Funktion akzeptiert allerdings nur ein Objekt vom Typ `String`. Wir müssen den nullfähigen Typ auflösen.

19.3.1 Überprüfen mit if-else

Der naheliegendste Weg ist ein if-else, wo der else-Block einen Standardwert setzt. Wenn es noch keinen besten Film gibt, soll der Name des Hauptdarstellers „Niemand" sein:

```
fun main() {
    val bestMovie: Movie? = null

    val actorName: String =
        if (bestMovie != null) {
            bestMovie.mainActor.firstName
        } else {
            "Niemand"
        }

    congratulate(actorName)
}
```

Das Entscheidende ist, dass `actorName` vom Typ `String` ist. Damit haben wir die Nullfähigkeit für diese Zuweisung aufgelöst.

Das haben wir gemacht, indem wir überprüfen, ob wir sicher auf `bestMovie` zugreifen können. Wenn ja, geben wir `bestMovie.mainActor.firstName` zurück, was zu einem String auswertet. Ansonsten wird der String `"Niemand"` zurückgegeben.

Alternativ können wir den Aufruf der `congratulate`-Funktion an die Existenz von `bestMovie` knüpfen. Das sieht dann so aus:

```
fun main() {
    val bestMovie: Movie? = null

    if (bestMovie != null) {
        congratulate(bestMovie.mainActor.firstName)
    } else {
        println("Es gibt noch keinen besten Film!")
    }
}
```

In beiden Fällen lösen wir einen nullfähigen Typen temporär auf. Da das sehr häufig vorkommt, gibt es dafür eine spezielle Syntax: den sogenannten *Elvis-Operator*.

19.3.2 Der Elvis-Operator rockt

Der *Elvis-Operator* versucht, einen nullfähigen Ausdruck auszuwerten. Wenn der Ausdruck nicht `null` ist, wird der Ausdruck verwendet. Wenn der Ausdruck `null` ist, wird ein Standardwert genommen. Der Standardwert ist ein Ausdruck und wird hinter dem Elvis-Operator (`?:`) übergeben.

Der Elvis-Operator kann so eingesetzt werden:

```
fun main() {
    val bestMovie: Movie? = null
    val actorName: String = bestMovie?.mainActor?.firstName ?: "Niemand"

    congratulate(actorName)
}
```

Wenn `bestMovie` auf ein existierendes `Movie`-Objekt verweist, dann wird von diesem `Movie`-Objekt der `mainActor.firstName` verwendet. Ansonsten wird der Alternativwert `"Niemand"` verwendet.

Wichtig ist, dass die beiden Ausdrücke links und rechts vom Elvis-Operator den gleichen Typ haben. Hier gelten die gleichen Regeln wie bei einem if-Ausdruck. Dort müssen auch die Ausdrücke beider Blöcke zu einem Wert desselben Typs auswerten.

Warum Elvis?

Wenn man die Zeichen `?:` um 90-Grad dreht, dann sieht das Fragezeichen wie eine Elvis-Locke aus!

In anderen Programmiersprachen wird der Operator auch *Get Or Else* genannt. Denn das ist genau was passiert: Nimm den Wert (falls möglich) oder den anderen.

19.3.3 Erzwungenes Auflösen

Als Gegenstück zum Safe Call-Operator (`?.`) gibt es auch auch den *Not-Null Assertion*-Operator (`!!`). Der Operator ist ein doppeltes Ausrufezeichen, damit man bei der Nutzung doppelt sichergeht, den Operator wirklich zu benutzen. Den Operator bezeichnet man auch als *Bang-Operator* oder *Force Unwrapping*. Force Unwrapping deshalb, weil wir ein nullfähiges Objekt dazu zwingen, die Nullfähigkeit aufzulösen. Bang deshalb, weil das Programm mit einer `NullPointerException` abstürzt, wenn das nullfähige Objekt doch `null` ist:

```
fun main() {
    val bestMovie: Movie? = null
    val unwrapped: Movie = bestMovie!!
}
```

Wenn wir `bestMovie!!` aufrufen, wird die Nullfähigkeit aufgelöst. Die Variable `unwrapped` ist vom Typ `Movie`. Diese Operation ist aber nicht sicher. Das Programm stürzt in diesem Fall beim Aufruf von `bestMovie!!` mit einer `NullPointerException` ab, weil `bestMovie` auf `null` gesetzt ist. Dieser Fehler tritt also erst zur Laufzeit auf.

Wenn wenn wir anstelle von `?.` mit `!!` auf eine Eigenschaft zugreifen, dessen Objekt jedoch nicht existiert, bekommen wir auch eine `NullPointerException`:

```
fun main() {
    val bestMovie: Movie? = null
    val title: String = bestMovie!!.title
}
```

Der sichere Aufruf `bestMovie?.title` gibt ein Objekt vom Typ `String?` zurück. Der unsichere Aufruf `bestMovie!!.title` gibt ein Objekt vom Typ `String` zurück. Der Preis ist, dass auch hier eine `NullPointerException` geworfen wird, wenn `bestMovie` `null` ist.

Wann nutzt man das Force Unwrapping? Ausschließlich dann, wenn man sich 100%ig sicher ist, dass eine Referenzvariable **nicht `null`** sein kann. Das kommt tatsächlich manchmal vor. Sollte aber die absolute Ausnahme sein. Deshalb merke: Vermeide das `!!` in Kotlin.

Nullfähigkeit ist nützlich!

Die Tatsache, dass Nullfähigkeit auf Typebene implementiert ist, schützt uns Entwickler vor sehr vielen Fehlern. Mit Force Unwrapping umgehen wir diesen Schutz und verlieren einen großen Teil an Sicherheit. Gehen Sie bewusst damit um. ■

20 Exceptions

Ausnahmen sind die Regel. Auch bei größter Sorgfalt wird es kaum einem Entwicklerteam gelingen, eine Anwendung 100 % fehlerfrei zu entwickeln. Und dann gibt es natürlich auch noch Anwender, die fehlerhafte Eingaben tätigen, oder Server, die fehlerhafte Daten liefern oder einfach nicht auf Anfragen reagieren. Die Frage ist jedoch, was passiert, wenn ein Fehler auftritt? Bricht das Programm ab oder ist es selbst in der Lage, den Fehler aufzufangen und angemessen darauf zu reagieren? Vielleicht haben Sie sich auch schon über die eine oder andere *Exception* geärgert, wie z. B. die vor Kurzem kennengelernte `NullPointerException` oder eine `ArrayIndexOutOfBoundsException`.

20.1 Sowohl Konzept als auch eine Klasse

Eine *Exception* ist sowohl ein Konzept als auch eine Klasse.

Das Konzept beschreibt die Ausnahmebehandlung. Dessen Aufgabe ist es, Fehler im Programm zu melden. Die Aufgabe des Entwicklers ist es, auf diese Fehler zu reagieren. Je nach Art des Fehlers ist die eine oder andere Reaktion angemessen. In diesem Kapitel lernen wir unterschiedliche Arten von Fehlern und unterschiedliche Strategien kennen, um mit Fehlern umzugehen.

`Exception` heißt auch die Klasse, die diese Art von Fehlern repräsentiert. So ist z. B. eine `NullPointerException` eine indirekte Unterklasse von `Exception`. Eine Exception besteht im Wesentlichen aus drei Komponenten:

- Einer Nachricht vom Typ `String?`, die Details über die Exception enthält. Bei einer `FileNotFoundException` ist es z. B. der Name der Datei, die nicht gefunden wurde.
- Einem *Stack-Trace* vom Typ `Array<StackTraceElement>`, welches ein Array von allen Funktionsaufrufen enthält, die zu der Exception geführt haben. Das oberste Element auf dem Stack-Trace ist meistens der Aufruf, wo die Exception geworfen wurde.
- Der Ursache der Exception. Sie ist vom Typ `Throwable?`, falls überhaupt vorhanden.

§ **Definition *Exception***

Eine Exception ist eine Ausnahme und beschreibt sowohl das Konzept der Ausnahmebehandlung als auch die gleichnamige Klasse. Eine Exception meldet einen Fehler und enthält notwendige Informationen, um den Fehler und die Ursache zu beschreiben. Man sagt auch, dass eine Exception geworfen wird. ■

20.2 Beispiele für Exceptions

Grundsätzlich gilt, dass eine Exception Ihnen dabei helfen soll, den Fehler zu lokalisieren. Wenn eine Exception nicht aufgefangen wird, dann kommt es zum Programmabsturz, und Ihnen wird der Stack-Trace angezeigt. Dies ist die Aufrufreihenfolge der Methoden. Das Tracing bezieht sich auf den Methoden-Stack. Anhand der Aufrufreihenfolge können wir genau nachvollziehen, wo der Fehler aufgetreten ist. Schauen wir uns einmal ein paar Beispiele dazu an.

20.2.1 ArrayIndexOutOfBoundsException

Eine typische Exception ist die `ArrayIndexOutOfBoundsException`. Diese tritt auf, wenn Sie versuchen, mit einem ungültigen Index (zu groß oder zu klein) auf ein `Array` zuzugreifen. Dies sind natürlich in der Regel Programmierfehler:

```
1 fun main() {
2     val array = arrayOf("hello")
3     println("Erstes Element: ${array[0]}")
4     println("Zweites Element: ${array[1]}")
5     println("Fertig!")
6 }
```

Die Konsolenausgabe sieht folgendermaßen aus:

```
Erstes Element: hello
Exception in thread "main" java.lang.ArrayIndexOutOfBoundsException: Index 1 out of
     bounds for length 1
    at AppKt.main(App.kt:4)
    at AppKt.main(App.kt)
```

Das erste Element wird ausgegeben. Das ist nicht verwunderlich.

Der Zugriff auf das zweite Element (Index 1) führt zum Programmabsturz mit einer `ArrayIndexOutOfBoundsException`. Die `message` (Nachricht) der Exception ist: *„Index 1 out of bounds for length 1“*. Das stimmt, denn der maximale Index ist immer: Länge des Arrays - 1. Den Stack-Trace sehen Sie direkt nach der Nachricht. Dieser ist eingerückt, damit Sie die Aufrufe besser lesen können. Das oberste Element auf dem Stack-Trace ist meistens der Aufruf, wo die Exception geworfen wurde. In diesem Fall wurde die Exception ausgelöst durch einen Aufruf in der `main`-Funktion der Datei `App.kt` in Zeile 4. Schauen Sie sich nochmal die Zeilen im Code an. Das stimmt, es war der Aufruf von `array[1]`.

Haben Sie sich gewundert, warum Sie den String `"Fertig!"` nicht in der Konsolenausgabe sehen? Der zuständige Aufruf der `println`-Funktion erfolgt direkt nach der Zeile, wo die Exception geworfen wurde. Und das ist auch der Grund dafür, warum wir nichts sehen. Da wir die `ArrayIndexOutOfBoundsException` nicht auffangen, stürzt das Programm an dieser Stelle einfach ab. Alles, was danach kommt, wird nicht ausgeführt. Das können wir verhindern, wenn wir uns damit beschäftigen, wie wir Exceptions auffangen bzw. behandeln können.

20.2.2 ArithmeticException

Eine naheliegende Exception ist die `ArithmeticException`, die beispielsweise bei einer Division durch 0 geworfen wird:

```
1 fun division(a: Int, b: Int): Int = a / b
2
3 fun main() {
4     division(5, 2)
5     division(1, 0)
6 }
```

Die Konsole zeigt Folgendes an:

```
Exception in thread "main" java.lang.ArithmeticException: / by zero
    at AppKt.division(App.kt:1)
    at AppKt.main(App.kt:5)
    at AppKt.main(App.kt)
```

Übrigens: Unbehandelte Exceptions werden zunächst immer in der Konsole angezeigt, auch wenn wir kein `println` verwenden. In diesem Beispiel haben wir lediglich die Division durchgeführt, ohne in die Konsole zu schreiben. Dennoch stehen die Exception, die Nachricht und der Stack-Trace in der Konsole.

Wie zu erwarten, handelt es sich um eine `ArithmeticException` mit der Nachricht *„/ by zero"*. Eine Division durch 0 ist nicht möglich und dadurch ein Fehler. In diesem Beispiel ist der Stack-Trace ein wenig interessanter. Diesen lesen wir von unten nach oben:

- Ein Aufruf in der `main`-Funktion.
- Genauer gesagt, ein Aufruf in der `main`-Funktion in Zeile 5.
- Noch genauer gesagt, ein Aufruf in der `division`-Funktion in Zeile 1.
- Dort ist das Programm mit einer `ArithmeticException` abgestürzt.

Sie können am Stack-Trace also die genaue Aufrufreihenfolge der Funktionen sehen, die zum tatsächlichen Fehler geführt haben. Dies muss nicht unbedingt in Ihrer eigenen Funktion der Fall sein. Oft tritt der Fehler in einer Klassenbibliothek auf, wenn in Ihrem Programmcode fehlerhafte Argumente an diese Funktionen übergeben wurden. Dann sollten Sie dennoch anhand des Stack-Traces feststellen können, welcher Funktionsaufruf letztlich zum Fehler geführt hat. Meist sind nur die obersten Zeilen des Stack-Traces interessant. Gerade bei Exceptions, die in großen Projekten auftreten, kann es zu sehr langen Stack-Traces kommen, da sehr viele Funktionen und Methoden nacheinander aufgerufen werden. Davon sollten Sie sich nicht verwirren lassen. Relevant sind dennoch meist nur die obersten Zeilen des Stack-Traces.

20.3 Exceptions aus der Java-Bibliothek

Kotlin übernimmt Fehlerklassen aus der Java-Klassenbibliothek. Daher müssen wir uns ein wenig mit dem Exceptions-Konzept auseinandersetzen und auch zeigen, wo Kotlin einen anderen Weg geht.

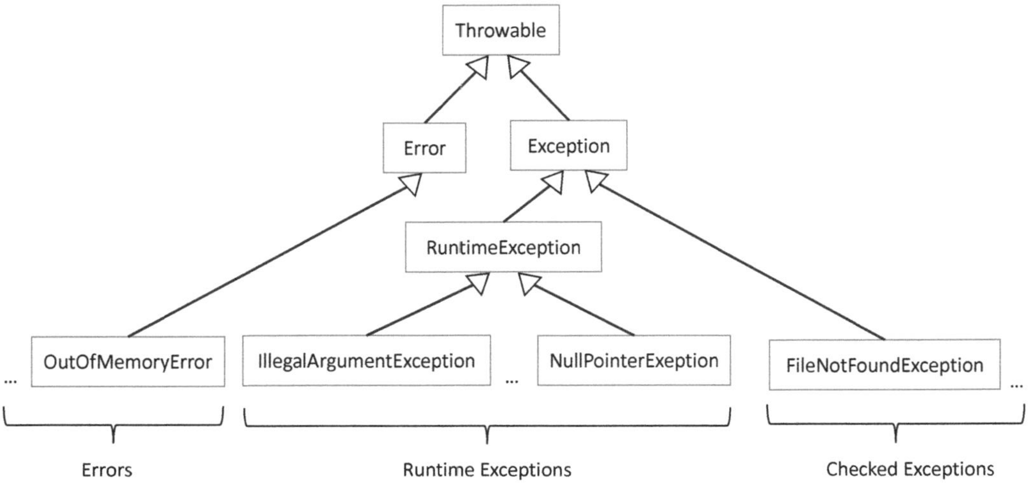

Es gibt noch sehr viel mehr Unterklassen von `Exception` als hier dargestellt. Vor allem können Sie auch eigene Fehlerklassen definieren, indem Sie von einer `Exception`-Klasse (oder einer Unterklasse) eine eigene Klasse ableiten.

Die Klasse `Throwable` ist die Oberklasse aller Fehler. `Throwable` definiert die Mindestanforderungen an Eigenschaften und Methoden für den Umgang mit Fehlern aller Art.

Unterklassen von `Error` repräsentieren fatale Fehler, für die Sie in der Regel nicht selbst verantwortlich sind. Dies kann fehlender Speicher sein, ein Hardware-Fehler oder ein Fehler in der Implementierung der virtuellen Maschine. Eine Weiterführung des Programms ist in der Regel nicht möglich bzw. sinnvoll.

In Java gibt es eine Unterscheidung zwischen *Checked-* und *Unchecked-Exceptions* (Runtime-Exceptions). In Kotlin ist diese Unterscheidung nicht mehr relevant. Dennoch sehen wir die Unterscheidung in der Klassenhierarchie. In Java war es für alle Exceptions, die nicht von `RuntimeException` abgeleitet sind, notwendig, diese Fehler abzufangen. Dies hat oft zu umständlichem Code und zu „Schummeleien" beim Programmieren geführt.

In Kotlin gilt daher: Es müssen gar keine Exceptions aufgefangen werden. Sie haben die Wahl, ob Sie auf Ausnahmesituationen reagieren wollen oder das Programm mit einer Fehlermeldung abbricht. Auch wenn Kotlin die Exceptions aus der Java-Klassenbibliothek übernimmt, unterscheidet sich Kotlin an dieser Stelle gravierend, da Sie mehr Freiheiten und mehr Verantwortung für den ordentlichen Umgang mit Exceptions erhalten.

20.4 Exceptions auffangen und behandeln

Doch wie fangen wir Ausnahmesituationen und Fehler auf? Hierzu gibt es das `try-catch`-Konstrukt mit folgender Syntax:

§ **Syntax *try-catch-Anweisung***

```
try {
// try-Block. Enthält einen Aufruf, der die Exception werfen kann
} catch (e: Exception) { // Mehrere catch-Blöcke möglich
// catch-Block. Fängt die Exception e auf.
} finally { // Optional
// finally-Block. Wird immer ausgeführt.
}
```

Im try-Block stehen die Aufrufe, die wir versuchen („try") auszuführen. Wenn bei einem der Aufrufe eine Exception auftritt, dann wird zu einem der catch-Blöcke gesprungen. Das heißt, dass alle Aufrufe im try-Block nach Auftreten der Exception nicht mehr ausgeführt werden.

Es können mehrere catch-Blöcke verwendet werden, um auf verschiedene Exceptions unterschiedlich reagieren zu können. Ein eher seltener, aber durchaus möglicher Fall ist das Weglassen aller catch-Blöcke, wenn Sie einen finally-Block definiert haben. Der finally-Block ist optional. Er legt Programmcode fest, der immer ausgeführt wird – egal ob eine Exception aufgetreten ist oder nicht. Der finally-Block dient für Aufräumarbeiten, z. B. das Schließen von Dateien oder Serververbindungen, auch nachdem ein Fehler aufgetreten ist.

20.4.1 Schreiben in eine Datei

Schauen wir uns einmal das folgende Beispiel an, in dem wir versuchen, in eine Datei zu schreiben:

```
fun main() {
    println("Versuche in Datei zu schreiben")

    try {
        val f = File("")
        f.writeText("Hallo Welt!")
        println("Fertig geschrieben!")
    } catch (fileNotFound: FileNotFoundException) {
        println(fileNotFound)
    } catch (ex: Exception) {
        println(ex)
    } finally {
        println("Versuch ist zu Ende")
    }

    println("Fertig mit dem Programm")
}
```

Eine Aufgabe für Sie:

Überlegen Sie einmal, was in der Konsole steht, wenn wir dieses Programm ausführen.

Zunächst einmal *versuchen* wir, eine Datei mit dem Namen `""` zu erzeugen. Danach *versuchen* wir, `"Hallo Welt!"` in die Datei zu schreiben. Diese beiden Aufrufe können eine Exception werfen. Der Aufruf von `println` nicht. Trotzdem können wir eine Funktion wie `println` im try-Block aufrufen.

Der erste catch-Block würde nur eine `FileNotFoundException` abfangen. In dem catch-Block können wir die `FileNotFoundException` über die Variable `fileNotFound` ansprechen. In diesem Beispiel fangen wir die `FileNotFoundException` ab und schreiben diese in die Konsole.

Der zweite catch-Block fängt alle bislang nicht aufgefangenen Exceptions auf. Dies liegt daran, dass `Exception` die Oberklasse aller Exceptions ist. Jede speziellere Exception ist automatisch auch vom Typ `Exception`. Allerdings wird der zweite catch-Block nur ausgeführt, wenn die Exception nicht vorher schon von einem der spezielleren catch-Blöcke abgefangen wurde. Die spezielleren Exceptions müssen also vor den generelleren abgefangen werden. Auch schreiben wir die `Exception` in die Konsole.

Nachdem der passende catch-Block durchlaufen wurde, geht es im finally-Block weiter. Dieser wird immer ausgeführt. Hier schreiben wir ebenfalls in die Konsole.

Und da ist ja noch das restliche Programm. Nach dem gesamten try-catch-finally-Block schreiben wir ebenfalls in die Konsole, dass wir fertig sind.

Wenn wir das Programm ausführen, steht Folgendes in der Konsole:

```
> Versuche in Datei zu schreiben
> java.io.FileNotFoundException:  (No such file or directory)
> Versuch ist zu Ende
> Fertig mit dem Programm
```

Zunächst einmal fällt auf, dass das Programm nicht abgestürzt ist. Schließlich haben wir den Fehler mit `try-catch` aufgefangen. Dabei ist es zunächst unerheblich, welcher catch-Block den Fehler gefangen hat. Durch die Konsole wissen wir, dass es sich um eine `FileNotFoundException` handelt. Es kann keine Datei ohne Namen (`File("")`) erzeugt werden. Wir sehen auch, dass der finally-Block und das `println` nach dem try-catch-Block ausgeführt wurden. Übersprungen wurden die Aufrufe in Zeile 6 und 7, weil das Erstellen der Datei in Zeile 5 bereits einen Fehler geworfen hat, was sofort den passenden catch-Block ausführt. Ein try-catch verhält sich ähnlich zu einer Kontrollstruktur.

20.4.2 Metapher: Balancieren über ein Drahtseil

Zur Veranschaulichung nehmen wir einmal dieses Beispiel. Sie wollen über ein Drahtseil balancieren. Auch wenn Sie darin sehr geübt sind, kann prinzipiell etwas schiefgehen. Sie können z. B. daneben treten oder am Ende des Drahtseils befindet sich keine Plattform, auf die Sie steigen können. Beides sind verschiedene Ausnahmen, die im Idealfall nicht eintreten sollten. Aber wenn sie dennoch eintreten, dann sind Sie durch Netze abgesichert, die Sie auffangen:

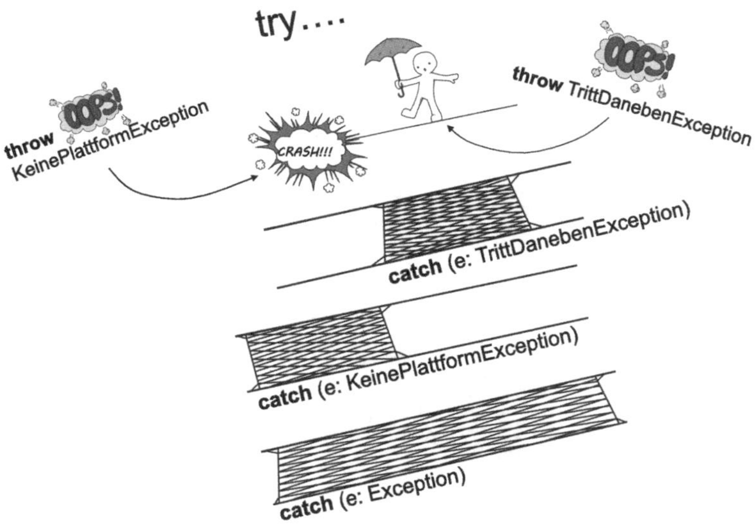

Sie versuchen also („try"), über das Drahtseil zu balancieren, und wenn Sie herunterfallen, dann werden Sie von einem der Netze aufgefangen („catch").

- Das erste Netz fängt Sie im Falle der `TrittDanebenException`. Hierfür ist das `catch (e: TrittDanebenException)` zuständig.
- Das zweite Netz fängt Sie Im Falle der `KeinePlattformException`. Hierfür ist das `catch (e: KeinePlattformException)` zuständig.
- Und wenn noch irgendetwas anderes schiefgehen sollte, dann ist ganz unten ein sehr breites Netz gespannt. Im Zweifel, wenn etwas Unvorhergesehenes geschieht, werden Sie über `catch(e: Exception)` aufgefangen.

Die catch-Anweisungen werden von oben nach unten abgearbeitet. Sobald eine Exception aufgefangen wurde, wird sie nicht mehr weitergeleitet, d. h. darunter liegende catch-Blöcke werden nicht mehr ausgeführt. Dies ist wie bei den Netzen unter dem Drahtseil: Wenn Sie von einem der oberen Netze schon aufgefangen worden sind, dann erreichen Sie nicht mehr die darunter liegenden Netze. Daher ist es auch nicht sinnvoll, das breiteste Netz ganz oben aufzuspannen.

Im folgenden Fall wären die unteren Netze nie erreichbar, da das oberste Netz das größte ist und bereits alle möglichen Risiken auffängt:

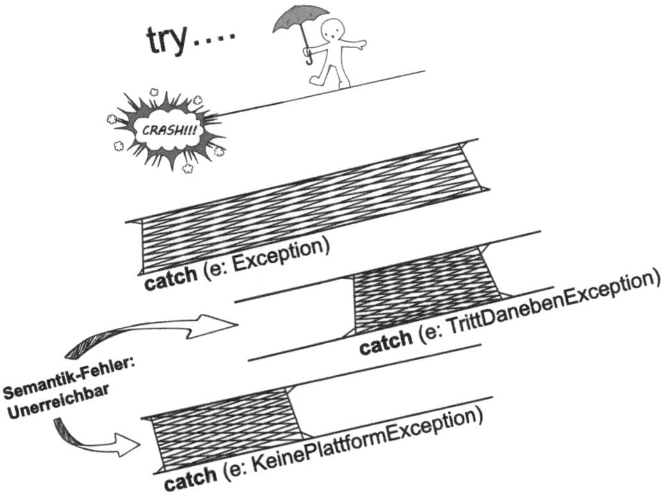

20.5 Exceptions werfen

Mit try-catch-Blöcken können wir Exceptions auffangen. Doch wann und wie werden Exceptions geworfen? Viele Exceptions werden von der Laufzeitumgebung geworfen, z. B. bei einem Zugriff auf einen falschen Index in einem Array. Sie können aber auch selbst Exceptions werfen. Das ist nur logisch, denn auch Sie schreiben Code, der unter bestimmten Umständen – etwa die Verwendung falscher Argumentwerte bei einem Funktionsaufruf – zu einem Fehler führen kann. Sie benötigen einen Mechanismus, um über solche Fehler zu informieren.

Um eine Exception zu werfen, wird das Schlüsselwort `throw`, gefolgt von einem Objekt vom Typ `Exception`, genutzt. Am Beispiel einer Division könnte das so aussehen:

```
1  fun division(a: Int, b: Int): Int {
2      if (b == 0)
3          throw IllegalArgumentException("Division durch 0 ist nicht möglich")
4
5      return a / b
6  }
```

Wenn `b` gleich `0` ist, werfen wir eine `IllegalArgumentException` mit der Nachricht: *„Division durch 0 ist nicht möglich“*. Ist das der Fall, bricht die Funktion sofort ab, wodurch die Division in Zeile 5 nicht stattfindet. Das ist genau das, was wir erreichen wollten. Derjenige, der die Funktion aufruft, kann nun die `IllegalArgumentException` fangen und behandeln.

Das Beispiel ist ein wenig trivial, weil die Division durch 0 bereits eine `ArithmeticException` wirft.

Sie können existierende Exceptions erzeugen oder auch eine eigene Exceptions definieren, indem Sie von der existierenden `Exception`-Klasse ableiten:

```
class NegativeValueException : Exception()
```

In diesem Beispiel wird unsere eigene Klasse `NegativeValueException` gar nicht um weitere Methoden oder Eigenschaften ergänzt. Aber wir haben damit einen neuen Untertyp definiert und können somit in unseren catch-Blöcken speziell auf diese `Exception` reagieren. Ein weiteres Beispiel ist die folgende Klasse, die Zahlenwerte in das dazugehörige Wort umwandelt (also z. B. 3 in „drei"):

```
class NumberToString {
    private val numbers = arrayOf("eins", "zwei", "drei", "vier")

    fun stringOfNumber(n: Int): String {
        if (n < 0) throw NegativeValueException()
        if (n > numbers.size) throw IllegalArgumentException()
        return numbers[n - 1] // Kann ArrayIndexOutOfBoundsExceptions verursachen
    }
}
```

Die Methode `stringOfNumber(...)` kann nun folgende Exceptions verursachen:

- `stringOfNumber(-1)` -> wir werfen die `NegativeValueException`.
- `stringOfNumber(5)` -> wir werfen die bereits definierte `IllegalArgumentException`.
- `stringOfNumber(0)` -> durch den Aufruf `number[0 - 1]` wird von der Laufzeitumgebung eine `ArrayIndexOutOfBoundsException` geworfen.

20.6 Exceptions umwandeln

Wir haben schon mehrfach gesehen, dass es in Kotlin Sprachkonstrukte sowohl als Anweisung als auch als Ausdruck gibt (z. B. `if`, `when`). Das Gleiche gilt für `try`. Auch hier gelten die gleichen Regeln wie beim if und when: Die letzte Zeile eines Blocks muss ein Ausdruck sein, und alle Ausdrücke müssen den gleichen oder einen gemeinsamen Typen haben. Verwenden wir einmal einen try-Ausdruck am Beispiel der Klasse `NumberToString`:

```
fun main() {
    val nts = NumberToString()

    for (n in -1..5) {
        val word = try {
            nts.stringOfNumber(n)
        } catch (e: Exception) {
            null
        }

        println("Der Zahlenwert $n hat das dazugehörige Wort $word")
    }
}
```

Zunächst erzeugen wir ein Objekt von `NumberToString`. Danach laufen wir in einer for-Schleife die Zahlen von -1 bis inklusive 5 durch und übergeben die Zahlen an die `stringOfNumber`-Methode. Die `Range` von -1 bis inklusive 5 ist bewusst so gewählt, damit alle Fehler auftreten. Wenn kein Fehler auftritt, weisen wir das Ergebnis von `stringOfNumber` der Variable `word` zu. Wenn ein Fehler auftritt, weisen wir der Variable `null` zu.

Führen wir diesen Code erstmal aus und schauen uns die Konsolenausgabe an:

```
Der Zahlenwert -1 hat das dazugehörige Wort null
Der Zahlenwert 0 hat das dazugehörige Wort null
Der Zahlenwert 1 hat das dazugehörige Wort eins
Der Zahlenwert 2 hat das dazugehörige Wort zwei
Der Zahlenwert 3 hat das dazugehörige Wort drei
Der Zahlenwert 4 hat das dazugehörige Wort vier
Der Zahlenwert 5 hat das dazugehörige Wort null
```

Die Konsolenausgabe spiegelt genau das wider, was die Ausnahmebehandlung der Methode `stringOfNumber` beabsichtigt. An diesem Code sind zwei Dinge interessant.

1. Der Typ von `word` ist `String?`, weil wir im Erfolgsfall einen String (`stringOfNumber`) zurückgeben oder im Fehlerfall nichts (`null`) zurückgeben.
2. Wir haben einen Ausdruck mit Exception zu einem Ausdruck mit Nullfähigkeit (Optional) umgewandelt.

20.6.1 Von Exception zu Optional

Beleuchten wir den zweiten Punkt ein wenig genauer. Das Auftauchen einer Exception beschreibt, dass ein Aufruf missglückt ist. Ein Optional beschreibt, dass ein Aufruf keinen Wert hat. Je nach Betrachtungsweise beschreiben beide Konzepte einen ähnlichen Sachverhalt: Der Aufruf gibt nicht das zurück, was wir erhofft haben.

Wenn wir so über Exceptions und Optionals nachdenken, dann können wir sagen, dass Exceptions, ähnlich wie Optionals, einen Ausdruck in einen höheren Kontext heben. Der Kontext fügt die Eigenschaft hinzu, dass die Auswertung des Ausdruck entweder einen Wert zurückgibt oder eine Fehlermeldung. Diese Denkweise macht Exceptions und Optionals konzeptionell sehr ähnlich. Schauen wir uns dazu ein Beispiel an:

```
class NumberToString {
    private val numbers = arrayOf("eins", "zwei", "drei", "vier")

    fun stringOfNumber(n: Int): String? {
        if (n < 0) return null
        if (n > numbers.size) return null
        return try {
            numbers[n - 1]
        } catch (e: Exception) {
            null
        }
    }
}
```

Wir haben jede Exception in ein `null` umgewandelt. In **beiden Fällen** ist unser Code sicherer, weil wir weiterhin alle Fehlerfälle abfangen. Der Unterschied ist, dass wir in diesem Beispiel die Fehlermeldungen unterdrücken. Derjenige, der die `stringOfNumber`-Methode aufruft, weiß nicht, **warum** der Aufruf nicht das zurückgibt, was er sich erhofft. Die Umwandlung von Exception auf Optional hat einen Preis: Die Fehlernachrichten sind weg.

20.6.2 Von Optional zu Exception

Das funktioniert natürlich auch in die andere Richtung. Wir können jedes beliebige Optional auflösen und im Fall von `null` eine `Exception` werfen. Wir bekommen beispielsweise `null` zurück, wenn wir ein leeres Array nach dem größten Element fragen:

```
fun main() {
    var array = arrayOf(1, 2, 3)
    println(array.max()) // max gibt ein Wert vom Typ Int? zurück

    array = arrayOf()
    println(array.max()) // null
}
```

In diesem Beispiel gibt `array.max()` einen Wert vom Typ `Int?` zurück. Wenn wir das Programm ausführen, wird zuerst der Wert `3` und danach der Wert `null` in die Konsole geschrieben. Doch manchmal wollen wir mehr Informationen darüber haben, warum ein Aufruf nicht funktioniert hat. An dieser Stelle können wir das Optional in eine Exception mit eigener Nachricht umwandeln. Das funktioniert am besten mit dem Elvis-Operator:

```
fun main() {
    var array = arrayOf(1, 2, 3)
    println(array.max()) // max gibt ein Wert vom Typ Int? zurück

    array = arrayOf()
    println(array.max() ?: throw Exception("Array ist leer"))
}
```

Der Elvis-Operator löst das Optional auf. Wenn es einen Wert gibt, wird dieser Wert genommen. Wenn es keinen Wert gibt, sprich der Wert `null` ist, wird der Ausdruck ausgewertet, der auf der rechten Seite vom Elvis-Operator (`?:`) steht. In diesem Fall lösen wir entweder das `Int?` zu `Int` auf oder werfen eine Exception mit der Nachricht: *„Array ist leer"*. Und genau das ist auch die Konsolenausgabe dieses Programms:

```
3
Exception in thread "main" java.lang.Exception: Array ist leer
    at AppKt.main(App.kt:31)
    at AppKt.main(App.kt)
```

20.6.3 Exceptions vs. Optionals

Die Antwort auf die Frage, ob wir entweder Exceptions oder Optionals verwenden, ist eigentlich ganz einfach. Optionals verwenden wir, wenn der Grund für die Abwesenheit eines Werts unmissverständlich ist. Wenn wir ein Array nach seinem größten Element fragen und ein Optional zurückbekommen, dann ist es eindeutig, dass es kein größtes Element gibt, weil das Array leer ist. Einen anderen Grund gibt es nicht. Wenn wir ein Array nach seinem ersten Element fragen und ein Optional bekommen, dann ist es ebenfalls eindeutig, dass das Array leer sein muss. Aus dieser Betrachtung heraus ist es nicht optimal, dass Kotlin eine `ArrayIndexOutOfBoundsException` wirft, wenn wir ein Element über einen nicht vorhandenen Index anfragen. Aus dem Kontext ist es eindeutig, dass es das Element zu dem Index nicht gibt. Ein Optional wäre hier angemessener.

Eine Exception verwenden wir überall dort, wo wir mehr Informationen zu einer missglückten Operation hinzufügen wollen. Vor allem dann, wenn eine Operation aus unterschiedlichen Gründen schiefgehen kann. Ein gutes Beispiel ist das Herunterladen eines Bildes. Natürlich könnten wir einfach `null` zurückgeben, wenn wir das Bild hinter einer bestimmten URL nicht herunterladen konnten. Doch was ist der Grund dafür? Es kann sein, dass wir keine Internet-Verbindung haben. Es kann sein, dass das Bild nicht mehr existiert. Es kann aber auch sein, dass die URL falsch ist, weil ein Zeichen oder Buchstabe vertauscht wurden. Es kann aber auch sein, dass das Bild zu lange lädt, das Bild zu groß und die Internet-Verbindung zu langsam ist. Der Client bricht die Verbindung nach einiger Zeit automatisch ab. Sie sehen, dass es alleine für das Beispiel sehr viele unterschiedliche Fehlerquellen gibt. Ein einfaches null, ohne jegliche Information, ist ziemlich unbrauchbar.

Merken Sie sich:

Exceptions und Optionals beschreiben missglückte Operationen. Optionals beschreiben, dass eine Operation keinen Wert zurückgibt. Exceptions beschreiben, dass eine Operation einen bestimmten Fehler hat. Eine Exception hat im Gegensatz zu Optionals mehr Kontextinformationen.

20.7 Exceptions weiter werfen

Wenn eine Exception losgeworfen wurde (über `throw`), dann „fliegt" sie solange weiter, bis jemand sie auffängt. Wenn die Exception an keiner Stelle aufgefangen wird, dann kommt es zum Programmabbruch. Eine Exception kann dabei über mehrere Methoden „hinweg fliegen", d. h. sie muss nicht in der unmittelbar aufrufenden Methode aufgefangen werden. Wichtig ist aber, daran zu denken, dass der normale Programmfluss erst ab der Stelle weitergeht, an der die Exception aufgefangen wurde.

Zur Veranschaulichung, wo eine Exception aufgefangen und wo das Programm weiterläuft, betrachten wir einmal ein Alltagsbeispiel. Stellen Sie sich vor, Sie möchten selbst eine Pizza backen. Dies ist auch ein Algorithmus, der aus definierten Arbeitsschritten besteht. Nun probieren Sie, die einzelnen Schritte auszuführen, d. h. die Schritte werden in einen `try`-Block eingeschlossen. Wenn nun ein Fehler auftritt, dann wollen Sie darauf angemessen reagieren. Wenn z. B. nicht alle Zutaten im Haus sind, dann ist dies eine `FehlendeZutatException`. Solche Ausnahmezustände kommen gar nicht so selten vor, und daher fangen Sie diese auch auf und wählen eine erprobte Alternative: Sie rufen beim Pizza-Taxi an. Wenn Ihnen dagegen eine abgelaufene Zutat entgegenspringt (hoffentlich nicht die Regel!), dann vergeht Ihnen vielleicht der Appetit, und Sie werfen eine `KeinHungerMehrException`, die aber nicht in der Methode `pizzaBacken()` aufgefangen wird. Unabhängig davon, ob etwas schiefgeht oder alles klappt: Am Ende sollten Sie den Ofen ausstellen! Daher ist diese Anweisung im `finally`-Block untergebracht.

Fall 1 – Alles läuft glatt, und Sie backen Ihre eigene Pizza

Die Anweisungen in den Methoden werden vollständig abgearbeitet. Der catch-Block wird übersprungen, denn es ist keine Ausnahme eingetreten. Sie wollen nicht das Pizza-Taxi

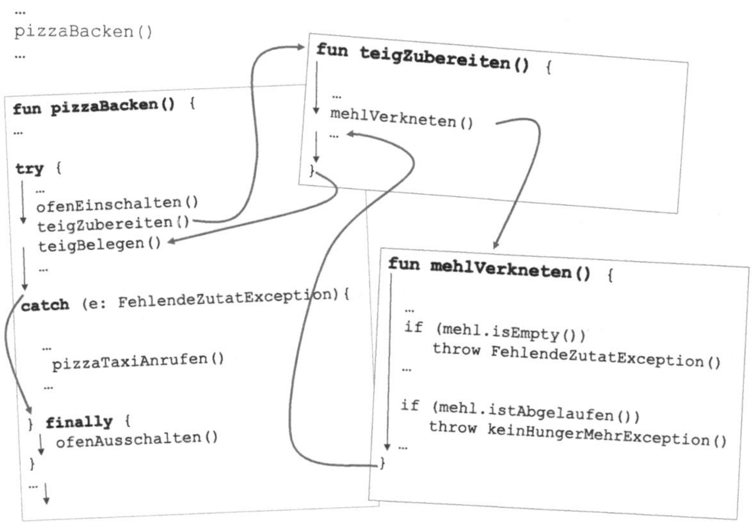

bemühen, wenn Sie selbst erfolgreich eine Pizza gebacken haben. Am Ende stellen Sie den Ofen aus.

Fall 2 – Es ist kein Mehl mehr da

Sie fangen die `FehlendeZutatException` ab und rufen beim Pizza-Taxi an. Am Anfang läuft noch alles gut. Sie schalten schon einmal den Ofen ein. In der Methode `mehlVerkneten()` tritt nun aber ein Problem auf: Es ist gar kein Mehl mehr da! Sie sollten nie mit dem Pizzabacken anfangen, ohne vorher in die Vorratskammer zu schauen.

Es wird die `FehlendeZutatException` geworfen. Die darauf folgenden Anweisungen in `mehlVerkneten()` und auch `teigZubereiten()` werden nicht mehr ausgeführt.

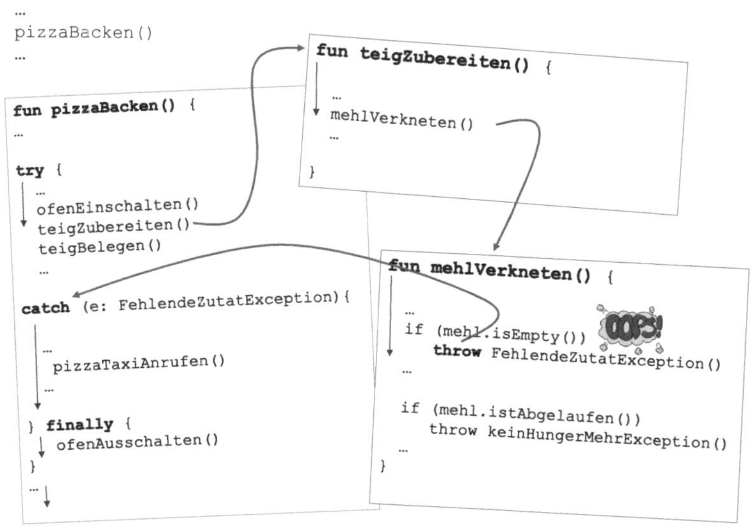

Ohne Mehl lässt sich kein Mehl verkneten, und auch der Teig kann nicht zubereitet werden. Die `FehlendeZutatException` wird geworfen und von `catch(e: FehlendeZutatException)` aufgefangen. Im `catch`-Block steht eine angemessene Reaktion auf die gescheiterte Zubereitung des Pizza-Teigs. Sie rufen beim Pizza-Taxi an. Und Sie schalten auf alle Fälle den Ofen aus.

Fall 3 – Das Mehl ist abgelaufen

Wenn das Mehl abgelaufen ist, vergeht Ihnen der Hunger, und es wird eine `KeinHungerMehrException` geworfen. Diese Exception wird nicht in der Methode `pizzaBacken()` aufgefangen. Daher werden die weiteren Anweisungen hinter dem `finally`-Block auch nicht ausgeführt. Deshalb muss `ofenAusschalten()` im `finally`-Block stehen, damit dies in jedem Fall geschieht.

Da die `KeinHungerMehrException` nicht in der Methode `pizzaBacken()` aufgefangen wird, „fliegt“ sie weiter und muss an höherer Stelle aufgefangen werden, z. B.:

```
try {
    // ...
    pizzaBacken()
    // ...
} catch (e: Exception) {
    teeTrinken()
}
```

Hier „fliegt“ die Exception aus der Methode `pizzaBacken()` heraus, da sie nicht aufgefangen wird. Sie wird aber danach über einen `catch`-Block aufgefangen, der alle Exceptions auffängt und als Fehlerbehandlung die Methode `teeTrinken()` ausführt. Wenn die `Exception` gar nicht aufgefangen wird, dann bricht das Programm ab.

20.8 Sinn und Zweck von Exceptions

Als Grundregel sollten Sie alle möglichen Fehler behandeln. Ein Programmabsturz kann sehr teuer sein oder sogar Leben gefährden, wenn es um kritische Anwendungen geht! Die Annahme, dass ein Programm fehlerfrei und vollkommen korrekt ist, wird leider in der Praxis oft genug widerlegt. Oft treten Fehler auch nicht sofort auf, sondern nur unter ganz bestimmten Bedingungen. Z.B kann es vorkommen, dass eine Methode fast immer funktioniert, weil bei der Division zweier Zahlen der Nenner (fast) niemals 0 ist. Wenn unter ganz bestimmten Umständen der Nenner aber doch 0 ist, dann haben Sie plötzlich einen Fehler. Durch eine kontrollierte Fehlerbehandlung können Sie auf Ausnahmen reagieren, ohne das Programm sofort abbrechen zu müssen.

Die Kotlin-Ausnahmebehandlung folgt dem Grundsatz, dass die Erkennung und die Behandlung von Fehlern getrennt formuliert werden. Das heißt, wenn ein Fehler erkannt wird, dann wird eine Ausnahme erzeugt. Die Ausnahmebehandlung erfolgt dagegen an anderer Stelle – und zwar dort, wo geeignet auf die Ausnahme reagiert werden kann. Diese Trennung wird praktisch dadurch erreicht, dass eine Ausnahme geworfen wird – sie „fliegt" also von der Fehlerstelle soweit, bis sie an einer anderen Stelle aufgefangen wird. Die Erkennung und Behandlung von Fehlern werden dadurch unabhängiger voneinander. Dies spielt gerade beim Entwickeln von Klassenbibliotheken oder der parallelen Entwicklung von Paketen in unabhängigen Teams eine wichtige Rolle.

Sie können z. B. in Ihrem Programmcode überprüfen, ob beim Aufruf Ihrer Methode alle Argumente mit gültigen Werten belegt sind. Die Fehlererkennung erfolgt in Ihrem Codeabschnitt, über den Sie volle Kontrolle besitzen. Wenn nun ein zweiter Entwickler Ihre Methode mit falschen Parametern aufruft, dann sollten Sie den Fehler erkennen, aber nicht selbst beheben. Sie werfen also in Ihrer Methode eine `Exception`, weil mit den Daten nicht gearbeitet werden kann, aber Sie kümmern sich nicht um die Fehlerbehebung. Dies ist Aufgabe des Entwicklers, der Ihre Methode verwendet. Exceptions sind also auch ein Mittel der Kommunikation zwischen verschiedenen Programmabschnitten.

Nicht alle Programmiersprachen verfügen über eine Ausnahmebehandlung. In der Sprache C müssen Sie z. B. anders auf Fehler reagieren:

- Sie geben einen unmöglichen Wert oder einen Fehlercode (oft -1 oder die kleinste/größte mögliche Zahl) als Funktionsresultat zurück. Die Nachteile sind, dass Sie auf keinen Fall mit diesen Werten weiterrechnen dürfen und in jedem Fall bei jedem Aufruf der Funktion den Fehlercode abfragen müssen.
- Wenn kein Rückgabewert gefordert wird, dann könnten Sie auch „einfach" eine Fehlermeldung ausgeben. Diese kann jedoch leicht übersehen werden, und im schlimmsten Fall ist Ihr Programm in einem ungültigen Zustand, ohne dass jemand es bemerkt.
- Sie erzwingen einen Programmabbruch mit einer Fehlermeldung. Es gibt jedoch viele Anwendungen, die auch bei auftretenden Fehlern weiterlaufen müssen (z. B. Server oder medizinische Geräte).

Das Exception-Handling umgeht all diese Nachteile, weil es Ihnen die Möglichkeit bietet, kontrolliert auf Ausnahmen zu reagieren.

21 Movie Maker als Konsolenspiel umsetzen

Nachdem wir nun wissen, wie wir auf Ausnahmesituationen reagieren können, sind wir gerüstet, um endlich unser Spiel fertigzustellen. Bislang haben wir die Schauspieler, Regisseure und Filme fest im Code angelegt. Nun wollen wir dem Benutzer die Möglichkeit geben, diese über die Konsole selbst auszusuchen. Wir haben damit gewartet, weil wir erst jetzt auf falsche Eingaben des Benutzers reagieren können.

Wir entwickeln zunächst eine Version für die Konsole. Sie werden sehen, dass wir unser Spiel mit geringem Aufwand später auch als Android-App entwickeln können. Das besonders Aufwendige dabei ist die Logik zur Gestaltung der Benutzeroberfläche. Daher bleiben wir hier noch in der tristen, aber einfachen Welt der Konsolenprogramme.

Unsere Benutzerschnittstelle ist entsprechend einfach gehalten und bietet dem Benutzer eine Übersicht des aktuellen Spielstatus und die nächsten Spielaktionen an.

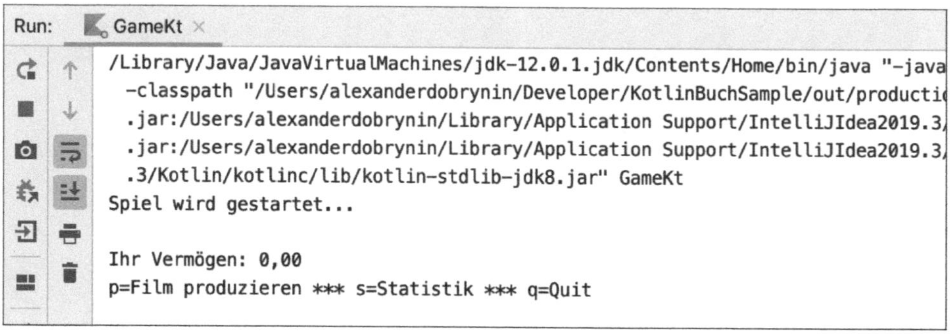

■ 21.1 Die Gameloop

Die Umsetzung des Programms geschieht in der `main`-Funktion, die wir in einer Datei namens `App.kt` definieren. Da der Benutzer solange spielen darf, wie er möchte, lassen wir die Ausgabe der aktuellen Spieldaten sowie die Abfrage der nächsten Spielaktion in einer Gameloop (Endlosschleife) laufen. Folgende Benutzereingaben sollen dabei unterstützt werden:

- p: Film produzieren, es soll die Funktion `produceNewFilm` aufgerufen werden. Der neue Film wird als zuletzt erzeugter Film in der Variable `lastFilm` gespeichert und dem `GameData`-Objekt hinzugefügt.
- s: Es soll eine Statistik über das Spiel ausgegeben werden. Diese zeigt z. B. an, welcher Film am erfolgreichsten war und wie gut der zuletzt produzierte Film läuft. Zur Ausgabe der Statistik wird die Funktion `statistics(...)` aufgerufen.
- q: Programm abbrechen (q steht für Quit). Um das Programm zu beenden, müssen wir aus der Gameloop springen. Dies geschieht mit `break`.

Hier sei darauf hingewiesen, dass in der `main`-Funktion selbst möglichst wenig Programmlogik stehen soll. Hier sollen nur der aktuelle Spielstand ausgegeben und nach der nächsten Aktion gefragt werden. Die `main`-Funktion ist nur die Gameloop. Was bei den einzelnen Aktionen geschehen soll, wird in andere Funktionen ausgelagert. So können Sie später leicht eigene Aktionen hinzufügen. Wir trennen die Spielelogik von der Eingabe der Daten. Eine when-Anweisung überprüft die Benutzereingaben und ruft die entsprechenden Funktionen auf. Die `main`-Funktion sieht demnach so aus:

```
fun main() {
    println("Spiel wird gestartet...")

    var lastMovie: Movie? = null

    gameloop@ do {
        if (lastMovie != null) {
            println("Letzter Film: $lastMovie")
        }

        println("\nIhr Vermögen: ${format(GameData.moneyOnAccount)}")
        println("p=Film produzieren *** s=Statistik *** q=Quit")

        val input = readLine() ?: "none"
        when (input.toLowerCase()) {
            "p" -> {
                lastMovie = produceNewMovie()
                GameData.addMovie(lastMovie)
            }
            "s" -> statistics(lastMovie)
            "q" -> break@gameloop
        }
    } while (true)
}
```

Eine Besonderheit in diesem Listing haben wir bislang noch nicht kennengelernt. Wenn der Benutzer das Spiel mit „q" abbrechen möchte, dann soll aus der Schleife herausgesprungen werden. Mit `break` wird allgemein aus einem Codeblock herausgesprungen. Wenn wir einfach nur `break` schreiben würden, dann müssten wir den when-Block verlassen. Das `break` bezieht sich immer auf den nächsten Codeblock.

Jedoch ist es in Kotlin nicht erlaubt, einfach ans Ende eines when-Blocks zu springen. Zudem wollen wir dies ja auch gar nicht. Wir wollen aus dem Block der do-while-Schleife herausspringen. Für diese Situation müssen wir *Sprungmarken* verwenden. Vor dem `do` haben wir mit dem Bezeichner `gameloop@` eine solche Sprungmarke definiert. Dabei ist das `@` wichtig, denn damit wird `gameloop` zu einer Sprungmarke. Mit der Anweisung `break@gameloop` springen wir nun nicht einfach aus dem inneren when-Block heraus (was auch nicht erlaubt wäre), sondern direkt aus dem äußeren do-while-Block.

> **Sprungmarken in Kotlin**
>
> In Kotlin sind Sprungmarken nur erlaubt, um aus dem Codeblock einer Schleife herauszuspringen. Sie können also nicht irgendwo eine Sprungmarke definieren und damit Ihren Programmfluss steuern. Das ist viel zu fehleranfällig und unkontrollierbar. Früher musste man Kontrollstrukturen wie `while` oder auch `if` tatsächlich selbst mit sogenannten *goto*-Anweisungen und Sprungmarken abbilden. Aber das war lange vor unserer Zeit.

21.2 Einen neuen Film produzieren

Nachdem wir nun die Gameloop festgelegt haben, müssen wir natürlich auch noch einen neuen Film produzieren. Auch hierfür werden Benutzereingaben benötigt. Die Benutzerinteraktion mit der Konsole soll folgendermaßen aussehen:

```
Spiel wird gestartet...

Ihr Vermögen: 0,00
p=Film produzieren *** s=Statistik *** q=Quit
p
Neuen Film produzieren.
Titel eingeben:
Ein besonderer Tag
Bitte wählen Sie einen Schauspieler
0 = Schauspieler*in Emma Thompson Gehalt: 246899
1 = Schauspieler*in John Goodman Gehalt: 1132018
2 = Schauspieler*in Susi Sonnenschein Gehalt: 309661
3 = Schauspieler*in Fridolin Fröhlich Gehalt: 146594
1
Bitte wählenen Sie einen Regisseur
0 = Regisseur*in Steven Spielberg Gehalt: 1829439
1 = Regisseur*in Roland Emmerich Gehalt: 1036220
2 = Regisseur*in Hanna Heiter Gehalt: 981653
3 = Regisseur*in Lars Lustig Gehalt: 191631
2
Bitte wählen Sie ein Genre
0 = ACTION
1 = DRAMA
2 = THRILLER
3 = HORROR
4 = FANTASY
3
Bitte Budget eingeben
1_000_000
Produziere Ein besonderer Tag, Gesamtkosten: 2213671,00
```

All diese Benutzereingaben finden in der Funktion `produceNewMovie` statt. Die Funktion erwartet die Eingabe eines Titels für den Film und das Budget. Zudem müssen ein Schauspieler, Regisseur und Genre ausgewählt werden. Am Ende wird der entsprechende Film erzeugt und produziert. Der Profit des Films wird natürlich auf das Guthaben gerechnet. Die Implementierung sieht so aus:

```
fun produceNewMovie(): Movie {
    println("Neuen Film produzieren.")
    println("Titel eingeben:")

    val title = readLine() ?: "Kein Titel"
    val actor = chooseActor()
    val director = chooseDirector()
    val genre = chooseGenre()

    println("Bitte Budget eingeben")

    val budget = try {
        readLine()?.toInt() ?: 0
    } catch (e: NumberFormatException) {
        100_000
    }

    // Film erstellen
    val movie = Movie(title, director, actor, budget, genre)
    movie.produce()

    // Vermögen anpassen
    GameData.moneyOnAccount += movie.profit

    return movie
}
```

Die Auswahl der Schauspieler, Regisseure und des Genres sind dabei selbst wieder komplexere Aufgaben. Denn zum einen müssen dem Spieler die verschiedenen Auswahlmöglichkeiten dargestellt werden. Hierbei wählt der Spieler jeweils aus einem Pool vorhandener Werte aus. Zum anderen muss die Eingabe auf Fehler geprüft und ggf. korrigiert werden. Das alles lagern wir in die Funktionen `chooseActor`, `chooseDirector` und `chooseGenre` aus:

```
fun chooseActor(): Actor {
    println("Bitte wählen Sie einen Schauspieler")
    return choosePerson(GameData.actors) as Actor
}

fun chooseDirector(): Director {
    println("Bitte wählenen Sie einen Regisseur")
    return choosePerson(GameData.directors) as Director
}

fun chooseGenre(): Genre {
    val genres = GameData.genres
    println("Bitte wählen Sie ein Genre")

    for ((index, genre) in genres.withIndex()) {
        println("$index = $genre")
    }

    return try {
        val i = readLine()?.toInt() ?: 0
        genres[i]
```

```
        } catch (e: Exception) {
            GameData.getRandomGenre()
        }
    }
```

In `chooseGenre` werden alle Genres aufgelistet. Die Eingabeauswahl erfolgt in einem try-catch-Block, sodass bei fehlerhaften Eingaben ein zufällig ausgewähltes Genre verwendet wird.

Bei der Auswahl des Schauspielers und des Regisseurs handelt es sich um sehr ähnliche Funktionalitäten. In beiden Fällen soll eine Person aus einer Liste gewählt werden. Allerdings handelt es sich dabei um verschiedene Listen: einmal die um die Schauspieler in `GameData.actors` und einmal um Regisseure in `GameData.directors`. Um unseren Algorithmus für die Auswahl einer Person wiederzuverwenden, lagern wir die Auswahl in eine eigene Funktion namens `choosePerson` aus:

```
fun choosePerson(personList: List<Person>): Person {
    for ((index, person) in personList.withIndex()) {
        println("$index = $person Gehalt: ${person.salary}")
    }

    var choice: Int? = null

    do {
        val input = readLine()
        try {
            choice = input?.toInt()
        } catch (e: Exception) {
            println("Bitte gültige Nummer eingeben!")
        }
    } while (choice == null || choice !in personList.indices)

    return personList[choice]
}
```

Wir sehen hier auch noch einmal ein sehr gutes Beispiel für die Polymorphie. Die Funktion `choosePerson` kann mit beliebigen Listen von Personen arbeiten. Daher können sowohl ein Objekt vom Typ `List<Actor>` als auch vom Typ `List<Director>` übergeben werden. Innerhalb der Funktion können wir die Elemente der Listen dann allerdings nur als `Person` betrachten und dürfen nicht auf speziellere Methoden zugreifen. An dieser Stelle müssen wird dies auch gar nicht. Allerdings liefert die Funktion in jedem Fall auch ein Objekt vom Typ `Person` zurück. Dabei ist es egal, ob eine Liste mit `Actor`- oder `Director`-Objekten übergeben wurde. Daher müssen wir z. B. in `chooseActor` noch eine Typumwandlung machen und das Ergebnis als `Actor` betrachten: `choosePerson(GameData.actors)as Actor`, weil die Funktion `chooseActor` einen `Actor` zurückgeben muss. Dies wird auch immer funktionieren, weil wir eine Liste mit `Actor`-Objekten übergeben haben. Die Typprüfung erfolgt trotzdem erst zur Laufzeit und nicht schon zur Compilezeit. Wir können nämlich auch nur sicher sagen, dass `choosePerson(GameData.actors)` in diesem speziellen Fall ein Objekt vom Typ `Actor` zurückgibt, weil wir etwas über den Ablauf des Programms wissen. Wir müssen also diesen kleinen Abschnitt bei uns im Kopf ablaufen lassen, um zu diesem Urteil zu kommen. Der Compiler kann dies nicht einschätzen, denn er lässt ein Programm ja gerade nicht ablaufen, sondern übersetzt dieses nur.

21.3 Statistik anzeigen

Als Letztes fehlt uns noch die Umsetzung der `statistics`-Funktion. Diese halten wir zunächst sehr einfach und geben nur ein paar Information über den aktuellen Film aus. Später werden wir weitere Ausgaben ergänzen und auch verschiedene Ausgabeoptionen festlegen:

```
fun statistics(movie: Movie?) {
    println("Statistik")
    println("Bester Film: ${GameData.bestMovie?.title ?: "Keiner!"}")

    if (movie != null) {
        println(movie.title)
        println("Einnahmen: ${movie.revenue}")
        println("Ausgaben: ${movie.costs}")
        println("Gewinn: ${movie.profit}")
    }
}
```

In dieser Funktion geben wir neben der Statistik des übergebenen Films `movie` auch noch den besten Film aus. Dieser wird jedes Mal gesetzt, wenn der aktuell produzierte Film besser als der vorherige war. Das passiert in der `addMovie`-Funktion von `GameData`:

```
object GameData {
    // ...

    var bestMovie: Movie? = null
        private set

    fun addMovie(movie: Movie) {
        movies.add(movie)

        if (movie.revenue > (bestMovie?.revenue ?: 0)) {
            bestMovie = movie
        }
    }
}
```

Am Anfang ist `bestMovie` auf `null` gesetzt, weil es noch keinen Film gibt. Die `addMovie`-Funktion wird jedes Mal in der Gameloop aufgerufen, wenn wir über „p=Film produzieren" einen neuen Film produziert haben.

22 Entwurfsmuster

Wir sind nun schon ziemlich weit gekommen und haben viele Elemente der objektorientierten und funktionalen Programmierung kennengelernt. Dabei ist unser Programm schrittweise größer geworden. Mit wachsender Komplexität wird der Code jedoch immer weniger beherrschbar. Einer der häufigsten Gründe für schwer wartbaren Code ist die enge Kopplung von Klassen aneinander. Damit ist gemeint, dass Klassen eng aneinanderhängen und voneinander abhängen. Wenn sich eine Klasse ändert, dann müssen oft weitere Klassen geändert werden. Und diese Änderungen führen vielleicht wieder zu Änderungen von weiteren Klassen und so weiter. Eine kleine Änderung kann so schnell eine kleine Lawine an Änderungen auslösen. Unser Ziel sollte es also sein, die Klassen möglichst unabhängig voneinander zu gestalten. Die Änderungen einer Klasse sollten keine Auswirkungen auf andere Klassen haben. Diese Unabhängigkeit voneinander nennt man auch *lose Kopplung*. Häufig erreicht man das bereits durch das Einführen von Schnittstellen. So müssen Sie nur noch die Schnittstelle festlegen und können die jeweiligen Implementierungen dahinter weitgehend unabhängig verändern.

Trotzdem kann es bei wachsender Komplexität und Ergänzungen im Programmcode zunehmend zu Abhängigkeiten, *Spaghetti-Code* und im schlimmsten Fall zu einem großen Durcheinander, oft als „Big Ball of Mud" bezeichnet, kommen. Das Gemeine dabei ist, dass diese Probleme oft erst auftreten, wenn Ihr Softwaresystem wächst. Eine schlechte Architektur hat zunächst nur geringe Auswirkungen, wenn Sie nur ein paar Klassen in Ihrem Programm haben. Sobald sich aber einige Hundert Klassen ansammeln, bricht Ihr System zusammen: Änderungen sind kaum noch möglich, und das Suchen nach Fehlern kann Tage oder Wochen in Anspruch nehmen.

Doch es gibt eine gute Nachricht: Sie können auf das Erfahrungswissen vieler Programmiererinnen und Programmierer zurückgreifen. In der Software-Community hat sich ein Ansatz etabliert, um erprobte Lösungsansätze zu sammeln und mit anderen zu teilen. Dabei handelt es sich um Entwurfsmuster (engl. *design patterns*), die wiederkehrende Probleme aufgreifen und anpassbare Lösungen bereitstellen.

Im Folgenden werden wir uns zwei Beispiele für Entwurfsmuster genauer anschauen: Strategie und Dekorierer.

22.1 Das Strategiemuster

Als Erstes schauen wir uns das Strategiemuster (*Strategy Pattern*) an, bei dem es darum geht, unterschiedliche Vorgehensweisen, also unterschiedliche Algorithmen mit demselben Ziel, über eine gemeinsame Schnittstelle zusammenzufassen und dadurch leichter austauschbar zu machen. Zur Veranschaulichung greifen wir noch einmal unser Movie-Maker-Spiel auf.

Für den zuletzt produzierten `Movie` werden an zwei verschiedenen Stellen Informationen auf der Konsole ausgegeben:

- Ausgabe nach der Fertigstellung des Films
- Ausgabe beim Aufruf der Statistik

Nehmen wir an, wir möchten gerne konfigurieren können, was genau dabei ausgegeben wird. Zum Beispiel können wir verschiedene Modi unterscheiden:

- Dummy-Ausgabe: Ausgabe mit Platzhaltern während der Entwicklung
- Basis-Ausgabe: Kurze und knappe Ausgabe von Informationen
- Smart-Ausgabe: Ausführliche Ausgabe von Informationen

Wie können wir die drei Modi voneinander unterscheiden? Ein einfacher Ansatz wäre eine Fallunterscheidung über eine `if`- oder `when`-Verzweigung. Dafür müssten wir in unserer App konstante Werte für die verschiedenen Modi festlegen. Den aktuellen Modus legen wir dagegen in einer unveränderlichen Variable `mode` fest:

```
const val DUMMY_MODE = 0
const val BASIC_MODE = 1
const val SMART_MODE = 2
val mode = BASIC_MODE
```

22.1.1 Im Code verstreute Fallunterscheidungen mit when

Durch die drei konstanten Modi zur Auswahl und die Festlegung, welcher `mode` verwendet werden soll, können wir später in unserem Programmcode eine Fallunterscheidung einführen und dabei die Konstanten wiederverwenden. Nach dem Erstellen des Films könnten wir die Ausgabe etwa so steuern:

```
fun produceNewMovie(): Movie {
    // ...

    // Einführenden Text verwenden:
    when (mode) {
        DUMMY_MODE -> println("Tada!")
        BASIC_MODE -> println("*** Neuer Film fertig ***")
        SMART_MODE -> println("Wir präsentieren den neusten Film.")
    }

    // Gewinn ausgeben
    println("Gewinn: ${movie.profit}")

    // Ausführliche Beschreibung des Films ausgeben:
    when (mode) {
        DUMMY_MODE -> println("Fertig.")
```

```
            BASIC_MODE -> println("Der Film ${movie.title} von ${movie.director} mit
                 ${movie.mainActor}")
            SMART_MODE -> println(
                """
                |${movie.title} ist ein ${movie.genre} Film.
                |In der Hauptrolle spielt ${movie.mainActor}
                |Regie führte ${movie.director}
                |Der Film hat ${movie.revenue} Dollar eingespielt.
                |""".trimMargin()
            )
        }

        // ...
    }
```

Die Ausgabe hat nun folgenden Aufbau:

- Zunächst wird eine Einleitung ausgegeben – je nach Modus unterschiedlich detailliert.
- Die für den Spielverlauf relevante Gewinninformation wird in jedem Fall ausgegeben.
- Die Beschreibung des Films geschieht wieder unterschiedlich ausführlich – je nach Modus.

Auch in der `statistics`-Funktion, die Informationen über den übergebenen Film ausgibt, soll eine Fallunterscheidung je nach Modus erfolgen:

```
fun statistics(movie: Movie?) {
    // ...

    println(movie.title)
    println("Einnahmen: ${movie.revenue}")
    println("Ausgaben: ${movie.costs}")
    println("Gewinn: ${movie.profit}")

    // Ausführliche Analyse:
    when (mode) {
        DUMMY_MODE -> println("Statistikausgabe-Platzhalter")
        BASIC_MODE -> println(if (movie.profit > 0) "Gewinn: ${movie.profit}" else
             "Verlust: ${-movie.profit}")
        SMART_MODE -> {
            val info = StringBuilder()

            info.appendln("Schauspieler: ${movie.mainActor}")
            info.appendln("Bevorzugter Schauspieler: ${movie.director.preferredActor}")
            info.appendln("Genre des Films: ${movie.genre}")
            info.appendln("Genres des Schauspielers: ${movie.mainActor.genres}")

            val genreMatch = movie.mainActor.genres.contains(movie.genre)
            info.appendln(if (genreMatch) "Genre passt" else "Genre passt nicht")
            info.appendln("Ausgaben: ${movie.costs}")
            info.appendln("Einnahmen ${movie.revenue}")

            println(info.toString())
        }
    }
}
```

Zunächst werden in jedem Fall die Einnahmen und Ausgaben auf der Konsole ausgegeben. Danach erfolgt, abhängig vom gewählten Modus, eine unterschiedlich detaillierte Analyse.

Wenn `mode` den Wert `SMART_MODE` enthält, dann wird ein String mit vielen Informationen Schritt für Schritt bzw. Zeile für Zeile aufgebaut. Aus Effizienzgründen verwenden wir dafür einen `StringBuilder`. Am Ende geben wir den fertigen `String` auf der Konsole aus.

Was haben wir bisher gewonnen? Wir können nun durch das Ändern einer einzigen Zeile festlegen, welcher Modus verwendet werden soll. Wenn wir diese Zeile z. B. so ändern:

```
val mode = SMART_MODE
```

dann wird beim nächsten Programmstart stets der ausführliche Text ausgegeben. Wenn wir wieder nur die einfache Ausgabe haben möchten, dann müssen wir nur an dieser einen Stelle den Wert auf `BASIC_MODE` setzen.

Das Verändern der `mode`-Variable hat also eine Auswirkung auf viele Stellen im Programmablauf. Und das ist auch erst einmal gewünscht, denn wir wollen nicht an vielen Stellen im Programmcode etwas ändern müssen, wenn wir den Ausgabemodus verändern. Das haben wir damit erreicht. Können wir uns nun auf die Schulter klopfen, weil wir ein gutes Design für unseren Code gewählt haben?

22.1.2 Probleme des aktuellen Ansatzes

Leider ist unsere Lösung nicht besonders elegant, denn wir arbeiten an drei Stellen mit derselben when-Verzweigung. Das ist zum einen eine versteckte Codedopplung. Zum anderen macht jede Fallunterscheidung den Code unübersichtlicher. Es gibt aber noch ein schwerwiegenderes Problem, das sich erst zeigt, wenn wir unser Programm warten und weiterentwickeln. Wenn wir z. B. die Ausgabe für den `DUMMY_MODE` ändern wollen und statt einfacher Platzhalternachrichten lieber andere Informationen ausgeben möchten, dann müssen wir an drei verschiedenen Stellen in unserem Code etwas ändern. Das ist nicht nur unübersichtlich, sondern führt auch dazu, schnell eine Stelle zu vergessen. So ist es noch einigermaßen einfach, die beiden Ausgaben nach dem Fertigstellen des Films zu verändern, da diese unmittelbar untereinander stehen. Die Analyse des Films bei der Statistikausgabe steht jedoch an ganz anderer Stelle im Code und kann schnell vergessen werden. Dasselbe Problem haben wir, wenn wir einen zusätzlichen Modus entwickeln möchten, z. B. einen `CHEAT-MODUS` für Tester. Hier müssen wir an allen drei Stellen, wo eine Ausgabe erfolgen soll, die when-Anweisung anpassen. Da lässt sich leicht eine Stelle übersehen. Was uns hier widerfährt, ist ein nicht offensichtliches Problem, das erst später offenbart wird. Alle Ausgaben, die zu einem bestimmten Modus gehören, sind quer über unser Programm verstreut. Dabei haben wir doch gelernt, dass zusammengehörende Dinge auch als eine Einheit zusammengefasst werden sollen.

Fassen wir noch einmal die Probleme beim jetzigen Design zusammen:

- Unübersichtliche Fallunterscheidungen
- Wiederholung derselben Fallunterscheidung an mehreren Stellen
- Änderungen für einen Ausgabemodus müssen an vielen verschiedenen Stellen geschehen.
- Ein zusätzlicher Modus führt zu Anpassungen aller Fallunterscheidungen und erfolgt ebenfalls an ganz unterschiedlichen Stellen im Code

Ziemlich doof gelaufen. Und dabei waren zumindest nicht alle diese Probleme offensichtlich. Doch es gibt eine gute allgemeine Lösung für dieses Problem, nämlich das Strategiemuster.

22.1.3 Unterschiedliche Strategien für die Ausgabe

Die verschiedenen Ausgabemodi sind im Prinzip nichts anderes als unterschiedliche Strategien, um eine Ausgabe zu erledigen. Die Unterschiede wurden durch eine Fallunterscheidung mit einer when-Anweisung abgebildet. Eine bessere Lösung ist es jedoch, diese Fallunterscheidung zu verbergen.

Dazu benötigen wir eine allgemeine, abstrakte Schnittstelle, die festlegt, **was** eigentlich überhaupt ausgeben werden soll:

- Ein Intro
- Eine Beschreibung
- Eine Analyse

Die verschiedenen Ausgabestrategien implementieren diese Schnittstelle und definieren konkret, **wie** die Ausgabe erfolgen soll, also welche Details tatsächlich auf der Konsole ausgegeben werden. An den Stellen in unserer App, wo die Ausgabe erfolgen soll, können wir dann auf die Fallunterscheidung verzichten. Stattdessen delegieren wir die eigentliche Ausgabe an eine konkrete Implementierung der Strategie.

Zur Verdeutlichung schauen wir uns einmal den dafür benötigten Code an. Zunächst müssen wir beschreiben, welche Funktionalitäten die Ausgabestrategie bereitstellen soll. Diese sind die Ausgabe eines Intros, einer Beschreibung und einer Analyse. Hierzu definieren wir eine Schnittstelle mit drei Methoden. Jede dieser Methoden liefert einen String zurück, der für die Ausgabe verwendet werden soll:

```
interface OutputStrategy {
    fun introduction(): String
    fun description(movie: Movie): String
    fun analyze(movie: Movie): String
}
```

Da für die Beschreibung und Analyse eines Films auf die Daten des `Movie` Objekts zugegriffen werden muss, erhalten die beiden Methoden `description` und `analyze` einen `Movie` als Parameter.

Eine einfache Implementierung dieser Schnittstelle kann ein `DummyOutput` als Strategie sein:

```
class DummyOutput : OutputStrategy {
    override fun introduction(): String = "Tada!"
    override fun description(movie: Movie): String = "Fertig."
    override fun analyze(movie: Movie): String = "Statistikausgabe-Platzhalter"
}
```

In dieser Implementierung legen wir sehr einfache Zeichenketten als Rückgabewert fest. Ähnlich wie wir vorher im `DUMMY_MODE` sehr einfache Ausgaben mit `println` ausgegeben haben. Das ist kein Zufall, denn das sind exakt die gleichen Strings. Das Gute an dieser ersten Implementierung unserer Schnittstelle ist, dass wir schon in der Lage sind, ein Objekt zu erzeugen, das wir als Ausgabestrategie nutzen können:

```
object GameData {
    // ...
    var outputStrategy: OutputStrategy = DummyOutput()
}
```

Die Referenzvariable verweist auf ein Objekt vom Typ `OutputStrategy` und stellt somit die Methoden `introduction`, `description` und `analyze` bereit. Wir können die Ausgabe für das Intro, die Beschreibung und die Analyse also nun delegieren, z. B. über:

```
fun main() {
    println(GameData.outputStrategy.introduction())
}
```

Welche `introduction`-Methode nun aufgerufen wird, hängt davon ab, was für ein Objekt wir der Variable `outputStrategy` zugewiesen haben. Die Bindung der Methode findet nämlich erst zur Laufzeit statt. Somit haben wir eine dynamische Unterscheidung in Abhängigkeit des Objekts, auf das die `outputStrategy` referenziert. Wenn Sie eine Schnittstelle haben, die auf unterschiedliche Weise implementiert wird, dann geschieht im Prinzip zur Laufzeit eine Fallunterscheidung im Hintergrund: Je nach Typ soll eine spezifische Methodenimplementierung ausgeführt werden.

Um weitere Fälle zu definieren, also weitere Ausgabemodi als Strategien festzulegen, können wir zusätzliche Implementierungen der `OutputStrategy` anlegen. Für die einfache Ausgabe legen wir eine `BasicOutput`- und für die ausführliche Ausgabe eine `SmartOutput`-Klasse an. Alle Zeichenketten entsprechen denjenigen, die wir für die jeweiligen Modi bereits verwendet haben:

```
class BasicOutput : OutputStrategy {
    override fun introduction(): String = "*** Neuer Film fertig ***"

    override fun description(movie: Movie): String =
        "Der Film ${movie.title} von ${movie.director} mit ${movie.mainActor}"

    override fun analyze(movie: Movie): String =
        if (movie.profit > 0) "Gewinn: ${movie.profit}" else "Verlust:
             ${-movie.profit}"
}

class SmartOutput : OutputStrategy {
    override fun introduction(): String = "Wir präsentieren den neusten Film."

    override fun description(movie: Movie): String = """
            |${movie.title} ist ein ${movie.genre} Film.
            |In der Hauptrolle spielt ${movie.mainActor}
            |Regie führte ${movie.director}
            |Der Film hat ${movie.revenue} Dollar eingespielt.
            |""".trimMargin()

    override fun analyze(movie: Movie): String {
        val info = StringBuilder()
        val genreMatch = movie.mainActor.genres.contains(movie.genre)
        info.appendln("Schauspieler: ${movie.mainActor}")
        info.appendln("Bevorzugter Schauspieler: ${movie.director.preferredActor}")
        info.appendln("Genre des Films: ${movie.genre}")
        info.appendln("Genres des Schauspielers: ${movie.mainActor.genres}")
        info.appendln(if (genreMatch) "Genre passt" else "Genre passt nicht")
        info.appendln("Ausgaben: ${movie.costs}")
        info.appendln("Einnahmen ${movie.revenue}")
        return info.toString()
    }
}
```

Wir können hier schon einen Vorteil beobachten. Alle Ausgaben eines bestimmten Modus bzw. einer Strategie liegen zusammen in einer Klasse. Wenn Sie also z. B. die Ausgaben für die `DummyOutput`-Strategie ändern wollen, dann müssen Sie nur noch an einer einzigen Stelle im Code schauen, nämlich in diese Klasse. Alle zusammengehörenden Varianten, d. h. alle Ausgaben für die Dummy-Mode-Variante, liegen auch zusammen. Und wenn Sie eine zusätzliche Variante für die Ausgabe hinzufügen möchten, dann schreiben Sie eine weitere Implementierung der `OutputStrategy`. Da Sie alle Methoden des Interfaces implementieren müssen, sind Sie gezwungen, auch alle Ausgabefälle zu berücksichtigen.

Zum Vergleich: Bei unseren Fallunterscheidungen des Ausgabemodus konnte es leicht geschehen, dass wir bei einem zusätzlichen Ausgabemodus vergessen, diesen in alle Fallunterscheidungen einzubauen.

Apropos Fallunterscheidungen. Damit kommen wir gleich zum nächsten wirklich großen Vorteil dieser Lösung. Da die Unterscheidung der konkreten Ausgabe nun vom **Typ des Objekts abhängt**, das von `outputStrategy` referenziert wird, müssen wir gar keine Fallunterscheidung mehr vornehmen. Das übernimmt die Laufzeitumgebung durch die Mechanismen der Polymorphie. Unsere Ausgabe nach dem Fertigstellen des Films sieht nun viel einfacher aus:

```
fun produceNewMovie(): Movie {
    // ...

    // Einführenden Text verwenden:
    println(GameData.outputStrategy.introduction())

    // Gewinn ausgeben
    println("Gewinn: ${movie.profit}")

    // Ausführliche Beschreibung des Films ausgeben:
    println(GameData.outputStrategy.description(movie))

    // ...
}
```

Beim Aufruf der Methoden `introduction` und `description(movie)` wird je nach Typ also die Implementierung von `DummyOutput`, `BasicOutput` oder `SmartOutput` verwendet. Die explizite when-Anweisung entfällt. Verzweigt wird über den Typ des Objekts. Wir haben die Fallunterscheidung auf Typebene verlagert.

Auch bei der Statistikausgabe verzweigen wir über den Typ und delegieren die Ausgabe an die Implementierung einer `OutputStrategy`:

```
fun statistics(movie: Movie?) {
    // ...

    println(movie.title)
    println("Einnahmen: ${movie.revenue}")
    println("Ausgaben: ${movie.costs}")
    println("Gewinn: ${movie.profit}")

    // Ausführliche Analyse:
    println(GameData.outputStrategy.analyze(movie))
}
```

Wenn Sie die Ausgabestrategie verändern möchten, dann können Sie der `outputStrategy`-Variable eine andere Strategie zuweisen:

```
object GameData {
    var outputStrategy: OutputStrategy = SmartOutput()
}
```

Da hier die `outputStrategy` in einer veränderlichen Variable gespeichert wird, lässt sich die Ausgabestrategie sogar dynamisch zur Laufzeit verändern. Wenn Sie hingegen nur zur Compilezeit festlegen möchten, welche Strategie eingesetzt werden soll, können Sie die Variable unveränderlich machen.

22.1.4 Nutzen der Strategie

Das Strategiemuster bringt einige Vorteile mit sich. Es definiert eine Familie von Algorithmen oder Verhalten. Es ist zudem eine Alternative zur Unterklassenbildung durch Delegation. Sie vermeiden Mehrfachverzweigungen und können alternative Implementierungen leicht austauschen. Allerdings erhöht sich durch die Delegation der Kommunikationsaufwand zwischen den Objekten. Manchmal muss sogar die Kapselung aufgebrochen werden, damit eine Strategie auf Daten aus dem aufrufenden Kontext zugreifen kann. Z. B. muss der `analyze`-Methode immer ein `Movie`-Objekt übergeben werden.

22.2 Das Dekorierermuster

Sobald ein Film produziert wurde, soll nun noch ein Kommentar für diesen Film erzeugt werden. Dieser Kommentar kann dann ggf. von den Output-Strategien mit ausgegeben werden. Wir haben ja nun erreicht, dass sich diese ohne großen Aufwand ändern lassen.

Das Generieren des Kommentars soll nun auf unterschiedliche Weise geschehen.

Für gute Filme soll, je nach Konfiguration unseres Programms, eine der folgenden Varianten ausgegeben werden:

- **Variante A:** Bravo! Phantastisch! Der Film hat sehr gute Kritiken erhalten.
- **Variante B:** Bravo! Phantastisch! Der Film überzeugt durch seine Schauspieler. Auch das Zusammenspiel von Schauspieler und Regisseur ist perfekt gelungen.
- **Variante C:** Der Film überzeugt durch seine Schauspieler. Auch das Zusammenspiel von Schauspieler und Regisseur ist perfekt gelungen.
- **Variante D:** Ein durch und durch gelungener Film.

Für schlechte Filme soll eine der folgenden Varianten ausgegeben werden:

- **Variante A:** Furchtbar! Grauenhaft! Der Film hat sehr schlechte Kritiken erhalten.
- **Variante B:** Furchtbar! Grauenhaft! Der Film langweilt durch seine Handlung. Auch das Zusammenspiel von Schauspieler und Regisseur passt gar nicht.
- **Variante C:** Der Film langweilt durch seine Handlung. Auch das Zusammenspiel von Schauspieler und Regisseur passt gar nicht.
- **Variante D:** Ein furchtbarer Film.

Als erster Lösungsansatz fällt uns vielleicht die gerade kennengelernte Strategie ein. Tatsächlich handelt es sich um vier verschiedene Kommentarstrategien. Wir könnten ein abstraktes Interface definieren und dieses Interface von drei konkreten Klassen implementieren lassen, um diese Art von Kommentar zu generieren:

```
interface Comment {
    fun goodMovie(): String
    fun badMovie(): String
}

class CommentAStrategy : Comment {
    override fun goodMovie(): String {
        val res = StringBuilder()
        res.appendln("Bravo! Phantastisch!")
        res.appendln("Der Film hat sehr gute Kritiken erhalten")
        return res.toString()
    }

    override fun badMovie(): String {
        val res: StringBuilder = StringBuilder()
        res.appendln("Furchtbar! Grauenhaft!")
        res.appendln("Der Film hat sehr schlechte Kritiken erhalten")
        return res.toString()
    }
}

class CommentBStrategy : Comment {
    override fun goodMovie(): String {
        val res = StringBuilder()
        res.appendln("Bravo! Phantastisch!") // Doppelung zu A
        res.appendln("Der Film überzeugt durch seine Schauspieler.")
        res.appendln("Auch das Zusammenspiel von Schauspieler und Regisseur ist
             perfekt gelungen.")
        return res.toString()
    }

    override fun badMovie(): String {
        val res = StringBuilder()
        res.appendln("Furchtbar! Grauenhaft!") // Doppelung zu A
        res.appendln("Der Film langweilt durch seine Handlung.")
        res.appendln("Auch das Zusammenspiel von Schauspieler und Regisseur passt gar
             nicht.")
        return res.toString()
    }
}

class CommentCStrategy : Comment {
    override fun goodMovie(): String {
        val res = StringBuilder()
        res.appendln("Der Film überzeugt durch seine Schauspieler.") // Doppelung zu B
        res.appendln("Auch das Zusammenspiel von Schauspieler und Regisseur ist
             perfekt gelungen.") // Doppelung zu B
        return res.toString()
    }

    override fun badMovie(): String {
        val res = StringBuilder()
        res.appendln("Der Film langweilt durch seine Handlung.") // Doppelung zu B
```

```
        res.appendln("Auch das Zusammenspiel von Schauspieler und Regisseur passt gar
            nicht.") // Doppelung zu B
        return res.toString()
    }
}

class CommentDStrategy : Comment {
    override fun goodMovie(): String = "Ein durch und durch gelungener Film"
    override fun badMovie(): String = "Ein furchtbarer Film"
}
```

22.2.1 Probleme des gewählten Ansatzes

Allerdings haben wir uns hier auch ein paar Probleme eingehandelt.

Zum einen haben wir hier eine, zugegeben kleine, Codedopplung, denn sowohl bei Variante A und B wird „Bravo! Phantastisch" oder „Furchtbar! Grauenhaft!" als Ausruf eingefügt. Und in Variante B und C ist der zweite Teil, die eigentliche Beurteilung, identisch.

Benötigt man dann mehrere Strategien, die miteinander kombiniert werden können?

Oder sollten wir in den Strategien durch eine Fallunterscheidung festlegen, ob der Ausruf mit ausgegeben wird oder nicht? Das scheint aber unseren Code nicht gerade übersichtlicher zu machen, und eigentlich wollten wir ja diese vielen Fallunterscheidungen und Verschachtelungen vermeiden!

Und jetzt wird es ganz gruselig. Nehmen wir an, wir wollen zudem konfigurieren, dass ein Kommentar mit drei Sternen beginnen und enden kann. Allerdings wollen wir jeweils die Variante mit und ohne Sterne ermöglichen. Dann müssten wir acht Klassen definieren, um die verschiedenen Kommentare zu definieren. Schauen wir uns dies nur einmal für die Kommentare für gute Filme an:

Ohne Sterne:

- **Variante A:** Bravo! Phantastisch! Der Film hat sehr gute Kritiken erhalten.
- **Variante B:** Bravo! Phantastisch! Der Film überzeugt durch seine Schauspieler. Auch das Zusammenspiel von Schauspieler und Regisseur ist perfekt gelungen.
- **Variante C:** Der Film überzeugt durch seine Schauspieler. Auch das Zusammenspiel von Schauspieler und Regisseur ist perfekt gelungen.
- **Variante D:** Ein durch und durch gelungener Film.

Mit Sternen:

- **Variante A2:** ***Bravo! Phantastisch! Der Film hat sehr gute Kritiken erhalten***
- **Variante B2:** **Bravo! Phantastisch! Der Film überzeugt durch seine Schauspieler. Auch das Zusammenspiel von Schauspieler und Regisseur ist perfekt gelungen***
- **Variante C2:** **Der Film überzeugt durch seine Schauspieler. Auch das Zusammenspiel von Schauspieler und Regisseur ist perfekt gelungen**
- **Variante D2:** ***Ein durch und durch gelungener Film***

Und wenn wir jetzt noch möchten, dass es jeweils zwei Varianten gibt, bei der einmal der Kommentar direkt auf der Konsole ausgegeben wird (als Logging) und einmal nicht, dann haben wir wiederum doppelt so viele Klassen. Es kommt zur Klassenexplosion!

Der Grund hierfür ist, dass wir bestimmte zusätzliche Funktionalität einmal dazu nehmen und einmal weglassen. Dieses Ein- und Ausschalten zusätzlicher Funktionalität über mehrere Stufen wird aber sehr unübersichtlich, wenn wir dies durch viele, verschachtelte if-Anweisungen lösen würden.

Dafür gibt es eine bessere Lösung, nämlich das Dekorieren von Komponenten mit zusätzlicher Funktionalität.

22.2.2 Dekorierer für Komponenten

Dekorieren bedeutet, dass Sie eine Komponente unverändert lassen, aber mit zusätzlichen Funktionalitäten umhüllen (also dekorieren). Es gibt also im Prinzip Kernkomponenten (hier zum Generieren eines Kommentars) und dekorierende Komponenten (hier zum Ausschmücken oder Transformieren eines Kommentars).

Bleiben wir bei dem Beispiel und definieren eine Klasse `BaseComment`, in der es nur zwei Methoden gibt, nämlich `goodMovie` und `badMovie`. Der `BaseComment` wird von einem `Movie`-Objekt genutzt:

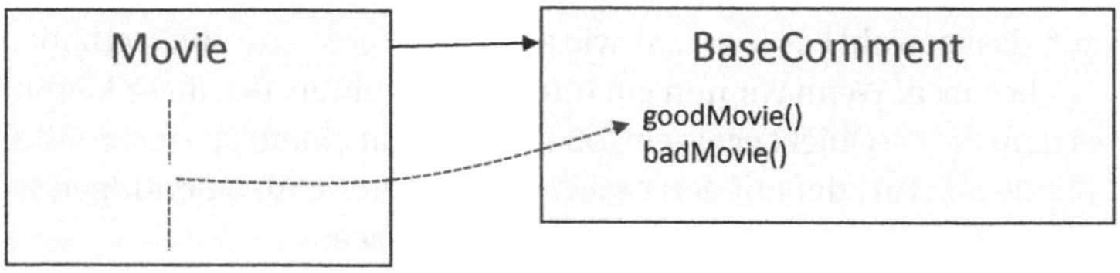

Der Code für `BaseComment` sieht nun so aus:

```
class BaseComment {
    fun goodMovie(): String = "Ein toller Film."
    fun badMovie(): String = "Ein mieser Film."
}
```

Im Programm kann nun an verschiedensten Stellen z. B. die Methode `goodMovie` aufgerufen werden. Nun wollen wir erreichen, dass bei jedem `goodMovie` auch noch eine bestimmte Anzahl an `***` um den Ausgabe-String gelegt wird. Aus `"Ein toller Film."` kann dann

- `"***Ein toller Film.***"` oder
- `"*****Ein toller Film.*****"` werden.

Allerdings wollen wir dafür die Klasse `BaseComment`, die den Kernkommentar bereitstellt, unverändert lassen. Wir wollen sie aber ergänzen, und zwar ohne eine Unterklasse zu bilden. Die Lösung liegt darin, dass man den `BaseComment` mit einem Dekorierer umhüllt. Nennen wir diesen Dekorierer `StarDecorator`. Ein `Movie` referenziert dann nicht mehr direkt auf den `BaseComment`, sondern auf den `StarDecorator`. Der `StarDecorator` hat eine zusätzliche Eigenschaft, nämlich eine Zeichenkette mit den Sternen, die ergänzt werden sollen:

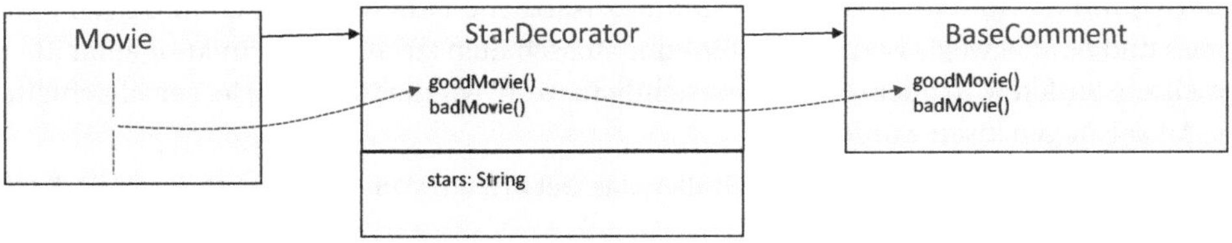

Jedes Mal, wenn man die Methode `goodMovie` eines `StarDecorator`-Objekts aufruft, wird der `StarDecorator` seinerseits die `goodMovie`-Methode vom `BaseComment` aufrufen, um das Ergebnis zu dekorieren. Wir haben also zusätzliche Funktionalität erreicht, ohne die Klasse (`BaseComment`) zu verändern. Der Code hierfür sieht so aus:

```
class StarDecorator(val stars: String, val base: BaseComment) {
    fun goodMovie(): String = stars + base.goodMovie() + stars
    fun badMovie(): String = stars + base.badMovie() + stars
}
```

Allerdings müssen wir den aufrufenden Client-Code ändern, denn das `Movie`-Objekt nutzt nun nicht mehr den `BaseComment`, sondern eben ein `StarDecorator`-Objekt. Dies ist nicht sonderlich schön, denn vielleicht möchten wir gar nicht immer Sterne hinzufügen. Nun fällt aber gleich auf, dass sowohl `BaseComment` wie auch `StarDecorator` die Methoden `goodMovie` und `badMovie`) besitzen. Wenn wir nun ein Interface einführen, das diese Methoden festlegt, dann kann es dem `Movie`-Objekt egal sein, ob es direkt mit einem `BaseComment` arbeitet oder mit einem `StarDecorator`, der auf den `BaseComment` zugreift. Also benötigen wir auch hier – ähnlich wie bei der Strategie – ein gemeinsames Interface:

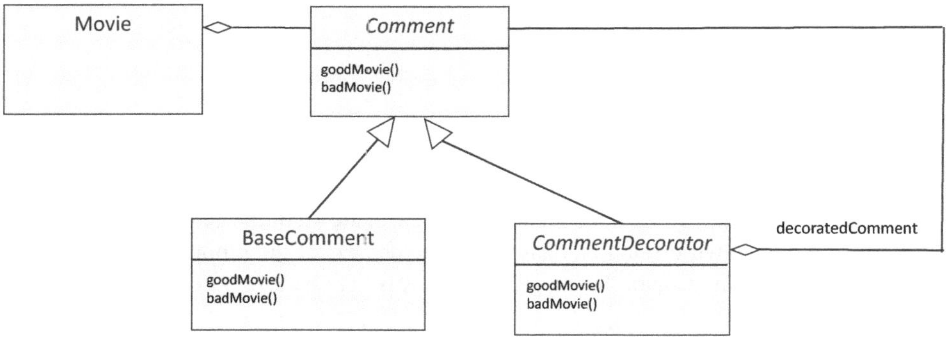

`Movie` kann nun über ein Interface auf einen `Comment` zugreifen. Dies kann entweder direkt ein `BaseComment` sein oder ein `StarDecorator`, der dann den `BaseComment` nutzt und um zusätzliche Funktionalität erweitert.

Der große Vorteil des Dekorierens ist, dass sich ein Kommentar mit beliebig vielen Hüllen ausstatten lässt. So können sehr viele verschiedene Variationen entstehen, die sich aus der Kombination einiger weniger Basisklassen und Dekorierer ergeben. Eine Explosion der Klassenanzahl wird vermieden. Konkrete Objektkonfigurationen könnten so aussehen:

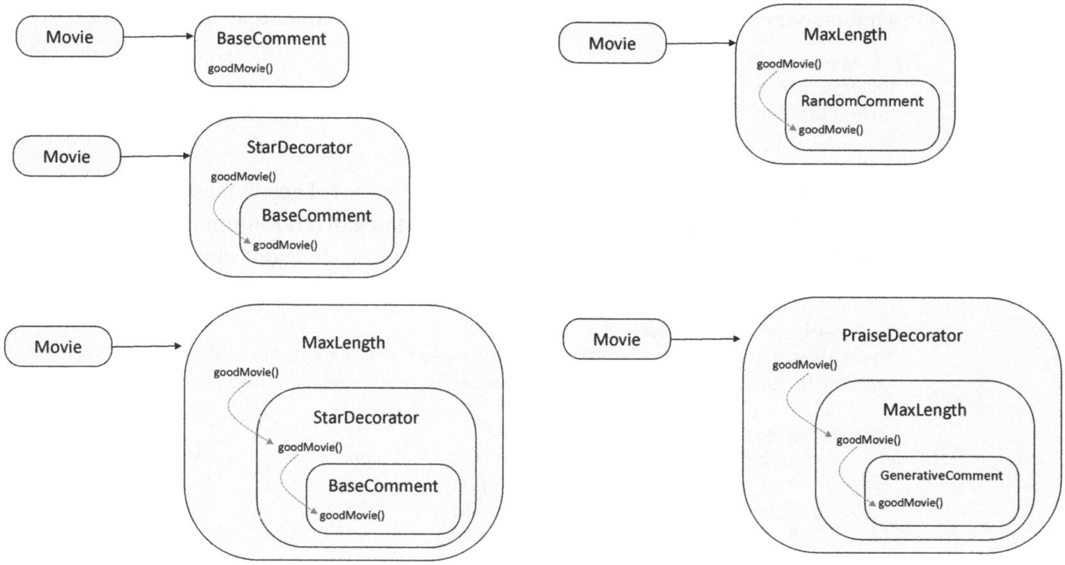

Dem `Movie`-Objekt ist es egal, ob es auf einen `BaseComment`, `RandomComment`, `StarDecorator`, `MaxLength` oder `PraiseDecorator` verweist. Das bedeutet, dass der Code in der Klasse nicht verändert werden muss, wenn sich die Konfiguration ändert. Nur beim Erzeugen der Objekte wird die Konfiguration festgelegt.

So erzeugt man die einzelnen Konfigurationen:

```
var commentGenerator: Comment = BaseComment()

commentGenerator = StarDecorator("***", BaseComment())
commentGenerator = MaxLength(20, RandomComment())

commentGenerator = MaxLength(20, StarDecorator("**", BaseComment()))
commentGenerator = PraiseDecorator(MaxLength(20, RandomComment()))
```

Allerdings ist die Reihenfolge der Dekoration in einigen Fällen durchaus relevant. Wenn z. B. `MaxLength` den Kommentar auf 20 Zeichen kürzt und der `PraiseDecorator` erst danach ein „Wow!“ anhängt, dann ist der Kommentar am Ende 24 Zeichen lang. Wenn jedoch zuerst ein „Wow!“ angehängt wird und am Ende auf 20 Zeichen gekürzt wird, dann ist der Ergebnis-String auch wirklich nur 20 Zeichen lang.

22.2.3 Umsetzung des Dekorierers

Schauen wir uns die Umsetzung der Klassen im Detail an. Zunächst benötigen wir eine gemeinsame Schnittstelle für Kommentare:

```
interface Comment {
    fun goodMovie() : String
    fun badMovie() : String
}
```

Dann haben wir einen einfachen `BaseComment`, der diese Schnittstelle implementiert:

```
class BaseComment : Comment {
    override fun goodMovie(): String = "Ein toller Film."
    override fun badMovie(): String = "Ein mieser Film."
}
```

Eine weitere konkrete Komponente ist der `RandomComment`. Diese Klasse verfügt über ein Companion-Objekt, in dem Paare von positiven und negativen Kommentaren gespeichert sind. Die Implementierungen von `goodMovie` und `badMovie` legen einen Kommentar als Basis fest, indem bei jedem Zugriff zufällig auf ein Paar zugegriffen wird:

```
class RandomComment : Comment {
    override fun goodMovie(): String = goodBadPairs.random().first
    override fun badMovie(): String = goodBadPairs.random().second

    companion object {
        val goodBadPairs = listOf<Pair<String, String>>(
            Pair("Ein Meisterwerk", "Ein glatte Fehlleistung"),
            Pair("Wundervoller Film", "Furchtbarer Film"),
            Pair("Ganz großartiger Film", "Ganz schlechter Film"),
            Pair("Herrliches Kinoerlebnis", "Nicht sein Geld wert")
        )
    }
}
```

Diese zwei Klassen repräsentieren Basiskomponenten. Sie sind untereinander leicht austauschbar, d. h. dem `Movie` ist es egal, von welcher dieser Klassen ein Objekt verwendet wird. In dieser Hinsicht verhält sich das Dekorierermuster ähnlich wie die Strategie. Die Besonderheit stellen jedoch die dekorierenden Klassen dar, die wir nun festlegen.

Zunächst ist da der `StarDecorator`, den wir schon kennengelernt haben. Der `StarDecorator` muss nun auch das `Comment` Interface implementieren und die beiden Methoden `goodMovie` und `badMovie` überschreiben:

```
class StarDecorator(val stars: String, val base: BaseComment) : Comment {
    override fun goodMovie(): String = stars + base.goodMovie() + stars
    override fun badMovie(): String = stars + base.badMovie() + stars
}
```

Die Klasse `MaxLength` ist ebenfalls ein Dekorierer. Er verändert den Kommentar immer dann, wenn er zu lang ist. Dabei wird ein zusätzlicher Zustand für den Dekorierer gespeichert, nämlich die Anzahl der maximalen Buchstaben:

```
class MaxLength(val max: Int, val decoratedComment: Comment) : Comment {
    override fun goodMovie(): String =
        decoratedComment.goodMovie().substring(0, max)

    override fun badMovie(): String =
        decoratedComment.badMovie().substring(0, max)
}
```

Als Letztes legen wir den `PraiseDecorator` an. Dieser soll den Kommentar nur für gute Filme verändern. Dennoch müssen wir auch die `badMovie`-Methode überschreiben, damit wir die Anforderungen der `Comment`-Schnittstelle erfüllen. Da der Kommentar sich nicht ändern soll, kann er unverändert übernommen werden, indem einfach der Aufruf delegiert wird:

```
class PraiseDecorator(val decoratedComment: Comment) : Comment {
    private val praise = listOf("Wow!", "Super!", "Klasse!", "Yay!")

    override fun goodMovie(): String =
        "${praise.random()} ${decoratedComment.goodMovie()}"

    override fun badMovie(): String =
        decoratedComment.badMovie()
}
```

Wenn es viele Fälle gibt, bei denen Dekorierer nur für einzelne Methoden eine Ergänzung vornehmen, dann häufen sich die Implementierungen, bei denen einfach dieselbe Methode des dekorierten Elements aufgerufen wird. Eine Lösung, die in vielen anderen objektorientierten Sprachen (z. B. in Java oder C++) zum Einsatz kommt, ist das Einführen einer gemeinsamen Dekorierer-Oberklasse. Diese Klasse hält Standardimplementierungen bereit, bei denen einfach jeweils dieselbe Methode für das dekorierte Element aufgerufen wird.

Es gibt in Kotlin jedoch eine elegantere Lösung. Mit dem Schlüsselwort `by` lässt sich nämlich die Arbeit delegieren. Sie können festlegen, welches andere Objekt die Arbeit übernehmen soll, wenn eine vom Interface erwartete Methode nicht selbst implementiert wird. Voraussetzung hierfür ist natürlich, dass dieses Objekt, an das die Arbeit delegiert wird, selbst alle Methoden der Schnittstelle bereitstellt. Die Implementierung `PraiseDecorator` lässt sich also noch weiter vereinfachen, auch ohne dass es eine gemeinsame Dekorierer-Oberklasse gibt. Dies sieht dann so aus:

```
class PraiseDecorator(val decoratedComment: Comment) : Comment by decoratedComment {
    private val praise = listOf("Wow!", "Super!", "Klasse!", "Yay!")

    override fun goodMovie(): String =
        "${praise.random()} ${decoratedComment.goodMovie()}"
}
```

Die Eigenschaft `decoratedComment` ist ja auch vom Typ `Comment` und besitzt somit alle erforderlichen Methoden. Wird nun für ein Objekt der Klasse `PraiseDecorator` die `goodMovie`-Methode aufgerufen, dann wird der Code ausgeführt, der speziell für `PraiseDecorator` überschrieben wurde. Wird für dieses Objekt hingegen die `badFMovie`-Methode aufgerufen, dann wird der Aufruf direkt an `decoratedComment` delegiert.

22.2.4 Nutzen des Dekorierers

Der Dekorierer erlaubt das dynamisches Hinzufügen (und Entfernen) von Funktionalität und Zuständigkeiten zu einzelnen Objekten. Er hilft bei der Vermeidung von Klassenexplosionen, wenn viele verschiedene Kombinationen von Funktionalität erforderlich sind, und ist somit eine flexible Alternative zur Unterklassenbildung. Denn die Funktionalität wird Objekten hinzugefügt und nicht einer Klasse. Dies erlaubt die dynamische statt einer statischen Konfiguration von Funktionalität. Auch der Dekorierer hilft bei der Vermeidung von unnötiger Vererbung und Codedoppelung. Er vermeidet zudem funktionsüberladene Klassen auf hoher Ebene der Klassenhierarchie, da man Funktionalität quasi per Plug&Play hinzufügen kann.

Es gibt jedoch auch ein paar negative Konsequenzen, auf die man achten muss. Zum einen haben Sie viele kleine Objekte zur Laufzeit, und das Setup wird schnell unübersichtlich. Die Reihenfolge der Dekorationen kann eventuell zu verschiedenen Effekten führen, auch zu unerwünschten Nebeneffekten.

22.3 Weitere Entwurfsmuster

Es gibt noch einige Tausend weitere Entwurfsmuster. Meist gibt es spezifische Sammlungen für verschiedene Anwendungsgebiete wie etwa Cloud-Computing oder Spieleprogrammierung. Sie sollten aber die wichtigsten Entwurfsmuster kennen, da viele Entwickler diese verwenden und oft darüber sprechen. Entwurfsmuster bilden quasi das Vokabular eines Softwaredesigners, sodass in der Kommunikation eine komplexe Struktur mit nur einem Wort referenziert werden kann. Im Prinzip ist dies etwas ganz Normales, das in jeder natürlichen Sprache geschieht. Statt „ein großes Säugetier mit langer Nase, großen Ohren und dicker, grauer Haut, das im Urwald lebt" sprechen wir vom „Elefant". Das Wort „Elefant" bezeichnet eine sehr komplexe Struktur, nämlich die Gestalt des Elefanten in seiner Gesamtheit. In gleicher Weise bezeichnen Begriffe wie „Strategie", „Dekorierer" oder „Abstrakte Fabrik" komplexe Lösungen im Rahmen der objektorientierten Softwareentwicklung. Und ähnlich wie man den Elefanten in beliebiger Ausführlichkeit beschreiben kann (was ist ein Elefant, wie schnell kann er laufen usw.) können Entwurfsmuster auf unterschiedliche Weise und mit unterschiedlichem Detailgrad beschrieben werden. Wir haben die Entwurfsmuster in den Beispielen hier nur knapp angerissen. In zahlreichen Büchern finden Sie ausführlichere Beschreibungen.

23 Debugger

Wenn sich Fehler einschleichen, dann ist es oft sehr schwierig, diese zu beheben, weil nicht immer genau klar ist, was eigentlich die Ursache für den Fehler ist. Wenn z. B. eine Division durch 0 erfolgt oder zu viele Elemente aus einer Liste gelöscht werden, dann tritt der Fehler in dem Moment auf, in dem die Operation ausgeführt wird. Die Ursache kann aber darin liegen, dass bereits vorher beim Programmablauf Variablen mit falschen Werten belegt worden sind. Daher ist es wichtig, nachvollziehen zu können, wie ein Programmablauf durchgeführt wird. Nur so lassen sich Fehler gut finden. Dabei hilft Ihnen der *Debugger*.

In der IDE können wir nämlich Haltepunkte (*Breakpoints*) setzen, an denen das Programm zunächst pausiert. Wir können nun den aktuellen Zustand des Programms genauer untersuchen, indem wir uns etwa die aktuelle Variablenbelegung anschauen. Wir müssen also nicht auf dem Papier durchspielen, was geschieht, sondern wir schauen uns an, welche Werte tatsächlich im Speicher stehen. Bei komplexen Datenobjekten können wir uns sogar die einzelnen Bestandteile der Datenstruktur anschauen.

Wenn Sie in der IntelliJ-Entwicklungsumgebung links neben Ihrem Quellcode auf die einzelnen Codezeilen klicken, dann können Sie Haltepunkte setzen. Wenn Sie nun Ihr Programm im Debug-Modus starten, indem Sie auf das Käfer-Symbol statt auf den Play-Button klicken, dann unterbricht Ihr Programm an den gesetzten Haltepunkten den Ablauf:

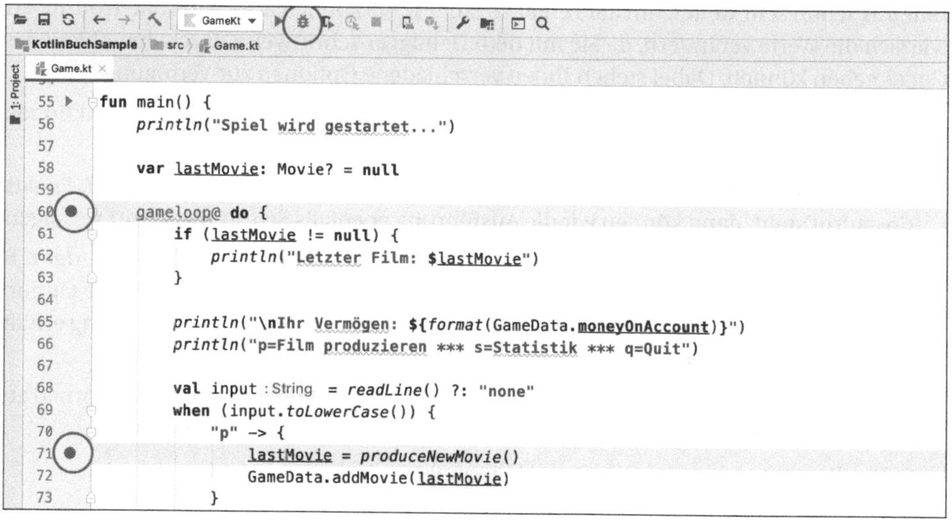

Nachdem das Programm angehalten wurde, können wir zunächst die Variablenbelegung untersuchen:

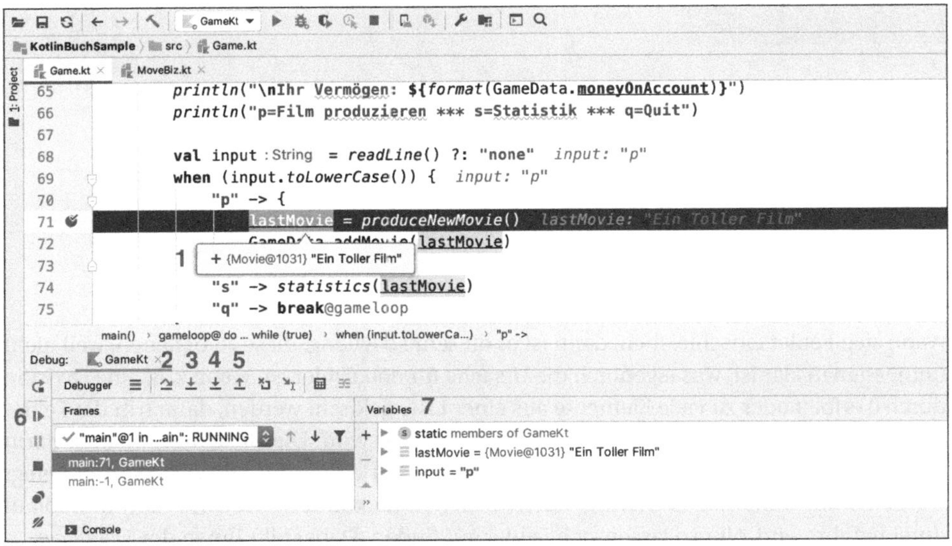

Gehen wir einmal die wichtigsten Punkte durch, die Sie auf der Abbildung sehen, auf der das Programm im Debug-Modus pausiert wurde. Diese sind mit Zahlen markiert.

- Wenn Sie mit der Maus über eine Variable im Quellcode fahren, wird die aktuelle Wertebelegung angezeigt (1).
- Im Debugger-Fenster werden zudem alle derzeit im Scope befindlichen Variablen sowie deren Wertebelegung angezeigt (7). Bei komplexen Objekten können zudem die Eigenschaftswerte angezeigt werden. Wenn eine Eigenschaft selbst auf ein komplexes Objekt referenziert, dann können wiederum die Eigenschaftswerte angezeigt werden.

Das Feststellen der Wertebelegung zu einem bestimmten Zeitpunkt im Programmablauf hilft uns schon sehr weiter, um auf Fehler zu stoßen. Sie können aber auch nachvollziehen, wie sich die Werte verändern, da Sie mit dem Debugger schrittweise durch den Ablauf des Codes gehen können. Dabei stehen Ihnen verschiedene Optionen zur Verfügung:

- 2: Anweisung ausführen und in die nächste Zeile springen. Dabei werden Funktionen ausgewertet, aber Sie verfolgen die Ausführung nicht nach.
- 3: Anweisung ausführen und dabei in Funktionen springen. Wenn in der Zeile ein Funktionsaufruf steht, dann können wir die Ausführung ebenfalls Schritt für Schritt verfolgen.
- 4: Sprung in Funktion erzwingen. Wenn in der Zeile ein Funktionsaufruf steht, der z. B. an eine Bedingung in einem if-Ausdruck geknüpft ist, dann kann mit dieser Option erzwungen werden, dass in die Funktion gesprungen wird, egal ob die Bedingung erfüllt ist oder nicht. So greifen wir zum Debuggen direkt in den Programmablauf ein.
- 5: Aus der aktuellen Funktion wieder herausspringen. Die Funktion läuft ganz normal ab, und wir springen zurück in die Zeile, in der die Funktion aufgerufen wurde.
- 6: Das Programm bis zum nächsten Haltepunkt weiterlaufen lassen.

Wir empfehlen Ihnen dringend, ein wenig mit dem Debugger zu experimentieren. Sie werden sehen, dass der Debugger Ihnen dabei hilft, den Programmablauf besser zu verstehen. Er ist sogar ein gutes Werkzeug, um Programmieren zu lernen!

Wortherkunft: Debugger

Der Begriff Debugger stammt übrigens aus einer Zeit, in der tatsächlich kleine Käfer (im Englischen „bugs") dafür verantwortlich waren, wenn ein Programm fehlerhaft war. In den ersten Computern wurden die Schaltelemente durch Elektronenröhren abgebildet. Wenn nun ein Käfer in diesen großen Apparaten umherkrabbelte, dann konnte es zu Fehlfunktionen kommen. ■

TEIL VI

Datensammlungen und Collections

Wir haben bereits verschiedene Möglichkeiten kennengelernt, um Daten zu speichern und zu verarbeiten. Dabei wurde meistens genau ein Objekt einer Variable zugeordnet. Manchmal kommt es jedoch vor, dass mit einer Sammlung von Objekten gearbeitet wird. Wie Sie bereits gesehen haben, können Sie eine Sammlung von Schauspielern speichern und Operationen auf allen Schauspielern ausführen. So könnten Sie zum Beispiel die Namen aller Schauspieler in der Konsole ausgeben. Dazu gibt es in Kotlin (und anderen Programmiersprachen) spezielle Datenstrukturen, die das Speichern einer Sammlung von Objekten ermöglichen. Manche Datenstrukturen implementieren eine gemeinsame Schnittstelle, die einheitliche Operationen auf diesen Datensammlungen erlaubt.

Für *Listen* und *Sets* heißt diese Schnittstelle `Collection`. Für *Arrays* gibt es keine Schnittstelle, sondern nur die Klasse `Array`, die Sie bereits kennengelernt haben. Des Weiteren gibt es noch eine Datenstruktur namens *Map* (oder auch *Dictionary*). Eine `Map` ist eine Menge von Werte-Paaren. Demnach ist eine `Map` zwar eine Datensammlung, sie ist allerdings nicht mit dem `Collection`-Interface verwandt. Auch Werte-Paare sind ein eigener Typ namens `Pair`. Werte-Paare kann man durchaus als Datensammlung ansehen, diese implementieren aber auch nicht das `Collection`-Interface.

Sie sehen, dass es eine Menge Datensammlungen gibt. Nicht jede Datensammlung ist aber auch eine `Collection`, weil damit das gleichnamige Interface gemeint ist. Da in Kotlin die Namen etwas unpräzise verwendet werden, grenzen wir die Begriffe folgendermaßen ab:

- Eine Datensammlung verwaltet eine beliebige Sammlung von Daten. Diese Sammlung kann manchmal auch leer sein und keine Elemente umfassen wie z. B. ein leeres Array. Meistens sind die Daten alle vom gleichen Typ, wie z. B. bei Arrays oder Listen. Für Werte-Paare gilt das allerdings nicht. Hier können die Werte unterschiedlichen Typs sein.
- Eine `Collection` meint das Interface und damit alle direkten oder indirekten Implementierungen wie `List`, `MutableList` usw. Wenn wir über eine `Collection` sprechen, meinen wir auch eine gemeinsame Basis an Funktionalitäten. So muss jede Implementierung von `Collection` bestimmte Eigenschaften und Methoden wie beispielsweise `size`, `sortedBy` usw. implementieren. Eine `Map` verfügt beispielsweise nicht über `sortedBy`, dafür aber über andere Methoden.

Wir werden uns all diese Datensammlungen – und sogar noch ein paar mehr – anschauen. Später werden wir auch noch unsere eigene Liste implementieren, um ein bisschen besser zu verstehen, wie die internen Abläufe sind und welche Konsequenzen dies auf die Laufzeit eines Algorithmus hat.

24 Überblick

Zunächst wollen wir uns mit den bereits vorhandenen Datensammlungen beschäftigen. Insbesondere werden wir uns anschauen, wie wir die gesammelten Daten effizient verarbeiten können, ohne dabei alles selbst machen zu müssen. Hierbei helfen uns Funktionen höherer Ordnung (siehe Abschnitt 12.14, „Funktionen höherer Ordnung"), die es uns z. B. ermöglichen, eine Funktion festzulegen, die für die Verarbeitung jedes Objekts einer Datensammlung ausgeführt werden soll.

Schauen wir uns zunächst einmal die wichtigsten Klassen für Datensammlungen in Kotlin an:

- `Pair`: ein Werte-Paar beliebigen Typs, z. B. `Pair("Hanna Heiter", 23)`.
- `Triple`: ein Werte-Triple, um drei Werte auszudrücken, z. B. zum Speichern einer dreidimensionalen Koordinate `Triple(44, 22, 21)`.
- `Array`: eine Sammlung mit einer festgelegten Anzahl von Objekten, auf die besonders schnell zugegriffen werden kann, z. B. `arrayOf("Berlin", "Bremen", "Hamburg", "Köln")`.
- `List`: eine Sammlung mit einer variablen Anzahl von Objekten, die in geordneter Reihenfolge vorliegen, z. B. `listOf("Hamburg", "Bremen", "Hamburg", "Köln")`.
- `Set`: eine Menge von Objekten, wobei die Sammlung ungeordnet ist und jedes Objekt nur einmal vorkommen darf, z. B. `setOf("Berlin", "Bremen", "Hamburg", "Köln", "Köln")`. Das dadurch erstellte `Set` beinhaltet nur 1 x den `String` `"Köln"`.
- `Map`: ein assoziatives Verzeichnis von Objekten, eine Art Nachschlagewerk, bei dem es *Schlüssel-Werte-Paare* gibt. Dabei wird jedem Schlüssel genau ein Wert zugeordnet. Während jedes Schlüssel-Objekt eindeutig sein muss (also nur einmal in der Sammlung vorkommen darf), können Daten-Objekte bei Bedarf mehreren Schlüsseln zugeordnet sein, z. B. `mapOf("Hamburg"to "Nord", "Bremen"to "Nord", "Köln"to "West", "Dresden"to "Ost", "München"to "Süd")`.

Für die Listen, Sets und Maps gibt es jeweils eine Variante, bei der die Datensammlung verändert werden kann (*Mutable*), und eine Variante, bei der die Datensammlung nicht verändert werden kann (*Immutable*). Prinzipiell sind die unveränderlichen Varianten zu bevorzugen, denn jede Veränderung von Datenstrukturen kann Seiteneffekte haben, die den Programmcode komplizierter und fehleranfälliger machen. Deshalb bekommen Sie auch eine unveränderliche Liste, wenn Sie `listOf` aufrufen. Wenn Sie eine veränderliche

Liste haben wollen, müssen Sie sich die Mühe machen und `mutableListOf` schreiben. Der Standard ist absichtlich auf unveränderlich gesetzt. Das Gleiche gilt für Sets und Maps.

Natürlich ist es manchmal nötig, Listen auch zu verändern. Daher gibt es auch beide Varianten. Wir werden aber sehen, dass es im funktionalen Paradigma oft üblich ist, aus einer bestehenden Liste eine neue Liste zu generieren, um genau diese Seiteneffekte zu vermeiden.

Man kann sich den Unterschied am Beispiel einer Liste, die Sie auf ein Blatt Papier schreiben, so vorstellen:

- Veränderliche Listen erlauben es, dass Sie neue Punkte aufschreiben oder Punkte aus der Liste streichen. Der Nachteil ist, dass Sie nie sicher sein können, was auf der Liste steht, denn sie verändert sich ständig. Wenn Sie heute auf die Liste schauen, dann können Sie nicht sicher sein, ob die Liste morgen noch genauso aussieht. Vielleicht hat jemand anderes etwas dazugeschrieben oder gestrichen.
- Bei unveränderlichen Listen sind keinerlei Änderungen erlaubt. Die Liste bleibt immer so, wie sie einmal angelegt wurde. Sie können aber neue Listen auf Basis der bisherigen Liste erstellen. Dies entspricht dem Abschreiben der einzelnen Punkte auf ein neues Blatt Papier. Beim Abschreiben können neue Punkte hinzukommen oder auch gestrichen werden. So können Sie zwei Versionen einer Liste vergleichen und den Unterschied zwischen gestern und heute ganz leicht feststellen.

Alle Datensammlungen nutzen Typ-Parameter, wodurch sie generisch sind. Das bedeutet, dass wir über den Typ-Parameter festlegen können, welche Art von Objekten in der Datensammlung gespeichert werden. Sie können also z. B. einer Liste mit Schauspielern keinen Regisseur hinzufügen. Es ist aber durchaus erlaubt, einer Liste mit Personen sowohl Regisseure als auch Schauspieler hinzuzufügen, weil beides Personen sind:

```
fun main() {
    val emma = Actor("Emma", "Thompson", GameData.getRandomGenres())
    val steven = Director("Steven", "Spielberg", emma)

    val actors: MutableList<Actor> = mutableListOf(emma)
    actors.add(steven) // Fehler, weil actors nur Objekte vom Typ Actor erlaubt

    val persons: MutableList<Person> = mutableListOf(emma)
    persons.add(steven) // Das geht, weil persons Objekte vom Typ Person erlaubt.
         Actor und Director erben von Person
}
```

Der Typ-Parameter wird in den spitzen Klammern (<>) angegeben. So bedeutet `actors: MutableList<Actor>`, dass `actors` ausschließlich Objekte vom Typ `Actor` akzeptiert. Gleiches gilt für `persons`, wo ausschließlich Objekte vom Typ `Person` akzeptiert werden. Aufgrund der Typhierarchie im Movie-Maker-Beispiel sind `Actor` und `Director` vom Typ `Person`.

Wir werden jedoch in Kapitel 26, „Invarianz, Kovarianz und Kontravarianz“, noch sehen, dass es beim Festlegen eigener Datensammlungen mit Typ-Parametern ein paar Regeln zu beachten gilt.

Im Folgenden werden wir uns zunächst die verschiedenen Klassen für Datensammlungen etwas genauer anschauen.

24.1 Pair und Triple

`Pair` und `Triple` sind Datenstrukturen zum Sammeln von je zwei bzw. drei zusammengehörenden Werten. Beide Datenstrukturen sind dabei unveränderlich. `Pair` und `Triple` heißen auch die gleichnamigen Klassen. Die Klassen haben die Eigenschaften `first`, `second` bzw. `third`, um auf die jeweiligen Werte zuzugreifen.

24.1.1 Verwendung

Legen wir als Beispiel ein `Pair` an, das aus einem vollständigen Namen `"Hanna Heiter"` und einem Alter `23` besteht. Danach geben wir die einzelnen Werte aus.

```
fun main() {
    val p = Pair("Hanna Heiter", 23)
    println(p.first) // "Hanna Heiter"
    println(p.second) // 23
}
```

Die Variable `p` ist von Typ `Pair<String, Int>`. Wie bereits erwähnt, sind die Werte eines `Pair`s unveränderlich:

```
fun main() {
    var p = Pair("Hanna Heiter", 23)
    p.second = 24 // Geht nicht, weil second mit val deklariert ist

    // p kann hier zwar auf ein anderes Pair geändert werden, aber von einem
         existierenden Pair kann sich second niemals ändern
}
```

Wenn Hanna Heiter älter wird, müssen wir ein neues `Pair` erzeugen:

```
fun main() {
    val p = Pair("Hanna Heiter", 23)
    val p2 = Pair(p.first, 24)
}
```

Da wir unveränderliche Datenstrukturen häufig dadurch erweitern, dass wir die bestehende Datenstruktur soweit übernehmen und nur ausgewählte Daten anpassen, können wir hierfür die `copy`-Funktion verwenden. Diese Funktion ist auf allen Daten-Klassen definiert. `copy` erzeugt ein neues Objekt und gibt uns die Möglichkeit, bestimmte Argumente zu überschreiben:

```
fun main() {
    val p = Pair("Hanna Heiter", 23)
    val p2 = p.copy(second = 24)
}
```

An dieser Stelle wollen wir ein neues `Pair` auf Grundlage von `p` erstellen und nur den zweiten Wert (`second`) überschreiben. Dies machen wir mit `copy` und *Named Arguments* (siehe Unterabschnitt 14.2.9, „Named Arguments").

24.1.2 Syntaktischer Zucker

Da Pairs relativ häufig erzeugt werden, gibt es hierfür syntaktischen Zucker. Die Infix-Funktion namens to ist auf jedem Objekt definiert und erzeugt ein Pair aus den Werten auf der linken (first) und rechten (second) Seite des Aufrufs:

```
fun main() {
    val p = "Hanna Heiter" to 23  // p ist weiterhin ein Pair<String, Int>
}
```

Zur Erinnerung: Syntaktischer Zucker verändert niemals die Bedeutung des Ausdrucks. Es handelt sich immer um eine kürzere, meist schönere Schreibweise.

Die to-Funktion ist nur zum Konstruieren von Pair-Objekten definiert. Für ein Triple gibt es keinen syntaktischen Zucker.

Wir werden sehen, dass diese Schreibweise besonders elegant ist, wenn wir assoziative Datensammlungen (Maps) erstellen.

24.1.3 Destructuring

Die in einem Pair gespeicherten Werte können auch wieder auseinander strukturiert werden. Dabei lassen sich die einzelnen Werte mit einer einzigen Anweisung an zwei Variablen zuweisen:

```
fun main() {
    val p = "Hanna Heiter" to 23 // Konstruktion
    val (name, age) = p // Dekonstruktion

    println(name) // "Hanna Heiter"
    println(age) // 23
}
```

Das bezeichnet man als *Destructuring*. Sie können sich das so vorstellen: Aus den zwei Werten "Hanna Heiter" und 23 **konstruieren** wir ein Pair. Das Pair können wir jetzt **dekonstruieren**, um wieder an die Werte "Hanna Heiter" und 23 kommen.

24.1.4 Einsatzgebiete

Die Datensammlungen Pair und Triple sind vor allem dann besonders nützlich, wenn eine Funktion nicht nur einen, sondern zwei oder drei Rückgabewerte haben soll. Statt für solche häufig vorkommenden Fälle immer gleich eine neue Klasse zu definieren, können Pair und Triple durchaus in Betracht gezogen werden. Dabei sollten Sie jedoch darauf achten, dass aus dem jeweiligen Kontext oder Funktionsnamen hervorgeht, welche Bedeutung die einzelnen Werte des Pair oder Triple haben.

Schauen wir uns dazu ein Beispiel an, wo wir Farben als Triple ausdrücken:

```
val red = Triple(255, 0, 0)
val green = Triple(0, 255, 0)
val blue = Triple(0, 0, 255)
```

```
fun mixColors(
    c1: Triple<Int, Int, Int>,
    c2: Triple<Int, Int, Int>
): Triple<Int, Int, Int> = Triple(c1.first + c2.first, c1.second + c2.second, c1.third
     + c2.third)

val yellow = mixColors(red, green) // (255, 255, 0)
val white = mixColors(mixColors(red, green), blue) // (255, 255, 255)
```

Bei diesem Beispiel ist es eindeutig, dass die jeweiligen Felder für rot, grün und blau stehen. Dennoch wäre eine `data class Color(val r: Int, val g: Int, val b: Int)` womöglich etwas ausdrucksstärker. Achten Sie in diesem Beispiel darauf, wie wichtig die Repräsentation einer Farbe für Ihr Programm ist. Wenn Sie z. B. ein Bildbearbeitungsprogramm entwickeln, sollten Sie für die Farben unbedingt eine Klasse definieren, weil diese wahrscheinlich sehr häufig verwendet wird. Wenn Sie dagegen beispielsweise eine Banking-App entwickeln und die Farben nur an einer einzigen, verhältnismäßig unwichtigen Stelle benötigen, ist das `Triple` über RGB durchaus eine Lösungsoption.

Pairs und Triple als unbenannte Klassen

Sie können sich `Pairs` und `Triples` als leichtgewichtige Klassen ohne Namen vorstellen. Die Werte stehen für sich. Während bei einer Klasse der Name der Klasse u. a. zur Bedeutung beiträgt, stehen hier die Werte und dessen Reihenfolge im Vordergrund. In manchen Situationen genügt das.

24.2 Arrays

Ein Array ist ein geordnetes Datenfeld, in dem Objekte direkt hintereinander im Speicher abgelegt werden. Da Objekte des gleichen Typs alle gleich groß sind, d. h. sie benötigen alle gleich viel Speicher, lässt sich der Zugriff auf die einzelnen Elemente sehr schnell organisieren. Nehmen wir an, Sie haben 10 Objekte, die irgendwo im Speicher liegen. Wenn Sie auf das 9. oder 10. Objekt zugreifen möchten, dann müssen Sie irgendwie ermitteln, wo dieses Objekt im Speicher liegt. Bei einem Datenfeld ist dies anders. Wenn das Programm weiß, wo das Datenfeld selbst im Speicher liegt, dann kann es sehr leicht berechnen, wo das 9. oder 10. Objekt liegen muss.

Arrays haben wir bereits in Abschnitt 9.4, „Arrays", besprochen. Falls Sie noch einmal eine kurze Auffrischung benötigen, schauen Sie dort nach. Wir setzen jetzt dort an, ergänzen ein wenig und gehen vor allem auf die wesentlichen Unterschiede zu einer Liste ein.

24.2.1 Direkter Datenzugriff

Bildlich können Sie sich ein Datenfeld wie einen Setzkasten mit einzelnen Fächern vorstellen, die alle nebeneinander liegen. In jedes Fach darf genau ein Objekt gelegt werden. Was Sie für Objekte in das Fach hineinlegen dürfen, lässt sich, wie bei anderen Datensammlungen auch, über einen Typ-Parameter festlegen.

Der Zugriff auf das neunte oder zehnte Fach geht genauso schnell wie der Zugriff auf das erste oder zweite Fach. Sie greifen einfach zu. Es gibt andere Datenstrukturen, z. B. verkettete Listen, bei denen man erst einmal alle Objekte durchgehen muss, um z. B. auf das neunte Objekt zuzugreifen. Das ist ähnlich wie bei einem Kartenspiel: Sie können nicht direkt auf die neunte Karte zugreifen, sondern müssen erst einmal die ersten acht Karten nacheinander zur Seite legen.

24.2.2 Arrays mit null-Referenzen

Bislang haben wir mit Arrays gearbeitet, bei denen bereits alle Felder mit Objekten gefüllt sind. Manchmal kann es aber sinnvoll sein, ein Array erst nach und nach mit Objekten zu füllen. Da wir die Größe eines Arrays **im Nachhinein nicht verändern können**, müssen wir manchmal Felder zunächst leer lassen, um später Objekte einzutragen. Leere Felder werden in einem Array durch eine `null` Referenz repräsentiert. `null` bedeutet in diesem Fall tatsächlich: Da ist nichts! Der Kotlin-Compiler wird Sie daher auch bei jedem Zugriff auf solche nullfähigen Felder zwingen zu prüfen, ob tatsächlich ein Objekt vorhanden ist, mit dem gearbeitet werden kann.

Ein solches Array können wir mit der Funktion `arrayOfNulls` erzeugen. Diese Funktion erwartet als Argument, wie groß das Feld sein soll. Da wir der Funktion nur die Größe und noch keine Objekte übergeben, weiß der Kotlin-Compiler nicht, was für Objekte dort wohl gespeichert werden sollen. Daher kann der Typ nicht inferiert werden, wodurch wir den Typ-Parameter explizit festlegen müssen. Wenn wir beispielsweise ein Array erzeugen wollen, wo wir **nachträglich 5 Studenten** speichern wollen, sieht das so aus:

```
data class Student(val firstName: String, val lastName: String, val studyCourse:
     String)

fun main() {
    val students: Array<Student?> = arrayOfNulls<Student>(5)
}
```

Hier wird ein `Array` für fünf `Student`-Objekte angelegt. Dabei werden allerdings noch keine `Student`-Objekte erzeugt! Stattdessen wird ein `Array`-Objekt erzeugt, in dem es fünf Felder mit Referenzen auf `Student?`-Objekte gibt. In allen fünf Feldern steht `null` drin.

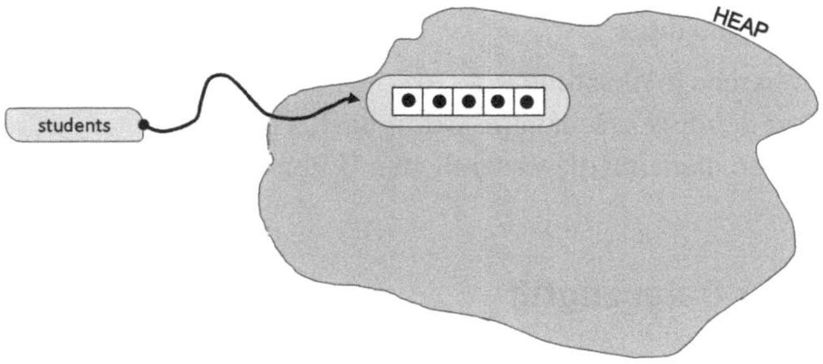

Um nun in diesem Array auch wirklich `Student`-Objekte zu speichern, müssen wir `Student`-Objekte erzeugen und diese den Referenzvariablen des Arrays zuweisen:

```
fun main() {
    val students: Array<Student?> = arrayOfNulls<Student>(5)
    students[0] = Student("Susi", "Sonnenschein", "WI")
    students[3] = Student("Fridolin", "Fröhlich", "MI")
}
```

Dabei geschieht Folgendes: Die Referenz auf das Objekt „Susi" wird innerhalb des Arrays an der Position `0` gespeichert. Ebenso wird die Referenz auf das Objekt „Fridolin" an der Position 3 des Arrays gespeichert:

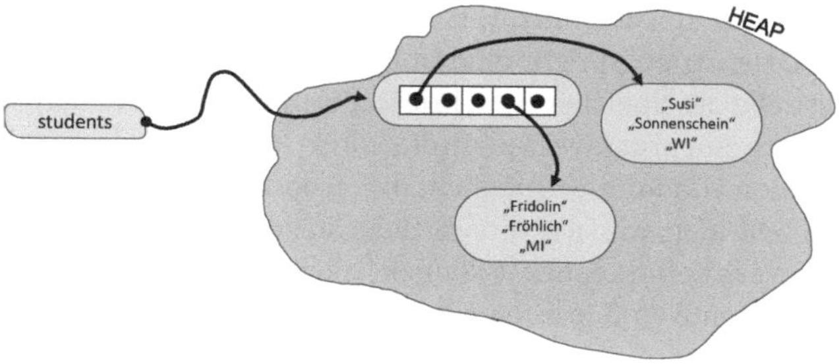

Beim Zugriff auf die Objekte des `Array` müssen wir nun darauf achten, ob tatsächlich ein Objekt vorhanden ist. Das Array `students` ist nämlich vom Typ `Array<Student?>`. Folgende Zugriffe sind also nicht erlaubt:

```
fun main() {
    // ...

    students[0].firstName // Nicht erlaubt. Theoretisch könnte das 0. Feld leer sein
    students[1].firstName // Nicht erlaubt. Das 1. Feld ist sogar leer! Was sollte da
         der Name sein?
}
```

Stattdessen müssen wir einen Safe Call durchführen:

```
fun main() {
    val students: Array<Student?> = arrayOfNulls<Student>(5)
    students[0] = Student("Susi", "Sonnenschein", "WI")
    students[3] = Student("Fridolin", "Fröhlich", "MI")

    println(students[0]?.firstName)
    println(students[1]?.firstName)
    println(students[0]?.firstName ?: "niemand")
    println(students[1]?.firstName ?: "niemand")
}
```

Die Konsolenausgabe ist entsprechend:

```
> Susi
> null
> Susi
> niemand
```

24.2.3 Arrays mit primitiven Daten

Gerade wenn Sie besonders effizienten Code schreiben müssen, sollten Sie ein bisschen mehr über die interne Speicherung von Daten wissen. In Kotlin sind alle Daten stets Objekte. Auch einfache Datenwerte wie `Int`, `Float`, `Double` oder `Boolean` werden in Kotlin als Objekte repräsentiert. Beim Speichern in einem `Array` werden also entsprechend auch Referenzen auf beispielsweise `Int`- oder `Double`-Objekte gespeichert.

Das Speichern von Referenzen statt der eigentlichen Datenwerte benötigt jedoch mehr Ressourcen. Man sagt auch, dass das mehr *Overhead* erzeugt. Kotlin wird für die Java Virtuelle Maschine übersetzt. In Java sind diverse Basis-Datentypen wie `Int`, `Float`, `Double` usw. jedoch primitive Datentypen, sprich keine Objekte. Dadurch kann ein Integer-Wert direkt in einer Speicherzelle des Speichers geschrieben werden. Insbesondere bei Arrays ist es besonders effizient, wenn primitive Datenwerte direkt hintereinander geschrieben werden. Die Standardfunktion von Kotlin ermöglicht dies jedoch nicht. Wenn wir standardmäßig `arrayOf(1, 2, 3)` aufrufen, wird ein `Array` erzeugt, in dem `Int`-Objekte referenziert werden. Ganz so, wie man es aus Kotlin kennt. Sie können jedoch auch ein `Array` erzeugen, das intern beispielsweise mit primitiven Ganzzahlen arbeitet. Hierzu gibt es folgende Funktion:

```
val numbers = intArrayOf(1, 2, 3, 4, 5)
```

Das Arbeiten mit `numbers` unterscheidet sich nicht in Ihrem Kotlin-Code. Aber intern werden die Daten effektiver gespeichert und effizienter verarbeitet. Ergänzend dazu gibt es für viele Basis-Datentypen entsprechende Funktionen, um Arrays mit primitiven Datentypen zu erzeugen: `booleanArrayOf`, `floatArrayOf`, `doubleArrayOf` usw.

24.2.4 Arrays vs. Listen

Wir werden im nächsten Kapitel mit Listen eine Datenstruktur kennenlernen, die sehr viel flexibler ist. Mit dem aktuellen Wissen können wir bereits Arrays von Listen abgrenzen:

- Arrays haben eine fest definierte Größe, die beim Erzeugen des Arrays festgelegt wird und nachträglich nicht verändert werden kann. Veränderliche Listen können hingegen ihre Größe verändern.
- Arrays sind immer veränderlich, d. h. die Objekte können ausgetauscht werden. Listen sind wahlweise veränderlich oder unveränderlich.

In Kotlin wird eine Liste als `ArrayList` implementiert, was bedeutet, dass es sich intern um ein Array handelt. Allerdings kontrolliert die Klasse `List` oder `MutableList` den Zugriff auf dieses Array. Wenn wir beispielsweise eine volle Liste haben und ein Element hinzufügen, wird das interne Array anhand einer Heuristik vergrößert. Das kostet natürlich Rechen- und Speicherressourcen, weil ein neues, größeres Array erzeugt und das alte Array kopiert werden muss, bevor das Element letztlich hinzugefügt wird. Eine unveränderliche Liste bietet zudem keine Möglichkeit an, um das Array direkt zu manipulieren.

24.3 Listen

Listen sind vermutlich die wichtigste Form von Datensammlungen. Im Prinzip lässt sich alles in Listen speichern. Es gibt sogar Programmiersprachen, die nur Listen verarbeiten können. Wenn Sie an Ihren eigenen Alltag denken, dann werden Ihnen auch Listen in den verschiedensten Varianten begegnen: To-do-Listen, Einkaufslisten, Mitarbeiterlisten, Wiedergabelisten usw.

24.3.1 Unveränderliche Listen

Listen sind nicht nur besonders mächtig, sie sind auch besonders einfach einzusetzen:

```
fun main() {
    val friends = listOf("Susi", "Fridolin", "Hanna", "Lars")
}
```

Das sieht zunächst erst einmal wie bei einem `Array` aus. Listen bieten jedoch zusätzliche Funktionen an. Zudem gibt es bei Listen eine klare Unterscheidung, ob eine Liste verändert werden darf oder nicht. Die gerade erzeuge Liste ist unveränderlich. Sie können sich darauf verlassen, dass die Liste immer gleich groß bleibt und immer dieselben Objekte enthält. Sie können also – anders als bei Arrays – nicht einfach ein Objekt an einer bestimmten Stelle austauschen:

```
fun main() {
    val friends = listOf("Susi", "Fridolin", "Hanna", "Lars")
    friends[1] = "Ralf" // Das geht nicht!
}
```

Der lesende Zugriff ist aber weiterhin erlaubt. Der Zugriff auf einzelne Elemente erfolgt ebenfalls über die `get`-Methode oder über den Index-Operator (`[]`):

```
fun main() {
    val friends = listOf("Susi", "Fridolin", "Hanna", "Lars")
    friends.get(2) // Hanna
    friends[2] // Hanna
}
```

Nur weil eine Liste unveränderlich ist, heißt es nicht unbedingt, dass auf dieser Liste ausschließlich lesende Methoden definiert sind. Viele Methoden einer unveränderlichen Liste können eine *neue Liste zurückgeben*, die Änderungen im Vergleich zur ursprünglichen Liste aufweist. Die ursprüngliche Liste bleibt dabei unverändert. Wenn Sie eine unveränderliche Liste haben und diese um ein Element erweitern möchten, erhalten Sie eine neue Liste:

```
fun main() {
    val friends = listOf("Susi", "Fridolin", "Hanna", "Lars")
    val moreFriends = friends.plus("Maja")

    println(friends) // "Susi", "Fridolin", "Hanna", "Lars"
    println(moreFriends) // "Susi", "Fridolin", "Hanna", "Lars", Maja
}
```

`moreFriends` referenziert eine neue Liste, in der ein weiteres Element `"Maja"` enthalten ist. Wieder gilt, dass die Liste `friends` selbst sich nicht verändert hat.

Der +-Operator auf Listen

Übrigens überlädt die `plus`-Methode den +-Operator für Listen. Sie können also einzelne Elemente auch mit + hinzufügen: `val moreFriends = friends + "Maja"`.

24.3.2 Veränderliche Listen

Neben unveränderlichen Listen können Sie auch veränderliche Listen erzeugen. Im Englischen heißt veränderlich „mutable“. Daher erzeugen Sie eine veränderliche Liste mit `mutableListOf(...)`:

```
fun main() {
    val dynamicFriends = mutableListOf("Susi", "Fridolin", "Hanna", "Lars")
}
```

Dieser Liste können Sie mit `add(...)` weitere Elemente einfügen:

```
fun main() {
    val dynamicFriends = mutableListOf("Susi", "Fridolin", "Hanna", "Lars")
    dynamicFriends.add("Peter") // fügt Peter am Ende ein
    dynamicFriends.add(1, "Emma") // fügt Emma an Position 1 ein
}
```

Sie können auch einzelne Elemente aus der Liste entfernen:

```
fun main() {
    val dynamicFriends = mutableListOf("Susi", "Fridolin", "Hanna", "Lars")
    dynamicFriends.removeAt(0) // entfernt das erste Element. Hier "Susi"
    dynamicFriends.remove("Hanna") // entfernt das Element "Hanna" aus der Liste
    dynamicFriends.clear() // entfernt alle Elemente aus der Liste
}
```

Übrigens:

Wenn Sie für die veränderliche Liste die `plus(...)`-Methode aufrufen, wird wie bei der unveränderlichen Liste eine neue Liste erzeugt. Veränderliche Listen bieten zusätzliche Operationen zum Hinzufügen und Entfernen von Objekten an. Sie ändern jedoch nicht das Verhalten der bereits existierenden Operationen.

24.3.3 List und MutableList sind verwandte Schnittstellen

Tatsächlich ist es so, dass `mutableListOf` ein Objekt vom Typ `MutableList` zurückliefert und `listOf` ein Objekt vom Typ `List`. Sowohl `List` und `MutableList` sind zunächst erst einmal Schnittstellen, die bestimmte Operationen zur Verfügung stellen.

Erwähnenswert ist, dass `MutableList` eine Ableitung von `List` ist, also ein speziellerer Typ mit zusätzlichen Operationen. Wenn Sie sich an Abschnitt 18.3, „Alles sind Typen“, erinnern, dann ist es möglich, Objekte vom Typ `MutableList` (speziellerer Typ, der mehr kann) an eine Referenzvariable vom Typ `List` (allgemeiner Typ, der weniger kann) zuzuweisen. In der Konsequenz können Sie also das Objekt einer veränderlichen Liste in einer Referenzvariable einer unveränderlichen Liste speichern:

```
fun main() {
    val dynamicFriends: MutableList<String> = mutableListOf("Susi", "Fridolin",
        "Hanna", "Lars")
    val fixedFriends: List<String> = dynamicFriends
}
```

Die Variable `fixedFriends` verweist nun auf dasselbe Objekt wie `dynamicFriends`. Es gibt aber einen wichtigen Unterschied. Über `dynamicFriends` können Sie weiterhin Elemente hinzufügen, entfernen und damit die Liste verändern. Über `fixedFriends` ist dies hingegen nicht möglich.

Sie haben so die Möglichkeit, flexibel zu steuern, wer was mit einer Liste anstellen darf. Sie können z. B. eine Funktion schreiben, die als Parameter eine unveränderliche Liste akzeptiert. So stellen Sie sicher, dass innerhalb der Funktion zwar ein lesender, aber kein schreibender Zugriff auf diese Liste erlaubt ist. Dennoch können die Aufrufer Ihrer Funktion eine veränderliche Liste an die Funktion übergeben. Dabei ist dann garantiert, dass die Funktion diese Liste auf keinen Fall verändern kann. So vermeiden Sie unerwünschte Seiteneffekte. Andersherum können Sie auch Funktionen und Methoden definieren, die eine veränderliche Liste als unveränderliche Liste zurückgibt.

24.4 Sets

Sets sind Mengen von Objekten. Eine Menge ist – im mathematischen Sinne – eine ungeordnete Ansammlung von Objekten. Anders als bei Listen können wir nicht auf Objekte an einer bestimmten Position zugreifen. Zudem enthalten Sets keine Doppelung von Werten.

24.4.1 Sets verwenden

Ähnlich wie bei den Listen können Sie veränderliche und unveränderliche Sets erzeugen.

```
fun main() {
    val cities = setOf("Berlin", "Bremen", "Hamburg", "Köln")
    println("$cities -> ${cities.size} Elemente") // [Berlin, Bremen, Hamburg, Köln]
        -> 4 Elemente

    cities.get(2) // Gibt es nicht. Sets sind ungeordnet
    cities.add("Stuttgart") // Geht nicht. cities ist ein unveränderliches Set

    val cities2 = cities.toMutableSet()
    cities2.add("Stuttgart")

    println("$cities2 -> ${cities2.size} Elemente") // [Berlin, Bremen, Hamburg, Köln,
        Stuttgart] -> 5 Elemente
}
```

Wenn Sie das gleiche Element mehrfach für ein `Set` definieren, dann wird es nur einmal gespeichert:

```
fun main() {
    val cities = setOf("Berlin", "Hamburg", "Hamburg", "Köln")
```

```
    println("$cities -> ${cities.size} Elemente") // [Berlin, Hamburg, Köln] -> 3
        Elemente
}
```

Sie können problemlos zwischen Sets und Listen konvertieren:

```
fun main() {
    val friendSet = friends.toSet() // Set<String>
    val cityList = cities.toList() // List<String>
}
```

Eine Konvertierung von Liste auf Set ist reduzierend, wenn die Liste doppelte Elemente hat:

```
fun main() {
    val numbers = listOf(1, 5, 8, 1, 5)
    val distinct = numbers.toSet()
    println("$distinct -> ${distinct.size} Elemente") // [1, 5, 8] -> 3 Elemente
}
```

24.4.2 Mengen-Operationen

Mit Sets sind natürlich auch verschiedenen Mengen-Operationen aus der Mathematik möglich. Kotlin unterstützt `Union`, `Intersect` und `Subtract`. Schauen wir uns die Operationen an einem Beispiel an:

```
fun main() {
    val cities = setOf("Berlin", "Bremen", "Hamburg", "Köln")
    val cities2 = cities.toMutableSet()
    cities2.add("Stuttgart")

    cities.union(cities2) // [Berlin, Bremen, Hamburg, Köln, Stuttgart]
    cities.intersect(cities2) // [Berlin, Bremen, Hamburg, Köln]
    cities.subtract(cities2) // []
    cities2.subtract(cities) // [Stuttgart]
}
```

- `union` gibt ein neues Set zurück, welches der Gesamtmenge von beiden Sets entspricht. In unserem Beispiel sind das alle Städte. Da das Ergebnis in einem Set gespeichert ist, tauchen alle Elemente weiterhin nur einmal auf.
- `intersect` gibt ein neues Set zurück, welches die gemeinsame Schnittmenge beider Sets enthält. In unserem Beispiel haben `cities` und `cities2` alle Städte bis auf „Stuttgart" gemeinsam.
- `subtract` gibt ein neues Set zurück, wo alle Elemente von sich selbst (`this`) entfernt werden, die im übergebenen Set enthalten sind. Das entspricht einer klassischen Subtraktion, in diesem Fall `cities - cities2`. Da `cities2` mindestens alle Elemente von `cities` enthält, ist das Ergebnis ein leeres Set. Im Gegensatz zu `union` und `intersect` ist `subtract` nicht kommutativ. Deshalb macht die Reihenfolge der Operanden (Argumente) einen Unterschied. Der letzte Aufruf von `subtract` ist genau andersherum. Bei dieser Subtraktion bleibt in diesem Beispiel „Stuttgart" übrig.

Mengen-Operationen auf anderen Datensammlungen

Das Interessante ist, dass `union`, `intersect` und `subtract` nicht nur auf Sets, sondern u. a. auch auf Listen und Arrays definiert sind. Allerdings wird in jedem Fall ein Objekt vom Typ `Set` zurückgegeben, da nur so die Einzigartigkeit der Elemente gewährleistet wird. So gibt beispielsweise `listOf(1, 2, 3, 4).subtract(listOf(1, 2, 3))` ein `Set` mit dem Element `4` zurück. Das ist ganz hilfreich, um Unterschiede zwischen zwei Datensammlungen zu berechnen.

24.5 Maps

Bei Maps handelt es sich um assoziative Datenstrukturen, häufig auch als Verzeichnis oder *Dictionary* bezeichnet. Denn tatsächlich handelt es sich im Prinzip um Nachschlagewerke. Man kann unter einem bestimmten Eintrag nachschlagen und erhält dann die entsprechenden Informationen. Ein Schlüssel dient dem Auffinden eines Eintrags, für den zusätzliche Informationen als Wert gespeichert werden. Mit anderen Worten: In Maps werden Schlüssel-Werte-Paare als Einträge gespeichert. Die Schlüssel sind eindeutig. Über sie findet man die passenden Werte.

Das anschaulichste Beispiel ist vielleicht ein Adressbuch. Die einzelnen Namen Ihrer Kontakte sind in diesem Beispiel eindeutige Schlüssel („Susi Sonnenschein", „Hanna Heiter", „Lars Lustig" ...). Zu jedem Namen möchten Sie vielleicht noch die Adresse und ggf. die Telefonnummer speichern. Diese Daten lassen sich einem Schlüssel zuordnen, aber vielleicht auch mehreren. Jeder Schlüssel verweist jedoch genau auf einen Datensatz. Wenn z. B. mehrere Personen in einer WG wohnen, dann haben alle dieselbe Adresse und vielleicht auch dieselbe Telefonnummer. Gleichzeitig kann eine Person jedoch nicht zwei Adressen haben.

24.5.1 Maps erzeugen

Die Schlüssel-Werte-Paare werden in Kotlin durch `Pairs` abgebildet, die wir bereits kennengelernt haben. Die Typen für die beiden Werte eines `Pairs` können unterschiedlich sein. Entsprechend können auch die Schlüssel und Werte einer `Map` unterschiedlichen Typs sein. Machen wir das Ganze einmal an einem konkreten Beispiel deutlich. Zum Speichern von Adressen definieren wir folgende Daten-Klasse:

```
data class Address(val street: String, val streetNr: Int, val city: String)
```

Ein Schlüssel-Werte-Paar könnte nun so aussehen:

```
fun main() {
    val susi = Pair("Susi Sonnenschein", Address("Blumenstraße", 19, "Köln"))
}
```

Statt des Pair Konstruktors können wir auch die to-Methode eines Objekts aufrufen:

```
fun main() {
    val fridolin = "Fridolin Fröhlich" to Address("Kieler Straße", 20, "Hamburg")
}
```

Diese beiden Pair-Objekte können wir nun in eine Map legen und dabei gleich noch zwei weitere Einträge hinzufügen:

```
fun main() {
    val susi = Pair("Susi Sonnenschein", Address("Blumenstraße", 19, "Köln"))
    val fridolin = "Fridolin Fröhlich" to Address("Kieler Straße", 20, "Hamburg")

    val addressBook = mapOf(
        susi,
        fridolin,
        "Hanna Heiter" to Address("Partymeile", 99, "München"),
        "Lars Lustig" to Address("Kieler Straße", 20, "Hamburg")
    ) // Map<String, Address>
}
```

Die Variable addressBook ist vom Typ Map<String, Address>. Der erste Typ-Parameter von Map ist der Typ vom Schlüssel. Da in unserem Beispiel alle Schlüssel die in einer Zeichenkette gespeicherten Namen sind, ist der Schlüssel vom Typ String. Der zweite Typ-Parameter ist der Typ vom dahinterliegenden Wert. In unserem Beispiel ist das Address.

addressBook ist zudem unveränderlich. Eine veränderliche Version einer Map erhalten wir mit mutableMapOf. Hier gilt das Gleiche wie bei Listen und Sets.

24.5.2 Arbeiten mit Maps

Der Vorteil einer Map ist, dass Sie über die Schlüssel direkt auf die Werte zugreifen können:

```
fun main() {
    // ...
    val addressOfFridolin = addressBook.get("Fridolin Fröhlich") // Address?
    val addressOfHanna = addressBook["Hanna Heiter"] // Address?
}
```

Der Aufruf von get oder die Nutzung von [] liefert jeweils den passenden Eintrag zum Schlüssel zurück. Allerdings kann es natürlich sein, dass wir einen Schlüssel verwenden, den es gar nicht gibt. Daher geben die beiden Operationen einen nullfähigen Typ zurück, in diesem Fall Address?. Wir müssen also beim Zugriff auf die einzelnen Daten überprüfen, ob tatsächlich ein Objekt referenziert wird.

Sie können auch vorher überprüfen, ob ein Schlüssel überhaupt vorhanden ist:

```
fun main() {
    // ...

    println(addressBook.containsKey("Hanna Heiter")) // true
    println("Hanna Heiter" in addressBook) // true
    println("Peter Pötz" in addressBook) // false
}
```

> **Die `in`-Funktion**
>
> Die Infix-Funktion `in` ruft intern die `containsKey`-Methode auf.

Das Besondere an Maps ist, dass Sie den Wert eines Schlüssels ganz bequem aktualisieren können. Nehmen wir an, dass Hanna Heiter umzieht:

```
fun main() {
    // ...
    val mutableBook = addressBook.toMutableMap() // MutableMap<String, Address>
    mutableBook["Hanna Heiter"] = Address("Kaiserstraße", 42, "Köln")
}
```

Natürlich müssen wir zunächst die Map veränderlich machen. Dafür können wir ganz einfach eine neue veränderliche Map auf Grundlage der unveränderlichen Map erzeugen. Zum Aktualisieren von Werten nutzen wir eine ähnliche Syntax wie beim Array. Der Unterschied ist, dass bei einer Map der Index alles Mögliche sein kann (in diesem Fall `String`), während er beim Array immer ein `Int` ist. Alternativ können wir auch die `put`-Methoden verwenden:

```
fun main() {
    // ...
    mutableBook.put("Hanna Heiter", Address("Kaiserstraße", 42, "Köln"))
}
```

Die `put`-Methode oder den Index-Operator können wir auch dafür verwenden, um neue Einträge hinzuzufügen:

```
fun main() {
    // ...
    println(mutableBook) // Susi ..., Fridolin ..., Hanna ..., Lars ...
    mutableBook["Peter Pötz"] = Address("Kaiserstraße", 42, "Köln")
    println(mutableBook) // Susi ..., Fridolin ..., Hanna ..., Lars ..., Peter ...
}
```

Wir können auch Einträge über den Schlüssel entfernen. Nehmen wir an, dass Hanna Heiter für einige Zeit mit dem Auto durch Europa fährt:

```
fun main() {
    // ...
    println(mutableBook) // Susi ..., Fridolin ..., Hanna ..., Lars ..., Peter ...
    mutableBook.remove("Hanna Heiter")
    println(mutableBook) // Susi ..., Fridolin ..., Lars ..., Peter ...
}
```

24.5.3 Maps durchlaufen

Wenn Sie alle Einträge einer `Map` durchlaufen möchten, dann können Sie entweder über die `Pair`-Objekte iterieren oder direkt die einzelnen Einträge dekonstruieren:

```
fun main() {
    // ...

    // Einträge des Adressbuchs durchlaufen:
    for (entry in addressBook) {
```

```
        println("${entry.key} wohnt in ${entry.value.city}")
    }

    // Schlüssel und Werte direkt als Variablenwerte nutzen:
    for ((key, value) in addressBook) {
        println("${key} wohnt in ${value.city}")
    }
}
```

Außerdem können Sie auch einfach nur über alle Schlüssel oder alle Werte iterieren:

```
fun main() {
        // ...

    // Alle Keys ausgeben:
    for (key in addressBook.keys) {
        println(key)
    }

    // Alle Werte ausgeben:
    for (value in addressBook.values) {
        println(value)
    }

    // Nur die Adresseinträge mit H ausgeben:
    for (key in addressBook.keys) {
        if (key.startsWith("H")) {
            println(addressBook[key])
        }
    }
}
```

Als Schlüssel können Sie übrigens auch komplexere Objekte verwenden, nicht nur atomare Objekte wie `String` oder `Int`. Allerdings ist dabei wichtig, dass Sie Objekte verwenden, die als eindeutiger Schlüssel verwendet werden können. Statt `String` könnten Sie auch `Student`-Objekte als Schlüssel verwenden:

```
fun main() {
    val addressBook = mapOf(
        Student("Susi", "Sonnenschein", "WI") to Address("Partymeile", 99, "München"),
        Student("Lars", "Lustig", "MI") to Address("Kieler Straße", 20, "Hamburg")
    ) // Map<Student, Address>
}
```

Das funktioniert, weil `Student` eine sinnvolle Implementierung der `hashCode`-Methode mit sich bringt. Diese Implementierung bekommt `Student` geschenkt, weil `Student` eine Daten-Klasse ist.

Hashwerte

Intern werden Hashwerte auch zum effizienten Suchen nach dem richtigen Eintrag verwendet. Der Hashwert dient dabei als Index für den Eintrag in einem Array. Der Zugriff auf eine bestimmte Position in einem Array erfolgt in konstanter Zeit – und ist damit besonders effizient. Der Zugriff in einem Array geschieht jedoch über numerische Indizes und nicht über Datenobjekte. Allerdings lässt sich für jedes Objekt ein sogenannter Hashwert berechnen. Man bildet also Schlüsselobjekte auf einen Zahlenwert ab (Hashwert) und verwendet den Zahlenwert als Index im Array.

Alle Objekte verfügen über eine Methode `hashCode()`, denn diese wird in der Klasse `Any` bereits definiert. Diese Methode liefert einen Hashwert. Sie können für Ihre eigenen Klassen die Methode überschreiben und selbst einen Hashwert berechnen. Dabei sollte gelten, dass Hashwerte möglichst gleich verteilt sind, d. h. dass zwei unterschiedliche Objekte möglichst selten denselben Hashwert bilden sollten (statistisch gesehen). Denn die Hashwerte der Schlüssel sollen möglichst selten oder gar nicht kollidieren.

Das Berechnen eindeutiger Hashwerte ist nicht ganz trivial. Die gute Nachricht: Wenn Sie Objekte einer Daten-Klasse verwenden, dann erzeugt Kotlin beim Kompilieren automatisch den erforderlichen Code, um eindeutige Hashwerte zu berechnen. Da `Student` eine Daten-Klasse ist, können Sie Objekte dieser Klasse problemlos als Schlüssel verwenden. ■

25 Funktionen höherer Ordnung für Datensammlungen

Alle Datensammlungen, die wir bislang kennengelernt haben, bieten eine Reihe von Funktionen, die auf der Datensammlung operieren, indem sie zum Beispiel ein zufälliges Element auswählen, neue Elemente hinzufügen oder eine neue Datensammlung auf Basis der bisherigen Sammlung erstellen.

Es gibt jedoch viele weitere Funktionen, die nur einen Teil der Implementierung vorgeben. Der Rest wird vom Aufrufenden als Lambda-Funktion (Funktionsliteral) übergeben. Das haben wir als *Funktionen höherer Ordnung* in Abschnitt 12.14, „Funktionen höherer Ordnung", kennengelernt. Falls Sie eine kleine Auffrischung benötigen, schauen Sie einmal in den dazugehörigen Abschnitt. In diesem Kapitel werden wir die Grundlagen dazu allerdings noch einmal kurz wiederholen.

Zur Veranschaulichung solcher Funktionen nehmen wir einmal drei Beispiele:

- Das Abbilden aller Zahlen einer Datensammlung auf größere Zahlen.
- Das Abbilden aller Zahlen einer Datensammlung auf Zahlen innerhalb eines Wertebereichs.
- Das Abbilden aller Zahlen einer Datensammlung auf eine 20 % größere Zahl (gerundet).

25.1 Unterschiedliche Verarbeitung von Listen

Legen wir zunächst eine einfache Liste mit `Int`-Werten an:

```
fun main() {
    val numbers = listOf(22, 50, 14, 99, 3, 18, 77)
}
```

Wie können wir nun eine neue Liste erzeugen, in der alle Werte um 5 erhöht werden?

25.1.1 Imperative Verarbeitung von Listen

Der übliche Weg bei der imperativen Programmierung ist das Anlegen einer neuen Liste. Dann werden alle Werte der alten Liste `numbers` durchlaufen, und es wird jede Zahl aus der alten Liste genommen und mit 5 addiert. Der neu berechnete Wert wird der neuen Liste hinzugefügt. Da wir eigentlich nicht mit veränderlichen Listen arbeiten wollen, referenzieren wir die veränderliche Liste erst einmal über eine temporäre Variable. Am Ende konvertieren wir die fertig erzeugte Liste zu `List<Int>`, sodass es nach außen hin eine unveränderliche Liste bleibt:

```
fun incrementedBy5(numbers: List<Int>): List<Int> {
    val tmp = mutableListOf<Int>()
    for (n in numbers) {
        val newValue = n + 5
        tmp.add(newValue)
    }
    return tmp.toList()
}
```

Ein weiteres Beispiel für das Abbilden von existierenden Datenwerten auf neue Werte ist das Begrenzen von Zahlen auf einen minimalen und maximalen Wert. Nehmen wir an, dass wir eine neue Liste haben möchten, in der alle Zahlen auf Werte zwischen 20 und 50 korrigiert werden. Das heißt:

- Kleinere Zahlen werden auf 20 gesetzt.
- Zahlen zwischen 20 und 50 bleiben unverändert.
- Zahlen über 50 werden auf 50 gesetzt.

Der Code dazu sieht wie folgt aus:

```
fun limited(numbers: List<Int>): List<Int> {
    val tmp = mutableListOf<Int>()
    for (n in numbers) {
        val newValue = when {
            n < 20 -> 20
            n > 50 -> 50
            else -> n
        }

        tmp.add(newValue)
    }
    return tmp.toList()
}
```

Als drittes Beispiel möchten wir alle Zahlen um 20 % erhöhen:

```
fun increasedBy20Percent(numbers: List<Int>): List<Int> {
    val tmp = mutableListOf<Int>()
    for (n in numbers) {
        val newValue = (n * 1.2).toInt()
        tmp.add(newValue)
    }
    return tmp.toList()
}
```

Was fällt Ihnen bei diesen drei Beispielen auf? Alle Beispiele folgen derselben Ablaufstruktur:

- Veränderliche neue Liste anlegen.
- Alle Elemente der bisherigen Liste durchlaufen und für jedes Element `n`:
  - eine bestimmte Operation durchführen und das Ergebnis in `newValue` speichern,
  - den neuen Wert `newValue` der veränderlichen Liste hinzufügen.

- Die fertig gebaute neue Liste wird zu einer unveränderlichen Liste konvertiert, sodass sich für den Aufrufenden nichts ändert.

Diese Ablaufstruktur ist ein allgemeiner Algorithmus, der in genau dieser Form immer wieder auftritt, um alle Elemente einer Datensammlung zu verändern. Der Code unterscheidet sich nur an einer einzigen Stelle, nämlich dort, wo der neue Wert berechnet wird. Wenn wir denselben algorithmischen Ablauf haben, dann sollten wir zur Wiederverwendung doch eigentlich eine Funktion verwenden, die über Parameter verfügt, um das variable Verhalten im Ablauf zu steuern. Was aber ist in diesem Beispiel das variable Verhalten, also der Unterschied zwischen den drei Beispielen? Es ist die Berechnung des neuen Werts. Die Lösung für dieses Problem ist, diese bestimmte Operation zum Berechnen des neuen Werts selbst als Funktion festzulegen und diese Funktion als Parameter zu übergeben.

25.1.2 Funktionale Verarbeitung von Listen

Unsere Funktion zum Abbilden einer Liste auf neue Werte benötigt also eine weitere Funktion als Parameter, um den neuen Wert zu berechnen. Eine Funktion, die selbst eine Funktion als Parameter besitzt, nennt man eine Funktion höherer Ordnung. Alle Datensammlungen von Kotlin, bis auf `Pair` und `Triple`, haben zahlreiche Funktionen, die Standardalgorithmen zum Durchlaufen aller Elemente einer Datensammlung zur Verfügung stellen und die sich über eine weitere Funktion parametrisieren lassen. Das alles wird deutlicher, wenn wir es für die obigen Beispiele anwenden. Denn in Kotlin gibt es für die meisten Datensammlungen eine `map`-Funktion, deren Aufgabe es ist, alle Daten auf einen neuen Datenwert abzubilden. Die drei Beispiele von oben lassen sich mit der `map`-Funktion wie folgt ausdrücken:

```
fun main() {
    val numbers = listOf(22, 50, 14, 99, 3, 18, 77)

    val incrementedBy5 = numbers.map { it + 5 }

    val limited = numbers.map {
        when {
            it < 20 -> 20
            it > 50 -> 50
            else -> it
        }
    }

    val increasedBy20Percent = numbers.map { (it * 1.2).toInt() }
}
```

In den geschweiften Klammern steht ein Lambda-Ausdruck, also ein Funktionsliteral, mit dem wir die Transformation jedes einzelnen Elements beschreiben. Auf das jeweilige Element, das transformiert werden soll, können wir mit `it` zugreifen.

Was wir sehen, ist, dass wir den eigentlichen Algorithmus zum Durchlaufen aller Elemente und dem Hinzufügen zu einer neuen Liste nicht mehr benötigen. Stattdessen legen wir nur noch den Teil fest, der auch spezifisch für unsere jeweilige Aufgabenstellung ist, also hier eine Funktion zur Berechnung des neuen Wertes.

Der Vorteil ist jetzt, dass wir uns ausschließlich auf das fokussieren können, was zum Lösen des Problems notwendig ist, nämlich die Implementierung der Lambda-Funktion. Alles andere wird für uns abstrahiert. Uns können keine Flüchtigkeitsfehler mehr passieren, die sich bei der Iteration über Datensammlungen schnell einschleichen.

Neben der `map`-Funktion gibt es zahlreiche weitere Funktionen höherer Ordnung, die eine Transformation als Argument erhalten und dann alle Elemente intern durchlaufen. Diese werden wir noch weiter unten kennenlernen.

Interne vs. externe Iteration

Das Gute an der `map`-Funktion und weiteren Funktionen höherer Ordnung ist, dass uns die eigentliche Implementierung zum Durchlaufen aller Elemente verborgen bleibt. Hier sprechen wir von einer internen Iteration. Uns interessiert gar nicht, wie die Iteration intern organisiert ist. Dies kann je nach Datenstruktur auch ganz anders aussehen.

25.1.3 Funktionen als kombinierbare Arbeitsanleitungen

Schauen wir uns zunächst noch einmal das Konzept von Funktionen höherer Ordnung für Listen genauer an. Im Prinzip haben wir es hier mit zwei verschiedenen Algorithmen zu tun:

1. Ein Algorithmus beschreibt, wie über alle Elemente iteriert wird.
2. Ein Algorithmus beschreibt, wie jedes einzelne Element transformiert wird.

Man kann sich das wie zwei verschiedene Arbeitsanleitungen vorstellen. Stellen Sie sich folgende Situation aus dem realen Leben vor: Sie wollen einem Arbeitnehmer einen Arbeitsauftrag geben, wie alle Objekte aus einer Kiste in eine andere Kiste gelegt werden sollen. Dabei soll für jedes Objekt aus der Kiste eine Operation ausgeführt werden. Diese Operation ist eine weitere Anleitung und kann unabhängig ausgetauscht werden.

Arbeitsauftrag zum Verarbeiten von Kisten:

- Hole eine volle und eine leere Kiste aus dem Lager.
- Öffne die volle Kiste.
- Nimm nacheinander jedes Objekt aus der vollen Kiste, bis sie leer ist.
- Verarbeite jedes Objekt, indem du für jedes Objekt **Arbeitsauftrag X** ausführst.
- Lege das verarbeitete Objekt in die zweite Kiste.
- Bringe die Kiste mit den verarbeiteten Objekten zum Versand.
- Bringe die leere Kiste zurück aufs Lager.

Dieser Arbeitsauftrag funktioniert für alle Kisten, die es auf dem Lager gibt. Aber die Verarbeitung soll sich unterscheiden. **Arbeitsauftrag X** kann durch verschiedene konkrete Arbeitsaufträge ersetzt werden, wie z. B.:

Arbeitsauftrag X – Objekt wiegen und frankieren:

- Stelle das Objekt auf die Waage.
- Schaue in der Tarifliste nach und wähle die passenden Briefmarken.
- Frankiere das Objekt.

Arbeitsauftrag x – Objekt katalogisieren:

- Schau dir das Objekt genau an.
- Fülle einen Beschreibungsbogen aus.
- Hefte den Beschreibungsbogen im Dokumentationsordner ab.

Die Arbeitsaufträge „Objekt wiegen und frankieren" und „Objekt katalogisieren" sind nur zwei Beispiele, wie sich der **Arbeitsauftrag X** konkretisieren lässt. **Arbeitsauftrag X** ist also ein Platzhalter innerhalb des Arbeitsauftrags „Verarbeiten von Kisten" und kann durch andere Arbeitsaufträge spezifiziert werden.

Genauso ist es auch bei Funktionen höherer Ordnung für Listen (und andere Datensammlungen). Die `map`-Funktion ist die allgemeine Anleitung, wie man die Elemente einer Datensammlung auf neue Elemente abbildet. Wie diese Transformation aussieht, wird durch eine weitere Funktion beschrieben. Diese Funktion übergeben wir der `map`-Funktion als Argument.

25.1.4 Aufbau von Funktionen höherer Ordnung am Beispiel von map

Die `map`-Funktion erhält eine Transformationsfunktion als Parameter. Schauen wir uns einmal die Signatur der `map`-Funktion an:

```
fun <T, R> Iterable<T>.map(transform: (T) -> R): List<R>
```

Die `map`-Funktion ist eine Extension Function auf dem Typ `Iterable`. `Iterable` ist jene Schnittstelle für Datentypen, die iteriert werden können. Die Signatur von `map` sagt: Für alle Datentypen, die eine iterierbare Sammlung von Objekten haben, lässt sich eine Transformation aller Objekte ausführen.

Die `map`-Funktion besitzt zwei Typ-Parameter `T` und `R`. `T` ist der Datentyp der ursprünglichen Datensammlung. In unserem Zahlenbeispiel hat `T` den Typ `Int`. `R` hingegen hat den Typ, auf den der ursprüngliche Typ `T` abgebildet werden soll. Das ist der Typ der resultierenden Daten. Das sind zwei unterschiedliche Typen, damit die Transformation von einem Typ `T` auf jeden anderen Typ `R` erfolgen kann.

Von besonderem Interesse ist für uns aber der Parameter der `map`-Funktion:

```
(transform: (T) -> R)
```

Wie bei anderen Parametern auch folgt er der Struktur `name: Typ`. In diesem Fall ist der Name `transform`. Der Typ ist logischerweise ein Lambda, sprich ein Funktionsliteral. Der Typ `(T)-> R` besagt, dass das Lambda genau einen Parameter vom Typ `T` akzeptiert und einen Wert vom Typ `R` zurückgibt. Da wir im obigen Beispiel `Ints` auf `Ints` abbilden, müssen wir eine Funktion vom Typ `(Int)-> Int` übergeben, wie z. B. `{ n: Int -> n + 5 }`. Der letzte Ausdruck hinter dem `->` ist dabei der Rückgabewert. In den meisten Fällen bestehen

Funktionsliterale nur aus einem einzigen Ausdruck, d. h. es ist eine sehr kurze Funktion, die nur eine Berechnung durchführt Die kürzere Schreibweise davon ist eben `{ it + 5 }`. Das `it` ist dabei eine anonyme Variable vom Typ `T`. In diesem Beispiel das jeweilige Element aus der Iteration.

Normalerweise werden beim Aufruf einer Funktion die Argumente in Klammern gesetzt, sodass der Aufruf eigentlich so aussehen müsste:

```
fun main() {
    // ...
    val incrementedBy5 = numbers.map({ it + 5 })
}
```

Kotlin versüßt uns das Leben wieder mit syntaktischem Zucker. Wenn der letzte Parameter einer Funktion ebenfalls eine Funktion ist, dann kann der entsprechende Funktionsblock ohne die runden Klammern verwendet werden. Dieser und der vorherige Aufruf führen also zum selben Ergebnis, es handelt sich nur um syntaktische Unterschiede:

```
fun main() {
    // ...
    val incrementedBy5 = numbers.map { it + 5 }
}
```

Vielleicht haben Sie an der Signatur der `map`-Funktion ein wenig geknobelt. Sie sieht tatsächlich kompliziert aus. Schließlich arbeitet sie mit zwei Typ-Parametern und akzeptiert eine Funktion als Parameter, die selbst auch wieder einen Parameter und einen Rückgabewert hat. Die schlechte Nachricht: Es gibt noch viel kompliziertere Funktionen höherer Ordnung. Die gute Nachricht: Die Verwendung von Funktionen höherer Ordnung ist sehr viel einfacher, da wir meist nur sehr einfache Ausdrücke für die Transformation, das Filtern, Überprüfen oder Sortieren einer Liste verwenden. Hier einmal ein paar Beispiele verschiedener Funktionen höherer Ordnung, wo Sie die Bedeutung anhand der Funktions- und Variablennamen sicherlich erkennen können. Die Typen der Variablen sind im Kommentar angegeben:

```
fun main() {
    val numbers = listOf(8, 4, 44, 66, 222, 88) // List<Int>

    val isAnyNumberLargerThan100 = numbers.any { it > 100 } // Boolean

    val checkEven = { x: Int -> x % 2 == 0 } // (Int) -> Boolean
    val everythingIsEven = numbers.all(checkEven) // Boolean
    val incrementedBy5 = numbers.map { it + 5 } // List<Int>

    val cities = listOf("Gummersbach", "Kiel", "Essen", "Köln", "München", "Aachen")
        // List<String>
    val sortedByName = cities.sortedBy { it } // List<String>
    val sortedByLength = cities.sortedBy { it.length } // List<String>
    val citiesWithK = cities.filter { it.startsWith("K") } // List<String>
}
```

25.2 Hilfreiche Funktionen für Datensammlungen

Wir haben bereits gesehen, dass `map` nicht die einzige nützliche Funktion höherer Ordnung ist, die auf Datensammlungen definiert ist. Sehr häufig kommen Funktionen wie z. B. `filter`, `reduce` und `fold` zum Einsatz.

filter

`filter` sorgt dafür, dass alle Elemente, für die eine bestimmte Bedingung nicht erfüllt wird, aussortiert werden. Wir schauen uns zunächst wieder zwei Beispiele an, wo wir alles selber implementieren:

- Es sollen alle Zahlen, die kleiner als 20 oder größer als 50 sind, aussortiert werden.
- Es sollen alle ungeraden Zahlen aussortiert werden.

```
fun filteredByRange(numbers: List<Int>): List<Int> {
    val tmp = mutableListOf<Int>()
    for (n in numbers) {
        if (n >= 20 && n >= 50)
            tmp.add(n)
    }
    return tmp.toList()
}

fun filteredIsEven(numbers: List<Int>): List<Int> {
    val tmp = mutableListOf<Int>()
    for (n in numbers) {
        if (n % 2 == 0)
            tmp.add(n)
    }
    return tmp.toList()
}

fun main() {
    val numbers = listOf(22, 50, 14, 99, 3, 18, 77)

    println(filteredByRange(numbers)) // [50, 99, 77]
    println(filteredIsEven(numbers)) // [22, 50, 14, 18]
}
```

Auch hier sehen wir wieder, dass der allgemeine Algorithmus gleich bleibt. Wenn Sie sich den Algorithmus anschauen, dann verändert sich nur die Bedingung, ob ein Element aufgenommen werden soll. Die `filter`-Funktion, die von vielen Datensammlungen bereitgestellt wird, abstrahiert über das Iterieren, Hinzufügen und Konvertieren der Datensammlung. Wir müssen der `filter`-Funktion nur mitteilen, nach welcher Bedingung gefiltert werden soll. Diese Bedingung ist vom Typ `(T) -> Boolean`. Für jedes Element `T` müssen wir entscheiden, ob das Element aufgenommen wird (`true`) oder nicht (`false`). Wenn wir die `filter`-Funktion in unserem Beispiel verwenden, sieht das so aus:

```
fun main() {
    val numbers = listOf(22, 50, 14, 99, 3, 18, 77)

    val filteredByRange = numbers.filter { it >= 20 && it >= 50 }
```

```
    val filteredIsEven = numbers.filter { it % 2 == 0 }
}
```

reduce

Mit `reduce` lassen sich alle Werte einer Datensammlung auf einen Wert reduzieren, indem wir eine Operation festlegen, die aus jeweils zwei Werten ein Ergebnis berechnet. Diese Operation wird zunächst auf die ersten beiden Elemente der Datensammlung angewandt. Das Zwischenergebnis wird dann gemeinsam mit dem dritten Element wiederum für diese Operation verwendet, was zu einem neuen Zwischenergebnis führt. Dies wiederholt sich dann, bis das letzte Element in der Liste berücksichtigt wurde.

Damit können wir z. B. alle Zahlenwerte einer Sammlung aufsummieren. Wir können auch herausfinden, welcher Wert der größte ist. Am Ende reduzieren wir immer eine Menge von Elementen (`List<T>`) zu einem einzigen Wert (`T`):

```
fun main() {
    val numbers = listOf(22, 50, 14, 99, 3, 18, 77)
    val cities = listOf("Gummersbach", "Kiel", "Essen", "Köln", "München", "Aachen")

    // Reduktion von List<Int> auf ein Int
    val sum = numbers.reduce { a, b -> a + b } // Int

    // Reduktion von List<Int> auf ein Int
    val max = numbers.reduce { a, b -> if (a > b) a else b } // Int

    // Reduktion von List<String> auf einen String
    val concatCities = cities.reduce { a, b -> "$a, $b" } // String

    println(sum) // 283
    println(max) // 99
    println(concatCities) // Gummersbach, Kiel, Essen, Köln, München, Aachen
}
```

Für häufig benötigte `reduce`-Fälle gibt es sogar schon eingebaute Funktionen:

```
fun main() {
    // ...
    val sum = numbers.sum()
    val max = numbers.max()
    val min = numbers.min()
    val concatCities = cities.joinToString(", ")
    // ...
}
```

fold

Ähnlich wie `reduce` funktioniert auch die `fold`-Funktion, bei der ebenfalls alle Datenwerte auf einen Wert reduziert werden. Allerdings kann dieser Datenwert von einem anderen Typ sein. Sie können z. B. alle Zahlen auf einen Booleschen Wert reduzieren, der angibt, ob mindestens eine Zahl größer als 80 ist. Oder Sie können die Einträge auf einen `Int`-Wert reduzieren, der zählt, wie viele gerade Zahlen in der Liste vorhanden sind. Für das akkumulierte Zwischenergebnis müssen wir in diesem Fall einen Startwert festlegen, denn der erste Eintrag der Datensammlung kann hier nicht verwendet werden, weil der erste Eintrag einen anderen Typ (z. B. `Int`) als das akkumulierte Ergebnis (z. B. `Boolean`) haben kann. Für die beiden genannten Beispiele sehen die Aufrufe so aus.

```
fun main() {
    // ...

    // Akkumuliert List<Int> zu Boolean, angefangen mit false
    val isAnyNumberLargerThan80 = numbers.fold(false) { acc: Boolean, n: Int ->
        acc || n > 80
    }

    // Akkumuliert List<Int> zu Int, angefangen mit 0
    val countEvenNumbers = numbers.fold(0) { acc: Int, n: Int ->
        acc + if (n % 2 == 0) 1 else 0
    }
}
```

Wir müssen die Parameter `acc` und `n` nicht zwingend mit einem Typ annotieren. Kotlin kann die Typen inferieren, da der Compiler sieht, welchen Typ der Startwert hat (`Boolean` bzw. `Int`) und welchen Typ die einzelnen Elemente der Liste haben (`Int`).

Auch für diese Beispiele können wir auf bereits eingebaute Funktionen zurückgreifen:

```
fun main() {
    // ...
    val isAnyNumberLargerThan80 = numbers.any { it > 80 }
    val countEvenNumbers = numbers.count { it % 2 == 0 }
}
```

Ein weiteres Beispiel für `fold` ist das Zählen aller Buchstaben der Strings einer Liste. Hier ist der akkumulierte Startwert auch `0` und vom Typ `Int`. Es wird dann jeweils die Länge des nächsten Strings zum bislang akkumulierten Wert hinzugerechnet:

```
fun main() {
    // ...
    val countLetters = cities.fold(0) { acc: Int, c: String -> acc + c.length }
}
```

25.3 Anwendungsbeispiele für Funktionen höherer Ordnung

Die bislang kennengelernten Funktionen operieren natürlich nicht nur auf Basis-Datentypen wie `Int` oder `String`. Ihre Leistungsfähigkeit zeigt sich insbesondere, wenn wir Objekte von selbstdefinierten Klassen verarbeiten. Um ein anschauliches Beispiel zu betrachten, nehmen wir eine Klasse, um Informationen über Produkte zu speichern.

```
data class Product(
    val productName: String, val category: String, val price: Double
)

fun main() {
    val products = listOf(
        Product("Kekse", "Lebensmittel", 1.99),
```

```
        Product("Nudeln", "Lebensmittel", 0.99),
        Product("Dosensuppe", "Lebensmittel", 2.39),

        Product("Süddeutsche Zeitung", "Zeitschriften", 1.40),
        Product("Der Spiegel", "Zeitschriften", 5.50),

        Product("Wischlappen", "Hygiene", 1.99),
        Product("Seife", "Hygiene", 1.49),
        Product("Shampoo", "Hygiene", 2.29)
    )
}
```

map

Mit der map-Funktion können Sie nun die Elemente der existierenden Liste products auf eine neue Liste abbilden. Sie können z. B. eine Liste erzeugen, in der nur die Produktnamen stehen. Dabei „mappen" Sie eine List<Product> in eine List<String>. Die Transformationsfunktion ist dabei für das Mapping von Product auf String zuständig:

```
fun main() {
    // ...
    // Mapping von List<Product> auf List<String>
    val productNames = products.map { it.productName }
}
```

Wenn Sie eine Liste erstellen möchten, bei der sich die Produktpreise ändern, dann müssen Sie in der Transformationsfunktion neue Product-Objekte erstellen bzw. die existierenden Objekte kopieren:

```
fun main() {
    // ...
    // Mapping von List<Product> auf List<Product> mit geringeren Produktpreisen (10%
        Rabatt)
    val discounted = products.map { it.copy(price = it.price * 0.9) }
}
```

fold

Wenn Sie wissen möchten, was alle Produkte zusammen kosten (z. B. für den Warenkorb), dann können Sie dies entweder mit fold selbst berechnen oder die sumByDouble-Funktion verwenden:

```
fun main() {
    // ...
    // Reduktion von List<Product> auf Int
    val sum = products.fold(0.0) { acc, product -> acc + product.price }
    val sum2 = products.sumByDouble { it.price }
}
```

Die fold-Funktion ist immer dann nützlich, wenn Sie eigene, komplexere Regeln zum Zusammenfassen der Werte festlegen möchten. Nehmen wir einmal an, dass wir die Preise zusammenrechnen möchten, aber auf alle Hygieneartikel ein Rabatt von 10 % gegeben werden soll. Dann müssen wir beim Addieren eine Fallunterscheidung einführen. Dies ist mit fold möglich:

```
fun main() {
    // ...
    val sumSpecialDiscount = products.fold(0.0) { acc, product ->
        if (product.category == "Hygiene") product.price * 0.9 else product.price
    }
}
```

Beim Aufruf für das erste `Product` aus der Liste ist der Wert von `acc` auf `0.0` gesetzt (Startwert). `product` enthält das erste Element der Liste („Kekse"), und der Preis `1.99` wird auf den Startwert addiert. Beim Aufruf für das zweite Element enthält `acc` den bislang akkumulierten Wert `1.99`, und `product` verweist auf das zweite Produkt (hier „Nudeln"). Der Preis `0.99` wird dann addiert. Beim nächsten Aufruf enthält `acc` den Wert `2.98`, und so geht es dann weiter. Wenn `product.category == "Hygiene"` gilt, dann wird allerdings nicht einfach `product.price` addiert sondern ein rabattierter Wert, nämlich `product.price * 0.9`.

filter

Sie können auch nach Preisen filtern oder überprüfen, ob es Produkte gibt, die bestimmte Bedingungen erfüllen:

```
fun main() {
    // ...
    // Neue Liste mit Produkten, die zwischen 1 und 2 Euro kosten
    val cheapProducts = products.filter { it.price >= 1.0 && it.price < 2.0 }

    // Neue Liste mit Produkten, die Lebensmittel sind
    val groceries = products.filter { it.category == "Lebensmittel" }
}
```

any

Mit `any` wird überprüft, ob eine Bedingung für mindestens ein Produkt gilt:

```
fun main() {
    // ...
    // Gibt es Produkte, die weniger als 1 Euro kosten?
    val hasOneDollarProducts = products.any { it.price < 1.0 }

    // Beispiel für die Verwendung des Resultats direkt in einer if-Anweisung:
    if (products.any { it.price < 1.0 }) {
        println("Wir haben auch sehr günstige Produkte")
    } else {
        println("Unsere Preise fangen bei 1 Euro an.")
    }
}
```

sortedBy

Nehmen wir einmal an, wir möchten unsere Produkte etwas besser strukturieren. Hierzu gibt es verschiedene Möglichkeiten. Zum einen können wir die Elemente sortiert in eine neue Liste überführen. Dafür gibt es eine `sortBy`-Funktion, der wir eine Funktion übergeben müssen, die festlegt, nach welchem Wert sortiert werden soll. Wenn diese Funktion z. B. den Produktnamen liefert, dann werden die Produkte nach Namen sortiert:

```
fun main() {
    // ...
    // Liste nach Produktname sortieren
    val sortedByName = products.sortedBy { it.productName }

    val productNames = sortedByName.map { it.productName }
    println(productNames) // [Der Spiegel, Dosensuppe, Kekse, Nudeln, Seife, Shampoo,
         Süddeutsche Zeitung, Wischlappen]
}
```

Wir können aber auch andere Sortierkriterien definieren, z. B. den Preis.

```
fun main() {
    // ...
    // Liste nach Produktpreis sortieren
    val sortedByPrice = products.sortedBy { it.price }

    val productNames = sortedByPrice.map { it.productName }
    println(productNames) // [Nudeln, Süddeutsche Zeitung, Seife, Kekse, Wischlappen,
         Shampoo, Dosensuppe, Der Spiegel]
}
```

`sortedBy` sortiert standardmäßig immer aufsteigend, sodass der kleinste Wert am Anfang und der größte Wert am Ende steht. Zum absteigenden Sortieren wird die Funktion `sortedByDescending` verwendet. Das Ergebnis ist dann genau andersherum.

groupBy

Ein anderes Beispiel für die Strukturierung unserer Datenelemente ist das Gruppieren anhand bestimmter Merkmale. Wir können Produkte mit `groupBy` beispielsweise anhand ihrer Kategorie gruppieren. Das Ergebnis ist eine `Map` mit den verschiedenen Kategorien (Lebensmittel, Zeitschriften und Hygiene) als Schlüssel und jeweils einer Liste mit `Product`-Einträgen, die in die jeweilige Kategorie fallen:

```
fun main() {
    // ...
    val groupedByCategory = products.groupBy { it.category } // Map<String,
         List<Product>>
}
```

Der Typ von `groupedByCategory` ist entsprechend `Map<String, List<Product>>`. Über die Schlüssel-Werte-Paare können wir iterieren und sie dann verarbeiten. Für die einfache Iteration können wir die `forEach`-Funktionen verwenden. Diese Funktion führt die übergebene Funktion für jedes Element aus. Hier das Schreiben in die Konsole:

```
fun main() {
    // ...
    groupedByCategory.forEach { (key, value) ->
        val productNames = value.map { it.productName }
        println("Kategorie $key enthält: $productNames")
    }
}
```

Die Ausgabe ist dann:

```
> Kategorie Lebensmittel enthält: [Kekse, Nudeln, Dosensuppe]
> Kategorie Zeitschriften enthält: [Süddeutsche Zeitung, Der Spiegel]
> Kategorie Hygiene enthält: [Wischlappen, Seife, Shampoo]
```

Zusammenspiel von Funktionen

Besonders mächtig sind die eingebauten Funktionen höherer Ordnung von Datensammlungen, wenn sie miteinander verbunden werden. In den obigen Beispielen haben wir dies im Prinzip schon gemacht, nämlich indem wir erst eine Liste sortiert und danach die sortierten Elemente auf ihre Namen abgebildet haben. Wir können nun einen Schritt weiter gehen und jedes Element mit der `forEach`-Funktion direkt ausgeben. Da `sortedBy` und `map` eine neue Liste zurückgeben, können wir die Funktionsaufrufe direkt anwenden:

```
fun main() {
    // ...
    products.sortedBy { it.price }.map { it.productName }.forEach { println(it) }
}
```

Die Beispiele dafür sind natürlich grenzenlos. Wir können das Gleiche wie im Beispiel davor machen, aber vorher die Lebensmittel herausfiltern. Da dies irgendwann in einer Zeile nicht mehr leserlich ist, können wir jeden Funktionsaufruf in eine eigene Zeile schreiben. Die Bedeutung bleibt die Gleiche, es ist nur leserlicher formatiert:

```
fun main() {
    // ...
    products
        .sortedBy { it.price }
        .filter { it.category == "Lebensmittel" }
        .map { it.productName }
        .forEach { println(it) }
}
```

Die Reihenfolge der Funktionsaufrufe ist dabei natürlich relevant. Wenn Sie erst alles auf die Produktnamen abbilden, dann haben Sie nur noch eine `List<String>` und können nicht mehr auf den Preis zugreifen. Im obigen Beispiel lässt sich durch eine geänderte Aufrufreihenfolge auch noch eine Optimierung vornehmen. Das Sortieren von Objekten ist eine relativ teure, d. h. rechenintensive Operation. Daher ist es in diesem Beispiel sinnvoll, erst die relevanten Elemente herauszufiltern und danach zu sortieren. Denn (in diesem Beispiel) spielt es keine Rolle, ob Sie die Lebensmittel herausfiltern, bevor oder nachdem Sie die Liste sortiert haben. Wenn Sie die gefilterte Liste sortieren, dann müssen nur drei Elemente in die richtige Reihenfolge gebracht werden. Wenn Sie erst die vollständige Produktliste sortieren, dann müssen immerhin 9 Elemente sortiert werden. Folgender Code ist also effizienter und hat dennoch dasselbe Ergebnis:

```
fun main() {
    // ...
    products
        .filter { it.category == "Lebensmittel" }
        .sortedBy { it.price }
        .map { it.productName }
        .forEach { println(it) }
}
```

Weitere Beispiele für die Kombination von Funktionen sind in folgendem Code dargestellt:

```
fun main() {
    // ...
    // Liefert das erste Produkt, das weniger als 1 Euro kostet:
    products
        .filter { it.price < 1.0 }
```

```
            .first()

    // Liste mit Namen der Lebensmittel, die weniger als 2 Euro kosten:
    products
        .filter { it.category == "Lebensmittel" }
        .filter { it.price < 2.0 }
        .map { it.productName }

    // Summe der Preise aller Lebensmittel
    products
        .filter { it.category == "Lebensmittel" }
        .map { it.price }
        .sum()

    // Liste aller Lebensmittel, die auch nach einem Rabatt von 10% noch mehr als 1.80
         kosten:
    products
        .filter { it.category == "Lebensmittel" }
        .map { it.copy(price = it.price * 0.9) }
        .filter { it.price > 1.8 }
        .map { it.productName }


    // Erzeugt eine Liste mit Listen, in denen jeweils das Produkt mit Originalpreis
         und einmal mit rabattiertem Preis steht:
    products.map {
        listOf(
            it,
            it.copy(
                productName = "Discounted ${it.productName}",
                price = it.price * 0.9
            )
        )
    }
}
```

flatten und flatMap

Beim letzten Beispiel bilden wir die Liste mit Produkten auf eine Liste mit Listen ab. Dieser Ausdruck hat den Typ `List<List<Product>>`. Aus jedem einzelnen Produkt wird eine Liste, die das Produkt selbst sowie eine rabattierte Kopie des Produkts enthält. Wir können diese Verschachtelung von Listen mit der `flatten`-Funktion auflösen. Diese Methode nimmt alle Objekte der Liste bzw. der Unterlisten und fügt diese in eine einzige Liste ein. Die verschachtelte Liste wird quasi „flach" gemacht:

```
fun main() {
    // ...
    val discounted: List<List<Product>> = products.map {
        listOf(
            it,
            it.copy(
                productName = "Discounted ${it.productName}",
                price = it.price * 0.9
            )
        )
    }
```

```
    val discountedFlat: List<Product> = discounted.flatten()
}
```

`discountedFlat` ist jetzt vom Typ `List<Product>`. Mit der `flatMap`-Funktion können wir auch direkt dafür sorgen, dass verschachtelte Listen gar nicht erst entstehen. Sie können sich das so vorstellen, dass `flatMap` erst ein `map` und danach ein `flatten` ausführt:

```
fun main() {
    // ...
    val discounted: List<Product> = products.flatMap {
        listOf(
            it,
            it.copy(
                productName = "Discounted ${it.productName}",
                price = it.price * 0.9
            )
        )
    }
}
```

Zur weiteren Veranschaulichung von `flatMap` splitten wir einmal unsere Städtenamen in Listen von Buchstaben auf:

```
fun main() {
    val cities = listOf("Gummersbach", "Kiel", "Essen", "Köln", "München", "Aachen")

    val cityLetters: List<List<Char>> = cities.map { it.toCharArray().toList() }
    val cityLettersFlat: List<Char> = cityLetters.flatten()

    println(cityLetters)
    println(cityLettersFlat)
}
```

`cityLetters` ist vom Typ `List<List<Char>>`, und die Ausgabe ist:

```
> [[G, u, m, m, e, r, s, b, a, c, h], [K, i, e, l], [E, s, s, e, n], [K, ö, l, n], [M,
    ü, n, c, h, e, n], [A, a, c, h, e, n]]
```

`cityLettersFlat` ist vom Typ `List<Char>`, und die Ausgabe ist:

```
> [G, u, m, m, e, r, s, b, a, c, h, K, i, e, l, E, s, s, e, n, K, ö, l, n, M, ü, n, c,
    h, e, n, A, a, c, h, e, n]
```

`cityLettersFlat` ist im Gegensatz zu `cityLetters` eine flache Struktur ohne Unterlisten. Sie können die Städtenamen auch in einem Rutsch als flache Liste berechnen:

```
fun main() {
    val cities = listOf("Gummersbach", "Kiel", "Essen", "Köln", "München", "Aachen")
    val cityLetters: List<Char> = cities.flatMap { it.toCharArray().toList() }
}
```

25.4 Sequenzen

Der große Vorteil der bislang besprochenen Funktionen ist, dass stets eine neue Liste zurückgeliefert wird. Dadurch bleibt die ursprüngliche Liste unverändert. Doch das Erzeugen einer neuen Liste ist natürlich nicht kostenlos, sondern verbraucht Speicherplatz und Rechenzeit.

25.4.1 Eager Evaluation – viel zu fleißig

Schauen wir uns einmal folgendes Beispiel an.

```
fun main() {
    // Produktname des ersten Produkts, welches teurer als 2 Euro ist
    val expensive = products
        .filter { it.price > 2.00 }
        .map { it.productName }
        .first()
}
```

Hier soll der Name des ersten Produkts, das mehr als 2.00 Euro kostet, in der Variable `expensive` gespeichert werden. Der Ausdruck entspricht einem funktionalen Denkansatz:

- Zunächst werden alle Produkte, die mehr als 2.00 Euro kosten, in eine neue Liste gelegt.
- Danach wird eine weitere Liste erstellt, in der nur noch die Produktnamen stehen.
- Schließlich wird der erste Produktname genommen und in einer Variable gespeichert.

Es entstehen also zwei neue Listen. Funktionen wie `filter` oder `map` sind sehr fleißig, d. h. sie erstellen immer sofort die gesamte neue Liste (*Eager Evaluation*). In unserem Fall hat die Liste `products` acht Elemente. Somit wird der Lambda-Ausdruck `{ it.price > 2.00 }` insgesamt acht Mal ausgeführt. Die gefilterte Liste hat noch drei Elemente, sodass der Lambda-Ausdruck `{ it.productName }` auch noch drei Mal ausgeführt wird. Das scheint im ersten Moment nicht problematisch, doch was passiert, wenn Sie Listen mit Tausenden oder Hunderttausenden Elementen haben und womöglich noch mehr Funktionen auf diese Listen anwenden? Das würde sehr viel Ressourcen (Speicher, Zeit, Energie usw.) kosten. Besser wäre es, wenn wir die Operationen nur dann ausführen, wenn auch wirklich ein Zugriff auf ein Element erfolgt. Noch besser wäre es, wenn wir die Lambda-Ausdrücke nur auf die Elemente anwenden, die wir letztlich verwenden wollen. In unserem Beispiel wird erst mit `first` tatsächlich auf ein Element einer Liste zugegriffen. Wie können wir erreichen, dass die Funktionen bei der Ausführung etwas fauler werden (*Lazy Evaluation*)?

25.4.2 Lazy Evaluation – Daten bei Bedarf verarbeiten

Die Lösung heißt Sequenzen. In Kotlin sammelt eine Sequenz zunächst die Funktionsaufrufe und wendet diese dann auf die Elemente an, die angefragt werden. Wir können eine bestehende Liste von einer Sequenz umschließen lassen:

```
fun main() {
    // ...
    val seqProducts = products.asSequence() // Sequence<Product>
}
```

Der Aufruf `asSequence` erzeugt ein neues Objekt vom Typ `Sequence`, das die ursprüngliche Liste quasi wie ein Mantel umhüllt. Dieser Mantel ist wichtig, dann dadurch wird **ein Element bei Bedarf** verarbeitet und nicht **alle Elemente gleichzeitig**.

Die Sequenz stellt sehr ähnliche Funktionen wie eine `Collection` bereit (`map`, `filter` usw.). Jedoch werden beim Aufruf dieser Funktionen keine neuen Listen erstellt, wo eine Operation auf alle Elemente angewendet wird. Stattdessen liefern `filter` und `map` eine neue Sequenz zurück, ohne dass für ein einziges Element eine Berechnung ausgeführt wird. Probieren wir das doch einmal aus, indem wir `filter` und `map` auf einer `Sequence` aufrufen:

```
fun main() {
    val expensive = products.asSequence()
        .filter { it.price > 2.00 }
        .map { it.productName }

    println(expensive)
}
```

Die Konsolenausgabe ist:

```
> kotlin.sequences.TransformingSequence@4d405ef7
```

Wenn wir nun das `asSequence()` wegnehmen würden, hätten wir eine normale Liste. Die Konsolenausgabe würde dann hingegen so aussehen:

```
> [Dosensuppe, Der Spiegel, Shampoo]
```

Funktionsaufrufe auf Listen (und anderen Datensammlungen) evaluieren direkt. Genauer gesagt evaluiert jeder Ausdruck direkt. Das ist der Standard. Der Ausdruck `1 + 1` evaluiert schließlich auch direkt zu `2` und nicht zu „Einer Berechnung von 1 + 1".

Sequenzen bereiten die Berechnung vor und evaluieren erst, wenn tatsächlich ein Zugriff erfolgt. Dann werden alle Lambda-Ausdrücke nacheinander auf jedes Element angewendet, bis das verwendbare Element erreicht wurde.

Ein Beispiel für einen Zugriff ist die `first`-Methode. Erweitern wir einmal den obigen Aufruf mit der Sequenz um die `first`-Methode:

```
fun main() {
    // ...
    val expensive = products.asSequence()
        .filter { it.price > 2 }
        .map { it.productName }
        .first()

    println(expensive)
}
```

Jetzt wird tatsächlich ein Ergebnis in die Konsole geschrieben, nämlich `Dosensuppe`.

Die terminierende Funktion `first` fragt bei der von `map` erzeugten Sequenz nach **dem ersten Element** an. Diese Sequenz fragt wiederum bei der durch `filter` erzeugten Sequenz **nach dem ersten Element** an, für das die Filterbedingung gilt. Diese Sequenz durchläuft dann die Liste, bis das erste passende Element gefunden ist. In unserer Beispielliste ist dies das dritte Produkt – die Dosensuppe kostet nämlich 2.39. Somit muss die `filter`-Sequenz zwar auf mehrere Objekte der Liste zugreifen, aber das Lambda muss eben nicht für alle ausgeführt werden. Sie kann den ersten Treffer, nämlich das „Dosensuppe"-Objekt, zurückgeben. Die `map`-Funktion wird jetzt auch nur noch auf dieses Element angewendet und berechnet für dieses Objekt den String „Dosensuppe".

Beide Lambda-Ausdrücke werden also nur solange ausgeführt, bis das zu verwendende Element gefunden wurde. In unserem Beispiel muss nur die `filter`-Funktion für mehrere Objekte ausgeführt werden. Da wir die Sequenz mit `first` auflösen, benötigen wir auch nur das erste passende Element der Sequenz.

In diesem Beispiel erzeugen wir bei der (Eager Evaluation-) Liste insgesamt zwei neue Listen und wenden einen Lambda-Ausdruck auf jeweils 11 Elemente (8 + 3) an. Mit der (Lazy Evaluation-) Sequenz sind wir schneller, weil wir wegen `first` nur das erste passende Element benötigen. Beim Filtern müssen drei Objekte betrachtet werden, bis ein Objekt mit der passenden Bedingung gefunden wird. Wegen `first` reicht uns dieses eine Objekt, sodass das Lambda von `map` nur für dieses eine Objekt aufgerufen wird.

25.4.3 Sequenzen verändern die Reihenfolge

Vermutlich denken Sie jetzt: warum nicht immer Sequenzen verwenden? So einfach ist das nicht, denn Sequenzen verändern die Reihenfolge der Funktionsaufrufe! Diesen Unterschied zwischen Listen und Sequenzen können wir auf der Konsole nachverfolgen. Dafür umschließen wir die übergebenen Lambdas an `filter` und `map` mit einer Funktion, die zusätzlich den Funktionsnamen und das jeweilige Produkt auf der Konsole ausgibt:

```
fun isExpensive(product: Product): Boolean { // Führt ein println vor der Bedingung aus
    println("(Aufruf isExpensive) für ${product.productName}") // Hier das println
    return product.price > 2.00 // Hier erst die Bedingung
}

fun productName(product: Product): String { // Führt ein println vor der
     Transformation aus
    println("(Aufruf mapToName) für ${product.productName}") // Hier das println
    return product.productName // Hier erst die Transformation
}
```

Der Aufruf mit Listen sieht dann so aus:

```
fun main() {
    // ...
    val expensive = products
        .filter { isExpensive(it) } // Eigene Funktion statt der Bedingung
        .map { productName(it) } // Eigene Funktion statt der Transformation
        .first()
}
```

Die Konsolenausgabe ist wie zu erwarten:

```
> (Aufruf isExpensive) für Kekse
> (Aufruf isExpensive) für Nudeln
> (Aufruf isExpensive) für Dosensuppe
> (Aufruf isExpensive) für Süddeutsche Zeitung
> (Aufruf isExpensive) für Der Spiegel
> (Aufruf isExpensive) für Wischlappen
> (Aufruf isExpensive) für Seife
> (Aufruf isExpensive) für Shampoo
> (Aufruf mapToName) für Dosensuppe
> (Aufruf mapToName) für Der Spiegel
> (Aufruf mapToName) für Shampoo
```

Der Aufruf mit Sequenzen sieht so aus:

```
fun main() {
    // ...
    val expensive =  products.asSequence()
```

```
        .filter { isExpensive(it) } // siehe oben
        .map { productName(it) } // siehe oben
        .first()
}
```

Und gibt entsprechend Folgendes aus der Konsole aus:

```
> (Aufruf isExpensive) für Kekse
> (Aufruf isExpensive) für Nudeln
> (Aufruf isExpensive) für Dosensuppe
> (Aufruf mapToName) für Dosensuppe
```

Das ist jetzt natürlich eindrucksvoll, weil wir mit `first` nur an dem ersten Element interessiert sind. Zum Vergleich: `filter` wird nur dreimal (bis zum ersten Treffer) statt achtmal aufgerufen, und `map` wird statt achtmal nur einmal auf das erste gefilterte Element angewendet.

Wenn wir dagegen das letzte Element mit `last` haben wollen, haben wir zwar genauso viele Aufrufe, allerdings ist die Aufrufreihenfolge anders:

```
fun main() {
    // ...
    val expensive =  products.asSequence()
        .filter { isExpensive(it) }
        .map { productName(it) }
        .last() // Hier last anstelle von first
```

Die Konsolenausgabe ist jetzt:

```
> (Aufruf isExpensive) für Kekse
> (Aufruf isExpensive) für Nudeln
> (Aufruf isExpensive) für Dosensuppe
> (Aufruf mapToName) für Dosensuppe
> (Aufruf isExpensive) für Süddeutsche Zeitung
> (Aufruf isExpensive) für Der Spiegel
> (Aufruf mapToName) für Der Spiegel
> (Aufruf isExpensive) für Wischlappen
> (Aufruf isExpensive) für Seife
> (Aufruf isExpensive) für Shampoo
> (Aufruf mapToName) für Shampoo
```

Die Reihenfolge kommt eben daher zustande, weil erst **alle Lambdas gesammelt** und dann für **jedes Element nacheinander** angewendet werden, bis das **entsprechende Element gefunden** wurde.

25.4.4 Fleißig oder faul – was ist besser?

Sollte man also lieber immer mit Sequenzen arbeiten statt mit Listen? Im Prinzip können Sie tatsächlich alles auf Sequenzen umstellen. Allerdings ist die Arbeit mit Sequenzen etwas schwieriger zu verstehen, und vor allem das Debugging ist sehr viel schwieriger (dies sieht man etwa an der Aufrufreihenfolge im letzten Abschnitt). Daher sollte der Wechsel nur erfolgen, wenn Sie mit sehr großen Listen arbeiten oder eine Liste sehr häufig verarbeiten. Also immer dann, wenn wirklich sehr viel Rechenleistung verbraucht wird. Doch selbst bei großen Datenmengen dürfen wir nur auf Sequenzen umstellen, wenn die geänderte Aufrufreihenfolge keinen Einfluss auf die Semantik unseres Programms hat.

In den meisten Fällen haben wir es zudem mit verhältnismäßig kleinen Datenmengen zu tun. Dabei ist der Rechenaufwand im Vergleich zu den übrigen Operationen, die ein Programm und das Betriebssystem ausführen, so gering, dass die zusätzliche Rechenzeit zu vernachlässigen ist. Sie spielt nur eine geringe Rolle, aber der Programmcode wird komplexer – und im Zweifel verbrauchen Sie mehr Ressourcen, um die Fehler zu beseitigen.

26 Invarianz, Kovarianz und Kontravarianz

Bei der Erzeugung der verschiedenen Datensammlungen haben wir jeweils festgelegt, von welchem Typ die Elemente sind, die in eine Datensammlung hinein kommen dürfen. Nehmen wir noch einmal als Beispiel eine veränderliche Liste mit Produkten. Diese Liste soll unseren aktuellen Einkaufswagen repräsentieren.

```
fun main() {
    // ...
    val shoppingCart = mutableListOf<Product>()
    shoppingCart.add(products.random()) // Fügt ein zufälliges Produkt hinzu
    shoppingCart.add("Eiscreme") // Geht nicht, ein String ist kein Produkt!
}
```

Beim Aufruf der Funktion `mutableListOf` legen wir `Product` als Typ-Parameter fest. Damit ist sichergestellt, dass in die `shoppingCart`-Liste nur Objekte vom Typ `Product` hinzugefügt werden dürfen. Daher gibt es eine Fehlermeldung vom Compiler, wenn wir versuchen, dort die Zeichenkette `"Eiscreme"` hinzuzufügen.

26.1 Typsicherheit durch Typ-Parameter

In die Liste `shoppingCart` dürfen nur Objekte vom Typ `Product`. Objekte, die einen spezielleren Typ besitzen, können ebenfalls hinzugefügt werden, da sie ja auch Produkte sind. Um dies zu verdeutlichen, bauen wir als Beispiel eine kleine Klassenhierarchie auf, in der es verschiedene Untertypen der Klasse `Product` gibt.

> **open class oder data class**
>
> Bisher war `Product` eine Daten-Klasse. Hier wollen wir nun aber bewusst eine Klassenhierarchie aufbauen und müssen die Klasse mit `open` für die Unterklassenbildung öffnen. Daher kann `Product` nun keine Daten-Klasse mehr sein. Der Grund hierfür ist, dass eine Daten-Klasse nicht gleichzeitig eine `open data class` sein darf.

Die beiden Unterklassen definieren speziellere Produkte mit zusätzlichen Informationen. Beim Buch wird zusätzlich die Seitenzahl gespeichert, beim Möbelstück werden zusätzlich die Maße gespeichert:

```
open class Product(val productName: String, val category: String, val price: Double)

class Book(bookName: String, price: Double, val pages: Int)
    : Product(bookName, "Buch", price)

class Furniture(
    furnitureName: String,
    price: Double,
    val width: Int,
    val height: Int,
    val depth: Int
) : Product(furnitureName, "Möbelstück", price)
```

Wir können nun eine Liste mit Büchern anlegen:

```
fun main() {
    val books = mutableListOf<Book>(
        Book("Harry Potter", 8.99, 700),
        Book("Factfulness", 12.00, 400)
    )
}
```

Da ein `Book` vom Typ `Product` ist, können wir in unserer `shoppingCart`-Liste sowohl `Product`-Objekte als auch `Book`-Objekte hinzufügen:

```
fun main() {
    // ...
    val shoppingCart = mutableListOf<Product>()
    shoppingCart.add(products.random()) // Fügt ein zufälliges Produkt hinzu
    shoppingCart.add(books.random()) // Fügt ein zufälliges Buch hinzu
}
```

Soweit erst einmal zum Aufbau. Gleich wird es interessant.

26.1.1 Invarianz

Wir können uns nun eine Funktion überlegen, die den Gesamtpreis aller Produkte berechnet. Zur Verdeutlichung der Typen verwenden wir hier eine externe Iteration mit einer Laufvariable:

```
fun checkoutPrice(cart: MutableList<Product>): Double {
    var totalPrice = 0.0
    for (p in cart) {
        totalPrice += p.price
    }
    return totalPrice
}
```

Die Funktion erhält als Parameter eine Liste vom Typ `MutableList<Product>`. Es ist garantiert, dass alle Elemente in dieser Liste vom Typ `Product` sind. Dies nennt man *Invarianz*. Die Invarianz bezieht sich auf den Typ-Parameter, für den hier `Product` festgelegt wurde. Alle Objekte haben denselben Typ, nämlich `Product`. Deshalb können wir auch in dieser Funktion über alle Elemente iterieren und auf die Eigenschaften von `Product` zugreifen.

26.1.2 Die Grenzen von Invarianz

So weit, so gut. Doch was passiert, wenn wir der Funktion checkoutPrice eine Liste vom Typ MutableList<Book> übergeben? Geht das? Schließlich ist Book doch eine Unterklasse von Product.

Wenn wir nun einen weiteren Einkaufswagen nur mit Büchern anlegen und diesen an die checkoutPrice-Funktion übergeben, gibt es tatsächlich einen Fehler:

```
fun main() {
    val bookCart = mutableListOf<Book>(
        Book("Harry Potter", 8.99, 700),
        Book("Factfulness", 12.00, 400)
    )

    checkoutPrice(bookCart) // Error: Type mismatch. Required: MutableList<Product>.
         Found: MutableList<Book>
}
```

Der Compiler liefert die im Kommentar angezeigte Fehlermeldung. Die Liste bookCart ist vom Typ MutableList<Book>, aber es wird ein Argument vom Typ MutableList<Product> erwartet. Ist denn der Typ Book plötzlich kein Untertyp mehr von Product? Doch, aber MutableList<Book> ist kein Untertyp von MutableList<Product>.

Das scheint zunächst etwas verwirrend und inkonsequent. Ist das nicht gerade die Idee der Polymorphie, dass speziellere Typen über einen allgemeineren Typ angesprochen werden können?

Stimmt, aber wir müssen auch stets die Typsicherheit gewähren. Der Parameter cart von checkoutPrice ist eine veränderliche Liste mit Elementen vom Typ Product. Das bedeutet, man könnte der Liste cart weitere Objekte vom Typ Product hinzufügen. Dazu zählen z. B. auch Furniture-Objekte. Wenn wir nun die Funktion checkoutPrice mit bookCart aufrufen, dann übergeben wir eine Liste, in der nur Bücher gespeichert werden dürfen.

Wenn jetzt in checkoutPrice aber plötzlich ein Furniture-Objekt hinzugefügt werden würde, dann hätten wir ein Problem: Wir hätten eine Liste vom Typ MutableList<Book>, die auch ein Furniture-Objekt enthält.

Zwar rufen wir in der Funktion checkoutPrice keine weiteren Funktionen auf, mit denen wir die Liste verändern. Dies kann der Compiler aber nicht zur Compilezeit überprüfen.

26.1.3 Kovarianz

Das Problem lässt sich lösen, indem wir dem Compiler mitteilen, dass wir nur lesend auf die Liste zugreifen. Da der Parameter cart vom Typ MutableList<Product> ist, liefert uns jeder lesende Zugriff immer eine Referenz vom allgemeinen Typ Product zurück. Egal, ob es sich dabei tatsächlich um ein Product-, Book- oder Furniture-Objekt handelt. Solange wir also nur auf Methoden zugreifen, die etwas zurückliefern, werden wir kein Problem haben, da stets der allgemeinere Typ zurückgegeben wird.

Um dies dem Compiler mitzuteilen, können wir den Typ-Parameter mit dem Schlüsselwort out kennzeichnen:

```
fun checkoutPrice(cart: MutableList<out Product>): Double {
    var totalPrice = 0.0
    for (p in cart) {
        totalPrice += p.price
    }
    return totalPrice
}
```

Das `out` legt fest, dass `Product`-Objekte nur herausgegeben werden („take out"). Es können keine neuen `Product`-Objekte hineingegeben werden (kein „put in"). Deshalb können wir die Funktion `checkoutPrice` jetzt sowohl mit einer `Product`- als auch mit einer `Book`-Liste aufrufen:

```
fun main() {
    val shoppingCart: MutableList<Product> = ... // siehe oben
    val bookCart: MutableList<Book> = ... // siehe oben

    checkoutPrice(shoppingCart) // Ging schon vorher
    checkoutPrice(bookCart) // Geht jetzt auch
}
```

Durch `out` ist sichergestellt, dass nicht irgendein Objekt, das auch den Obertyp `Product` besitzt, in die spezifische `Book`-Liste gerät. Andersherum ist es kein Problem, die spezifischen `Book`-Objekte aus der Liste allgemeiner als `Product` zu betrachten. Jedes Buch ist ein Produkt und kann als Produkt betrachtet werden. Aber nicht jedes Produkt ist ein Buch – Möbelstücke sind z. B. keine Bücher.

Man bezeichnet diese Deklaration mit `out` als *Kovarianz* bzw. als kovarianten Parametertyp. Kovariant bedeutet, dass sichergestellt wird, dass alle Objekte der Liste als `Product` betrachtet werden können. Auch wenn es verschiedene Varianten (Unterklassen) von `Product` sind. Wir können uns sicher sein, dass wir immer eine Liste erhalten, für die gilt, dass alle darin enthaltenen Objekte vom Typ `Product` sind. Wir dürfen aber nicht ein beliebiges anderes Produkt hinzufügen.

Das können wir ganz einfach testen, indem wir versuchen, innerhalb der `checkoutPrice`-Funktion der Liste `cart` ein Objekt hinzuzufügen:

```
fun checkoutPrice(cart: MutableList<out Product>): Double {
    cart.add(Product("", "", 1.0)) // Error: Type mismatch. Required: Nothing Found:
        Product

    // ...
}
```

Das führt natürlich zu einem Fehler. Die Fehlermeldung ist allerdings interessant. Durch das `out` wurde der Parameter der `add`-Methode von `MutableList<out Product>` auf `Nothing` gesetzt. Wir können im wahrsten Sinne des Wortes der Liste `cart` jetzt nichts mehr hinzufügen.

out bedeutet: nur Dinge entnehmen

In diesem Beispiel mussten wir die Kovarianz für die veränderliche Liste mit `out` festlegen, um sicherzustellen, dass kein schreibender Zugriff auf die Liste erlaubt werden darf. Es darf nichts in die Liste gelegt werden, um sicherzustellen, dass dort nicht ein

Objekt eines falschen Typs landet. Wenn wir statt der `MutableList<out Product>` gleich eine `List<Product>` gewählt hätten, dann müssten wir nicht explizit `out` angeben. Denn in der List-Schnittstelle ist der Typ-Parameter für die darin enthaltenen Objekte bereits als kovariant deklariert. Einer unveränderlichen List kann man halt ohnehin nichts hinzufügen. ■

26.1.4 Kontravarianz

Neben der Kovarianz gibt es auch den umgekehrten Fall, die *Kontravarianz*. In diesem Fall dürfen wir Listen mit Objekten vom allgemeineren Typ übergeben. Wir können z. B. eine Funktion schreiben, die einer Liste ein Produkt als Überraschung hinzufügt:

```
fun addSurprise(cart: MutableList<Product>) {
    cart.add(Furniture("Lampe", 39.99, 20, 10, 20))
}
```

Können wir diese Funktion für `shoppingCart` und `bookCart` aufrufen?

```
fun main() {
    val shoppingCart: MutableList<Product> = ... // siehe oben
    val bookCart: MutableList<Book> = ... // siehe oben

    addSurprise(shoppingCart) // Geht
    addSurprise(bookCart) // Geht nicht und soll es auch nicht
}
```

Es ist kein Problem, einer Liste mit Produkten ein beliebiges weiteres Produkt hinzuzufügen. Dies kann ein `Book`- oder auch ein `Furniture`-Objekt sein. Es ist jedoch ein Problem, einer Liste, in der nur `Book`-Objekte sein dürfen, ein `Furniture`-Objekt hinzuzufügen. Den Parametertyp mit `out` zu deklarieren, würde auch nicht funktionieren, denn wir wollen nicht etwas herausnehmen, sondern etwas hinzufügen.

Doch was ist, wenn wir eine allgemeinere Liste haben, in der alles Mögliche hinein darf:

```
fun main() {
    val stuff = mutableListOf<Any>()
    addSurprise(stuff) // Fehler, geht auch noch nicht
}
```

Auch hier kommt es erst einmal zu einem Fehler. Es stimmt zwar, dass wir ohne Probleme der `stuff`-Liste unsere Lampe hinzufügen könnten. Aber das Problem ist, dass in der Signatur von `addSurprise` festgelegt wird, dass eine Liste mit `Product`-Objekten übergeben wird. Es handelt sich um einen invarianten Typ-Parameter. Es ist prinzipiell möglich, die darin enthaltenen Objekte als `Product` zu betrachten und auf die spezifischen Eigenschaften wie `price` oder `category` zuzugreifen. Doch es kann nicht garantiert werden, dass in einer Liste mit `Any`-Objekten nicht doch etwas anderes drin steckt. Ganz im Gegenteil: In eine Liste von `Any` können wir alles Mögliche reinschreiben:

```
fun main() {
    val stuff = mutableListOf<Any>()
    stuff.add("Eiscreme")
    stuff.add(true)
    stuff.add(42)
```

```
    checkoutPrice(stuff) // Fehler, nicht alles in stuff hat einen price
    addSurprise(stuff) // Fehler, geht auch noch nicht
}
```

Es wäre also problematisch, lesend auf den `cart` zuzugreifen, denn es ist nicht garantiert, dass sich in der übergebenen Liste nur `Product`-Objekte befinden. Allerdings haben wir in der `addSurprise`-Funktion auch gar nicht vor, etwas mit den Elementen der Liste anzustellen. Wir wollen nur ein weiteres Produkt hinzufügen.

Solange wir also eine Liste als Argument erhalten, die Objekte vom Obertyp von `Product` enthält, ist alles in Ordnung – und `Any` ist natürlich ein Obertyp von `Product`. Um dem Compiler mitzuteilen, dass wir nur etwas in die Liste hineingeben möchten („put in"), deklarieren wir den Typ-Parameter als `in`.

```
fun addSurprise(cart: MutableList<in Product>) {
    cart.add(Furniture("Lampe", 39.99, 20, 10, 20))
}
```

Jetzt ist sichergestellt, dass wir in `addSurprise` ein beliebiges `Product`-Objekt in den `cart` legen dürfen. Wir können aber nicht davon ausgehen, dass im `cart` nur `Product`-Objekte sind, es können dort z. B. auch Objekte vom Typ `String` enthalten sein. Wir können jedoch jetzt die `stuff`-Liste als Argument an die Funktion übergeben:

```
fun main() {
    val shoppingCart: MutableList<Product> = TODO()
    val bookCart: MutableList<Book> = TODO()
    val stuff = mutableListOf<Any>()
    stuff.add("Eiscreme")
    stuff.add(true)
    stuff.add(42)

    addSurprise(stuff) // Geht jetzt
    addSurprise(shoppingCart) // Ging schon immer
    addSurprise(bookCart) // Geht nicht und soll es auch nicht
}
```

Durch die Kennzeichnung mit dem Schlüsselwort `in` haben wir festgelegt, dass alle Listen, die beliebige Produkte aufnehmen können, als gültige Argumente akzeptiert werden. Ein `shoppingCart` vom Typ `MutableList<Product>` kann natürlich die verschiedensten Produkte aufnehmen. Und `stuff` vom Typ `MutableList<Any>` kann alles Mögliche (`Any`) aufnehmen und damit natürlich auch beliebige Produkte. Eine Buchliste (`MutableList<Book>`) darf dagegen nur Bücher aufnehmen. Diese Liste wird daher vom Compiler nicht als Argument für `addSurprise` akzeptiert.

Diese Art von Typ-Parametern nennt man kontravariant. Speziellere Typen von `Product` sind nicht erlaubt, aber sehr wohl allgemeinere Typen. Der Hintergrund: Wenn wir ein `Product` als etwas Allgemeineres ansehen (hier als `Any`), dann ist dies unproblematisch, da wir weniger Zugriff gewähren, als eigentlich möglich wäre. Wir bieten nur die Methoden an, die für alle `Any`-Objekte verfügbar sind.

Auch das können wir testen, indem wir versuchen, innerhalb der addSurprise-Funktion ein Objekt aus der Liste cart zu entnehmen:

```
fun addSurprise(cart: MutableList<in Product>) {
    // ...
    val first: Any? = cart[0]
    first?.productName // Error: Unresolved reference: productName
}
```

Wir können Objekte aus der Liste entnehmen, allerdings sind alle Objekte vom Typ Any?. Das liegt daran, weil cart **mindestens** eine Liste von Product ist. Theoretisch kann ein höherer Typ in der Hierarchie übergeben werden, wie eben eine Liste von Any. Der gemeinsame Nenner ist immer Any. Der Typ muss zudem nullfähig sein, weil die Liste an der Stelle 0 auch kein Element haben kann, wenn sie z. B. leer ist.

26.2 Invarianz, Kovarianz und Kontravarianz im Vergleich

Invarianz, Kovarianz und Kontravarianz – das klingt ziemlich ähnlich und kann schnell verwirren. Wie kann man sich die Unterschiede merken?

Diese drei Begriffe beziehen sich immer auf Typen, die einen Typ-Parameter haben: Es kann einen Typ A geben, der B als Typ-Parameter verwendet. Beispiel: Wenn wir eine Liste MutableList<T> haben, dann ist T unser Typ-Parameter. Welcher konkrete Typ für T verwendet wird, legen wir bei der Deklaration einer Variable bzw. bei der Objekterzeugung fest. Im obigen Beispiel haben wir Product als Typ-Parameter gesetzt, sodass in die MutableList nur Objekte vom Typ Product eingesetzt verwendet werden dürfen.

Invarianz bedeutet: Der Typ T kann nicht verändert werden. Er ist nicht variabel, also invariant. Einer Funktion mit einem Parameter MutableList<Product> muss auch immer eine MutableList<Product> übergeben werden. In diese Liste darf alles hineingelegt werden, was ein Product ist. Auch die Untertypen Book und Furniture sind vom Typ Product, sie verfügen über alle Eigenschaften und Methoden von Product, da diese geerbt werden. Beim Herausnehmen wird immer ein Product geliefert, sodass nur auf die allgemeine Schnittstelle von Product zugegriffen werden kann.

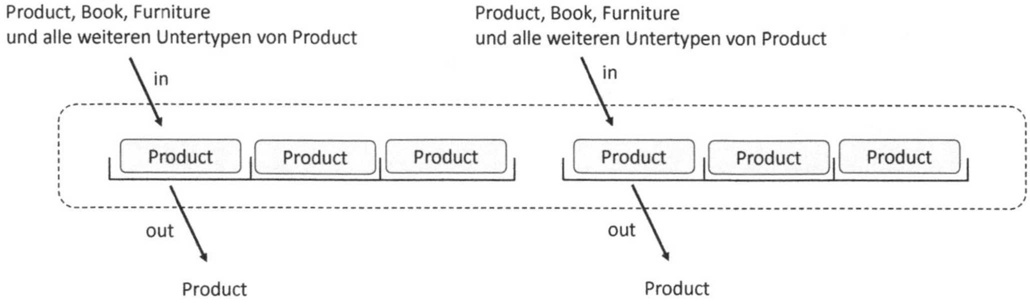

Kovariant bedeutet: Der Typ T darf spezieller sein. Es ist möglich, Listen mit Objekten zu übergeben, die ein Untertyp von T sind. In unserem Beispiel kann also MutableList<Book> auch übergeben werden, weil Book eine Unterklasse von Product ist. Solange nur lesend auf die Liste zugegriffen wird, ist dies kein Problem. Denn es werden stets nur Product-Referenzen zurückgeliefert. Hinsichtlich der Schnittstelle von Product (also hinsichtlich der verfügbaren Eigenschaften und Methoden) sind nämlich sowohl Product, Book und Furniture gleich; sie sind kovariant. Wenn wir etwas herausnehmen (daher die Deklaration mit out), kann sichergestellt werden, dass spezifischere Objekte (z. B. Book) auf die allgemeinere Schnittstelle (z. B. Product) projiziert werden. Das Hinzufügen wäre dagegen problematisch, denn wir wollen ja nicht, dass in einer Liste mit Büchern auch Möbelstücke landen. Book und Furniture sind kovariante Typ-Parameter, da sie beide Varianten des Typs Product sind.

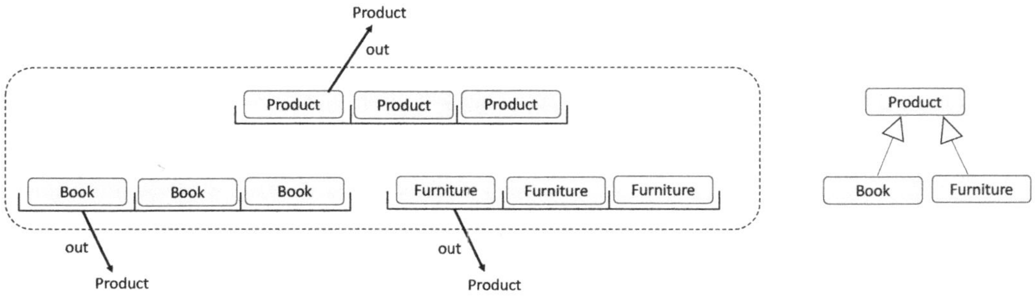

Kontravariant bedeutet: Der Typ T darf allgemeiner sein. Es ist möglich, Listen mit Objekten zu übergeben, die ein Obertyp von T sind. Ein Obertyp verkleinert die verfügbare Schnittstelle, d. h. die verschiedensten Objekte werden auf einen kleineren gemeinsamen Nenner reduziert. In einer MutableList<Any> kann z. B. alles Mögliche gespeichert werden, z. B. String-Objekte, Furniture- oder Product-Objekte, wie in der Liste unten rechts dargestellt. Es ist überhaupt kein Problem, in eine Liste, die Objekte eines allgemeineren Typs enthalten kann, Product-Objekte hinzuzufügen. Sie können ein Product stets einer MutableList<Product> als auch einer MutableList<Any> hinzufügen.

Die verschiedenen Objekte in dieser Liste haben jedoch weniger Gemeinsamkeiten; sie sind kontravariant. Da in dieser allgemeineren Liste unterschiedlichste Objekte liegen, ist nicht mehr jedes Objekt vom Typ Product. Daher ist es auch nicht möglich, aus dieser Liste ein Objekt herauszunehmen und dabei anzunehmen, dass es sich um ein Product handelt. Es liegen ja z. B. auch Strings in der Liste. Deshalb dürfen wir bei kontravarianten Typ-Parametern nur Objekte hinzufügen (daher die Deklaration mit in). Hinsichtlich der Schnittstelle von Product sind die Elemente der Liste kontravariant, d. h. sie sind gegensätzlich und erfüllen nicht alle die Schnittstelle von Product, sondern nur die allgemeinere Schnittstelle (z. B. Any).

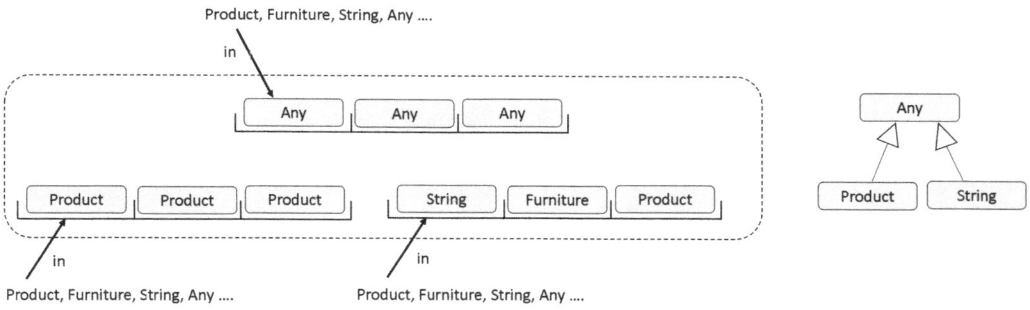

Wir haben uns hier im Beispiel auf veränderliche Listen konzentriert, da dies besonders anschaulich ist. Die Prinzipien der Invarianz, Kovarianz und Kontravarianz gelten aber für alle Typen mit Typ-Parameter.

Zudem lässt sich bereits bei der Deklaration einer Klasse festlegen, ob ein Typ-Parameter invariant, kovariant oder kontravariant sein soll. Die `MutableList<E>` ist von Haus aus invariant – man kann nur Objekte des gleichen Typs hinzufügen und herausnehmen. Bei der unveränderlichen Liste ist die Schnittstelle `List<out E>` mit einem kovarianten Typ-Parameter `E` ausgestattet. Da man in diese Liste nichts Neues hineinlegen kann, darf es sich auch um Listen handeln, die Objekte speichern, die einen Untertypen von `E` haben. Denn beim Zugriff auf ein Element erhalten wir immer nur eine Referenz des kovarianten Typs `E` zurückgeliefert. Wenn Sie also eine nicht veränderliche Liste mit dem Typ-Parameter `Product` erzeugen, dann darf die Liste auch `Book`- und `Furniture`-Objekte beinhalten. Beim lesenden Zugriff erhalten wir jedoch immer nur eine `Product`-Referenz.

27 Listen selbst implementieren

In den letzten Kapiteln haben wir eine Reihe verschiedener Datensammlungen kennengelernt: Arrays, Listen, Sets, Maps und Sequenzen. Dabei handelt es sich zunächst erst einmal um abstrakte Datentypen, die bestimmte Operationen bereitstellen. Wir können diese Datentypen nutzen, ohne zu verstehen, wie die interne Struktur und Implementierung aufgebaut ist. Die Datentypen heißen deshalb abstrakt, weil sie keine konkrete Implementierung definieren, sondern nur Operationen und Wertebereiche festlegen. In diesem Abschnitt werden wir einen abstrakten Datentyp definieren – eine eigene Schnittstelle für Listen, die sich auf sehr unterschiedliche Weise implementieren lässt.

Diese verschiedenen Umsetzungen haben natürlich Konsequenzen, z. B. auf den Speicherverbrauch oder die Zugriffszeiten auf einzelne Elemente. Daher schadet es nicht zu verstehen, wie eine Liste intern arbeitet. Selbst wenn Sie in der Praxis häufig auf fertige Implementierungen aus Standardbibliotheken zugreifen, werden Sie gelegentlich ähnliche Datenstrukturen selbst implementieren. Wir werden uns ausführlich mit der Implementierung von *verketteten Listen* beschäftigen. Verkettete Listen gehören zum Grundwissen jeder Informatikerin und jedes Informatikers. Sie zeigen viele Aspekte der objektorientierten Programmierung auf und sind in unterschiedlichsten Variationen häufig anzutreffen.

Wir werden aber auch sehen, dass es funktionale Varianten gibt. Die Liste ist insofern ein gutes und anschauliches Beispiel, da sie zum einen eine der häufigsten Datenstrukturen ist, die Sie benötigen. Zum anderen können wir sehen, wie unterschiedlich die Implementierung derselben Operationen, d. h. derselben Schnittstelle, aussehen kann. Und schließlich ist die Liste auch eine relativ einfache Datenstruktur, an der wir die bislang erlernten Konzepte noch einmal wiederholen können.

27.1 Was ist eine Liste?

Bevor wir uns mit der Programmierung von Listen beschäftigen, betrachten wir zunächst einmal Listen in der realen Welt. Ein Beispiel für eine Liste, wäre:

- Einkaufen gehen
- Wäsche waschen
- Geschenke einpacken
- Aufräumen

Diese Liste besteht aus mehreren Elementen (Einkaufen gehen, Wäsche waschen, Geschenke einpacken, Aufräumen), die in einer bestimmten Ordnung stehen, d.h. es gibt eine bestimmte Reihenfolge der Elemente. Die Reihenfolge muss nicht unbedingt eine Bedeutung haben (z. B. wenn Sie Begriffe zufällig aufschreiben). Sie kann aber eine Bedeutung haben (z. B. wenn Sie Aufgaben priorisieren). Unabhängig davon, ob die Reihenfolge eine Bedeutung hat, stehen die Elemente in einer Liste immer in einer definierten Anordnung. Daher ist eindeutig, was gemeint ist, wenn jemand fragt: „Was steht als Erstes auf der Liste?" oder „Was steht als Letztes auf der Liste?".

27.1.1 Unterschiedliche Listen als konkrete Formen

Die oben stehende Liste wurde mit einer Textverarbeitung eingegeben. D. h. die konkrete Umsetzung, die Liste aufzuschreiben, ist mithilfe einer Software erfolgt. Es gibt aber viele weitere, Ihnen sicherlich vertraute Möglichkeiten, Listen umzusetzen: Sie können Listen auf einen Zettel schreiben, in ein Notizbuch, in eine App, auf Dateikarten, auf Klebezettel und viele weitere Medien. Die Umsetzung der Liste ist also immer eine andere. Tatsächlich sind Listen also ein abstraktes Konzept. Denn es ist nicht festgelegt, wie die Liste umgesetzt wird. Sie können eine Liste auch einfach nur im Kopf haben.

Das Wesentliche der Liste ist die geordnete Reihenfolge der Elemente. Auf diesen Elementen können Sie verschiedene Operationen ausführen: Sie können die Elemente der Liste zählen, einzelne Elemente entfernen (z. B. Dinge von einer Einkaufsliste streichen) oder hinzufügen, Sie können die Liste sortieren, filtern, umkehren, verschlüsseln usw. Es gibt sehr, sehr viele Dinge, die Sie mit Listen anstellen können. Dabei sind die Operationen für alle Listen gleich.

Sie können die Elemente einer auf Papier geschriebenen Liste ebenso zählen wie Listeneinträge einer Notiz-App auf dem Smartphone. Sie können auch in beiden Fällen die Einträge sortieren. Allerdings ist die Operation mit unterschiedlichen Kosten verbunden: Um eine Liste auf Papier zu sortieren, müssen Sie diese meist neu aufschreiben. Um eine Liste in einer Textverarbeitung oder einer App zu sortieren, können Sie die Elemente einfach verschieben. Auch Klebezettel und Dateikarten lassen sich einfacher sortieren. Wir sehen auch, dass einige Umsetzungen die Liste selbst verändern (z. B. das Umsortieren von Zetteln) oder zu einer neuen Kopie der Liste führen (z. B. das Abschreiben einer Liste in sortierter Reihenfolge auf einen neuen Zettel). Auch bei der softwaretechnischen Implementierung werden wir sehen, dass es Listen gibt, deren interne Struktur verändert werden kann, und Listen, die sich nie mehr verändern – aber von denen neue Versionen erstellt werden können.

27.1.2 Eine Schnittstelle für alle möglichen Listen

In Kotlin lässt sich ein abstrakter Datentyp als eine Schnittstelle festlegen. Denn mit einer Schnittstelle legen wir ja gerade nur die möglichen Operationen (also die Methodensignaturen) fest, aber lassen die konkrete Umsetzung der Datenstruktur bewusst offen:

```
interface SimpleList<E> {

    // Neues Elemente an erster Stelle einfügen
    fun addFirst(obj: E)

    // Neues Element an letzter Stelle einfügen
    fun addLast(obj: E)

    // Überprüfen, ob ein Element in der Liste vorhanden ist
    fun contains(obj: E): Boolean

    // Prüft, ob die Liste Elemente enthält
    fun isEmpty(): Boolean

    // Gibt an, wie viele Elemente in der Liste sind
    fun size(): Int

    // Liefert das erste Element der Liste zurück
    fun getFirst(): E

    // Liefert das letzte Element der Liste zurück
    fun getLast(): E

    // Liefert das Element an der Position index zurück
    fun get(index: Int): E

    // Entfernt ein Element aus der liste
    fun remove(obj: E)
}
```

27.1.3 Typ-Parameter selbst definieren (Generics)

Damit wir die Listen typsicher für verschiedene Objekte verwenden können, verwenden wir in dieser Schnittstelle einen Typ-Parameter `<E>`, mit dem sich festlegen lässt, was in einer Liste gespeichert werden darf.

Wir haben schon gesehen, dass sich Listen (und andere Klassen) mit einem Typ parametrisieren lassen. Man kann für Interfaces, Klassen und Methoden also Typ-Parameter (auch *Generics* genannt) festlegen. Wenn wir einen (oder mehrere) Typ-Parameter festlegen wollen, dann schreiben wir diese in spitzen Klammern. Bei einem Interface oder einer Klasse stehen die spitzen Klammern hinter dem Namen. Bei einer Methode tatsächlich vor dem Namen. Hier kann ein beliebiger Bezeichner verwendet werden, aber die Bezeichner „T" (für Type) oder „E" (für Element Type bei Datensammlungen) sind üblich. Überall, wo nun `E` in der Klasse steht, wird später der als Parameter festgelegte Typ verwendet.

Wir können also eine Variable vom Typ `SimpleList` definieren und festlegen, was in diese Liste darf. Zum Beispiel können wir eine Liste nur mit Strings festlegen:

```
val stringList: SimpleList<String> = TODO()
```

27.1.4 Verschiedene Implementierungen derselben Schnittstelle

Der Typ `SimpleList<String>` ist weiterhin ein abstrakter Datentyp. Wir müssen der Variablen ein Objekt einer konkreten Implementierung zuweisen und beim Erzeugen einer Liste entscheiden, welche Implementierung verwendet wird. So können wir beispielsweise die Implementierung von `SimpleArrayList` später durch `SimpleLinkedList` ersetzen:

```
// Vorher:
val stringList: SimpleList<String> = SimpleArrayList()

// Später austauschbar durch:
val stringList: SimpleList<String> = SimpleLinkedList()
```

Aufgrund der gemeinsamen Schnittstelle `SimpleList` können die `SimpleArrayList` und die `SimpleLinkedList` (beide werden wir noch implementieren) auf dieselbe Weise verwendet werden. Das bedeutet, der restliche Programmcode muss nicht verändert werden, da weiterhin dieselben Operationen zur Verfügung stehen, die durch das `SimpleList`-Interface definiert sind.

Die konkrete Implementierung legt fest, wie die Daten intern gespeichert werden. Nach außen ist dies nicht sichtbar:

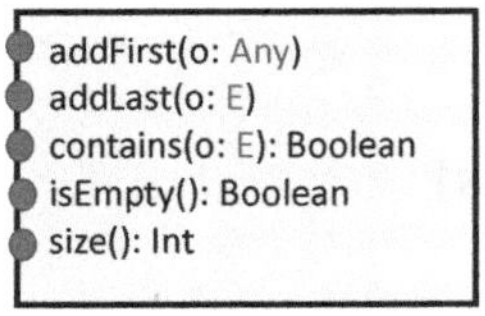

Schnittstelle
ohne Implementierung

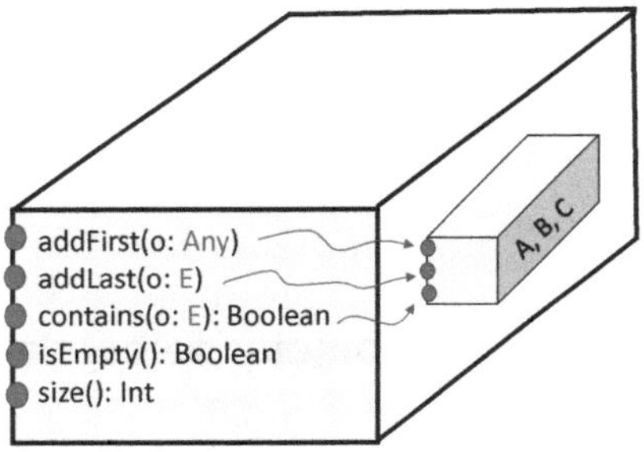

Implementierung durch
Delegation an bestehende Klasse

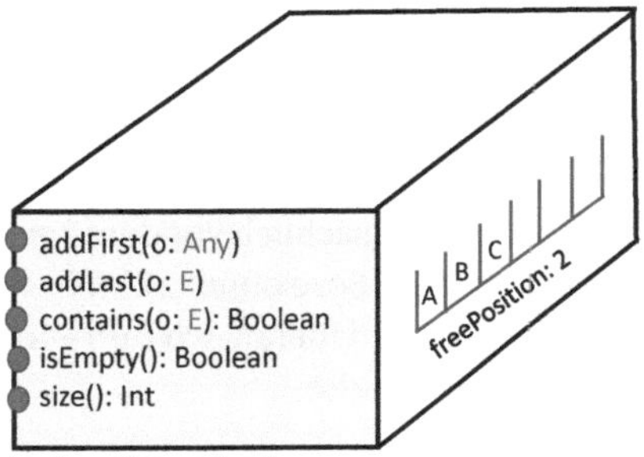

Implementierung durch
Arrays

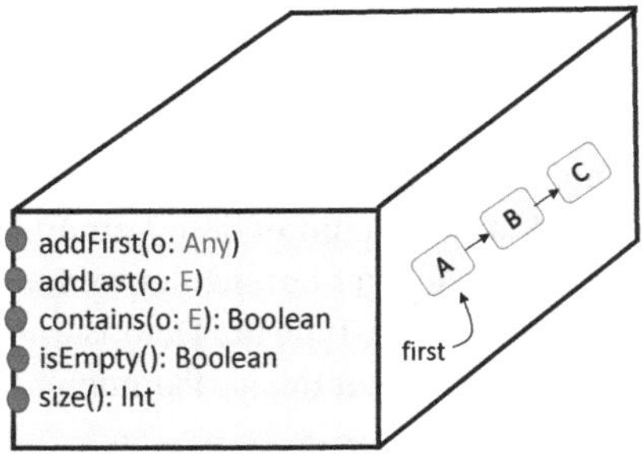

Implementierung durch
Verkettete Liste

Die hier dargestellten Implementierungen werden wir in den nächsten Abschnitten kennenlernen.

27.2 Implementierung der SimpleList durch Delegation

Manchmal lässt sich die Arbeit leicht machen, indem sie einfach an andere verteilt wird! In der objektorientierten Programmierung ist dies ein legitimer Weg, um vorhandene Funktionalität wiederzuverwenden. Die von uns definierten Operationen finden sich ja auch in den bereits kennengelernten Listen von Kotlin wieder. Wir können daher eine Implementierung wählen, bei der eine Kotlin-Liste erzeugt wird, und dann die gesamte Arbeit an diese Liste delegieren:

```
class SimpleListByDelegation<E> : SimpleList<E> {

    private val data = mutableListOf<E>()

    override fun addFirst(obj: E) {
        data.add(0, obj)
    }

    override fun addLast(obj: E) {
        data.add(obj)
    }

    override fun contains(obj: E): Boolean = data.contains(obj)

    override fun isEmpty(): Boolean = data.isEmpty()

    override fun size(): Int = data.size

    override fun getFirst(): E = data[0]

    override fun get(index: Int): E = data[index]

    override fun getLast(): E = data.last()

    override fun remove(obj: E) {
        data.remove(obj)
    }
}
```

Vielleicht wundern Sie sich, warum man nicht gleich die Kotlin-Liste verwendet? Hierfür kann es mehrere Gründe geben:

- Schnittstellen erfüllen: Manchmal müssen wir eine Schnittstelle mit bestimmten Operationen umsetzen, damit unsere Objekte von anderen Klassen verwendet werden können. Dann müssen wir alle Operation implementieren, um die Schnittstelle zu erfüllen.
- Operationen reduzieren: Es kann sein, dass wir weniger Operationen zur Verfügung stellen möchten, als das intern verwendete Objekt anbietet. Die Listen von Kotlin bieten sehr viele Operationen an. Unsere SimpleList reduziert die zur Verfügung stehenden Operationen. Wir erlauben z. B. nicht, dass jemand die `clear`-Methode der intern verwendeten Liste aufruft.
- Operationen ergänzen: Umgekehrt kann es auch sein, dass zusätzliche Operationen bereitgestellt werden sollen, die mehrere Arbeitsschritte zusammenfassen. Z. B. könnte man eine Operation bereitstellen, die beim Hinzufügen einen Filter verwendet (also bestimmte Objekte nicht aufnimmt).

27.3 Implementierung der SimpleList mit Arrays

Statt auf eine vorhandene Listen-Implementierung zuzugreifen, können wir auch ein Array nutzen, um eine Liste zu speichern.

27.3.1 Datenstruktur

Für unsere Implementierung mit einem `Array` benötigen wir zwei interne Eigenschaften. Zum einen benötigen wir ein Array, um die Daten zu speichern. Weiterhin müssen wir festlegen, wo die nächste freie Position ist, um ein neues Objekt zu speichern. Da unsere `SimpleList`-Schnittstelle vorsieht, dass beliebig viele Objekte in der Liste gespeichert werden können, müssen wir uns zudem überlegen, was passiert, wenn das Array voll ist. Eine Möglichkeit besteht darin, ein neues und größeres Array zu erzeugen. Um wie viele Felder das neue Array größer sein soll, definieren wir mit der Konstante `BLOCK_SIZE`).

```
const val BLOCK_SIZE = 50

class SimpleArrayList<E> : SimpleList<E> {

    // Das eigentliche Array. Array-Felder ohne Objekt haben eine null-Referenz.
    private var dataArray = arrayOfNulls<Any>(BLOCK_SIZE)

    // Nächste freie Position
    private var freePosition = 0

    // ...
}
```

Hier gibt es noch eine Besonderheit: Den Typ-Parameter `E` darf man nicht für Arrays verwenden, weil die Zugriffsmethoden von Arrays invariant sind. Daher speichern wir im Array beliebige Werte von Typ `Any` und geben zunächst die Typsicherheit auf. Bei der Implementierung der Methoden können wir aber darauf achten, dass wir nur Elemente vom Typ des Typ-Parameters akzeptieren und zurückliefern. So stellen wir nach außen wieder die Typsicherheit her.

27.3.2 Direkte Abbildung der Listen-Operationen auf ein Array

Einige der Operationen der `SimpleList` sind trivial umzusetzen, wenn wir ein `Array` verwenden, da wir direkt auf das `Array` zugreifen oder unsere internen Eigenschaften auswerten können.

```
class SimpleArrayList<E> : SimpleList<E> {
    // ...
    // Einfügen des Objekts an die nächste freie Indexposition.
    // Probleme gibt es allerdings, wenn das Feld voll ist (siehe unten).
    override fun addLast(obj: E) {
        dataArray[freePosition++] = obj
    }
```

```
    // Lässt sich aus freePosition ableiten
    override fun isEmpty(): Boolean = freePosition == 0

    // Entspricht der Zahl in freePosition
    override fun size(): Int = freePosition

    // Kann direkt abgebildet werden
    override fun get(n: Int): E =
        if (n >= 0 && n < freePosition)
            dataArray[n] as E
        else
            throw ArrayIndexOutOfBoundsException()

    // Lässt sich über get abbilden:
    override fun getFirst(): E = get(0)

    // Lässt sich über get abbilden, wobei das
    // letzte Element gerade eine Position vor der
    // nächsten freien Position liegt
    override fun getLast(): E = get(freePosition - 1)

    // Array durchlaufen und nach obj suchen
    override fun contains(obj: E): Boolean {
        for (x in dataArray) {
            if (x == obj) return true
        }
        return false
    }
}
```

Die Methode `get` muss ein Objekt vom Typ `E` zurückliefern. In dem Array sind aber Referenzen vom Typ `Any?` gespeichert, denn das Array muss einerseits beliebige Objekte und andererseits `null` Referenzen enthalten.

Daher prüfen wir zunächst, ob an der angeforderten Indexposition tatsächlich ein Objekt gespeichert ist. Wenn dies der Fall ist, dann können wir sicher sein, dass der Typecast zur Laufzeit funktioniert. Denn wir lassen mit `addLast` nur Elemente vom Typ `E` zu. Wenn jedoch der Index außerhalb des gültigen Bereichs liegt, provozieren wir einen Laufzeitfehler, nämlich eine `ArrayIndexOutOfBoundsException`.

27.3.3 Listen-Operationen mit aufwendiger Laufzeit bei Arrays

So weit, so gut. Sehr viel aufwendiger sind jedoch folgende Operationen:

- `addLast(obj: E)` bei vollem Array: Wenn das Array voll ist, müssen Sie ein größeres Array anlegen und die bisherigen Daten kopieren.
- `addFirst(obj: E)`: Es müssen zunächst erst einmal **alle** Objekte um eine Position nach rechts verschoben werden, damit an der ersten Position ein Platz frei wird.
- `remove(obj: E)`: Es müssen alle nachfolgenden Objekte von `obj` um eine Position nach links verschoben werden, damit die Lücke geschlossen wird.

Arrays funktionieren besonders gut (und schnell), wenn Sie auf ein bestimmtes Feldelement zugreifen wollen. Auch das Hinzufügen an die letzte Position ist kein Problem, solange es eine freie Position gibt. Aufwendig sind dagegen alle Operationen, bei denen ein Objekt am Anfang oder innerhalb des Arrays hinzugefügt oder entfernt wird. Gehen wir einmal auf die Herausforderungen der drei noch zu implementierenden Methoden ein.

Problembeispiel 1 – Array vergrößern

Das Array ist voll, aber es soll ein weiteres Element „g" eingefügt werden. Es muss ein neues, größeres Array angelegt werden, und alle Elemente müssen in dieses Array kopiert werden. Erst dann hat das neue Array Platz, um „g" aufzunehmen.

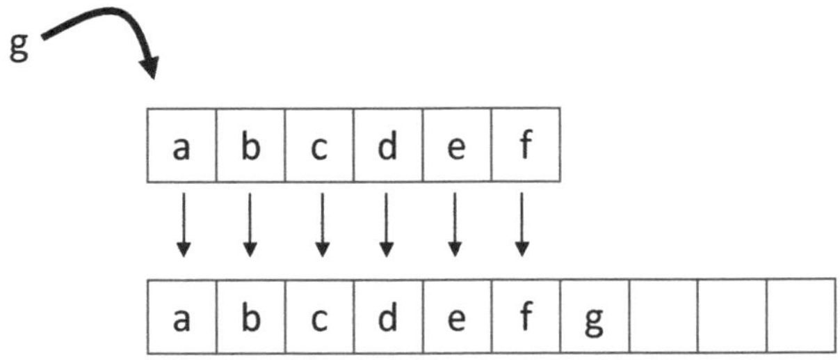

Zunächst legen wir durch eine Konstante fest, um welche Blockgröße das Array sich vergrößern soll. Zur Veranschaulichung wählen wir hier einen kleineren Wert:

```
// Array vergrößert sich jeweils um diese Anzahl an Feldern, wenn das Array voll ist
const val BLOCK_SIZE = 3
```

Wenn das Array voll ist, dann muss ein neues, größeres Array erzeugt werden. Dies muss immer geschehen, wenn ein neues Element hinzugefügt wurde – also am Ende des Aufrufs von `addLast` oder `addFirst`. Um den Code nur einmal zu schreiben, können wir hierfür eine private Hilfsmethode namens `expandIfNeeded` anlegen:

```
class SimpleArrayList<E> : SimpleList<E> {
    // ...
    private fun expandIfNeeded() {
        if (freePosition >= dataArray.size) {
            val newData = arrayOfNulls<Any>(dataArray.size + BLOCK_SIZE)
            System.arraycopy(dataArray, 0, newData, 0, size())
            dataArray = newData
        }
    }
}
```

Die Methode prüft zunächst, ob das Array voll ist. Dies ist der Fall, wenn `freePosition` außerhalb des gültigen Bereichs liegt. In diesem Fall wird zunächst ein neues, größeres Array angelegt. Dann wird das gesamte alte Array in das neue Array kopiert. Hierfür nutzen wir die statische Funktion `System.arraycopy(...)`. Diese Funktion wird von der Java-Klassenbibliothek bereitgestellt.

Problembeispiel 2 – Einfügen an einer bestimmten Stelle

Wenn das Element „g“ an einer Position innerhalb des Feldes eingefügt werden soll, dann muss zunächst Platz für dieses Element geschaffen werden. Also müssen alle Elemente ab dieser Position innerhalb des Feldes um eine Stelle nach rechts verschoben werden. Ggf. muss das Feld auch vorher noch vergrößert werden.

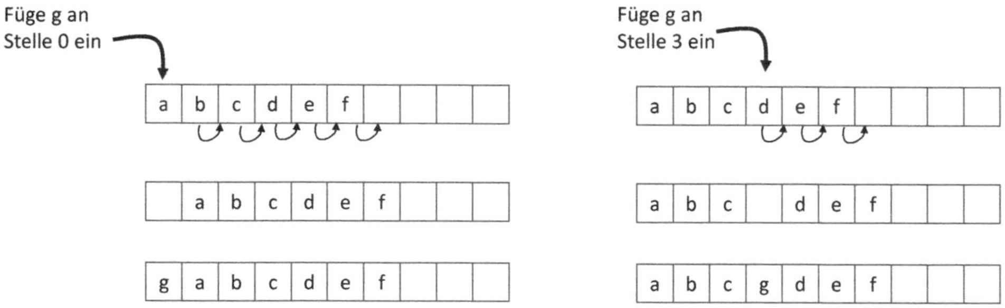

Die Implementierung kann so aussehen:

```
class SimpleArrayList<E> : SimpleList<E> {
    // ...
    override fun addFirst(obj: E) {
        System.arraycopy(dataArray, 0, dataArray, 1, size())
        dataArray[0] = obj
        freePosition++
        expandIfNeeded()
    }
}
```

Problembeispiel 3 – Entfernen aus der Mitte eines Arrays

Wenn Sie „d“ entfernen wollen, dann würde im Array eine Lücke entstehen. Diese muss geschlossen werden, indem alle nachfolgenden Elemente (zumindest soweit das Array belegt ist) nach links aufrücken. Jedes Element nach „d“ muss verschoben werden.

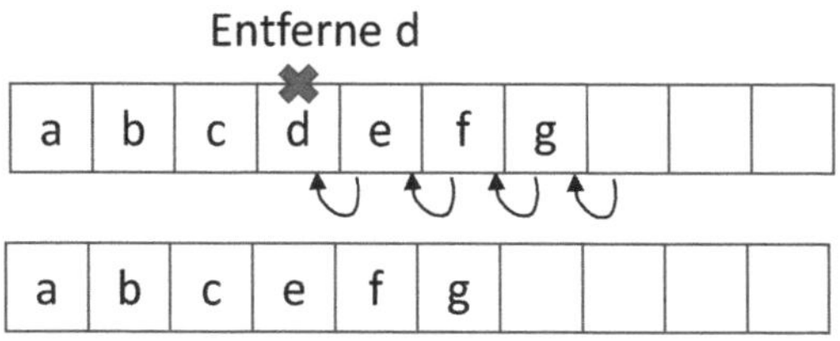

Wenn alle Methoden definiert sind, dann ist das `SimpleList`-Interface vollständig implementiert.

Eine Aufgabe für Sie:

Überlegen Sie selbst, wie die Implementierung für `remove` aussehen kann.
Die Lösung finden Sie auf der nächsten Seite.

```
class SimpleArrayList<E> : SimpleList<E> {
    // ...
    override fun remove(obj: E) {
        // Suche das Objekt
        var searchIndex = 0

        while (dataArray[searchIndex] != obj && searchIndex < dataArray.size) {
            searchIndex++
        }

        // Verschiebe die restlichen Elemente, um das Element zu löschen:
        if (searchIndex < dataArray.size) {
            System.arraycopy(dataArray, searchIndex + 1, dataArray, searchIndex,
                 freePosition - searchIndex)
            freePosition-- // Hinten ist wieder ein Platz mehr frei
        }
    }
}
```

28 Verkettete Listen

Die gerade gesehenen Probleme beim Einfügen und Entfernen von Elementen aus dem Array würden nicht auftreten, wenn wir einfach ein Element dazwischenschieben oder herausnehmen könnten:

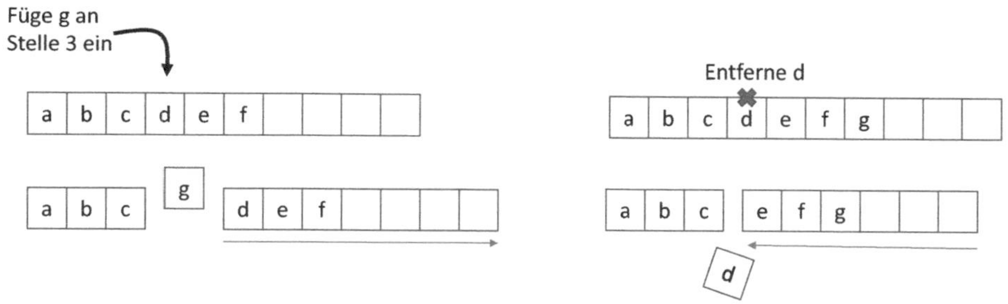

Bei Arrays ist es aber schlicht nicht möglich, einzelne Datenfelder herauszunehmen oder einzufügen. Sie können sich dies vielleicht mit einem Setzkasten aus Holz veranschaulichen. Dort gibt es verschiedene Fächer, in die man etwas hineinstellen kann. Die Fächer sind alle an fixen Positionen. Wenn Sie etwas aus dem Setzkasten herausnehmen und die Lücke schließen wollen, dann müssen Sie alle Teile im Setzkasten um eine Position verschieben. Anders geht es nicht. Sie können nicht einfach ein Fach des Setzkastens entfernen. Das fixe Anordnen der Elemente in einem Array macht den Zugriff sehr schnell (da über die berechnete Speicheradresse sofort auf jede Position zugegriffen werden kann). Aber das Einfügen und Löschen ist sehr unflexibel.

Verkettete Listen wählen eine andere interne Repräsentation der Daten. Betrachten wir zunächst wieder ein Beispiel aus der realen Welt. Sie könnten Ihre Daten auf Etiketten schreiben und diese mit einem Bindfaden miteinander verknüpfen:

Wie würden Sie nun ein neues Element „g" in diese Kette von Daten an die dritte Position (hinter „c") einfügen?

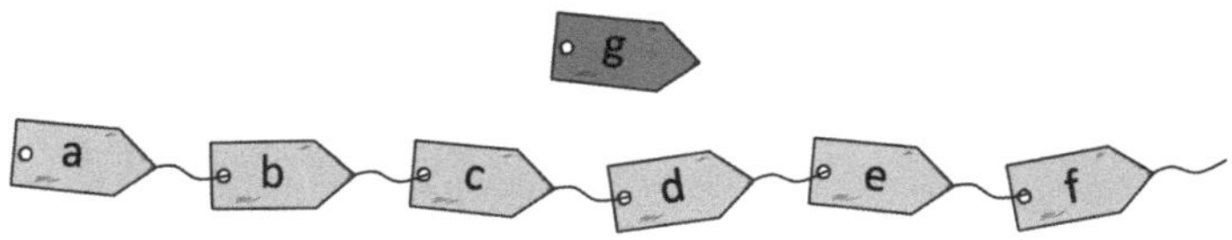

Als Erstes müssten Sie den Bindfaden zwischen „c" und „d" auflösen:

Dann können Sie das Element „g" dazwischen hängen:

Wir haben also eine Liste mit Datenelemente, die miteinander verkettet sind. Hier sind die Datenelemente (a, b, c, ...) auf Etiketten geschrieben, und die Verknüpfung erfolgte über einen Bindfaden. Dabei handelt es sich quasi um eine „verkettete Liste" in der realen Welt. Wie lässt sich diese Form der Liste (diese spezielle Umsetzung der Liste) nun in der objektorientierten Programmierung realisieren?

28.1 Basisstruktur der verketteten Liste

Zunächst identifizieren wir die verschiedenen Komponenten, die hier beteiligt sind. Zum einen gibt es die Etiketten, auf denen etwas gespeichert wird. Diese wollen wir als Knoten, oder im Englischen als *Nodes*, bezeichnen. Zudem gibt es ein Datensatz, der in diesen Knoten gespeichert wird. In unserem Fall waren die Daten „a", „b", „c" usw. Je nachdem, wie wir unsere Liste implementieren, kann ein Knoten sehr unterschiedliche Daten aufnehmen. Dies könnten auch Strings oder Integer-Werte sein. Zudem ist es möglich, in einem Knoten auch mehrere Daten aufzuschreiben. Wir könnten in einem Knoten zum Beispiel alle Daten einer Studentin speichern (Vorname, Name, Matrikelnummer):

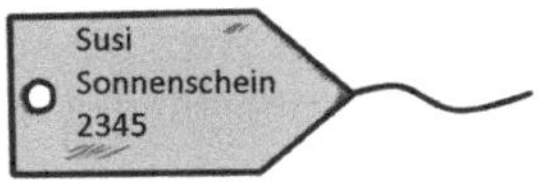

Es gibt also einen **Knoten** und **Datenelemente** (den Inhalt). Wenn wir den Inhalt eines Knotens allgemein fassen wollen, können wir den Typ-Parameter übernehmen. Der Knoten besteht jedoch nicht nur aus den Daten. Vielmehr ist jeder Knoten mit einem weiteren Knoten verknüpft, dadurch entsteht ja gerade die Kette. Jeder Knoten verweist also auf den nächsten Knoten.

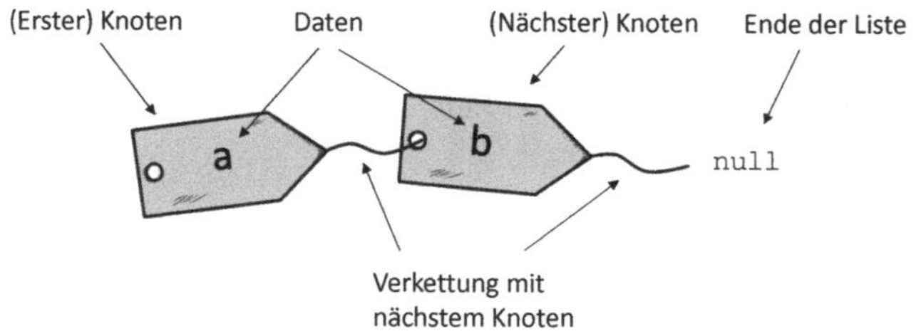

In Kotlin könnten wir daher eine Klasse der Knoten definieren:

```
class Node<E>(val data: E, var next: Node<E>?)
```

Ein Objekt der Klasse `Node` enthält zwei Eigenschaften. Zunächst den Inhalt bzw. die gespeicherten Daten für ein Listenelement (`data`). Da die Liste generisch sein soll, verwenden wir den Typ-Parameter `E` als Typ für `data`. Zum anderen den Verweis auf das nächste Listenelement (`next`). Das nächste Element ist wiederum ein Knoten, der Daten des angegebenen Typ-Parameters speichern kann. Der generische Typ ist also `Node<E>`. Am Ende der verketteten Liste gibt es jedoch keine weiteren Elemente. Eine Möglichkeit, dies abzubilden, besteht in einer `null`-Referenz. `null` bedeutet dann: Es gibt kein nächstes Element. Daher verwenden wir auch den nullfähigen Typ `Node<E>?` in dieser Implementierung.

Beachten Sie:

Da `null` kein Objekt ist, können wir über Referenzvariablen mit dem Wert `null` auch keine Operationen ausführen. Daher müssen wir bei dieser Lösungsvariante häufiger auf genau diesen Spezialfall Rücksicht nehmen. Es gibt durchaus andere Lösungsansätze, die eher der funktionalen Programmierung entsprechen. Dies werden wir auch noch betrachten. Aus objektorientierter Sicht sollte das Ende der Liste nicht durch `null`, sondern durch ein besonderes Knoten-Objekt repräsentiert werden. Dies könnte eine von `Node` abgeleitete Klasse `EmptyNode` oder `Nil` sein. In diesem Beispiel nehmen wir jedoch die Variante, bei der das Ende der Liste durch `null` gekennzeichnet ist. ■

Da jeweils nur auf das nächste Listenelement referenziert wird, sprechen wir von einer einfach verketteten Liste. Wenn wir uns in jedem Knoten auch noch merken würden, welches Element der Vorgänger ist, dann hätten wir eine doppelt verkette Liste:

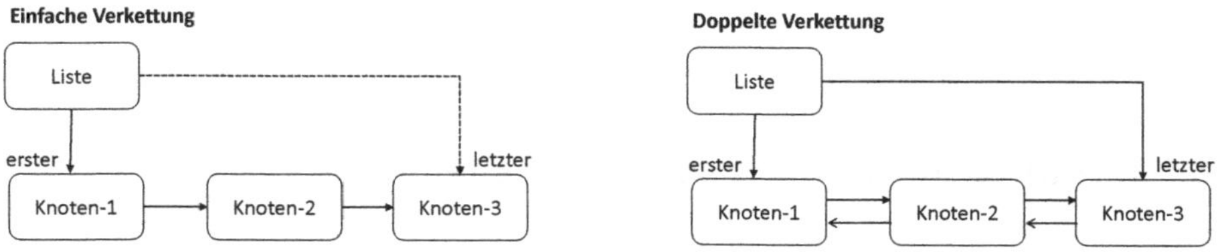

Um auf die einzelnen Knoten zuzugreifen, müssen wir irgendwo noch eine Referenz auf den ersten Knoten speichern. Zudem wird bei doppelt verketteten Listen eine Referenz auf das letzte Element benötigt (bei einfach verketten Listen ist dies optional, aber aus Performancegründen durchaus zu überlegen). Eine verkettete Liste besteht folglich aus miteinander verketteten Knoten und einer Referenz auf das erste Listenelement, z. B. eine Referenzvariable `first`.

28.2 Implementierung der verketteten Liste

Für die Implementierung einer (abstrakten) Liste als (konkrete) verkettete Liste benötigen wir also eine Struktur, in der wir den ersten Knoten speichern und die entsprechenden Operationen der `SimpleList`-Schnittstelle implementieren. Die Implementierung soll durch eine Klasse namens `SimpleLinkedList` erfolgen.

Weil wir Knoten nur innerhalb dieser spezifischen Listenstruktur benötigen, werden wir die Klasse `Node` als interne Klasse der `SimpleLinkedList` definieren:

```
class SimpleLinkedList<E> : SimpleList<E> {
    class Node<E>(val data: E, var next: Node<E>?)

    private var first: Node<E>? = null
}
```

Wenn eine neue Instanz von `SimpleLinkedList` erzeugt wird, dann gibt es noch keinen ersten Knoten, weshalb `first` zunächst `null` ist.

28.3 Umsetzung der Funktionen

Da unsere Klasse `SimpleLinkedList` das Interface `SimpleList` implementiert, müssen wir zwingend alle darin deklarierten Methoden implementieren. Wir beginnen mit der einfachsten Methode, nämlich `isEmpty`. Eine verkettete Liste ist nämlich genau dann leer, wenn `first` noch nicht auf einen Knoten zeigt:

```
class SimpleLinkedList<E> : SimpleList<E> {
    // ...
    override fun isEmpty(): Boolean = first == null
}
```

28.3.1 Einfügen am Anfang einer verketteten Liste

Als Nächstes implementieren wir die Methode `addFirst`, bei der ein neues Element am Anfang der Liste eingefügt wird:

```
class SimpleLinkedList<E> : SimpleList<E> {
    // ...
```

```
    override fun addFirst(obj: E) {
        val newNode = Node(obj, first)
        first = newNode
    }
}
```

Schauen wir uns genau an, was dabei passiert. Beim Aufruf von `addFirst` wird ein neues Datenelement der Liste hinzugefügt. Zum Speichern des Datenelements benötigen wir einen neuen Knoten. Dieser Knoten soll das Datenelement `obj` speichern. Daher übergeben wir `obj` als erstes Argument an den Konstruktor von `Node`.

Weil der neu erzeugte Knoten am Anfang der Liste eingefügt wird, muss Folgendes gelten: Das nächste Element des neuen Knotens `newNode` muss das bisherige erste Element sein. Das erste Element wird ja noch von `first` referenziert, daher übergeben wir `first` als zweites Argument an `Node`.

Der neu eingefügte Knoten verweist über `next` also genau auf den Knoten, der bisher der erste Knoten war. So soll es auch sein, denn das bislang erste Element wird ja zum zweiten Element, wenn wir etwas davor einfügen.

Die Variable `first` unserer Liste verweist nun allerdings auch noch auf das zweite Element und noch nicht auf das neu eingefügte Element. Dies ändern wir mit `first = newNode`.

Im Gegensatz zur Implementierung einer Liste mit Arrays ist das Hinzufügen eines Elements an der ersten Stelle also sehr schnell und kann in konstanter Zeit durchgeführt werden. Bei einer `SimpleArrayList` hängt die Ausführungszeit dieser Operation dagegen davon ab, wie viele Elemente das `Array` bereits umfasst – denn diese Anzahl der Elemente muss verschoben werden, um Platz an der ersten Position zu schaffen.

Übrigens können Sie die beiden Anweisungen der Funktion auch zu einer zusammenfassen:

```
class SimpleLinkedList<E> : SimpleList<E> {
    // ...
    override fun addFirst(obj: E) {
```

```
            first = Node(obj, first)
        }
    }
```

28.3.2 Zugriff auf das erste Element der verketteten Liste

Ähnlich effizient ist der Zugriff auf das erste Element einer verketteten Liste.

```
class SimpleLinkedList<E> : SimpleList<E> {
    // ...
    override fun getFirst(): E = if (first != null) first.data else throw
         NoSuchElementException()
}
```

`first` verweist immer auf den ersten Knoten. Daher können wir über `first` direkt auf das erste Element der Liste zugreifen und die darin gespeicherten Daten zurückgeben.

Der Zugriff `first.data` funktioniert natürlich nur, wenn das erste Element nicht `null` ist. Da `first` aber `null` sein könnte, müssen wir testen, ob `first != null` gilt. Ansonsten werfen wir eine `NoSuchElementException`, da es noch kein Element in der Liste gibt.

28.3.3 Zugriff auf das letzte Element der verketteten Liste

Der Zugriff auf das erste Element einer verketteten Liste ist genauso effizient wie der Zugriff auf das erste Element eines Arrays. Für den Zugriff auf das letzte Element einer verketteten Liste müssen wir jedoch die Liste durchlaufen, da wir (zurzeit) nur eine Referenz auf den ersten Knoten speichern. Wie können wir nun auf den letzten Knoten zugreifen?

Wir müssen dazu jeweils solange auf den nächsten Knoten zugreifen, bis der letzte Knoten gefunden ist. Hierzu benötigen wir eine Laufvariable, die jeweils auf den nächsten Knoten springt, bis der letzte Knoten erreicht ist. Der letzte Knoten ist dann gefunden, wenn es keine weiteren Knoten mehr gibt, d. h. wenn das `next` der Laufvariablen auf `null` zeigt:

```
class SimpleLinkedList<E> : SimpleList<E> {
    // ...
    override fun getLast(): E {
        if (isEmpty()) throw NoSuchElementException()

        var runPointer = first
        while (runPointer?.next != null) {
            runPointer = runPointer.next
        }

        return runPointer!!.data  // runPointer kann hier nicht null sein
    }
}
```

Zuerst überprüfen wir, ob es überhaupt Elemente in der Liste gibt. Wenn nicht, werfen wir direkt eine `NoSuchElementException`.

Der Laufzeiger zeigt mit `runPointer = first` zunächst auf den ersten Knoten:

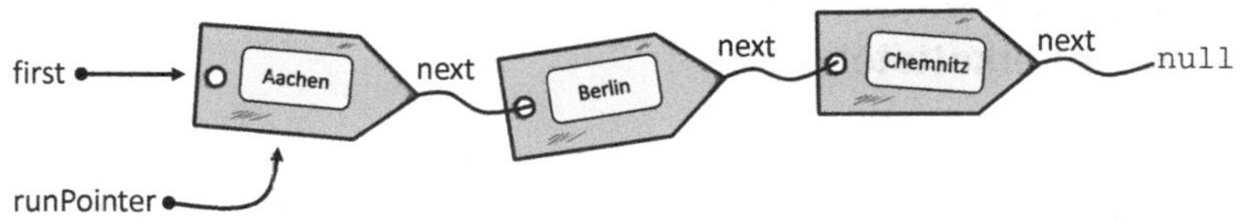

Der erste Knoten (im Beispiel) verweist auf einen weiteren Knoten. Daher gilt, dass `runPointer?.next != null` ist. Solange dies der Fall ist, wird der `runPointer` mit `runPointer = runPointer.next` jeweils auf den nächsten Knoten gesetzt:

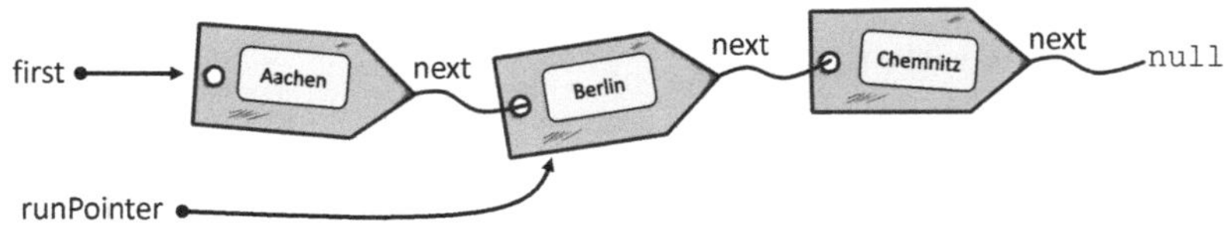

Wenn der `runPointer` beim letzten Knoten angekommen ist, dann gilt die Bedingung `runPointer?.next != null` nicht mehr, d. h. die while-Schleife bricht ab. Der `runPointer` verweist nun auf den letzten Knoten, und wir können das letzte Element mit `return runPointer`!.data)! zurückgeben:

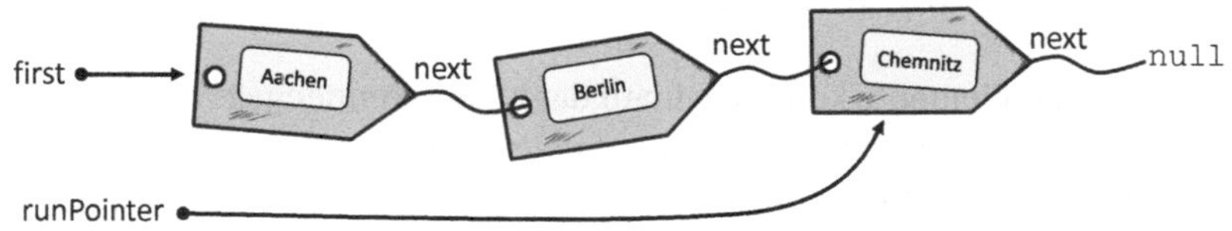

Wir sehen hier ein Beispiel für einen erzwungenen Zugriff auf `data`, ohne dass eine Überprüfung stattfindet, ob der `runPointer` vielleicht `null` ist.

Dies hat einen Grund: Wenn unser Algorithmus richtig funktioniert, dann kann `runPointer` an dieser Stelle nicht `null` sein. Denn der `runPointer` stoppt schon bevor das Ende der Liste erreicht ist. `runPointer` kann auch zu Anfang nicht `null` sein, da wir für den Spezialfall der leeren Liste gleich zu Beginn eine `Exception` werfen.

Hier ist der erzwungene Zugriff also legitim. Er ist sogar gut: Sollte es nämlich dennoch zu einer `NullPointerException` kommen, dann ist unser Algorithmus falsch implementiert und wir müssen den Fehler beheben.

28.3.4 Allgemeines Schema zum Durchlaufen einer verketteten Liste

Beim Durchlaufen einer verketteten Liste finden wir folgendes Schema sehr häufig vor: Wir setzen eine Referenz als Laufvariable auf den ersten Knoten und durchlaufen alle Knoten, bis wir ein Ergebnis gefunden haben. Dies kann das letzte Element sein, dies kann aber auch ein gesuchtes Element oder ein Element an der Stelle n sein. Auch zum Zählen der Elemente müssen wir alle Knoten durchlaufen, wenn wir die Größe der Liste nicht zusätzlich in einer Eigenschaft speichern.

Das allgemeine Schema kann mit einer while-Schleife (wie im letzten Beispiel) realisiert werden:

```
var runPointer = first
while (runPointer != null) {
    // mache etwas mit runPointer
    runPointer = runPointer.next
}
```

Im letzten Beispiel (`getLast`) haben wir in der while-Schleife allerdings nicht `runPointer != null`, sondern `runPointer?.next != null` geprüft. Der Grund hierfür ist, dass wir nach der Schleife noch auf den letzten Knoten zugreifen wollten und die Schleife nicht erst beendet werden soll, wenn der `runPointer` schon auf das Ende (also hinter den letzten Knoten) verweist.

28.3.5 Elemente der verketteten Liste zählen

Für das Zählen aller Elemente können wir auf das gerade kennengelernte Schema zurückgreifen. Dabei müssen wir jedoch nach der Schleife nicht mehr auf das letzte Element zugreifen, sondern nur auf eine lokale Variable, die bei jedem Durchlauf (also für jeden existierenden Knoten) um eins erhöht wird:

```
class SimpleLinkedList<E> : SimpleList<E> {
    // ...
    override fun size(): Int {
        var runPointer = first
        var count = 0

        while (runPointer != null) {
            count++
            runPointer = runPointer.next
        }

        return count
    }
}
```

28.3.6 Zugriff auf das n-te Element

Analog dazu können wir auf das n-te Element der Liste zugreifen. Dabei müssen wir die Liste durchlaufen und die Daten eines Knotens zurückgeben, sobald wir an der durch `n` festgelegten Position angelangt sind.

Um zu wissen, an welcher Position wir uns befinden, benötigen wir eine lokale Variable, die beim Durchlaufen der Liste die Position mitzählt:

```
class SimpleLinkedList<E> : SimpleList<E> {
    // ...
    override fun get(index: Int): E {
        var runPointer = first
        var position = 0

        while (runPointer != null && position < index) {
            position++
            runPointer = runPointer.next
        }

        // Der runPointer kann null sein, wenn die Liste leer ist,
        // der index negativ oder zu groß ist.
        if (runPointer == null) {
            throw NoSuchElementException()
        } else {
            return runPointer.data
        }
    }
}
```

28.3.7 Die verbleibenden Methoden implementieren

Eine Aufgabe für Sie:

Versuchen Sie zur Übung, die noch nicht implementierten Methoden `addLast`, `contains` und `remove` der Schnittstelle für die `SimpleLinkedList` selbst umzusetzen.

Die Methoden könnten z. B. so aussehen:

```
class SimpleLinkedList<E> : SimpleList<E> {
    // ...
    override fun addLast(obj: E) {
        if (isEmpty()) {
            addFirst(obj)
        } else {
            // Finde das letzte Element:
            var runPointer = first
            while (runPointer?.next != null) {
                runPointer = runPointer.next
            }

            // Beim letzten Element angelangt
            runPointer?.next = Node(obj, null)
        }
```

```
    }

    override fun contains(obj: E): Boolean {
        var runPointer = first

        while (runPointer != null) {
            if (runPointer.data == obj)
                return true  // Element gefunden!

            runPointer = runPointer.next
        }

        return false  // Listenende erreicht, ohne das Element gefunden zu haben
    }

    override fun remove(obj: E) {
        // Bei leerer Liste gibt es nichts zu tun
        if (isEmpty()) return
        // Spezialfall: Gleich das erste Element enthält die zu löschenden Daten. Dann
             kann das erste Element gelöscht werden, indem es übersprungen wird
        if (first?.data == obj) {
            first = first?.next
        } else {
            // Suche nach dem Knoten, der VOR dem zu löschenden Elements liegt
            var runPointer = first

            while (runPointer != null &&
                runPointer.next?.data != obj
            ) {
                runPointer = runPointer.next
            }

            // Knoten gefunden. Der nächste Knoten wird entfernt, indem der Knoten
                 davor (auf diesen zeigt run gerade) statt auf den bisherigen nächsten
                 Knoten auf auf den übernächsten Knoten verweist (also der nächste vom
                 nächsten bzw. next.next)
            runPointer?.next = runPointer?.next?.next
        }
    }
}
```

28.4 Über alle Listenelemente iterieren

Das Durchlaufen aller Elemente unserer verketteten Liste ist bisher alles andere als effizient:

```
fun main() {
    val list = SimpleLinkedList<Int>()

    for (i in 0 until list.size()) {
        val value = list.get(i)
        println(value)
    }
}
```

Denn wir müssen auf die einzelnen Elemente mit `get(i)` zugreifen. Die `get`-Methode durchläuft nun aber wiederum alle Knoten bis zum i-ten Element. Und das bei jedem Aufruf! Das heißt, für eine Liste mit vier Elementen wird zunächst zum ersten Knoten gelaufen, dann beim zweiten Durchlauf wieder beim ersten beginnend bis zum zweiten usw.

Das Laufzeitverhalten steigt also im Mittel quadratisch an, obwohl wir die Liste nur einmal durchlaufen! Besser wäre es, wenn wir beim Durchlaufen der Liste (und anderer Datensammlungen) nur einmal auf jedes Element zugreifen müssen, sodass das Laufzeitverhalten nur linear ansteigt.

Dies können Sie erreichen, indem Sie sich beim Durchlaufen der Liste merken, an welcher Stelle wir zuletzt waren, und dann an dieser Stelle weiterarbeiten. Genau diese Aufgabe übernimmt ein *Iterator*.

28.4.1 Die Schnittstelle Iterable

Wir können über das Interface `Iterable` zunächst festlegen, dass unsere Liste überhaupt mit einem `Iterator` durchlaufen werden kann. Das Interface legt nämlich die Methode `iterator` fest, die Benutzern der Listenklasse einen `Iterator` liefert. Die `SimpleLinkedList` wird daher zusätzlich das Interface `Iterable` implementieren:

```
class SimpleLinkedList<E> : SimpleList<E>, Iterable<E> {
    // ...
    override fun iterator(): Iterator<E> {
        TODO("Not yet implemented")
    }
}
```

In der Methode `iterator` müssen wir ein Objekt vom Typ `Iterator` erzeugen und diesen zurückgeben. `Iterator` ist selbst eine Schnittstelle und bietet zwei wichtige Methoden an, nämlich `hasNext` und `next`.

`hasNext` gibt Auskunft darüber, ob es noch weitere Elemente gibt, und `next` liefert das nächste Element, wenn es ein weiteres Element gibt. Die beiden Methoden bedingen einander, wodurch `next` nur dann ein Element liefert, wenn `hasNext` den Wert `true` zurückgibt.

28.4.2 Iterator implementieren

Da der Iterator selbst eine Schnittstelle ist, können wir entweder eine Klasse definieren, die das Interface implementiert, eine Instanz davon erzeugen und diese innerhalb der `iterator`-Methode zurückgeben. Alternativ können wir das Interface an Ort und Stelle als anonymes Objekt direkt implementieren. Das hat einige Vorteile. Der wohl wichtigste ist, dass wir innerhalb des anonymen Objekts direkt auf die Variable `first` zugreifen können. Und das ist wichtig, weil wir weiterhin einen `runPointer` auf Grundlage von `first` erzeugen müssen, um uns durch die verkettete Liste zu bewegen.

Eine anonyme Implementierung eines Interfaces leiten wir mit dem Schlüsselwort `object` ein, gefolgt von einem Doppelpunkt und dem Interface, welches implementiert werden soll. Nach dem Interface folgen geschweifte Klammern. Innerhalb der Klammern werden die benötigten Methoden implementiert:

```
class SimpleLinkedList<E> : SimpleList<E>, Iterable<E> {
    // ...
    override fun iterator(): Iterator<E> = object : Iterator<E> {
        private var runPointer = first

        override fun hasNext(): Boolean = runPointer != null

        override fun next(): E {
            val res = if (runPointer != null) runPointer.data else throw
                 NoSuchElementException()
            runPointer = runPointer?.next
            return res
        }
    }
}
```

Unser eigener Iterator hat genau eine Eigenschaft: den `runPointer` auf das nächste Element. Den `runPointer` initialisieren wir, wie auch bei den Beispielen davor, mit `first`. Damit ist die Implementierung von `hasNext` sehr einfach. Denn die Liste hat dann noch weitere Elemente, wenn `runPointer` noch nicht auf das Ende der Liste verweist (also nicht `null` ist).

Der Aufruf von `next` soll das nächste Element liefern. Die Implementierung geht auf Nummer sicher und berücksichtigt den Fall, dass `next` nicht unbedingt nach einem positiven `hasNext` aufgerufen wird. Hier müssen wir davon ausgehen, dass `runPointer` in `next` auch `null` sein kann. Demnach müssen wir ggf. eine `NoSuchElementException` werfen.

Der `runPointer` muss nach einem erfolgreichen Zugriff mit `next` „weiter gesetzt“ werden. Das machen wir mit `runPointer = runPointer?.next`. Nur so können `next` und `hasNext` das nächste Element der Liste betrachten.

Sie müssen bei Iteratoren (zumindest bei dieser Implementierung) aufpassen, dass die Liste nicht verändert wird, solange der Iterator noch nicht vollständig durchlaufen wurde.

28.4.3 Iterator verwenden

Da unsere `SimpleLinkedList` nun `Iterable` ist, können wir die Liste mit der eingebauten for-Schleife durchlaufen:

```
fun main() {
    val list = SimpleLinkedList<Int>()
    list.addFirst(3)
    list.addFirst(2)
    list.addFirst(1)

    for (x in list) { // Die normale for-each-Schleife von Kotlin!
        println(x)
    }
}
```

In der for-Schleife wird nun solange ein Element aus der Liste genommen, wie `hasNext()== true` gilt. Das mit `next()` gelieferte Element wird dann im Rumpf der Schleife über die Laufvariable (hier die Variable `x`) bereitgestellt. Das ist einer der Vorteile, wenn man seine eigene Datenstruktur `Iterable` macht.

Alternativ kann der `Iterator` direkt verwendet werden. Das hat allerdings keine Vorteile gegenüber der for-Schleife, ganz im Gegenteil. Wir müssen selbst aufpassen, dass wir `next` nur nach einem positiven `hasNext` aufrufen:

```
fun main() {
    val list = SimpleLinkedList<Int>()
    list.addFirst(3)
    list.addFirst(2)
    list.addFirst(1)

    val iter = list.iterator()
    while (iter.hasNext()) {
        val x = iter.next()
        println(x)
    }
}
```

Iterator-Interface hier nur von SimpleLinkedList implementiert

Beachten Sie, dass nur die speziellere Klasse `SimpleLinkedList` das Interface `Iterable` implementiert. Demnach können nur Objekte vom Typ `SimpleLinkedList` mit einer for-Schleife durchlaufen werden. Objekte vom Typ `SimpleList` hingegen nicht!

Wenn Sie möchten, dass es für alle Listenimplementierungen möglich ist, über die Elemente zu iterieren, dann können Sie festlegen, dass `SimpleList` das `Iterable`-Interface erweitert `SimpleList<E> : Iterable<E>`.

Dann müssen alle Implementierungen von `SimpleList` die `iterator()`-Methode bereitstellen.

28.4.4 Interne Iteration

In beiden Fällen handelt es sich übrigens um eine externe Iteration über die Elemente der Liste. Wir hatten bei den existierenden Datensammlungen schon gesehen, dass es auch eine interne Iteration über die Elemente geben kann. Für jedes Element kann dann z. B. eine bestimmte Funktion aufgerufen werden. Wir können z. B. eine Funktion höherer Ordnung namens `forEach` für die verkettete Liste definieren. Dieser Funktion übergibt man dann eine andere Funktion, die für alle Elemente der Liste ausgeführt werden soll:

```
class SimpleLinkedList<E> : SimpleList<E>, Iterable<E> {
    // ...
    fun forEach(f: (E) -> Unit) {
        var runPointer = first
        while (runPointer != null) {
            f(runPointer.data) // mache etwas für jedes Element
            runPointer = runPointer.next
        }
    }
}
```

So können beliebige Funktionen auf alle Elemente der verketteten Liste angewandt werden:

```
fun main() {
```

```
    val list = SimpleLinkedList<Int>()
    list.addFirst(3)
    list.addFirst(2)
    list.addFirst(1)
    list.forEach { println(it) }
}
```

29 Testen und Optimieren

Wir haben nun bereits viele Methoden umgesetzt, aber diese noch gar nicht getestet. Ein offensichtliches Qualitätsmerkmal eines Algorithmus ist seine Korrektheit, d. h. die Berechnung sollte gemäß der Spezifikationen das richtige Ergebnis liefern.

29.1 Korrektheit von Programmen

Allgemein können wir die Korrektheit eines Programmabschnitts so definieren:

§ **Definition *Korrektheit von Programmen***

Ein Programmfragment

{Q}

S

{R}

ist korrekt, wenn für alle anfänglichen Variablenbelegungen, die mit der Vorbedingung Q verträglich sind, nach Ausführen des Programmabschnitts S eine Variablenbelegung vorliegt, für die die geforderte Zielbedingung R erfüllt ist. ■

Beispiel: Generell soll gelten, dass eine Liste mit n Elementen nach dem Hinzufügen eines weiteren Elements immer n+1 Elemente enthält. Die Vorbedingung Q ist also, dass Sie eine Liste mit n Elementen haben. Die Zielbedingung ist dann, dass Sie eine Liste mit n+1 Elementen haben, in der sich das zusätzliche Element befindet. Eine Methode zum Hinzufügen eines Elements ist der Programmabschnitt S. Wenn die Methode korrekt arbeitet, dann gilt **immer** und für **alle** Fälle, dass sich die Anzahl der Elemente nach Durchlaufen des Programmabschnitts um eins erhöht hat und das zusätzliche Element darin enthalten ist.

Während wir solche logischen Bedingungen allgemeingültig formulieren können, lässt sich die Korrektheit nicht allgemein nachweisen, sondern immer nur für Einzelfälle testen. Ein Test führt den Programmabschnitt S mit Testdaten, die der Vorbedingung Q genügen, aus und prüft, ob die Ergebnisse die Nachbedingung R erfüllen. Zwar kann ein Test nie alle Fälle abbilden, aber ein fehlgeschlagener Test genügt bereits, um zu zeigen, dass die allgemeingültige Regel verletzt wurde.

Tests beweisen also nicht die vollständige Korrektheit, aber sie helfen uns dabei, offensichtlich fehlerhafte Implementierungen aufzuspüren. Ein weiterer Vorteil von Tests ist, dass sie automatisiert ausgeführt werden können. Für das automatisierte Testen gibt es verschiedene Frameworks wie z. B. *JUnit*. In Kotlin sind bereits wichtige Testmethoden eingebaut.

29.2 Testfälle in JUnit schreiben

Damit wir das Test-Framework JUnit nutzen können, muss dieses in den Klassenpfad eingebunden werden, denn es handelt sich um eine zusätzliche Bibliothek.

Ein Test-Framework automatisiert die Tests, indem es Methoden anbietet, mit denen wir feststellen können, ob die erwarteten und tatsächlichen Werte gleich sind.

Das Überprüfen der Korrektheit für die Testdaten geschieht mittels Zusicherungen, die über `assert*`-Funktionen geprüft werden. In Abschnitt 12.10, „Pure Funktionen und Funktionen mit Seiteneffekt", haben wir bereits gesehen, dass Kotlin selbst eine `assert`-Funktion bereitstellt. JUnit definiert weitere `assert`-Funktionen, die optimal mit dem Framework zusammenarbeiten.

Nachdem Sie die Bibliothek eingebunden haben, erscheinen neben einer Testklasse und den einzelnen Testmethoden kleine grüne Play-Knöpfe. Mit diesen lassen sich einzelne Methoden oder alle Testfälle der Klasse ausführen. Eine Testklasse ist zunächst erst einmal eine ganz normale Klasse, die wir anlegen, wie jede andere Klasse auch. In dieser Klasse definieren wir dann Testmethoden.

Eine Methode einer Klasse wird zur Testmethode, indem wir eine Annotation über die Methode schreiben. Annotationen sind Kennzeichnungen mit zusätzlichen Informationen über Methoden (oder andere Programmelemente), die vom Compiler ausgewertet werden können. Die Annotation für Testfälle ist `@Test`. Die Definition sieht also z. B. so aus:

```
import junit.framework.Assert.fail
import org.junit.Test

class SimpleLinkedListTest {

    @Test
    fun testIsEmpty() {
        fail("Noch nicht implementiert")
    }
}
```

Wenn Sie die Testmethode ausführen, gibt es einen Fehler, denn wir haben diesen mit `fail` provoziert. Das Testergebnis wird in einem speziellen Panel angezeigt:

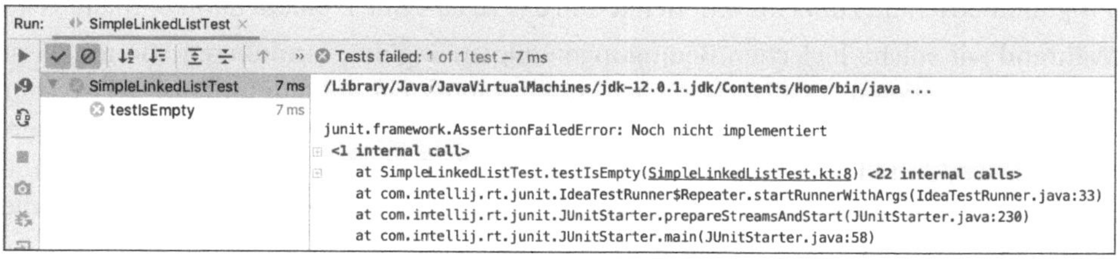

29.2.1 Assertions

Das richtige Testen geschieht nun, indem wir mit dem Aufruf von `assert*`-Funktionen bestimmte Zusicherungen überprüfen. Schauen wir uns nun ein einfaches Beispiel an, bei dem wir zunächst testen, ob eine gerade erzeugte `SimpleLinkedList` auch wirklich leer ist. Die Zusicherung erreichen wir, indem wir den Aufruf von `isEmpty()` an `assertTrue` übergeben:

```
class SimpleLinkedListTest {

    @Test
    fun testIsEmpty() {
        val list = SimpleLinkedList<String>()
        assertTrue(list.isEmpty())
    }
}
```

Als Nächstes wollen wir testen, ob die Liste nicht mehr leer ist, nachdem ein Element hinzugefügt wurde. Hierfür verwenden wir `assertFalse`:

```
class SimpleLinkedListTest {
    // ...
    @Test
    fun testNonEmpty() {
        val list = SimpleLinkedList<String>()
        list.addFirst("elem")
        assertFalse(list.isEmpty())
    }
}
```

Wenn wir die Klasse `SimpleLinkedListTest` ausführen, sehen wir, dass beide Tests erfolgreich sind:

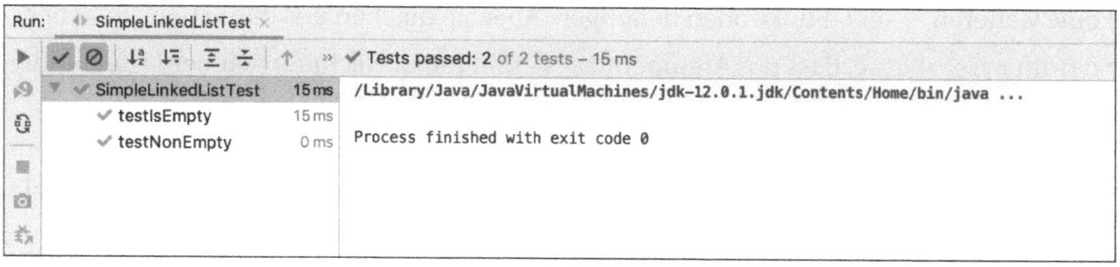

29.2.2 Implementierung der Liste testen

Auf dieselbe Weise können wir für unsere eigenen Listenimplementierungen weitere Testfunktionen schreiben.

Der Aufbau dieser automatisierten Tests folgt dabei stets diesem Schema:

- Szenario aufbauen
- Unsere eigenen Methode(n) zum Testen aufrufen
- Resultat auf Richtigkeit prüfen

In der Funktion `testAddLast` erzeugen wir zunächst eine leere Liste. Dies ist unsere Vorbedingung: Wir haben eine Liste, in der sich keine Elemente befinden. Dann testen wir einen Programmabschnitt, der jeweils Elemente ans Ende der Liste setzt, indem wir die Methode `addLast` mehrfach aufrufen.

Nachdem wir mehrere Elemente der Liste hinzugefügt haben, führen wir verschiedene Tests mit `assert*`-Funktionen durch. Damit wir die Funktionen direkt aufrufen können, werden diese Funktionen importiert. Die Testmethode sieht nun so aus:

```
class SimpleLinkedListTest {
    // ...
    @Test
    fun testAddLast() {
        val list = SimpleLinkedList<String>()
        list.addLast("A")
        list.addLast("B")
        list.addLast("C")
        list.addLast("D")

        assertTrue(list.size() == 4)
        assertFalse(list.isEmpty())

        assertEquals("A", list.get(0))
        assertEquals("B", list.get(1))
        assertEquals("C", list.get(2))
        assertEquals("D", list.get(3))
    }
}
```

Im Prinzip lässt sich bereits alles mit der Funktion `assertTrue` testen. Denn diese Funktion überprüft, ob das Argument wahr ist. Nur wenn das Argument der Funktion den Wert `true` besitzt, ist der Test erfolgreich, ansonsten ist der Test fehlerhaft. Da wir nun beliebige Bedingungen formulieren können, die einen Wahrheitswert liefern, würden wir eigentlich keine weiteren `assert`-Funktionen benötigen. Aber sie machen uns das Leben einfacher.

So prüft `assertFalse`, dass das Argument `false` sein muss. Nachdem wir der Liste mindestens ein Element hinzugefügt haben, darf die Liste natürlich nicht leer sein.

Die Methode `assertEquals` prüft, ob die beiden übergebenen Argumente gleich sind. Wenn die Argumente nicht gleich sind, wird eine entsprechende Fehlermeldung mit: „Das habe ich erwartet: X, aber der Wert war: Y" ausgegeben.

29.3 Teste zuerst

Wir haben recht spät angefangen, eigene Testfälle zu entwickeln. Wenn Sie selbst ein Softwareprojekt starten, dann sollten Sie sich am besten gleich angewöhnen, Testfälle zu schreiben, bevor Sie mit der Entwicklung der eigentlichen Funktionen anfangen. Das hört sich vielleicht etwas merkwürdig an: etwas testen, was es noch gar nicht gibt. Aber auf diese Weise sehen Sie zum einen schon beim Testen, ob und wann Ihre Implementierung soweit den Spezifikationen genügt, dass die Testfälle rund laufen. Denn sobald alle Tests erfolgreich durchgeführt wurden, meldet Ihnen das Test-Framework grünes Licht:

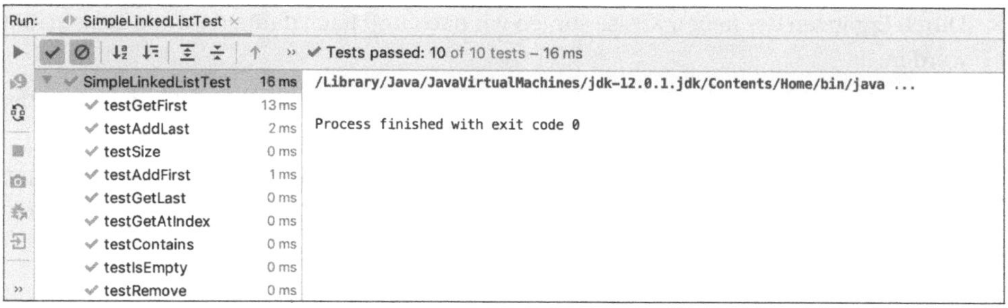

Kommt es dagegen zu einem Fehler, d. h. eine der Zusicherungen (Assertions) ist noch nicht erfüllt, dann wird dies entsprechend angezeigt:

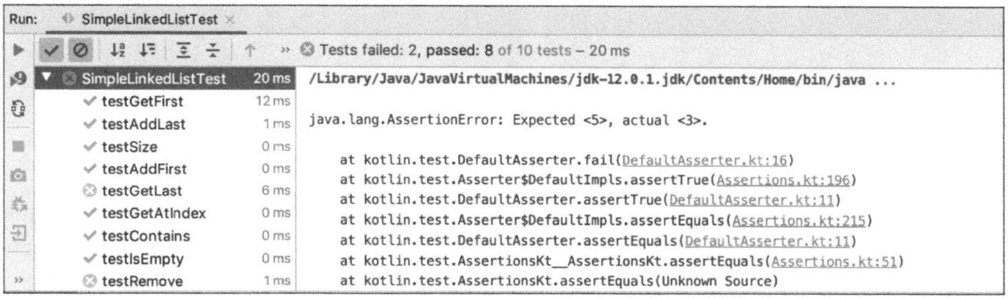

Sie sehen auch gleich, welche Tests fehlgeschlagen sind (hier `testGetLast` und `testRemove`).

Häufig wird das Testen als etwas lästig empfunden. Immerhin bereitet das Schreiben von sinnvollen Testfällen zusätzliche Arbeit – und auch die Testfälle können ja Fehler enthalten! Letztlich sparen Sie sich aber sehr, sehr viel Arbeit in der Entwicklung, wenn Sie schon früh Fehlerfälle erkennen. Denn je größer das Softwareprojekt wird, desto schwieriger wird das Lokalisieren der Fehler, insbesondere wenn es viele Abhängigkeiten gibt. Zudem ist das Schreiben von Testfällen noch lästiger, wenn dies erst nach der eigentlichen Implementierung geschieht. Denn als Entwickler hat man doch nach der Implementierung das Gefühl, dass die eigentliche Arbeit schon getan ist. Dem ist aber nicht so! Ein Programm, das nicht korrekt läuft, kann großen Schaden anrichten. Auch aus diesem Grund sollten Sie möglichst früh – d. h. eigentlich noch vor dem ersten Programmieren – viele Testfälle bereits geschrieben haben.

Deshalb folgen viele Entwickler einem *Test-Driven Development*-Ansatz (TDD). Dabei werden die Testfälle entwickelt, bevor überhaupt die Klassen mit ihrer eigentlichen Implementierung geschrieben werden. So kann jede Implementierung, die man fertigstellt oder verändert, sofort getestet werden.

Folgende Regeln zum Testen einer Programmeinheit (einer Unit) kann man sich merken:

- Zunächst entwickeln wir für eine neue Klasse einen Test. Darin erzeugen wir Objekte, rufen Methoden auf und formulieren unsere Erwartung an die Resultate der Methoden.
- Als Nächstes entwickeln wir unsere Klasse. Im ersten Schritt schreiben wir nur so viel auf, dass die Klasse durch den Compiler übersetzt werden kann.
- Wenn wir den Test durch JUnit ausführen, erhalten wir vermutlich eine Reihe von negativen Testergebnissen (es ist wichtig zu sehen, dass der Test zunächst scheitert).

- Durch Ergänzen der neuen Klasse sorgen wir nach und nach dafür, dass alle Tests erfüllt werden.
- Wenn wir die Klasse erweitern wollen, erweitern wir zunächst den Test und dann die Klasse.
- Wenn wir feststellen, dass in der Klasse Fehler versteckt sind, die der Test nicht erkennt, verbessern wir zunächst den Test so, dass der Fehler erkannt wird. Anschließend verbessern wir die Klasse.
- Nach jeder Veränderung der Klasse führen wir den automatischen Test aus.

Wenn Sie sich an diese Regeln halten, werden Sie bereits sehr viel robustere Programme entwickeln. Und da Ihnen Fehler sofort auffallen, werden Sie im Gesamtprozess der Softwareentwicklung mehr Spaß haben – denn nichts ist schlimmer als ein Fehler, der spät auftaucht. Solche Fehler können die Weiterentwicklung oft um Tage verzögern!

29.4 Klasseninvariante

Mit dem Testen von Klassen und Methoden kann auch sichergestellt werden, dass die zugesicherten Zustände einer Klasse stets eingehalten werden. Dies nennt man die Klasseninvariante, eine Art vertraglich zugesicherte Konsistenz der Daten und des Verhaltens.

Betrachten wir zunächst die Methode `size()` aus dem letzten Abschnitt. Darin mussten wir die verkettete Liste durchlaufen, um das Ergebnis zu ermitteln. Dies ist nicht gerade die effizienteste Vorgehensweise, denn je größer die Liste ist, desto länger dauert der Algorithmus.

29.4.1 Alternative Implementierung von size() für die verkettete Liste

Statt die Größe jedes Mal dynamisch zu ermitteln, könnten wir eine weitere Eigenschaft in unserer Klasse anlegen, um die aktuelle Größe zu speichern. Sie können z. B. die private Eigenschaft `currentSize: Int` definieren. Diese Eigenschaft wird immer inkrementiert, wenn ein Element hinzugefügt wird, und immer dekrementiert, wenn ein Element entfernt wird. Die Implementierung von `size()` sähe dann so aus:

```
class SimpleLinkedList<E> : SimpleList<E>, Iterable<E> {
    // ...
    var currentSize: Int = 0

    override fun size(): Int = currentSize
}
```

Die Methode ist nicht nur viel kürzer und übersichtlicher, sondern sie ist auch wesentlich effizienter. Die Zugriffszeit ist nämlich konstant, egal wie viele Elemente in der Liste sind.

Allerdings erkaufen wir uns diese Laufzeiteffizienz damit, dass wir leichter Fehler in unsere Klasse einbauen. Denn wir müssen gewährleisten, dass die Eigenschaft `currentSize` immer der tatsächlichen Anzahl der Elemente der Liste entspricht. Wenn Sie z. B. ein Element aus der Liste entfernen und vergessen, `currentSize` um eins zu verringern, dann stimmt der Wert darin nicht mehr – spätestens bei der nächsten Iteration über alle Listenelemente würde es zu einem Problem kommen, weil auf mehr Elemente zugegriffen wird, als tatsächlich vorhanden sind. Wenn Ihre Liste 12 Knoten enthält, dann ist der einzige erlaubte Wert für `currentSize` die Zahl 12. Diese Sicherstellung bezeichnen wir als Klasseninvariante.

§ **Definition *Klasseninvariante***

Die Klasseninvariante einer Klasse ist eine logische Aussage bezüglich der erlaubten Werte der Instanzvariablen (Objekteigenschaften) der Klasse. ■

29.4.2 Gewährleistung eines gültigen Zustands

Mit dem Begriff der Klasseninvarianten meinen wir also, dass am Ende eines Konstruktor- oder Funktionsaufrufs stets ein gültiger Zustand erreicht wird.

Wenn Sie z. B. mit `addFirst` ein neues Objekt der Liste hinzufügen, dann muss sichergestellt sein, dass die Klasseninvariante mit der Aussage „currentSize entspricht **immer** der Anzahl der Elemente der Liste" beim Beenden der Methode auf alle Fälle eingehalten wird. Innerhalb der Methode `addFirst` darf diese Bedingung jedoch kurzzeitig außer Kraft treten. Wenn Sie gerade einen neuen Knoten eingefügt haben, dann ist `currentSize` natürlich **noch nicht** auf dem aktuellsten Stand. Wichtig ist aber, dass `currentSize` unbedingt **vor dem Beenden der Methode** wieder der Klasseninvariante entspricht:

```
class SimpleLinkedList<E> : SimpleList<E>, Iterable<E>
    // ...
    override fun addFirst(obj: E) {
        val newNode = Node(obj, first)
        first = newNode // Hier gilt die Klasseninvariante temporär nicht
        currentSize++ // Jetzt gilt sie wieder
    }
}
```

Auch bei `addLast` muss entsprechend `currentSize` angepasst werden.

Der Begriff Invariante meint hier also, dass etwas **immer** gilt. In unserem Fall gilt **immer**, dass `currentSize` der Anzahl der vorhandenen Elemente entspricht – ob dies nun zehn oder hundert sind. Weitere Beispiele für invariante Zustände unserer Klasse: `first` ist nur dann `null`, wenn die Liste leer ist. Oder: Nur der letzte Knoten verweist in `next` auf `null`.

Die Korrektheit eines Programms setzt voraus, dass wir die Klasseninvariante am Ende jedes Funktionsaufrufs einhalten. Mit Testfällen können wir für die gewählten Testdaten prüfen, ob dies der Fall ist. Ein erfolgreicher Test ist allerdings kein Beweis dafür, dass die Klasseninvariante immer eingehalten wird. Ein fehlgeschlagener Test ist dagegen ein eindeutiger Beleg, dass wir die Klasseninvariante verletzen und unser Code korrigiert werden muss.

Die alternative `size()`-Methode ist zwar effizienter, aber sie erfordert von uns mehr Disziplin, da mehrere Methoden dafür Sorge tragen müssen, dass die Klasseninvariante für `currentSize` stets gilt. Die Methoden werden also voneinander abhängiger! Und dies ist eine Codeverschlechterung zugunsten der Laufzeitperformanz. So ist es leider manchmal: Schneller Code ist weniger elegant.

30 Optimierung und Laufzeiteffizienz

Die Laufzeit der beiden `size`-Implementierungen – einmal durch Zählen der Elemente und einmal durch Speichern der aktuellen Größe in einer Eigenschaft – ist sehr unterschiedlich. Wie lassen sich allgemeine Angaben über das Laufzeitverhalten treffen? Die Laufzeit eines Algorithmus lässt sich theoretisch und empirisch bestimmen. Empirisch meint hier, dass Sie die Laufzeit des Algorithmus tatsächlich messen.

30.1 Laufzeit empirisch ermitteln

Mit der Methode `System.currentTimeMillis` können Sie die aktuelle Systemzeit in Millisekunden ermitteln. Wenn Sie diese Zeit direkt vor dem Start und Ende des Algorithmus erfassen, dann können Sie durch Subtraktion von Endzeitpunkt und Startzeitpunkt das Delta ermitteln und haben die Laufzeit durch Ausprobieren (also empirisch) ermittelt.

Allerdings ist diese Methode mit einigen Nachteilen versehen. Zum einen wird Ihre Software in den wenigsten Fällen alleine auf einem Rechner laufen. Vielmehr steht Ihre Anwendung in Konkurrenz zu anderen Anwendungen, wenn es um die Zuweisung von Prozessorzeit geht. Es kann also sein, dass die gemessene Zeit sehr lang ist, weil das Betriebssystem gerade sehr ausgelastet ist. Sie haben keine Kontrolle darüber, ob das Betriebssystem gerade einen anderen Prozess bevorzugt. Sie können diese Unvorhersehbarkeit zum Teil dadurch ausgleichen, dass Sie die Laufzeit nicht nur einmal messen, sondern Tausende oder Hunderttausende Male. Dann sind die Beeinflussungen durch andere Systemprozesse statistisch gesehen gering. Die gemessene Zeit hängt aber natürlich auch generell von Ihrer Rechner-Hardware ab – es kann sein, dass ein Algorithmus auf einer anderen Maschine sehr viel schneller abläuft, weil bestimmte elementare Operationen dort effizienter ausgeführt werden. Ein weiterer Nachteil der empirischen Methode ist, dass Sie die Laufzeit erst messen können, wenn Sie den Algorithmus schon implementiert haben. Sie ist also ungeeignet, um bereits im Vorfeld abzuschätzen, wie sich ein Algorithmus verhält. Und schließlich ist ein gravierender Nachteil der empirischen Methode, dass sich eine einzelne Messung immer nur auf die aktuellen Parameter bezieht. Nehmen wir als Beispiel die erste Implementierung der Methode `size` aus dem letzten Abschnitt. Hier werden alle Elemente der Liste durchlaufen. Sie können die tatsächliche Laufzeit der Methode wie beschrieben messen. Allerdings werden sich die Ergebnisse ändern, abhängig davon, ob in der Liste zehn oder zehntausend Elemente gespeichert sind.

30.2 Laufzeit theoretisch einschätzen

Dieser Sachverhalt lässt sich jedoch nicht nur empirisch ermitteln, sondern bereits theoretisch einschätzen. Wir können nämlich für den Algorithmus betrachten, wie viele Operationen darin aufgerufen werden. Nehmen wir einmal die erste Implementierung von `size`:

```
class SimpleLinkedList<E> : SimpleList<E>, Iterable<E> {
        // ...
    override fun size(): Int {
        var runPointer = first
        var count = 0

        while (runPointer != null) {
            count++
            runPointer = runPointer.next
        }

        return count
    }
}
```

Vor der Schleife werden zwei Zuweisungen ausgeführt. Nehmen wir an, der Aufruf der Methode `size` und das Anlegen eines benötigten Stack-Frames dauert eine bestimmte Zeit `a` (z. B. a = 5 ms). Auch für eine Variablenzuweisung könnten wir eine fiktive Zeit `b` annehmen (z. B. b = 1 ms).

Dann könnten wir dies in einer Gleichung so zum Ausdruck bringen:

```
T = a + 2 * b + Zeit für die Schleife
```

In der Schleife werden nun eine weitere Zuweisung (Laufzeit `b`) sowie eine einfache Inkrementierungsoperation durchgeführt (z. B. Laufzeit c = 0,5 ms). Dann kämen wir zu folgender Gleichung:

```
T = a + 2 * b + n * (b + c)
```

Sie sehen, dass diese Gleichung sehr schnell kompliziert werden kann – und wir haben die Laufzeit für die `return`-Anweisung und den Vergleich für die while-Schleife noch gar nicht mitgerechnet.

Wovon ist der Verlauf von `T` nun **im Wesentlichen** abhängig? Die Werte `a`, `b`, `c` sind konstante Werte. Der Wert `n` ist dagegen ein variabler Wert, denn er meint die unterschiedlichen Problemgrößen (z. B. die unterschiedliche Anzahl der Knoten einer verketteten Liste). Wir können daher präziser schreiben:

```
T(n) = a + 2 * b + n * (b + c)
```

Damit haben wir eine Gleichung für die Laufzeit eines bestimmten Algorithmus in Abhängigkeit von `n` aufgestellt, die von theoretischen Annahmen über die Laufzeit bestimmter Operationen ausgeht. Wir könnten auch versuchen, eine Gleichung aus den empirisch gemessenen Laufzeiten ableiten – aber diese wäre nicht weniger komplex.

30.3 Die O-Notation

Entscheidend ist für uns aber auch gar nicht die exakte Laufzeit, sondern wir wollen wissen, wie sich diese Funktion verhält, wenn sich die Problemgröße verändert, insbesondere wenn die Problemgröße sehr groß wird. Wie steigt z. B. die Laufzeit an, wenn ich statt hundert Knoten eintausend Knoten in einer Liste habe? Bleibt die Laufzeit konstant oder steigt sie an? Falls sie ansteigt: Wie sieht dieser Anstieg aus? Linear? Logarithmisch? Quadratisch? Exponentiell? Dies sind die entscheidenden Aussagen über die Laufzeitkomplexität eines Algorithmus!

Statt der komplizierten Funktion für die tatsächliche Laufzeit – z. B. `T(n)= a + 2 * b + n * (b + c)` – suchen wir eine einfache Funktion, die uns etwas über das asymptotische Verhalten aussagt, z. B. eine Funktion `g(n)= n`. Offensichtlich ist die Funktion `g(n)` einfacher als die genauere Funktion `T(n)`, in der auch die Operationen vor der Schleife berücksichtigt sind. Für uns ist jedoch nur wesentlich, dass die Laufzeit ungefähr linear ansteigt. Daher ist die Funktion `g(n)= n` besser geeignet, um diesen linearen Zusammenhang auszudrücken, denn wir sehen sofort, dass diese Funktion linear ansteigt.

Dieses Ziel, eine komplexe Funktion durch eine einfachere Funktion zu ersetzen, verfolgt die *O-Notation*. Wenn man sagt, dass die Laufzeit eines Problems O(n) sei, so bedeutet das, dass der führende Term in der Formel für die Laufzeit proportional zu n ist. Wenn man hingegen sagt, dass die Laufzeit eines Problems $O(n^2)$ sei, so bedeutet das, dass der führende Term in der Formel für die Laufzeit proportional zu n^2 ist.

In der folgenden Abbildung können Sie erkennen, dass verschiedene funktionale Abhängigkeiten zu sehr unterschiedlichem Laufzeitverhalten führen. Sie können erkennen, dass vor allem die e^n-Kurve sehr schnell zu hohen Werten führt, während auf der anderen Seite log n so langsam ansteigt, dass man dabei beinahe von konstanter Zeit sprechen kann:

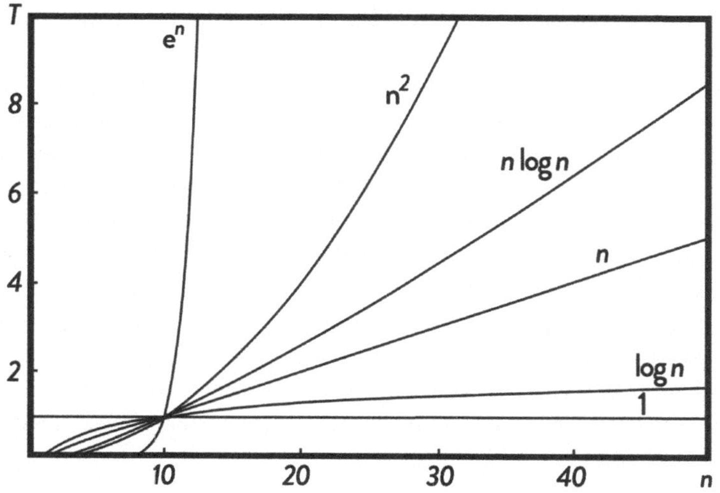

30.4 Praktische Beispiele für die O-Notation

- Wenn `size` die Elemente der verketteten Liste zählt, dann gilt O(n).
- Wenn `size` die Anzahl der Elemente in einer Eigenschaft `currentSize` gespeichert hat, dann gilt O(1), d. h. es ist eine konstante Zugriffszeit.

Wenn Sie für eine Liste feststellen wollen, wie viele Daten darin doppelt vorkommen, dann müssen Sie jedes Element mit allen anderen Elementen vergleichen. Sie haben also eine doppelte Schleife, sodass $O(n^2)$ gilt. Auch viele einfache Sortieralgorithmen haben als Laufzeitverhalten $O(n^2)$.

Es gibt aber auch Algorithmen, die auch bei stark anwachsender Elementzahl nicht viel länger für die Durchführung brauchen. Ein Beispiel ist der *Quicksort*-Algorithmus. Dieser Algorithmus verkleinert jeweils den zu sortierenden Bereich und kommt so zu einem Laufzeitverhalten O(n * log n). Das bedeutet, dass die Laufzeit fast linear ansteigt.

O(log n) bedeutet nämlich, dass auch bei einer wesentlichen Vergrößerung der Problemklasse die Laufzeit nur geringfügig ansteigt. Nehmen wir einmal ein Zahlenratespiel. Es wird eine Zahl getippt, und danach wird Ihnen zurückgemeldet, ob die gesuchte Zahl größer oder kleiner ist. Wenn Sie eine Zahl zwischen 1 und 100 tippen sollen, dann können Sie unterschiedlich vorgehen. Ein naiver Ansatz wäre das Durchgehen der Zahlen von 1 bis zur gesuchten Zahl. Das Laufzeitverhalten wäre O(n). Der effiziente Ansatz ist es, die Menge der Zahlen, die als Lösung in Frage kommen, immer zu halbieren. Sie tippen also zunächst die Zahl 50. Wenn die gesuchte Zahl größer ist, dann tippen Sie die Zahl 75. Ist die gesuchte Zahl immer noch größer, dann tippen Sie auf 87 usw. Sie kommen bei 100 Zahlen immer spätestens nach acht getippten Zahlen zu einem Treffer. Wenn Sie nun dasselbe Spiel mit 200 Zahlen durchführen, dann benötigen Sie maximal neun Tippdurchgänge. Sie haben also die Problemgröße verdoppelt, aber die maximale Laufzeit ist nur um einen Tipp angestiegen. Das Laufzeitverhalten ist daher O(log n). Dies ist das günstigste, nicht konstante Laufzeitverhalten.

Das schlimmste Laufzeitverhalten ist $O(e^n)$, also ein exponentieller Anstieg der Laufzeit. Dies sind in der Regel unlösbare Rechenprobleme. Schon bei geringem Anstieg der Problemgröße wäre die Rechenzeit enorm groß – und zwar schnell länger als die gesamte Lebensdauer des Universums. Ein Beispiel ist die asymmetrische Verschlüsselung. Für die Generierung von Schlüsseln wird mit Primzahlen gearbeitet. Das Produkt zweier Primzahlen lässt sich recht einfach berechnen. Das Auffinden des richtigen Schlüssels ist jedoch sehr, sehr rechenintensiv.

Abschließend sei gesagt, dass die O-Notation vielleicht sehr abstrakt und theoretisch wirkt. Die Beispiele haben aber hoffentlich gezeigt, dass die Bedeutung der verschiedenen Komplexitätsklassen von sehr großer praktischer Relevanz ist. Denn sie geben an, ob die Laufzeit bei steigender Problemgröße konstant bleibt, nur gering ansteigt, linear, quadratisch oder exponentiell ansteigt.

31 Unveränderliche verkettete Liste

Wir haben bereits gesehen, dass sich eine Liste auf unterschiedliche Weise implementieren lässt. Auch die Umsetzungen für verkettete Listen können variieren.

- Es gibt einfach und doppelt verkettete Listen.
- Es gibt verkettete Listen, die nicht nur eine Referenz auf das erste, sondern auch auf das letzte Element speichern.
- Daten können in einem referenzierten Datenobjekt gespeichert werden. Es ist aber auch möglich, aus Datenobjekten direkt eine verkettete Liste aufzubauen. Beispiel: Wenn Sie eine Klasse `Person` definieren und darin eine Eigenschaft `nextPerson` festlegen, die wiederum auf die nächste `Person` referenziert, dann haben Sie praktisch die Datenstruktur einer verketteten Liste.
- Das Ende der Liste kann durch `null` oder ein spezielles Terminal-Objekt repräsentiert werden.
- Die interne Struktur kann verändert werden oder nur aus unveränderlichen Eigenschaften bestehen. Bei einer unveränderlichen Liste ändert sich die interne Datenstruktur nicht mehr. Stattdessen können neue Versionen der verketteten Liste aufgebaut werden. Eine unveränderte verkettete Liste kann auch Teil einer anderen unveränderten Liste sein.

Als Beispiel soll hier noch eine verkettete Liste implementiert werden, die aus unveränderlichen Werten besteht. Es sollen sich also weder die Knoteninhalte noch die einzelnen Knoten ändern können.

Zudem wollen wir das Ende der Liste nicht mehr durch `null` repräsentieren, sondern durch ein spezielles Objekt, mit dem das Ende der Liste gekennzeichnet wird.

Eine verkettete Liste ist in dieser Implementierung entweder:

- die leere Liste, repräsentiert durch ein Terminal-Objekt namens `Nil`, oder
- ein Knoten, bestehend aus einem Datenwert `Head` und dem Rest der Liste `Tail`.

Bei der Implementierung von Funktionen, um neue Listen zu erzeugen, folgen wir dabei eher einem funktionalen Stil. Allerdings handelt es sich nicht um einen reinen funktionalen Ansatz, denn wir setzen weiterhin Prinzipien der Objektorientierung ein.

31.1 Datenstruktur für die unveränderliche Liste

Wir können die leere Liste und den Datenknoten als Spezialisierung (spezielle Fälle) der Liste ansehen. Daher können wir hier von einer gemeinsamen `ImmutableLinkedList`-Klasse ableiten. Folgende Implementierung verwendet einen Typ-Parameter `E`, um beliebige Typen in der Klasse zu speichern. Die Untertypen werden als innere Klassen definiert:

```
sealed class ImmutableLinkedList<E> {
    data object Nil : ImmutableLinkedList<Nothing>()
    data class Node<E>(val head: E, val tail: ImmutableLinkedList<E>) :
         ImmutableLinkedList<E>()
}
```

Bei der Implementierung fallen zwei Dinge auf, die wir bislang noch nicht eingesetzt haben. Wir haben die Klasse als `sealed` gekennzeichnet. Eine Sealed-Class ist offen für Erweiterungen. Dabei müssen jedoch alle Erweiterungen im selben Paket liegen. Dadurch kann der Compiler zur Compilezeit feststellen, welche Unterklassen es gibt. Da alle Unterklassen bekannt sind, können z. B. in einem `when`-Ausdruck alle Fälle berücksichtigt werden, ohne einen `else`-Block für nicht abgedeckte Fälle zu schreiben.

Zudem haben wir für das `Nil`-Objekt als Typparameter `Nothing` angegeben. Eigentlich würde man eine Deklaration in dieser Art erwarten:

```
sealed class ImmutableLinkedList<E> {
    data object Nil : ImmutableLinkedList<E>()
}
```

Doch der Typparameter `E` ist für `Nil` gar nicht definiert. Dazu müsste man ähnlich wie bei `Node` Folgendes schreiben:

```
sealed class ImmutableLinkedList<E> {
    data object Nil<E> : ImmutableLinkedList<E>()
}
```

Doch leider dürfen singuläre Objekte keine Typparameter haben. Die Lösung: Wir verwenden `Nothing` als Datentyp. Bei `Nothing` handelt es sich, wie in Abschnitt 9.7, „Nothing“, beschrieben, um eine spezielle Unterklasse, die für alle Typen automatisch definiert ist. Von dieser Unterklasse können keine Objekte erzeugt werden. Da der leere Knoten keine Daten speichert, können wir den Datentyp `Nothing` hier als Typparameter für die Oberklasse `ImmutableLinkedList` verwenden. Denn `Nothing` ist ein Untertyp von jeder Klasse. Damit wir aber Untertypen erlauben, müssen wir bei `ImmutableLinkedList` den Typparameter mit `out` öffnen. Wir erlauben Unterklassen, aber keine Oberklassen zum angegebenen Typ. Dies nennt man Kovarianz (siehe Unterabschnitt 26.1.3, „Kovarianz“).

sealed class vs. open class

Von einer `sealed`-Klasse kann es zwar Ableitungen geben, jedoch müssen diese Unterklassen im selben Paket sein. Die Klasse ist also offen für *Ableitungen innerhalb desselben Pakets* und geschlossen für weitere Ableitungen. Dadurch haben wir einerseits volle Kontrolle über die möglichen Ableitungen, anderseits kennt der Compiler alle existierenden Ableitungen, die es geben kann. Bei einer Klasse, die einfach nur `open` ist, also für Ableitungen geöffnet, könnten auch andere Entwickler, die auf unseren Code zugreifen, neue Ableitungen schreiben – von denen wir gar nichts wissen. Bei einer `sealed class` ist dies nicht möglich.

Wenn Sie sich die Datenstruktur anschauen und mit der bereits kennengelernten verketteten Liste vergleichen, dann fallen mindestens diese Dinge auf:

1. Es gibt keine veränderlichen Eigenschaften mehr.
2. Bislang wurde mit `next` auf den nächsten Knoten verwiesen. Jetzt wird mit der Eigenschaft `tail` auf den nächsten Knoten verwiesen. Jeder Knoten ist dabei der Anfang einer unveränderlichen Verkettung von Knoten.
3. Ein Knoten *ist* eine verkettete List, denn er enthält den Datenwert und verweist mit `tail` auf die weiteren Knoten.
4. Das Ende der Liste wird nicht durch `null`, sondern ein spezielles `Nil`-Objekt repräsentiert.

31.1.1 Fallunterscheidung durch dynamische Bindung

Wir können nun eine erste Funktion für alle Listen einfügen, nämlich die `isEmpty`-Methode:

```
sealed class ImmutableLinkedList<E> {
    abstract fun isEmpty(): Boolean

    data object Nil : ImmutableLinkedList<Nothing>() {
        override fun isEmpty() = true
    }

    data class Node<E>(val head: E, val tail: ImmutableLinkedList<E>) :
         ImmutableLinkedList<E>() {
        override fun isEmpty() = false
    }
}
```

Die Methode ist für `Nil` und `Node` unterschiedlich definiert. Welche Methode ausgeführt wird, entscheidet sich dynamisch zur Laufzeit, weil es vom Typ abhängt. Durch die Polymorphie können Aufrufe von `isEmpty` für `Nil`- und `Node`-Objekte gleichermaßen erfolgen. Wenn es sich um ein Objekt vom Typ `Nil` handelt, dann wird die entsprechende Methode von `Nil` aufgerufen. Wenn es sich um ein Objekt vom Typ `Node` handelt, wird die entsprechende Methode der `Node`-Klasse aufgerufen. Diese automatische Verzweigung ist idiomatisch für die objektorientierte Programmierung. Durch dynamische Bindung wird, abhängig vom Typ, die richtige Funktion gewählt.

31.1.2 Explizite Fallunterscheidung innerhalb der Funktion

In der funktionalen Programmierung ist es jedoch idiomatisch, dass nur eine Funktion geschrieben wird, in der die Entscheidung selbst getroffen wird:

```
sealed class ImmutableLinkedList<E> {
    // ...
    fun isEmpty(): Boolean = when (this) {
        is Nil -> true
        is Node<E> -> false
    }

    override fun toString(): String = when (this) {
        is Nil -> "NIL"
        is Node -> "$head, $tail"
    }
}
```

Der when-Ausdruck benötigt an dieser Stelle übrigens keinen else-Block, denn die hier aufgeführten Fälle sind erschöpfend. Da die `ImmutableLinkedList` als `sealed class` angelegt ist, kennt der Compiler alle möglichen Ausprägungen. Es ist definiert, dass es nur die Fälle `Nil` und `Node` geben kann. Dadurch funktioniert hier das eindeutige (vollständige) Pattern-Matching.

31.1.3 Neue Listen erzeugen statt Liste verändern

Für die verkettete Liste können wir zudem einfache Funktionen wie `addFirst`, `setHead` oder `removeFirst` festlegen. Dabei verändern wir nicht die Liste, sondern stellen auf Basis der bisherigen Liste eine neue Liste bereit:

```
sealed class ImmutableLinkedList<E> {
    // ...
    fun addFirst(element: E): ImmutableLinkedList<E> = Node(element, this)

    fun setHead(element: E): ImmutableLinkedList<E> = when (this) {
        is Nil -> throw IllegalStateException("empty list has no head")
        is Node -> Node(element, tail)
    }

    fun removeFirst(): ImmutableLinkedList<E> = when (this) {
        is Nil -> throw IllegalStateException("head cannot be removed from empty list")
        is Node -> tail
    }
}
```

Bei `addFirst` wird ein neuer Knoten zurückgeliefert, der als neuer Anfang der Liste verwendet wird. Der Rest der Liste, also der `tail`, ist die bisherige Liste. Diese bleibt dabei unveränderlich. Das ist gerade der Vorteil: Wir können auf Basis einer unveränderlichen Liste eine neue unveränderliche Liste bauen, die einen zusätzlichen Knoten besitzt und die bisherige Liste als `tail` verwendet. Dies klappt allerdings nur für `addFirst`. Am Ende einer unveränderlichen Liste lässt sich nichts einfügen, denn dazu müsste man den letzten Knoten verändern. Wenn eine `addLast`-Funktion implementiert werden soll, dann muss eine komplett neue Liste aufgebaut werden.

Auch bei `setHead` wird die bestehende Datenstruktur nicht verändert. Stattdessen wird ein neuer Knoten zurückgeliefert, der den unveränderten `tail` der bisherigen Liste wiederverwendet. Wohlgemerkt: Wenn weitere Variablen auf den bisherigen `head` referenzieren, dann verweisen diese Variablen nach wie vor auf dieselbe unveränderte Liste.

Die Methode `removeFirst` liefert den `tail` ohne den `head` zurück.

Vielleicht erheben Sie nun Einspruch, dass wir ja doch die ganze Zeit die Liste verändern. Dies ist aber nicht der Fall: Die bestehende Datenstruktur wird niemals verändert. Stattdessen werden Teile der unveränderten Datenstruktur wiederverwendet. Dies macht das Verarbeitung besonders effizient: Wir können basierend auf einer existierenden Liste eine neue Liste erstellen, die z. B. ein zusätzliches oder ein anderes Element enthält. Die Laufzeit ist dabei konstant, egal wie groß die Liste ist.

Schauen wir uns dies einmal an einem Beispiel an:

```
fun main() {
    val emptyList = (ImmutableLinkedList.Nil as ImmutableLinkedList<String>) // Das
        machen wir im nächsten Abschnitt besser

    val l1 = emptyList.addFirst("München").addFirst("Düsseldorf").addFirst("Kiel")
    val l2 = l1
    val l3 = l1.addFirst("Hamburg")
    val l4 = l1.setHead("Flensburg")
    val l5 = l1.removeFirst()
}
```

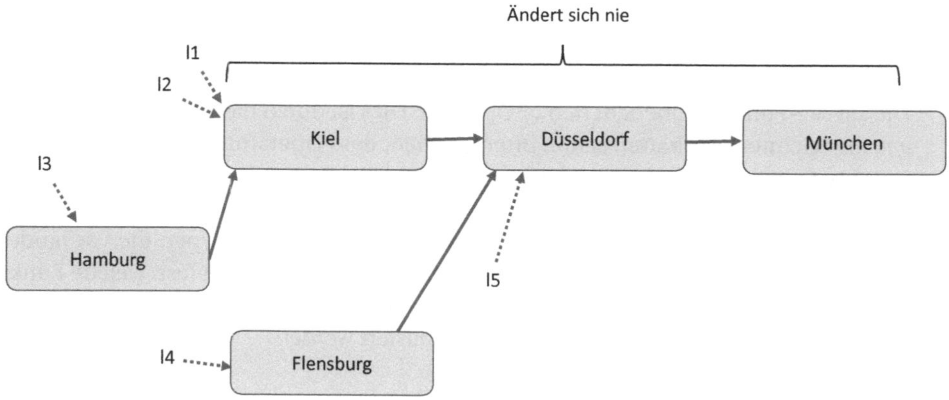

Zuerst erstellen wir eine leere Liste `emptyList`. Lassen Sie sich nicht daran stören. Im nächsten Abschnitt finden wir eine bessere Lösung, um `ImmutableLinkedList` zu instanziieren.

Danach erstellen wir die Liste `l1`, indem wir nacheinander neue Elemente vorne einfügen, beginnend mit einer leeren Liste `emptyList`. Zudem lassen wir eine weitere Variable auf dieselbe Liste zeigen. Dann wenden wir die drei Funktionen nacheinander auf `l1` an. `l1` verweist weiterhin auf den Knoten „Kiel“, und die Referenzen von diesem Knoten ändern sich auch niemals. Auch die Liste `l2` verändert sich nie.

Die Liste `l3` verweist auf einen weiteren Knoten „Hamburg". Dessen `tail` verweist auf die unveränderte Liste, auf die auch `l1` und `l2` verweisen. Insofern ist `l3` eine neue und andere Liste. Aber die von `l1` und `l2` referenzierte Liste hat sich nicht geändert!

Die Liste `l4` beginnt mit einem anderen Knoten, nämlich dem Knoten „Flensburg". `l4` ist also eine andere Liste als `l1`. Aber auch hier gilt: `l1`, `l2` und `l3` haben sich nicht mehr verändert.

Als Letztes wird eine neue Liste erstellt, bei der es ein Element weniger gibt. Die Liste `l5` verweist nun auf den `tail` von `l1`. `l5` ist also wiederum eine andere Liste, und alle bisher erstellten Listen haben sich nicht mehr verändert.

31.1.4 Hilfsfunktionen über Companion-Objekt bereitstellen

Zum Erstellen einer leeren Liste oder einer Liste mit initialen Werten können wir über ein Companion-Objekt Hilfsfunktionen bereitstellen:

```
sealed class ImmutableLinkedList<E> {
    // ...
    companion object {
        fun <E> emptyList(): ImmutableLinkedList<E> = Nil as ImmutableLinkedList<E>

        operator fun <E> invoke(vararg values: E): ImmutableLinkedList<E> {
            val empty = emptyList<E>()
            return values.foldRight(empty, { element, list ->
                list.addFirst(element)
            })
        }
    }
}
```

Die `invoke`-Funktion überlädt den `()` Operator. Dies ist durch das Schlüsselwort `operator` gekennzeichnet. Wir hatten schon öfter gesehen, dass Operatoren wie + oder `[]` je nach Datentyp unterschiedlich verwendet werden. Das + kann z. B. zwei `Int`-Objekte addieren, ein Element zur Liste hinzufügen oder Zeichenketten aneinander hängen. Hier sehen wir zum ersten Mal, dass wir auch selbst für unsere eigenen Datentypen die vorhandenen Operatoren *überladen* können. Wir legen dabei in diesem Beispiel fest, welche Funktion aufgerufen werden soll, wenn die runden Klammern nach dem Klassennamen verwendet werden. So kann eine neue Liste wie folgt initialisiert werden:

```
fun main() {
    val numbers = ImmutableLinkedList(30, 12, 8, 40, 99) // ImmutableLinkedList<Int>
    val cities = ImmutableLinkedList("Gummersbach", "Köln", "Kiel") //
         ImmutableLinkedList<String>
}
```

31.2 Rekursive Implementierungen

In der funktionalen Programmierung werden Funktionen meist rekursiv definiert. Wir vermeiden damit veränderliche Werte.

31.2.1 map und fold als rekursive Implementierung

Eine weitere Besonderheit der funktionalen Programmierung sind Funktionen höherer Ordnung. Wir wollen daher die `map`- und die `fold`-Methode selbst rekursiv für die verkettete Liste definieren:

```
sealed class ImmutableLinkedList<E> {
    // ...
    fun <R> map(f: (E) -> R): ImmutableLinkedList<R> = when (this) {
        is Nil -> Nil as ImmutableLinkedList<R>
        is Node -> Node(f(head), tail.map(f))
    }

    fun <R> fold(accumulated: R, f: (E, R) -> R): R = when (this) {
        is Nil -> accumulated
        is Node -> tail.fold(f(head, accumulated), f)
    }
}
```

Da die Signaturen der beiden Methoden gleich denen der `Collection`-Schnittstelle sind, können wir sie auch exakt gleich verwenden:

```
fun main() {
    val numbers = ImmutableLinkedList(30, 12, 8, 40, 99) // ImmutableLinkedList<Int>

    val sum = numbers.fold(0, { acc, n -> acc + n })
    val doubled = numbers.map { it * 2 }

    println(sum) // 189
    println(doubled) // 60, 24, 16, 80, 198, NIL
}
```

31.2.2 forEach und Endrekursion

Als Letztes wollen wir noch eine `forEach`-Implementierung betrachten:

```
sealed class ImmutableLinkedList<E> {
    // ...
    fun forEach(f: (E) -> Unit) {
        if (this is Node) {
            f(head)
            tail.forEach(f)
        }
    }
}
```

Die rekursiven Aufrufe können bei großen Listen schnell zu einem sogenannten *Stack Overflow* führen, da die aktuellen Werte des Head und Tails jeweils für jeden Aufruf im Stack-Frame gehalten werden müssen – obwohl wir die bereits verarbeiteten Werte gar nicht mehr benötigen. Ein Ausweg sind endrekursive Aufrufe (engl. *tail recursion*). Bei einem endrekursiven Aufruf kann der Compiler die Rekursion intern in eine Iteration überführen, bei der die alten (nicht mehr benötigten Werte) verworfen werden. Dadurch wird kein Stack mehr aufgebaut.

Damit die `forEach`-Methode endrekursiv wird, muss der letzte Aufruf die Methode selbst rekursiv aufrufen. Doch dafür müssen wir die Implementierung ein wenig anpassen. Wir erreichen dies, indem wir eine verschachtelte Funktion definieren, die jeweils den Rest der Liste übergibt. Da diese Hilfsfunktion nun die eigentliche rekursive Funktion ist, nennt man diese häufig `go`:

```
sealed class ImmutableLinkedList<E> {
    // ...
    fun forEach(f: (E) -> Unit) {
        tailrec fun go(f: (E) -> Unit, list: ImmutableLinkedList<E>) {
            if (list is Node) {
                f(list.head)
                go(f, list.tail) // Letzter Aufruf ist die rekursive Methode selbst
            }
        }

        go(f, this) // Starten der endrekursiven Funktion mit der gesamten Liste
    }
}
```

Eine Aufgabe für Sie:

Bislang haben wir mit dieser Version der verketteten Liste aber noch gar nicht das Interface `SimpleList` umgesetzt. Dies ist auch gar nicht möglich, weil die Methoden in `SimpleList` von einer veränderlichen Liste ausgehen und die intern verwendete Listenstruktur versteckt. Stattdessen könnten Sie eine neue Klasse definieren, die intern mit der unveränderlichen verketteten Liste arbeitet und nach außen hin die von der `SimpleList`-Schnittstelle geforderten Funktionen bereitstellt. Dies ist eine weitere gute Übungsaufgabe.

TEIL VII

Android

Nun ist es soweit. Sie haben alles gelernt, was Sie zum Entwickeln Ihrer ersten Programme brauchen. Sie haben sogar schon Ihr erstes Konsolenprogramm geschrieben. Zugegeben, irgendwie ist ein Spiel nicht so schön, das lediglich auf der Konsole läuft. Viel schöner wäre es, wenn man die Schauspieler und Regisseure auch sehen könnte. Und noch besser wäre es, wenn man dieses Spiel unterwegs oder auf der Couch spielen könnte.

Deshalb beschäftigen wir uns in diesem Teil mit den Grundlagen der Android-App-Entwicklung. Sie werden Ihre erste Android-App entwickeln. Dazu werden wir das Spiel *Movie-Maker* in eine Android-App verwandeln, die Sie überall mit hinnehmen können. Eine Android-App ist natürlich nur eine von vielen Möglichkeiten, ein Programm grafisch zu gestalten. Diese Möglichkeit ist allerdings sehr naheliegend, da Android-Apps vollständig in Kotlin entwickelt werden können. Wir werden einen Großteil von dem, was wir bisher gelernt haben, anwenden. Zudem werden wir eine Menge neuer Konzepte kennenlernen.

In den nächsten Kapiteln werden Sie alles lernen, was Sie benötigen, um diese App zu erstellen. Dabei sollten Sie jedoch wissen, dass mehr als nur ein Teil eines Buches nötig ist, um wirklich zu verstehen, wie Android funktioniert. Nicht umsonst gibt es ganze Bücher, die sich nur mit diesem Thema auseinandersetzen. Die genauen Details der Android-Plattform sind auf der offiziellen Webseite von Android sehr gut und ausführlich dokumentiert. Sie werden zudem laufend aktualisiert. Trotzdem möchten wir hier die wesentlichen Konzepte so kurz und dennoch so hinreichend und präzise wie möglich erklären.

Hierfür schauen wir uns zuerst Android Studio an. Android Studio ist eine für die Android-Entwicklung optimierte IDE mit vielen vorinstallierten Plugins, Compilern, einem entsprechenden Debugger etc. Als Nächstes lernen wir die Grundlagen von *Jetpack Compose* kennen. Jetpack Compose ist das neue und von Android empfohlene Toolkit für die User-Interface-Entwicklung (UI-Entwicklung) von Android-Anwendungen. Um die Konzepte von Jetpack Compose direkt anzuwenden, implementieren wir während der Grundlagen eine kleine Counter-App, die eine Zahl hoch- bzw. runterzählt. Nach den Grundlagen haben wir das Wissen, um die Movie-Maker-App in Android zu implementieren.

32 Android Studio

Bevor wir loslegen, brauchen wir eine Umgebung, mit der wir gut für Android programmieren können. Wir verwenden Android Studio, eine spezielle IDE, die für das Entwickeln von Android-Anwendungen optimiert wurde. Android Studio basiert auf der IntelliJ IDE, verfügt aber zusätzlich über vorinstallierte Plugins und eine an die Android-Entwicklung angepasste Benutzeroberfläche. Man kann Android Studio entweder von der offiziellen Webseite[1] herunterladen oder es mit der JetBrains Toolbox[2] installieren, welche sich dann auch um Updates kümmert.

Nach dem Öffnen von Android Studio sollten Sie Folgendes sehen:

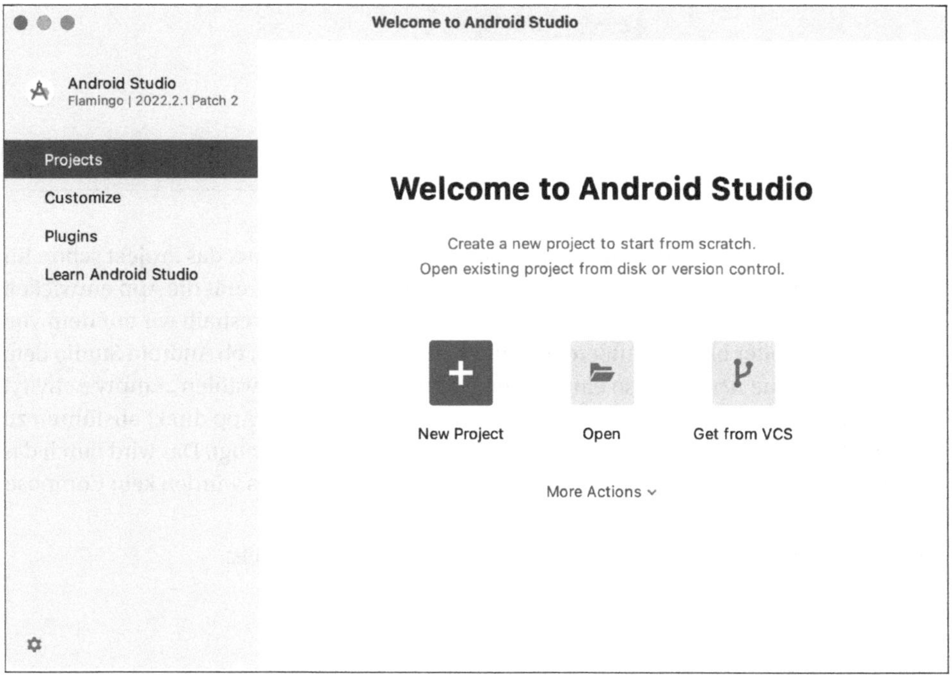

[1] Download von der offiziellen Webseite: *https://developer.android.com/studio.*

[2] Download der JetBrains Toolbox: *https://www.jetbrains.com/toolbox-app/.*

32.1 Erstellen eines Projekts

Zum Erstellen eines neuen Android-Projekts klicken Sie auf „New Project“. Jetzt sollte sich ein Fenster öffnen, in dem Sie aufgefordert werden, ein Template auszuwählen:

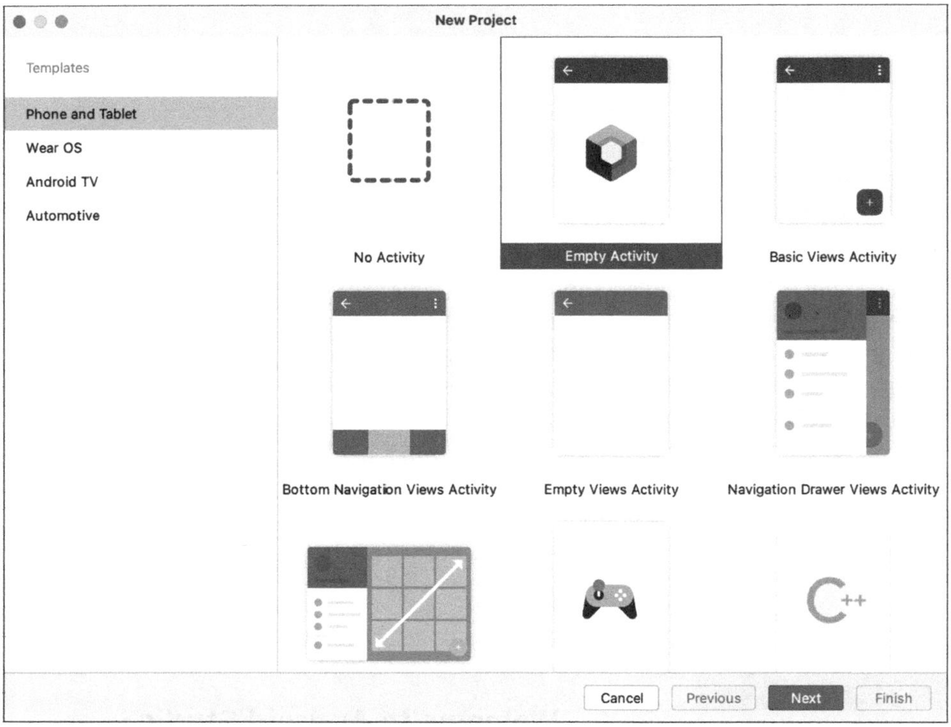

Das bedeutet, dass Android Studio, je nach ausgewähltem Template, das Projekt schon für Sie vorbereitet. Dazu kann hier ausgewählt werden, für welches Gerät die App entwickelt wird. Wir werden eine App für „Phone and Tablet“ entwickeln, weshalb wir auf dem vorausgewählten Reiter bleiben. Außerdem kann hier gewählt werden, ob Android Studio dem Projekt schon eine *Activity*, also ein Fenster, hinzufügen soll. Wir wählen „Empty Activity“ aus. Dadurch bekommen wir das Notwendigste generiert, um die App direkt ausführen zu können. Bei „Empty Activity“ wird zudem ein Compose-Projekt erzeugt. Das wird durch das Compose-Logo in der Auswahl symbolisiert. Die anderen Activities würden kein Compose, sondern ein XML-basiertes Projekt erzeugen.

Mit einem Klick auf „Next“ geht es dann weiter zu den Projektdetails:

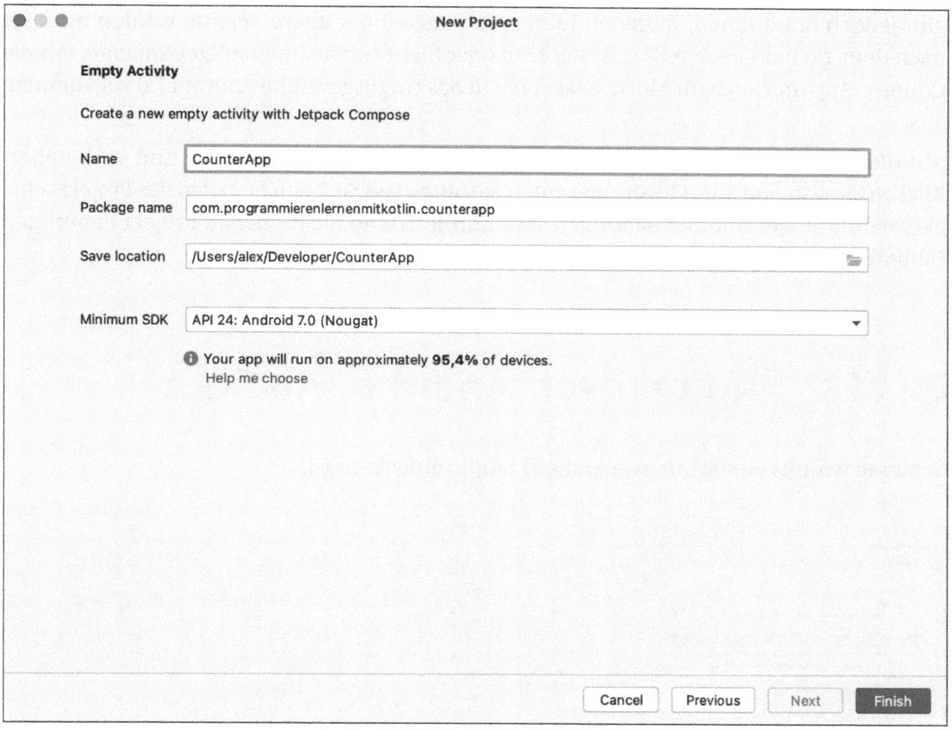

Hier können Sie den Namen des Projekts und den Paketnamen festlegen. Während der Name frei wählbar ist und später auch noch geändert werden kann, ist der Paketname verbindlich. Dieser wird nämlich als eindeutiger Bezeichner (ID) für diese App übernommen. Genauso, wie Sie in einem Paket Ihrer Kotlin-Anwendung nicht zwei Dateien mit dem gleichen Namen haben können, ist das auch im Android-System so. Das Paket, in dem sich die Dateien Ihrer App befinden, sowie die App-ID sollten also einzigartig sein.

Identifizierung im Google Play Store

Die ID wird spätestens dann relevant, wenn Sie die App z. B. im Google Play Store hochladen. Dann wird anhand des Paketnamens entschieden, ob es diese App schon gibt. Auch Updates werden anhand des Paketnamens einer bestimmten App zugewiesen. Gibt es im Play Store also schon eine App mit der ID, die Sie gewählt haben, dann können Sie Ihre App nicht hochladen. ■

Um die Wahrscheinlichkeit von Dopplungen zu vermeiden, nimmt man als Paketnamen und ID üblicherweise die Domain des Entwicklers in umgekehrter Reihenfolge mit angehängtem Anwendungsnamen. In Ihrem Fall könnte dies „de.name-der-domain.counterapp" sein.

Als Nächstes wählen Sie noch den Speicherort für das Projekt. Die letzte Entscheidung, die wir in diesem Fenster noch treffen müssen, ist, für welche Betriebssystemversion wir mindestens unterstützen möchten. Diese Auswahl legt fest, welche Features (Funktionalitäten) beim Entwickeln zur Verfügung stehen. Prinzipiell bietet es sich an, hier die vorselektierte Auswahl zu nehmen. Android ist nämlich bei vielen Features abwärtskompatibel. Es gibt jedoch Situationen, in denen man eine neuere oder ältere Version wählen muss, je nach dem, ob man neuere Features nutzen oder mehr Geräte unterstützen möchte. Für die Counter-App und auch für Movie-Maker reicht das vorausgewählte Android 7.0 vollkommen aus.

Mit diesen Informationen kann Android Studio unser Projekt anlegen und vorbereiten. Klicken Sie also nun auf „Finish“. Beachten Sie bitte, dass Sie beim Erstellen des Projekts eine aktive Internetverbindung benötigen, da Android Studio die für dieses Projekt benötigten Bibliotheken herunterladen muss.

32.2 Aufbau von Android Studio

Schauen wir uns einmal an, wie Android Studio aufgebaut ist.

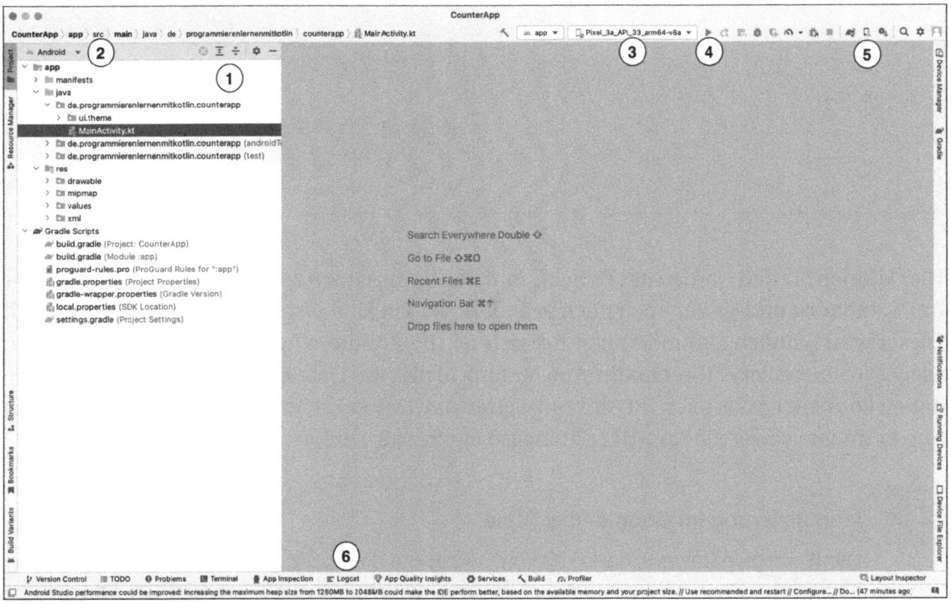

Auf der linken Seite (1) sehen Sie die Dateien Ihrer App. Android Studio stellt diese in einer für die Android-Entwicklung angepassten Darstellung dar. Das bedeutet, dass diese Dateihierarchie nicht immer der Dateihierarchie auf Ihrem Rechner entspricht. Diese Ansicht können Sie auch ändern (2). Wählen Sie hier z. B. „Projekt“, um die originale Projektstruktur zu erhalten. Da diese jedoch einige Dateien beinhaltet, die wir für die Entwicklung selbst nicht benötigen, bleiben wir erst einmal bei der „Android“-Ansicht.

Während der Entwicklung einer Android-App kommt man kaum um das Testen auf einem lauffähigen Gerät herum. Immerhin läuft eine Android-App nicht wie ein Konsolenprogramm auf einem Computer. Sie benötigen für die Ausführung Ihrer App ein Android-Gerät. Hier haben Sie zwei Möglichkeiten:

1. **Testen auf dem eigenen Gerät:** Sie können die App mithilfe eines USB-Kabels auf Ihr eigenes Android-Gerät übertragen. Dazu müssen Sie in den Entwickleroptionen Ihres Smartphones das *USB-Debugging* aktivieren[3]. Danach schließen Sie es mit einem USB-Kabel an Ihren Computer an und wählen es in Android Studio als Zielgerät aus (3). Anschließend können Sie die App wie gewohnt mit dem Play-Button (4) auf Ihrem Gerät starten.
2. **Testen im Emulator:** Aufgrund der vielen verschiedenen Android-Versionen sollte man eine App immer für mehrere verschiedene Versionen testen. Es kann immer sein, dass in einer Version etwas nicht so funktioniert, wie Sie es erwarten. Auch haben Sie beim Entwickeln einer App vielleicht nicht immer ein echtes Gerät zum Testen zur Hand. Für solche Situationen wird mit Android Studio ein Android-Emulator installiert. Dieser startet ein emuliertes Android-Gerät (Android Virtual Device) auf Ihrem Computer. Sie können aus einer Menge von Geräten wählen wie beispielsweise dem Pixel 6. Dabei wird tatsächlich das Gerät mit möglichst all seinen Eigenschaften emuliert. Dazu erstellen Sie sich im *Android Virtual Device Manager* (5) ein neues *Virtual Device* und wählen es im Anschluss als Zielgerät aus (3). Beim Starten der App (4) wird dieses automatisch gestartet und Ihre App darauf installiert.

Zuletzt sollten Sie noch *Logcat* (6) kennengelernt haben. Logcat ist ein *Command-Line Tool*, das die systeminternen Nachrichten Ihres ausgewählten Zielgeräts anzeigt. Dabei handelt es sich meistens um Informationen bestimmter Prozesse und Statusänderungen. Das Meiste davon interessiert Sie wahrscheinlich nicht. Was hier allerdings auch angezeigt wird, sind Fehlernachrichten Ihrer App und Exceptions samt ihrer Stack-Traces. Wenn Ihre App also abstürzt oder einen Fehler hat, können Sie sich diesen genau hier anschauen. Logcat ist quasi die Konsole Ihres Android-Gerätes, nur mit mehr Informationen.

Wie Sie sehen, bietet Android Studio jede Menge Hilfestellungen für die Entwicklung von Android-Apps. Deshalb sollten Sie auch unbedingt diese IDE für Ihre Apps verwenden.

32.3 Funktionsweise einer Android-App

In diesem Kapitel schauen wir uns den Aufbau und die Funktionsweise einer Android-App an. Beim Öffnen einer Android-App wird in der Regel eine sogenannte *Activity* gestartet. Bei einer Activity handelt es sich um die Repräsentation einer Aktivität, die der Nutzer ausführen kann. Der Nutzer startet eine Activity, interagiert mit der App und beendet diese Activity irgendwann wieder. In Kotlin wird eine Activity durch ein Objekt der Klasse `Activity` repräsentiert. Eine der Hauptaufgaben des Android-Systems ist es, die Activities zu verwalten. Dazu gehört auch, wann eine Activity erstellt oder beendet wird. Wenn Sie zum Beispiel die App minimieren, sodass die App nicht mehr im Vordergrund ist, wird die aktuelle Activity nicht zwingend beendet, sondern meistens pausiert. Ein Entwickler hat keine Kontrolle darüber, wann z. B. der Konstruktor einer Activity aufgerufen wird. Damit wir als Entwickler dennoch die Kontrolle über die Ausführung unseres Codes haben, besitzt eine Activity einen klar strukturierten Lebenszyklus. In jeder Phase des Lebenszyklus wird eine entsprechende

[3] Eine Anleitung finden Sie hier: *https://developer.android.com/studio/debug/dev-options.*

Methode wie z. B. onCreate, onPause, onStop oder onDestroy aufgerufen. An dieser Stelle können wir eingreifen und die entsprechende Methode überschreiben.

Wenn eine Activity zum ersten Mal gestartet wird, wird die onCreate-Methode aufgerufen. Die onCreate-Methode ist quasi der Einstiegspunkt der Activity, also in etwa vergleichbar mit der main-Funktion einer Konsolenanwendung. So wie beim Ausführen eines regulären Kotlin-Programms die main-Funktion aufgerufen wird, ruft das Android-System beim Erzeugen einer App die onCreate-Methode der initialen Activity auf. Anschließend werden die Methoden onStart und danach onResume aufgerufen. Nachdem diese Methoden durchlaufen sind, ist die Activity fertig vorbereitet, sodass der Nutzer mit den Interaktionen beginnen kann. Wird nun die Activity beendet, werden die Methoden onPause, onStop und onDestroy in dieser Reihenfolge aufgerufen. Als Entwickler können wir von der Klasse Activity ableiten und die Methoden des Lifecycles überschreiben. Dadurch können wir entscheiden, was in den jeweiligen Situationen passieren soll.

32.3.1 MainActivity

Da wir beim Erstellen des Projekts „Empty Activity" ausgewählt haben, wurde für uns eine MainActivity erzeugt und registriert. Zudem wurde die onCreate-Methode passend überschrieben:

```
1  class MainActivity : ComponentActivity() {
2      override fun onCreate(savedInstanceState: Bundle?) {
3          super.onCreate(savedInstanceState)
4          setContent {
5              CounterAppTheme {
6                  // A surface container using the 'background' color from the theme
7                  Surface(
8                      modifier = Modifier.fillMaxSize(),
9                      color = MaterialTheme.colorScheme.background
10                 ) {
11                     Greeting("Android")
12                 }
13             }
14         }
15     }
16 }
```

Gehen wir mal die wichtigsten Zeilen durch:

- In Zeile 2 wird die onCreate-Methode überschrieben. Danach wird in Zeile 3 als Erstes die onCreate-Methode der Oberklasse aufgerufen. Dieses Muster sollte sich für jede überschriebene Methode des Lebenszyklus wiederholen.
- In Zeile 4 wird die setContent-Methode aufgerufen, die den Einstiegspunkt der Benutzeroberfläche (UI) für Jetpack Compose definiert. Hierfür nimmt die Methode ein Lambda entgegen, worin die in Jetpack Compose geschriebenen UI-Elemente (*Composable-Functions*) aufgerufen werden. Mehr dazu in Abschnitt 33.2, „Composable-Functions".
- In Zeile 5 wird das Theme aufgerufen. Somit ist das Theme die sogenannte *Root-View*. Jede Jetpack-Compose-App hat ein Theme, welches automatisch generiert wird. Das Theme bekommt immer den Namen der App mit dem Suffix „Theme". Ein Theme ist sehr praktisch, weil man so Farben, Typographie usw. nur an einer Stelle (im Theme) definiert

und dann in allen Views bequem auf das Theme zugreifen kann. Themes werden in Abschnitt 32.5, „Theming“, intensiver behandelt.

- In Zeile 7 wird innerhalb des Themes eine `Surface`-View erstellt, die die Oberfläche (engl. *surface*) für alle weiteren UI-Elemente bietet.
- In Zeile 8 und 9 werden Eigenschaften von Surface gesetzt. Die erste Eigenschaft sagt, dass sich die Größe der View über den gesamten Screen erstrecken soll. Die zweite Eigenschaft setzt die Hintergrundfarbe auf die Farbe *background*, die im Theme definiert ist. Hier sieht man auch, wie man auf das Theme referenzieren kann (siehe Punkt 3). Welche Farbe *background* nun wirklich hat, sehen wir in Abschnitt 32.5, „Theming“.
- In Zeile 11 wird das erste „richtige“ UI-Element aufgerufen, welches beim Start der App angezeigt wird.

Legen Sie sich über den Device-Manager einen Emulator an und führen Sie die App über den Run-Button aus. Sie sollten den Text „Hello Android!“ oben links in der Ecke sehen.

Die Zeit vor Jetpack Compose

Bevor Jetpack Compose als stabile Version zur Verfügung stand, wurde das User-Interface für Android-Apps über XML-Dateien festgelegt, die das Layout beschrieben haben. Beim Starten der App wurde in der `onCreate`-Methode nicht mit `setContent` ein Codeblock mit Composable-Functions festgelegt. Stattdessen wurde eine XML-Datei verwendet, welche den Aufbau der App enthielt. Diese Datei wurde durch folgenden Aufruf festgelegt: `setContentView(R.layout.activity_main)`.

`activity_main` ist dabei die XML-Datei, in der die Layoutstruktur der App beschrieben wird. Dies funktioniert auch weiterhin, wird aber in der aktuellen Auflage dieses Buches nicht mehr beschrieben, da wir ausdrücklich empfehlen, mit Jetpack Compose zu arbeiten. Die UI-Gestaltung wird dadurch eleganter und flexibler.

32.3.2 Context

Eine weitere wichtige Klasse ist `Context`. Ein `Context` ist die Schnittstelle zu Umgebungsdaten der App und des Systems. Er ermöglicht den Zugriff auf alle von diesem `Context` abhängigen Ressourcen und Informationen. Beispiele hierfür sind Bilddateien, aber auch Informationen zum Systemzustand. Außerdem wird er als Schnittstelle zum Android-System verwendet, um beispielsweise Activities oder Services zu starten. Auch die `Activity` hat einen `Context`. Immer dann, wenn eine Komponente Informationen oder Ressourcen des aktuellen Kontexts benötigt, muss dieser übergeben werden.

Nutzungsdauer des Contexts

Es ist wichtig, immer darauf zu achten, dass der `Context` gültig ist. Wenn man z. B. die `Activity` als `Context` verwendet, sollte die Dauer der Nutzung des Kontexts die Lebensdauer der `Activity` nicht überschreiten. Daher nutzt man den `Context` von `Activity` für UI-bezogene Aufgaben.

Manchmal wird jedoch ein `Context` benötigt, der die Lebensdauer der aktuellen `Activity` überschreitet. Dafür gibt es den *Application-Context*. Dieser hat jedoch keine Informationen über die aktuelle `Activity`.

32.3.3 Manifest und Gradle-Skripte

Zuletzt sollten Sie noch zwei Bestandteile einer Android-App kennengelernt haben. Das Erste ist das *Manifest.* Jede Android-App braucht ein Manifest, in dem alle für das System relevanten Informationen über die App festgelegt sind. Hier muss z. B. jede `Activity`, die in Ihrer App verfügbar ist, registriert sein. Auch der Name der App und das Launcher-Icon der App werden hier definiert. Dies ist auch der Punkt, an dem festgelegt werden muss, welche `Activity` beim Öffnen der App gestartet werden soll. Das Manifest beinhaltet also alle Informationen, die Android benötigt, um die App auszuführen und verfügbar zu machen.

Das Zweite sind die *Gradle-Skripte.* Damit der Compiler in der Lage ist, aus den Projektdateien eine Android-App zu bauen, werden sogenannte *Build-Skripte* benötigt. Diese Skripte sind in der Programmiersprache Groovy oder auch in Kotlin geschrieben. Von diesen Skripten gibt es in den meisten Apps zwei Stück: eines für das Projekt und eines für das App-Modul. Während Sie Ersteres in den seltensten Fällen anpassen werden, sind im Skript für das App-Modul häufig Änderungen notwendig. Hier werden alle innerhalb der App verwendeten Bibliotheken registriert, die Android-Version festgelegt und vieles mehr. Auch in unseren Projekten werden wir in der Datei „build.gradle" einige Bibliotheken hinzufügen. Die Erweiterungen nehmen wir an der im Code dargestellten Stelle vor:

```
// app/build.gradle
// ...
dependencies {
    // ...
    implementation 'androidx.core:core-ktx:1.10.1'
    implementation platform('org.jetbrains.kotlin:kotlin-bom:1.8.0')
    implementation 'androidx.lifecycle:lifecycle-runtime-ktx:2.6.1'
    implementation 'androidx.activity:activity-compose:1.7.2'
    implementation platform('androidx.compose:compose-bom:2022.10.00')
    implementation 'androidx.compose.ui:ui'
    implementation 'androidx.compose.ui:ui-graphics'
    implementation 'androidx.compose.ui:ui-tooling-preview'
    implementation 'androidx.compose.material3:material3'
    // Hier fügen wir weitere Bibliotheken hinzu
}
```

Nachdem eine neue Bibliothek hinzugefügt oder die Datei anderweitig verändert wurde, muss Gradle neu synchronisiert werden. Android Studio erkennt das und zeigt eine entsprechende Meldung oben in der Datei an. Mit einem Klick auf „Sync Now" werden die Änderungen an der Datei übernommen. Wurde beispielsweise eine Bibliothek hinzugefügt, lädt Android Studio diese herunter. Nach der Synchronisation kann die Bibliothek im Code verwendet werden.

32.4 Projektstruktur einer Android-App

Die Manifest-Datei, die Gradle-Skripte und alle weiteren relevanten Dateien finden wir in der Projektstruktur. Da die Android-Ansicht des Projekts nicht der eigentlichen Projektstruktur entspricht, stellen wir für diesen Abschnitt die Ansicht auf Project und besprechen die für Sie wichtigsten Ordner und Dateien:

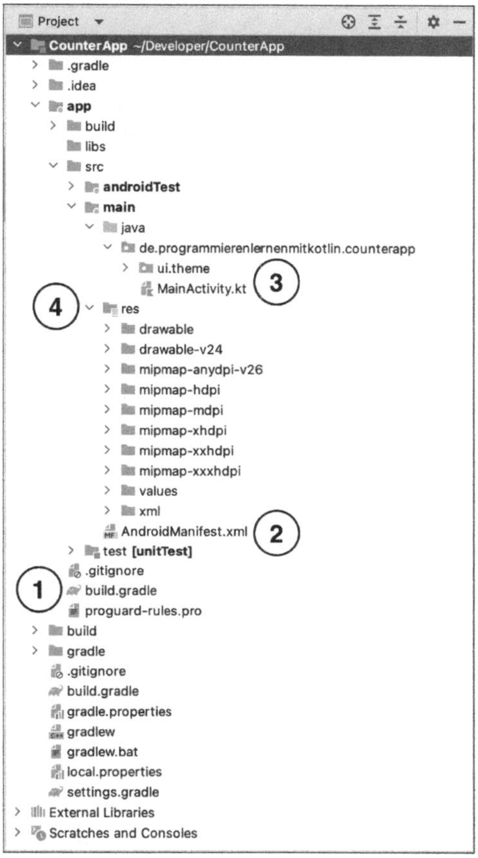

1. *app/build.gradle*
   ist das Build-Script für die App. Beachten Sie, dass sich auch im übergeordneten Ordner eine *build.gradle*-Datei befindet. Diese werden wir jedoch nicht verändern. Immer wenn in diesem Buch von einem Build-Script die Rede ist, ist das aus dem Ordner *app/* gemeint.
2. *app/src/main/AndroidManifest.xml*
   ist das Manifest, das alle Informationen über die App beinhaltet, die für das Android-System relevant sind.
3. *app/src/main/java/de/.../counterapp*
   ist der Ort, an dem sich der Code befinden wird. Hier gehören alle Kotlin-Dateien hin. Der Pfad dieses Ordners kann abweichen, je nachdem, welcher Paketname beim Erstellen der App gewählt wurde.
4. *app/src/main/res*
   beinhaltet alle Ressourcen der App. Dazu gehören Bilder, Texte etc. Wie schon erwähnt, kümmert sich das Android-System um das Beschaffen von Ressourcen. Aus diesem Grund darf dieser Ordner sowie seine Unterordner nicht umbenannt werden. Ansonsten würde Android diese nicht mehr finden.

Neben diesen vorgenerierten Ordnern und Dateien gibt es noch weitere, die man nach Bedarf hinzufügen kann. Die hier aufgelisteten sind jedoch die, die am häufigsten verwendet werden. Alle Ordner, die Sie zwar sehen, hier aber nicht beschrieben sind, sind für die Entwicklung der Counter- und Movie-Maker-App nicht relevant. Sicherlich werden Sie dennoch, wenn Sie sich mehr mit der Android-Entwicklung beschäftigen, mit ihnen in Kontakt kommen.

32.5 Theming

Wie bereits erwähnt, spielt Theming eine wichtige Rolle bei der Entwicklung von Apps. Mit jedem Projekt wird ein Theme erstellt, welches zunächst Basisfarben und -schriftarten enthält. Ein Theme verfolgt grundsätzlich die folgenden Ziele:

- Alle Farben, Fonts usw. werden nur an einer Stelle definiert und gesetzt. Unter dem Paket „ui.theme" finden Sie die drei Dateien „Color.kt", „Theme.kt" und „Type.kt". Diese werden wir später bearbeiten.
- Über das Theme werden keine konkreten Schriftgrößen oder Farben wie beispielsweise Schriftgröße 30 und Farbe blau gesetzt. Stattdessen werden semantische Angaben verwendet. Eine semantische Angabe ist ausdrucksstärker, weil wir ausdrücken, welche Bedeutung ein Textelement oder eine Farbe hat. Beispiele hierfür sind `headlineMedium` oder `bodyMedium` für eine Überschrift und einen Inhalt. Bei Farben wäre das so etwas wie `background` oder `error`. Die Farbe Error würde man beispielsweise dem Textelement geben, das die Fehlermeldung anzeigt. Welche Farben hinter Background oder Error stecken, definieren wir im Theme.
- Ein Theme besteht aus zwei Versionen: Light und Dark. So kann man in einem UI-Element festlegen, dass der Hintergrund die Farbe `background` und der Text die Farbe `onBackground` hat. Im Lightmode wäre das dann beispielsweise schwarzer Text (`onBackground`) auf weißem Hintergrund (`background`), während es beim Darkmode weißer Text (`onBackground`) auf dunklem Hintergrund (`background`) wäre.

Innerhalb unserer UI-Elemente können wir über das Singleton `MaterialTheme` auf unser Theme zugreifen. Auf `MaterialTheme` sind die Variablen `typography` und `colorScheme` definiert, worüber wir entsprechend Zugriff auf `typography.headlineMedium` oder `colorScheme.background` erhalten.

Wie bereits beschrieben, werden in der Datei „Color.kt" alle Farben und in der Datei „Type.kt" alle Fonts definiert. Hier finden die entsprechenden Erweiterungen statt. In der Datei „Theme.kt" werden nun die Farben für `background`, `onBackground` usw. gesetzt. Diese Farben setzt man für den Light- und Darkmode. Wenn Sie die Datei öffnen, dann sehen Sie, dass man nicht alle Farben setzen muss. Der Aufruf von `ColorScheme` verwendet Standardwerte (Default-Argumente). Möchte man seine eigenen Farben verwenden, so muss man die jeweiligen Argumente explizit über Named-Arguments setzen:

```
// Theme.kt
private val DarkColorScheme = darkColorScheme(
    primary = Purple80,
    secondary = PurpleGrey80,
)

private val LightColorScheme = lightColorScheme(
    primary = Purple40,
    secondary = PurpleGrey40,
    background = Color(0xFFFFFBFE)
)
```

In diesem Beispiel werden die primären und sekundären Farben für beide ColorSchemes auf eigene Farben gesetzt. Zudem wird beim `LightColorScheme` die Hintergrundfarbe explizit gesetzt, während das `DarkColorScheme` den Standardwert verwendet.

32.6 Preview

Man möchte nicht für jede Änderung an der UI die App auf dem Emulator ausführen. Zudem ist es lästig, wenn man Änderungen an einem UI-Element macht, zu dem man erst navigieren muss, bis man die Änderungen sieht. Noch lästiger ist es, wenn man Setups mit bestimmten Werten benötigt, z. B. erst Einträge hinzufügen muss, um den gewünschten Effekt in der UI zu sehen. Hier schaffen *Previews* Abhilfe.

Eine Preview ist die Vorschau zu einem UI-Element. Die Vorschau findet direkt in Android Studio statt. Da kein vollständiger Emulator hochgefahren werden muss und ausschließlich eine View angezeigt wird, ist eine Vorschau deutlich schneller sichtbar als der Emulator. Je nach Komplexität der View und je nach Art der Änderung ist die Preview sogar live. Das bedeutet, dass Änderungen an der UI im Code direkt in der Preview angezeigt werden, ohne dass man die Preview neu laden bzw. aktualisieren muss.

Eine Preview ist zunächst nichts anderes als eine Funktion. Die Funktion muss mit der `@Preview`-Annotation versehen werden. Für Previews gibt es die Namenskonvention, dass eine Preview genauso heißt wie die View inkl. dem „Preview"-Suffix. In der Preview-Funktion wird dann die entsprechende View aufgerufen. In unserem aktuellen Projekt wäre das die `Greeting`-Funktion, die „Hello Android!" als Textelement anzeigt:

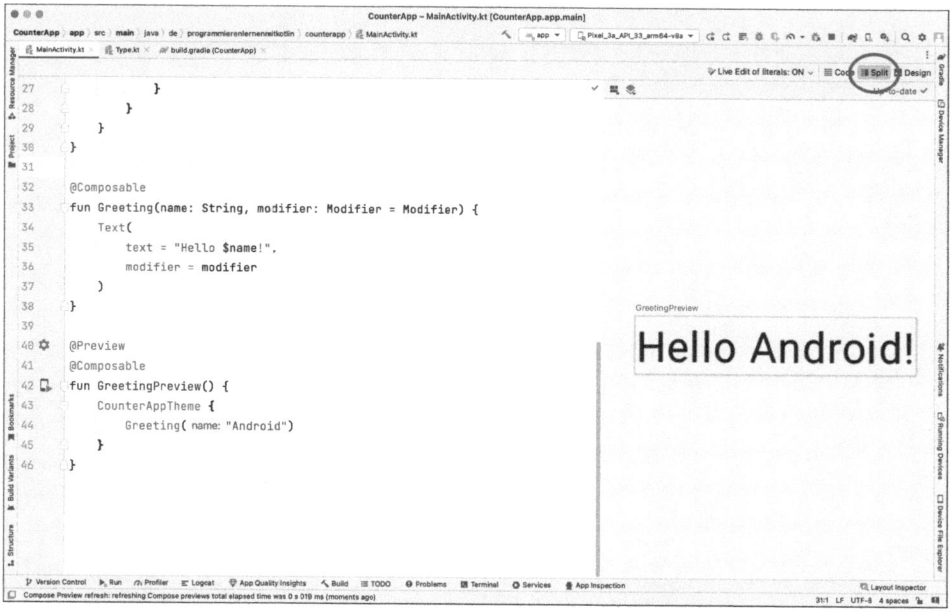

Die Preview wird in der „Design View" angezeigt. In den meisten Fällen möchte man den Code und die Preview gleichzeitig sehen. Dafür muss man auf „Split" klicken (siehe Kreis in der Abbildung). Mit dem Zahnrad links neben der `@Preview`-Annotation lässt sich die Preview konfigurieren. Hier kann man beispielsweise zwischen Light- und Darkmode umschalten, die Orientierung wechseln, die Sprache bzw. Lokalisierung ändern und die Font skalieren. Man kann sogar mehrere Previews mit unterschiedlichen Einstellungen oder Parametern erzeugen. Hierfür muss man nur die Preview-Funktion duplizieren und den

Namen der Funktion ändern. So lassen sich beispielsweise unterschiedliche Übersetzungen eines Textelements (deutsch, englisch, arabisch) direkt in Android Studio testen. Das ist ebenfalls ein Vorteil, den man bei den Emulatoren nicht hat.

Da man für jede View eine oder mehrere Previews erzeugen kann und damit es nicht zu unübersichtlich wird, erzeugt man für jede View eine Datei, in der die View an sich und alle Previews drin sind. Wenn man in solch einer Datei, z. B. „Greeting.kt“, auf die „Split“-Ansicht klickt, sieht man auch nur die Previews für die entsprechende View (z. B. `Greeting`). Dadurch hält man alles zusammen, was auch zusammen gehört (Kohäsion).

Zudem ist eine Preview interaktiv. Wenn man in der „Design View“ mit dem Mauszeiger über den Namen der Preview geht, erscheint auf der rechten Seite ein Button namens „Start Interactive Mode“. Mit Klick auf den Button wird die Preview interaktiv. Beinhaltet die View beispielsweise einen Button, so kann man mit diesem interagieren und dessen Funktionalität testen. Dieser Modus wird mit Klick auf „Stop Interactive Mode“ beendet.

Previews sind ziemlich mächtig und praktisch. Richtig eingesetzt, können sie den Iterationsprozess beim Entwickeln deutlich beschleunigen. Daher sollte man beim Schreiben von Views darauf achten, dass sie leicht in einer Preview angezeigt werden können. Wie das genau funktioniert, werden wir im nächsten Kapitel erfahren.

33 Jetpack Compose

Jetpack Compose (abgekürzt nur Compose) ist das von Android empfohlene Toolkit, um native UI-Anwendungen zu entwickeln. Compose wurde auf der Entwicklerkonferenz „Google I/O" im Mai 2019 vorgestellt. Im Juli 2021 wurde die erste stabile Version 1.0 veröffentlicht. Seitdem ist es stabil genug, um damit produktive Android-Apps zu entwickeln.

Compose ist kein einzelnes Framework, sondern ein Toolkit, das sich aus sieben unterschiedlichen Projekten zusammensetzt. Jedes Projekt wird einzeln entwickelt und zum Teil auch unabhängig von den anderen Projekten veröffentlicht. Selbstverständlich arbeiten alle Projekte zusammen, um die hoch angesetzten Ziele und Versprechungen von Jetpack Compose zu erreichen. In der folgenden Tabelle sind die zunächst wichtigsten Projekte mit einer kurzen Beschreibung und der aktuellen Version beschrieben[1] (Stand Juli 2023):

Projekt	Beschreibung	Version
compose.compiler	Compiler, der die Entwicklung von *Composable-Functions* möglich macht und sämtliche Optimierungen durchführt.	1.4.8
compose.material3	Liefert Material-Design-3-Komponenten für die Entwicklung der UI (so heißen die UI-Elemente von Android).	1.1.1
compose.runtime	Laufzeitumgebung für das Programmiermodell und State-Management von Compose.	1.4.3
compose.ui	Fundamentale Komponenten, um mit einem Gerät zu interagieren. Betrifft u. a. Layout, Rendering usw.	1.4.3

33.1 Deklarative UI-Entwicklung

Jetpack Compose ist ein deklaratives UI-Framework. Das heißt, man beschreibt, *was* die finale UI ist, aber man selbst liefert keine Schritt-für-Schritt-Anweisung, *wie* Compose diese UI darstellen soll.

Das Beschreiben der UI machen wir direkt im Code. Hierfür rufen wir sogenannte *Composable-Functions*, abgekürzt *Composables* auf, die ein entsprechendes UI-Element

1 Für weitere Infos: *https://developer.android.com/jetpack/androidx/releases/compose.*

repräsentieren. Dadurch ergibt sich vor allem ein entscheidender Vorteil: Wir können selbst bei der UI-Entwicklung alle Features von Kotlin verwenden. Wenn wir also beispielsweise mehrere Text-Elemente anzeigen möchten, können wir eine Schleife verwenden, die pro Iteration ein Text-Element erzeugt. Wenn wir UI-Elemente unter einer bestimmten Bedingung anzeigen wollen, können wir eine if-Anweisung verwenden. Wenn wir zwischen mehreren UI-Elementen aufgrund von bestimmten Parametern wechseln bzw. wählen wollen, können wir eine when-Anweisung verwenden.

In Compose besteht die UI aus zwei Einheiten: UI-Elemente und State (Zustand).

- Ein UI-Element ist ein grafisches Element, welches wir auf dem Bildschirm sehen und womit wir ggf. interagieren können. Beispiele hierfür sind Texte, Buttons, Bilder, Icons etc. Alle UI-Elemente werden zunächst durch Funktionen repräsentiert. Das sind allerdings keine gewöhnliche Funktionen, sondern Composable-Functions.
- Als State bezeichnen wir jeden Wert, der von der UI zur Darstellung genutzt wird und sich im Laufe der Zeit ändern kann. Beispiele für State sind der Name eines eingeloggten Benutzers, die Chatnachrichten in einer App, der aktuelle Kontostand etc.

Somit ist die UI die visuelle Repräsentation von State. Deshalb bezeichnet Jetpack Compose seine Composables auch als Funktionen, die State in UI überführen. Denn diese Funktionen akzeptieren einen State als Argument und zeigen diesen State grafisch an. Der initiale Prozess zum Anzeigen (engl. *rendern*) von UI nennt sich *Composition*.

> **§ Definition *UI = UI-Element + State***
>
> Eine UI ist die visuelle Repräsentation von State. State sind alle Daten, die für die Anzeige der UI genutzt werden und sich im Laufe der Zeit ändern können. ■

State kontrolliert also die UI. Doch wie sieht die Kommunikation in die andere Richtung aus? Was passiert, wenn mit der UI interagiert wird, wodurch sich der State ändern soll? Wie kann z. B. das Anklicken eines Buttons den Programmzustand und damit den State für die UI ändern? Das passiert über sogenannte *User-Events*.

Die UI sendet bestimmte Events, die z. B. mitteilen, dass sich der an die UI gebundene State ändern muss. Das passiert beispielsweise dann, wenn der Benutzer auf einen Button drückt oder eine Texteingabe in einem Textfeld macht. Bei Letzterem bemerkt das Textfeld, dass Interaktionen stattfinden. Als Reaktion darauf meldet das Textfeld: Der neue Text ist jetzt *XYZ*! Wenn wir nicht auf dieses Event reagieren, dann zeigt das Textfeld nach wie vor den „alten“ Text an, obwohl wir neuen Text eingeben. Das mag falsch klingen, allerdings macht die UI das Richtige: Sie repräsentiert den State. Und da wir den State nicht aktualisieren, sehen wir den veralteten Text.

> **§ Definition *User-Events***
>
> User-Events beschreiben die Kommunikation von UI zu State. Ein Event führt zu der Ausführung eines von uns festgelegten Code-Blocks. Dieser Code kann auf den aktuellen State zugreifen und diesen auch verändern. In den meisten Fällen sorgen User-Events dafür, dass wir den State aktualisieren, wodurch sich die UI wiederum ebenfalls aktualisiert. ■

Das Spannende ist jetzt die Frage, wie mit State-Änderungen umgegangen wird. Änderungen am State erfordern, dass die UI neu gezeichnet und aktualisiert werden muss. In Compose geht dies automatisch, wenn der State in Variablen gespeichert wird, die von Compose beobachtet werden können. Wir werden noch sehen, wie das funktioniert. Wenn sich solch eine Variable ändert, dann wird Compose benachrichtigt und aktualisiert die betroffenen UI-Elemente automatisch. Die neu gezeichnete UI zeigt nun den neuen State an. Somit haben wir einen Kreislauf, der in der folgenden Abbildung visualisiert wird. Dieser Prozess nennt sich *Recomposition*. Dadurch sind UI und State immer synchron.

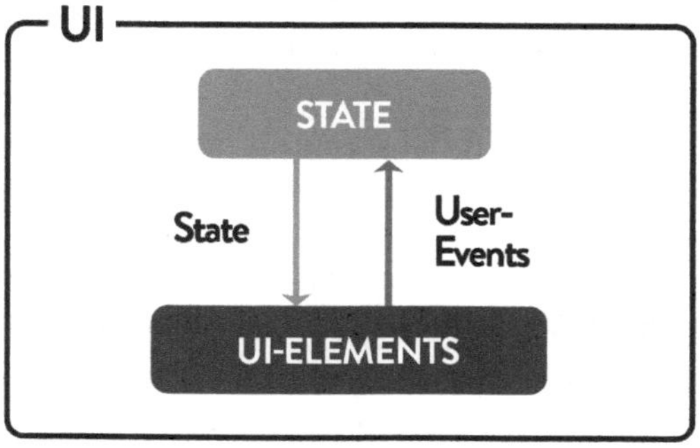

Das eliminiert eine ganze Kategorie von Fehlern: Synchronisation von UI-Änderungen. Da die UI-Elemente vom State abhängen und sich automatisch aktualisieren, ist es nicht mehr erforderlich, die einzelnen UI-Elemente per Hand zu aktualisieren. Wenn Sie z. B. einen Schieberegler bewegen und dann vergessen, die Anzeige des Datenwerts zu aktualisieren, dann befindet sich die UI in einem widersprüchlichen Zustand. Durch die enge Bindung der UI-Elemente an einen gemeinsam genutzten State wird dies verhindert: Sowohl die Anzeige des Werts als auch die Einstellung des Schiebereglers nutzen denselben State. Wenn sich dieser ändert, dann ändert sich auch die Darstellung der UI. Je mehr Daten und UI-Elemente eingesetzt werden, desto schneller können sich Fehler einschleichen, wenn man nicht direkt den State und die UI miteinander verbindet.

Es ist nicht unüblich, dass ein Großteil des UI-Codes lediglich für State-Aktualisierungen zuständig ist. Compose löst dieses Problem von Grund auf, indem Daten immer an UI gebunden werden. Wenn sich die Daten ändern, ändert sich die UI. Das passiert alles ganz automatisch. Dieser Mechanismus ist der Kern hinter der deklarativen UI-Entwicklung mit Jetpack Compose.

Fassen wir mal die wichtigsten Punkte über die Funktionsweise von Jetpack Compose zusammen:

Jetpack Compose:

- Alle UI-Elemente werden durch Composable-Functions repräsentiert.
- Wir übergeben State an diese Funktionen, und der jeweilige State wird gerendert.
- Wenn sich der State ändert, ändert sich die UI (Recomposition).
- Wenn die UI Interaktionen erfährt, sendet die UI User-Events, auf die wir reagieren können. Diese Events aktualisieren den State, wodurch die UI wiederum aktualisiert wird.

33.2 Composable-Functions

Eine Composable-Function beschreibt und rendert ein UI-Element. Damit sind Composable-Functions die zentralen Bausteine (engl. *building blocks*) einer UI in Compose. Das heißt, dass jede Ansicht (View), jeder Screen usw. wiederum aus einer Menge von Composable-Functions besteht. Da es für uns Entwickler sehr einfach ist, Composable-Functions selbst zu definieren, ist es Best Practice, größere Views bzw. Screens in kleine Views aufzuteilen und als eigene (womöglich sogar generalisierte) Composable-Functions zu definieren. Wir werden später sehen, wie einfach und naheliegend das ist.

Bevor wir unsere erste Composable-Function definieren, müssen wir noch ein paar wichtige Eigenschaften kennen:

- Eine Composable-Function ist zunächst eine normale Funktion, die allerdings mit der `@Composable`-Annotation versehen ist. Diese Annotation ist notwendig, damit der Compose Compiler weiß, dass diese Funktion Teil der *Compose Phasen* ist. Dadurch bekommt die Funktion Zugriff auf die *Compose Runtime*. Was das bedeutet und welche Implikationen das hat, werden Sie in Abschnitt 33.7, „Composition und Recomposition", erfahren.
- Eine Composable-Function kann wiederum nur innerhalb einer Composable-Function aufgerufen werden. Die `@Composable`-Annotation ist quasi wie ein Context, der beim Aufruf benötigt und implizit weitergereicht wird.
- Eine Composable-Function bekommt den State als Parameter übergeben und repräsentiert diesen State als UI. Da der State einer App kompliziert sein kann, ist es manchmal notwendig, diesen in eine für die UI verständliche Form zu bringen.
- Eine Composable-Function gibt nichts zurück. Stattdessen sorgt sie zusammen mit der Compose Runtime dafür, dass eine View-Hierarchie aufgebaut und anschließend alle UI-Elemente gezeichnet werden. Mehr dazu in Abschnitt 33.7, „Composition und Recomposition".
- Eine Composable-Function sollte nicht von globalen Variablen oder zufälligen Werten abhängig sein. Jede Abhängigkeit sollte als Parameter übergeben werden, damit für jeden Input (State) der gleiche Output (UI) produziert wird. Demnach sind sie pure Funktionen und damit deterministisch.
- Eine Composable-Function folgt zwar der *Camel-Case*-Notation, allerdings wird, laut Konvention, der erste Buchstabe groß geschrieben.
- Da eine Composable-Function viele Parameter haben kann und die meisten davon sogar Default-Argumente haben, gilt es als Best Practice, dass wir Named-Arguments verwenden. Das macht die Aufrufe von Composable-Functions viel leserlicher.

Beispiele für existierende Composable-Functions sind `Text`, `Button`, `Image`, `Icon`, `Slider`, `AlertDialog` usw. Diese ganzen UI-Elemente kommen aus dem Projekt *compose.material3*.

Wie bereits erwähnt, können wir auch selbst Composable-Functions schreiben, die wiederum existierende Composable-Functions verwenden. Das macht auch Sinn, denn wenn wir die UI eines Screens beschreiben möchten, dann besteht der Screen zum einen aus verschiedenen UI-Elementen, und zum anderen ist der Screen selbst ein UI-Element, welches wiederum Teil einer anderen View-Hierarchie sein kann.

Definition *Composable-Function*

Eine Composable-Function beschreibt und rendert ein UI-Element. Composable-Functions bekommen Daten in Form von State übergeben und zeigen diesen an. Man sagt auch, dass Composable-Functions eine Abbildung von State zu UI sind. ■

Jetzt wollen wir mal unsere eigene Composable-Function schreiben. Definieren wir also eine Composable-Function namens `Counter`, die einen Wert vom Typ `Int` anzeigt, den wir als Parameter übergeben:

```
// ...
import androidx.compose.runtime.Composable
import androidx.compose.material3.Text

@Composable
fun Counter(value: Int) {
    Text(text = value.toString())
}
```

Der State des Counters ist ein einfacher Int-Wert, der unserer Composable-Function `Counter` übergeben wird. Unser eigenes Composable erzeugt ein User-Interface, indem es auf existierende UI-Elemente zugreift. Dazu rufen wir die `Text`-Funktion auf, um ein Text-Element als UI anzulegen. `Text` ist selbst eine Composable-Function, die im *androidx.compose.material3*-Paket bereitgestellt wird. Auch das `Text`-Composable erhält von uns den aktuellen Zustand als Argument. Dabei wandeln wir den Int-Wert in eine Zeichenkette um, denn `Text` erwartet für den Parameter `text` einen String. Wir könnten die Zahl auch in eine komplexere Zeichenkette einbinden, z. B. `Text(text = "Zahl: $value")`.

An dieser simplen Composable-Function sehen wir, dass jede zuvor genannte Eigenschaft erfüllt ist. `Text` ist eine Composable-Function, die innerhalb von `Counter` aufgerufen wird, was selbst wiederum eine Composable-Function ist. So weit, so gut. Doch wo wird `Counter` aufgerufen? Dazu schauen wir uns einmal an, was beim Starten der Android-Activity geschieht:

```
// ...
class MainActivity : ComponentActivity() {

    override fun onCreate(savedInstanceState: Bundle?) {
        super.onCreate(savedInstanceState)
        setContent {
            CounterTheme {
                Surface(
                    modifier = Modifier.fillMaxSize(),
                    color = MaterialTheme.colorScheme.background
                ) {
                    Counter(value = 30)
                }
            }
        }
    }
}
```

Den Aufbau der `MainActivity` haben wir bereits in Unterabschnitt 32.3.1, „MainActivity“, besprochen. Counter wird als Kindelement von `Surface` aufgerufen, was wiederum selbst eine Composable-Function ist. Gleiches gilt für `CounterTheme`. Der Einstiegspunkt ist hier die `setContent`-Methode. `setContent` selbst ist keine Composable-Function, allerdings eröffnet die Methode einen Composable-Context. Alles innerhalb von `setContent` kann beliebig viele Composable-Functions aufrufen. `setContent` setzt somit, wie der Name schon sagt, den Einstiegspunkt für Compose-Elemente. In der Regel wird hier nur ein einziges Composable aufgerufen, wie es auch bei uns der Fall ist. Dieses „Einstiegs"-Composable übernimmt dann die weiteren Schritte, um komplexere UIs aufzubauen.

33.3 Layout

Composable-Functions verwenden wir, um einzelne Teile (Text, Button, Image) unserer UI zu bauen. Diese UI-Elemente stehen zunächst für sich und haben keine Position, Ausrichtung oder Anordnung auf dem Bildschirm. Das merken wir spätestens dann, wenn wir in einer Composable-Function beispielsweise zwei Text-Elemente anzeigen möchten. Da Compose noch keine Layout-Informationen vorliegen, werden die beiden Texte übereinander gezeichnet. In den meisten Fällen ist das nicht das, was wir wollen.

Hier kommen Layouts ins Spiel. Layouts sind zwar auch Composable-Functions, allerdings ist deren Hauptaufgabe, die Anordnung und Ausrichtung der darin befindlichen UI-Elemente festzulegen.

Compose stellt drei Standard-Layout-Elemente zur Verfügung: Row, Column und Box. Row richtet die darin befindlichen Elemente horizontal entlang der x-Achse aus, während Column die Elemente vertikal entlang der y-Achse ausrichtet. Eine box positioniert die Elemente übereinander[2].

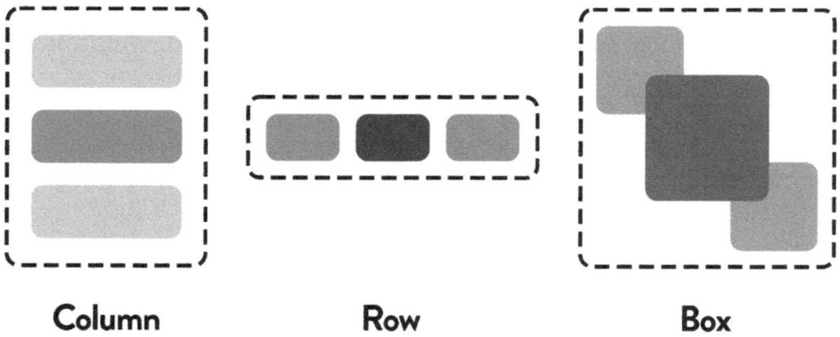

Die zwei wichtigsten Eigenschaften von Layouts sind *Arrangement* und *Alignment.* Arrangement beschreibt, wie sich die UI-Elemente entlang der Hauptachse ausrichten sollen. Bei Row ist das die horizontale und bei Column die vertikale Achse. Alignment hingegen beschreibt das Gleiche für die entgegengesetzte Achse. Bei Row ist das die vertikale und bei Column die horizontale Achse. Das Setzen dieser Eigenschaften beeinflusst die An-

2 In den meisten Fällen reichen diese drei Layout-Elemente aus. Wenn nicht, kann man seine eigenen Layouts implementieren.

ordnung und Ausrichtung der darin befindlichen UI-Elemente. Das macht man natürlich entsprechend dem Design, welches man abbilden möchte[3].

> **Definition *Layouts***
>
> Layouts sind Composable-Functions, die die Anordnung und Ausrichtung der darin befindlichen UI-Elemente festlegen.

Wir möchten unsere Counter-App um zwei Buttons erweitern, die jeweils links und rechts vom Text-Element angezeigt werden. Der linke Button dekrementiert den Wert, während der rechte Button den Wert inkrementiert. Um alle drei UI-Elemente nebeneinander anzuzeigen, verwenden wir eine Row:

```
// ...
import androidx.compose.material3.Button
import androidx.compose.foundation.layout.Row

@Composable
fun Counter(value: Int) {
    Row {
        Button(onClick = {}) {
            Text(text = "-")
        }
        Text(text = value.toString())
        Button(onClick = {}) {
            Text(text = "+")
        }
    }
}
```

Wenn wir diese UI rendern, dann sehen wir, dass die View links oben in der Ecke angeordnet wird. Zudem sehen wir, dass alle Elemente nach oben ausgerichtet sind. Das merkt man vor allem, wenn man die Position vom Text-Element betrachtet. Das liegt daran, dass die Parameter für Alignment und Arrangement auf den Default-Werten `Arrangement.Start` (links) und `Alignment.Top` gesetzt sind. Da das Koordinatensystem links oben seinen Ursprung hat, befindet sich dort die View:

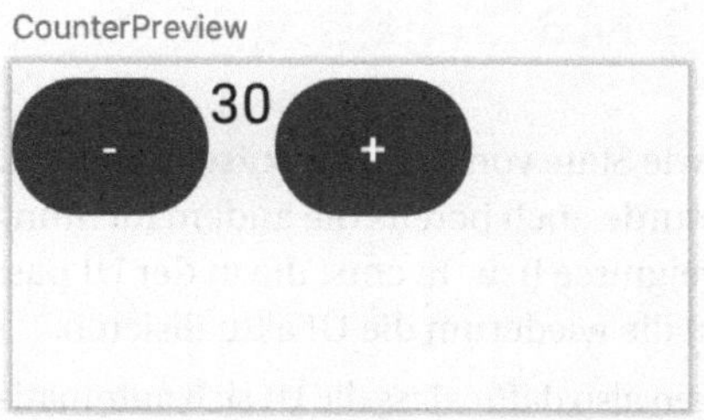

[3] Alle Werte für Arrangement und Alignment kann man hier nachlesen: *https://developer.android.com/reference/kotlin/androidx/compose/foundation/layout/Arrangement*.

Wir möchten allerdings, dass die View an sich zentral angeordnet wird und alle Elemente auch zentral ausgerichtet sind. Das machen wir, indem wir die entsprechenden Werte für Alignment und Arrangement als Argumente für die Row-Funktion festlegen:

```
// ...
import androidx.compose.foundation.layout.Arrangement
import androidx.compose.ui.Alignment

@Composable
fun Counter(value: Int) {
    Row(
        horizontalArrangement = Arrangement.Center,
        verticalAlignment = Alignment.CenterVertically,
    ) {
        ...
    }
}
```

Die UI sieht nun so aus, wie wir das wollen:

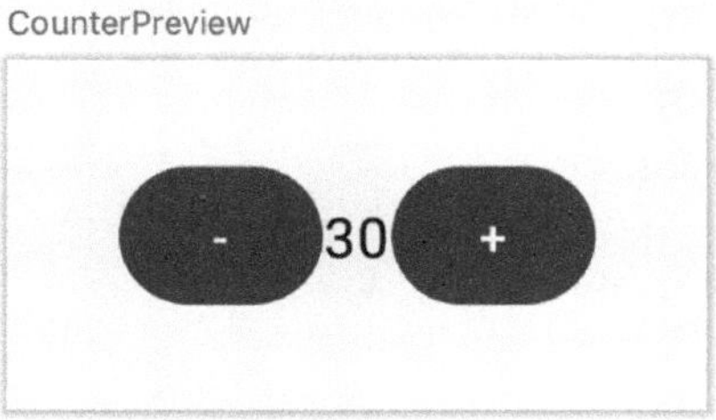

Im Moment wird unsere UI fortwährend den Wert 30 anzeigen, denn genau diesen State übergeben wir unserem `Counter`-Composable. Doch wie schaffen wir es, die Funktion mit neuen Werten zu füllen, um einen geänderten State abzubilden? Dieser Frage gehen wir im folgenden Abschnitt nach.

33.4 State-Management

Wir haben jetzt gesehen, wie State von der UI repräsentiert wird. In Abschnitt 33.1, „Deklarative UI-Entwicklung", wurde auch bereits die andere Richtung in Form von User-Events beschrieben. Das sind Ereignisse bzw. Events, die in der UI passieren, und womöglich zu State-Änderungen führen, die wiederum die UI aktualisieren.

Änderungen am State sorgen also dafür, dass die UI sich automatisch aktualisiert. Damit sind UI und State immer synchron zueinander. Dieser Mechanismus nennt sich *Recomposition* und ist eines der Kernelemente von Compose.

Recomposition eines UI-Elements passiert, wenn das gleiche UI-Element mit unterschiedlichen Argumenten aufgerufen wird. Unterschiedliche Argumente bedeuten an dieser Stelle einen veränderten Wert des States. Das sorgt dafür, dass die UI jedes Mal neu gezeichnet wird und den aktuellen State anzeigt. Wenn z. B. `Counter(25)` aufgerufen wird, dann hat sich der State von 30 auf 25 geändert, und das `Counter`-Composable zeigt in seinem Textfeld die 25 an.

Doch dafür muss die Compose Runtime benachrichtigt werden, dass sich der State geändert hat. Schauen wir uns zunächst erst einmal an, was passiert, wenn wir mit normalen Variablen arbeiten. Den initialen Wert speichern wir in einer lokalen Variable `valueState` vom Typ `Int`. Zum Verändern dieser Variable legen wir nun für die beiden Buttons einen Codeblock fest, der diese Variable verändert. Dem Button-Composable können wir als Argument einen Codeblock für den `onClick`-Parameter mitgeben. Dieser inkrementiert oder dekrementiert die Variable `valueState`:

```
@Composable
fun Counter(initialValue: Int) {
    var valueState = initialValue
    Row(
        horizontalArrangement = Arrangement.Center,
        verticalAlignment = Alignment.CenterVertically,
    ) {
        Button(onClick = { valueState -= 1 }) {
            Text(text = "-")
        }
        Text(text = valueState.toString())
        Button(onClick = { valueState += 1 }) {
            Text(text = "+")
        }
    }
}
```

Das Text-Composable wird den aktuellen `valueState` verwenden. In den `onClick`-Codeblöcken legen wir fest, was beim Klicken auf den Button mit `valueState` passieren soll.

Doch leider klappt dies so nicht! Die Lambda-Ausdrücke für `onClick` haben als Closure zwar Zugriff auf die Variable `valueState` und verändern diese auch. Aber Compose bekommt davon überhaupt nichts mit, weil der Wert nicht als neues Argument übergeben wird. Dadurch zeichnet sich das Composable auch nicht neu. Um dies zu ändern, benötigen wir einen Mechanismus, der Compose ohne eine erneute Übergabe darüber benachrichtigt, wenn sich ein Variablenwert ändert. Hierfür werden sogenannte *Observable-Types* eingesetzt.

Observable-Types sind zunächst Wrapper um einen Typen. Das heißt, dass sie generisch sind und einen beliebigen Wert speichern (engl. *wrappen*). Diesen Wert können wir lesen und verändern. Das Gute an Observable-Types ist, dass sie bemerken, wenn Änderungen an dem „gewrappten" Wert passieren, und daraufhin alle Objekte benachrichtigen, die diesen Wert nutzen. Dadurch können diese Objekte immer *up to date* sein, da sie über Änderungen informiert werden.

Observable-Types können allerdings nicht direkt von der Compose Runtime verwendet werden. Hierfür müssen sie zunächst in ein Objekt vom Typ `State` konvertiert werden. Diese sind ebenfalls beobachtbare Objekte (Observables), jedoch auf die Compose Runtime abgestimmt. Wenn Änderungen an dem „gewrappten" Wert (State) passieren, stößt das die Recomposition an und sorgt dafür, dass UI und State immer synchron sind.

Warum es neben dem Typ `State` noch weitere Observable-Types gibt, werden wir in Unterabschnitt 33.6.5, „Observable-Types", kennenlernen.

33.4.1 MutableState

Ein von Compose empfohlener und bereitgestellter Observable-Type ist `MutableState`. Diese Klasse repräsentiert veränderliche Zustände. `MutableState` ist dabei ein Beispiel für die Umsetzung des *Beobachter-Musters*. Beim Beobachter-Muster gibt es ein beobachtetes Objekt und einen oder mehrere Beobachter, die informiert werden, wenn sich dieses Objekt verändert. In unserem Fall ist die Compose Runtime der *Beobachter*, d. h. sie soll benachrichtigt werden, wenn sich ein *beobachtetes Objekt* (bei uns `valueState`) ändert.

Eine Variable wie `valueState`, die lediglich vom Typ `Int` ist, kann nicht einfach so beobachtet werden. Stattdessen können wir die Variable in ein Objekt vom Typ `MutableState` „wrappen". Die Klasse `MutableState` umhüllt quasi den eigentlichen Datenwert und stattet ihn mit zusätzlicher Funktionalität aus. Dabei handelt es sich in diesem Fall vor allem um einen Benachrichtigungsmechanismus, wenn sich das Objekt ändert.

Wir erzeugen ein Objekt vom Typ `MutableState`, indem wir die `mutableStateOf`-Funktion aufrufen und dieser Funktion den State übergeben (ähnlich wie bei `listOf`, um eine Liste zu erzeugen). Dadurch können wir einen beliebigen Wert als eine State-Variable deklarieren:

```
val valueState: MutableState<Int> = mutableStateOf(initialValue)
```

Die Variable `valueState` ist nun nicht mehr vom Typ `Int`, sondern `MutableState<Int>`. Um den umhüllten Wert zu verändern, greift man auf die `value`-Eigenschaft zu:

```
valueState.value -= 1
valueState.value += 1
```

Dabei geschieht Folgendes: Intern wird im Objekt `MutableState<Int>` ein Int-Wert gespeichert. Dieser wird nun tatsächlich gesetzt. Zusätzlich werden alle beobachtenden Objekte darüber informiert, dass sich etwas geändert hat. Compose bekommt nun also mit, dass sich der Datenwert geändert hat, und stößt Recomposition für das `Counter`-Composable an.

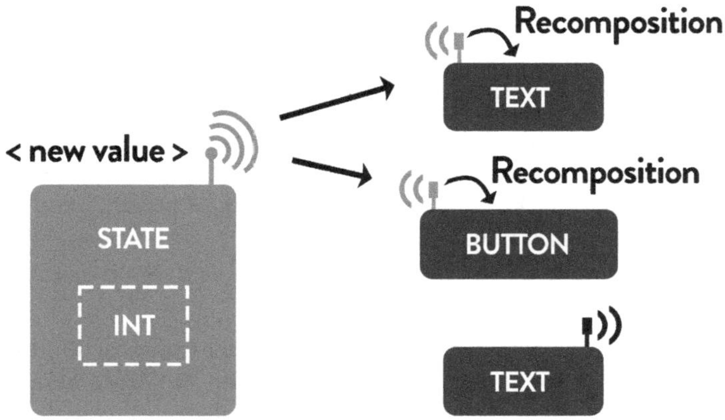

Definition *MutableState*

MutableState ist ein Observable-Type und ermöglicht es, Änderungen an dem an MutableState gebundenen Wert zu beobachten. Wenn Änderungen an dem Wert passieren, wird die Recomposition aller UI-Elemente angestoßen, die den Wert referenzieren. Hierfür ist MutableState mit der Composable Runtime verbunden. ■

33.4.2 Die remember-Funktion

So weit, so gut. Leider ändert sich in der Anzeige der Wert immer noch nicht und bleibt bei 30. Dies hat einen Grund. Beim Klick auf einen der Buttons ändert sich zwar der `valueState`, wodurch Compose auch benachrichtigt wird und die Composable-Function erneut aufruft. Doch darin wird gleich als Erstes die Variable `valueState` *wieder* auf den initialen Wert von 30 gesetzt. Wie können wir nun erreichen, dass der initiale Wert nur beim allerersten Aufruf der Composable-Function gesetzt und später nur noch aktualisiert wird? Hierzu gibt es die `remember`-Funktion:

```
val valueState: MutableState<Int> = remember { mutableStateOf(initialValue) }
```

Die `remember`-Funktion merkt sich, ob ein Objekt bereits bei einem früheren Aufruf der Composable-Function erzeugt wurde. Falls dies der Fall ist, dann wird es wiederverwendet und nicht neu erzeugt. Beim Aufruf von Counter wird nun also stets dasselbe `valueState`-Objekt und damit auch der zuletzt gesetzte Wert verwendet. `remember` *erinnert* sich quasi bei der Recomposition an diese Variable und stellt sie wieder her.

Zusammenspiel von MutableState und remember

MutableState: Wenn Änderungen am State passieren, wird die Recomposition bei allen UI-Elementen angestoßen, die den State referenzieren.

Remember: Der geänderte State bleibt während der Recomposition erhalten und wird nicht zurückgesetzt. Recomposition ist hier nichts anderes als das wiederholte Aufrufen der Composable-Function unter Berücksichtigung des aktuellen States. ■

Wir sehen also, dass `mutableStateOf` und `remember` innerhalb von Composable-Functions immer in Kombination auftauchen. In unserer Counter-App möchten wir jetzt genau das umsetzen. Die beiden Buttons senden User-Events, die den Wert des Counters, also unseren State, entsprechend inkrementieren oder dekrementieren. Hierfür erzeugen wir zunächst den State mithilfe der `mutableStateOf`-Funktion und umhüllen diesen anschließend mit der `remember`-Funktion. Wenn der Wert hinter Counter durch User-Events verändert wird, findet Recomposition statt, wodurch die UI stets den aktuellen State repräsentiert:

```
import androidx.compose.runtime.mutableStateOf
import androidx.compose.runtime.remember
import androidx.compose.runtime.MutableState

@Composable
fun Counter(initialValue: Int) {
    val valueState: MutableState<Int> = remember { mutableStateOf(initialValue) }
    Row(
        horizontalArrangement = Arrangement.Center,
        verticalAlignment = Alignment.CenterVertically,
    ) {
        Button(onClick = { valueState.value -= 1 }) {
            Text(text = "-")
        }
        Text(text = valueState.value.toString())
        Button(onClick = { valueState.value += 1 }) {
            Text(text = "+")
        }
    }
}
```

Da State in Compose entscheidend ist, gehen wir noch einmal auf die wichtigsten Zeilen ein:

- In Zeile 7 übergeben wir nach wie vor den initialen State, so wie wir das vorher auch gemacht haben. Wir haben hier nur die Variable von `value` zu `initialValue` umbenannt.
- In Zeile 8 deklarieren wir eine neue State-Variable namens `valueState`, indem wir den initialen State an `mutableStateOf` und das Ergebnis davon an `remember` übergeben. Dadurch bleibt die State-Variable auch nach Recomposition erhalten.
- In Zeile 13, 16 und 17 verwenden wir jetzt nur noch die State-Variable `valueState`. Da sie vom Typ `MutableState<Int>` ist, müssen wir über `.value` auf den eigentlichen Wert (vom Typ `Int`) zugreifen.
- In Zeile 13 und 17 legen wir die Funktionalität fest, dass beim Drücken eines Buttons der Wert des Counters verändert werden soll. Hier geben wir dem Button einen Codeblock mit, der ausgeführt werden soll, wenn der Button gedrückt wird. Ein Codeblock lässt sich in Kotlin als Lambda-Ausdruck abbilden. Dieser Lambda-Ausdruck enthält die Anweisung, dass sich der Inhalt von `valueState` ändern soll. Das Festlegen des Codeblocks geschieht über das `onClick`-Argument des Button-Composables.

Und das war's! Jetzt können wir den State, hier den aktuellen Wert des Counters, verändern. Wenn wir die App ausführen und auf die Buttons drücken, dann aktualisiert sich der State zusammen mit der UI. Das Gute ist, dass all das automatisch passiert. Wir als Entwickler müssen uns nicht darum kümmern. Das ist einer der wesentlichen Vorteile von Jetpack Compose. Die folgende Abbildung veranschaulicht das Ganze nochmal:

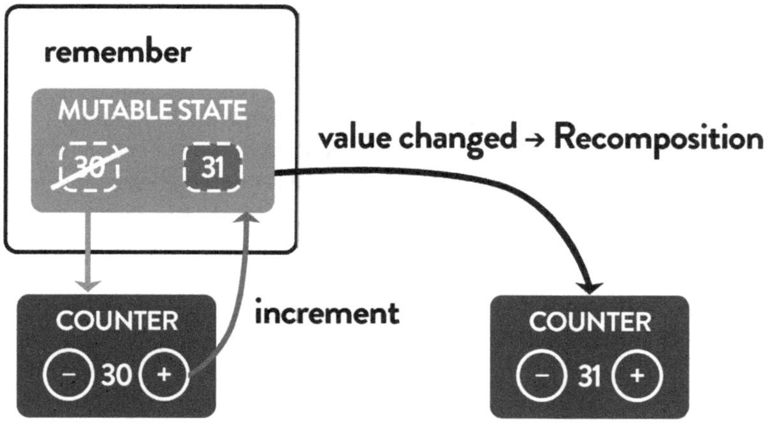

An dieser Implementierung können wir noch zwei Verbesserungen vornehmen. Zum einen ist es lästig, jedes Mal `.value` aufzurufen, wenn wir mit dem State arbeiten. Hierfür gibt es tatsächlich eine schönere Syntax. Diese erhalten wir, indem wir die folgenden zwei Import-Anweisungen tätigen und anstelle der Syntax für Variablenzuweisung die sogenannte *By-Delegation*-Syntax verwenden. Zuletzt müssen wir noch von `val` auf `var` wechseln:

```
// ...
import androidx.compose.runtime.getValue
import androidx.compose.runtime.setValue
```

```
@Composable
fun Counter(initialValue: Int) {
    var valueState by remember { mutableStateOf(initialValue) } // Das
         Gleichheitszeichen wird durch das Schlüsselwort "by" ersetzt
    Row(
        horizontalArrangement = Arrangement.Center,
        verticalAlignment = Alignment.CenterVertically,
    ) {
        Button(onClick = { valueState -= 1 }) { // das .value entfällt!
            Text(text = "-")
        }
        Text(text = valueState.toString()) // das .value entfällt!
        Button(onClick = { valueState += 1 }) { // das .value entfällt!
            Text(text = "+")
        }
    }
}
```

33.4.3 State-Hoisting

Die zweite Verbesserung ist ein Pattern, welches sich *State-Hoisting*[4] nennt. Unsere aktuelle Implementierung verletzt eine der Eigenschaften von Composable-Functions, die wir in Abschnitt 33.2, „Composable-Functions“, gelernt haben. Und zwar hat diese Funktion einen Seiteneffekt und ist keine pure Funktion. Das liegt an dem MutableState. Eine Composable-Function sollte möglichst zustandslos (engl. *stateless*) sein. Denn daraus ergeben sich diverse Vorteile:

- Eine zustandsbehaftete (engl. *stateful*) Composable-Function hat zwei Verantwortlichkeiten: UI repräsentieren und State verwalten. Bei einer zustandslosen Composable-Function trennen wir diese Verantwortlichkeiten, indem wir alle state-basierten Parameter an die Funktion übergeben. Der State wird also woanders verwaltet. Die Composable-Function kann sich einzig und allein auf ihre Hauptaufgabe konzentrieren: Daten anzeigen.
- Es ist einfacher, eine zustandslose Composable-Function zu testen, da man den State von außen steuert und die Funktion den State nicht intern kapselt, worauf man keinen Zugriff hat. Letzteres widerspricht nämlich dem Konzept von testbaren Funktionen.
- Zustandslose Composable-Functions sind wiederverwendbarer, da man alles Veränderliche parametrisieren und somit steuern kann.
- Zustandslose Composable-Functions kann man leichter in einer Preview anzeigen, da man alles übergeben kann (siehe Punkt 2). Es ist kompliziert, wenn nicht sogar unmöglich, komplexeren State in einer Preview zu erzeugen. Einer zustandslosen Composable-Function kann man jeden state-basierten Parameter übergeben. So kann man diese auch mit unterschiedlichen Parametern in einer Preview anzeigen.

Das mag nun verwirrend klingen, denn wie soll eine Composable-Function zustandslos sein, wenn State ganz offensichtlich Teil der UI ist? Hier kommt State-Hoisting ins Spiel. Beim State-Hoisting teilen wir ein Composable in eine zustandslose und zustandsbehaftete Version auf, welche jeweils eine bestimmte Aufgabe übernehmen.

---

4 Siehe: *https://developer.android.com/jetpack/compose/state#state-hoisting.*

Die zustandslose Version bekommt den State als Parameter übergeben. Zudem übergeben wir Funktionen, die von der UI aufgerufen werden, wenn User-Events stattfinden. Zustandslose Composables sind also Funktionen höherer Ordnung. Damit erfüllen wir wieder die zuvor genannte Eigenschaft.

Die zustandsbehaftete Version definiert die lokalen State-Variablen und ruft die zustandslose Version mit diesen State-Variablen auf. Diese Version übernimmt das State-Management. Da die zustandsbehaftete Version den State hält, ist diese Version der Einstiegspunkt. Es ist Konvention, dass diese Version den Suffix „Screen" bekommt. Hier ein Beispiel:

```
// stateful version
@Composable
fun CounterScreen(initialValue: Int) {
    var value by remember { mutableStateOf(initialValue) }
    Counter(
        value = value,
        onIncrement = { value += 1 },
        onDecrement = { value -= 1 }
    )
}

// stateless version
@Composable
private fun Counter(value: Int, onIncrement: () -> Unit, onDecrement: () -> Unit) {
    Row(
        horizontalArrangement = Arrangement.Center,
        verticalAlignment = Alignment.CenterVertically,
    ) {
        Button(onClick = onDecrement) {
            Text(text = "-")
        }
        Text(text = value.toString())
        Button(onClick = onIncrement) {
            Text(text = "+")
        }
    }
}
```

Die Idee ist nun, dass wir die zustandslose Version (`Counter`) zum Testen, Preview anzeigen etc. verwenden. Denn diese Version hat keine Seiteneffekte und ist pur. Zudem können wir diese Version `private` machen, solange beide Versionen in einer Datei liegen. Unsere App verwendet nämlich nur die zustandsbehaftete Version. Denn hier wird der State gesetzt und verwaltet. Da die zustandsbehaftete Version nur das State-Management macht und ansonsten alle Aufrufe an die zustandslose Version delegiert, geht uns bei den Tests und Previews nichts an der Funktionsweise verloren.

Mit State-Hoisting implementieren wir ein wichtiges Grundprinzip von deklarativer bzw. reaktiver Programmierung: *state goes down, events go up*. Wir geben den State (`value`) nach unten (`CounterScreen` -> `Counter`) und reichen die User-Events von unten nach oben (`Counter` -> `CounterScreen`) durch. Somit macht die zustandslose Version nur noch eine Sache: Sie repräsentiert den State. Die User-Events werden von dieser Version nicht mehr verarbeitet, sondern einfach weiter hochpropagiert.

Nun können wir die beiden Versionen von Counter zusammen mit unterschiedlichen Previews in einer Datei namens „Counter.kt" auslagern. Dadurch haben wir nicht nur eine gute

Trennung der Verantwortlichkeiten, sondern auch eine möglichst hohe Kohäsion (Zusammengehörigkeit).

```
// Datei: Counter.kt
@Composable
fun CounterScreen(initialValue: Int) {
    var value by remember { mutableStateOf(initialValue) }
    Counter(
        value = value,
        onIncrement = { value += 1 },
        onDecrement = { value -= 1 }
    )
}

@Composable
private fun Counter(value: Int, onIncrement: () -> Unit, onDecrement: () -> Unit) {
    Row(
        horizontalArrangement = Arrangement.Center,
        verticalAlignment = Alignment.CenterVertically,
    ) {
        Button(onClick = onDecrement) {
            Text(text = "-")
        }
        Text(text = value.toString())
        Button(onClick = onIncrement) {
            Text(text = "+")
        }
    }
}

@Preview
@Composable
fun CounterPreview() {
    CounterScreen(0)
}

@Preview
@Composable
fun CounterPreview2() {
    Counter(
        value = 20,
        onIncrement = { },
        onDecrement = { }
    )
}
```

33.5 Modifier

Nun haben wir eine funktionierende App. Allerdings sieht die App noch nicht gut aus. Es fehlt das gesamte Styling. In der Counter App ist beispielsweise der Text zu klein. Zudem wäre es visuell ansprechender, wenn zwischen dem Text und den beiden Buttons etwas mehr Abstand wäre. Hierfür verwenden wir die `Modifier`-API.

Modifier sind der Mechanismus, um Composables mit bestimmten Eigenschaften zu erweitern. Diese Eigenschaften sind ziemlich umfangreich. Mit Modifiern kann man beispielsweise einem UI-Element *Padding* (Abstand) geben, einen Hintergrund setzen, die Ecken abrunden, einen Schatten werfen, einen *OnClick-Handler* registrieren, die Größe manipulieren usw.

Modifier können miteinander kombiniert werden. Das funktioniert so: Man fängt mit einem beliebigen Modifier an, z. B. mit dem Basis-Modifier, der nur `Modifier` heißt, und ruft über die Punktnotation weitere Modifier-Funktionen auf, die den aktuellen Modifier immer weiter erweitern. So kann man alle Composables nach eigenen Wünschen stylen.

Wenden wir das Ganze mal an und erweitern unsere Counter-App. Wir möchten Abstände zwischen den UI-Elementen hinzufügen (Padding). Zudem erhöhen wir die Textgröße beim Text-Element. Zusätzlich möchten wir der Row eine Hintergrundfarbe und Padding geben:

```
1  // ...
2  import androidx.compose.ui.Modifier
3  import androidx.compose.ui.unit.dp
4  import androidx.compose.foundation.background
5  import androidx.compose.foundation.layout.padding
6  import androidx.compose.material3.MaterialTheme
7
8  @Composable
9  fun Counter(value: Int, onIncrement: () -> Unit, onDecrement: () -> Unit) {
10     Row(
11         ...
12         modifier = Modifier
13             .padding(16.dp)
14             .background(MaterialTheme.colorScheme.background)
15     ) {
16         Button(
17             ...
18             modifier = Modifier.padding(8.dp)
19         ) { Text(text = "-") }
20         Text(
21             ...
22             modifier = Modifier.padding(8.dp),
23             style = MaterialTheme.typography.headlineLarge
24         )
25         Button(
26             ...
27             modifier = Modifier.padding(8.dp),
28         ) { Text(text = "+") }
29     }
30 }
```

Der Padding-Modifier (Zeile 13, 18, 22 und 27) nimmt einen Wert vom Typ `Dp` entgegen, welcher den Abstand angibt. Dp steht für *device-independent pixel* und ist somit eine geräteunabhängige Einheit, die je nach Gerät entsprechend skaliert. Hierfür kann man einfach `.dp` auf einem Int-Wert aufrufen, wodurch von `Int` nach `Dp` konvertiert wird.

Die Textgröße setzen wir in Zeile 23 auf keinen konkreten Wert wie z. B. `30.dp`, sondern auf einen semantischen Wert. Ein semantischer Wert ist sprechender, weil wir ausdrücken, welche Bedeutung dieses Text-Element hat. In diesem Fall: große Überschrift. Zudem skalieren semantische Werte mit den Barrierefreiheit-Einstellungen des Geräts. Wenn man beispielsweise die Schriftgröße systemweit erhöht, skaliert die Schriftgröße überall mit, wo semantische Schriftgrößen verwendet werden.

Da wir hier die Theme-API nutzen, verwenden wir zudem die im Theme definierten Fonts. Wenn wir die Font für die gesamte App ändern wollen, müssen wir das nur an einer Stelle machen, nämlich im Theme.

Der Modifier, den wir in Zeile 12 an Row übergeben, ist besonders interessant, denn hier kombinieren wir zwei Modifier miteinander. Zuerst wird Padding angewendet, und *danach* wird der Hintergrund auf eine Farbe gesetzt. Wenn wir diese UI rendern, dann sieht das so aus:

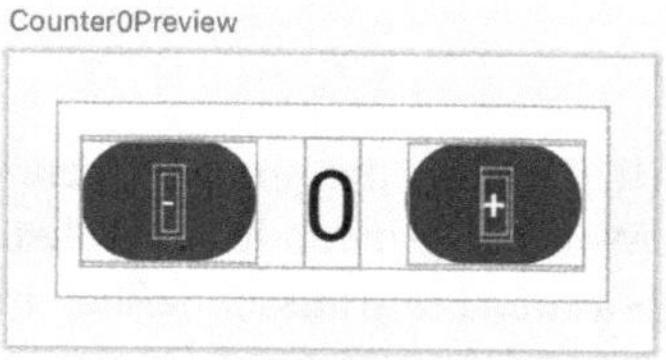

Wir sehen, dass zuerst das Padding angewendet und *danach* erst der Hintergrund eingefärbt wird. Wenn wir die Reihenfolge tauschen, dann erstreckt sich der Hintergrund über die volle Größe. Die Reihenfolge, in der Modifier aufgerufen bzw. kombiniert werden, ist relevant. Das ist auch keine Überraschung, denn Modifier sind Dekorierer, und beim Dekorieren ist die Reihenfolge ebenfalls relevant.

Modifier ist ein Dekorierer

Obwohl wir mehrere Modifier mit der Punktnotation kombinieren, handelt es sich auch hierbei um das Dekorierer-Muster. Anstelle dass wir hier mehrere Objekte erzeugen und diese ineinander verschachteln, wird mit jedem Aufruf eines Modifiers genau das im Hintergrund getan. Die Modifier-Methoden geben uns somit das bereits verschachtelte Objekt zurück, welches wir mit weiteren Aufrufen direkt wieder dekorieren (verschachteln) können.

Abhängig davon, in welchem Layout-Element man sich befindet, stehen einem zusätzliche Modifier zur Verfügung. Platziert man beispielsweise seine UI-Elemente in einer Box, kann man über den Align-Modifier steuern, wo das Element in der Box ausgerichtet werden soll (z. B. oben rechts). Außerhalb von Box steht einem der Align-Modifier nicht zur Verfügung. Schließlich sind Layout-Elemente genau dafür da.

Man muss nicht jeden Modifier kennen!

Modifier wählt man danach aus, was für ein Design man umsetzen möchte. Man muss nicht jeden Modifier für jede View auswendig kennen. Daher ist es hilfreich zu wissen, dass man diese stets auf der Seite von Jetpack Compose nachschlagen kann: *https://developer.android.com/jetpack/compose/modifiers*. Auf der Seite findet man auch eine Liste aller Modifier und eine entsprechende Erklärung. Zudem wird die Seite fortlaufend aktualisiert.

33.6 App-Architektur

Eine Architektur gibt einer App Struktur. Sie gibt bestimmte Regeln und Designentscheidungen vor. Das Einhalten dieser Regeln soll dafür sorgen, dass der Code skalierbar, testbar, wartbar sowie robust ist und das auch für weitere Jahre bleibt, für den Fall, dass Änderungen am Code bevorstehen.

Die Architektur für eine in Jetpack Compose geschriebene App besteht aus zwei Schichten (engl. *layer*): UI-Layer und Data-Layer[5].

33.6.1 UI-Layer

Im UI-Layer befindet sich die UI, die wir in der App anzeigen. Wie bereits erwähnt, ist die UI die Repräsentation von State. Wenn die Anwendung wächst, wird es irgendwann unübersichtlich, wenn man seinen gesamten State ausschließlich in den Composable-Functions verwaltet. Zudem läuft man womöglich irgendwann in das Problem, dass der gleiche State an mehreren Stellen (von unterschiedlichen UI-Elementen) gebraucht wird, was durch einfaches State-Hoisting noch nicht möglich ist. Der naheliegende Schritt ist, dass man State in eine Klasse auslagert. Ein Objekt dieser Klasse wird dann an die zustandsbehafteten Composable-Functions übergeben. Auf diese Weise können sich mehrere UI-Elemente am selben State bedienen und diesen sogar übergreifend modifizieren. Android stellt hierfür bereits eine Klasse bereit, um genau dies zu erreichen. Diese Klasse nennt sich `ViewModel`:

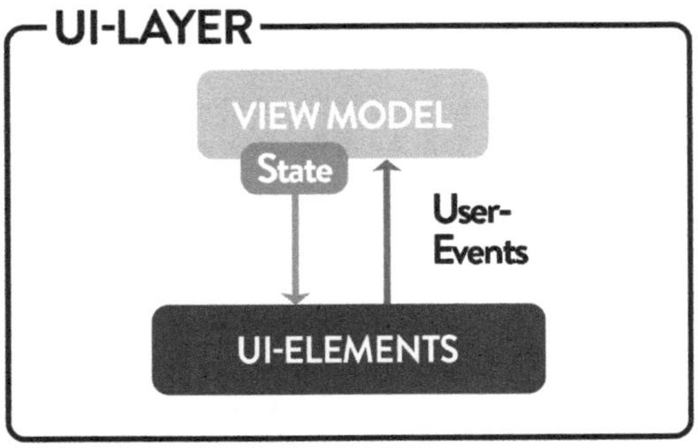

Ein ViewModel ist das Bindeglied zwischen *View* und *Model*. Das Model ist die Gesamtheit des aktuellen Programmzustands. Bei unserem Movie-Maker-Spiel ist dies z. B. der aktuelle Spielzustand. Die zwei Hauptaufgaben des ViewModels sind das Bereitstellen von State, das von der UI konsumiert wird, und das Akzeptieren von User-Events, die üblicherweise State verändern wollen. Zudem muss das ViewModel den State irgendwoher besorgen. Üblicherweise bekommt das ViewModel einen Zugriff auf den Data-Layer. Manchmal ist es notwendig, diese Daten zunächst aufzubereiten und in eine Form zu bringen, mit der

5 Optional kann man noch einen Domain-Layer dazwischen schalten, was jedoch nicht im Rahmen des Buchs behandelt wird. Der Domain-Layer kann hier nachgelesen werden: *https://developer.android.com/topic/architecture/domain-layer.*

die UI arbeiten kann. Hierzu gehören beispielsweise Formatierungen von Zeitangaben und Währungen. Eine weitere wichtige Eigenschaft eines ViewModels ist, dass es UI-agnostisch ist. Ein ViewModel gibt nicht vor, wie die UI den State anzeigen soll (z. B. in einer Liste). Ein ViewModel stellt lediglich alle hierfür notwendigen Informationen zur Verfügung.

ViewModel ist sowohl ein Konzept als auch eine Oberklasse. Man definiert ein ViewModel, indem man von dieser Klasse erbt. Für Android gibt es sogar eine spezifische ViewModel-Oberklasse namens `AndroidViewModel`. Diese Klasse nimmt zusätzlich den `Application`-Context entgegen, um den Lebenszyklus einer App zu respektieren und entsprechend zu reagieren. UI-Elemente werden ständig verworfen und neu gezeichnet (Recomposition). Aber auch Activities werden hin und wieder zerstört und neu erzeugt, beispielsweise wenn das Gerät rotiert wird. Ein `AndroidViewModel` ist sensitiv für solche Änderungen und sorgt dafür, dass die UI stets den State der Anwendung reflektiert, beispielsweise auch, nachdem das Gerät rotiert wurde.

Erweitern wir mal unsere Counter-App um solch ein ViewModel:

```
import androidx.lifecycle.AndroidViewModel
import android.app.Application
import androidx.compose.runtime.MutableState
import androidx.compose.runtime.mutableStateOf

class CounterViewModel(application: Application) : AndroidViewModel(application) {
    // Intern: Vollständiger Zugriff auf State inkl. Implementierungsdetails
    private val valueState: MutableState<Int> = mutableStateOf(0)

    // Nach außen hin: lesender Zugriff auf State
    val value: Int
        get() = valueState.value

    // Nach außen hin: Funktionen für User-Events
    fun increment() {
        valueState.value += 1
    }

    fun decrement() {
        valueState.value -= 1
    }
}
```

Auffallend ist, dass wir den internen State von dem trennen, was wir der UI nach außen zur Verfügung stellen. Das sehen wir auch an den Typen. Der interne State ist vom Typ `MutableState<Int>`, während wir nur `Int` nach außen geben. Dadurch können wir kontrollieren, dass Änderungen am State nur im ViewModel selbst passieren (Kapselung). Nach außen hin geben wir ausschließlich lesenden Zugriff und die Möglichkeit, State-Änderungen über dafür vorgesehene Methoden zu initiieren. Das ViewModel selbst führt aber die Änderungen durch.

Ein ViewModel wird nicht wie ein normales Objekt instanziiert. Stattdessen wird ein ViewModel über die `viewModel`-Funktion in den jeweiligen Screen-Composables (z. B. `CounterScreen`) erzeugt. Der Aufruf dieser Funktion sollte so nah wie möglich an der Root-Composable sein, die in der `MainActivity` aufgerufen wird. Dadurch bleibt das ViewModel so lange am Leben wie die `MainActivity` selbst. Wenn die Composable-Functions aufgrund von Recomposition neu aufgerufen werden, die `Activity` allerdings noch nicht zerstört wurde, gibt der Aufruf der `viewModel`-Funktion das bereits erzeugte ViewModel zurück. Um

Zugriff auf die `viewModel`-Funktion zu erhalten, müssen wir die folgende Bibliothek in der *build.gradle* des App-Moduls hinzufügen:

```
// app/build.gradle
dependencies {
    // ...
    implementation("androidx.lifecycle:lifecycle-viewmodel-compose:2.6.1")
}
```

In unserem Beispiel haben wir nur ein Screen-Composable (`CounterScreen`), das auch direkt im Root-Composable aufgerufen wird (`Surface`). Das `CounterViewModel` erzeugen wir in der Parameterliste von `CounterScreen`, indem wir den Aufruf der `viewModel`-Funktion direkt als Standardwert zuweisen. Das ist ein häufiges Muster bei der Verwendung von ViewModels in Jetpack Compose[6]:

```
// Counter.kt
// ...
import androidx.lifecycle.viewmodel.compose.viewModel

@Composable
fun CounterScreen(viewModel: CounterViewModel = viewModel()) { // Direkt zuweisen
    Counter(
        value = viewModel.value,
        onIncrement = viewModel::increment,
        onDecrement = viewModel::decrement
    )
}
```

Da der `CounterScreen` bislang den State verwaltet hat, ersetzen wir hier die Kombination aus `remember` und `mutableStateOf` mit den Aufrufen des ViewModels. Zudem muss der `CounterScreen` die Aufrufe von `onIncrement` und `onDecrement` an das ViewModel delegieren, da das nun unser State-Manager ist. Beim `onIncrement`- und `onDecrement`-Parameter übergeben wir die Funktionsreferenzen der `increment`- und `decrement` -Methoden, die im ViewModel definiert sind. Die Syntax, um Methoden als Referenz zu übergeben, sind zwei Doppelpunkte (`::`). Auf der rechten Seite vom `::` befindet sich der Name der Methode und auf der linken Seite das Objekt, auf dem die Methode aufgerufen wird. Das ist vor allem syntaktischer Zucker. Die Alternative wäre, dass wir dem `Counter` zwei Lambdas übergeben, in denen wir ausschließlich die `increment`- bzw. `decrement`-Methode des ViewModels aufrufen.

33.6.2 Data-Layer

Der Data-Layer beinhaltet die Daten der App und die Anwendungslogik (engl. *business logic*). Die Anwendungslogik ist das, was die eigentliche App erst ausmacht. Sie beschreibt beispielsweise, wie die Daten der App zusammenhängen und wie sie erzeugt, verändert und gespeichert werden.

Der Data-Layer ist auch üblicherweise die *single source of truth* für Daten. Das heißt, dass hier die originalen bzw. neusten Daten herkommen und auch nur hier verändert werden. So verhindert man, dass unterschiedliche Versionen der Daten in unterschiedlichen Teilen

---

6 Für weitere Infos siehe: *https://developer.android.com/jetpack/compose/libraries#viewmodel.*

der Anwendung existieren und willkürlich verändert werden. Dadurch können gravierende Inkonsistenzen entstehen, die nicht nur verwirrend für den Benutzer sind, sondern auch schädlich für die App. Angenommen, wir sind in einer Banking-App, die unterschiedliche Kontostände anzeigt. Auf Grundlage dieser inkonsistenten Daten tätigen wir womöglich falsche Entscheidungen, die uns ins Dispo führen können.

In unserer Counter-App ist der Data-Layer aktuell nicht vorhanden. Unser Counter-Wert ist das Einzige, was wir an Daten haben. Dieser wird aber bei jedem Start der App zurückgesetzt. Wir erfüllen allerdings das Prinzip von Single-Source-Of-Truth. Das ViewModel ist die einzige Instanz, die den Counter-Wert erzeugt, manipuliert und zur Verfügung stellt.

Wir werden die Movie-Maker-App ebenfalls mit Jetpack Compose umsetzen. Die Liste aller Schauspieler, Regisseure und Genres sowie die Funktion zum Produzieren eines Films sind alles Teile des Data-Layers. Alle Klassen, die wir in den vorherigen Kapiteln des Buchs implementiert haben, werden wir einfach kopieren und in Android Studio einfügen. Das zeigt uns, dass sich im Data-Layer ausschließlich UI-unabhängiger Code befindet. Das ViewModel besorgt die für die UI relevanten Daten, bereitet diese ggf. auf und stellt sie als State zur Verfügung.

33.6.3 Unidirectional-Data-Flow

Schauen wir uns jetzt die App Architektur im Gesamten an. Das Interessante dabei ist das Zusammenspiel zwischen UI- und Data-Layer. Hier schauen wir uns insbesondere an, wie die Daten fließen:

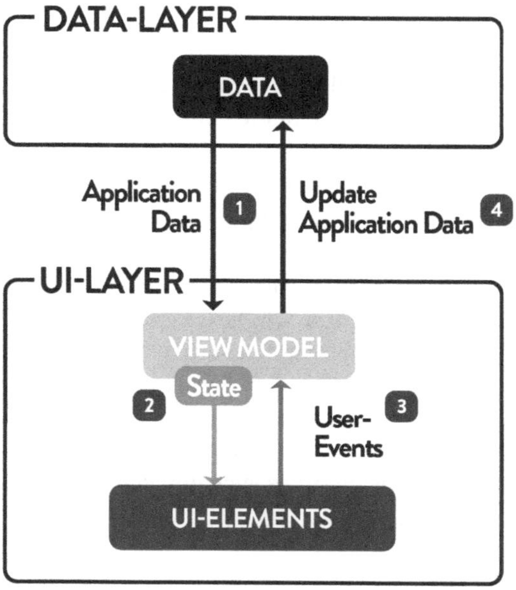

1. Das ViewModel holt die Daten, die angezeigt werden sollen, vom Data-Layer. Falls notwendig, transformiert das ViewModel diese Daten in eine Form, die die UI besser verwenden kann.

2. Das ViewModel setzt die Daten als State, damit die UI den State anzeigen kann. Hierdurch wird eine Recomposition der UI angestoßen.
3. Die UI benachrichtigt das ViewModel, wenn User-Events stattfinden.
4. Das ViewModel reagiert auf die User-Events. Wenn dadurch die Daten des Data-Layers betroffen sind, stößt das ViewModel hier eine Aktualisierung an. Je nach Bedarf und Implementierung wird der State des ViewModels dann automatisch mit aktualisiert (mithilfe von Observable-Types aus dem Data-Layer). Alternativ aktualisiert das ViewModel den State explizit (siehe Schritt 2).

Immer, wenn wir State verändern, wiederholen sich die Schritte 2–4. Dieses Muster nennt sich *unidirectional data flow*: Events gehen in das ViewModel rein, und State kommt aus dem ViewModel raus. Für den Unidirectional-Data-Flow ist es entscheidend, dass es pro Datensatz eine Single-Source-Of-Truth gibt. Denn nur dann kann die UI den State fehlerfrei repräsentieren. Deshalb kommt der State aus dem Data-Layer, und deshalb finden Änderungen am State auch nur im Data-Layer statt und nicht im ViewModel. Das ist entscheidend, denn nur so wird die Single-Source-Of-Truth eingehalten. Und nur so fließen die Daten unidirektional in einem Kreis, wie gewollt.

ViewModel als Single-Source-Of-Truth

Je nach Komplexität der App gibt es keinen Data-Layer. Dann übernimmt das ViewModel die Aufgaben eines Data-Layers: Daten erzeugen, bereitstellen und verändern. In diesem Fall ist das ViewModel auch die Single-Source-Of-Truth.

Zudem gibt es den Fall, dass State nur für die Darstellung notwendig ist und somit ausschließlich als lokaler State in den Composable-Functions verwaltet wird. Mehr dazu in Unterabschnitt 33.6.4, „Lokaler State“. ■

Während die Kommunikation von UI zu ViewModel naheliegend erscheint, weil lediglich Funktionen aufgerufen werden, erscheint die Kommunikation von ViewModel zu UI womöglich unintuitiv. Denn diese Kommunikation passiert nicht direkt, sondern *indirekt* über das Setzen von State, was durch die Observable-Types eine Recomposition der UI auslöst.

Das erfordert eine andere Denkweise beim Entwickeln von Apps. Wenn wir beispielsweise einen Fehler anzeigen wollen, setzen wir State. So haben wir im ViewModel beispielsweise eine State-Variable vom Typ `Exception?`. Diese State-Variable wird zunächst mit `null` initialisiert. Wenn es einen Fehler gibt, setzen wir die Exception auf einen Wert. Die UI reagiert darauf und zeigt beispielsweise einen Alert in Form eines Dialoges an. Die offizielle Seite von Jetpack Compose bezeichnet das als „*thinking in compose*“. Bei einem „klassischen“ imperativen UI-Framework hätten wir jetzt explizit gesagt: Zeige jetzt diesen Alert mit diesem Fehler an. In Compose sagen wir stattdessen: Eine Exception ist jetzt Teil unseres States. Die UI muss selbst entsprechend reagieren, wie auch immer das aussehen mag.

33.6.4 Lokaler State

In einigen Anwendungsfällen ist es legitim, dass die UI selbst die Single-Source-Of-Truth für State ist. Beispielsweise in Screens, wo man dabei ist, einen Eintrag (z. B. Kalendereintrag) zu bearbeiten oder zu erzeugen. Hier definiert die Composable-Function lokalen State und sammelt zunächst alle Änderungen für ein großes User-Event (z. B. Kalendereintrag hinzufügen), welches abschließend durch das Drücken eines Buttons abgeschickt wird. Danach wird der State nicht mehr benötigt und entsprechend gemeinsam mit dem Screen verworfen.

33.6.5 Observable-Types

Compose kann nur mit Objekten vom Typ `State` arbeiten. Wenn man allerdings andere Observable-Types verwenden möchte, kann man das ruhig machen. `Flow` und `LiveData` sind prominente Beispiele dafür. Diese Typen existieren unabhängig von Jetpack Compose und werden in anderen Bibliotheken oder APIs verwendet. Man muss dann nur eine Funktion aufrufen, die von `Flow` bzw. `LiveData` auf State übersetzt. Diese Funktionen sind im Projekt *compose.runtime* implementiert und können einfach importiert werden.

Es mag vielleicht verwirrend sein, dass es so viele Möglichkeiten gibt, State zu repräsentieren. Das ist allerdings gewollt, denn dadurch ist man technologieunabhängig. Dadurch können wir mit unterschiedlichen Bibliotheken arbeiten, die uns verschiedene Typen vorgeben, auf die wir keinen Einfluss haben. Wenn nun die eine Bibliothek `LiveData` verwendet und die andere Bibliothek mit `Flow` arbeitet, dann können wir die unterschiedlichen Observable-Types im ViewModel problemlos zusammenführen. Die Composable-Functions greifen dann auf diesen State zu und konvertieren diesen in ein Objekt vom Typ `State`. Wichtig ist, dass die Konvertierung in den Composable-Functions passiert, damit der Observable-Type auch nur solange beobachtet und konvertiert wird, wie das Composable sichtbar bzw. am Leben ist. Wie das genau aussieht, sehen wir in Abschnitt 33.8, „Persistenz“.

33.7 Composition und Recomposition

In diesem Abschnitt schauen wir uns die genaue Funktionsweise von Composition und Recomposition an. Composition beschreibt das initiale Rendern von UI, während Recomposition die fortlaufenden State- und UI-Änderungen beschreibt.

> § **Definition *Composition und Recomposition***
>
> Composition: Initiales Rendern von UI.
>
> Recomposition: Erneute Composition bei State-Änderungen.

Im ersten Abschnitt 33.1, „Deklarative UI-Entwicklung“, haben wir gelernt, dass eine Composable-Function die Abbildung von Daten zu UI ist. Zwischen dieser Abbildung passieren unter der Haube noch die folgenden drei Schritte:

1. Composition: Was angezeigt werden soll.
2. Layout: Wo und wie groß es angezeigt werden soll.
3. Drawing: Wie es tatsächlich gerendert (gezeichnet) wird.

33.7.1 Composition-Phase

Bei der Composition-Phase ruft die Compose Runtime alle Composable-Functions auf, die zur Beschreibung der UI verwendet wurden. Daraus wird ein sogenannter *UI-Tree* erzeugt. Das ist eine Baumstruktur, die alle UI-Elemente in einem hierarchischen Verhältnis enthält. Hierarchisch deshalb, weil ein UI-Element (z. B. Row) wiederum mehrere UI-Elemente (Button, Text, Button) beinhalten kann. Zudem gibt es immer eine *Root-View*, die der Einstiegspunkt ist (z. B. das Theme). Zu jedem UI-Element werden auch alle Modifier und sonstigen Layout-Informationen in einem sogenannten Layout-Knoten gespeichert. Das Ergebnis der Composition-Phase ist ein UI-Baum mit Layout-Knoten, der die gesamte UI der App repräsentiert.

Die folgende Abbildung visualisiert die Composition-Phase für unsere Counter-App. Auf der linken Seite sehen wir eine vereinfachte Form von unserem `Counter`-Composable. Vereinfacht deshalb, weil ein paar Modifier fehlen und die Implementierung gekürzt ist. Das ist der Input für diese Phase. Auf der rechten Seite sehen wir den UI-Tree mit allen Layout-Knoten inklusive der Modifier.

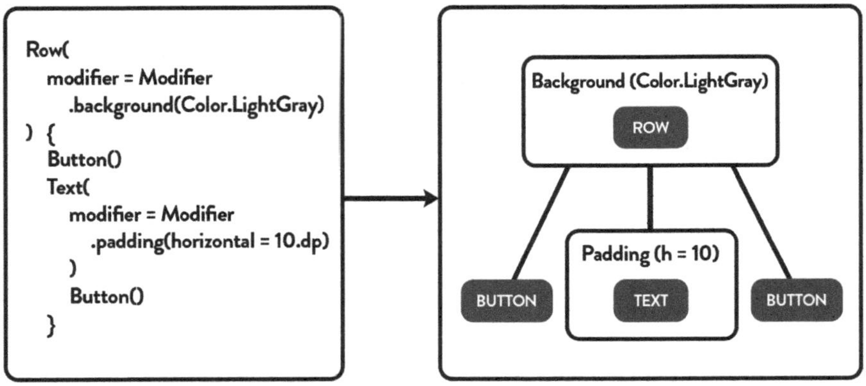

33.7.2 Layout-Phase

In der Layout-Phase werden die Positionen und Größen aller Layout-Knoten (und damit aller UI-Elemente) ausgerechnet. Durch die zuvor definierte Baumstruktur ist das verhältnismäßig einfach. Jeder Knoten bekommt die Information, wie viel Platz im 2D-Raum (sprich Breite und Höhe) ihm maximal zur Verfügung steht. Zudem kennt jeder Knoten seine Kindelemente (falls vorhanden). Ein Layout-Knoten teilt nun den ihm zur Verfügung gestellten Platz entsprechend auf seine Kinder auf. Hierbei werden sämtliche Layout-Modifier wie die Anordnung, Ausrichtung, Padding, explizite Größe, Gewichtung etc. berücksichtigt. Ein Kind berechnet dann seine Größe und meldet diese Information zurück an den Elternknoten (i. d. R. ein Layout-Element). Nachdem jeder Kindknoten seine Informationen gemeldet hat, bestimmt der Elternknoten auf Basis dieser Informationen seine Position und Größe und reicht diese Informationen ebenfalls hoch. Der UI-Baum wird dabei nur einmal von oben nach unten durchlaufen. Am Ende dieser Phase kennt jedes UI-Element seine x- und y-Position und seine Größe in Höhe und Breite.

Die folgende Abbildung visualisiert die Layout-Phase. Der Input ist der UI-Tree der vorherigen Phase. Dem ersten Layout-Knoten (Row) wird die ihm maximal zur Verfügung stehende Größe von 300w x 180h (Breite x Höhe) übergeben. Der Ablauf ist nun der folgende:

1. Die Row meldet die maximal zur Verfügung stehende Größe an ein Kind (von links nach rechts).
2. Hat das Kind einen Modifier, welcher eine Auswirkung auf die Größe hat (z. B. Padding), wird das von der verfügbaren Größe abgezogen. Diese Größe wird dann weiter nach unten gereicht. Schritt 2 wiederholt sich für jeden solchen Modifier.
3. Hat das Kindelement selbst keine Kinder, bestimmt das Kind, wie groß es ist. Bei einem Button-Element ist das beispielsweise abhängig von der Länge des Textes. Diese Größe wird nun nach oben zurückgemeldet.
4. Hatte das Kind einen Modifier, welcher eine Auswirkung auf die Größe hatte (z. B. Padding), wird das Padding auf die gemeldete Größe gerechnet. Padding ist somit ein Teil des UI-Elements, auf dem es definiert wird.
5. Hat die gemeldete Größe die Row erreicht, zieht die Row die Breite des ersten Kindes von der verfügbaren Größe ab. Diese neue Größe wird dann an das nächste Kind gemeldet. Dieser Prozess wiederholt sich für alle Kinder.
6. Sobald alle Kinder ihre Größen gemeldet haben, bestimmt die Row ihre Größe. Die Row ist nur so groß wie die Summe der Breite aller Kindelemente und die maximale Höhe aller Kindelemente.

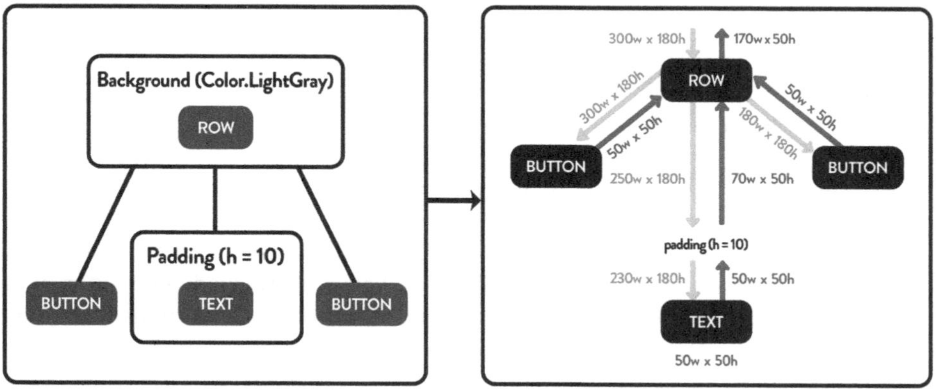

In der Abbildung sehen wir, dass der Row die maximale Größe von 300w und 180h übergeben wird. Diese Größe wird an den ersten Button weitergeleitet. Der Button hat eine tatsächliche Größe von 50w x 50h. Die Row zieht die Breite ab und gibt die neu berechnete maximale Größe von 250w x 180h an den Text. Das Text-Element hat einen Padding-Modifier, der ein horizontales Padding von 10 dp erzeugt. Dieses Padding ziehen wir von der Breite ab. Damit meldet der Modifier die neu berechnete maximale Größe von 230w x 180h an den Text. Dieser benötigt ebenfalls 50w x 50h. Diese tatsächliche Größe wird an den Padding-Modifier gemeldet. Da Padding Teil der Größe ist, rechnen wir 20w auf die 50w x 50h des Textes. Somit benötigt der Text inkl. Padding eine Größe von 70w x 50h, die von der Row für den letzten Button abgezogen wird. Dieser hat 180w x 180h Platz zur Verfügung. Er benötigt allerdings nur 50w x 50h und meldet diese Größe an die Row. Da nun alle Kinder ihre Größe bestimmt haben, berechnet die Row ihre Größe. Die Breite der Row ergibt sich aus der Summe der Breite aller Kinder: 50w + 70w + 50w = 170w. Die Höhe der Row ergibt sich aus der maximalen Höhe aller Kinder: 50h. Die Row hat demnach die Größe 170w x 50h. Die Position ist bei x = 0 und y = 0. Die Positionen für alle Kindelemente können entsprechend ihrer Größe und der Größe der Row abgeleitet werden. Da der Ursprung des Koordinatensystems oben links ist, sieht die schematische Darstellung so aus:

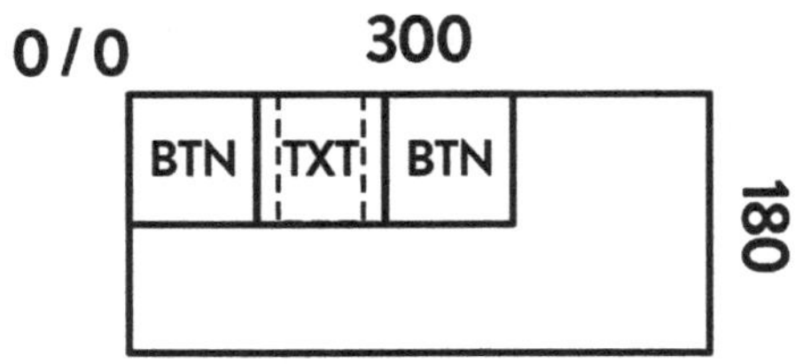

Die Größen und Positionen sind folglich:

UI-Element	x-Position	y-Position	Breite	Höhe
Button (links)	0	0	50	50
Text	50	0	70	50
Button (rechts)	120	0	50	50
Row	0	0	170	50

33.7.3 Drawing-Phase

In der Drawing-Phase wird der UI-Baum erneut von oben nach unten durchlaufen. Da nun jedem Knoten seine Position und Größe zur Verfügung stehen, zeichnet sich jedes UI-Element selbst. Dabei werden auch andere visuelle Modifier berücksichtigt, die nichts mit der Positions- und Größenbestimmung zu tun haben. Diese Modifier wurden in der Layout-Phase übersprungen. Beispiele hierfür sind Modifier wie das Abrunden der Ecken, Hintergrundfarben, Schatten oder der Fontstyle.

Die folgende Abbildung zeigt, wie die schematische Darstellung der Layout-Phase nun gezeichnet wird. Der zuvor übersprungene Background-Modifier wird in dieser Phase berücksichtigt.

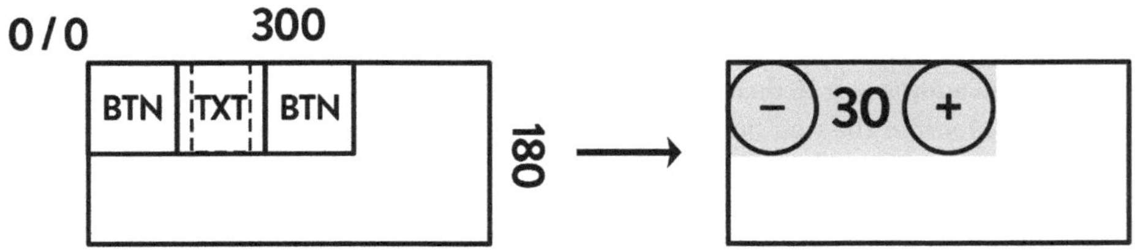

Diese drei Phasen werden ein Mal zur initialen Composition und danach für jede Recomposition erneut ausgeführt. Das mag womöglich aufwendig oder ineffizient klingen, allerdings sind die Algorithmen hinter den Phasen ziemlich optimiert. Jetpack Compose versucht, bei der Recomposition beispielsweise möglichst schlau zu sein und nur die UI-Elemente neu zu zeichnen, die sich auch geändert haben. Die Algorithmen sind auch in anderen Technologien erprobt. Sie werden, in einer ähnlichen Form, beispielsweise auch in anderen deklarativen UI-Frameworks wie SwiftUI (iOS-Entwicklung) und Flutter (Cross-Platform-Entwicklung) verwendet.

33.8 Persistenz

Eine App ohne Persistenz verliert alle Daten, sobald sie im Hintergrund zerstört und neu gestartet wird. Das passiert z. B. dann, wenn die App länger nicht mehr verwendet wurde, wenn eine andere App verwendet wird und viel Speicher benötigt, das Gerät wenig Akku hat oder im Stromsparmodus ist. Deshalb gibt es unterschiedliche Technologien und Wege, um kleine oder große Datenmengen längerfristig (persistent) abzuspeichern und diese Daten wieder abzurufen.

In einer Android-App gibt es mehrere Möglichkeiten, Daten persistent abzulegen. Wir schauen uns die drei naheliegendsten Arten an:

- *Preferences DataStore* zum Persistieren von kleinen unstrukturierten Datenmengen in einem sogenannten *Key-Value-Store*. Kleine unstrukturierte Datenmengen meint, dass es möglichst einzelne primitive Werte von Typen wie `String`, `Int` oder `Boolean` sind. Key-Value meint, dass wir unter einem Schlüssel (Key) einen Wert (Value) speichern und abfragen. Unseren Counter-Wert würden wir beispielsweise unter dem Schlüssel „counter-value" ablegen.
- *Proto DataStore* zum Persistieren von typisierten Objekten. Hierfür wird ein Schema benötigt, um typisierte Objekte wie beispielsweise Daten-Klassen abzulegen.
- *Datenbank* (z. B. *Room*) zum Persistieren von strukturierten Daten, die untereinander referentielle Abhängigkeiten aufweisen. Hier können Objekte beliebiger Komplexität abgelegt werden. Je nach Datenbank wird ebenfalls ein Schema benötigt.

Die beiden DataStore-Implementierungen basieren auf Kotlin *Coroutine*- und *Flow*-Implementierung[7]. Damit ist DataStore vollständig asynchron und wird somit nicht auf dem Haupt-UI-Thread ausgeführt. Das bedeutet, dass die UI nicht blockiert, sobald man auf den DataStore zugreift. Als Benutzer einer App ist es ziemlich frustrierend, wenn man gerade mit einer App interagiert und diese nicht mehr reaktionsfähig ist, weil beispielsweise größere Datenmengen gelesen werden. Das ist bei DataStore nicht der Fall. Zudem ist DataStore eine Jetpack-Bibliothek und hat eine ideale Integration in Jetpack Compose.

Für unsere Counter-App werden wir den Preferences DataStore verwenden, weil wir nur einen einzigen Datensatz persistieren wollen. Zuerst müssen wir die Bibliothek in der *build.gradle* des App-Moduls hinzufügen:

---

[7] Koroutinen und Nebenläufigkeit werden erst im nächsten Teil des Buches, Teil VIII, „Nebenläufigkeit", behandelt.

```
// app/build.gradle
dependencies {
    // ...
    implementation("androidx.datastore:datastore-preferences:1.0.0")
}
```

Danach erzeugen wir eine Klasse namens `CounterStore`, die den Zugriff auf DataStore anbietet. Diese Klasse soll zum einen den Counter-Wert aus dem Store lesen und zum anderen den inkrementierten bzw. dekrementierten Counter-Wert in den Store schreiben[8]:

```
1  // CounterStore.kt
2  import android.content.Context
3  import androidx.datastore.preferences.core.edit
4  import androidx.datastore.preferences.core.intPreferencesKey
5  import androidx.datastore.preferences.preferencesDataStore
6  import kotlinx.coroutines.flow.Flow
7  import kotlinx.coroutines.flow.map
8
9  private val Context.dataStore by preferencesDataStore(name = "counter-store")
10
11 class CounterStore(private val context: Context) {
12
13     val counterValue: Flow<Int> = context.dataStore.data
14         .map { preferences -> preferences[counterKey] ?: 0 }
15
16     suspend fun increment() {
17         context.dataStore.edit { preferences ->
18             val currentValue = preferences[counterKey] ?: 0
19             preferences[counterKey] = currentValue + 1
20         }
21     }
22
23     suspend fun decrement() {
24         context.dataStore.edit { preferences ->
25             val currentValue = preferences[counterKey] ?: 0
26             preferences[counterKey] = currentValue - 1
27         }
28     }
29
30     companion object {
31         private val counterKey = intPreferencesKey("counter")
32     }
33 }
```

Da DataStore auf Koroutinen basiert und das erst in Teil VIII, „Nebenläufigkeit", behandelt wird, gehen wir zunächst nicht weiter auf die Details ein. Das Wichtige ist, dass jeder Aufruf asynchron ist. Das bedeutet, dass die Aufrufe im Hintergrund stattfinden und die App somit niemals blockiert oder einfriert, wenn Werte aus dem Store gelesen oder in den Store geschrieben werden.

Gehen wir mal die wichtigsten Zeilen durch:

- Zeile 9 ist aus der Dokumentation[9] übernommen. Hier wird ein Preferences DataStore für die App angelegt. Diese Deklaration soll laut Dokumentation Top-Level definiert werden, damit es nur eine für die gesamte App gibt. Ansonsten kann es zu Fehlern und

[8] Siehe *https://developer.android.com/topic/libraries/architecture/datastore* für eine detailliertere Anleitung.

[9] Siehe: *https://developer.android.com/topic/libraries/architecture/datastore#preferences-create*.

Inkonsistenzen im Store kommen. Da die Deklaration eine Extension ist, können wir den Store nun über den Android-`Context` ansprechen.

- In Zeile 11 akzeptieren wir den Android-`Context` im Konstruktor, um den Store via `context.dataStore` anzusprechen (siehe Punkt davor).
- In Zeile 13–14 lesen wir aus dem Store. Über `context.dataStore.data` bekommen wir den entsprechenden Zugriff. Mit der `map`-Funktion können wir nun auf die Daten (`preferences`) zugreifen. Das Objekt `preferences` ist wie eine Map (siehe Abschnitt 24.5, „Maps“), weshalb wir über die Indexschreibweise (`preferences[counterKey]`) mittels Key (`counterKey`) auf den Value zugreifen können. Da wir den Key öfters verwenden werden, deklarieren wir diesen in Zeile 31 als globale Variable der Klasse. Wenn es für den Key keinen Wert geben sollte, z. B. beim ersten Start der App, wird 0 als Fallback-Wert genommen. Das machen wir mit dem Elvis-Operator (`?:`).
- In Zeile 16–21 schreiben wir in den Store. Den schreibenden Zugriff bekommen wir mit `context.dataStore.edit`. Als Erstes holen wir den aktuellen Counter-Wert aus dem Store. Danach inkrementieren wir diesen Wert und schreiben ihn anschließend unter demselben Key wieder zurück in den Store. Da der Store asynchron ist, müssen wir die Funktion als `suspend fun` deklarieren. Mehr dazu in Abschnitt 36.8, „Suspending Functions“.
- In Zeile 23–28 passiert das Gleiche, nur fürs Dekrementieren.
- In Zeile 30–32 definieren wir einen Int-Key namens `counterKey`. Über diesen Key können wir auf den Counter-Wert im Store zugreifen.

Dieser `CounterStore` ist nun unser Data-Layer und damit die Single-Source-Of-Truth für den Counter-Wert. Zuvor hatten wir kein Data-Layer in unserer App, weshalb das View-Model die Single-Source-Of-Truth war. Der Architektur zufolge benötigt das ViewModel jetzt eine Instanz von `CounterStore`. Danach holt das ViewModel die Daten aus dem Store und setzt diese Daten als State. Im Gegensatz zu vorher geben wir jetzt den Counter-Wert als `Flow<Int>` nach außen. Das ist allerdings kein Problem, weil Composable-Functions jeden Observable-Type in ein Objekt vom Typ `State` umwandeln und damit arbeiten können. Da die schreibenden Operationen auf dem Store asynchrone Funktionen sind (Suspending-Functions), müssen wir diese in einem sogenannten *Coroutine Scope* aufrufen. Glücklicherweise verfügt ein `AndroidViewModel` über solch einen Scope, der an den Lebenszyklus einer Android-App gekoppelt ist. Das ViewModel sieht also folgendermaßen aus:

```
// ...
import androidx.lifecycle.viewModelScope
import kotlinx.coroutines.flow.Flow
import kotlinx.coroutines.launch

class CounterViewModel(application: Application) : AndroidViewModel(application) {
    private val store = CounterStore(application)

    val value: Flow<Int> // Jetzt vom Typ Flow<Int>
        get() = store.counterValue

    fun increment() {
        viewModelScope.launch { // Notwendig, um Suspending-Functions aufzurufen
            store.increment()
        }
    }
```

```
17
18      fun decrement() {
19          viewModelScope.launch {
20              store.decrement()
21          }
22      }
23  }
```

In Zeile 9 sehen wir, dass das ViewModel den Counter-Wert als `Flow<Int>` zur Verfügung stellt. Diesen Observable-Type wandeln wir mit der `collectAsState`-Methode in ein Objekt vom Typ `State` um. Zudem nutzen wir hier die By-Delegation-Syntax, um das Ergebnis an die State-Variable `value` zu binden, die dann vom Typ `Int` ist:

```
// Counter.kt
// ...
import androidx.compose.runtime.collectAsState

@Composable
fun CounterScreen(viewModel: CounterViewModel = viewModel()) {
    val value: Int by viewModel.value.collectAsState(initial = 0)
    Counter(
        value = value,
        onIncrement = viewModel::increment,
        onDecrement = viewModel::decrement
    )
}
```

Und damit ist unsere Counter-App fertig. Jetzt haben wir sogar die von Jetpack Compose empfohlene und in Abschnitt 33.6, „App-Architektur“, beschriebene Architektur, die State, UI, User-Events und Recomposition in einem Kreislauf beschreibt:

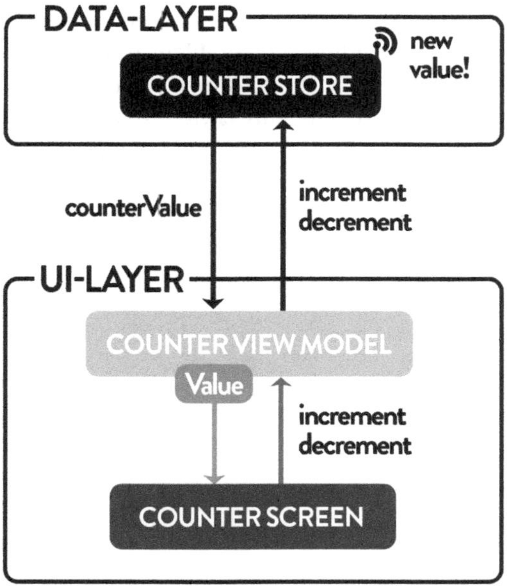

34 Entwicklung der Movie-Maker-App

Nun ist es endlich soweit. Wir haben das Wissen, um das Movie-Maker-Beispiel als eine Android-App in Jetpack Compose zu implementieren. Unsere App soll uns die Möglichkeit geben, einen Film zu produzieren. Hierfür vergeben wir einen Namen für den Film, wählen aus verschiedenen Schauspielern, Regisseuren und Genres und setzen anschließend ein Budget fest. Nach der Produktion des Films sehen wir, wie gut der Film ankommt, sprich welche Bewertung er hat und wie viel Profit er uns einspielt. Dieser Profit wird von unserem gesamten Produktionsbudget abgezogen. Danach haben wir die Möglichkeit, einen neuen Film zu produzieren oder zum Haupt-Screen zurückzukehren.

Schauen wir uns einmal an, wie unsere App am Ende dieses Kapitels aussehen soll:

34.1 Setup

Als Erstes erstellen Sie ein neues Projekt namens *MovieMaker* und bestätigen die einzelnen Dialoge, sodass Sie loslegen können. Orientieren Sie sich dabei an Abschnitt 32.1, „Erstellen eines Projekts“.

Danach erzeugen wir einige Pakete, die sich an der App-Architektur orientieren. Stellen Sie zunächst sicher, dass die Projektansicht auf „Android“ gestellt ist. Wählen Sie danach den Paketnamen der App in der Projektansicht aus. Wenn Sie die App *MovieMaker* genannt haben, beginnt der Paketname mit Ihrer Domain in umgekehrter Reihenfolge und endet mit *moviemaker*. Klicken Sie mit der rechten Maustaste auf den Paketnamen und dann auf *New -> Package*. Jetzt sollten Sie einen Dialog sehen, in dem Ihr vollständiger Paketname mit einem abschließenden Punkt zu sehen ist. Tippen Sie *ui.elements* ein und bestätigen Sie mit der Enter-Taste. Wiederholen Sie diese Schritte für die Pakete *data.core* und *data.storage*. Das Paket „ui“ repräsentiert den UI-Layer, „data“ entsprechend den Data-Layer. In dem Paket „ui.elements“ werden wir alle Composable-Functions ablegen. In „data.core“ wird sich die Anwendungslogik von MovieMaker befinden, in „data.store“ entsprechend der DataStore. Ihre Projektansicht sollte nun so aussehen:

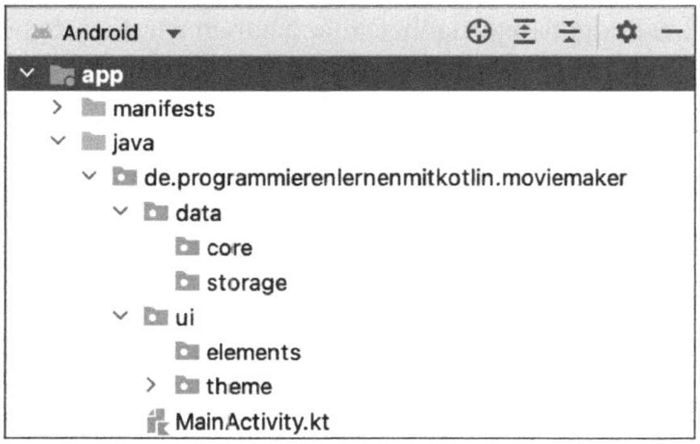

Als Nächstes kopieren wir alle Assets. Hierfür haben wir einige Bilder und das App-Icon im Download-Portal von Hanser-Plus vorbereitet. Den Zugangscode finden Sie am Anfang des Buches. Kopieren Sie alle Dateien aus dem „Android-Icons“-Ordner in den „res/drawable“-Ordner von Android Studio[1]. Alle Bilder und Icons, die innerhalb einer Android-App lokal geladen werden sollen, müssen sich in diesem „drawable“-Ordner befinden.

In diesem Ordner befindet sich auch das App-Icon. Um das zu importieren, klicken Sie mit der rechten Maustaste in der Projektstruktur auf „res/mipmap“ und wählen „New -> Image Asset“ aus. Nun öffnet sich ein Fenster, bei dem Sie auf der linken Seite unter „path“ das App-Icon auswählen. Das App-Icon befindet sich im heruntergeladenen „Android-Icons“-Ordner und heißt „ic_launcher.png“. Danach bestätigen Sie mit „Next“ und anschließend mit „Finish“.

Nun wollen wir einmal sicherstellen, dass die App kompiliert. Führen Sie die App entweder im Emulator oder auf Ihrem Gerät aus[2]. Wenn alles funktioniert, löschen wir die vom Projekt

[1] Siehe Abschnitt 32.4, „Projektstruktur einer Android-App“, für weitere Hinweise.

[2] Siehe Abschnitt 32.2, „Aufbau von Android Studio“, für eine Anleitung.

erzeugte Start-Composable namens `Greeting` und die dazugehörige Preview. Zudem entfernen wir den Aufruf der `Greeting`-Composable in der `onCreate`-Methode der `MainActivitiy`.

Als letzten Schritt integrieren wir die wichtigsten Dateien sowie die Spiellogik von MovieMaker, die wir in den letzten Kapiteln bereits implementiert haben. Kopieren Sie die Dateien „Comment.kt“, „OutputStrategy.kt“, „Movie.kt“, „Genre.kt“, „Persons.kt“, „Ratings.kt“, „Skill“ sowie „GameData.kt“ in das Paket „data.core“. Wir benötigen quasi alles, was wir bisher entwickelt haben. Alternativ finden Sie alle Dateien auch im Download-Portal von HanserPlus in dem Ordner „MovieMakerCore“. Da sich diese Dateien in einem anderen Paket befinden als vorher, müssen Sie nun den Paketnamen anpassen. Öffnen Sie dazu jede Datei in Android Studio, gehen Sie mit dem Mauszeiger über den Paketnamen in der ersten Zeile und folgen Sie dem Verbesserungsvorschlag von der IDE: *„change file's package to“*.

Alles klar. Nun kann es endlich losgehen!

34.2 ViewModel und DataStore

Als Erstes kümmern wir uns um das ViewModel und um den DataStore. Den DataStore benötigen wir, weil wir das Produktionsbudget persistieren möchten. Da das Budget vom Typ `Int` ist, werden wir exakt die gleiche DataStore-Implementierung wie in Abschnitt 33.8, „Persistenz“, haben.

Zuerst müssen wir die Bibliotheken für den DataStore und die `viewModel`-Funktion in der *build.gradle* des App-Moduls hinzufügen:

```
// app/build.gradle
dependencies {
    // ...
    implementation("androidx.datastore:datastore-preferences:1.0.0")
    implementation("androidx.lifecycle:lifecycle-viewmodel-compose:2.6.1")
}
```

Danach erzeugen wir im Paket „data.storage“ eine Datei namens „MovieMakerStore“ mit dem folgenden Inhalt:

```
private val Context.dataStore by preferencesDataStore(name = "movie-maker-store")

class MovieMakerStore(private val context: Context, private val initial: Int) {

    val budget: Flow<Int> = context.dataStore.data
        .map { preferences -> preferences[budgetKey] ?: initial }

    suspend fun incrementBudget(newBudget: Int) {
        context.dataStore.edit { preferences ->
            val previousBudget = preferences[budgetKey] ?: initial
            preferences[budgetKey] = previousBudget + newBudget
        }
    }

    companion object {
        private val budgetKey = intPreferencesKey("budget")
    }
}
```

Diese Klasse ist analog zum `CounterStore`. Hier wurden lediglich ein paar Variablen und Keys umbenannt.

Als Nächstes erzeugen wir im Paket „ui" eine Datei namens „MovieMakerViewModel" mit folgendem Inhalt:

```
class MovieMakerViewModel(application: Application) : AndroidViewModel(application) {
    private val store = MovieMakerStore(application, initial = GameData.moneyOnAccount)

    val budget: Flow<Int>
        get() = store.budget
}
```

Das ViewModel erzeugt eine Instanz von `MovieMakerStore` und übergibt das initiale Budget, welches in `GameData.moneyOnAccount` auf `1_000_000` gesetzt ist. Wenn die App zum ersten Mal gestartet wird, ist das unser Startbudget. Danach stellt das ViewModel das Budget als State zur Verfügung.

Import-Anweisungen generieren lassen

Aus Platzgründen verzichten wir in diesem Kapitel auf alle Import-Anweisungen. Diese müssen Sie sich über Android Studio erzeugen lassen. Hierfür gehen Sie mit Ihrem Mauszeiger über das jeweilige Code-Element und klicken auf „import".

34.3 Start-Screen

Als Nächstes entwickeln wir den Start-Screen. Dieser besteht aus 2 Komponenten: dem Budget-Element oben rechts und dem zentral ausgerichteten Movie-Maker-Schriftzug mit dem Button zum Produzieren eines neuen Films:

34.3.1 Scaffold

Hierfür gibt es eine passende Material-Design-3-Komponente namens `Scaffold`. Bei `Scaffold` handelt es sich um ein Layout-Element, welches u. a. eine Top- und Bottom-Bar anbietet. Dazwischen befindet sich der eigentliche Inhalt. Das brauchen wir, denn wir wollen, dass das Budget-Element immer oben rechts in der Top-Bar steht. Der eigentliche Inhalt soll sich ändern, sobald wir zu einem anderen Screen navigieren.

`Scaffold` ist aktuell noch ein experimentelles Features in Compose, weshalb wir eine entsprechende Annotation benötigen. Wir setzen das `Scaffold`-Composable als Kindelement des Themes in der `MainActivity`. Da wir lediglich eine Top-Bar benötigen, übergeben wir dieser Eigenschaft zunächst ein leeres Lambda. Hier kommt später unser Budget-Screen hin. Als Kindelement von `Scaffold` selbst setzen wir das vorherige `Surface`-Composable. Da bei `Scaffold` eine Top- bzw. Bottom-Bar angezeigt werden kann, müssen wir den entsprechenden Platz von dem Composable abziehen, welches dazwischen angezeigt wird. Das machen wir, indem wir das im Lambda übergebene Padding einfach als Modifier setzen. Unsere Implementierung sieht erst einmal so aus:

```
// MainActivity.kt
@OptIn(ExperimentalMaterial3Api::class)
class MainActivity : ComponentActivity() {

    override fun onCreate(savedInstanceState: Bundle?) {
        super.onCreate(savedInstanceState)
        setContent {
            MoviemakerTheme {
                Scaffold(
                    topBar = { } // Top-Bar zunächst leer lassen
                ) { padding ->
                    Surface(
                        modifier = Modifier
                            .fillMaxSize()
                            .padding(padding), // Padding vom Scaffold setzen
                        color = MaterialTheme.colorScheme.background
                    ) {
                        // Hier kommt später unser Inhalt hin
                    }
                }
            }
        }
    }
}
```

Das ist nun unsere Grundstruktur. Als Erstes implementieren wir den Inhalt, der in der Mitte angezeigt werden soll. Hierfür erzeugen wir im Paket „ui.elements" eine neue Datei namens „StartScreen". Dort definieren wir ein Composable namens *StartScreen*. In dem Composable sollen ein `Text` und ein `Button` untereinander angezeigt werden. Zudem sollen die Elemente zentriert über die gesamte Fläche dargestellt werden. Hierfür verwenden wir eine `Column` mit den entsprechenden Layout-Einstellungen. Beim `Text` setzen wir den `style` auf `displayLarge`. Beim `Button` setzen wir die Hintergrundfarbe auf die primäre Farbe des Themes (`primary`) und die Schriftfarbe auf eine Farbe, die auf der Primärfarbe gut aussieht (`onPrimary`). Welche Farben das letztlich sind, wird im Theme festgelegt. Die Implementierung sieht wie folgt aus:

```
1  // StartScreen.kt
2  @Composable
3  fun StartScreen(onProduceMovie: () -> Unit) {
4      Column(
5          modifier = Modifier.fillMaxSize(),
6          horizontalAlignment = Alignment.CenterHorizontally,
7          verticalArrangement = Arrangement.Center
8      ) {
9          Text(
10             text = "Movie Maker",
11             style = MaterialTheme.typography.displayLarge,
12             color = MaterialTheme.colorScheme.secondary
13         )
14         Button(
15             onClick = onProduceMovie,
16             colors = ButtonDefaults.buttonColors(
17                 contentColor = MaterialTheme.colorScheme.primary,
18             )
19         ) {
20             Text(
21                 text = "Neuen Film produzieren",
22                 style = MaterialTheme.typography.bodyLarge,
23                 color = MaterialTheme.colorScheme.onPrimary
24             )
25         }
26     }
27 }
```

Wenn auf den Button gedrückt wird, soll zum nächsten Screen navigiert werden. Doch die Navigation soll an einer geeigneteren Stelle als im Composable implementiert werden. Daher reichen wir das `onClick`-Lambda in Zeile 15 an die aufrufende Instanz weiter, indem wir das in Zeile 3 definierte Lambda `onProduceMovie` aufrufen. Damit ist dieses Composable zustandslos, so wie wir es in Unterabschnitt 33.4.3, „State-Hoisting", gelernt haben.

Dieses Composable können wir jetzt in der `onCreate`-Methode als Kindelement von `Surface` aufrufen:

```
// MainActivity.kt
// ...
Surface(
    modifier = Modifier
        .fillMaxSize()
        .padding(padding),
    color = MaterialTheme.colorScheme.background
) {
    StartScreen {}
}
```

Wenn Sie die App ausführen, sehen Sie den fertigen mittleren Teil des ersten Screens.

34.3.2 Budget-Screen

Als zweites implementieren wir den Budget-Screen. Hierfür erzeugen wir zuerst eine Datei namens „Budget" im Paket „ui.elements". Dort definieren wir eine Composable-Function namens `BudgetScreen`, die das `MovieMakerViewModel` als Parameter entgegennimmt. Schließlich müssen wir hier das aktuelle Produktionsbudget anzeigen, das uns vom ViewModel als

State bereitgestellt wird. Danach definieren wir das entsprechend zustandslose Composable namens `Budget`, welches das Budget vom Typ `Int` entgegennimmt. Das zustandsbehaftete Composable (`BudgetScreen`) übernimmt das State-Management. Hierfür greift es auf die Variable `budget` vom ViewModel zu und wandelt diese in eine State-Variable um. Anschließend wird das zustandslose Composable (`Budget`) mit dem beobachteten Budget vom Typ `Int` aufgerufen. Auch hier orientieren wir uns an der Implementierung, wie wir es in Unterabschnitt 33.4.3, „State-Hoisting", gelernt haben:

```
// Budget.kt
@Composable
fun BudgetScreen(viewModel: MovieMakerViewModel) {
    val budget by viewModel.budget.collectAsState(initial = 0)
    Budget(budget = budget)
}

@Composable
fun Budget(budget: Int) {
}
```

Nun kommen wir zur Implementierung der UI. Wir möchten zunächst das Icon neben dem Geldbetrag anzeigen. Hierfür nutzen wir eine `Row`. Diese `Row` soll abgerundete Ecken haben, und der Hintergrund soll in unserer Primärfarbe sein (wie der Button im Start-Screen). Für das Icon soll das Bild *ic_coins* aus dem *drawable*-Ordner verwendet werden, welches wir in Abschnitt 34.1, „Setup", vorbereitet haben. Das Icon soll ein wenig Abstand zum Text-Element haben. Die Größe des Icons soll quadratisch sein und mit der Größe der `Row` skalieren. Das Text-Element bekommt den Textstyle `headlineSmall` und die Farbe `onPrimary`, da die `Row` die Hintergrundfarbe `primary` hat. Der fertige Code sieht so aus:

```
1  @Composable
2  fun Budget(budget: Int) {
3      Row(
4          verticalAlignment = Alignment.CenterVertically,
5          modifier = Modifier
6              .clip(RoundedCornerShape(50.dp))
7              .background(MaterialTheme.colorScheme.primary)
8              .padding(start = 8.dp, end = 16.dp)
9      ) {
10         Icon(
11             painter = painterResource(id = R.drawable.ic_coins),
12             contentDescription = "Current Budget",
13             tint = Color.Unspecified,
14             modifier = Modifier
15                 .aspectRatio(1.0f)
16                 .padding(end = 8.dp)
17         )
18         Text(
19             text = budget.toString(),
20             style = MaterialTheme.typography.headlineSmall,
21             color = MaterialTheme.colorScheme.onPrimary,
22         )
23     }
24 }
```

Die meisten Modifier und Parameter lassen sich aus der obigen Beschreibung ableiten. Beim Icon setzen wir in Zeile 11 das Bild auf *ic_coins*. Hierfür greifen wir über die Ressourcen (`R`) auf den *drawable*-Ordner und anschließend auf die Datei *ic_coins* zu. `R` ist eine vom Android-System generierte Klasse, welche die IDs von allen verfügbaren Assets nachschlagen kann. In Zeile 15 setzen wir das Seitenverhältnis des Icons auf 1:1. Somit skaliert das Icon mit der Größe oder Breite der Row.

Um das Composable zu testen, erzeugen wir eine Preview und setzen die Breite der Preview auf 200 und die Höhe auf 100. In der Preview rufen wir das zustandslose Composable mit einem Budget von `50_000` auf:

```
@Composable
@Preview(widthDp = 200, heightDp = 100) // Größe der Preview setzen
fun BudgetPreview() {
    Budget(budget = 50_000)
}
```

Probieren Sie das Ganze selbst aus. In der Preview sollten Sie das `Budget`-Composable so sehen, wie wir es beschrieben haben. Falls Sie mit einigen Modifiern oder Parametern unzufrieden sind, können Sie diese gerne nach Ihren Wünschen anpassen. Das gilt für jedes Composable.

34.3.3 Top-Bar

Das `Budget`-Composable können wir so noch nicht in der Top-Bar anzeigen. Wenn Sie sich das Bild zum ersten Screen anschauen, dann sehen Sie, dass das `Budget`-Composable rechts ausgerichtet ist. Zudem soll die Größe vom `BudgetScreen` vorgegeben werden, damit die Top-Bar immer eine konstante Höhe einnimmt. Hierfür erzeugen wir im Paket „ui.elements" eine Datei namens „TopBar" mit folgendem Inhalt:

```
1  // TopBar.kt
2  @Composable
3  fun TopBar(viewModel: MovieMakerViewModel = viewModel()) {
4      Row(
5          horizontalArrangement = Arrangement.End, // Rechts ausrichten
6          modifier = Modifier
7              .height(IntrinsicSize.Min) // Mindesthöhe verwenden
8              .fillMaxWidth() // Über gesamte Breite erstrecken
9              .padding(16.dp)
10     ) {
11         BudgetScreen(viewModel = viewModel)
12     }
13 }
```

Um den `BudgetScreen` rechts auszurichten, umhüllen wir diesen mit einer `Row`, die alle Elemente rechts ausrichtet (Zeile 5). Damit das auch einen visuellen Effekt hat, soll sich die Breite der `Row` über die maximal zur Verfügung gestellte Breite erstrecken (Zeile 8). Die Höhe der `Row` soll sich aus der minimalsten Höhe ergeben, die `BudgetScreen` annehmen kann (Zeile 7). Für die Ästhetik setzen wir noch ein Padding von 16 dp (Zeile 9). Da das `TopBar`-Composable ein ViewModel benötigt, wird dieses direkt über die `viewModel`-Funktion als Default-Argument gesetzt (Zeile 3).

Jetzt sollte die Top-Bar soweit fertig sein. Wir sparen uns an dieser Stelle die Preview und rufen das Composable direkt im entsprechenden Lambda-Ausdruck von `Scaffold` auf:

```
// MainActivity.kt
// ...
Scaffold(
    topBar = { TopBar() } // TopBar-Composable aufrufen
) { padding ->
    Surface(
        modifier = Modifier
            .fillMaxSize()
            .padding(padding),
        color = MaterialTheme.colorScheme.background
    ) {
        StartScreen {}
    }
}
```

Damit haben wir den ersten Screen fertig implementiert! Um die fehlende Navigation kümmern wir uns später. Führen Sie die App aus. Sie sollten exakt das Gleiche sehen, das Sie zu Beginn des Kapitels als Screenshot gesehen haben.

34.4 Produce-Movie-Screen

Der zweite Screen soll es ermöglichen, einen Film zu produzieren. Hierfür vergeben wir einen Namen für den Film, wählen aus verschiedenen Schauspielern, Regisseuren und Genres und legen anschließend ein Budget fest. Am Ende schließen wir die Produktion ab. Da in diesem Screen viel Auswahl getroffen wird, soll die UI vertikal und horizontal scrollbar sein. Zudem soll die Top-Bar mit dem Produktionsbudget jederzeit sichtbar bleiben. Das passiert allerdings automatisch, weil auch dieser Screen als Inhalt des `Scaffold`-Composables angezeigt wird. Die UI soll folglich so aussehen:

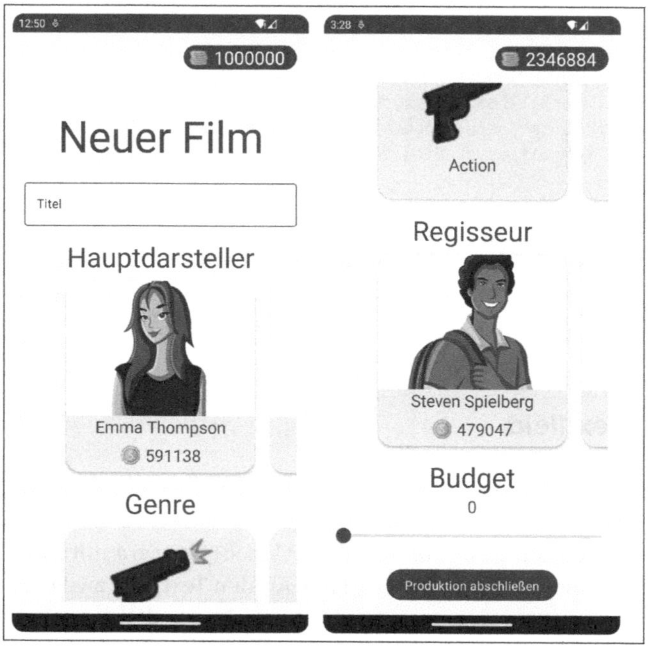

Wir fangen damit an, dass wir eine Datei namens „ProduceMovieScreen" in dem Paket *ui.elements* anlegen. Dort definieren wir die zwei Composables `ProduceMovieScreen` und `ProduceMovie`. `ProduceMovieScreen` bekommt auch hier das `MovieMakerViewModel` als Parameter übergeben.

In der obigen Abbildung erkennen wir, dass wir alle Elemente vertikal anordnen. Hierfür verwenden wir eine `Column`. Die `Column` zentriert alle Elemente und ist scrollbar. Das erste UI-Element ist ein `Text`-Composable, dessen Schriftgröße auf `displayLarge` gesetzt wird. Zudem erkennen wir, dass dieses Text-Element ein großes Padding nach oben hat. Da wir in der `Column` viele UI-Elemente haben werden, werden wir diesmal für jedes sichtbare Composable eine eigene Composable-Function schreiben und diese an der entsprechenden Stelle in der `Column` aufrufen. Unsere erste Implementierung ist folglich:

```
// ProduceMovieScreen.kt
@Composable
fun ProduceMovieScreen(viewModel: MovieMakerViewModel = viewModel()) {
    ProduceMovie()
}

@Composable
fun ProduceMovie() {
    Column(
        modifier = Modifier
            .fillMaxSize() // Über gesamte Breite erstrecken
            .padding(start = 16.dp, end = 16.dp, bottom = 16.dp)
            .verticalScroll(rememberScrollState()) // Column scrollbar machen
        horizontalAlignment = Alignment.CenterHorizontally,
        verticalArrangement = Arrangement.Center
    ) {
        HeaderText() // Eigenes Composable an der richtigen Stelle aufrufen
    }
}

@Composable
private fun HeaderText() { // Eigenes Composable für die Überschrift
    Text(
        text = "Neuer Film",
        color = MaterialTheme.colorScheme.secondary,
        style = MaterialTheme.typography.displayLarge,
        modifier = Modifier.padding(top = 32.dp)
    )
}
```

Kommentieren Sie in der `MainActivity` den Aufruf von `StartScreen` aus und rufen Sie stattdessen `ProduceMovieScreen` auf. Sie sollten jetzt schon mal den zweiten Screen sehen, bei dem „Neuer Film" mitten auf dem Bildschirm steht.

34.4.1 TitleTextfield

Als Nächstes implementieren wir das Textfeld, welches den Namen des Films festlegt. Hierfür definieren wir eine Composable-Function namens `TitleTextField`. In diesem Composable verwenden wir wiederum das Composable `OutlinedTextField` mit zwei Pflichtparametern. Der erste Parameter ist die State-Variable für den Text. Der zweite Parameter ist ein

Lambda-Ausdruck, welcher jedes Mal aufgerufen wird, wenn der Benutzer einen Text eingibt. Dieser Parameter ist ein User-Event und soll die State-Variable aktualisieren. Nur so bleiben UI-Element und State synchron. Da wir State-Hoisting verwenden und unser selbst geschriebenes `TitleTextField` ein zustandsloses Composable ist, bekommen wir auch hier den Text-State übergeben. Zudem reichen wir den Lambda-Ausdruck an das zustandsbehaftete Composable nach oben durch. Die Implementierung sieht demnach so aus:

```
1  // ProduceMovieScreen.kt
2  @OptIn(ExperimentalMaterial3Api::class)
3  @Composable
4  private fun TitleTextField(title: String, onTitleChange: (String) -> Unit) {
5      OutlinedTextField(
6          value = title, // State-Variable
7          onValueChange = onTitleChange, // User-Event
8          label = { Text(text = "Titel") },
9          textStyle = MaterialTheme.typography.bodyLarge,
10         modifier = Modifier
11             .padding(top = 16.dp)
12             .fillMaxWidth(),
13         colors = TextFieldDefaults.outlinedTextFieldColors(
14             focusedBorderColor = MaterialTheme.colorScheme.primary,
15             unfocusedBorderColor = MaterialTheme.colorScheme.primary
16         )
17     )
18 }
```

Das Composable `OutlinedTextField` ist aktuell noch experimentell, weshalb wir die Annotation in Zeile 2 benötigen. In Zeile 4 nehmen wir den State des Textfeldes und eine Funktion entgegen, die den State aktualisieren soll. In Zeile 6 binden wir den State an das Composable. In Zeile 7 leiten wir das `onValueChange`-Event über das `onTitleChange`-Lambda an den Aufrufer nach oben. Damit implementieren wir das in Unterabschnitt 33.4.3, „State-Hoisting“, gezeigte Grundprinzip: *state goes down, events go up.*

Wenn wir nun `TitleTextField` unter dem `HeaderText` im `ProduceMovie`-Composable anzeigen wollen, merken wir, dass wir auch hier den State und das Event durchreichen müssen. Denn `ProduceMovie` ist selbst auch ein zustandsloses Composable:

```
// ProduceMovieScreen.kt
@Composable
fun ProduceMovieScreen(viewModel: MovieMakerViewModel = viewModel()) {
    var title by remember { mutableStateOf("") } // Titel als State
    ProduceMovie(
        title = title,
        onTitleChange = { newTitle -> title = newTitle } // State aktualisieren
    )
}

@Composable
fun ProduceMovie(title: String, onTitleChange: (String) -> Unit) {
    Column(...) {
        HeaderText()
        TitleTextField(
            title = title, // State durchreichen
            onTitleChange = onTitleChange // Event durchreichen
        )
    }
}
```

Der State wird in `ProduceMovieScreen` verwaltet. Daher definieren wir in Zeile 4 die State-Variable `title` und übergeben diese in Zeile 6 an das zustandslose Composable `ProduceMovie`. Zudem müssen wir hier auf das User-Event `onTitleChange` reagieren und den State aktualisieren. Das machen wir, indem wir in Zeile 7 im Lambda-Ausdruck den „alten" Titel mit dem neuen Wert überschreiben.

Womöglich fragen Sie sich, wieso wir den State nicht im ViewModel definiert haben. Jeder State, der in diesem Screen erzeugt wird, ist temporär und dient lediglich dem Zweck, einen Film zu produzieren. Wenn der Screen verlassen wird, soll der State verworfen werden. Dieser Screen ist ein gutes Beispiel für lokalen State.

Führen Sie die App einmal aus und geben Sie einen Namen für den Film in das Textfeld. Sie werden sehen, dass das Textfeld stets den aktuellen Filmtitel anzeigt.

34.4.2 Actor-Pager

Als Nächstes implementieren wir die Auswahl der Hauptdarsteller. Dieses Composable besteht zunächst aus zwei Composables: der Überschrift („Hauptdarsteller") und dem horizontalen *Pager*. Der horizontale Pager zeigt pro Seite ein `Card`-Element an. Jedes Card-Element hat abgerundete Ecken und wirft einen kleinen Schatten. Im Card-Element wird ein Bild, ein Text-Element (Name des Schauspielers) und eine Row mit einem Icon und einem weiteren Text-Element (Gehalt des Schauspielers) vertikal und zentriert ausgerichtet anzeigt.

Auch hierfür werden wir eine eigene Composable-Function namens `ActorPager` schreiben. Zudem wird dieses Composable ebenfalls zustandslos sein, weshalb wir der Funktion einen sogenannten `PagerState`, eine Liste aller Schauspieler und eine Funktion übergeben, die für ein Schauspieler das jeweilige Bild als ID zurückgibt. Doch zuerst benötigen wir die folgende Bibliothek, um das Pager-Element zu verwenden:

```
// app/build.gradle
dependencies {
    // ...
    implementation("androidx.compose.foundation:foundation:1.4.3")
}
```

Der horizontale Pager funktioniert so: Wir übergeben einen `PagerState`, der als State-Variable dient. In dem `PagerState` wird unter anderem der aktuelle Index des Pagers gesetzt. Wenn ein Pager beispielsweise drei Elemente anzeigt und wir das zweite Pager-Element ausgewählt haben, hat `pagerState.currentPage` den Wert 1. Als Nächstes übergeben wir dem Pager die maximale Anzahl an Seiten. Da wir für jeden Schauspieler eine Seite anzeigen wollen, ist dies gleich der Anzahl der Schauspieler. Zuletzt müssen wir für jede Seite angeben, wie die UI aussehen soll. Das machen wir in einem Lambda-Ausdruck, wo uns der jeweils aktuelle Index des Pagers übergeben wird. Da wir den Pager über die Liste aller Schauspieler synchronisieren, können wir über diesen Index den aktuellen Schauspieler nachschlagen und mit diesem das `Card`-Composable konstruieren. Das `ActorPager`-Composable sieht zunächst erst einmal so aus:

```
// ProduceMovieScreen.kt
@OptIn(ExperimentalFoundationApi::class)
@Composable
```

```
4 private fun ActorPager(
5     actors: List<Actor>,
6     pagerState: PagerState,
7     getImageFor: (Actor) -> Int
8 ) {
9     Column(
10        modifier = Modifier.padding(top = 16.dp),
11        horizontalAlignment = Alignment.CenterHorizontally
12    ) {
13        Text(
14            text = "Hauptdarsteller",
15            color = MaterialTheme.colorScheme.secondary,
16            style = MaterialTheme.typography.displaySmall
17        )
18        HorizontalPager(
19            state = pagerState, // Hier wird der State gebunden
20            pageCount = actors.size, // Maximale Anzahl der Seiten
21            modifier = Modifier.padding(top = 8.dp),
22            contentPadding = PaddingValues(horizontal = 45.dp)
23        ) { index ->
24            val actor = actors[index] // Schauspieler, der angezeigt werden soll
25            // Hier kommt das Card-Composable gleich hin
26        }
27    }
28 }
```

In Zeile 19 binden wir den `pagerState` an den `HorizontalPager`. In Zeile 20 setzen wir die Anzahl der Seiten gleich der Länge der Schauspielerliste. In Zeile 23–26 ist der Lambda-Ausdruck, in dem wir den aktuellen Index erhalten, den jeweiligen Schauspieler aus der Liste holen und jetzt noch die UI dafür beschreiben müssen. Hierfür erzeugen wir uns ebenfalls eine Composable-Function, die wir `ActorPageEntry` nennen:

```
// ProduceMovieScreen.kt
@Composable
private fun ActorPageEntry(actor: Actor, getImageFor: (Actor) -> Int) {
    Card(
        Modifier.size(250.dp),
        shape = RoundedCornerShape(20.dp),
        elevation = CardDefaults.cardElevation(4.dp),
        colors = CardDefaults.cardColors(
            containerColor = MaterialTheme.colorScheme.background
        )
    ) {
        Column(
            horizontalAlignment = Alignment.CenterHorizontally
        ) {
            Image(
                painter = painterResource(getImageFor(actor)),
                contentDescription = "Actor Image",
                modifier = Modifier
                    .fillMaxHeight(0.7f)
                    .fillMaxWidth(),
                contentScale = ContentScale.Crop,
            )
            Text(
                text = "${actor.firstName} ${actor.lastName}",
                style = MaterialTheme.typography.titleLarge,
                color = MaterialTheme.colorScheme.secondary
```

```
27            )
28            Row(verticalAlignment = Alignment.CenterVertically) {
29                Icon(
30                    painter = painterResource(id = R.drawable.ic_coin),
31                    contentDescription = "Money",
32                    tint = Color.Unspecified,
33                    modifier = Modifier
34                        .fillMaxHeight()
35                        .aspectRatio(0.6f)
36                )
37                Spacer(modifier = Modifier.width(6.dp))
38                Text(
39                    text = actor.salary.toString(),
40                    style = MaterialTheme.typography.titleLarge,
41                    color = MaterialTheme.colorScheme.secondary
42                )
43            }
44        }
45    }
46 }
```

In Zeile 3 bekommen wir den Schauspieler als State übergeben. Zudem benötigen wir hier die Funktion, die uns für einen Schauspieler eine Bild-ID zurückgibt. In Zeile 4–11 definieren wir das `Card`-Composable. Die meisten Parameter sollten selbstbeschreibend sein. In Zeile 7 wird der Schatten auf eine Stärke von 4 dp gesetzt. In Zeile 11–45 beschreiben wir die UI innerhalb der `Card`. Wir verwenden eine `Column`, da alle Elemente untereinander angezeigt werden sollen. In Zeile 15–22 setzen wir das Bild. Die Bild-ID erhalten wir von der `getImageFor`-Funktion (mehr dazu später). Für die Größe des Bildes setzen wir die Höhe auf 70 % der Gesamthöhe des `Card`-Composables. Die Breite darf sich auf 100 % erstrecken. In Zeile 21 sorgen wir dafür, dass das Bild nicht gestaucht wird. Das Bild soll gleichmäßig skaliert werden. Die bei der Skalierung überstehende Bereiche werden abgeschnitten. In Zeile 23–27 erzeugen wir ein Text-Element, das den Namen des Schauspielers anzeigt. In Zeile 28–43 erzeugen wir eine `Row`, um das Gehalt des Schauspielers neben einem Münz-Icon anzuzeigen. Diese beiden Elemente werden durch einen `Spacer` mit einer Stärke von 6 dp voneinander getrennt (Zeile 37). Alternativ hätten wir hier auch ein Padding setzen können.

Dieses Composable rufen wir jetzt im `HorizontalPager` auf:

```
// ProduceMovieScreen.kt
@Composable
private fun ActorPager(
    actors: List<Actor>,
    pagerState: PagerState,
    getImageFor: (Actor) -> Int
) {
    Column(...) {
        Text(...)
        HorizontalPager(...) { index ->
            val actor = actors[index] // Schauspieler, der angezeigt werden soll
            ActorPageEntry(actor = actor, getImageFor = getImageFor) //
                 Schauspieler Card-UI
        }
    }
}
```

So weit, so gut. Jetzt müssen wir für das `ActorPager`-Composable das Gleiche wie beim `TitleTextField`-Composable machen. Zunächst rufen wir das `ActorPager`-Composable in der `Column` von `ProduceMovie` auf. Dann fällt auf, dass wir eine Liste von Schauspielern, einen `PagerState` und die `getImageFor`-Funktion benötigen. Da das `ProduceMovie`-Composable ein zustandsloses Composable ist, muss der State in `ProduceMovieScreen` angelegt und nach unten gereicht werden:

```
1  // ProduceMovieScreen.kt
2  @Composable
3  fun ProduceMovieScreen(viewModel: MovieMakerViewModel = viewModel()) {
4      var title by remember { mutableStateOf("") }
5      val actorPager = remember { PagerState() }
6      ProduceMovie(
7          ...
8          actors = TODO(),
9          pagerState = actorPager,
10         getImageFor = TODO()
11     )
12 }
13
14 @Composable
15 fun ProduceMovie(
16     ...
17     actors: List<Actor>,
18     pagerState: PagerState,
19     getImageFor: (Actor) -> Int
20 ) {
21     Column(...) {
22         ...
23         ActorPager(
24             actors = actors,
25             pagerState = pagerState,
26             getImageFor = getImageFor
27         )
28     }
29 }
```

In Zeile 23 rufen wir das `ActorPager`-Composable auf und übergeben alle Parameter, die wir in Zeile 17–19 als Parameter definiert haben (ähnlich wie bei `TitleTextField`). Das Interessante passiert bei `ProduceMovieScreen`. Hier definieren wir in Zeile 5 den `PagerState` als State-Variable und reichen diesen in Zeile 9 nach unten. Die Verwendung von `remember` ist hier entscheidend. Lässt man das weg, geht der `PagerState` nach der Recomposition verloren, wodurch sich die UI inkonsistent verhält.

Was jetzt noch fehlt, sind die `TODO`s in Zeile 8 und 10. Wir benötigen die Liste der Schauspieler und eine Funktion, die uns für einen Schauspieler die entsprechende Bild-ID zurückgibt. Unsere Schauspieler sind in `GameData` definiert. Laut Abschnitt 33.6, „App-Architektur", dürfen wir aber nicht einfach so von einem UI-Element aus auf den Data-Layer zugreifen. Die Kommunikation soll über das ViewModel erfolgen. Wir erweitern unser ViewModel um eine Variable namens `actors`, die ein Objekt vom Typ `List<Actor>` zurückgibt. Zudem fügen wir eine Funktion namens `getImageFor(person: Person): Int` hinzu. Die Bilder für die Personen liegen ebenfalls im *drawable*-Ordner:

```
// MovieMakerViewModel.kt
class MovieMakerViewModel(application: Application) :
        AndroidViewModel(application) {
```

```
    // ...
    val actors: List<Actor>
        get() = GameData.actors

    fun getImageFor(person: Person): Int =
        when ("${person.firstName} ${person.lastName}") {
            "Emma Thompson" -> R.drawable.person_emma_thompson
            "Susi Sonnenschein" -> R.drawable.person_susi_sonnenschein
            "Hanna Heiter" -> R.drawable.person_hanna_heiter
            "John Goodman" -> R.drawable.person_john_goodman
            "Fridolin Fröhlich" -> R.drawable.person_fridolin_froehlich
            "Steven Spielberg" -> R.drawable.person_steven_spielberg
            "Roland Emmerich" -> R.drawable.person_roland_emmerich
            "Lars Lustig" -> R.drawable.person_lars_lustig
            else -> 0
        }
}
```

Nun können wir die `TODOs` in `ProduceMovieScreen` ersetzen:

```
// ProduceMovieScreen.kt
@Composable
fun ProduceMovieScreen(viewModel: MovieMakerViewModel = viewModel()) {
    var title by remember { mutableStateOf("") }
    val actorPager = remember { PagerState() }
    ProduceMovie(
        ...
        actors = viewModel.actors,
        pagerState = actorPager,
        getImageFor = viewModel::getImageFor
    )
}
```

Da sich die Liste der Schauspieler nicht ändert und damit konstant ist, müssen wir diese Eigenschaft nicht als State-Variable behandeln.

Für die Auswahl des Genres und des Regisseurs benötigen wir das gleiche Composable wie beim Schauspieler. Diesen Schritt überspringen wir jetzt. Sie können das gerne selbst implementieren. Das Einzige, was Sie zusätzlich benötigen, ist eine Funktion, die für ein Genre die jeweilige Bild-ID zurückgibt:

```
// MovieMakerViewModel.kt
class MovieMakerViewModel(application: Application) :
     AndroidViewModel(application) {
    // ...
    fun getImageFor(genre: Genre): Int =
        when (genre) {
            Genre.ACTION -> R.drawable.genre_action
            Genre.ADVENTURE -> R.drawable.genre_adventure
            Genre.COMEDY -> R.drawable.genre_comedy
            Genre.CRIME -> R.drawable.genre_crime
            Genre.DOCUMENTATION -> R.drawable.genre_documentary
            Genre.DRAMA -> R.drawable.genre_drama
            Genre.HORROR -> R.drawable.genre_horror
            Genre.ROMANCE -> R.drawable.genre_romance
            Genre.FANTASY -> R.drawable.genre_fantasy
            Genre.THRILLER -> R.drawable.genre_thriller
        }
}
```

Wenn Sie sich diesen Schritt ebenfalls sparen wollen, dann finden Sie in der fertigen Movie-Maker-App im Download-Portal von Hanser-Plus die entsprechenden Composable-Functions. In der Musterlösung wurde das `Pager`-Composable generalisiert, da drei Mal das gleiche Basis-Composable benötigt wird. Schauen Sie sich in jedem Fall gerne diese Implementierung an.

Jetzt, wo wir Schauspieler, Genre und Regisseur auswählen können, sollte der Screen nun folgendermaßen aussehen. Da jetzt auch genug Elemente auf dem Bildschirm sind, sollte die `Column` vertikal scrollbar sein:

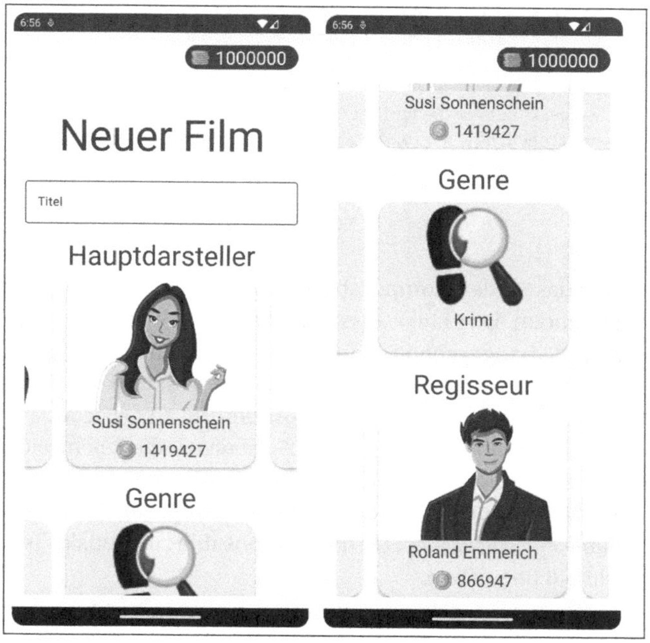

34.4.3 Budget-Slider

Beim nächsten UI-Element wählen wir das Budget aus. Wir können nur so viel budgetieren, wie viel wir maximal als Produktionsbudget besitzen. Die Auswahl machen wir über einen `Slider`. Der `Slider` funktioniert ähnlich wie das Textfeld. Der erste Parameter ist der State, also das aktuell ausgewählte Budget. Das fängt zunächst bei 0 an. Der zweite Parameter ist ein Lambda-Ausdruck namens `onValueChange`, welcher uns den aktuellen Wert übergibt, den wir als neuen State setzen müssen. Dieses Lambda ist das User-Event des Sliders. Als dritten Parameter setzen wir die obere Grenze des Sliders. Diese entspricht unserem zur Verfügung stehenden Produktionsbudget:

```
// ProduceMovieScreen.kt
@Composable
private fun BudgetSlider(
    currentBudget: Int, // Aktuell ausgewähltes Budget (State)
    maxBudget: Int, // Maximales Budget
    onBudgetChange: (Int) -> Unit // Funktion für Budget update
) {
```

```
8       Column(
9           modifier = Modifier.padding(top = 16.dp),
10          horizontalAlignment = Alignment.CenterHorizontally
11      ) {
12          Text(
13              text = "Budget",
14              style = MaterialTheme.typography.displaySmall,
15              color = MaterialTheme.colorScheme.secondary
16          )
17          Text(
18              text = currentBudget.toString(),
19              style = MaterialTheme.typography.titleLarge,
20              color = MaterialTheme.colorScheme.secondary
21          )
22          Slider(
23              value = currentBudget.toFloat(),
24              onValueChange = { onBudgetChange(it.toInt()) },
25              valueRange = (0f..maxBudget.toFloat()),
26          )
27      }
28  }
```

Gehen wir zuerst auf das `Slider`-Composable ein. In Zeile 23 wird das aktuell ausgewählte Budget als State gebunden. Da `Slider` ausschließlich mit Werten vom Typ `Float` arbeiten, unser Budget aber als `Int` angegeben ist, müssen wir hier von `Float` nach `Int` umwandeln. In Zeile 24 reagieren wir darauf, dass der `Slider` bewegt wird und damit einen neuen Wert annimmt. Bevor wir den neuen Wert zur State-Änderung an `onBudgetChange` übergeben, führen wir die Typumwandlung durch. In Zeile 25 geben wir die Reichweite des `Sliders` an. Dieser geht von 0 bis zu unserem maximalen Produktionsbudget. Zudem zeigen wir in Zeile 18 das aktuell ausgewählte Budget als `Text` an. Beide Composables beobachten somit die gleiche State-Variable `currentBudget`. Da das Composable zustandslos ist, werden uns all diese Daten in Zeile 4–6 übergeben.

Auch hier machen wir wieder das Gleiche wie mit jedem Composable in diesem Screen. Wir rufen das Composable innerhalb der `Column` auf, reichen alle Parameter nach oben durch, erzeugen im zustandsbehafteten Composable die notwendigen State-Variablen und sorgen auch dort dafür, dass der State aktualisiert wird:

```
// ProduceMovieScreen.kt
@Composable
fun ProduceMovieScreen(viewModel: MovieMakerViewModel = viewModel()) {
    ...
    var currentBudget by remember { mutableStateOf(0) }
    val maxBudget by viewModel.budget.collectAsState(initial = 0)
    ProduceMovie(
        ...
        currentBudget = currentBudget,
        maxBudget = maxBudget,
        onBudgetChange = { newBudget -> currentBudget = newBudget }
    )
}

@Composable
fun ProduceMovie(
    ...
    currentBudget: Int,
    maxBudget: Int,
```

```
20      onBudgetChange: (Int) -> Unit
21  ) {
22      Column(...) {
23          ...
24          BudgetSlider(
25              currentBudget = currentBudget,
26              maxBudget = maxBudget,
27              onBudgetChange = onBudgetChange
28          )
29      }
30  }
```

In Zeile 24–28 rufen wir `BudgetSlider` auf und reichen alle in Zeile 18–20 definierten Parameter durch. In Zeile 5 definieren wir eine State-Variable für das aktuelle Budget und übergeben diese in Zeile 9. In Zeile 11 implementieren wir das Lambda, welches das aktuelle Budget aktualisiert. In Zeile 6 holen wir das aktuelle Produktionsbudget vom ViewModel, welches persistent im DataStore abgelegt wird. Das ist das Maximum, was uns der Film kosten darf.

34.4.4 State-Hoisting

Wir sehen, wie nahezu jedes Composable dem gleichen Muster folgt: *state goes down, events go up*. Das machen wir nicht zum Spaß. Ganz im Gegenteil: Es ist ziemlich repetitiv, alle Aufrufe durchzuschleifen. Das sehen wir vor allem an der Parameterliste von `ProduceMovie`. Je nach Coderichtlinie kann das als ein schlechter Stil ausgelegt werden. Man sollte für den jeweiligen Kontext entscheiden, ob und für welche Composables sich das lohnt.

Dafür gewinnen wir eine bessere Trennung der Verantwortlichkeiten. Wir haben nur ein einziges zustandsbehaftetes Composable, wo das ganze State-Management stattfindet. Alle anderen Composables machen nur eine Sache: Sie überführen Daten in UI. Jedes dieser Composables kann in einer Preview isoliert getestet werden. Hierfür müssen wir lediglich die Composables mit ein paar Testdaten aufrufen:

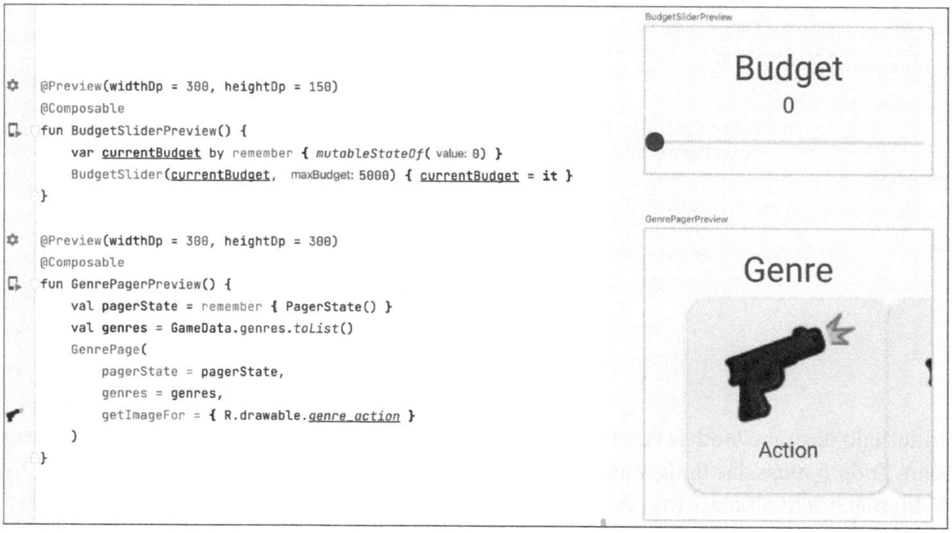

34.4.5 Produce-Movie-Button

Das letzte Composable in diesem Screen ist der Button, der den Film erzeugt:

```
@Composable
private fun ProduceMovieButton(onProduceMovie: () -> Unit) {
    Button(
        modifier = Modifier.padding(top = 16.dp),
        onClick = onProduceMovie,
        colors = ButtonDefaults.buttonColors(
            contentColor = MaterialTheme.colorScheme.primary,
        )
    ) {
        Text(
            text = "Produktion abschließen",
            style = MaterialTheme.typography.bodyLarge,
            color = MaterialTheme.colorScheme.onPrimary
        )
    }
}
```

So wie bei allen anderen zustandslosen Composables reichen wir das User-Event `onClick` über die Funktion `onProduceMovie` bis zum `ProduceMovieScreen` durch. Die Implementierung dieses Lambdas soll den gesamten State des Screens sammeln und an das ViewModel übergeben. Das ViewModel erzeugt zunächst ein Objekt vom Typ `Movie`. Danach wird der Film produziert, und anschließend wird der Profit des Films mit dem aktuellen Produktionsbudget verrechnet. Hierfür erzeugen wir im ViewModel eine Funktion namens `produceMovie`, der wir den Titel des Films, das ausgewählte Budget und alle drei Indizes für Schauspieler, Genre und Regisseur übergeben:

```
// ProduceMovieScreen.kt
@Composable
fun ProduceMovieScreen(viewModel: MovieMakerViewModel = viewModel()) {
    var title by remember { mutableStateOf("") }
    val actorPager = remember { PagerState() }
    val directorPager = remember { PagerState() }
    val genrePager = remember { PagerState() }
    var currentBudget by remember { mutableStateOf(0) }
    val maxBudget by viewModel.budget.collectAsState(initial = 0)
    ProduceMovie(
        ...
        onProduceMovie = {
            viewModel.produceMovie(
                title,
                actorPager.currentPage,
                genrePager.currentPage,
                directorPager.currentPage,
                currentBudget
            )
        }
    )
}
```

Innerhalb des ViewModels validieren wir zunächst diese Eingaben. Der Titel darf nicht leer sein. Zudem muss das Budget auf einen Wert über 0 gesetzt sein. Ansonsten setzen wir eine Fehlernachricht als State und verlassen die Methode. Die UI muss an irgendeiner Stelle den

State dieser Fehlernachricht konsumieren und diesen Fehler angemessen anzeigen. Wie das funktioniert, sehen wir später.

Wenn alle Eingaben valide sind, erzeugen wir den Film. Danach produzieren wir diesen und rechnen den Profit des Films auf das aktuelle Produktionsbudget. Hierfür rufen wir den DataStore auf, da das unsere Single-Source-Of-Truth für das Produktionsbudget ist. Wird das Produktionsbudget verändert, aktualisiert sich der Budget-Screen in der Top-Bar ganz automatisch (Unidirectional-Data-Flow). Hier ist die fertige Implementierung der `produceMovie`-Methode im `MovieMakerViewModel`:

```
1  // MovieMakerViewModel.kt
2  class MovieMakerViewModel(application: Application) :
        AndroidViewModel(application) {
3      // ...
4      private var movieProductionErrorState = mutableStateOf<String?>(null)
5      private var movieProducedState = mutableStateOf<Movie?>(null)
6
7      val movieProductionError: String?
8          get() = movieProductionErrorState.value
9
10     val movieProduced: Movie?
11         get() = movieProducedState.value
12
13     fun produceMovie(title: String, actorIndex: Int, genreIndex: Int,
            directorIndex: Int, budget: Int) {
14         if (title.isEmpty() || budget <= 0) {
15             movieProductionErrorState.value = "Titel angeben oder Budget setzen"
16             return
17         }
18         val movie = Movie(title, directors[directorIndex], actors[actorIndex],
                budget, genres[genreIndex])
19         movie.produce()
20         movieProducedState.value = movie
21         updateBudget(movie.budget)
22     }
23
24     // Neues Budget ausrechnen und im Store speichern
25     private fun updateBudget(newBudget: Int) {
26         viewModelScope.launch {
27             store.incrementBudget(newBudget)
28         }
29     }
30 }
```

Da ein ViewModel über State-Änderungen an die UI kommuniziert, müssen wir auch noch eine State-Änderung für den positiven Ausgang der Methode setzen. Für den negativen Ausgang setzen wir in Zeile 15 die Variable `movieProductionErrorState` auf eine Fehlernachricht. Für den positiven Ausgang setzen wir in Zeile 20 die Variable `movieProducedState` auf den produzierten Film. Die UI soll in beiden Fällen entsprechend reagieren und dem Benutzer weitere Interaktionsmöglichkeiten bieten. Das ist nämlich nicht mehr Teil des `ProduceMovieScreens`. Seine Aufgabe war lediglich das Bereitstellen einer UI, um einen Film zu produzieren.

34.5 Movie-Produced-Screen

Der letzte der drei Hauptscreens zeigt den fertig produzierten Film mit einigen interessanten Daten an:

Dieser Screen wird als Dialog angezeigt. Zudem werden alle Elemente vertikal und zentriert angeordnet.

Nach der Überschrift folgt eine Beschreibung des Films. Bei dieser Beschreibung verwenden wir die in Unterabschnitt 22.1.3, „Unterschiedliche Strategien für die Ausgabe", definierten Ausgabestrategien. Diese können wir im ViewModel auf eine der Implementierungen (`DummyOutput`, `BasicOutput` oder `SmartOutput`) setzen. Die Wahl der konkreten Strategie bestimmt den Detailgrad der Beschreibung.

Danach folgt die Anzeige des Profits. Je nachdem, ob der Film Gewinn oder Verlust gemacht hat, wird ein entsprechendes Icon, gefolgt von der Summe, dargestellt.

Als Nächstes wird die Bewertung des Films in einem 5-Sterne-System angezeigt. Solch ein Composable gibt es aktuell noch nicht im „compose.material3"-Paket. Daher werden wir dieses selbst implementieren.

Darunter wird ein Kommentar zum Film ausgegeben. Beim Kommentar verwenden wir die in Unterabschnitt 22.2.2, „Dekorierer für Komponenten", eingeführten Dekorierer.

Zuletzt werden zwei Buttons nebeneinander dargestellt. Der erste Button navigiert zum Start-Screen, während der zweite Button eine neue Filmproduktion in die Wege leitet.

Bei diesem Screen gehen wir ähnlich vor wie beim `ProduceMovieScreen`. Zunächst erzeugen wir im Paket „ui.elements" eine Datei namens „MovieProducedScreen". Doch bevor wir das `ProduceMovieScreen`-Composable definieren, implementieren wir zuerst alle zustandslosen Composables, die in der `Column` untereinander angezeigt werden. Hierfür schreiben wir für die Beschreibung des Films, für den Profit und für den Kommentar jeweils eine eigene Composable-Function:

```
1  // MovieProducedScreen.kt
2  @Composable
3  private fun Description(movie: Movie, outputStrategy: OutputStrategy) {
4      Text(
5          text = outputStrategy.description(movie)
6              .lines()
7              .joinToString("\n") { it.trim() },
8          style = MaterialTheme.typography.bodyLarge,
9          color = MaterialTheme.colorScheme.secondary,
10         textAlign = TextAlign.Center
11     )
12 }
13
14 @Composable
15 private fun Profit(movie: Movie) {
16     Row(
17         verticalAlignment = Alignment.CenterVertically,
18         modifier = Modifier.height(IntrinsicSize.Min)
19     ) {
20         val iconId = if (movie.profit > 0) R.drawable.ic_profit else
               R.drawable.ic_loss
21         Icon(
22             painter = painterResource(id = iconId),
23             contentDescription = "Profit or Loss",
24             tint = Color.Unspecified,
25             modifier = Modifier
26                 .fillMaxHeight()
27                 .aspectRatio(1.0f)
28         )
29         Spacer(modifier = Modifier.width(6.dp))
30         Text(
31             text = movie.profit.toString(),
32             style = MaterialTheme.typography.bodyLarge,
33             color = MaterialTheme.colorScheme.secondary
34         )
35     }
36 }
37
38 @Composable
39 private fun Comment(movie: Movie) {
40     Text(
41         text = movie.comment,
42         style = MaterialTheme.typography.bodyLarge,
43         color = MaterialTheme.colorScheme.secondary
44     )
45 }
```

In Zeile 5 verwenden wir die `OutputStrategy`, um die Beschreibung des Films zu setzen. Da wir in Zeile 3 die Strategie als Parameter akzeptieren, können wir diese auswechseln. In Zeile 6 und 7 formatieren wir den String ein wenig, damit die Ausgabe gut aussieht. In Zeile 20 entscheiden wir je nach Gewinn oder Verlust, welches Icon wir bei der Anzeige des Profits verwenden. In Zeile 31 zeigen wir den Profit als Text an. Der Kommentar wird in Zeile 41 angezeigt.

Als Nächstes implementieren wir das `Rating`-Composable. Hierfür erstellen wir eine neue Datei namens „Rating“ und definieren direkt eine gleichnamige Composable-Function. Ein Objekt vom Typ `Movie` hat eine `rating`-Variable, die einen Wert von `0.0` bis `5.0` (Double) annehmen kann. Diese Variable übergeben wir an das Composable und berechnen auf Grundlage dessen, wie viele gefüllte, halb gefüllte und nicht gefüllte Sterne wir anzeigen müssen. Über die `repeat`-Funktion, die letztlich nichts anderes als eine for-Schleife ist, erzeugen wir uns entsprechend viele dieser Sterne. Das Ganze machen wir in einer `Row`, damit die Sterne nebeneinander angezeigt werden. Für die Sterne selbst verwenden wir die jeweiligen Bilder, die wir in Abschnitt 34.1, „Setup“, vorbereitet haben. Das fertige `Rating`-Composable sieht wie folgt aus:

```
// Rating.kt
@Composable
fun Rating(rating: Double) {
    val maxStars = 5
    val filledStars = floor(rating).toInt()
    val unfilledStars = (maxStars - ceil(rating)).toInt()
    val halfStars = !(rating.rem(1).equals(0.0))

    Row {
        repeat(filledStars) {
            Icon(
                painter = painterResource(id = R.drawable.baseline_star_32),
                contentDescription = "Rating Star Filled",
                tint = MaterialTheme.colorScheme.primary,
            )
        }
        if (halfStars) {
            Icon(
                painter = painterResource(id = R.drawable.baseline_star_half_32),
                contentDescription = "Rating Star Filled Half",
                tint = MaterialTheme.colorScheme.primary
            )
        }
        repeat(unfilledStars) {
            Icon(
                painter = painterResource(id =
                    R.drawable.baseline_star_outline_32),
                contentDescription = "Rating Star Not Filled",
                tint = MaterialTheme.colorScheme.primary
            )
        }
    }
}
```

Wir können diese Implementierung noch testen. Erzeugen Sie sich ein paar weitere Previews mit verschiedenen Ratings, um alle Fälle abzudecken. Hier ein Beispiel:

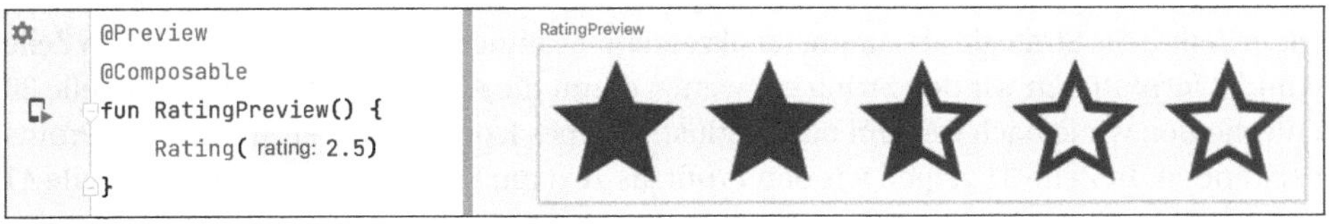

Nun können wir die einzelnen Bausteine ineinanderstecken und das zustandslose `MovieProduced`-Composable implementieren:

```
1  // MovieProducedScreen.kt
2  @Composable
3  private fun MovieProduced(
4      movie: Movie,
5      outputStrategy: OutputStrategy,
6      onDismiss: () -> Unit,
7      onNavigateToStartScreen: () -> Unit,
8      onNavigateToProduceMovieScreen: () -> Unit
9  ) {
10     AlertDialog(
11         title = { Text(text = outputStrategy.introduction()) },
12         text = {
13             Column(
14                 horizontalAlignment = Alignment.CenterHorizontally,
15             ) {
16                 Description(movie = movie, outputStrategy = outputStrategy)
17                 Spacer(modifier = Modifier.height(8.dp))
18                 Profit(movie = movie)
19                 Spacer(modifier = Modifier.height(8.dp))
20                 Rating(rating = movie.averageRating)
21                 Spacer(modifier = Modifier.height(8.dp))
22                 Comment(movie = movie)
23             }
24         },
25         confirmButton = {
26             Row {
27                 Button(onClick = onNavigateToStartScreen) {
28                     Text(text = "Hauptmenü")
29                 }
30                 Spacer(modifier = Modifier.width(8.dp))
31                 Button(onClick = onNavigateToProduceMovieScreen) {
32                     Text(text = "Nächster Film")
33                 }
34             }
35         },
36         onDismissRequest = onDismiss
37     )
38 }
```

Das Besondere an diesem Composable ist der `AlertDialog`. In unserem Fall besteht dieser aus den drei Bereichen Titel (Zeile 11), Inhalt (Zeile 12) und Actions (Zeile 25). Als Titel nutzen wir ein `Text`, welches auf die `introduction` der Strategie zugreift. Beim Inhalt zeigen wir alle zuvor beschriebenen Composables, jeweils mit einem vertikalen `Spacer` getrennt, in einer `Column` an. Als Action definieren wir zwei Buttons, die ihr `onClick`-Event nach oben durchreichen. In Zeile 36 reichen wir ebenfalls das `onDismiss`-Event nach oben durch. Dieses Event findet statt, wenn man außerhalb des `AlertDialogs` drückt und damit den Dialog abbricht.

Als Letztes implementieren wir den zustandsbehafteten `MovieProducedScreen`. Normalerweise würden wir hier das `MovieProduced`-Composable mit dem State aus dem ViewModel aufrufen. Allerdings haben wir hier diesmal eine Besonderheit: Das `MovieProduced`-Composable soll nur angezeigt werden, wenn ein Film produziert wurde! Der produzierte Film wird am Ende des zweiten Screens als State-Variable im ViewModel gesetzt. Diese

State-Variable ist *nullfähig*. Das heißt, dass das `MovieProduced`-Composable nur so lange sichtbar ist, wie die State-Variable `movieProduced` nicht null ist. Schauen wir uns mal die Implementierung an:

```
1  // MovieProducedScreen.kt
2  @Composable
3  fun MovieProducedScreen(
4      viewModel: MovieMakerViewModel,
5      navigateToStartScreen: () -> Unit,
6      navigateToProduceMovieScreen: () -> Unit
7  ) {
8      val movie = viewModel.movieProduced ?: return
9      MovieProduced(
10         movie = movie,
11         outputStrategy = viewModel.outputStrategy,
12         onDismiss = viewModel::resetMovieProduced,
13         onNavigateToStartScreen = {
14             viewModel.resetMovieProduced()
15             navigateToStartScreen()
16         },
17         onNavigateToProduceMovieScreen = {
18             viewModel.resetMovieProduced()
19             navigateToProduceMovieScreen()
20         }
21     )
22 }
```

Da dieses Composable anders als alle bisherigen Composables ist, gehen wir die wichtigsten Zeilen durch.

- In Zeile 8 wollen wir herausfinden, ob ein Film fertig produziert wurde, indem wir die State-Variable `movieProduced` auf `null` überprüfen. Wenn ja, wird die Funktion weiter ausgeführt und das `MovieProduced`-Composable angezeigt. Wenn nein, wird die Funktion verlassen, ohne eine UI anzuzeigen.
- In Zeile 10 wird der fertig produzierte Film übergeben.
- In Zeile 12 wird auf das `onDismiss`-Event reagiert. Dieses Event wird ausgelöst, sobald der Benutzer den Dialog abbricht. Wenn das passiert, soll der Dialog und damit das Composable nicht mehr angezeigt werden. Um das zu erreichen, muss die State-Variable `movieProduced` auf `null` gesetzt werden. Diese Absicht drücken wir aus, indem wir die `resetMovieProduced`-Methode im ViewModel aufrufen. Das ViewModel muss diese Methode entsprechend implementieren.
- Gleiches gilt, wenn einer der beiden Buttons gedrückt wird. Deshalb wird die Methode `resetMovieProduced` sowohl in Zeile 14 als auch in Zeile 18 aufgerufen. Zudem werden diese beiden Navigations-Events an die aufrufende Instanz weitergereicht. Auch hier soll die Navigation an einer geeigneteren Stelle stattfinden.

Wann die State-Variable `movieProduced` gesetzt wird, ist an dieser Stelle völlig unklar und auch nicht relevant. Die Aufgabe der Composable-Function ist es, den State zu beobachten und eine entsprechende UI anzuzeigen, sobald sich der State ändert. Es ist die Verantwortlichkeit des ViewModels, diese State-Variable auf Grundlage eines User-Events zu setzen. Auf der anderen Seite hat das ViewModel keine Kenntnis darüber, welches Composable die State-Variable `movieProduced` beobachtet und welche UI angezeigt wird, um diesen State zu repräsentieren.

Thinking in Compose

Bei einer event-getriebenen Architektur sind die einzelnen Komponenten (Composables, ViewModel, Store) möglichst entkoppelt. Solange die Daten in eine Richtung fließen und die Kommunikationswege eingehalten werden, reicht es aus, wenn jede Komponente seine Verantwortlichkeit erfüllt und die entsprechenden Schnittstellen anbietet. Das erfordert zwar eine etwas andere Denkweise, allerdings gewinnt man dadurch Modularität und Flexibilität.

Auch hier können wir uns zum Testen ein paar Previews erzeugen. Das bietet sich vor allem deshalb an, weil wir zum einen unterschiedliche Strategien für die Beschreibung des Films verwenden können und zum anderen Verluste provozieren können, um das andere Profit-Icon zu sehen:

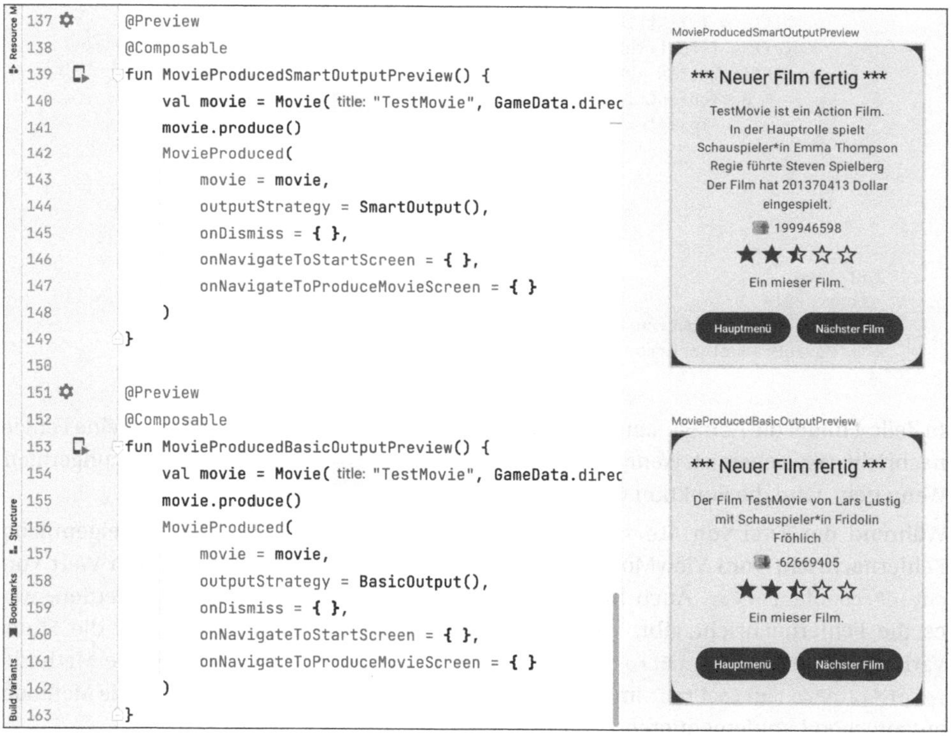

34.6 Movie-Production-Error-Screen

Unser ViewModel kann noch eine zweite State-Variable bei der Produktion eines Films setzen. Diese State-Variable wird gesetzt, wenn kein Filmtitel angegeben wurde oder das ausgewählte Budget auf 0 gesetzt ist. Diesen Fehler zeigen wir ebenfalls in einem `AlertDialog` an. Das Composable ist dem eben gezeigten sehr ähnlich, allerdings ist es deutlich simpler.

Hierfür erzeugen wir uns im Paket „ui.elements“ eine Datei namens „MovieProductionErrorScreen“ mit dem folgenden Inhalt:

```
1  // MovieProductionErrorScreen.kt
2  @Composable
3  fun MovieProductionErrorScreen(viewModel: MovieMakerViewModel) {
4      val errorMessage = viewModel.movieProductionError ?: return
5      MovieProductionError(
6          errorMessage = errorMessage,
7          onDismiss = viewModel::resetMovieProductionError
8      )
9  }
10
11 @Composable
12 private fun MovieProductionError(errorMessage: String, onDismiss: () -> Unit) {
13     AlertDialog(
14         onDismissRequest = onDismiss,
15         title = { Text(text = "Fehler beim produzieren eines Films") },
16         text = { Text(text = errorMessage) },
17         confirmButton = {
18             Button(onClick = onDismiss) {
19                 Text(text = "Okay")
20             }
21         }
22     )
23 }
24
25 @Preview
26 @Composable
27 fun MovieProductionErrorPreview() {
28     MovieProductionError("Oops, ein Fehler ist passiert") {}
29 }
```

In Zeile 4 findet die Abfrage statt, ob in der State-Variable `movieProductionError` eine Fehlernachricht gespeichert ist. Wenn ja, wird das `MovieProductionError`-Composable aufgerufen. Wenn nein, wird die Funktion verlassen, ohne eine UI anzuzeigen.

Während der Titel von `AlertDialog` immer gleich ist (Zeile 15), wird die eigentliche Fehlernachricht vom ViewModel bestimmt (Zeile 16). Diese entspricht dem Wert von `movieProductionError`. Auch hier soll der Dialog nur so lange angezeigt werden, wie es die Fehlernachricht gibt. Wenn der Benutzer den Dialog schließt, soll die State-Variable `movieProductionError` auf `null` gesetzt werden. Hierfür rufen wir die Methode `resetMovieProductionError` im ViewModel auf (Zeile 7). Das ViewModel muss die Methode entsprechend implementieren.

34.7 Navigation

Nun haben wir alle Screens erfolgreich implementiert. Allerdings steht aktuell jeder Screen nur für sich. Wir benötigen das Konzept von Navigation, damit wir von einem Screen auf den anderen gelangen können. Erst dann können wir die App vollumfänglich verwenden.

Für die Navigation benötigen wir zwei Einheiten: den `NavHostController` und das `NavHost`-Composable.

Der NavHostController ermöglicht die Navigation zu einer Route. Eine Route führt zur Anzeige eines anderen Screens. Wenn wir in unserer App zu einem Screen navigieren wollen, rufen wir die navigate-Methode vom NavHostController auf und übergeben die Route als Argument. Ein Objekt vom Typ NavHostController erzeugen wir über die rememberNavController-Funktion (mehr dazu später):

```
val navHostController = rememberNavController() // NavHostController erzeugen
navHostController.navigate(route = "route-a") // Navigation zur Route starten
```

Im NavHost-Composable wird für jede Route ein Composable als ein Routing-Ziel registriert. Wenn eine Route vom NavHostController aufgerufen wird, wird das entsprechende Composable angezeigt. Der NavHost ein Composable, dessen Inhalt davon abhängt, wohin man gerade navigiert. Der NavHost hat dabei verschiedene Composables, die angesteuert werden können:

```
NavHost(navController = navHostController, startDestination = "route-a") {
    composable(route = "route-a") {
        ScreenA() // ScreenA wird durch "route-a" angesteuert
    }
    composable(route = "route-b") {
        ScreenB() // ScreenB wird durch "route-b" angesteuert
    }
}
```

Da der NavHostController und das NavHost-Composable eng zusammenarbeiten, sollten beide im gleichen Composable definiert werden. Sie können sich das so vorstellen, dass der NavHostController quasi die State-Variable vom NavHost-Composable ist. Demnach sollte auch die gesamte Navigation in diesem gemeinsamen Composable stattfinden. Glücklicherweise haben wir in jedem Composable, welches eine Navigation als Ziel hat, das jeweilige User-Event, beispielsweise navigateToStartScreen oder onProduceMovie, als Funktion entgegengenommen und noch nicht implementiert. Wir wollten die Navigation an einer geeigneteren Stelle als in den vielen einzelnen Composables durchführen. Dies hätte nämlich dazu geführt, dass wir den Code für die Navigation an vielen verschiedenen Stellen verstreuen. Das Composable, in dem der NavHostController und das NavHost-Composable definiert sind, ist genau die richtige Stelle, um den Code für die Navigation zusammenzufassen.

Dieses Composable nennen wir Navigation und definieren es in der gleichnamigen Datei „Navigation“ im Paket „ui.elements“. Dieses Composable wird unser neues Einstiegs-Composable werden, da hier die Navigation zu jedem Screen stattfinden soll. Demnach müssen wir hier auch das ViewModel als Parameter akzeptieren und direkt den Aufruf der viewModel-Funktion als Default-Argument zuweisen. Von hier aus verteilen wir das ViewModel an alle anderen Screens. Doch bevor wir auf den NavHostController und das NavHost-Composable zugreifen können, müssen wir zuerst die notwendige Bibliothek in der *build.gradle* des App-Moduls hinzufügen:

```
// app/build.gradle
dependencies {
    // ...
    implementation("androidx.navigation:navigation-compose:2.6.0")
}
```

Die Basisstruktur des `Navigation`-Composables sieht wie folgt aus:

```
1  // Navigation.kt
2  @Composable
3  fun Navigation(viewModel: MovieMakerViewModel = viewModel()) {
4      val navHostController = rememberNavController()
5
6      NavHost(navController = navHostController, startDestination = "start-screen") {
7          composable(route = "start-screen") {
8              StartScreen(onProduceMovie = {})
9          }
10     }
11 }
```

In Zeile 4 wird der `NavHostController` erzeugt und in Zeile 6 an das `NavHost`-Composable gebunden. Innerhalb des `NavHost`-Composables werden alle Routen mit den entsprechenden Composables definiert. Aktuell haben wir nur die in Zeile 7 definierte Route, die das `StartScreen`-Composable aufruft. Wenn diese Route angesteuert wird, wird der dahinter stehende Lambda-Ausdruck ausgeführt und das `StartScreen`-Composable aufgerufen. Anders ausgedrückt: Wenn die Route „`start-screen`“ angesteuert wird, dann soll das `StartScreen`-Composable zum Inhalt des `NavHost`-Composables werden. Da in Zeile 6 die initiale Route auf „`start-screen`“ gesetzt ist, wird das `StartScreen`-Composable beim Starten der App angezeigt.

Um das Ganze zu testen, müssen wir das `Navigation`-Composable als Einstiegs-Composable in der `MainActivity` aufrufen:

```
// MainActivity.kt
class MainActivity : ComponentActivity() {
    override fun onCreate(savedInstanceState: Bundle?) {
        // ...
        Surface(
            modifier = Modifier
                .fillMaxSize()
                .padding(padding),
            color = MaterialTheme.colorScheme.background
        ) {
            Navigation() // Navigation als Einstiegs-Composable aufrufen
        }
    }
}
```

Führen Sie die App mal aus. Sie sollten den ersten Screen sehen.

Als Nächstes fügen wir die zweite Route hinzu. Hierfür definieren wir zunächst ein neues Routen-Composable, in dem das `ProduceMovieScreen`-Composable aufgerufen wird. Jetzt müssen wir noch die Navigation zu dieser Route anstoßen. Sie soll aufgerufen werden, wenn im `StartScreen`-Composable der Button „`Neuen Film produzieren`“ gedrückt wird. Da beim `onClick`-Event dieses Buttons die `onProduceMovie`-Funktion vom `StartScreen`-Composable aufrufen wird, müssen wir lediglich in diesem Lambda die Navigation durchführen:

```
// Navigation.kt
@Composable
fun Navigation(viewModel: MovieMakerViewModel = viewModel()) {
    val navHostController = rememberNavController()

```

```
    NavHost(navController = navHostController, startDestination = "start-screen") {
        composable(route = "start-screen") {
            StartScreen(onProduceMovie = { // Lambda implementieren ...
                // ... und Navigation zur zweiten Route anstoßen
                navHostController.navigate("produce-movie-screen")
            })
        }
        composable(route = "produce-movie-screen") { // Zweite Route definieren
            ProduceMovieScreen(viewModel = viewModel) // Composable aufrufen
        }
    }
}
```

Auch jetzt können Sie die App nochmal ausführen und auf den Button „`Neuen Film produzieren`" drücken. Daraufhin sollten Sie den zweiten Screen sehen. Zudem sollten Sie über den Zurück-Button wieder zum ersten Screen gelangen.

Als Letztes zeigen wir noch die zwei Dialoge an, die als Ergebnis der Filmproduktion sichtbar werden. Diese Composables können wir entweder im `Surface`- oder im `Navigation`-Composable aufrufen. Wir werden uns für Letzteres entscheiden, damit alle Screens in einem Composable verortet sind:

```
1  // Navigation.kt
2  @Composable
3  fun Navigation(viewModel: MovieMakerViewModel = viewModel()) {
4      val navHostController = rememberNavController()
5
6      MovieProductionErrorScreen(viewModel = viewModel)
7
8      MovieProducedScreen(
9          viewModel = viewModel,
10         navigateToStartScreen = {
11             navHostController.navigate("start-screen")
12         },
13         navigateToProduceMovieScreen = {
14             navHostController.navigate("produce-movie-screen")
15         }
16     )
17
18     NavHost(navController = navHostController, startDestination = "start-screen") {
19         composable(route = "start-screen") {
20             StartScreen(onProduceMovie = {
21                 navHostController.navigate("produce-movie-screen")
22             })
23         }
24         composable(route = "produce-movie-screen") {
25             ProduceMovieScreen(viewModel = viewModel)
26         }
27     }
28 }
```

In den Zeilen 6–16 rufen wir die beiden Composables `MovieProductionErrorScreen` und `MovieProducedScreen` auf. Das Besondere an diesen Composables ist, dass sie abhängig von dem im ViewModel definierten State angezeigt werden. Diese if-Abfrage führen die Composables selbst durch. Daher müssen wir sie nur aufrufen. Ähnlich wie beim `ProduceMovieScreen`-Composable, reichen wir das `viewModel` in Zeile 6 und 9 zunächst durch. Beim `MovieProducedScreen`-Composable werden zwei Buttons angezeigt: Der erste soll zum Start-Screen und der zweite zum Produce-Movie-Screen navigieren. Im `MovieProducedScreen`-Composable haben wir wie beim `StartScreen`-Composable die `onClick`-Events als Funktionen übergeben, sodass wir in Zeile 11 und 14 die jeweilige Route aufrufen können. Durch diese Architektur führen wir jede Navigation im gleichnamigen `Navigation`-Composable durch. Die Verantwortlichkeiten sind eindeutig geregelt.

Und das war's! Wir haben die Movie-Maker-App gemeinsam fertig implementiert. Jetzt steht Ihrer Filmkarriere nichts mehr im Wege. Den gesamten Code finden Sie auch im Download-Portal von Hanser-Plus.

TEIL VIII

Nebenläufigkeit

Im Folgenden werden wir uns mit nebenläufiger und asynchroner Programmierung beschäftigen. Dabei werden wir einige neue Begriffe einführen, um die dahinter liegenden Modelle richtig zu verstehen.

Nebenläufigkeit ist oft die beste Wahl, um performante Programme zu entwickeln. Wenn Sie für Android entwickeln, dann werden Sie sogar vom Betriebssystem gezwungen, rechenintensive Prozesse oder Aufgaben mit verzögertem Ergebnis, wie z. B. Serveranfragen, nebenläufig abzuarbeiten.

Gleichzeitig sind nebenläufige Programme aber auch viel komplexer und schwerer zu entwickeln und zu warten. Es gibt einige Stolpersteine, und es lassen sich schnell Fehler einbauen.

Die gute Nachricht: Kotlin stellt einen sehr guten Mechanismus bereit, um diese Herausforderungen zu meistern, nämlich die Koroutinen.

35 Grundlagen

Bislang haben wir uns stets mit Algorithmen beschäftigt, die sequentiell und in geordneter Reihenfolge ablaufen. Wenn wir z. B. in unserer Anwendung die drei aktivsten Benutzer einer Community anzeigen möchten, dann könnten wir folgenden Pseudocode aufstellen:

- Lade eine ausgewählte Menge von Benutzerprofilen von einem Server.
- Berechne für jeden Benutzer einen Aktivitätswert (z. B. Analyse der Aktionen des Benutzers).
- Ermittle die 3 Benutzer mit der höchsten Aktivität.
- Lade für diese 3 Benutzer auch noch das Profilbild von einem Server.
- Zeige die Profilbilder der 3 aktivsten Benutzer an.

Die einzelnen Arbeitsschritte sind natürlich noch etwas komplexer, und wir müssten die jeweils genauen Arbeitsschritte in Funktionen auslagern, die ihrerseits Algorithmen definieren, mit denen die Benutzerprofile geladen, analysiert, gefiltert und schließlich angezeigt werden.

Wichtig an dieser Stelle ist jedoch erst einmal, die logische Reihenfolge auf dieser Ebene zu betrachten. Die einzelnen Arbeitsschritte müssen genau in dieser Reihenfolge geschehen. Wir können nicht die 3 aktivsten Benutzer anzeigen, ohne dass wir vorher die Bilder geladen und überhaupt ermittelt haben, wer am aktivsten war. Und um dies zu erreichen, müssen wir natürlich zunächst überhaupt erst einmal die Benutzerprofile vom Server laden. Dieser Algorithmus beschreibt also die notwendigen Arbeitsschritte einer fest definierten Ablaufsequenz. Ein Schritt geschieht nach dem anderen.

Wir sehen aber auch, dass einige der Teilaufgaben eigentlich gleichzeitig ausgeführt werden können. Wenn z. B. für jeden Benutzer ein Aktivitätswert berechnet werden soll, dann kann dies nacheinander geschehen, z. B. in einer for-Schleife oder mit der map-Funktion für Listen. Die Laufzeit steigt dann linear an, da alle Aktivitätswerte nacheinander berechnet werden. Da es jedoch keine Abhängigkeiten zwischen den Benutzern gibt, könnten wir die Aktivitätswerte doch auch gleichzeitig berechnen, indem wir die Arbeit verteilen. Die Berechnung kann also parallel geschehen.

Schauen wir uns ein Alltagsbeispiel an. Sie ziehen um in eine neue WG. Es macht einen Unterschied, ob Sie alleine alle Umzugskartons schleppen müssen oder gemeinsam mit fünf Freunden gleichzeitig anpacken. In der Regel sind Sie dabei allerdings nicht fünfmal schneller, da es ein wenig Mehraufwand an Kommunikation (Overhead) und auch Wartezeiten gibt. Es kann z. B. ein Karton zum Auto getragen werden, wenn er vollgeräumt ist. Das gilt auch für parallele Berechnungen: Wenn man fünf parallele Berechnungen startet, dann ist man nicht automatisch fünfmal schneller.

Synchronisationspunkte

Während die Berechnung der Aktivitätswerte der einzelnen Benutzer parallel erfolgen kann, darf der nächste Schritt unseres Algorithmus (Ermittlung der 3 Benutzer mit höchster Aktivität) erst ausgeführt werden, wenn auch wirklich alle Aktivitätswerte vorliegen. Einzelne Teilaufgaben können also parallel ausgeführt werden, die Ergebnisse der Teilaufgaben müssen dann jedoch oft wieder sequentiell verarbeitet werden. Wir werden noch sehen, dass dies eine gewisse Synchronisation erfordert. Für den oben stehenden Algorithmus gibt es zwei offensichtliche Synchronisationspunkte: Es muss gewartet werden, bis alle Aktivitätswerte vorliegen, und dann muss gewartet werden, bis alle drei Profilbilder geladen wurden. Zudem kann die Aktivität des einzelnen Benutzers erst berechnet werden, sobald die Daten des Benutzers vorliegen. Hier muss also das Herunterladen der Daten und das Analysieren der Daten synchronisiert werden.

Ein Arbeitsschritt beim Umzug kann es sein, alle Bücher in Kartons zu verpacken. Dies kann parallel durch mehrere Personen geschehen. Auch das Tragen eines Kartons zum Umzugswagen kann gleichzeitig geschehen. Doch erst, wenn ein Karton voll ist, soll dieser zum Umzugswagen getragen werden. Der asynchrone Ablauf des Packens eines Kartons und das Tragen eines vollen Kartons muss also synchronisiert werden.

Parallele oder nebenläufige Abarbeitung

Asynchrone Abläufe entstehen immer dann, wenn einzelne Algorithmen unabhängig voneinander ausgeführt werden. Wichtig ist dabei noch die Unterscheidung zwischen paralleler und nebenläufiger Ausführung. Bei der parallelen Ausführung werden Algorithmen wirklich gleichzeitig ausgeführt. Bei der nebenläufigen Ausführung werden Algorithmen entweder parallel oder abwechselnd ausgeführt. So können zum Beispiel auf einem Prozessor abwechselnd verschiedene Algorithmen ausgeführt werden. Durch schnelles Hin- und Herschalten zwischen den Algorithmen wirkt es so, als ob die Algorithmen gleichzeitig ausgeführt werden. Tatsächlich werden sie abwechselnd ausgeführt. Nebenläufigkeit ist der allgemeine Begriff für beide Fälle: die tatsächliche parallele Ausführung, etwa auf mehreren Prozessoren oder gar mehreren Computern, und das Umschalten zwischen verschiedenen Ablaufsträngen (Threads) von Algorithmen.

Vor Ihnen stehen vier Umzugskartons mit wertvollen Gegenständen, die zum Umzugswagen getragen werden sollen. Wenn Sie vier Personen sind, dann können Sie die Kartons gleichzeitig – also parallel – zum Umzugswagen tragen. Alle Personen führen denselben Algorithmus aus, aber mit unterschiedlichen Kartons. Wenn Sie alleine sind, dann können Sie die Kartons einzeln und nacheinander zum Umzugswagen tragen. Weil in den Kartons aber Wertsachen enthalten sind, wollen Sie diese nicht unbeaufsichtigt stehen lassen. Was können Sie machen? Sie tragen die Kartons abwechselnd 10 Meter weiter. Somit bewegen sich die Kartons abwechselnd weiter. Sie kommen fast gleichzeitig ins Ziel, und sie bewegen sich fast gleichzeitig weiter. Aber bewegt wird immer nur ein Karton. Dies ist mit Nebenläufigkeit gemeint. Das Transportieren eines Kartons ist jeweils ein einzelner und unabhängiger Ablauf (also ein Ablaufstrang eines Algorithmus). Statt diese nacheinander auszuführen, können diese auch abwechselnd ausgeführt werden. Wenn Sie zu zweit einen Umzug durchführen, dann lassen sich parallele und abwechselnde Abarbeitung kombinieren. Statt eine Person schleppen zu lassen, während die andere Person bei den Kartons mit den Wertsachen stehen bleibt, können zwei Personen gleichzeitig (parallel) die vier Kartons abwechselnd (immer noch nebenläufig) vorwärts bewegen:

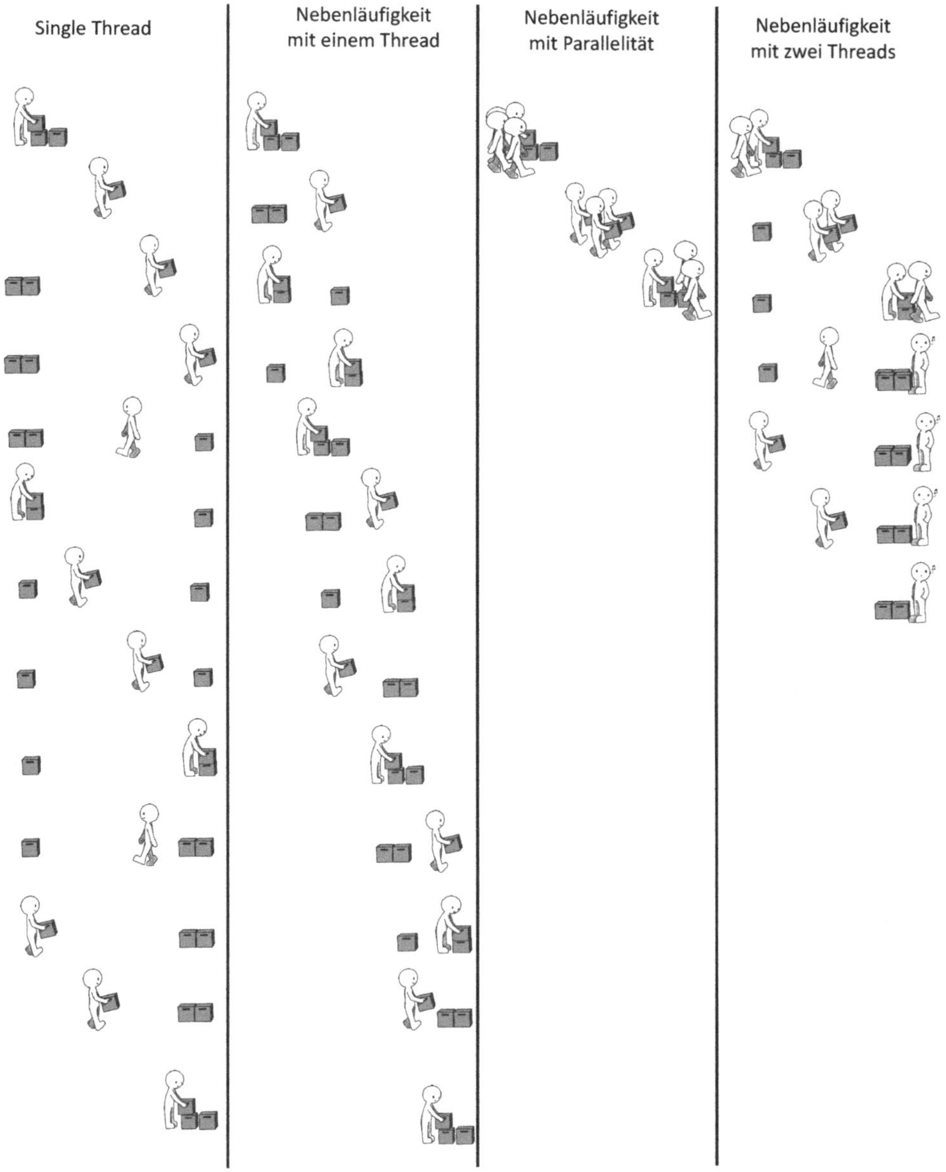

§ **Definition *Nebenläufigkeit und Parallelität***

Zwei Algorithmen A und B können nebenläufig ausgeführt werden, wenn sie unabhängig voneinander ablaufen können. Durch diese Unabhängigkeit kann die Reihenfolge vertauscht werden, d. h. A kann vor B ablaufen und andersherum. Es kann sogar während des Ablaufs zwischen A und B gewechselt werden. Dies ist möglich, da jeder der Algorithmen seinen eigenen Ablaufstrang (Thread) besitzt. Aufgrund der Unabhängigkeit können A und B sogar gleichzeitig, also parallel, ausgeführt werden. ■

Es wird oft allgemein von nebenläufiger Programmierung gesprochen. Denn bei der Planung der Algorithmen ist es gar nicht relevant, ob Algorithmen wirklich gleichzeitig oder eben abwechselnd ausgeführt werden. Hinsichtlich der gesamten Laufzeit hat dies natürlich Auswirkungen – es dauert länger, wenn Sie alleine umziehen. In beiden Fällen müssen Abläufe synchronisiert und der geordnete Zugriff auf Daten kontrolliert werden. Nebenläufige Algorithmen können sowohl von einem einzelnen Prozessor abgearbeitet oder auf mehrere Prozessoren verteilt werden.

Zusammenfassend können wir festhalten, dass die nebenläufige Ausführung von Algorithmen dann sinnvoll oder sogar erforderlich ist, wenn (Teil-)Arbeitsschritte unabhängig voneinander ausgeführt werden können. Sie hilft uns vor allem in folgenden Situationen:

- Parallele Verarbeitung von großen Datenmengen (z. B. parallele Berechnung von Bildern für einen Film, Big-Data-Anwendungen). Dabei geschieht die Verteilung von Arbeit auf mehrere Prozessoren soweit möglich. Ohne Nebenläufigkeit läuft Ihr Programm immer nur auf einem einzigen Prozessorkern, egal wie viele Prozessoren Ihr Rechner hat.
- Paralleles Abrufen mehrerer Daten (z. B. Bilder, Profile) von einem Server. Wenn z. B. eine Webseite geladen werden soll, dann würde es sehr lange dauern, wenn die Bilder nacheinander geladen werden, weil unser Algorithmus mit einer klassischen for-Schleife ein Bild nach dem anderen laden würde. Stattdessen sollten die Bilder gleichzeitig geladen werden.
- Vermeidung der Blockierung des Systems durch langsame Operationen (I/O, Serveranfrage). Nebenläufigkeit ist auch dann schon wichtig, wenn Sie nur eine einzelne zeitaufwendige Operation starten, z. B. das Abfragen von Daten von einem Server oder aus einer Datenbank. Selbst wenn Sie eine schnelle Antwort erhalten (z. B. der Server liefert die Daten nach 2 Sekunden), würde Ihr System blockieren, bis die Antwort da ist. Mit anderen Worten: Sie könnten 2 Sekunden lang nicht mehr mit Ihrer Anwendung arbeiten. Android verlangt daher, dass Sie Serverabfragen nebenläufig starten, damit Sie auch weiterhin mit dem Smartphone interagieren können und das System nicht wie eingefroren wirkt. Nebenläufigkeit bedeutet hier, dass ein Prozessor andere Aufgaben erledigen kann, während ein Algorithmus auf ein Ergebnis wartet. Wenn Sie versuchen, aus dem Hauptablaufstrang, dem sogenannten *Main Thread*, eine Serveranfrage zu starten, und auf das Ergebnis warten, dann wird Android eine Exception werfen!
- Nebenläufigkeit ermöglicht die Umsetzung effizienter und parallel arbeitender Server oder Dienste wie z. B. einem Webserver. Wenn Sie immer nur eine einzige Anfrage zurzeit bedienen könnten, dann müssten Nutzerinnen und Nutzer Ihrer Dienste unter Umständen sehr lange warten, bis sie an der Reihe sind. Nebenläufige Programme können die Arbeit verteilen und somit schneller eine Antwort liefern.
- Simulation realer Objekte oder Ereignisse, die ebenfalls gleichzeitig geschehen. Nehmen wir an, Sie wollen ein Wettrennen zwischen drei Personen, z. B. Hanna, Fridolin und Susi, simulieren. Die drei Personen ändern also fortlaufend und gleichzeitig ihre Positionseigenschaften. Wenn dies in einer einzigen Ablaufsequenz abgebildet werden soll, dann kann dies schnell kompliziert werden, da Sie die Nebenläufigkeit quasi selbst programmieren müssen und entscheiden, wann sich gerade welche Person ein Stück bewegt. Durch das schnelle Umschalten zwischen den Ablaufsträngen, hier das Fortbewegen der Personen, können wir keinen Unterschied zwischen einer echten parallelen (gleichzeitigen) Fortbewegung und der nebenläufigen (also sehr schnell abwechselnden) Fortbewegung feststellen.

- Umsetzung eines unabhängigen Kontrollflusses z. B. für grafische Oberflächen oder das Entfernen nicht mehr benötigter Objekte im Speicher (Garbage Collection).

35.1 Threads

Nebenläufigkeit wird durch das Starten und Abarbeiten mehrerer Ablaufstränge organisiert, sogenannter *Threads*.

> § **Definition *Thread***
>
> Ein Thread ist ein unabhängiger Ablaufstrang. Es handelt sich quasi um den roten Faden, an dem sich der Ablauf eines Programms oder Algorithmus Schritt für Schritt bewegt. Der Begriff Thread bedeutet übersetzt „Faden" oder „Strang".

Anschaulich kann man sich einen Thread wie einen Arbeiter vorstellen, der Arbeitsaufträge erledigen kann. Ein Arbeitsauftrag ist dabei eine klar definierte Reihenfolge von Arbeitsschritten, also ein Algorithmus. Der Arbeiter arbeitet die Arbeitsschritte nacheinander ab, und zwar genau in der Reihenfolge, wie sie ihm mitgeteilt werden. In Kotlin werden wir solche Arbeitsaufträge später als Codeblöcke, also z. B. durch Lambda-Funktionen festlegen.

Wenn mehrere Threads gestartet werden, dann können mehrere Algorithmen nebenläufig ausgeführt werden. Das ist in etwa so wie das Verteilen von Arbeitsaufträgen an mehrere Arbeiter. Dabei können unterschiedliche Arbeiter sowohl unterschiedliche als auch denselben Arbeitsauftrag erhalten. Nehmen wir noch einmal das Beispiel eines Umzugs. Wenn der Arbeitsauftrag „Nimm Bücher aus dem Buchregal im Wohnzimmer, lege die Bücher in einen freien Karton, schreibe auf eine Liste die Titel der eingepackten Bücher" lautet, dann kann derselbe Auftrag an verschiedene Arbeiter verteilt werden, und trotzdem arbeiten die einzelnen Arbeiter unabhängig und parallel. Das heißt, hier holt sich jeder unterschiedliche Bücher, packt diese in einen Karton und schreibt noch schnell auf einen beiliegenden Zettel den Buchtitel. Arbeiter können aber auch unterschiedliche Arbeitsaufträge erhalten, z. B.

- Auftrag 1: Nimm Bücher, lege Bücher in freien Karton, schreibe Buchtitel auf Zettel
- Auftrag 2: Nimm ein Glas, wickle Glas in Zeitungspapier, lege Glas in den Karton mit zerbrechlichem Inhalt
- Auftrag 3: Gehe zum Stapel mit den gepackten Kartons, nimm einen vollen Karton, trage den Karton zum Umzugswagen, verlade den Karton in den Umzugswagen, gehe zurück in die Wohnung

Jeder Arbeiter verrichtet die ihm aufgetragene Aufgabe in genau der definierten Reihenfolge und verwendet auch teils seine eigenen Ressourcen, z. B. einen eigenen Zettel, um aufzuschreiben, welche Bücher eingepackt wurden. Genauso handhaben es auch Threads. Jeder Thread hat eine eigene unabhängige Ablaufkontrolle (einen Programmzähler, der angibt, welche Anweisung die nächste ist) und einen separaten Stack (für lokale Variablen und den Rücksprung bei Funktionsaufrufen).

35.1.1 Nicht-determinierter Ablauf

Für die Bearbeitung von Auftrag 3 gibt es eine Abhängigkeit von den beiden anderen Aufträgen. Erst wenn ein Karton vollgepackt ist, soll er zum Umzugswagen getragen werden. Hier haben wir ein erstes Beispiel, wo die Synchronisation zwischen Arbeitern (oder Threads) nötig ist. Es ist jedoch nicht festgelegt (determiniert), ob die Kartons auch schon fertig gepackt sind (Auftrag 1), wenn diese zum Umzugswagen getragen werden sollen (Auftrag 3). Dies kann mal der Fall sein und mal nicht.

Das liegt daran, dass die Arbeiter (bzw. Threads) unabhängig voneinander arbeiten. Wann ein Thread tatsächlich am Arbeiten ist, das hängt davon ab, ob und wann ihm Arbeitszeit vom Betriebssystem zugeteilt wird. Das Betriebssystem hat nur eine begrenzte Anzahl von Prozessoren zur Verfügung. Es muss daher den einzelnen Threads Laufzeiten zuteilen. Alle Programme, die gleichzeitig auf Ihrem Rechner gestartet sind, können mehrere Threads laufen haben, und jeder möchte einmal dran sein. Diese Zuordnung geschieht durch den *Scheduler* des Betriebssystems und ist nicht planbar.

Wenn nun ein Arbeiter, der an Auftrag 1 sitzt, viel Zeit zur Verfügung gestellt bekommt, dann wird der Arbeitsschritt „Bücher einpacken" fertiggestellt sein, bevor der Arbeiter mit Auftrag 3 mit dem Arbeitsschritt „Gehe zum Stapel mit den gepackten Kartons" fertig ist. Nun kann der Scheduler aber die zur Verfügung stehende Rechenzeit auch anders aufteilen. Dann könnte es sein, dass „Bücher einpacken" noch nicht vollständig erledigt ist, bevor „Gehe zum Stapel mit den gepackten Kartons" fertig ist. Es ist also nicht vorhersehbar (nicht determiniert), ob „Bücher einpacken" oder „Gehe zum Stapel mit den gepackten Kartons" zuerst ausgeführt wird, da dies von zwei unabhängigen Arbeitern erledigt wird. Für den einzelnen Arbeiter bleibt die Reihenfolge hingegen planbar: Wenn Auftrag 1 abgearbeitet wird, dann ist „schreibe Buchtitel auf Zettel" immer der letzte Arbeitsschritt. Wenn Auftrag 3 abgearbeitet wird, dann ist „Gehe zum Stapel mit den gepackten Kartons" immer der erste Arbeitsschritt.

Genauso verhält es sich auch mit den Arbeitsschritten von Codeblöcken, die von Threads ausgeführt werden. Die Reihenfolge der Arbeitsschritte innerhalb eines Ablaufstrangs ist immer dieselbe. Die Reihenfolge einzelner Anweisungen verschiedener Threads kann jedoch variieren:

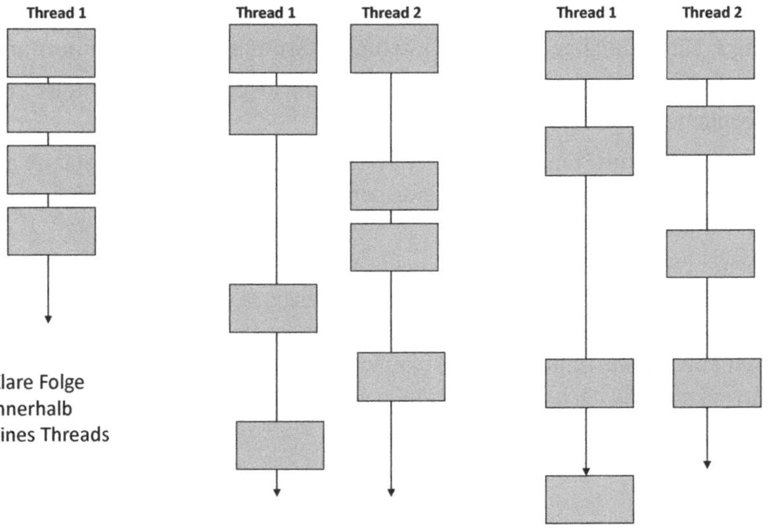

Klare Folge innerhalb eines Threads

Nichtdeterminierte Folge **zwischen** zwei Threads

35.1.2 Schwergewichtige Threads

Ein Thread ist dabei schwergewichtig (heavy weight), da er recht viele Speicherressourcen verbraucht und auch das Erzeugen und Wechseln zwischen den Threads Rechenzeit kostet. Wenn man sehr viele Threads erzeugt, kann dies schnell dazu führen, dass Ihnen der Speicher ausgeht und es *OutOfMemoryExceptions* gibt. Es ist daher nicht sinnvoll, für jeden Arbeitsauftrag immer wieder einen neuen Thread anzulegen, sondern dieselben Threads dafür einzusetzen, mehrere Arbeitsaufträge nacheinander abzuarbeiten.

Man kann sich dies wieder anhand der Arbeitermetapher verdeutlichen. Sie würden auch nicht für jeden einzelnen Auftrag einen neuen Arbeiter einstellen und danach gleich wieder entlassen. Stattdessen übertragen Sie mehrere Aufträge nacheinander an denselben Arbeiter. Nachdem ein Arbeiter die Bücher aus dem Wohnzimmer eingepackt hat, kann er die Bücher aus dem Schlafzimmer einpacken. Dies ist aus einem weiteren Grund sehr sinnvoll: Selbst wenn Sie sich den Luxus gönnen, für jeden Auftrag einen eigenen Arbeiter einzustellen, so können doch nur die Arbeiter auch wirklich ihren Dienst verrichten, die einen ausgestatteten Arbeitsplatz haben. Wenn Sie z. B. nur eine Leiter haben, dann kann immer nur ein Arbeiter auf der Leiter stehen, um an die Bücher in den oberen Regalen zu kommen. Bei Threads ist dies genauso. Ein Thread führt nämlich nur dann Anweisungen aus, wenn er einen Prozessor zur Verfügung hat, auf dem er ausgeführt werden kann. Da unsere Computer nur eine begrenzte Anzahl Prozessoren haben (manchmal nur einer), teilt das Betriebssystem den einzelnen Threads Rechenzeit auf diesen Prozessoren zu. Wann ein Thread wirklich am Laufen ist, wird vom Betriebssystem bestimmt. Es teilt einen Thread einem Prozessor zu und entzieht diesem Thread auch regelmäßig wieder den Zugriff, damit andere Threads zum Zuge kommen. Der Ablauf ist dann also nebenläufig, aber nicht zwingend parallel.

Der nichtdeterministische Ablauf von Programmen erfordert eine gute Planung und Synchronisation der Algorithmen. Die Schwergewichtigkeit der Threads erfordert zudem eine gute Planung und Verwaltung der zur Verfügung stehenden Ressourcen. Dies kann schnell zu sehr komplexen Programmen führen, in die sich Fehler einschleichen. Daher ist es sinnvoll, sich einmal eine gute Architektur zu überlegen, um diese Probleme zu bewältigen. In Kotlin wird dies durch Koroutinen sehr gut gelöst.

Eine Koroutine kann man sich wie einen leichtgewichtigen Thread vorstellen. Eine Koroutine arbeitet nämlich genau wie ein schwergewichtiger Thread auch einen Arbeitsauftrag ab. Allerdings werden dafür einmal gestartete Threads wiederverwendet. Statt also immer wieder für jeden Arbeitsauftrag einen neuen Arbeiter einzustellen (heavy weight threads), werden die Arbeitsaufträge an bereits eingestellte Arbeitnehmer verteilt, die sich abwechselnd um verschiedene Arbeitsaufträge kümmern (light weight threads). Wir werden zudem sehen, dass Koroutinen die Synchronisation mehrerer Ablaufstränge ermöglichen.

35.2 Koroutinen (Coroutines)

Koroutinen ermöglichen nebenläufige und asynchrone Programmierung, indem mehrere Algorithmen kooperativ miteinander arbeiten. Diese Algorithmen können dabei abwechselnd oder gleichzeitig (parallel) ausgeführt werden. Sie kooperieren dabei sehr gut miteinander, indem sie sich nicht gegenseitig blockieren und die Synchronisation zwischen den Threads selbst koordiniert wird. Bei nebenläufigen Anwendungen weiß man nie genau, welche nebenläufig abgearbeitete Teilaufgabe als Erstes fertig ist, weil das Betriebssystem präemptiv steuert, wann und wie lange ein Thread abgearbeitet wird.

Koroutinen sorgen dafür, dass die für einen nebenläufigen Algorithmus erforderliche Ablaufreihenfolge eingehalten wird, also z. B. dass die aktivsten Benutzer erst ermittelt werden, wenn alle Profile geladen wurden. Das kooperative Zusammenspiel der Koroutinen bedeutet, dass die Synchronisation und der Wechsel zwischen der Abarbeitung unabhängiger Ablaufstränge von den Koroutinen selbst organisiert wird. Der Wechsel zwischen den Ablaufsträngen geschieht bei schwergewichtigen Threads präemptiv durch das Betriebssystem. Der Wechsel zwischen den Koroutinen geschieht hingegen kooperativ. Eine Koroutine kann ihre Ausführung zum Beispiel selbst unterbrechen und ermöglicht somit die Abarbeitung einer anderen Koroutine auf demselben Thread. Eine Koroutine kann auch solange unterbrochen werden, bis das Ergebnis einer anderen Koroutine vorliegt. Dies ist etwa sinnvoll, wenn eine Berechnung im Hintergrund stattfinden soll oder auf eine Serverantwort gewartet wird. Koroutinen unterstützen uns dabei, die sequentiellen Schritte eines Programmablaufs weiterhin als solche abzubilden und gleichzeitig Teilaufgaben nebenläufig abzuarbeiten.

§ **Definition *Koroutine***

Eine Koroutine ist ein unabhängig ausführbarer Algorithmus. Mehrere Koroutinen können nebenläufig und parallel ausgeführt werden. Konzeptionell sind Koroutinen sehr ähnlich zu Threads. Koroutinen legen ebenfalls unabhängige Ablaufstränge eines Algorithmus fest. Eine Koroutine ist leichtgewichtiger, benötigt also weniger eigene Ressourcen als ein Thread, und das Zusammenspiel der Koroutinen geschieht kooperativ. ■

35.2.1 Koroutine vs. Subroutine

Bislang haben wir Funktionsaufrufe nur als Subroutinen kennengelernt. Wenn aus einer Funktion A die Funktion B aufgerufen wird, dann läuft Funktion A erst weiter, wenn B vollständig abgearbeitet wurde. B ist also eine Subroutine von A – es gibt eine Hierarchie zwischen A und B. Bei einer Koroutine kann A hingegen die Funktion B aufrufen und selbst weiter ausgeführt werden. A und B laufen also nebenläufig und kooperativ ab. Dies kann eine Synchronisation erfordern, wenn z. B. die Funktion A im späteren Verlauf das Ergebnis der Funktion B benötigt.

Alltagsbeispiel:

Teamwork ist im Prinzip nichts anderes als nebenläufiges Arbeiten. Statt alleine alles zu erledigen, verteilen Sie die Arbeit auf mehrere Schultern. Bei einer Subroutine würden Sie als Boss einen Arbeitsauftrag als Unterauftrag an ein Teammitglied vergeben und dann auf das Ergebnis warten. Erst danach vergeben Sie einen weiteren Arbeitsauftrag an das nächste Teammitglied und warten wieder auf das Ergebnis. Das erscheint wenig sinnvoll, oder? Stattdessen würden Sie die Arbeit gleich auf mehrere Teammitglieder verteilen und als guter Boss auch selbst weiterarbeiten. Das ist Co-Working. Bei Coroutines handelt es sich also im Prinzip um Ko-Aufträge innerhalb des Teams. Doch die Organisation der Arbeitsprozesse in

Teams ist alles andere als einfach. Oft muss ein Teammitglied auf die Ergebnisse anderer Mitglieder warten, bevor weitergearbeitet werden kann. Z. B. muss man für das Schreiben eines Berichts darauf warten, dass Rechercheergebnisse vorliegen, Daten bereinigt sind usw. Wenn der Bericht geschrieben wurde, dann müssen ein Review und schließlich die Freigabe erfolgen. All diese Aufgaben müssen koordiniert werden. Wenn ein Teammitglied vergisst, die anderen zu informieren, dass jetzt die Rechercheergebnisse vorliegen, dann hängt der ganze Vorgang. Daher müssen genaue Regeln definiert werden, wie die Kommunikation im Team stattfindet.

Koroutinen sorgen dafür, dass diese Organisation ordentlich geschieht und ein Teammitglied weiterarbeiten kann, sobald alle erforderlichen Teilaufgaben erledigt sind. Aus Sicht dieses Teammitglieds bleibt daher der Arbeitsverlauf sequentiell: Rechercheaufgaben verteilen, Daten bereinigen lassen, Rechercheergebnisse und bereinigte Daten zusammenfassen, Bericht schreiben, Bericht sichten lassen, Bericht freigeben. Im Hintergrund handelt es sich dabei um komplexe, gleichzeitig ablaufende Teilaufgaben. Der eigentliche Ablauf folgt aber einer klaren Sequenz.

35.2.2 Coroutines vs. Threads

Wir haben Koroutinen bereits mehrfach als leichtgewichtige Threads bezeichnet. Sowohl Threads als auch Koroutinen legen eigene Ablaufstränge fest, also quasi unabhängige Arbeitsaufträge. Threads sind schwergewichtig, weil für jeden Arbeitsauftrag ein eigener Arbeiter benötigt wird, der nichts anderes macht, als sich um diesen einen Auftrag zu kümmern. Koroutinen sind leichtgewichtig, da unabhängige Arbeitsaufträge von denselben Threads (also denselben Arbeitern) ausgeführt werden. Pro Arbeitsauftrag ist also nicht mehr ein eigener Thread nötig.

Auch bei der Synchronisation des Ablaufs sind Koroutinen leichtgewichtiger. Immer wenn für die weitere Bearbeitung eines Arbeitsauftrags das Ergebnis einer anderen Arbeit benötigt wird, muss eine Synchronisation erfolgen. Es muss auf das Ergebnis gewartet werden. Hier gibt es einen weiteren wichtigen Unterschied zwischen Threads und Koroutinen. Threads blockieren ihre Arbeit, bis das Ergebnis vorliegt. Ein Thread kümmert sich immer genau um einen Arbeitsauftrag. Und wenn dieser gerade nicht ausgeführt werden kann, dann hat der Thread nichts zu tun. Koroutinen unterbrechen ihre Arbeit, bis das Ergebnis vorliegt, ohne dabei den Thread zu blockieren. Denn wenn die Abarbeitung eines Auftrags gerade nicht möglich ist, dann kann ja mit einem anderen Auftrag weitergearbeitet werden. Der Thread (also der Arbeiter), der bislang die Koroutine (also den Arbeitsauftrag) ausgeführt hat, kümmert sich nun um eine andere Koroutine, statt einfach zu blockieren.

Mehrere Koroutinen auf einem Thread

Ein Thread ist ziemlich stur und wird sich immer nur um genau einen Arbeitsauftrag kümmern. Das ist wie ein Arbeiter, der nur bereit ist, einen einzigen Auftrag entgegenzunehmen und abzuarbeiten. Der Trick ist nun zu sagen: „Hier ist dein einziger Arbeitsauftrag: Kümmere dich um all die Arbeitsaufträge, die anfallen!" Der Thread hat also einen Ablaufstrang, der dafür sorgt, dass die gerade anstehenden Ablaufstränge der Koroutinen abgearbeitet werden.

Zur Veranschaulichung des Unterschieds zwischen blockierenden Threads (*Blocking Threads*) und unterbrochenen Arbeitsaufträgen (*Suspended Functions*) stellen wir uns den Arbeiter Fridolin vor, der Kartons zum Umzugswagen tragen soll, aber noch keine fertig gepackten Kartons vorfindet, um diese zum Umzugswagen zu bringen.

- Blockierter Thread: Fridolin muss nun **solange warten, bis ein vollständig gepackter Karton vorliegt**. In dieser Zeit macht Fridolin gar nichts. Er hilft also nicht beim Packen, sondern ist in einem Wartezustand. Seine Arbeit ist blockiert. Immerhin belegt er dabei auch keinen Arbeitsplatz, er steht oder sitzt also nicht auf der Leiter, die andere Arbeiter benötigen. Dies entspricht einem Thread, der blockiert ist. Ein blockierter Thread (blocked thread) macht solange gar nichts, bis er das Signal erhält, dass es weitergehen kann. Dadurch verbraucht der Thread immerhin keine Rechenzeit des Prozessors, da er im blockierten Zustand niemals dem Scheduler zugewiesen wird.
- Unterbrochene Koroutine: Fridolin kann im Moment noch keine Kartons zum Umzugswagen tragen, also **unterbricht er diese Arbeit und erledigt in der Zeit einen anderen Auftrag**. Fridolin arbeitet also weiter an einer anderen Sache. Er kann z. B. auch anfangen, Bücher einzupacken oder Staub wegzufegen. Bei einer Unterbrechung (Suspension) werden die verbleibenden Arbeitsschritte eines Arbeitsauftrags quasi als Restauftrag (Continuation) nach hinten gestellt, sodass Fridolin einen anderen Auftrag bearbeiten kann. Der Restauftrag kann dann später von Fridolin oder sogar von einem anderen Arbeiter erledigt werden. Wenn in Kotlin eine Koroutine unterbrochen wird, dann blockiert der Thread nicht, sondern der Thread kann andere Koroutinen ablaufen lassen. Sobald die unterbrochene Koroutine weiterarbeiten kann, wird sie wieder von einem Thread abgearbeitet werden.

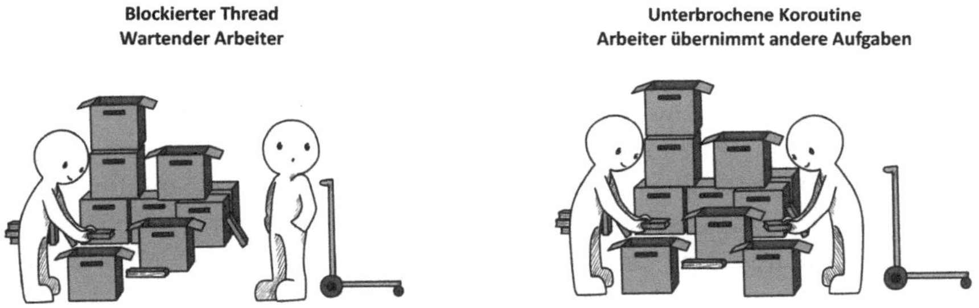

Zumindest aus Arbeitgebersicht scheint die zweite Lösung sehr viel besser, denn hier arbeitet Fridolin munter weiter, wenn es andere Dinge zu tun gibt. Es ginge aber auch schlimmer. Fridolin könnte auch immer wieder den Arbeitsplatz bzw. Prozessorleistung zugewiesen bekommen, um zu schauen, ob jetzt ein Karton voll ist. Der Thread blockiert also nicht, bis ein Karton vollständig gepackt vorliegt, sondern läuft sinnlos im Leerlauf und verhindert, dass andere Threads den Prozessor gerade nutzen können. Dies nennt man *Busy Waiting* und findet sich nicht selten in schlechtem Code wieder. Wenn Fridolin die einzige verfügbare Leiter immer wieder für sich beansprucht, nur um zu schauen, ob ein Karton jetzt endlich voll ist, dann behindert er andere an der effizienten Ausführung ihrer Aufgaben!

35.3 Zusammenfassung der Konzepte

Nun haben wir Nebenläufigkeit erst einmal konzeptionell betrachtet. Es wird Zeit, etwas konkreter zu werden und eigenen Code zu schreiben. Es ist jedoch wichtig noch einmal die dahinterliegenden Konzepte im Kopf zu haben. Denn in der offiziellen Kotlin-Dokumentation werden diese Konzepte nicht noch einmal erklärt, sondern vorausgesetzt. Daher noch einmal zusammengefasst die wichtigsten Begriffe und Prinzipien:

- Koroutinen arbeiten Arbeitsaufträge ab. Ein Arbeitsauftrag ist ein Algorithmus, der als Codeblock zur Verfügung gestellt wird. Aus diesem Code heraus können auch weitere Funktionen aufgerufen werden.
- Ein Thread kann einen solchen Arbeitsauftrag in geordneter Reihenfolge abarbeiten.
- Mehrere Threads können Arbeitsaufträge nebenläufig und ggf. parallel abarbeiten.
- Derselbe Arbeitsauftrag kann von mehreren Threads verwendet werden.
- Ein Thread kann auch mehrere Arbeitsaufträge nacheinander abarbeiten. Im Prinzip gibt man dem Thread dann einen übergeordneten Arbeitsauftrag, nämlich dass nacheinander eintreffende Arbeitsaufträge abgearbeitet werden sollen.
- In Kotlin werden Koroutinen eingesetzt, um die Arbeitsaufträge auf zur Verfügung stehende Threads zu verteilen. Wir werden also keine eigenen Threads erzeugen müssen. Koroutinen sind also eine gewisse Abstraktion über Threads.
- Wenn auf das Ergebnis einer lang andauernden Operation gewartet wird (Bücher einpacken oder eine Datei vom Server laden), dann kann ein Thread entweder blockieren (blocking) oder ein Arbeitsauftrag unterbrochen werden (suspending).
- Durch das Unterbrechen von Arbeitsaufträgen ist es auch möglich, dass mehrere Arbeitsaufträge abwechselnd auf demselben Thread laufen.

Der letzte Punkt ist noch wichtig: Es ist möglich, mehrere Koroutinen abwechselnd auf demselben Thread laufen zu lassen. Wird nun eine Koroutine unterbrochen (z. B. weil auf ein Ergebnis gewartet wird), dann kann eine andere weiterlaufen. Aus Benutzersicht kann dieser Wechsel dann manchmal so aussehen, also ob die Koroutinen wirklich parallel laufen. Ähnlich wie mehrere Threads auf einem einzigen Prozessor laufen können (aber eben abwechselnd), können mehrere Koroutinen auf einem Thread laufen (aber eben abwechselnd).

36 Coroutines verwenden

Koroutinen sind einer der großen Vorteile von Kotlin, da sich nebenläufige Programmierung sehr viel einfacher und fehlerfreier gestalten lässt. Allerdings sind Koroutinen nicht Teil des Sprachstandards, sondern werden über eine Bibliothek zur Verfügung gestellt. Diese Bibliothek müssen Sie noch in Ihr Projekt einbinden. Erst dann werden die folgenden Abschnitte in Ihrer Entwicklungsumgebung funktionieren.

Eine Anleitung zur Installation der Bibliothek finden Sie hier: *https://kotlinlang.org/docs/tutorials/coroutines/coroutines-basic-jvm.html.*

Diese Anleitung bezieht sich auf die Einbindung mit *Gradle* oder *Maven*. Das sind sogenannte *Build-Tools*, die dafür sorgen, dass beim Erzeugen des Programms alle benötigten Bibliotheken eingebunden werden. Wenn Sie eine Android-App entwickeln, steht Ihnen Gradle zur Verfügung, mit dem Sie Bibliotheken einbinden können. Wenn Sie mit IntelliJ arbeiten, können Sie die Bibliothek mit diesen Schritten mit Maven einbinden:

1. Wählen Sie im Menü File -> Project Structure.
2. Gehen Sie in den Bereich „Libraries“.
3. Klicken Sie auf das + Symbol und wählen „From Maven…“ aus.
4. Geben Sie „kotlinx-coroutines-core“ ins Suchfeld ein und klicken auf die Suche. Dies kann etwas länger dauern.
5. Wählen Sie die aktuellste Version der Bibliothek aus und bestätigen Sie mit OK.

Sie benötigen hierfür eine Internetverbindung.

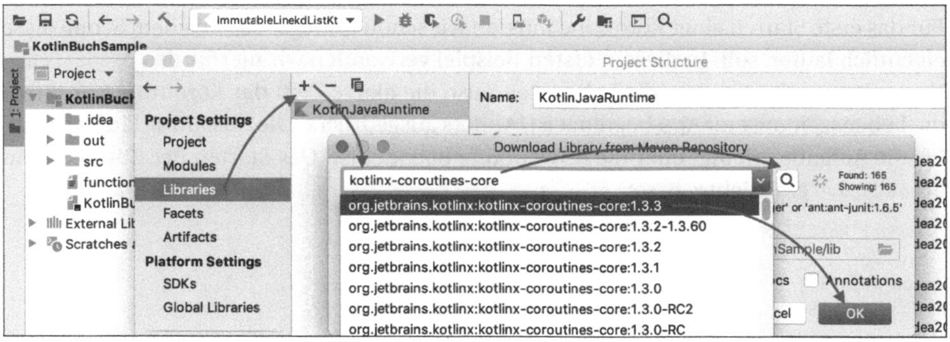

36.1 Nebenläufige Begrüßung

In Kotlin startet man eine einfache Koroutine mit der `launch`-Funktion. Diese Funktion steht erst zur Verfügung, wenn Sie die benötigten Pakete importiert haben:

```
import kotlinx.coroutines.*
```

Die `launch`-Funktion ist eine Funktion höherer Ordnung, d. h. wir übergeben ihr selbst eine Funktion als Argument. In der Regel legen wir diese Funktion direkt als Lambda-Ausdruck fest:

```
launch { /* unser eigener Code, der nebenläufig ausgeführt werden soll *\ }
```

Man übergibt der `launch`-Funktion also quasi einen Codeschnipsel als Arbeitsauftrag, der nebenläufig abgearbeitet wird. Wir werden später noch sehen, dass die `launch`-Funktion passend dazu auch ein `Job`-Objekt zurückliefert, mit dem man den Arbeitsauftrag z. B. abbrechen kann. Die `launch`-Funktion ist dabei ein sogenannter *Coroutine Builder*. Das heißt, `launch` erhält einen Codeschnipsel (meist eine Lambda-Funktion) und baut für diesen eine Koroutine. Dabei wird die gesamte Verwaltung (wer wann diese Aufgabe erledigen wird) für Sie im Hintergrund durchgeführt. Anders ausgedrückt: Sie können Arbeitsaufträge erteilen und müssen sich nicht darum kümmern, wer sie erledigt.

Dennoch können und müssen wir ein wenig steuern. Ein Beispiel hierfür ist das Festlegen eines Scopes für Ihre Koroutine. Das Koroutinenkonzept von Kotlin sieht Scopes vor, d. h. Gültigkeitsbereiche, in denen Koroutinen quasi als eine kooperierende Einheit zusammengefasst werden. Daher können Sie `launch { }` auch nicht einfach so aufrufen, sondern müssen dies immer für einen bestimmten Scope tun.

Sie können sich einen bestimmten Wohnungsumzug als einen Scope vorstellen. Alle Aufgaben, die hier nebenläufig erledigt werden (z. B. Kartons packen, Schrank auseinanderbauen), gehören irgendwie zusammen. Wenn Sie den Umzug als Ganzes beenden, dann sollen alle nebenläufigen (Umzugs-)Aufgaben beendet werden. Wir schauen uns das erzeugen eigener Scopes später noch genauer an. Zunächst machen wir uns das Leben aber einfach und greifen auf einen globalen Scope zu, um neue Aufgaben zu starten.

36.1.1 Koroutine im Global Scope starten

Für das erste Starten einer Koroutine müssen wir schon festlegen, in welchem Scope diese eigentlich laufen soll. In diesem ersten Beispiel verwenden wir hierfür den `GlobalScope`. Damit legen wir fest, dass die Lebenszeit (also die aktive Zeit) der Koroutine nur durch die Lebenszeit unserer App begrenzt ist. Anders ausgedrückt: Die Koroutine läuft solange, bis die Aufgabe erledigt oder die Anwendung beendet ist. Das Starten der Koroutine im `GlobalScope` geschieht z. B. so:

```
import kotlinx.coroutines.*

fun main() {
    GlobalScope.launch {
        repeat(1000) { println("Moin") }
    }
}
```

Unser nebenläufiger Codeschnipsel ist dabei eine Lambda-Funktion, in der 1000 x der Aufruf `println("Moin")` ausgeführt werden soll. Hier wird die Koroutine im `GlobalScope` gestartet.

> **Vorsicht mit dem globalen Scope!**
>
> Das Starten von Koroutinen im globalen Scope nutzen wir hier, um die nebenläufige Abarbeitung zu beobachten. Für eigene Programme sollten Sie jedoch nicht auf den globalen Scope zugreifen, sondern kleinere Scopes definieren. Ein Scope ist ja ein Gültigkeitsbereich. Wenn Sie nun einen kleinen Scope (etwa einen Umzug) abbrechen oder darin etwas schiefgeht, dann hat dies keine globalen Auswirkungen. Bei einem globalen Scope sind die Auswirkungen hingegen global – das scheint der Name ja auch anzudeuten. Stellen Sie sich vor, dass Ihnen beim Umzug eine Kiste auf den Fuß fällt und Sie den Umzug heute erst einmal abbrechen möchten, zum Arzt fahren und danach den Umzug erneut starten. Dann ist es sinnvoll, dass sich das Abbrechen nur auf den begrenzten Scope des Umzugs bezieht und nicht auf das Weltgeschehen im globalen Scope. Anders ausgedrückt: Eine Prellung am Fuß soll vielleicht einen Umzug abbrechen, aber die Welt soll sich weiterdrehen.

36.1.2 Mehrere Koroutinen nebenläufig starten

Damit wir die Nebenläufigkeit einmal beobachten können, schreiben wir ein kurzes Programm, in dem in der `main`-Funktion gleich zwei nebenläufige Koroutinen gestartet werden:

```
import kotlinx.coroutines.*

fun main() {
    GlobalScope.launch {
        repeat(1000) { println("Moin") }
    }

    GlobalScope.launch {
        repeat(1000) { println("Guten Tag") }
    }

    Thread.sleep(2000)

    println("Das Programm ist beendet.")
}
```

Die beiden Koroutinen werden nebenläufig gestartet und – da wir die `launch`-Funktion des Global-Scopes verwenden – auf Arbeiter-Threads verteilt. Dabei handelt es sich um Threads, die in schon in einem Pool angelegt worden sind, um anfallende Arbeit zu erledigen, sobald diese anfällt. Mit anderen Worten: Sie müssen nicht jeweils einen neuen Arbeiter einstellen, wenn ein Auftrag ansteht, sondern können auf ein bereits existierendes Team zurückgreifen. Weiter oben haben wir gesehen, dass dabei die Threads nicht immer parallel arbeiten, sondern sich abwechselnd Prozessorzeit teilen. Wann ein Thread zum Zuge kommt, wird dabei vom Betriebssystem gesteuert, sodass die Ausgabe der Begrüßungen in unterschiedlicher, nicht vorhersehbarer Reihenfolge geschieht. Um dies zu beobachten, lassen Sie Ihr Programm ein paar Mal laufen und schauen sich die Unterschiede an. Falls sich die Reihenfolge auf Ihrem Rechner nicht ändert, dann erhöhen Sie die Anzahl der Ausgaben.

Hier ist ein Beispiel, wie die Ausgabe auf der Konsole aussehen könnte:

```
> ...
> Moin
> Moin
> Guten Tag
> Guten Tag
> Moin
> Moin
> Moin
> Moin
> Moin
> Moin
> Moin
> Guten Tag
> Guten Tag
> ...
> Das Programm ist beendet.
```

36.1.3 Künstliche Wartezeit einbauen mit sleep

Am Ende der `main`-Funktion steht der Aufruf `Thread.sleep(2000)`. Mit diesem Aufruf verzögern wir an dieser Stelle das Beenden der Anwendung. Eine Kotlin-Anwendung ist dann beendet, wenn alle Zeilen der `main`-Funktion abgearbeitet wurden. Da unsere Koroutinen nebenläufig gestartet werden, würde ohne das `Thread.sleep(2000)` sofort der letzte Ausdruck `println("Das Programm ist beendet.")` ausgeführt und das Programm danach beendet werden. Die Koroutinen, die eigentlich noch ein paar Hundert Ausgaben zu erledigen hätten, werden dabei sofort beendet. Dies liegt daran, dass wir sie im `GlobalScope` gestartet haben. Dieser Scope existiert nur solange, bis die Anwendung beendet ist, d. h. alle Zeilen der `main`-Funktion abgearbeitet sind. Die Anwendung wartet also nicht darauf, dass alle Koroutinen des Global-Scopes abgearbeitet sind. Die Arbeiter-Threads existieren nur solange, wie der *Haupt-Thread* unserer `main`-Funktion existiert. Wir werden noch bessere Möglichkeiten kennenlernen, um unsere Anwendung am Laufen zu halten, bis wirklich alles abgearbeitet ist, aber in unserem ersten Beispiel verwenden wir `Thread.sleep(2000)`.

`Thread.sleep` ist eine statische Methode der `Thread`-Klasse. Die Methode blockiert den aktuellen laufenden Thread, in unserem Fall also den Thread der `main`-Funktion, um eine festgelegte Zeit, die in Millisekunden angegeben wird. Hier wird der Thread also für 2000 ms schlafen geschickt, d. h. er blockiert, bis diese Zeit verstrichen ist. Wir erinnern uns: Blockierende Threads verbrauchen keine weiteren Ressourcen (sie laufen nicht mehr und verbrauchen keine Prozessorzeit), aber sie können in dieser Zeit auch keine Arbeit mehr verrichten. Es ist also quasi ein Arbeiter, der gerade nichts macht und wartet. Was passiert, wenn wir den `main`-Thread nicht warten lassen? Dann werden die Koroutinen gestartet, aber nicht zu Ende abgearbeitet.

36.1.4 Informationen über den aktuellen Thread

Die Thread-Klasse können Sie übrigens auch nutzen, um auf den aktuell ausführenden Thread zuzugreifen und sich den Namen ausgeben zu lassen. Dann können Sie nachvollziehen, wie die Arbeit auf verschiedene Threads verteilt wird:

```
import kotlinx.coroutines.*

fun main() {
    GlobalScope.launch {
        repeat(1000) { println("Moin von ${Thread.currentThread().name}") }
    }

    GlobalScope.launch {
        repeat(1000) { println("Guten Tag von ${Thread.currentThread().name}") }
    }

    Thread.sleep(2000)
    println("Das Programm ist beendet. ${Thread.currentThread().name}")
}
```

Dies führt z. B. zu folgender oder einer ähnlichen Ausgabe:

```
> ...
> Guten Tag von DefaultDispatcher-worker-2
> Moin von DefaultDispatcher-worker-1
> Guten Tag von DefaultDispatcher-worker-2
> Guten Tag von DefaultDispatcher-worker-2
> Guten Tag von DefaultDispatcher-worker-2
> Guten Tag von DefaultDispatcher-worker-2
> Guten Tag von DefaultDispatcher-worker-2
> Guten Tag von DefaultDispatcher-worker-2
> Guten Tag von DefaultDispatcher-worker-2
> Moin von DefaultDispatcher-worker-1
> Moin von DefaultDispatcher-worker-1
> ...
> Das Programm ist beendet. main
```

Das werden wir in den zukünftigen Beispielen öfters nutzen, um die Arbeit der verschiedenen Threads besser nachzuvollziehen.

Die beiden Koroutinen starten im globalen Scope, d. h. sie werden nebenläufig von verschiedenen bereits existierenden Threads abgearbeitet. Der Wechsel zwischen den Threads geschieht präemptiv durch das Betriebssystem, d. h. wir können nicht steuern, wann der Wechsel geschieht.

36.2 Blockieren und Unterbrechen

Das Blockieren eines Threads ist selten die beste Lösung. Sie verschwenden zwar keine Rechenzeit, aber der Thread selbst kann nichts mehr erledigen und steht als Ressource nicht mehr zur Verfügung. Statt einen Thread mit `sleep` zu blockieren, gibt es für Koroutinen die Möglichkeit, die Ausführung mit `delay` zu unterbrechen. Erinnern Sie sich an den Unterschied zwischen Blockieren und Unterbrechen? Blockieren bedeutet, dass ein

Arbeiter nichts macht, bis die Blockierung aufgehoben ist. Eine Unterbrechung bedeutet dagegen, dass ein Arbeiter seine aktuelle Aufgabe unterbricht und sofort mit einer anderen weitermachen kann.

Im Folgenden wollen wir daher statt mit `sleep` die Beendigung des Programms mit `delay` verzögern. `delay` ist eine unterbrechende Funktion, eine sogenannte *Suspending Function*.

Diese Unterbrechung ist kooperativ und übergibt sozusagen den Staffelstab an eine andere Koroutine innerhalb desselben Scopes.

Es gibt neben `launch` einen weiteren Coroutine Builder, der dafür sorgt, dass eine Koroutine im selben Scope ausgeführt wird und blockiert, bis alle Anweisungen aller gestarteten Koroutinen des Scopes vollständig ausgeführt sind. Dieser Coroutine Builder ist die Funktion `runBlocking`. Hier sehen wir ein Beispiel für die Verwendung:

```
import kotlinx.coroutines.*

fun main() {
    GlobalScope.launch {
        repeat(1000) { println("Moin von ${Thread.currentThread().name}") }
    }

    GlobalScope.launch {
        repeat(1000) { println("Guten Tag von ${Thread.currentThread().name}") }
    }

    runBlocking {
        delay(2000)
    }

    println("Das Programm ist beendet. ${Thread.currentThread().name} ")
}
```

Da wir innerhalb von `runBlocking` zwar eine Unterbrechung mit `delay` einführen, aber innerhalb dieses Scopes keine weiteren Koroutinen starten (die anderen Koroutinen laufen ja im globalen und nicht im lokalen Scope), ist der Effekt zunächst derselbe wie vorher mit `Thread.sleep(2000)`.

Es gibt jedoch konzeptionell einen wichtigen Unterschied:

- `Thread.sleep(2000)` blockiert den Thread, bis 2000 ms um sind.
- `delay` unterbricht die Ausführung des aktuellen Codeblocks und würde anderen Koroutinen innerhalb desselben Scopes die Möglichkeit geben, ihre Arbeit zu verrichten.
- `runBlocking` sorgt dafür, dass der Thread blockiert, bis alle Aufträge des Scopes vollständig ausgeführt sind. Da hier nur ein einziger Auftrag festgelegt ist, nämlich die Unterbrechung von 2000 ms, führt `runBlocking` dazu, dass 2000 ms lang nichts innerhalb dieses Scopes geschieht und das Programm erst nach 2000 ms beendet. Die im globalen Scope gestarteten Koroutinen laufen jedoch nebenläufig weiter.

36.2.1 Mehrere Koroutinen innerhalb von runBlocking starten

Der Unterschied zwischen `sleep` und `delay` wird erst klar, wenn wir weitere Koroutinen im Coroutine Scope der mit `runBlocking` gebauten Koroutine starten und diese ebenfalls unterbrechen:

```
import kotlinx.coroutines.*

fun main() {
    // ...
    runBlocking {
        // Coroutinen im globalen Scope, wie gehabt:
        GlobalScope.launch {
            repeat(1000) { println("Moin von ${Thread.currentThread().name}") }
        }

        GlobalScope.launch {
            repeat(1000) { println("Guten Tag von ${Thread.currentThread().name}") }
        }

        // Zusätzliche Coroutine im Scope von runBlocking
        launch {
            repeat(3) { println("Extraausgabe. ${Thread.currentThread().name}") }
        }
        println("Alles gestartet. ${Thread.currentThread().name}")
        delay(2000)
        println("Fertig. ${Thread.currentThread().name}")
    }

    println("Das Programm ist beendet. ${Thread.currentThread().name}")
}
```

Wir sehen hier das Starten einer weiteren Koroutine mit `launch`. Diese Koroutine wird dabei im Scope der aktuellen Koroutine (hier von `runBlocking`) gestartet. Wir haben `launch` statt `GlobalScope.launch` verwendet. Wenn wir uns die letzten Zeilen der Programmausgabe ansehen, wird der Unterschied zu `sleep` deutlich:

„Moin" und „Guten Tag" werden weiterhin im `GlobalScope` gestartet und laufen daher auf verschiedenen Arbeiter-Threads. Die Ausgabe von „Extraausgabe", „Alles gestartet", „Fertig" und „Das Programm ist beendet" geschehen alle im main-Thread. Denn `runBlocking` definiert einen Codeblock, der vollständig auf dem main-Thread ausgeführt werden soll.

Der main-Thread blockiert bis alle Anweisungen dieses Codeblocks abgearbeitet sind. Innerhalb dieses Codeblocks gibt es nun aber aufgrund einer unterbrechenden Funktion – `delay` – eine nebenläufige (abwechselnde) Abarbeitung der einzelnen Anweisungen.

```
> ...
> Guten Tag von DefaultDispatcher-worker-2
> Moin von DefaultDispatcher-worker-1
> Guten Tag von DefaultDispatcher-worker-2
> Guten Tag von DefaultDispatcher-worker-2
> ...
> Guten Tag von DefaultDispatcher-worker-2
> Guten Tag von DefaultDispatcher-worker-2
> Guten Tag von DefaultDispatcher-worker-2
> Moin von DefaultDispatcher-worker-1
> Moin von DefaultDispatcher-worker-1
> Alles gestartet. main
> Extraausgabe. main
> Extraausgabe. main
> Guten Tag von DefaultDispatcher-worker-2
> Extraausgabe. main
> Fertig. main
```

36.2.2 Zusammenspiel von Threads

Man kann sich das vielleicht wieder bildlich vorstellen, wenn man Koroutinen als Arbeitsaufträge ansieht, die an Arbeiter verteilt werden. Dabei gibt es den

- Hauptarbeiter, der die Anweisungen aus der `main`-Funktion als Arbeitsauftrag abarbeitet, und
- ein globales Team von Arbeitern, die Arbeitsaufträge empfangen und solange abarbeiten, bis der Hauptarbeiter fertig ist (egal ob sie dann selbst fertig sind oder nicht).

Der Hauptarbeiter vergibt nun erst einmal zwei weitere Arbeitsaufträge an das globale Team:

- Schreibe 1000 x die Begrüßung `"Moin"`
- Schreibe 1000 x die Begrüßung `"Guten Tag"`

Da diese Arbeitsaufträge an das globale Team verteilt werden, können zwei unterschiedliche Arbeiter gleichzeitig die beiden Arbeitsaufträge abarbeiten.

Interessant ist nun, was innerhalb von `runBlocking` geschieht. Dies ist im Prinzip ein großer Arbeitsauftrag, den der Hauptarbeiter selbst abarbeiten möchte. Erst wenn dieser Auftrag komplett abgearbeitet ist, wird er sich um die nächste Anweisung (`"Programm ist beendet."` ausgeben) kümmern. Es ist somit ein blockierender Arbeitsauftrag.

Dieser blockierende Arbeitsauftrag enthält nun als erste Anweisung, dass ein weiterer Arbeitsauftrag erstellt wird. Dieser Arbeitsauftrag wird nun allerdings nicht an das globale Team gegeben, sondern auch vom Hauptarbeiter ausgeführt, **sobald er dafür Zeit hat** – also nicht sofort! Stattdessen arbeitet der Hauptarbeiter die nächste Anweisung ab (`"Alles gestartet"` ausgeben). Die nächste Anweisung `delay(2000)` bedeutet, dass dieser Arbeitsauftrag für 2000 ms unterbrochen wird, bevor dann `"Fertig"` ausgegeben wird. Diese Unterbrechung bedeutet aber nicht, dass der Hauptarbeiter aufhört zu arbeiten – er blockiert nicht. Stattdessen schaut er, ob es weitere Arbeitsaufträge für ihn gibt. Ach ja, er hatte sich ja gerade einen neuen erstellt. Diesen kann er nun abarbeiten und `"Extraausgabe"` ausgeben. Somit kommt es zu dieser Reihenfolge bei der Ausgabe:

```
> Alles gestartet. main
> Extraausgabe. main
> Fertig. main
> Das Programm ist beendet. main
```

36.3 Arbeit auf Threads verteilen

Es ist auch möglich, aus einem blockierenden Codeabschnitt heraus Arbeitsaufträge an das globale Arbeiterteam zu verteilen:

```
import kotlinx.coroutines.*

fun main() {
    // Auftrag A für Hauptarbeiter
    runBlocking {
        // Auftrag B fürs globale Team
        GlobalScope.launch {
```

```
            repeat(5) {
                println("Moin von ${Thread.currentThread().name}")
            }
        }

        // Auftrag C für mich, den Hauptarbeiter
        launch {
            repeat(5) {
                println("Guten Tag von ${Thread.currentThread().name}")
            }
        }

        // Auftrag D für mich, den Hauptarbeiter
        launch {
            println("Extraausgabe. ${Thread.currentThread().name}")
        }

        println("Alles gestartet. ${Thread.currentThread().name}")

        delay(2000) // Meinen Auftrag A unterbrechen, der Hauptarbeiter
        // kann jetzt seine anderen Aufträge bearbeiten

        println("Fertig. ${Thread.currentThread().name}")
    }

    println("Das Programm ist beendet. ${Thread.currentThread().name} ")
}
```

Was genau passiert hier?

- Der Hauptarbeiter legt sich einen umfangreichen Arbeitsauftrag A an, der vollständig abgearbeitet werden soll.
- Es wird ein Arbeitsauftrag B (5 x „Moin“ ausgeben) an das globale Arbeitsteam geschickt.
- Der Hauptarbeiter erstellt für sich selbst einen Arbeitsauftrag C (5 x „Guten Tag“ ausgeben).
- Der Hauptarbeiter erstellt für sich selbst einen Arbeitsauftrag D („Extraausgabe“ ausgeben).
- Der Hauptarbeiter gibt „Alles gestartet“ aus.
- Der Hauptarbeiter unterbricht den Arbeitsauftrag A für 2000 ms und hat jetzt Zeit, die zusätzlich für ihn selbst erstellten Arbeitsaufträge C und D abzuarbeiten.
- Nach den 2000 ms kann er seinen Arbeitsauftrag A wieder fortsetzen.
- Daher gibt er nun „Fertig.“ aus.
- Der Arbeitsauftrag A ist vollständig abgearbeitet.
- Der Hauptarbeiter kann fortfahren („Das Programm ist beendet.“ ausgeben).

Diesen Ablauf bestätigt auch die Konsolenausgabe:

```
> Moin von DefaultDispatcher-worker-1
> Moin von DefaultDispatcher-worker-1
> Moin von DefaultDispatcher-worker-1
> Moin von DefaultDispatcher-worker-1
> Moin von DefaultDispatcher-worker-1
> Alles gestartet. main
> Guten Tag von main
```

```
> Guten Tag von main
> Guten Tag von main
> Guten Tag von main
> Guten Tag von main
> Extraausgabe. main
> Fertig. main
> Das Programm ist beendet. main
```

Das `delay()` ist dabei in unserem Beispiel eine künstliche Unterbrechung des Arbeitsauftrags A. Eine solche Verzögerung kann auch durch unterbrechende Funktionen (Suspending Functions) geschehen, wenn diese z. B. auf eine Antwort von einem Server warten. Um bei unserem Arbeiterbeispiel zu bleiben: Ein Hauptarbeiter kann das Abarbeiten eines Arbeitsauftrags z. B. unterbrechen, wenn er auf den Rückruf eines Kunden wartet. Statt in dieser Zeit nichts zu tun (blockieren), arbeitet er andere Arbeitsaufträge ab, die er ggf. selbst für sich erstellt hat.

Was würde in diesem Codebeispiel passieren, wenn wir das `delay` entfernen? Zunächst würde sich die Reihenfolge am Ende verändern:

```
> ...
> Alles gestartet. main
> Fertig. main
> Guten Tag von main (5 x)
> Extraausgabe. main
> Das Programm ist beendet. main
```

Da es keine Unterbrechung mehr gibt, arbeitet der Hauptarbeiter zunächst den Arbeitsauftrag A vollständig ab. Erst wenn dies erledigt ist, widmet er sich weiteren Arbeitsaufträgen, die er vorher für sich selbst erstellt hat. Diese arbeitet er nacheinander in der `launch`-Reihenfolge ab.

Es gibt aber auch einen weiteren Effekt, der vielleicht nicht so offensichtlich ist. In unserem Beispiel geben wir die Ausgabe von `"Moin"` weiterhin als Auftrag an das globale Team von Arbeitern. Diese sind jedoch nur aktiv, solange der Hauptarbeiter aktiv ist. Wenn Sie `"Moin"` viel häufiger ausgeben (z. B. 10000 x), dann wird dieser nebenläufige Arbeitsauftrag nicht vollständig abgearbeitet.

Denn das Blockieren von `runBlocking` bezieht sich nur auf die Anweisungen, die vom Hauptarbeiter ausgeführt werden. Wenn dieser seine Aufgaben aus Arbeitsauftrag A vollständig erledigt hat, arbeitet er seine letzte Anweisung („Programm ist beendet.“) ab, und danach ist das Programm auch wirklich beendet. Wenn der Hauptarbeiter fertig ist, dann machen alle Feierabend.

Haupt-Thread und Daemon-Threads

Die `main`-Funktion läuft im Haupt-Thread der Anwendung. Es handelt sich also um den Hauptablaufstrang der Anwendung. Wenn `runBlocking` in diesem Thread aufgerufen wird, dann blockiert dieser Thread, bis alle darin gestarteten Koroutinen abgearbeitet sind. Sobald der Haupt-Thread beendet ist, endet auch das Programm.

Bei den Threads aus dem globalen Scope handelt es sich um sogenannte Daemon-Threads, die nur solange laufen, wie der Haupt-Thread läuft. Dies ist ein Unterschied zu selbst erzeugten Threads. Wenn man z. B. mit `Thread()` einen eigenen Thread erzeugt und diesen startet, dann läuft das Programm solange, bis auch dieser Thread abgearbeitet ist. In Java war diese Art der schwergewichtigen Thread-Erzeugung üblich. Sie hat aber den Nachteil, dass ein Programm weiterläuft, selbst wenn der Haupt-Thread schon lange beendet ist. Dies ist eine typische Fehlerquelle.

Mit Koroutinen haben Sie mehr Sicherheit. Wenn der Haupt-Thread beendet ist, dann ist auch Ihr Programm beendet.

36.4 Jobs

Wie können Sie nun erreichen, dass der Hauptarbeiter bzw. der main-Thread auch darauf wartet, bis alle anderen Arbeiter ihre Arbeit erledigt haben?

Das `delay(2000)` hat für uns zur Illustration funktioniert, aber erfüllt nicht den eigentlichen Zweck. Einerseits warten wir ggf. zu lange (wenn alle `"Moin"` schon nach 50 ms ausgegeben sind) oder zu kurz (wenn alle `"Moin"` doch länger benötigen).

Hilfreich wäre es daher, an der richtigen Stelle genauso lange zu warten, bis eben der Arbeitsauftrag B (`"Moin"` ausgeben) vollständig erledigt ist. Hierzu müssen wir irgendwie auf den Arbeitsauftrag zugreifen können, um seinen Fortschritt zu überprüfen. In Kotlin ist genau dies möglich. Denn die `launch`-Funktion startet nicht nur einfach die Abarbeitung eines Arbeitsauftrags als Koroutine, sondern hat auch einen Rückgabewert, nämlich ein `Job`-Objekt. Ein Arbeitsauftrag führt in Kotlin also zu einem Job, der erledigt wird. Das `Job`-Objekt repräsentiert diese Arbeitsausführung und ermöglicht uns, diese zu steuern. Wir können z. B. testen, ob diese aktiv ist. Es ist auch möglich, einen `Job` abzubrechen. Und wir können darauf warten, bis der `Job` erledigt ist. Hierfür gibt es die `join()`-Methode. Wir können uns also zunächst eine Referenz auf den `Job` speichern:

```
import kotlinx.coroutines.*

fun main() {
    val moinJob = GlobalScope.launch {
        repeat(5000) {
            println("Moin von ${Thread.currentThread().name} und $it")
        }
    }
}
```

Später können wir dann mit `moinJob.join()` die Ausführung des aktuellen Codes solange unterbrechen, bis der Job erledigt ist. Wichtig ist dabei, dass `join()` nicht den aktuellen Thread blockiert, sondern unterbricht! Wenn ein Arbeiter für das Weiterarbeiten an seinem aktuellen Arbeitsauftrag A auf das Erledigen eines anderen Arbeitsauftrags B warten muss, dann hört er nicht einfach auf. Er kann zwar nicht an A weiterarbeiten, aber er kann sich solange um andere Arbeitsaufträge C und D kümmern. Hier der vollständige Code:

```
import kotlinx.coroutines.*

fun main() {
    // Arbeitsauftrag A muss komplett erledigt werden
    runBlocking {
        // Arbeitsauftrag B an das globale Arbeiter-Team senden:
        val moinJob = GlobalScope.launch {
```

```
            repeat(5000) {
                println("Moin von ${Thread.currentThread().name} und $it")
            }
        }

        // Erstelle für mich selbst einen Arbeitsauftrag C
        launch {
            repeat(5) {
                println("Guten Tag von ${Thread.currentThread().name}")
            }
        }

        // Erstelle für mich selbst einen Arbeitsauftrag D
        launch {
            println("Extraausgabe. ${Thread.currentThread().name}")
        }

        println("Alles gestartet. ${Thread.currentThread().name}")

        // Warte, bis Auftrag B (moinJob) erledigt ist
        // In der Zeit kann ich C und D erledigen, wenn ich beides schaffe
        moinJob.join()

        // Erst nachdem B erledigt ist, geht es weiter
        println("Fertig. ${Thread.currentThread().name}")

        // Falls ich während des Wartens nur C erledigt habe, würde jetzt noch D
             gemacht werden

    } // Ende von Arbeitsauftrag A

    // Erst wenn Arbeitsauftrag A komplett erledigt ist, geht es hier weiter:
    println("Das Programm ist beendet. ${Thread.currentThread().name} ")
}
```

36.5 Nebenläufigkeit auf dem main-Thread

Wir haben bereits gesehen, dass unser Hauptarbeiter neue Arbeitsaufträge entweder an das Team verteilen kann (mit `GlobalScope.launch`) oder an sich selbst (`launch` im eigenen Scope). Es ist durchaus sinnvoll, nebenläufige Aufgaben innerhalb eines einzigen Threads abzuarbeiten, solange es sich dabei um Aufgaben handelt, die sehr schnell abgearbeitet werden können. Diese Aufgaben können selbst wiederum nebenläufige Prozesse anstoßen, die ggf. im Hintergrund erledigt werden. Wie das gesteuerte Verteilen von Arbeitsaufträgen an verschiedene Arbeiterteams geht, werden wir uns auch noch anschauen. Als Erstes aber wollen wir uns noch ein sinnvolles Beispiel anschauen, wie Nebenläufigkeit innerhalb desselben Threads erreicht werden kann. Nehmen wir dazu folgendes vereinfachtes Beispiel:

```
import kotlinx.coroutines.*

fun main() {
    runBlocking {
        launch {
            repeat(5) { println("Moin von ${Thread.currentThread().name}") }
        }

        launch {
            repeat(5) { println("Guten Tag von ${Thread.currentThread().name}") }
        }

        println("Ready.")
    }

    println("Das Programm ist beendet.")
}
```

Die Ausgabe ist folgende:

```
> Ready.
> Moin von main
> Moin von main
> Moin von main
> Moin von main
> Moin von main
> Guten Tag von main
> Guten Tag von main
> Guten Tag von main
> Guten Tag von main
> Guten Tag von main
> Das Programm ist beendet.
```

36.5.1 Zusammenspiel von blockierenden und unterbrechenden Abschnitten

Dabei gibt es einen blockierenden Arbeitsauftrag, der solange blockiert, bis die Koroutine vollständig erledigt ist. Diese Koroutine startet wiederum zwei weitere Arbeitsaufträge, die allerdings erst gestartet werden, wenn dafür Zeit ist. Die Anweisungsfolge ist also:

- Lege einen weiteren Arbeitsauftrag an („Moin“ 5 x ausgeben).
- Lege einen weiteren Arbeitsauftrag an („Guten Tag“ 5 x ausgeben).
- Gib „Ready.“ aus.
- Blockiere, bis alle von mir angelegten Arbeitsaufträge fertiggestellt sind.
- Gib „Das Programm ist beendet.“ aus.

Da der Hauptarbeitsauftrag nicht unterbrochen wird, erfolgt ein vollständiges Abarbeiten dieser drei Punkte. Das Anlegen der Arbeitsaufträge innerhalb des eigenen Coroutine Scopes führt jedoch nicht dazu, dass diese sofort ausgeführt werden. Sondern erst dann, wenn dafür Zeit ist. Erst wenn die Ausgabe `"Ready."` erfolgt ist, sind die Aufgaben des äußeren Arbeitsauftrags erledigt. Die Arbeit wird unterbrochen, damit andere Arbeitsaufträge erledigt werden. Es werden nun die beiden weiteren Unterarbeitsaufträge nacheinander vollständig abgearbeitet. Erst wenn alle Jobs erledigt sind, ist auch der äußere Arbeitsauftrag vollständig erledigt, und das Programm kann weiterlaufen.

Wir sehen, dass in dieser Konstellation die Arbeitsaufträge eigentlich sequentiell nacheinander abgearbeitet werden. Wozu also der Aufwand? Interessant wird es immer dann, wenn wir die Abarbeitung eines Arbeitsauftrags unterbrechen. Denn dann kann ein und derselbe Arbeiter abwechselnd – also nebenläufig, aber nicht unbedingt parallel – unterschiedliche Arbeitsaufträge erledigen.

36.5.2 Abwechselnde Ausführung

Zur abwechselnden Ausführung können wir einmal ein paar `delays` einfügen:

```
import kotlinx.coroutines.*

fun main() {
    // Äußerer Arbeitsauftrag A
    runBlocking {
        // Unterauftrag B
        launch {
            repeat(5) {
                println("Moin von ${Thread.currentThread().name}")
                delay(200)
            }
        }

        // Unterauftrag C
        launch {
            repeat(5) {
                println("Guten Tag von ${Thread.currentThread().name}")
                delay(200)
            }
        }
        println("Ready von ${Thread.currentThread().name}")
        delay(1100)
        println("Done von ${Thread.currentThread().name}")
    }

    println("Das Programm ist beendet.")
}
```

Die Ausgabe ist nun:

```
> Ready von main
> Moin von main
> Guten Tag von main
> Moin von main
> Guten Tag von main
> Moin von main
> Guten Tag von main
> Moin von main
> Guten Tag von main
> Moin von main
> Guten Tag von main
> Done von main
> Das Programm ist beendet.
```

Zum Verständnis: Zunächst wird der Arbeitsauftrag A gestartet. Dieser legt zwei Unteraufträge B und C an, die vom Hauptarbeiter ausgeführt werden können, sobald er die Arbeit an Arbeitsauftrag A unterbricht. Soweit so gut. Nach dem Anlegen der Unteraufträge wird `"Ready von ..."` ausgegeben. Dann wird der Arbeitsauftrag A für 1100 ms unterbrochen. In dieser Zeit kann der Hauptarbeiter sich mit anderen Arbeitsaufträgen beschäftigen, hier also mit den Unteraufträgen B und C. Er fängt also mit Arbeitsauftrag B an und gibt `"Moin"` aus. Dann wird auch dieser Arbeitsauftrag unterbrochen, und er kann mit dem nächsten beginnen, also mit C. Dieser wird dann auch wieder unterbrochen usw.

Wir sehen hier ganz gut, dass eine nebenläufige, also abwechselnde Aufnahme von Tätigkeiten auch auf einem einzigen Thread möglich ist. Damit erreichen wir zwar kein paralleles Abarbeiten. Eine parallele Verarbeitung ist jedoch meist nur für sehr rechenaufwendige Operationen relevant. `delay` ist dabei ein Beispiel für eine unterbrechende Funktion. Statt `delay(...)` könnte hier auch eine Funktion stehen, die eine Anfrage an einen Server startet oder Dateien von der Festplatte liest (was im Vergleich zu anderen Operationen auch recht lange dauert).

Bildlich können Sie sich das so vorstellen: Wenn Sie Spielfiguren auf einem Spielfeld abwechselnd bewegen möchten, dann müssen Sie für 10 Spielfiguren nicht 10 verschiedene Personen als Arbeiter einsetzen. Stattdessen können Sie an einen Arbeiter alle Arbeitsaufträge geben, die das Bewegen der jeweiligen Spielfigur festlegen. Dieser Arbeiter arbeitet die Bewegungsanweisungen dann abwechselnd ab. Mit dem `delay` erreichen wir, dass das Bewegen einer einzelnen Spielfigur immer für eine bestimmte Zeit unterbrochen wird (z. B. alle 200 ms bewegt sich die Figur weiter). Diese Quasi-Parallelität können wir sowohl für Spielfiguren auf einem echten Tisch nutzen (eine Person bewegt die Figuren abwechselnd) als auch für Computerspiele. Wenn sich bei einem Computerspiel die Position einer Figur alle 100 ms verändert, dann nehmen wir dies bereits als kontinuierliche Bewegung war, sodass der Eindruck entsteht, dass sich tatsächlich alle Figuren gleichzeitig bewegen.

Dank Koroutinen ist es also möglich, mit nur einem einzigen Arbeiter nebenläufige Prozesse abzubilden. Sie haben aber auch die Möglichkeit, die Arbeitsaufträge tatsächlich an mehrere Arbeiter zu verteilen. Denken Sie wieder an die 10 Spielfiguren. Sie können abwechselnd von einer einzigen Person bewegt werden. Sie können aber auch von 2 Personen oder von 10 Personen bewegt werden. Dabei muss eine Person nicht immer dieselbe Spielfigur bewegen, und eine Spielfigur kann umgekehrt von unterschiedlichen Personen bewegt werden. Genau dies geschieht, wenn Sie Arbeitsaufträge über den `GlobalScope` verteilen und die Ausführung unterbrechen. Wenn die Ausführung nach einer bestimmten Zeit wieder gestartet wird, dann kann dies durchaus durch einen anderen Arbeiter-Thread geschehen.

36.6 Strukturierte Nebenläufigkeit mit Coroutine Scopes

Im obigen Beispiel haben wir gesehen, dass mit `runBlocking` auch ein neuer Arbeitsauftrag, d. h. eine neue Koroutine, gebaut wird. Dabei wird auch gleichzeitig ein Coroutine Scope festgelegt.

Aus technischer Sicht wird beim Bauen einer Koroutine (z. B. mit `launch` oder `runBlocking`) neben dem auszuführenden Codeblock ein `CoroutineScope`-Objekt der Koroutine hinzugefügt.

Innerhalb eines `CoroutineScopes` können weitere Koroutinen starten. Die äußere Koroutine (in unserem Fall der Arbeitsauftrag, den wir für `runBlocking` festgelegt haben) ist erst dann fertig, wenn alle Unteraufträge fertig sind. Dies hat den Vorteil, dass wir nicht explizit mit `join()` auf die Fertigstellung der einzelnen Unteraufträge warten müssen. Wir sparen uns also Referenzen auf die ganzen `Job`-Objekte der einzelnen Unter-Koroutinen. Wir benötigen `join` nur noch, wenn wir Arbeitsaufträge als Koroutinen innerhalb anderer Scopes starten, z. B. im `GlobalScope`, um die Arbeit auf andere Threads zu verteilen. Damit wird der Code leserlicher, und wir vermeiden Fehlerquellen.

Die verschiedenen Coroutine Builder

`launch` dient dazu, um aus einer existierenden Koroutine heraus weitere Koroutinen zu erzeugen. Mit `GlobalScope.launch` können Sie eine Koroutine im globalen Scope erzeugen. `runBlocking` wird eingesetzt, um aus einem regulären, eventuell blockierenden Programmablauf in einen Koroutinen-Scope zu wechseln. Erst wenn alle Koroutinen innerhalb von `runBlocking` vollständig abgearbeitet sind, wird in den regulären Programmablauf zurückgekehrt. Wenn auf die Abarbeitung aller Koroutinen gewartet werden muss, weil etwa noch eine Serverantwort aussteht, dann wird der Thread, der runBlocking aufgerufen hat, blockiert, bis alles erledigt ist. ■

Es gibt aber noch einen weiteren entscheidenden Vorteil durch das Bündeln von Koroutinen innerhalb eines Scopes. Nehmen wir an, dass einer der Unteraufträge fehlschlägt und damit das Gesamtergebnis nicht mehr berechnet werden kann. Dann sollten die anderen Unteraufträge auch ihre Arbeit einstellen. Dasselbe gilt für den Fall, dass der äußere Arbeitsauftrag abgebrochen (gecancelt) wird. Dann sollten auch alle Unteraufträge abgebrochen werden. Der Coroutine Scope ermöglicht genau dies. Wir können aus diesem Grund auch unsere eigenen, zusätzlichen Scopes festlegen:

```
import kotlinx.coroutines.*

fun main() {
    // erzeugt automatisch einen CoroutineScope CS1
    runBlocking {
        // startet eine Koroutine in diesem Scope (this bzw. CS1)
        launch {
            delay(200)
            println("Ich gehöre zu Scope 1 von runBlocking")
        }

        // Erzeugt einen zusätzlichen CoroutineScope CS2
        coroutineScope {
            // Neuer Arbeitsauftrag X für CS2
            launch {
                println("Ha, ich bin ein weiterer Unterauftrag X in Scope 2")
                delay(400)
                println("Wieder Unterauftrag X in Scope 2")
            }

            // Dies wird als erstes ausgeführt
```

```
            println("Ich bin der Hauptauftrag in Scope 2")
            delay(100) // jetzt kann Auftrag X starten
            println("Fortsetzung Hauptauftrag Scope 2")
        }

        // Diese Ausgabe erfolgt in CS1, nachdem alle Aufträge aus
        // CS2 abgearbeitet sind, also als Letztes.
        println("Alle Aufträge aus CS 2 sind fertig.")
    }
}
```

Die Ausgabe ist wie folgt:

```
> Ich bin der Hauptauftrag in Scope 2
> Ha, ich bin ein weiterer Unterauftrag X in Scope 2
> Fortsetzung Hauptauftrag Scope 2
> Ich gehöre zu Scope 1 von runBlocking
> Wieder Unterauftrag X in Scope 2
> Alle Aufträge aus CS 2 sind fertig.
```

36.7 runBlocking für main

Im letzten Beispiel haben wir gesehen, dass wir in der main-Funktion direkt mit dem Aufruf von `runBlocking` beginnen und darin alles geschieht. Dies ist ein sehr häufiger Fall. `runBlocking` erzeugt einen eigenen `CoroutineScope` und sorgt dafür, dass erst nach Beendigung aller darin gestarteten Koroutinen im Hauptprogramm fortgefahren wird. In diesem Fall blockiert der Thread also immer nur dann, wenn er gerade selbst tatsächlich nichts zu tun und keine weiteren Aufträge hat, aber andere Arbeiter noch fleißig am Arbeiten sind. Damit erreichen wir, dass das Programm auch solange am Leben erhalten wird, wie tatsächlich Aufgaben anfallen. Wenn wir Arbeitsaufträge bzw. `Jobs` an andere `CoroutineScopes` vergeben haben und auch auf deren Fertigstellung warten möchten, dann müssen wir mit `join()` für die Synchronisation sorgen.

Erst wenn alles im `runBlocking`-Teil erledigt ist, wird im Hauptprogramm fortgefahren. Da es nach dem `runBlocking` keine weiteren Anweisungen gibt, terminiert das Programm direkt nach der Fertigstellung aller Aufgaben aus dem `runBlocking`-Teil.

Es ist ein typisches Konstrukt nebenläufiger Programme in Kotlin, dass es nur einen einzigen `runBlocking`-Aufruf in der `main`-Funktion gibt und ansonsten keine weiteren Anweisungen außerhalb dieses Blocks. Daher findet man häufig auch die folgende, für Kotlin typischere Schreibweise:

```
// Das hier
fun main() = runBlocking {
    // ein paar nebenläufige Dinge anstoßen
}

// Statt dem hier
fun main() {
    runBlocking {
        // ein paar nebenläufige Dinge anstoßen
    }
}
```

36.8 Suspending Functions

Wir haben bereits gesehen, wie wir mit `delay(...)` das Abarbeiten eines Arbeitsauftrags unterbrechen können. Unterbrechen heißt dabei, dass mit demselben Thread jetzt ein anderer Auftrag abgearbeitet werden kann. Was geschieht dabei im Hintergrund? Wie kann ein Arbeitsauftrag unterbrochen und dann später wieder aufgenommen werden?

36.8.1 Unterbrechen und Fortsetzen – Behind the scenes

Die Magie geschieht dabei im Hintergrund. Vereinfacht dargestellt, wird der verbleibende Code hinter dem Aufruf der unterbrechenden Funktion in einen eigenen neuen Codeblock gelegt. Dies geschieht auf Bytecode-Ebene, also in dem kompilierten Code, der von der Java Virtual Machine interpretiert werden kann. Wir bekommen davon eigentlich nichts mit. Dieser neue Codeblock wird in ein `Continuation`-Objekt gelegt. Es handelt sich also um Code, der später in Folge ausgeführt werden kann. Technisch handelt es sich dabei um eine *Callback*-Funktion, ähnlich wie die Listener für Buttons in der Android-Entwicklung. Diese Listener enthalten auch Code, der erst ausgeführt wird, sobald jemand auf den Button klickt. Es ist also ein Codeblock, dessen Ausführung erst durch ein Event angestoßen wird. Dieses Event kann sein, dass eine aufwendige Berechnung auf einem anderen Thread fertiggestellt wurde, dass eine Antwort von einem Server vorliegt oder eben eine bestimmte Zeit verstrichen ist – wie etwa bei `delay()`. Sobald dieses Ereignis eintritt, wird der im `Continuation`-Objekt verpackte Code ausgeführt. Anders gesagt: Der Folge-Code wird erst dann ausgeführt, wenn die unterbrechende Funktion „ihre Arbeit erledigt" hat. Der Kotlin-Compiler geht dabei sehr effizient und leichtgewichtig vor. Wenn eine Koroutine mehrere Aufrufe von *Suspending Functions* enthält, dann wird nicht für jede ein eigenes `Continuation`-Objekt erzeugt, denn das wäre nicht besonders laufzeiteffizient. Stattdessen wird immer dasselbe `Continuation`-Objekt als Callback verwendet und über eine when-Verzweigung entschieden, welcher Code als Nächstes ausgeführt wird. Um zu entscheiden, welcher Zweig anzusteuern ist, speichert sich das `Continuation`-Objekt seinen aktuellen Zustand – es handelt sich also quasi um eine Zustandsautomaten (State Machine).

Wenn dies schon zu technisch klingt: Wir müssen uns darum gar nicht kümmern! Für uns ist nur wichtig, dass beim Aufruf einer unterbrechenden Funktion der darauffolgende Code erst ausgeführt wird, wenn diese Funktion ihre Arbeit erledigt hat oder selbst ihre Arbeit wieder unterbricht.

Der letzte Satz ist dabei wichtig, denn sonst würde es sich ja um einen normalen Funktionsaufruf handeln. Bei Koroutinen ist es aber so, dass eine aufgerufene Funktion ihrerseits die Arbeit unterbrechen und darauf warten kann, weiterarbeiten zu dürfen. Dies ist allerdings nur möglich, wenn diese Funktion als `suspend` deklariert wurde. Das ist ein Schlüsselwort in Kotlin.

36.8.2 Eigene Suspending Functions schreiben

Wir können eigene Funktionen schreiben, die in ihrem Ablauf unterbrochen werden können. Schauen wir uns dazu folgendes Beispiel an, das so noch nicht funktioniert:

```
1  import kotlinx.coroutines.*
2
3  fun someCalculation() {
4      delay(500) // Error: Suspend function 'delay' should be called only from a
           coroutine or another suspend function
5      println("Berechnung ist fertig")
6  }
7
8  fun main() {
9      someCalculation() // Dieser Aufruf ist erlaubt, wird aber zum Problem
10
11     runBlocking {
12         launch { someCalculation() } // Problemlos und erlaubt
13         println("Berechnung ist gestartet")
14     }
15 }
```

Hier wird in der `main`-Funktion mit `runBlocking` eine blockierende Koroutine gestartet. Darin wird dann die Funktion `someCalculation()` aufgerufen. In dieser Funktion wird dann jedoch `delay(500)` aufgerufen, also eine Funktion, mit der die Abarbeitung eines Arbeitsauftrags unterbrochen wird.

Das ist hier aber ein Problem. Denn die Funktion `someCalculation()` könnte ja prinzipiell auch außerhalb des mit `runBlocking` gebauten Koroutinen-Blocks aufgerufen werden. Für eine Unterbrechung der Funktion und die im Hintergrund ablaufenden Mechanismen, um den Folge-Code wieder zu starten, ist es aber zwingend erforderlich, dass eine Suspending Function nur aus einer Koroutine heraus aufgerufen wird. Der erste Aufruf von `someCalculation()` in Zeile 9 würde also zu einem Problem führen, da wir aus einem Kontext, der nicht nebenläufig ist, eine Unterbrechung starten.

Die Lösung für dieses Problem ist, unsere eigene Funktion selbst als *Suspending* zu deklarieren. Mit anderen Worten, wir machen explizit, dass es sich um eine Funktion handelt, die ihren Ablauf unterbrechen kann. Das machen wir, indem wir das Schlüsselwort `suspend` vor die Funktionsdefinition von `someCalculation` schreiben:

```
import kotlinx.coroutines.*

suspend fun someCalculation() {
    delay(500) // Dieser Aufruf ist jetzt erlaubt, weil someCalculation selbst eine
         Suspending Function ist
    println("Berechnung ist fertig")
}

fun main() {
    // someCalculation() // Dieser Aufruf ist nicht erlaubt, was korrekt ist!

    runBlocking {
        launch { someCalculation() } // Problemlos und erlaubt
        println("Berechnung ist gestartet")
    }
}
```

Durch die Deklaration als `Suspending`-Function erreichen wir also zwei Dinge:

1. Wir können darin Funktionen wie `delay(...)` aufrufen, die den Ablauf unterbrechen.
2. Wir verhindern, dass diese Funktion aus Kontexten aufgerufen wird, die nicht nebenläufig sind.

Die Ausgabe in dem obigen Beispiel ist übrigens:

```
> Berechnung ist gestartet
> Berechnung ist fertig
```

In unserem Beispiel wird `delay(...)` verwendet, um eine verzögerte Antwort einer komplexen Berechnung oder einer lang andauernden Operation wie das Warten auf eine Serverantwort zu simulieren.

36.8.3 Async

Wir können auch Suspending Functions schreiben, die tatsächlich etwas zurückgeben:

```
import kotlinx.coroutines.*

suspend fun complexCalculation(x: Int): Int {
    delay(400) // Verzögerung simulieren
    return x * 2
}

fun main() = runBlocking {
    val a = complexCalculation(10)
    val b = complexCalculation(5)

    val res = a + b

    println("Das Ergebnis lautet $res")
}
```

Dabei werden die beiden Aufrufe von `complexCalculation(...)` nacheinander in sequentieller Reihenfolge ausgeführt. Erst wenn das Ergebnis des ersten Aufrufs vorliegt (also frühestens nach 400 ms) kann in der nächsten Zeile weitergearbeitet werden. Die Logik ist folgende: Beim ersten Aufruf von `complexCalculation` wird die Ausführung für 400 Sekunden unterbrochen. Nach dieser Unterbrechung wird die `return`-Anweisung ausgeführt. Der Rückgabewert wird dann in `a` gespeichert. Erst danach kann die nächste Zeile ausgeführt werden.

Wir rufen die Funktion `complexCalculation(...)` also synchron nacheinander auf. Wir möchten aber eigentlich, dass beide Aufrufe von `complexCalculation(...)` nebenläufig ausgeführt werden, so wie wir es bei den vorherigen Beispielen mit `launch` gesehen haben. Das Problem ist nun jedoch, dass `launch` uns nicht das Ergebnis eines Funktionsaufrufs zurückliefert, sondern eine Referenz auf den Arbeitsauftrag, also ein `Job`-Objekt. Wie lässt sich nun auf das Ergebnis einer Funktion zugreifen, die asynchron Berechnungen durchführt?

Hierfür gibt es einen weiteren Coroutine Builder, nämlich die `async`-Funktion. `async` funktioniert dabei im Prinzip wie `launch` mit einem wichtigen Unterschied. Statt einem `Job` wird ein Objekt vom Typ `Deferred` zurückgegeben. Dabei handelt es sich um eine Unterklasse von `Job`, mit der man zusätzlich auf das Ergebnis einer Berechnung zugreifen kann. Hierfür bietet die Klasse eine zusätzliche `await`-Methode, die beim Aufruf solange den Programmfluss unterbricht, bis das Ergebnis vorliegt. Folgendes Beispiel verdeutlicht die Verwendung:

```
import kotlinx.coroutines.*

suspend fun complexCalculation(x: Int): Int {
    delay(400) // Verzögerung simulieren
    return x * 2
}

fun main() = runBlocking {
    val a = async { complexCalculation(10) }
    val b = async { complexCalculation(5) }

    // hier kann noch mehr geschehen

    val res = a.await() + b.await()
    println("Das Ergebnis lautet $res")
}
```

Mit `async` werden hier genauso wie mit `launch` zwei Arbeitsaufträge angestoßen. Diese können nebenläufig abgearbeitet werden. Wenn also ein Arbeitsauftrag durch `delay(...)` unterbrochen wird, dann kann sofort mit dem nächsten angefangen werden – und nicht erst nach 400 ms. Die Berechnung erfolgt also asynchron.

Neu ist jedoch, dass wir Arbeitsaufträge vergeben, die ein Ergebnis liefern sollen. Das Ergebnis liegt natürlich erst vor, wenn die Arbeitsaufträge vollständig abgearbeitet sind. Der Aufruf von `await()` funktioniert daher wie folgt:

- Wenn das asynchron berechnete Ergebnis schon vorliegt, dann kann dieses sofort verwendet werden.
- Wenn das asynchron berechnete Ergebnis noch nicht vorliegt, dann wird der aktuelle Arbeitsauftrag unterbrochen, bis das Ergebnis vorliegt. An dieser Stelle erfolgt also eine Synchronisierung der asynchron ablaufenden Berechnungen, um auch wirklich mit den Ergebnissen arbeiten zu können.

`a` und `b` referenzieren also Funktionsergebnisse, die erst in der Zukunft vorliegen. Man nennt diesen Mechanismus daher auch *Futures*. Man kann die aufwendigen Berechnungen von `a` und `b` nebenläufig starten und danach noch weitere Aktionen ausführen. Erst wenn auf die tatsächlichen Werte zugegriffen werden soll, unterbricht die Ausführung, bis diese auch wirklich vorliegen. Auch hier gilt wieder, dass es sich um eine leichtgewichtige Form der Futures handelt. Wenn auf einen Wert gewartet wird, dann blockiert der Thread nicht, sondern kann sich mit etwas anderem beschäftigen (z. B. weitere Ergebnisse berechnen).

Obwohl die Berechnungen asynchron ablaufen, wird die korrekte Reihenfolge bei der Verwendung der Werte eingehalten. Im obigen Beispiel wird `b.await()` erst aufgerufen, wenn `a.await()` tatsächlich das Ergebnis geliefert hat. Dabei ist es egal, ob das Ergebnis von `a` oder `b` zuerst vorliegt.

36.8.4 Strukturierte Nebenläufigkeit mit Async

Im vorherigen Beispiel haben wir die Summe aus zwei nebenläufigen Teiloperationen berechnet. Wenn bei einer dieser Operationen etwas schiefgeht und eine Exception ausgelöst wird, dann sollten die anderen Operationen auch nicht weiter ausgeführt werden. Dies können wir erreichen, indem wir eine neue Funktion schreiben, in der die beiden asynchronen Aufrufe in einem gemeinsamen CoroutineScope liegen:

```
suspend fun concurrentOp(x: Int, y: Int): Int = coroutineScope {
    val a = async { complexCalculation(x) }
    val b = async { complexCalculation(y) }
    a.await() + b.await()
}
```

36.8.5 Auslagern langläufiger Berechnungen

Bisher haben wir in unseren eigenen Suspending Functions die Ausführung unterbrochen, indem wir delay(...) aufgerufen haben. Damit sollte ein lang andauernder Prozess simuliert werden, dessen Ergebnis erst später vorliegt. Doch was passiert, wenn wir wirklich sehr komplexe Berechnungen durchführen? Nehmen wir dieses Beispiel:

```
suspend fun complexCalculation(): Int {
    var res = 0
    repeat(100_000_000) {
        res = it * 5 + 3 / (it + 1) * 55 / 222  // ordentlich Rechenzeit verbrauchen
        if (it % 1_000_000 == 0) println("Berechne...")
    }
    return res
}
```

In diesem Beispiel simulieren wir eine aufwendige Berechnung, indem wir 100 Millionen Mal eine sinnlose Rechenoperation ausführen und hin und wieder das Zwischenergebnis ausgeben. Wir haben die Funktion bereits als suspend deklariert, um zu zeigen, dass die Berechnung etwas länger dauern könnte. Tatsächlich ist dies hier aber irreführend, denn bei dieser Funktion wird die Ausführung nie unterbrochen. Stattdessen läuft die lange Berechnung auf demselben Thread ab. Wenn Sie diese Funktion vom main-Thread aus aufrufen, dann kann dieser in seinem Ablauf erheblich verzögert werden. Unter Android kann dies beispielsweise schnell zu einer Exception führen, denn Android verbietet lang andauernde Operationen auf dem main-Thread, damit die grafische Oberfläche nicht einfriert.

Wir sollten daher die lang andauernde Operation an einen Thread aus dem globalen Thread-Pool delegieren und die Ausführung dieser Funktion unterbrechen, bis das Ergebnis vorliegt. So belasten wir nicht den aufrufenden Thread mit Arbeit, sondern nutzen diesen nur, um die Arbeit anzustoßen:

```
suspend fun complexCalculation(): Int {
    val asyncRes = GlobalScope.async {
        var res = 0
        repeat(100_000_000) {
            res = it * 5 + 3 / (it + 1) * 55 / 222
            if (it % 1_000_000 == 0) println("Berechne...")
        }
        res
    }

    return asyncRes.await()
}
```

In dieser Funktion geschieht Folgendes: Die sehr aufwendige Berechnung wird als asynchrone Berechnung gestartet. Diese wird von einem anderen Thread ausgeführt. Das Betriebssystem hat also die Kontrolle darüber, wann dieser Thread Rechenzeit erhält, wir verbrauchen nicht mehr die wertvolle Rechenzeit des main-Threads.

Das Anstoßen dieser nebenläufigen Berechnung geht sehr schnell, nämlich mit einer einzigen Anweisung. Die Berechnung startet auch sofort, jedoch auf einem anderen Thread. Die zweite Anweisung, die sofort danach ausgeführt wird, ist dann schon die return-Anweisung. Natürlich soll das Ergebnis erst zurückgegeben werden, wenn dieses vorliegt. Daher warten wir mit `await()`, bis das Ergebnis vorliegt. `await()` unterbricht also den Ablauf dieser Funktion, bis das Ergebnis tatsächlich vorliegt. Dabei wird der Thread selbst jedoch nicht blockiert, sondern es wird nur die Ausführung der Funktion unterbrochen, bis das Ergebnis vorliegt.

36.9 Dispatcher

Das Ausführen von Koroutinen geschieht im Rahmen eines Kontexts. Dieser wird durch ein Objekt der Klasse `CoroutineContext` definiert. Neben dem eigentlich `Job`, der ausgeführt werden soll (also ein Arbeitsauftrag), gehört zum Kontext auch ein `Dispatcher`, der Arbeitsaufträge an bestimmte Threads oder Thread-Pools verteilt.

Ein Dispatcher (dt. Verteiler) legt also fest, an wen neue Arbeitsaufträge verteilt werden. Wir haben schon zwei Varianten gesehen:

- Beim einfachen Aufrufen von `launch` oder `async` wurden die Arbeitsaufträge vom gleichen Thread abgearbeitet. Sie haben quasi den Dispatcher des aktuellen `CoroutineScopes` übernommen.
- Beim Aufruf von `GlobalScope.launch` oder `GlobalScope.async` wurde hingegen der `Dispatcher` des `GlobalScopes` genommen. Dieser `Dispatcher` verteilt die Arbeitsaufträge an mehrere Arbeiter-Threads, die von der Coroutines-Bibliothek automatisch erzeugt werden.

36.9.1 Dispatcher festlegen

Wir können noch genauer steuern, welcher `Dispatcher` eingesetzt werden soll. Beim Erstellen einer Koroutine mit `launch` oder `async` lässt sich nämlich optional ein neuer `CoroutineContext` festlegen, der auch einen bestimmten `Dispatcher` verwendet. Bisher haben wir diesen Parameter weggelassen, sodass immer der `CoroutineContext` des aktuellen `CoroutineScopes` übernommen wurde. Wir können aber den `CoroutineScope` und damit dem passenden `Dispatcher` auch explizit festlegen.

Folgender Ausdruck lässt die Koroutine auf dem *Default-Dispatcher* laufen, d. h. sie wird auf einen der freien Arbeiter-Threads verteilt:

```
import kotlinx.coroutines.*

fun main() = runBlocking {
    launch(Dispatchers.Default) {
```

```
        println("Default ausgeführt auf ${Thread.currentThread().name}")
    }

    println("Los!")
}
```

Dieser Ausdruck lässt die Koroutine auf einem neuen Thread laufen, der eigens angelegt wird:

```
import kotlinx.coroutines.*

fun main() = runBlocking {
    launch(newSingleThreadContext("Neuer Thread")) {
        println("newSingleThreadContext ausgeführt auf ${Thread.currentThread().name}")
    }

    println("Los!")
}
```

Dies sollte nur in Ausnahmefällen nötig sein. Es wird tatsächlich ein neuer Thread angelegt, und das kostet erheblich Ressourcen.

Es gibt noch eine weitere Variante, nämlich `Unconfined`:

```
import kotlinx.coroutines.*

fun main() = runBlocking {
    launch(Dispatchers.Unconfined) {
        println("Unconfined auf ${Thread.currentThread().name}")
        delay(200)
        println("Unconfined auf ${Thread.currentThread().name}")
        delay(200)
        println("Unconfined auf ${Thread.currentThread().name}")
    }

    println("Los!")
}
```

Hier wird die erste Ausgabe von „Unconfined" auf alle Fälle auf demselben Thread ausgeführt, in dem auch `launch` aufgerufen wurde. Dies kann für Initialisierungsaufgaben sinnvoll sein, die das Ausführen auf demselben Thread erfordern. Wenn der Ablauf jedoch einmal unterbrochen wurde (hier mit `delay`) und dann später wieder aufgenommen wird, dann kann die Arbeit von anderen Threads übernommen werden. In der Regel werden Sie diese Variante nicht benötigen.

Doch warum kann es überhaupt wichtig sein, dass bestimmte Aufgaben von einem bestimmten Thread übernommen werden? Ist es nicht gerade einer der Vorteile, dass wir uns nicht mehr darum kümmern müssen, wer die eigentliche Arbeit verrichtet? Im Prinzip stimmt das, aber es kann dann zu Problemen kommen, wenn mehrere Threads auf den gleichen Daten arbeiten möchten. Hier können sogenannte *Wettlaufbedingungen* entstehen, die wir uns im nächsten Kapitel noch ansehen werden.

36.9.2 Wichtige Dispatcher für Android

Wenn Sie für Android ein User-Interface gestalten und dabei nicht wie in diesem Buch beschrieben Jetpack Compose benutzen, sondern XML-Layouts und View-Klassen, dann müssen Sie beim Zugriff auf Komponenten darauf achten, dass die Aktualisierung der Komponenten aus dem main-Thread heraus erfolgt, damit Ihr Code threadsicher ist. Bei Jetpack Compose werden hingegen Coroutinen und asynchrone Funktionen zum Setzen von Eigenschaften verwendet, sodass Compose threadsicher arbeitet.

Daher ist dieses Kapitel nur für Sie relevant, wenn Sie direkt auf View-Komponenten zugreifen möchten. In Android sind dann nämlich noch zwei weitere `Dispatcher` sehr wichtig:

- `Dispatchers.IO`
- `Dispatchers.Main`

`Dispatchers.IO` ist dabei der Pool mit Threads, die ihre Arbeit im Hintergrund verrichten. Aufwendige Berechnungen und Netzwerkanfragen müssen Sie über diese Threads abwickeln. Sonst wirft Android Exceptions, um Ihre zu lange andauernden Operationen zu unterbrechen. Stattdessen starten Sie solche Operation wie folgt:

```
launch(Dispatchers.IO) {
    // hier zeitaufwendige Sachen im Hintergrund erledigen
}
```

Der main-Thread des User Interfaces (UI) wird somit nicht blockiert. Wenn das Ergebnis einer solchen Operation vorliegt und Sie daraufhin eine UI Komponente aktualisieren möchten, dann sollten Sie dies unbedingt wieder im main-Thread erledigen, da es sonst zu Wettlaufbedingungen kommen kann. Denn es gilt, dass **nur der main-Thread das UI aktualisieren** darf. Doch wie kommen wir zurück zum main-Thread?

Sie können zwischen Ausführungskontexten wechseln, indem Sie mit der Funktion `withContext` explizit angeben, über welchen `Dispatcher` eine Teilaufgabe ausgeführt werden soll. So ist die folgende Aufrufreihenfolge ein typisches Muster für eine nebenläufige Aufgabe in Android:

```
launch(Dispatchers.IO) {
    // hier zeitaufwendige Sachen im Hintergrund erledigen, um den main-Thread nicht
         zu belasten

    val result = heavyCalculation() // Das ist die zeitaufwendige Operation

    // Fertig! Jetzt den main-Thread anfragen:
    withContext(Dispatchers.Main) {
        // Hier befinden wir uns wieder im main-Thread:

        myButton.setText(result) // UI-Elemente aus dem main-Thread heraus
             aktualisieren
    }

    // ggf. weitere Operationen ausführen
}
```

Bei diesem Ablauf geschehen alle rechenintensiven Arbeiten im Hintergrund. Nur für die sehr schnell zu erledigende Aufgabe, z. B. einen Button-Text zu verändern, wechseln wir zurück in den main-Thread.

Warum genau müssen wir diesen Wechsel durchführen? Warum können wir nicht aus einem Hintergrund-Thread einfach die Elemente verändern? Weil es zu Wettlaufbedingungen kommen kann.

37 Wettlaufbedingungen

Eine Wettlaufbedingung (engl. *race condition*) tritt dann ein, wenn zwei Threads gleichzeitig auf ein und dieselbe Ressource zugreifen und diese gleichzeitig auswerten oder verändern.

Als Alltagsbeispiel können Sie sich ein gemeinsam bearbeitetes Textdokument auf einem Netzwerklaufwerk vorstellen. Wenn zwei Personen gleichzeitig die Textdatei öffnen, dann haben sie zunächst dieselbe Version. Dann verändern beide Personen die Texte und speichern diese ab. Hier kommt es offensichtlich zu einem Konflikt, denn die Änderungen der zuerst gespeicherten Version werden beim Speichern der anderen Version überschrieben. Die Änderungen von einer der beiden Personen gehen also verloren.

Ein anderes Beispiel sind zwei Autofahrer, die gleichzeitig einen leeren Parkplatz entdeckt haben und entsprechend diese Parkreihe auf einem Parkplatz ansteuern. Beide haben gesehen, dass der Zustand des Parkplatzes „verfügbar" ist und fahren in die freie Lücke. Im wahren Leben kommt es vermutlich zu unfreundlichen Worten. Bei einem Computerprogramm kommt es je nach Situation zu einem Programmabsturz, denn in der Regel wird davon ausgegangen, dass der Zustand „verfügbar" nicht von einem anderen Ablaufstrang geändert wird. Wenn z. B. ein Programm prüft, ob eine Ressource noch verfügbar ist (z. B. `resourceCounter > 0`), dann geht dieses Programm davon aus, dass dieser Zustand solange gilt, bis es diesen selbst verändert (also z. B. `resourceCounter--`). Bei nebenläufigen Programmen können aber auch andere Threads diese Variable verändern. Es kann also sein, dass bei der Prüfung der `resourceCounter` größer als `0` ist, aber während der Ausführung bereits auf `0` gesetzt wurde. Das wäre so, als ob zwei Autofahrer stumpf in eine Parklücke fahren, weil sie nach der Prüfung (Sichtung eines freien Platzes) einfach drauf losfahren in der Annahme, dass es keine anderen Verkehrsteilnehmer gibt (Anmerkung: Einige Autofahrer haben durchaus mit Nebenläufigkeit ihre Probleme).

37.1 Beispiel: Bankkonto

Um die Auswirkungen für nebenläufige Programme zu verstehen, betrachten wir das Beispiel eines Bankkontos, auf das mehrere Threads gleichzeitig zugreifen. Zunächst definieren wir eine Klasse für dieses Konto:

```
class BankAccount {
    var money = 0
        private set

    fun addMoney() {
        money++
    }
}
```

Der Kontostand wird in der Eigenschaft `money` gespeichert. Diese kann nicht direkt geändert werden, sondern nur über die Methode `addMoney()`. Diese Methode erhöht den Betrag um 1. Nun gibt es zwei großzügige Spender, die gleichzeitig auf dieses Konto einzahlen:

```
import kotlinx.coroutines.*

class BankAccount {
    var money = 0
        private set

    fun addMoney() {
        money++
    }
}

fun main() = runBlocking {
    val account = BankAccount()

    coroutineScope {
        launch(Dispatchers.Default) {
            repeat(10000) { account.addMoney() }
        }

        launch(Dispatchers.Default) {
            repeat(10000) { account.addMoney() }
        }
    }

    println("Gespart wurden ${account.money} Euro")
}
```

Als Ausgabe würden wir `Gespart wurden 20000 Euro` erwarten. Wenn Sie das Programm starten, wird höchstwahrscheinlich genau diese Ausgabe erscheinen. Man fühlt sich sicher – das Programm funktioniert. Aber starten Sie das Programm noch ein paar Mal mehr:

```
import kotlinx.coroutines.*

fun go() = runBlocking {
    val account = BankAccount()

    coroutineScope {
        launch(Dispatchers.Default) {
            repeat(10000) { account.addMoney() }
        }

        launch(Dispatchers.Default) {
            repeat(10000) { account.addMoney() }
        }
    }
```

```
    println("Gespart wurden ${account.money} Euro")
}

fun main() = runBlocking {
    repeat(1000) { go() }
}
```

Irgendwann wird ein fehlerhaftes Ergebnis dabei herauskommen, z. B.:

```
> Gespart wurden 20000 Euro
> Gespart wurden 19873 Euro
> ...
```

Wo sind die anderen 127 Euro geblieben? Gibt es hier verdeckte Konten? Geldwäsche?

37.1.1 Auftreten einer Wettlaufbedingung

Wir haben hier eine klassische Wettlaufbedingung, die man beobachten kann. Aber eine, die sehr gemein versteckt ist. In welcher Zeile scheint der Fehler zu liegen? Wenn uns 127 Euro fehlen, dann scheinen diese irgendwann nicht eingezahlt worden zu sein.

Tatsächlich tritt die Wettlaufbedingung bei der harmlos aussehenden Operation `money++` auf. Auch wenn diese nur ein einziger Ausdruck ist, so sind dies beim internen Ablauf mehrere Operationen, nämlich mindestens:

- Lies den aktuellen Wert der Variable `money`.
- Erhöhe diesen Wert um `1`.
- Speichere diesen neuen Wert in der Variablen `money`.

Es handelt sich also nicht um eine **atomare Operation**, die in einem Rutsch ausgeführt wird, sondern intern um mindestens drei Einzeloperationen. Wenn nun zwei Threads gleichzeitig immer wieder diese Operationen ausführen, dann kann es dazu kommen, dass sie sich in die Quere kommen.

§ **Definition *Atomare Operation***

Eine atomare Operation wird stets vollständig und als Ganzes ausgeführt. Sie kann aus einzelnen Operationen bestehen, die aber stets als logische Einheit betrachtet und untrennbar voneinander ausgeführt werden. Eine Unterbrechung der atomaren Operation ist von außen nicht möglich, auch nicht präemptiv durch das Betriebssystem.

37.1.2 Unplanbare Wechsel zwischen Threads

Hier sei noch einmal daran erinnert, dass wir keinen Einfluss darauf haben, wann ein Thread tatsächlich seine Operationen ausführt. Dies wird vom Betriebssystem gesteuert. Und der Zustand eines Threads kann vom Betriebssystem jederzeit von „Ausführung" (laufend) auf „Warten auf Ausführung" (lauffähig) gesetzt werden kann. Es kann also sein, dass ein Thread gerade die Variable `money` ausgelesen hat und dann erst einmal warten muss, bis er wieder dran ist. Nehmen wir an, dieser Thread hat gerade den Wert `5200` aus der Variable `money` gelesen und muss dann aufhören zu arbeiten.

Währenddessen arbeitet ein weiterer Thread, der ebenfalls die Methode `addMoney()` aufruft. Dies geschieht vielleicht 127 x, sodass der in `money` gespeicherte Wert inzwischen 5327 ist. Alles gut soweit! Und jetzt wacht unser erster Thread auf, der gerade noch am Rechnen war. Der Thread weiß allerdings nicht, was in der Zwischenzeit geschehen ist. Threads sind wie Egomanen, die davon ausgehen, dass sie alleine auf der Welt sind und sich nicht um andere kümmern müssen. Der Thread berechnet tapfer sein Ergebnis, so wie es der Algorithmus vorschreibt: Zu den 5200, die ausgelesen wurden, wird nun eins hinzugezählt. Das Ergebnis ist also 5201. Dieses wird dann in der Variable `money` wieder gespeichert.

Hier ist das Problem! Eigentlich hätte die 1 zu den 5327 hinzugefügt werden müssen, sodass in `money` der Wert 5328 gespeichert wird. Da unser Thread aber nichts davon weiß, dass andere inzwischen den Wert verändert haben, schreibt er den Wert 5201 in den Speicher. Hier sind die 127 Euro verloren gegangen. In dem Sinne verhalten sich Threads wie rücksichtslose Autofahrer – sie gehen davon aus, dass sie alleine auf der Welt sind. Solche Wettlaufbedingungen schleichen sich schnell ein und sind sehr schwer als Fehler zu identifizieren, da sie eben nicht vorhersehbar und nicht gezielt reproduzierbar auftreten. Sie können sogar auf verschiedenen Rechnern (aufgrund unterschiedlicher Prozessoranzahl und -taktung) unterschiedlich oft auftauchen.

37.2 Vermeidung von Wettlaufbedingungen

Wie lassen sich solche Wettlaufbedingungen umgehen? Es gibt verschiedene Möglichkeiten:

- Threadsichere Datenstrukturen, bei denen Änderungen stets atomare Operationen sind.
- Thread-Confinement, d. h. es wird sichergestellt, dass Änderungen an Datenstrukturen nur von einem einzigen Thread ausgeführt werden dürfen. Zugriffsrechte werden auf diesen Thread beschränkt.
- Kritische Abschnitte, d. h. Ausführungsabschnitte einer Funktion, die nur von einem einzigen Thread gleichzeitig durchlaufen werden können.

37.2.1 Threadsichere Datenstrukturen

Eine Datenstruktur ist dann *threadsicher*, wenn sie sich auch in nebenläufigen Programmen stets korrekt verhält. Bei unserem Bankbeispiel war dies nicht gegeben. Wenn wir keine Nebenläufigkeit nutzen, dann würde unser Bankbeispiel immer funktionieren, da es keine Wettlaufbedingungen gibt. Sobald jedoch mehrere Threads gleichzeitig Operationen ausführen, bei der eine Zustandsvariable verändert wird, kann es zu Wettlaufbedingungen kommen.

Der Grund dafür liegt darin, dass das Verändern einer Eigenschaft keine atomare Operation ist, sondern aus mehreren Schritten besteht, z. B.:

- Read, Change, Write: Variable auslesen, Wert verändern, Wert speichern
- Check and Act: Zustand auslesen, danach einen Codeblock ausführen (z. B. if-Bedingung und Anweisungsblöcke)

Wenn diese Operationen in einem durchgeführt werden könnten – es also sichergestellt ist, dass ein Thread diese in jedem Fall als Ganzes ausführt –, dann würde es zu keinen Wettlaufbedingungen kommen. Für einfache Datentypen wie `Int` gibt es hierfür Klassen, die solche atomaren Operationen anbieten. Wenn wir unseren Geldbetrag in einem Objekt vom Typ `AtomicInteger` speichern, dann umgehen wir die Wettlaufbedingung. Statt `money++` nutzen wir auch eine der atomaren Operationen, um den Wert um 1 zu erhöhen:

```
import java.util.concurrent.atomic.AtomicInteger

class BankAccount {
    var money = AtomicInteger()
        private set

    fun addMoney() {
        money.getAndIncrement()
    }
}
```

Neben `getAndIncrement()` gibt es weitere atomare Operationen wie z. B. `get()` oder `getAndSet(...)`.

Wenn Sie das Ergebnis dieser Operationen in einer lokalen Variable speichern, dann ist diese lokale Variable übrigens auch threadsicher. Lokale Variablen werden stets auf dem Stack eines Threads angelegt, sodass sich verschiedene Threads nicht in die Quere kommen.

Es gibt noch einige weitere atomare Datentypen wie z. B. `AtomicIntegerArray` oder `AtomicBoolean`. Für eigene Datentypen können Sie sicherstellen, dass Zugriffsoperationen nicht von mehreren Threads gleichzeitig ausgeführt werden, indem Sie das Verändern der Eigenschaft in *kritische Abschnitte* legen. Allerdings führt dies zu anderen Problemen, wie wir gleich im Abschnitt über kritische Abschnitte sehen werden.

Eine weitere allgemeine Möglichkeit, um Wettbewerbsbedingungen zu vermeiden, ist der Verzicht auf veränderliche Zustände. Nur bei veränderbaren Daten können mehrere Threads gleichzeitig versuchen, diese zu verändern. Eine unveränderliche Eigenschaft ist dagegen einmalig initialisiert. Allerdings muss man auch hier aufpassen: Wenn nur mit unveränderlichen Datenobjekten gearbeitet wird, dann werden Veränderungen meist durch neue Versionen eines Objekts erreicht. Und so kann es durchaus passieren, dass verschiedene Threads mit unterschiedlichen Versionen arbeiten – dann kommt es zwar nicht mehr zu Wettlaufbedingungen auf Ebene der einzelnen Eigenschaften, durchaus aber bei den referenzierten Objekten.

37.2.2 Thread-Confinement

Mit *Thread-Confinement* ist die Beschränkung auf einen spezifischen Thread gemeint, der einen Zustand verändern darf. Es können durchaus mehrere Threads einen Algorithmus abarbeiten, der durch eine Methode einer Klasse festgelegt wurde, aber das Verändern und Auslesen von Zuständen dieses Objekts wird auf einen einzigen Thread beschränkt. Somit kann es nicht zu Wettlaufbedingungen kommen, da immer derselbe Thread auf die Daten zugreift.

Dieses Vorgehen haben wir schon weiter oben gesehen, beim Verändern von UI-Elementen unter Android. Dort haben wir das Verändern (und Auslesen) von Eigenschaften der UI-Elemente so gesteuert, dass dies immer im main-Thread geschieht:

```
launch(Dispatchers.IO) {
    // hier zeitaufwendige Sachen im Hintergrund erledigen, um den main-Thread nicht
        zu belasten

    val result = heavyCalculation() // Das ist die zeitaufwendige Operation

    // Fertig! Jetzt den main-Thread anfragen:
    withContext(Dispatchers.Main) {
        // Hier befinden wir uns wieder im main-Thread:

        myButton.setText(result) // UI-Elemente aus dem main-Thread heraus
            aktualisieren
    }

    // ggf. weitere Operationen ausführen
}
```

Definition *withContext*

Die Funktion `withContext` ist ein weiterer Coroutine Builder. Ihr wird ein Codeblock übergeben, der von einem festgelegten Dispatcher ausgeführt werden soll. Nach Ausführung des Codeblocks wird der ursprüngliche Dispatcher des Coroutine Contexts wieder verwendet, um den verbleibenden Code auszuführen. Wenn also z. B. vorher `Dispatchers.IO` verwendet wurde, dann wird nach Ausführung des Codes, der an `withContext` übergeben wurde, wieder auf `Dispatchers.IO` gewechselt. ■

Für unser Bankbeispiel können wir den Zugriff auf die Variable `money` ebenfalls über einen einzigen Thread organisieren:

```
import kotlinx.coroutines.*

val moneyThreadContext = newSingleThreadContext("MoneyThreadContext")

class BankAccount2 {
    var money = 0
        private set
        get() = field // ACHTUNG: Nicht threadsicher!

    suspend fun addMoney() {
        withContext(moneyThreadContext) {
            money++
        }
    }
}
```

Hierfür erstellen wir einen eigenen Thread-Kontext, d. h. es wird ein eigener Thread gestartet, der nur dafür genutzt wird, um die Variable `money` zu verändern. Das ist natürlich recht aufwendig und sollte nur in Ausnahmefällen für einzelne Variablen geschehen. Das Anlegen eines neuen Thread-Kontexts können wir mit `newSingleThreadContext` erreichen.

Bei der `addMoney()`-Methode sind die interessanten Änderungen zu sehen. Zunächst erfolgt das Erhöhen der Variable `money` stets in einem Kontext, der auf den dafür erstellten Thread zugreift. Somit sind Wettlaufbedingungen ausgeschlossen. Es kann aber sein, dass wir warten müssen, bis wir den Thread nutzen können. Denn eventuell verrichtet der Thread gerade andere Aufgaben. Daher kann die `withContext(...)`-Funktion den Ablauf unterbrechen. Wir müssen unsere Funktion also als `suspend` deklarieren. Es kann sein, dass der Ablauf unterbrochen wird.

Da beim Setzen der Eigenschaft `money` von einem *Multi-Threaded*-Kontext auf einen *Single-Threaded*-Kontext gewechselt wird, kann das Programm entsprechend ausgebremst werden. Wenn möglich, sollten daher nicht nur einzelne Eigenschaften, sondern gleich mehrere Eigenschaften gesetzt werden.

Ist Ihnen aufgefallen, dass die `get`-Methode von `money` in `BankAccount2` als nicht threadsicher gekennzeichnet ist? Wettlaufbedingungen können nicht nur beim Schreiben, sondern auch beim Lesen entstehen, nämlich dann, wenn direkt nach dem Lesen ein anderer Thread den Wert schon geändert hat, wir aber noch vom alten Wert ausgehen.

In unserem Bankbeispiel ist die `get`-Methode noch nicht threadsicher, da immer noch mehrere Threads darauf zugreifen können, d. h. ein Thread kann die Variable lesen, während ein anderer Thread sie gerade verändert. Die `get`-Methode kann nicht als `suspend` gekennzeichnet werden, da jeder auf die Eigenschaft zugreifen kann. Ein schlechter Ansatz wäre es, dass man mit `runBlocking` auf die Variable zugreift:

```
// ...
class BankAccount2 {
    var money = 0
        private set
        get() {
            var res = 0
            runBlocking(moneyThreadContext) {
                res = money
            }
            return res
        }
    // ...
}
```

Die `get`-Methode kann keine Suspending Function sein, da sie grundsätzlich auch aus Kontexten außerhalb einer Koroutine aufgerufen werden kann. Wir haben hier einen billigen Trick angewendet, um dennoch den Zugriff aus einem bestimmten Kontext heraus vorzunehmen. Wir blockieren den Thread, der die `get`-Methode aufgerufen hat, bis wir das Ergebnis in einer lokalen Variable zwischengespeichert haben. Diese Zuweisung geschieht nun garantiert im `moneyThreadContext`, es ist also immer genau dieser Thread, der auf `money` zugreift. Dies ist aber sehr schlechter Stil, denn niemand würde erwarten, dass eine `get`-Methode einen Thread blockieren kann! Dies kann schnell zu sogenannten *Deadlock*-Situationen führen. Deadlocks schauen wir uns im nächsten Kapitel an.

Eine bessere Lösung ist es in diesem Falle daher, die Variable `money` ganz `private` zu setzen und eine unterbrechende Zugriffsmethode zu schreiben, die dann allerdings einen von der Konvention abweichenden Namen hat:

```
// ...
class BankAccount2 {
    private var money = 0

    suspend fun getAccountBalance(): Int {
        var res = 0
        withContext(moneyThreadContext) {
            res = money
        }
        return res
    }
    // ...
}
```

Dadurch machen wir explizit, dass es sich nicht einfach nur um einen leichtgewichtigen Zugriff auf eine Eigenschaft handelt.

37.2.3 Kritische Abschnitte

Eine weitere Möglichkeit, den Zugriff auf veränderliche Zustände zu schützen, ist das Festlegen von *kritischen Abschnitten.* Während beim Thread-Confinement nur ein einziger dedizierter Thread auf den Zustand zugreifen darf, können durchaus verschiedene Threads einen kritischen Abschnitt betreten – aber niemals gleichzeitig. Anschaulich wird dies, wenn Sie sich Bahnschienen vorstellen. Dort wo zwei Gleise nebeneinander liegen, können zwei Züge gleichzeitig fahren, auch in entgegengesetzte Richtung. Wenn es aber einen Streckenabschnitt gibt, bei dem nur ein Gleis vorliegt, dann dürfen nicht zwei Züge gleichzeitig diesen Abschnitt betreten und schon gar nicht in entgegengesetzter Richtung befahren. Dies ist daher ein kritischer Abschnitt, der nur von einem einzigen Zug befahren werden darf.

In unserem einfachen Beispiel wäre das Setzen der Eigenschaft `money` eine Möglichkeit für einen kritischen Abschnitt. Wenn wir die Operation `money++` in einen Abschnitt legen, der nur von einem einzigen Thread genutzt werden darf, dann ist sichergestellt, dass es zu keinen Wettlaufbedingungen kommt. In der Koroutinen-Bibliothek gibt es die Klasse `Mutex`, um solche kritischen Abschnitte zu steuern (Mutex steht für *Mutual Exclusion,* also gegenseitiges Ausschließen). Die Aufgabe von Objekten dieser Klasse ist es, den Zugriff auf einen kritischen Abschnitt zu sperren (also nur einen Thread dort hineinzulassen) und wieder freizugeben, sobald der im kritischen Abschnitt befindliche Thread seine Arbeit verrichtet hat.

Um den Zugriff von `money` zu schützen, legen wir ein `Mutex`-Objekt als Sperre an. Der Zugriff auf die `money`-Variable soll nun in einem kritischen Abschnitt erfolgen:

```
import kotlinx.coroutines.sync.Mutex
import kotlinx.coroutines.sync.withLock

class BankAccount3 {
    private var money = 0
    private val moneyLock = Mutex()

    suspend fun addMoney() {
        moneyLock.withLock {
            money++
        }
```

```
    }

    suspend fun getAccountBalance(): Int {
        return moneyLock.withLock {
            money
        }
    }
}
```

Der Codeblock, der an `withLock` übergeben wird, wird erst dann ausgeführt, wenn der kritische Abschnitt nicht mehr von anderen Threads belegt ist. Wenn ein Thread dann diesen Code ausführt, belegt er selbst den kritischen Abschnitt. Auch der lesende Zugriff muss bei diesem Ansatz in einen kritischen Abschnitt gelegt werden, um sicherzustellen, dass nicht ein Thread gerade die Eigenschaft ausliest und ein anderer die Eigenschaft setzt. Obwohl das Setzen und Lesen der Eigenschaft in verschiedenen Methoden erfolgt, müssen kritische Abschnitte über dasselbe Mutex-Objekt geschützt werden.

Man kann sich den Zugriff über kritische Abschnitte wie das kontrollierte Betreten eines Raums vorstellen, der stets nur von einer Person mit einem Schlüssel betreten werden kann. Es gibt nur einen einzigen Schlüssel. Sobald ich den Schlüssel habe, kann ich den Raum betreten, aber niemand sonst. Wenn `withLock` aufgerufen wird, dann warte ich ab, bis ich den Schlüssel erhalte. Wenn gerade niemand den Schlüssel hat, dann kann ich ihn mir sofort nehmen. Wenn dann andere in den Raum wollen, müssen sie warten, bis ich den Raum wieder verlasse und den Schlüssel zurückgebe. Wenn mehrere auf den Schlüssel warten, dann entscheidet der Dispatcher, wer als Nächstes den Schlüssel erhält. Aber es wird sichergestellt, dass immer nur eine Person – also quasi ein Arbeiter-Thread – den Schlüssel hat.

Ein `Mutex`-Objekt kann mit den Methoden `lock()` und `unlock()` auch per Hand gesperrt oder entsperrt werden. Wenn ein Thread einen Abschnitt für sich mit `lock()` sperren möchte, der Abschnitt aber schon gesperrt ist, dann wird der Ablauf des Codes solange unterbrochen, bis der Thread, der gerade Zugriff auf diesen Abschnitt hat, diesen wieder freigibt. Auch hier sehen wir wieder, dass der Ablauf unterbrochen werden kann und wir daher eine Funktion als `suspend` deklarieren müssen, wenn darin `lock()` oder `unlock()` aufgerufen werden. Kritische Abschnitte können den Ablauf eines Programms erheblich ausbremsen. Noch gefährlicher ist allerdings, dass es schnell zu Deadlock-Situationen kommen kann.

38 Deadlocks

Bildlich gesprochen entstehen Deadlocks immer dann, wenn zwei Parteien gegenseitig auf sich warten. Sowohl im wahren Leben wie auch bei Threads. Wenn z. B. zwei Threads gegenseitig darauf warten, dass der andere einen kritischen Abschnitt wieder freigibt, dann kommt es zu einem Deadlock.

Alltagsbeispiel 1

Wenn mehrere Autos von zwei verschiedenen Seiten in eine enge Gasse fahren und nicht mehr aneinander vorbeikommen, entsteht ein Deadlock. Jeder wartet darauf, dass der andere den Weg freigibt. Dies ist aber nicht mehr möglich, weil dahinter schon weitere Autos eingefahren sind.

Alltagsbeispiel 2

Bei einem Umzug müssen Lampen abgeschraubt werden. Hierfür werden ein Schraubendreher und eine Leiter benötigt. Es gibt genau einen Schraubendreher und eine Leiter, da es sich um einen sparsamen Haushalt handelt. Es sind also kritische Ressourcen. Arbeiter 1 schnappt sich den Schraubendreher und wartet darauf, dass die Leiter verfügbar ist, um seine Arbeit zu verrichten. Erst dann wird er beides wieder bereitstellen. Arbeiter 2 steht schon auf der Leiter wartet darauf, dass der Schraubendreher endlich wieder verfügbar ist. Erst dann wird er beides wieder freigeben. Beide warten bis ins Unendliche, und nichts passiert.

Während das zweite Beispiel etwas konstruiert ist, haben wir das erste Beispiel oft genug im Straßenverkehr beobachten können. Aus dieser Situation kommt man nun nicht so einfach heraus. Es gibt verschiedene Möglichkeiten, darauf zu reagieren, z. B. könnte man als Ausnahmeregelung festlegen, dass alle rückwärts wieder herausfahren. In Kotlin können mit Exceptions solche Ausnahmen behandelt werden. Eine andere Möglichkeit besteht darin, einfach aufzugeben, die Gasse zu räumen und eventuell erneut versuchen durch die Gasse zu fahren. In Kotlin lassen sich `Jobs`, die zu lange laufen, zum Beispiel abbrechen.

Solche Situationen können sich sehr schnell in unseren Code einschleichen, wie eine kleine Erweiterung unseres Bankbeispiels zeigt:

```
import kotlinx.coroutines.*
import kotlinx.coroutines.sync.Mutex
import kotlinx.coroutines.sync.withLock
```

```
class BankAccountDeadlock {
    private var money = 0
    private val moneyLock = Mutex()

    suspend fun addMoney(amount: Int) {
        moneyLock.withLock {
            money += amount
        }
    }

    suspend fun transferMoney(amount: Int, account: BankAccountDeadlock) {
        moneyLock.withLock {
            money -= amount
            account.addMoney(amount) // PROBLEM
        }
    }
}

fun main() = runBlocking {
    val account1 = BankAccountDeadlock()
    val account2 = BankAccountDeadlock()

    coroutineScope {
        launch(Dispatchers.Default) {
            repeat(10_000) { account1.transferMoney(10, account2) }
        }

        launch(Dispatchers.Default) {
            repeat(10_000) { account2.transferMoney(10, account1) }
        }
    }

    Unit // main muss Unit zurückgeben
}
```

Wenn Sie diesen Code ausführen, dann wird das Programm nicht beendet, da es zu einer Deadlock-Situation kommt. Sie können dies nachverfolgen, indem Sie vor und hinter die Locks Ausgaben einbauen, um zu sehen, wann ein Thread auf den anderen wartet.

Wie genau kommt es hier zu einem Deadlock? In der `main`-Funktion werden zunächst zwei Konten angelegt. Dann werden zwei Koroutinen nebenläufig auf verschiedenen Threads gestartet. Diese Koroutinen überweisen sich gegenseitig jeweils 10.000 x einen Betrag von 10 Euro.

Es gibt hier jedoch ineinander verschachtelte kritische Abschnitte. Nehmen wir an, dass `account1` und `account2` gleichzeitig eine Überweisung vornehmen möchten. Jeder Account hat sein eigenes und unabhängiges `moneyLock`, ein Objekt der Klasse `Mutex`. Es gibt also `account1.moneyLock` und `account2.moneyLock`. Der nebenläufige Ablauf ist nun beispielsweise wie folgt:

- `account1` startet eine Überweisung an `account2`
- `account2` startet eine Überweisung an `account1`
- `account1` reduziert seinen Geldbetrag und sperrt daher `account1.moneyLock`
- `account1` ruft `account2.addMoney` auf
- `account2` arbeitet ebenfalls seine Überweisung ab und sperrt `account2.moneyLock`

- `account2.addMoney` kann erst weiterarbeiten, wenn `account2.moneyLock` wieder frei ist
- `account2` hat seinen Geldbetrag reduziert und ruft nun `account1.addMoney` auf
- `account1.addMoney` kann erst weiterarbeiten, wenn `account1.moneyLock` wieder frei ist

Hier ist der Deadlock. Beide Accounts warten darauf, dass der andere `moneyLock` freigibt, um das Geld einzuzahlen. Das `moneyLock` des jeweils anderen bleibt aber gesperrt, da der andere Thread ebenfalls wartet und seine Transaktion nicht abschließen kann.

Das Problem ist hier durch die Verschachtelung von kritischen Abschnitten entstanden. Dies sollte man stets vermeiden.

Man kann die Situation auflösen, indem in der `transferMoney`-Methode das Gutschreiben auf dem anderen Account erst nach Verlassen des kritischen Abschnitts geschieht. Folgender Code hat keinen Deadlock mehr:

```
// ...

class BankAccountDeadlock(val name: String) {
    // ...

    suspend fun transferMoney(amount: Int, account: BankAccountDeadlock) {
        moneyLock.withLock {
            money -= amount
        }

        // Nach dem kritischen Abschnitt:
        account.addMoney(amount)  // Kein Deadlock mehr
    }
}
```

Merken Sie sich:

Führen Sie innerhalb von kritischen Bereichen ausschließlich Code aus, der auf eine gemeinsam genutzte Ressource zugreift. Der Code sollte selbst keinen weiteren kritischen Abschnitt betreten, da es sonst schnell zu Deadlocks kommen kann. ■

39 Aktoren

Ein wichtiges Konzept soll noch erwähnt werden, wenngleich wir uns nicht die Details anschauen: der Ansatz mit Aktoren (*Actors*). Wir hatten schon das Beispiel gesehen, bei dem zwei Personen gleichzeitig an einer Textdatei arbeiten und die geänderten Dateien zu einem Versionskonflikt führen: Wer zuerst speichert, verliert seine Änderungen. Ein anderer Ansatz für das gemeinsame Schreiben ist das Senden von Änderungswünschen an eine hauptverantwortliche Person. Jeder Änderungswunsch ist dabei eine Nachricht, die im Posteingang der Person landet. Diese Person arbeitet die Nachrichten nacheinander ab und behält die Oberhand für einen validen Zustand des Dokuments. Gleichzeitig ist diese Person auch einzig und allein dafür verantwortlich.

Aktoren gehen dabei ähnlich vor. Aktoren sind konzeptionell gesehen nebenläufige Objekte, die über Nachrichten kommunizieren. Bei der objektorientierten Programmierung wird die Gültigkeit eines Objektzustands durch Kapselung von Daten erreicht. Es wird verhindert, dass die Werte von außen auf einen ungültigen Zustand gesetzt werden. Beim Multithreading (Programm mit mehr als einem Thread) kann es aber sein, dass ungültige Zustände aufgrund von Wettlaufbedingungen entstehen. Aktoren kapseln im Prinzip den Zugriff auf den internen Zustand des Objekts, indem sie verhindern, dass mehrere Threads gleichzeitig auf den Zustand zugreifen. Man kann also sagen: Was die Datenkapselung für objektorientierte Programmierung ist, ist das Konzept der Aktoren für die nebenläufige Programmierung. Die Kommunikation zwischen Aktoren geschieht über Nachrichten, die in eine Warteschlange eingereiht werden. Diese Nachrichten können Änderungswünsche enthalten (z. B. erhöhe `money` um 1). Der Aktor sorgt dafür, dass die Änderungen nicht von mehreren Threads gleichzeitig durchgeführt werden.

In unserem Bankbeispiel haben wir zwei Operationen: Geld um 1 erhöhen und Geld auslesen. Diese beiden Operationen können wir als Nachrichten ausdrücken, indem wir Typen dafür definieren. Da es für das Bankbeispiel nur diese zwei Nachrichtentypen gibt, verwenden wir eine Sealed-Class:

```
import kotlinx.coroutines.CompletableDeferred

// Nachrichtentyp für einen Aktor
sealed class BankMessage

object AddMoney : BankMessage()

class GetBalance(val response: CompletableDeferred<Int>) : BankMessage()
```

Die zwei Nachrichten sind: das Einzahlen eines Geldbetrags (hier ohne Parameter, weil immer derselbe Betrag eingezahlt wird) und eine Anfrage, wie viel Geld auf dem Konto ist. Der aktuelle Betrag wird als Antwort über das `response`-Objekt verfügbar gemacht.

Für Aktoren gibt es einen speziellen Coroutine Builder namens `actor<MessageType>`. Wir definieren uns einen Aktor als Extension Function auf `CoroutineScope`, damit wir diesen Aktor innerhalb eines `CoroutineScopes` direkt verwenden können:

```
fun CoroutineScope.bankActor() = actor<BankMessage> {
    var money = 0 // Zustand des Actors. Hier aktueller Betrag

    for (message in channel) { // auf eingehende Nachrichten reagieren:
        when (message) {
            is AddMoney -> money++
            is GetBalance -> message.response.complete(money)
        }
    }
}
```

Das Entscheidende hierbei ist, dass nur der Aktor die Variable `money` verwaltet und Operationen darauf ausführen kann. Die Operationen werden erst ausgeführt, wenn die entsprechende Nachricht ankommt. Da die Nachrichten in einer Warteschleife gesammelt und nacheinander abgearbeitet werden, entstehen keine Wettlaufbedingungen. Und weil die Nachrichten wohl definiert sind, ist ganz genau spezifiziert, was der Aktor kann.

Und so können die Nachrichten in der `main`-Funktion losgeschickt werden:

```
// ...

fun main() = runBlocking {
    val actor = bankActor() // Aktor erzeugen

    launch {
        repeat(100) {
            // Nachricht senden, um das Geld zu erhöhen:
            actor.send(AddMoney)
        }
    }

    launch {
        repeat(100) {
            // Nachricht senden, um den aktuellen Kontostand zu erhalten:
            val balanceResponse = CompletableDeferred<Int>()
            actor.send(GetBalance(balanceResponse))
            println("Aktueller Kontostand: ${balanceResponse.await()}")
        }
    }

    Unit
}
```

Der Aktor kapselt den Zugriff auf die Daten vor nebenläufigen Zugriffen. So wie beim gemeinsamen Schreiben an einem Text eine Person den Hut aufhaben kann, alle Änderungen in ein aktuelles Dokument einzupflegen. Allerdings muss man auch hier aufpassen. Nehmen wir an, Fridolin pflegt alle Änderungen in eine Textdatei ein. Susi und Lars fordern nun die aktuellste Version an. Beide lassen sich ein paar Tage Zeit und beginnen dann, eine Zusammenfassung zu schreiben. Susi und Lars, wissen nichts von ihren Ergänzungen. Dann senden beide ihre Ergänzungen an unseren Aktor Fridolin für die Aktualisierung des Textes. Fridolin muss nun entscheiden, welche der Zusammenfassungen verwendet wird. Der Vorteil ist, dass die aktuelle Textdatei immer nur von einer Person gepflegt wird. Der Nachteil, dass verschiedene andere Personen auf veralteten Daten arbeiten, bleibt. Es bedarf also zusätzlicher Regeln und Entscheidungsmechanismen, wie die Änderungen einzupflegen sind.

40 Da geht noch mehr

Kotlin ist eine mächtige Sprache mit umfangreichen Möglichkeiten. Daher konnten wir in diesem Buch natürlich nicht alle Aspekte von Kotlin behandeln. In diesem abschließenden Kapitel wollen wir noch kurz ein paar Eigenschaften der Sprache ansprechen, auf die wir bislang nicht oder nur sehr kurz eingegangen sind. Auch hier werden wir die Themen nur sehr knapp ansprechen – wir wollen aber den Appetit etwas anregen. Als Beispiel für dieses Kapitel definieren wir eine neue Klasse zur Repräsentation einer Person, die ein Tagebuch führt:

```
class Person(val firstName: String, val lastName: String, var age: Int) {
    private val diaryEntries = mutableListOf<String>()

    fun writes(entry: String) {
        diaryEntries.add(entry)
    }

    fun allEntries() = diaryEntries.toString()
}
```

Die Klasse definiert vier Eigenschaften für eine Person, nämlich den Vornamen, den Nachnamen, das Alter und eine private Eigenschaft `diaryEntries` mit Einträgen ins Tagebuch. Die Methode `writes` fügt eine weitere Zeichenkette ins Tagebuch ein. Die Methode `allEntries` liefert alle Einträge als eine lange Zeichenkette zurück.

Wir können nun zwei `Person`-Objekte von dieser Klasse erzeugen:

```
fun main() {
    val susi = Person("Susi", "Sonnenschein", 19)
    val fridolin = Person("Fridolin", "Fröhlich", 17)
}
```

40.1 Infix-Notation

Susi kann nun ein paar Tagebucheinträge dort hineinschreiben:

```
fun main() {
    // ...
    susi.writes("Mein erstes Tagebuch")
```

```
    susi.writes("Hallo Tagebuch")
    susi.writes("Heute habe ich Fridolin getroffen")
}
```

Die `writes`-Methode verfügt über einen einzigen Parameter. Für solche Methoden ermöglicht Kotlin es, eine Infix-Schreibweise beim Methodenaufruf zu verwenden. Bei der Infix-Schreibweise ist es beim Methodenaufruf erlaubt, den Punkt und die Klammern wegzulassen. Damit eine Methode als Infix verwendet werden kann, muss sie über das Schlüsselwort `infix` als solche deklariert sein. Wir ändern also die Deklaration in der Klasse `Person` wie folgt:

```
class Person(val firstName: String, val lastName: String, var age: Int) {
    // ...
    infix fun writes(entry: String) {
        diaryEntries.add(entry)
    }
}
```

Dadurch können wir beim Aufruf von der `writes`-Methode wahlweise die Punktnotation oder die Infix-Notation wählen:

```
fun main() {
    // ...
    susi.writes("Mein erstes Tagebuch")   // Punktnotation
    susi writes "Hallo Tagebuch"  // Infix-Notation
    susi writes "Heute habe ich Fridolin getroffen"
}
```

Diese Schreibweise führt dazu, dass sich Kotlin sehr gut dafür eignet, eigene Sprachkonstrukte für bestimmte Aufgabenbereiche zu entwickeln. Man spricht dann von domänenspezifischen Sprachen (*Domain Specific Languages*, kurz DSL). Im Prinzip haben wir hier eine sehr einfache DSL definiert, um Tagebucheinträge einer Person abzubilden. Das Entwickeln umfangreicherer DSLs würde jedoch hier den Rahmen sprengen.

40.2 Operatoren überladen

Wir haben bereits in früheren Kapiteln gesehen, dass Operatoren wie + oder += für unterschiedliche Objekte anders definiert sein kann. Dieselbe Operation ist also mit verschiedenen Funktionen überladen. Wir können auch selbst Operatoren überladen. Wenn wir zum Beispiel neue Tagebucheinträge hinzufügen möchten, dann könnten wir uns statt der `writes`-Methode auch folgende Syntax vorstellen:

```
fun main() {
    // ...
    susi += "Mein erstes Tagebuch"
    susi += "Hallo Tagebuch"
    susi += "Heute habe ich Fridolin getroffen"
}
```

Wir wollen weiterhin dasselbe `Person`-Objekt verwenden und dieses verändern. Daher verwenden wir den Plus-Zuweisungsoperator +=. Wie können wir nun definieren, dass dieser Operator in der gerade verwendeten Schreibweise eingesetzt werden kann? Dazu müssen wir für die Klasse `Person` definieren, dass es eine Operatorfunktion geben soll. In Kotlin müssen dafür zwei Dinge geschehen. Zum einen muss diese Funktion mit dem Schlüsselwort `operator` beginnen. Zum anderen muss der Name der Funktion einen der bekannten Operatoren bezeichnen. Hierfür gibt es festgelegte Bezeichner.

Für den Plus-Zuweisungsoperator ist dies der Funktionsname `plusAssign`. Diese Funktion nimmt genau einen Operanden entgegen. Der zweite Operand ist automatisch das Objekt, für das diese Funktion aufgerufen wird. Wir können += also wie folgt überladen:

```
class Person(val firstName: String, val lastName: String, var age: Int) {
    // ...
    operator fun plusAssign(entry: String) {
        writes(entry) // Vorhandene Methode verwenden
    }
}
```

Nun sind Ausdrücke wie `susi += "Mein erstes Tagebuch"` erlaubt. Der Parametertyp der Funktion ist übrigens von uns frei wählbar. Wir können sogar denselben Operator auf unterschiedliche Weise überladen, je nachdem, von welchem Typ der Parameter ist. Wir können etwa noch eine weitere Funktion schreiben, bei der eine `Person` älter wird:

```
class Person(val firstName: String, val lastName: String, var age: Int) {
    // ...

    operator fun plusAssign(aging: Int) {
        age += aging
    }
}
```

In der Konsequenz können wir nun einem `Person`-Objekt mit dem += Operator entweder eine Zeichenkette ins Tagebuch schreiben oder das Alter erhöhen:

```
fun main() {
    // ...
    susi += 2
    susi += "Inzwischen bin ich zwei Jahre älter geworden..."
}
```

In diesen beiden Beispielen hat die von uns definierte Funktion keinen Rückgabewert geliefert, sondern nur einen Seiteneffekt produziert. Es handelt sich also nicht um eine pure Funktion. Das liefert uns schon den Hinweis, dass man mit dem Überladen von Operatoren sehr aufpassen sollte. Denn wir legen hier für die Verwendung der Operatoren unsere eigene Semantik fest, und diese kann schnell zu unverständlichem Code führen. Überladen wir in der Klasse `Person` als weiteres Beispiel einmal den Plus-Operator, um zwei Personen miteinander zu verknüpfen:

```
class Person(val firstName: String, val lastName: String, var age: Int) {
    // ...

    operator fun plus(friend: Person): Pair<Person, Person> {
        return Pair(this, friend)
    }
}
```

Hier wird ein `Pair<Person, Person>` zurückgeliefert. Bei der Verwendung des Operators ist dies aber nicht ersichtlich:

```
fun main() {
    // ...
    val friends = susi + fridolin
    println(friends.first)
    val (p1, p2) = friends
}
```

Die Variable `friends` ist vom Typ `Pair<Person, Person>`. Entsprechend kann auf die Eigenschaften eines `Pair` zugegriffen werden, z. B. auf `first`. Ebenso kann das Objekt destrukturiert werden, d. h. die beiden Elemente des Paares lassen sich in einzelne Variablen zuweisen.

Dass bei der + Operation für zwei `Person`-Objekte ein `Pair<Person, Person>`-Objekt herauskommt, ist durchaus schlüssig, aber nicht zwingend notwendig. Wir könnten auch eine neue Person erwarten, z. B. das Kind von zwei Personen. Oder erhalten das Objekt einer Klasse `Friendship`. Beides ist mit dem + Operator möglich.

40.3 Scope-Funktionen

Kotlin definiert Scope-Funktionen, die das Ausführen eines Codeblocks im Kontext eines Objekts ermöglichen. Schauen wir uns einmal folgende Zugriffe auf ein `Person`-Objekt an:

```
fun main() {
    // ...
    susi.writes("Morgen habe ich Geburtstag.")
    susi.writes("Ich kann es kaum noch abwarten!")
    susi.writes("Heute ist es soweit!")
    susi.age++
}
```

Hier wird immer wieder auf das `Person`-Objekt `susi` zugegriffen. Wäre es nicht schöner, wenn einfach alle Aufrufe direkt für `susi` angewendet werden?

40.3.1 apply-Funktion

Genau dies ist mit der Scope-Funktion `apply` möglich:

```
fun main() {
    // ...
    susi.apply {
        writes("Morgen habe ich Geburtstag.")
        writes("Ich kann es kaum noch abwarten!")
        this.writes("Heute ist es soweit!")
        age++
    }
}
```

`apply` wird dabei einen Lambda-Ausdruck übergeben. Der Kontext für diesen Lambda-Ausdruck ist das Objekt selbst, daher kann auch mit `this` auf das Objekt `susi` zugegriffen werden. Die Ausdrücke `this.writes` und `writes` sind in diesem Beispiel also gleichbedeutend. Das Objekt ist also auf dieselbe Weise ansprechbar wie sonst in den Methoden einer Klasse.

40.3.2 let-Funktion

Etwas anders sieht es bei der `let`-Funktion aus. Hier wird das Kontextobjekt als Argument für den Lambda-Ausdruck verwendet, sodass mit `it` auf das Objekt zugegriffen werden kann:

```
fun main() {
    // ...
    susi.let {
        it.writes("Morgen habe ich Geburtstag.")
        it.writes("Ich kann es kaum noch abwarten!")
        it.writes("Heute ist es soweit!")
        it.age++
    }
}
```

Ein Vorteil von `apply` und `let` ist zudem, dass für nullfähige Datentypen ein Codeblock definiert wird, der nur ausgeführt werden soll, wenn die Referenzvariable auch wirklich auf ein Objekt zeigt. Nehmen wir einmal, es gibt eine Lieblingsperson in Susis Leben, und Susi möchte dieser Person etwas ins Tagebuch schreiben:

```
fun main() {
    // ...
    var favoritePerson: Person? = null

    // Wenn Fridolin, etwas über Susi im Tagebuch schreibt, dann mag Susi ihn:
    if (fridolin.allEntries().contains("Susi")) {
        favoritePerson = fridolin
    }

    favoritePerson?.writes("Du bist toll.")
    favoritePerson?.writes("Du bist ein echter Freund")
}
```

Nur wenn Fridolin auch Susi in seinem Tagebuch erwähnt, mag sie ihn. Es kann also durchaus sein, dass es keine Lieblingsperson in Susis Leben gibt. Das hängt in diesem Fall von Fridolins Tagebucheinträgen ab. Wenn es nun aber eine Lieblingsperson gibt, dann möchte Susi dieser Person etwas ins Tagebuch schreiben. Bei den Zugriffen muss jedes Mal mit `?.` ein sicherer Zugriff erfolgen, da `favoritePerson` ja auch `null` sein kann. `apply` und `let` führen dagegen den Codeblock nur aus, wenn das Kontextobjekt nicht `null` ist:

```
fun main() {
    // ...
    favoritePerson?.let {
        it.writes("Du bist toll.")
        it.writes("Du bist ein echter Freund")
    }
}
```

`let` und `apply` sind dabei Funktionen, die selbst etwas zurückliefern. `apply` liefert das Kontextobjekt zurück, für das etwas ausgeführt wird, also z. B. eine Referenz auf `susi`:

```
fun main() {
    // ...
    val p = susi.apply {
        writes("Was für ein Tag!")
    }
```

```
    println(p == susi)  // true
}
```

40.3.3 also-Funktion

Dies kann genutzt werden, um anschließend noch mit dem Objekt weiterzuarbeiten, zum Beispiel wenn nach der erfolgreichen Ausführung noch etwas geschehen soll:

```
fun main() {
    // ...
    val p = susi.apply {
        writes("Morgen habe ich Geburtstag.")
        writes("Ich kann es kaum noch abwarten!")
        this.writes("Heute ist es soweit!")
        ++age
    }.also {
        if (it.age == 18) {
            println("Susi ist jetzt volljährig")
        }
    }
    println(p == susi)  // true
}
```

`apply` liefert wieder das `Person`-Objekt zurück. Auf dieses Objekt kann eine Funktion mit `also` ausgeführt werden. `also` ist eine weitere Scope-Funktion, die für alle Objekte nutzbar ist. Bei `also` ist das Kontextobjekt über `it` verfügbar. Die Rückgabe von `also` ist wiederum das Objekt, hier daher `susi`.

40.3.4 Unterschiede der Scope-Funktionen

`apply` und `let` unterscheiden sich nicht nur darin, wie das Objekt innerhalb des Lambda-Ausdrucks angesprochen wird, sondern auch in ihrem Rückgabewert. Während `apply` und `also` das Objekt selbst zurückgeben (hier in diesem Beispiel `susi` – also immer `this`), wird bei `let` das Ergebnis des Lambda-Ausdrucks zurückgeliefert. Wenn der Lambda-Ausdruck über mehrere Zeilen geht, dann gilt der Ausdruck der letzten Zeile als Ergebnis des Lambda-Ausdrucks. Folgendes Beispiel zeigt dies:

```
fun main() {
    // ...
    susi.let {
        it.writes("Ich werde älter")
        it // Ergebnis des Lambdas ist der Kontext, hier also susi
    }.also {
        if (it.age == 18) {
            println("Susi ist jetzt volljährig")
        }
    }

    susi.let {
        it.writes("Ich werde älter")
        it.age // Ergebnis des Lambdas ist das Alter von Susi
```

```
        }.also {
            // it ist jetzt ein Int
            if (it == 18) {
                println("Susi ist jetzt volljährig")
            }
        }
    }
```

40.3.5 with-Funktion

Als letzte Scope-Funktion soll hier noch `with` erwähnt werden. `with` verlangt ein Objekt als Parameter und wird nicht direkt auf dem Objekt aufgerufen. Innerhalb des Lambdas kann mit `this` auf dieses übergebene Kontextobjekt zurückgegriffen werden. Soweit funktioniert `with` ähnlich wie `apply`. Der Unterschied ist jedoch auch hier der Rückgabewert. Während `apply` das Objekt selbst zurückliefert (etwa `susi`), liefert `with` das Ergebnis des Lambdas zurück, zum Beispiel das neue Alter:

```
fun main() {
    // ...
    with(susi) {
        writes("Morgen habe ich Geburtstag.")
        writes("Ich kann es kaum noch abwarten!")
        writes("Heute ist es soweit!")
        ++age  // Ergebnis des Lambdas ist das neue Alter
    }.also {
        if (it == 18) {
            println("Susi ist jetzt volljährig")
        }
    }
}
```

40.4 Extension Functions

Vielleicht haben Sie sich gewundert, warum `let`, `apply` und `also` einfach auf Objekte unserer Klasse `Person` ausgeführt werden können. Es handelt sich dabei um Extension Functions. Eine Extension Function erweitert die Funktionalität einer Klasse, ohne deren Struktur zu verändern oder auf interne Daten zuzugreifen. Schauen wir uns einmal folgende selbst definierte Function als Beispiel an:

```
fun isAdult(person: Person) = person.age >= 18
```

Diese Funktion erhält ein `Person`-Objekt übergeben und überprüft, ob die `Person` über 18 ist. Offensichtlich macht diese Funktion nur für `Person`-Objekte Sinn. Da wäre es doch schön, wenn wir die Klasse `Person` erweitern könnten. Aber die Klasse `Person` erlaubt keine Ableitungen, sie ist nicht `open`. Das wollen wir jetzt auch nicht ändern, denn das Öffnen einer Klasse hat Konsequenzen, was den Wartungsaufwand erhöht.

In Kotlin gibt es aber mit Extension Functions eine schöne Möglichkeit, um für existierende Klassen neue Funktionen zu schreiben. Eine Extension Function schreibt man so:

```
fun Person.isAdult() = this.age >= 18
```

Die Deklaration wird wie gewohnt mit `fun` eingeleitet. Dann folgt der Name der Klasse, die erweitert werden soll. Der Name der Extension Function wird dann hinter dem Punkt geschrieben. Die Funktion kann nun für Objekte der Klasse `Person` aufgerufen werden:

```
fun main() {
    // ...
    if (susi.isAdult()) {
        println("Susi ist jetzt volljährig")
    }
}
```

Dabei wird die Struktur der Klasse `Person` in Wirklichkeit nicht verändert. Intern wird beim Aufruf von `susi.isAdult()` tatsächlich nur eine Funktion aufgerufen, die das `Person`-Objekt als Argument erhält. Somit wird die Kapselung nicht aufgebrochen, Zugriffe auf interne Daten sind weiterhin nicht erlaubt.

Mit Extension Functions können Sie auch neue Funktionen für Klassen festlegen, von denen Sie sonst nicht ableiten könnten. Zum Beispiel können Sie folgende Extension für die Klasse String schreiben:

```
fun String.firstLetter() = this.get(0)
```

Die Klasse `String` wird dabei nicht verändert. Die zusätzliche Methode ist auch nur für Strings innerhalb des jeweiligen Scopes nutzbar. Das heißt, in anderen Paketen wird diese Methode nicht sichtbar sein, wenn sie nicht importiert wird.

40.5 Weitere Informationsquellen

Für alle hier zum Schluss vorgestellten Konzepte gilt: Es handelt sich um mächtige Werkzeuge, mit denen Sie den Code verbessern, aber leider auch verschlechtern können. Daher sollten Sie sich gut überlegen, wann Sie diese Mechanismen einsetzen. Wir haben sie hier nur sehr kurz vorgestellt, um zu zeigen, dass es sie gibt. Sehr viel mehr erfahren Sie in der Dokumentation von Kotlin.

Auf die offizielle Kotlin-Dokumentation, Sprachreferenz sowie den Quellcode der Kotlin-Klassen sollten Sie ohnehin regelmäßig zugreifen. Die Klassenbibliothek von Kotlin ist sehr umfangreich. Viele Standardbibliotheken sind hier nicht thematisiert worden.

So gibt es zum Beispiel Bibliotheken, die Klassen zum Laden und Speichern von Daten in Dateien bereitstellen. Dies ist relevant, wenn Sie Programme für Desktop-Rechner oder Server entwickeln. Wenn Sie für Android entwickeln, dann müssen Sie auf andere Klassen zugreifen, um Daten dauerhaft zu speichern. Sie sehen also, dass unterschiedliche Umgebungen auch durch unterschiedliche Klassen repräsentiert werden. Diese Klassen stellen sehr viele Methoden zur Verfügung, die wir ebenfalls nicht alle in diesem Buch beschreiben konnten. Hier es ist unbedingt nötig, auch immer wieder in die Referenz von Kotlin zu schauen. Dies gehört zum Alltag bei der Entwicklung.

- Eine umfassende Referenz der Sprache sowie Tutorials finden Sie hier:
  https://kotlinlang.org/docs/reference/
- Die Standardbibliotheken von Kotlin finden Sie hier:
  https://kotlinlang.org/api/latest/jvm/stdlib/
- Interaktive Programmierübungen in der Programmiersprache Kotlin finden Sie hier:
  https://play.kotlinlang.org/koans/overview
- Für konkrete Programmierprobleme ist vor allem die Stackoverflow-Community eine sehr gute Anlaufstelle. Dort werden häufig wiederkehrende Probleme ausführlich diskutiert. Dort finden sich gute Lösungen, allerdings manchmal auch falsche. Sie sollten die Beiträge also kritisch hinterfragen und eher als Anregungen sehen:
  https://stackoverflow.com/
- Für die professionelle Entwicklung im Team hat sich Git als Versionsverwaltung etabliert. Sie finden viele Open-Source-Projekte frei zugänglich, zum Beispiel bei GitHub:
  https://github.com/

Dieses Buch ist nur der Einstieg in die Programmierung. Und es lohnt sich, dieses Buch noch ein zweites Mal durchzuarbeiten. Denn viele Zusammenhänge werden erst beim zweiten Lesen deutlich. Das liegt an der Komplexität von Programmiersprachen: Alles hängt irgendwie miteinander zusammen. Ein Text in einem Buch ist aber linear. Wir haben sehr darauf geachtet, die Inhalte aufeinander aufzubauen. Dennoch mussten wir teils vorgreifen, wenn wir bestimmte Funktionen benötigt haben. Bei einer erneuten Lektüre wird einiges vielleicht noch klarer.

Stichwortverzeichnis